北京农村年鉴

2020

《北京农村年鉴》编委会　编

中国农业出版社

北　京

美丽乡村建设

红色后七村之一延庆区大庄科乡铁炉村　董建利　摄

密云水库碧波荡漾

鸟瞰怀柔区喇叭沟门满族乡对角沟门村

通州区北运河城市副中心段实现旅游通航　常鸣　摄

平谷区南独乐河镇北寨村醉美杏花林

丰台区北宫森林公园风景如画

门头沟区清水镇黄安坨村精品民宿——百花山社

朝阳区美丽乡村创建村——高碑店乡高井白家楼村

昌平区延寿镇湖门村民宿项目

大兴区三海子湖被北京市河长制办公室评为“2019 年度北京市优美河湖”

生态建设

大兴区南海子郊野公园

怀柔区杨宋镇粉黛子草吸引众多游客

门头沟区永定河畔

密云区潮河两岸风光旖旎

都市型现代农业

房山区窦店镇窦店村收割机、脱粒机和打捆机相互配合、连续作业

“朝阳区智慧乡村建设项目”荣获农业农村部2018年度全国县域数字农业农村发展水平评价创新项目，受农业农村部信息中心通报表彰，图为工作人员在调试监测设备

顺义区西甜瓜综合试验站在北京顺沿特种蔬菜基地应用提早育苗、太阳能增温技术、滴灌节水技术、增施有机肥技术、释放异色瓢虫等现代农业新技术，实现日光温室“伊丽莎白”甜瓜提早上市　徐茂　摄

平谷区正大规模养鸡场内景

昌平区精准农业麦收现场

平谷区畜禽种业基地内景

旅游文化节

第 31 届北京大兴西瓜节“美丹杯”全国西甜瓜擂台赛在庞各庄镇举办

密云区 2019 密云生态马拉松

2019 年中国农民丰收节之北京·房山秋收节在周口店镇娄子水生态园开幕

2019 聚焦“魏”来——大兴区魏善庄镇第二届休闲文化季同期启动

海淀区举办第十九届樱桃文化节

大兴区庞各庄镇第26届大兴梨花旅游文化节启动仪式以“凤凰展翅瞰花海·盛世花开待君来”为主题，在大兴区庞各庄镇缤纷四季风情体验园开幕

农村实用人才培养

门头沟区举办农工委系统红色党建培训班

顺义区种植中心荆坨工作站工作人员组织农户到春大棚茄子示范点观摩茄子换头后田间长势及果实品质　刘咏涵　摄

大兴区举办农机购置补贴新政策培训会

农村改革与集体经济发展

海淀区农业农村局揭牌仪式

2019 年，大兴区正式运营的养老机构共 33 家，其中 13 家为镇街级养老照料中心，共有床位 7 046 张

丰台区南苑乡东罗园村充分发挥“吹哨报到”工作机制，积极协调市体育局拆除原有围墙，畅通了村域交通

门头沟区 2019 年村和社区“两委”负责人培训班

顺义区召开农民专业合作社规范提升培训班

朝阳区农业农村局与来访的河北省廊坊市广阳区农业农村局一行交流农村集体产权制度改革工作

农村社会事业

朝阳区召开农村地区 2020 年三社一体化嘉年华

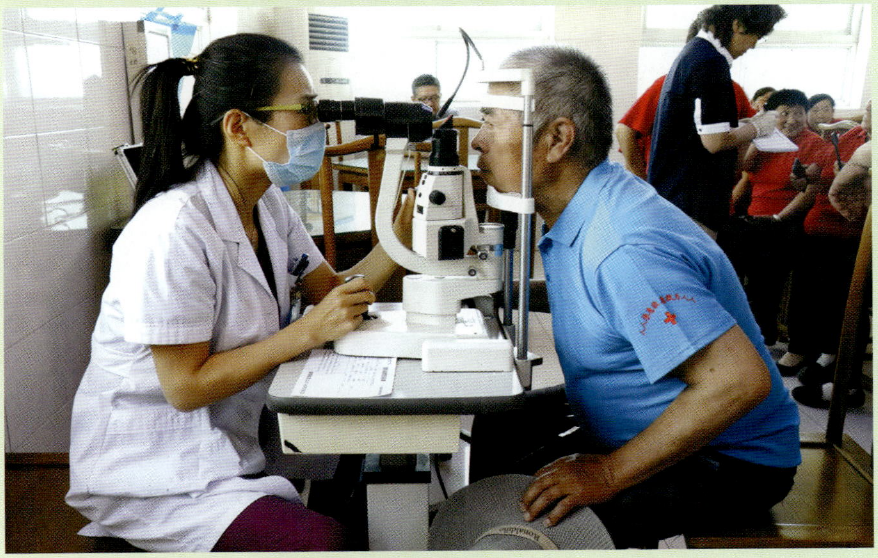

大兴区举行首个“红十字村”——长子营镇朱庄村建设启动仪式

门头沟区军庄大鼓展演

北京大兴国际机场正式投运

京雄城际北京大兴机场站竣工

密云区首个智能化健身公园正式开放

组织建设

北京市第一个农村党支部——丰台区卢沟桥乡大瓦窑村党史馆新馆开馆

朝阳区组织开展2019年朝阳区农村地区社区(村)“两委”干部培训

大兴区召开村、社区“两委”换届选举工作第四次领导小组会暨总结会

农村人才培养

北京农业职业学院举办职业院校（高职组）农林牧渔大赛　吴迪　摄

北京农业职业学院举办第四届“中美未来职业之星联合研习营”北京站活动　付宁花　摄

北京农业职业学院举办 2019 年北京市（京冀）职业院校（高职组）“鸡新城疫抗体水平测定”技能大赛　于凤芝　摄

中泰农业实用技术研发中心签约揭牌　武晋　摄

北京市农林科学院新品种介绍

JM6-3（二系杂交小麦，2019 年通过乌兹别克斯坦审定，是我国在国外审定的第一个杂交小麦品种）

京麦 12

京科 986

京农科 828

MC812

京科青贮 932

《北京农村年鉴》编辑部

主　　编　张光连

副 主 编　曹四发（常务）　张士功　王修达　魏惠东　邱　睿　张　旭

执行主编　徐再城

成　　员　纪绍军　万敏波

特约编辑（按姓名笔画排序）

马哲实　王　东　王　宇　王　滨　王　震　王以中
王丽洁　王宏宇　王春华　甘国再　卢宏升　田　雨
田亚南　田丽娜　付　鹏　兰　岚　邢贵平　毕　珊
朱淑英　任　荣　任玉清　华　蕾　刘　刚　刘孟超
齐　智　齐庆栓　孙　猛　孙田田　孙存虎　纪绍军
杜力军　李　理　李　潇　李云忠　李文超　李东伟
李志敬　李雅荣　李景辉　杨中杰　肖　勇　肖长坤
吴汝明　邱　睿　汪凌波　张　旭　张亚昆　张伟楠
张红阳　张英洪　张轶斐　张晓晟　张毅良　陈连武
陈奕捷　陈雪原　季　虹　周　凯　周洪生　郑　贤
郑娜丽　赵　华　赵　颖　胡登州　侯书江　侯福强
姚杰章　袁庆辉　聂观涛　贾　雪　顾崇华　徐建军
席俊克　唐铁龙　涂宏汉　曹晓兰　曹梦玲　符乃清
康　斌　梁自山　葛继新　程晓仙　魏惠东

凡　例

一、《北京农村年鉴》是集中反映北京农村经济和社会发展情况的大型资料性工具书和史料文献。在中共北京市委农村工作委员会和北京市农业农村局的领导下，由北京市农村经济研究中心主持编纂。

二、《北京农村年鉴》以马克思列宁主义、毛泽东思想、邓小平理论、“三个代表”重要思想、科学发展观、习近平新时代中国特色社会主义思想为指导，运用丰富、翔实的资料和客观、真实的记述，使社会各界增进对北京农村的认识与了解，促进北京地区各行业和国内外与北京农村的合作、交流，也为地方史志的编写积累珍贵的历史资料。

三、《北京农村年鉴》基本写作形式为条目体，并选载适量文章，辅以图片、表格，使读者对北京农村情况有一完整了解。

四、《北京农村年鉴》所设栏目与类目基本固定，依据年度变化情况做适当调整。

五、《北京农村年鉴》稿件，由北京市委农工委、北京市农业农村局各职能部门，北京市农业农村系统各单位，各涉农区，并邀请各有关部门，确定专人撰写，均经各部门主管领导审阅。有关数据采用国家和市统计部门发布的权威数字；未列入国家和市统计范围的，采用业务部门经过核实、可以发布的数字。

目　　录

特　　载

中共北京市委　北京市人民政府　关于落实农业农村优先发展扎实推进乡村振兴战略实施的工作方案 …………………………………… (1)

北京市副市长卢彦 2019 年 3 月 4 日在北京市农村工作会议上的报告 …………………………… (8)

文件选载

中共北京市委组织部　中共北京市委农工委　北京市财政局　北京市农业农村局　关于坚持和加强农村基层党组织领导扶持壮大村级集体经济的意见 ……………………… (13)

中共北京市委组织部　中共北京市委农工委　北京市民政局　北京市农业农村局　关于进一步规范“四议一审两公开”“三务公开”制度运行的通知 …………………… (16)

中共北京市委农村工作委员会　北京市农业农村局　关于印发《中共北京市委农村工作委员会　北京市农业农村局　关于落实市委市政府安全生产督察整改意见的工作方案》的通知 ……………………………………………… (18)

中共北京市委农村工作委员会　关于印发《2019 年北京市农业安全生产工作要点》的通知 ………………………………… (24)

中共北京市委农村工作委员会　北京市财政局　北京市城市管理委员会　北京市水务局　北京市农业农村局　北京市卫生健康委员会　关于北京市农村“厕所革命”专项行动的指导意见 ………………………………………… (26)

中共北京市委农村工作委员会　北京市农业农村局　北京市规划和自然资源委员会　北京市住房和城乡建设委员会　北京市城市管理委员会　北京市卫生健康委员会　北京市民政局　北京市财政局　北京市交通委员会　北京市水务局　北京市园林绿化局　关于印发《北京市 2019 年度改善农村人居环境和推进美丽乡村建设工作方案》的函 ………………………………………………… (31)

中共北京市委农村工作委员会　中共北京市委宣传部　北京市农业农村局　北京市文化和旅游局　首都精神文明建设委员会办公室　北京市文学艺术届联合会　关于印发《第 30 届北京农民艺术节总体方案》的函 ………………………………………………… (35)

北京市农业农村局　北京市市场监督管理局　北京市商务局　北京市公安局　北京市知识产权局　北京市供销合作总社　关于印发

北京市农村假冒伪劣食品专项整治行动方案的通知 ……………………………………… (38)
北京市农业农村局　关于开展对展会中假冒北京农药企业违法违规行为专项整治工作的通知 …………………………………………… (41)
北京市农业农村局　关于印发北京市“瘦肉精”专项监督抽查工作实施方案的通知 ………… (42)
北京市农业农村局　关于印发北京市饲草业调查与监测项目实施方案的通知 …………… (44)
北京市农业农村局　关于印发 2019 年动物疫病强制免疫“先打后补”工作实施方案的通知 …………………………………………… (47)
北京市农业农村局　关于印发 2019 年北京市农产品质量安全统一监测计划的通知 ……… (49)
北京市农业农村局　北京市规划和自然资源委员会　关于印发《建立完善长效监管机制严防“大棚房”问题反弹的意见》的通知 …………………………………………… (54)
北京市农业农村局　关于印发《北京市 2019 年种子市场及质量监管工作方案》的通知 …………………………………………… (57)
北京市农业农村局　关于进一步加强本市非洲猪瘟监测工作的通知 …………………… (59)
北京市农业农村局　关于开展农业安全生产大检查工作的紧急通知 …………………… (61)
北京市农业农村局　关于印发《北京市 2019 年农业领域留白增绿工作方案》的通知 …………………………………………… (62)
北京市农业农村局　关于做好 2019 年高标准农田建设工作的通知 …………………… (64)
中央农村工作领导小组办公室　农业农村部　国家市场监督管理总局　国家发展和改革委员会　财政部　水利部　国家税务总局　中国银行保险监督管理委员会　国家林业和草原局　中华全国供销合作总社　国务院扶贫开发领导小组办公室　关于印发《开展农民专业合作社“空壳社”专项清理工作方案》的通知 ……………………… (65)
北京市农业农村局　北京市园林绿化局　关于印发《第三次北京市农作物种质资源普查与收集行动实施方案》的通知 ………… (67)
北京市农业农村局　关于印发《2019 年北京市农业农村科技工作要点》的通知 …… (70)
北京市农业农村局　关于进一步做好本市农机专业合作社安全生产标准化建设工作的通知 ……………………………………… (72)
北京市农业农村局　关于印发《2019 年北京市农业农村市场、信息化与统计工作要点》的通知 ………………………………… (74)
北京市农业农村局　北京市发展和改革委员会　北京市商务局　北京市市场监督管理局　北京市统计局　国家统计局北京调查总队　关于印发《北京市“菜篮子”市长负责制实施方案》的通知 ………………………………… (80)
北京市农业农村局　北京市财政局　关于印发《北京市推广应用绿色防控产品工作方案（试行）》和《北京市推广应用有机肥工作方案（试行）》的通知 ………… (83)
北京市农业农村局　北京市财政局　关于印发《北京市级现代农业产业园创建管理办法（试行）》的通知 ……………………… (86)
北京市农业农村局　北京市发展和改革委员会　北京市财政局　北京市规划和自然资源委员会　北京市生态环境局　北京市交通委员会　北京市水务局　北京市商务局　北京市市场监督管理局　北京市园林绿化局　中国银行保险监督管理委员会北京监管局　关于印发《北京市生猪产业优化提升发展和保障猪肉市场稳定供应工作方案》的通知 …………………………………………… (88)
北京市农业农村局　北京市发展和改革委员会　北京市科学技术委员会　北京市经济和信息化局　北京市财政局　北京市园林绿化局　关于印发《北京市关于加快推进农业机械化和农机装备产业转型升级的实施意见》的通知 …………………………………………… (92)
北京市农业农村局　北京市发展和改革委员会　北京市科学技术委员会　北京市经济和信息化局　北京市财政局　北京市商务局　国家税务总局北京市税务局　北京市园林绿化局　中国人民银行营业管理部　北京市供销合作总社　关于印发《北京市农业产业化重点龙头企业认定和动态监测管理办法》的函 ………………………………… (95)

北京市农业农村局 北京市发展和改革委员会 北京市科学技术委员会 北京市财政局 北京市规划和自然资源委员会 北京市生态环境局 北京市住房和城乡建设委员会 北京市城市管理委员会 北京市交通委员会 北京市水务局 北京市卫生健康委员会 北京市园林绿化局 中国共产主义青年团北京市委员会 北京市妇女联合会 北京市供销合作总社 关于印发《北京市农村人居环境整治村庄清洁行动实施方案》的通知 …………………………………………… (98)
北京市农业农村局 关于印发《2019 年北京山区农民搬迁工作方案》的函………… (101)
北京市农业农村局 关于印发《北京市 2019 年农村地区村庄冬季清洁取暖工作指导意见》的函 ……………………………… (103)
北京市农业农村局 北京市民政局 北京市人力资源和社会保障局 北京市卫生健康委 北京市园林绿化局 北京市医疗保障局 北京市残疾人联合会 关于印发《低收入农户帮扶工作专项审计发现问题整改方案》的函 …………………………………………… (105)
北京市农业农村局 北京市财政局 关于组织做好美丽乡村建设引导资金预算结算工作的函 ……………………………… (110)
北京市农业农村局 关于进一步加强山区农民搬迁村（户）原址旧宅拆除工作的函 …… (111)
北京市农业农村局 北京市应急管理局 关于印发《北京市农村地区“两气”工程安全隐患排查治理实施方案》的函………… (112)

涉农文件目录

2019 年涉农文件目录 …………………………… (115)

总 述

2019 年北京市农业农村经济社会发展总述 … (119)

大 事 记

2019 年北京市农业农村大事记 ………………… (123)

乡村振兴

综述 ………………………………………………… (138)
乡村振兴工作 ……………………………………… (139)
制定北京市乡村振兴战略规划 …………………… (139)
深入贯彻落实习近平总书记关于“三农”工作的重要论述重要指示精神 ……………… (139)
加强对乡村振兴战略实施的组织领导………… (140)
坚持把“四个优先”落到实处 …………………… (140)
强化对涉农区党政领导班子和领导干部推进实施乡村振兴战略的实绩考核 ……………… (140)
美丽乡村建设 ……………………………………… (140)
投入美丽乡村建设资金 52 亿元……………………… (140)
建立传统村落保护联席会议 ……………………… (140)
编制村庄规划 ………………………………………… (140)
改造农村公厕 850 座 ……………………………… (140)
农村污水处理率达 60%以上 ……………………… (141)
农村人居环境治理 ………………………………… (141)
建立农村人居环境整治月调度机制 …………… (141)
开展农村人居环境整治考核 8 次 ……………… (141)
“百村示范、千村整治”工程实施 ……………… (141)
国务院督查农村人居环境整治 ………………… (141)
推进中央环保督察任务整改 …………………… (141)
指导涉农郊区村庄日常环境整治 ……………… (141)
开展“百村示范”村党支部书记培训………… (141)
京台科技论坛美丽乡村论坛举办 ……………… (141)
开展“空心村”调查 ……………………………… (142)
“美丽智慧乡村”信息平台上线……………………… (142)

都市现代农业

综述 ………………………………………………… (143)
种植业 ………………………………………………… (143)
粮食生产……………………………………………… (143)
蔬菜生产……………………………………………… (143)
创建绿色高质高效示范区 ………………………… (143)
建立特色蔬菜示范基地 26 个 …………………… (143)
创建粮经作物种植示范区 ………………………… (143)
“大棚房”问题专项整治基本完成 ……………… (143)
农业领域留白增绿 ………………………………… (144)
实施有机肥补贴政策 ……………………………… (144)

建设高标准农田 2 万亩 …………………………… (144)
耕地土壤环境质量分类管理 ……………………… (144)
补贴粮田 46.8 万亩 ……………………………… (144)
肥料合格率达 95.8% …………………………… (144)
化肥总用量约 2.52 万吨 ………………………… (144)
农膜回收率达 82% ……………………………… (144)
重大迁飞性害虫防控 ……………………………… (144)
共有蔬菜病虫害绿色防控基地 93 家 …………… (144)
农药总用量约 360.7 吨 ………………………… (144)
制定天敌产品质量检测规范 ……………………… (145)
开展天敌产品质量检测 …………………………… (145)
新建植物诊所 35 家 ……………………………… (145)
"北京农业好品牌"遴选 ………………………… (145)
农作物品种标准样品信息系统获批 ……………… (145)
农作物品种审定和登记 …………………………… (145)
实施绿控产品补贴政策 …………………………… (145)
举办第二十七届北京种子大会 …………………… (145)
农作物种子企业达 265 家 ……………………… (145)
畜牧业 …………………………………………… (145)
畜牧业发展 ………………………………………… (145)
生猪产业优化提升发展 …………………………… (145)
畜禽粪污资源化利用 ……………………………… (146)
畜禽产品质量安全专项整治 ……………………… (146)
奶业和饲料行业管理 ……………………………… (146)
畜禽屠宰行业监督管理 …………………………… (146)
登记备案畜禽养殖场达 239 个 ………………… (146)
新增种猪个体登记头数 5.02 万头 ……………… (146)
新增猪 SNP 检测技术参考群 633 头 …………… (146)
畜禽种质资源监测 ………………………………… (146)
畜禽种质资源库建设 ……………………………… (147)
地方畜禽品种保护管理 …………………………… (147)
建立农业废弃物无害化处理示范基地 …………… (147)
完成 1 200 头奶牛优良种质筛选 ……………… (147)
开展畜牧业环境监测 147 场次 ………………… (147)
草种质量监督抽检 ………………………………… (147)
建立美丽生态牧场技术试点 12 个 ……………… (147)
畜禽养殖粪污治理 ………………………………… (147)
水产业 …………………………………………… (148)
水生生物增殖放流 ………………………………… (148)
渔业转型升级 ……………………………………… (148)
水产苗种产地检疫试点 …………………………… (148)
投入水生生物增殖放流资金 2 400 万元 ……… (148)
林产业 …………………………………………… (148)
北京世界园艺博览会百果园建设 ………………… (148)
果树产业政策研究和基础数据调研 ……………… (148)
果树基金扩展投资范围修订 ……………………… (148)
制定解决果树基金社会募资方案 ………………… (149)
果树基金政府资金到位及社会募资工作
　进展 ……………………………………………… (149)
北京市与中国人民大学财政金融学院合作
　开展果树产业基金监管 ………………………… (149)
完成六个达到年限果树相关标准复审 …………… (149)
北京 2022 年冬奥会和冬残奥会备选果品
　供应基地遴选 …………………………………… (149)
第九届国际樱桃大会筹备 ………………………… (149)
2019 年果园有机肥替代化肥项目 ……………… (149)
启动化肥使用总量核算体系编制工作 …………… (149)
完成果树数据管理平台建设 ……………………… (149)
林下经济示范基地建设批量成型 ………………… (150)
种苗生产供应 ……………………………………… (150)
规模化苗圃精细化管理 …………………………… (150)
植物种质资源创新化管理 ………………………… (150)
蜂产业 …………………………………………… (150)
蜂业气象指数保险试点运行 ……………………… (150)
精准帮扶低收入农户 ……………………………… (150)
成功承办 5·20 世界蜜蜂日活动 ……………… (150)
蜜蜂授粉现场会全面推动授粉技术应用 ……… (150)
京津冀联合授粉服务区建设工程推广实施 … (151)
花卉业 …………………………………………… (151)
迎春年宵花展举办 ………………………………… (151)
第十届北京郁金香文化节开幕 …………………… (151)
参展 2019 世界月季洲际大会 …………………… (151)
首届北京牡丹文化节开幕 ………………………… (151)
第十一届北京月季文化节开幕 …………………… (151)
第五届北京百花文化节开幕 ……………………… (151)
第十一届北京菊花文化节举办 …………………… (152)
举办 2019 世界花卉大会 ………………………… (152)
农机业 …………………………………………… (152)
促进农业机械化转型升级 ………………………… (152)
修订《北京市农业机械化促进条例》 …………… (152)
建立农机购置补贴长效机制 ……………………… (152)
秸秆综合利用率达 98%以上 …………………… (152)
农机质量零投诉 …………………………………… (152)
推进农业机械化防尘减排 ………………………… (152)

农机安全 ······ (153)
推广农机科技应用技术 ······ (153)
农机关键技术创新应用 ······ (153)
创建秸秆综合利用重点区 ······ (153)
开展农机排放污染物控制装置加装工作 ······ (153)
规范农机购置补贴政策 ······ (153)
全面推行农机购置补贴信息化管理 ······ (153)
整合资源强化安全宣教 ······ (154)
农机科技推广持续深入 ······ (154)
“设施农业机械设备质量监督检验测试中心”通过评审 ······ (154)
智慧农机工作专题会召开 ······ (154)
在中国蔬菜产业大会上进行专题展示 ······ (154)
《秧苗嫁接机》等推广鉴定大纲通过审定 ······ (154)
京津冀农机联合鉴定工作取得新进展 ······ (154)
“北京市农机技术推广田间日”举办 ······ (154)
日光温室草莓种植机械化技术培训会召开 ······ (154)
完成优势特色农产品生产机械化技术与装备需求调查 ······ (155)
2019 年北京市农机精准作业管理现场会召开 ······ (155)
农机职业技能鉴定成效良好 ······ (155)
农机科技项目获奖 ······ (155)
农机科普丛书发布 ······ (155)
印发《北京市关于加快推进农业机械化和农机装备产业转型升级的实施意见》 ······ (155)
农业机械安全生产 ······ (155)
继续推进在册农业机械催检注销 ······ (155)
农产品质量安全 ······ (156)
重大活动供应服务保障圆满完成 ······ (156)
大兴区、顺义区获“国家农产品质量安全县”授牌 ······ (156)
农业标准化工作取得新进展 ······ (156)
“三品一标”认证有序推进 ······ (156)
地理标志农产品保护工程实施 ······ (156)
持续实施区级综合质检站和乡镇管理站等级评估 ······ (156)
动物疫情防治 ······ (157)
动物疫病强制免疫情况 ······ (157)
动物疫病监测情况 ······ (157)
动物病原学监测情况 ······ (157)
开展动物疫病流行病学调查 ······ (157)
实施非洲猪瘟全链条监测，净化区域大环境安全 ······ (158)
确定非洲猪瘟检测实验室，委托开展非洲猪瘟检测工作 ······ (158)
严格落实生猪屠宰环节非洲猪瘟自检和官方兽医派驻两项制度，保障屠宰环节安全 ······ (158)
总结应急处置实战经验，夯实应急处置基础性工作 ······ (158)
印发《生猪养殖场所生物安全评估办法》 ······ (158)
加强部署调度，做好信息报送工作 ······ (158)
稳步推进奶牛布病和结核病净化工作 ······ (158)
继续强化狂犬病防控工作 ······ (158)
积极开展动物卫生监督工作 ······ (159)
严格实施执业兽医资格认定行政许可 ······ (159)
组织完成 2019 年执业兽医考试 ······ (159)
依法强化兽医实验室生物安全管理 ······ (159)
优化兽药批号技术审查办事流程 ······ (159)
组织做好兽药二维码追溯工作 ······ (160)
组织做好减量化试点工作 ······ (160)
组织开展禽蛋兽药残留和蛋禽兽药专项整治行动 ······ (160)
动物无害化处理委托项目管理 ······ (160)
非洲猪瘟防控 ······ (160)
抽检动物产品 6.02 万份 ······ (160)
进京动物及动物产品闭环式监管 ······ (161)

产业融合发展

综述 ······ (162)
产业园区 ······ (163)
农业农村部、财政部批准密云区现代农业产业园创建国家现代农业产业园 ······ (163)
印发《北京市级现代农业产业园创建管理办法（试行）》 ······ (164)
房山区现代农业产业园通过国家认定 ······ (164)
农业产业化 ······ (164)
农业产业化龙头企业发展稳健 ······ (164)
农业产业化组织联农带农成效显著 ······ (164)
镇村企业 ······ (165)
镇村企业经济总量稳中趋降 ······ (165)
镇村经济效益稳中有升 ······ (165)

镇村企业产业结构继续优化 ……………………（165）
镇村企业空间布局更加合理 ……………………（165）
镇村工业继续保持主体地位 ……………………（166）
镇村规模企业主导作用显著 ……………………（166）
镇村企业固定资产投资大幅下降 ………………（167）
镇村企业融资规模大幅增长 ……………………（167）
镇村企业创新能力有所提升 ……………………（167）
镇村企业职工素质进一步提升 …………………（167）
镇村企业职工收入持续增长 ……………………（167）
镇村企业园区清理扎实推进 ……………………（167）
镇村企业外贸出口形势严峻 ……………………（167）
镇村企业社会贡献有所弱化 ……………………（167）
农产品流通业 ……………………………………（167）
印发《北京市提高乡村流通现代化水平行动计划》……………………………………………（167）
印发《关于加强社区蔬菜直通车管理的指导意见》……………………………………………（167）
全市积极开展第九次春节蔬菜保供联合行动 …………………………………………………（168）
举办赣品进京启动仪式暨井冈山品牌会 ……（168）
启动“北京市消费扶贫产品专区”和“和田地区特色产品专柜” ……………………（168）
举办京交会首届粮食主题国际论坛 …………（168）
本市首批规范化备案和统一标识的蔬菜直通车公示 …………………………………………………（168）
组织参加京蒙合作助力脱贫攻坚暨全国采购联盟绿色食材产销对接会 ……………………（168）
践行主题教育活动，解沽源蔬菜滞销难题 …（168）
建设重要产品追溯统一平台 ……………………（168）
举办河北沧州—北京市商务局“黄骅旱碱麦”推介活动 ……………………………………（169）
组织参加第 23 届廊交会品牌农产品产销对接活动 …………………………………………………（169）
发布实施《北京市超标粮食管理办法》………（169）
推进流通领域现代供应链体系建设试点 ……（169）
环首都 1 小时鲜活农产品流通圈 7 个项目落地 …………………………………………………（169）
举办“精准扶贫”活动…………………………（169）
建设提升蔬菜零售等基本便民商业网点 1 190 个 ……………………………………………（169）
蔬菜上市总量增加 ………………………………（169）
生猪市场货源稳定 ………………………………（169）
牛羊肉交易量减少 ………………………………（169）
鸡蛋交易量略有减少 ……………………………（169）
粮食消费量 451.5 万吨…………………………（169）
粮食便民服务水平不断提升 ……………………（169）
粮食服务保障扎实有力…………………………（170）
储备粮工作顺利开展 ……………………………（170）
完成政策性粮食大清查工作 ……………………（170）
深入开展粮食科普宣传…………………………（170）
乡村旅游业 ………………………………………（170）
规范乡村民宿发展 ………………………………（170）
加强对乡村旅游业金融平台支持 ……………（170）
研究编制乡村振兴传统村落旅游发展规划 …（170）
培育乡村旅游特色业态及民俗村户 …………（170）
加强京郊旅游宣传推广…………………………（170）
强化人才培养，形成乡村旅游人才服务体系 …………………………………………………（171）
中国美丽休闲乡村和星级园区评定 …………（171）
休闲农业园区数量达 948 个 …………………（171）
中国农民丰收节系列庆祝活动举办 …………（171）
第七届北京农业嘉年华活动举办 ……………（171）
北京世园会设立“百蔬园” ……………………（171）
北京国际设计周“艺术乡村”活动举办 ……（171）
举办第八届北京现代种业博览会 ……………（171）
举办“观鱼知乐”宫廷金鱼故宫展 …………（171）
会展农业及农事节庆成为北京新名片…………（171）
北京世界园艺博览会在京召开 ………………（171）
2019 年中国生态食品博览会在京召开 ………（171）
2019 京郊冬季农趣休闲农业项目推介会举行 …………………………………………………（172）
各区农事休闲活动丰富多彩 ……………………（172）

生态与基础设施建设

综述 ………………………………………………（173）
农村生态环境建设 ………………………………（173）
农业面源污染防治概况…………………………（173）
建立并实施耕地土壤环境质量分类管理制度 …………………………………………………（173）
完成第二次全国农业污染源普查工作…………（173）
做好农业农村扬尘管控工作 ……………………（173）
实施京津风沙源治理二期工程 ………………（174）
推进国家农业绿色发展先行区创建工作 ……（174）

农宅抗震节能和农村危房改造 …………………… (174)
市领导对北京市农村人居环境整治工作做出重要批示 …………………… (174)
清洁能源改造工作 …………………… (174)
推进农村地区清洁取暖 …………………… (174)
组织开展农村“两气”工程的安全生产督察检查 …………………… (174)
开展农村地区“两气”工程和太阳能浴室的运行使用情况摸底调查 …………………… (174)
绿化建设与管理 …………………… (175)
召开全市园林绿化工作会 …………………… (175)
举办国际森林日植树活动 …………………… (175)
第七届北京西山森林音乐会召开 …………………… (175)
中央军委领导参加义务植树活动 …………………… (175)
举办共和国部长义务植树活动 …………………… (175)
举办第三十七届爱鸟周宣传活动 …………………… (175)
开展首都全民义务植树日活动 …………………… (175)
党和国家领导人参加义务植树活动 …………………… (175)
全国人大参加义务植树活动 …………………… (175)
全国政协参加义务植树活动 …………………… (176)
举办北京园林绿化科学普及系列活动 …………………… (176)
习近平和夫人彭丽媛在北京延庆共同出席2019年中国北京世界园艺博览会 …………………… (176)
庆祝中华人民共和国成立70周年环境布置 …………………… (176)
2019年中国北京世界园艺博览会闭幕 …………………… (176)
参加南宁园博会 …………………… (176)
“绿卫2019”森林执法专项行动 …………………… (176)
新一轮百万亩造林工程完成3.29万公顷造林 …………………… (176)
实施京津风沙源治理工程 …………………… (177)
实施太行山绿化工程 …………………… (177)
山区森林健康经营 …………………… (177)
彩叶树种造林 …………………… (177)
北京城市副中心绿化建设 …………………… (177)
绿化隔离地区公园环建设 …………………… (177)
实施永定河综合治理工程 …………………… (177)
森林火灾防控 …………………… (177)
森林火灾防控基础设施建设推进 …………………… (177)
森林公安执法情况 …………………… (177)
世界园艺博览会的中国馆建设 …………………… (177)
森林病虫害防治 …………………… (177)
开展森林城市创建 …………………… (177)
古树名木管理 …………………… (178)
湿地建设 …………………… (178)
加强北京市极度濒危野生动植物保护 …………………… (178)
耕地保护与高标准农田建设 …………………… (178)
摸清永久基本农田内空间利用现状 …………………… (178)
“大棚房”有关情况汇报 …………………… (178)
统筹提升耕地质量 …………………… (178)
推进高标准农田建设项目 …………………… (179)
确保完成农业高效节水目标 …………………… (179)
水务建设与管理 …………………… (179)
水政 …………………… (179)
水资源 …………………… (179)
水务规划 …………………… (179)
水旱灾害防御 …………………… (180)
城乡供水 …………………… (180)
节约用水 …………………… (180)
河湖长制工作 …………………… (180)
重点水利工程建设 …………………… (180)
水土保持 …………………… (181)
水环境治理 …………………… (181)
水生态保护与修复 …………………… (181)
永定河综合治理与生态修复 …………………… (181)
安全生产 …………………… (181)
大中型水库移民后期扶持 …………………… (181)
水务科技与教育 …………………… (182)
水务信息化建设 …………………… (182)
水务公共服务 …………………… (182)
水务改革 …………………… (182)
重大活动水务服务保障 …………………… (182)
农业用水量达3.69亿米^3 …………………… (182)
建设高效节水工程8.34万亩 …………………… (182)
建设农艺节水示范区45个 …………………… (182)
公路建设与运输 …………………… (183)
《北京市推进“四好农村路”建设的实施意见》印发 …………………… (183)
建制村通公交工作会召开 …………………… (183)
新开公务员定制公交线路18路 …………………… (183)
按需定制公交线路开通 …………………… (183)
世园会公交专线开通运营 …………………… (183)
北郊农场桥开放交通 …………………… (183)
地质灾害防治工程完工 …………………… (184)
顺义区被评为“四好农村路”全国示范区 …………………… (184)

乡村公路大修工程完工 …………………………………… (184)
乡村公路养护管理费用定额测算标准调整 … (184)
公交站座椅改造工程完成 ………………………… (184)
安装公交车防护隔离 ………………………………… (184)
新增新清能源公交车 ………………………………… (184)
乡村公路工程完工 …………………………………… (184)
气候概况和气候评价 ……………………………… (184)
气温 ………………………………………………………… (184)
降水 ………………………………………………………… (185)
日照 ………………………………………………………… (185)
大风、沙尘、雾和霾 ………………………………… (185)
2019 年影响天气事件 ……………………………… (185)
气候影响评价 …………………………………………… (186)

山 区 建 设

综述 ………………………………………………………… (187)
生态沟域 ……………………………………………… (187)
生态沟域建设 …………………………………………… (187)
生态沟域建设的主要做法 ………………………… (187)
沟域生态环境质量和水平不断提升 ………… (188)
沟域特色产业业态和体系逐步形成 ………… (188)
现代管理和技术持续引入沟域经济 ………… (188)
沟域农民就业增收和市民休闲旅游的双向需求平台互动加快 ……………………………… (188)
地质灾害易发区农户搬迁工程 …………… (189)
稳步推进山区搬迁工作 …………………………… (189)

农 业 科 技

综述 ………………………………………………………… (190)
科技推广与科技成果 …………………………… (191)
2019 年北京市农业农村科技工作会议召开 … (191)
《2019 年北京市农业农村科技工作要点》印发 ………………………………………………… (191)
现代农业产业技术体系北京市创新团队成果丰硕 ………………………………………………… (191)
农业转基因生物安全监管 ………………………… (191)
农业转基因生物安全管理领导小组成员和部门职责分工调整 ………………………………… (192)
为世园会百蔬园正常运转提供科技支撑 …… (192)
特色粮经作物水肥一体化技术效果显著 …… (192)
集成节肥减药技术体系增效明显 …………… (192)
《北京都市型现代农业产业发展报告（2019）》出版 ……………………………………………… (192)
79 项成果获农业技术推广奖 …………………… (192)
基层农技推广体系建设指导意见发布 ……… (192)
完成救灾备荒种子储备 75 万千克 ………… (192)
农作物种质资源普查与征集 …………………… (193)
农业物联网平台接入生产园 633 个 ………… (193)
全科农技员在岗人数达 2 425 名 ……………… (193)
“奶香飘万家”公益科普系列活动举办 ……… (193)
以市场需求引领科技创新，以科技创新促进产业发展 …………………………………………… (193)
继续加强平台建设和合作，为成果转化转移提供广阔空间 ……………………………………… (193)
积极加强成果转化工作，努力创造社会效益和经济效益 ………………………………………… (193)
农业科技综合服务试验站建设 ……………… (194)
开展专家工作站建设 ……………………………… (194)
试验示范基地建设成效明显 …………………… (194)
2019 年农业科技成果 ……………………………… (195)
信息化建设 ……………………………………………… (200)
稳步推进智慧乡村建设 …………………………… (200)
强化网络安全保障工作 …………………………… (200)
扎实推进“互联网＋政务服务” ……………… (200)
强化物联网应用服务能力 ……………………… (200)
强化电子政务支撑 ………………………………… (201)
强化标准管理提升基础运维 …………………… (201)
开展农业农村信息化研究 ……………………… (201)

农 村 改 革

综述 ………………………………………………………… (202)
农村土地承包与管理 …………………………… (202)
开展农村土地承包登记颁证“回头看”工作 ………………………………………………… (202)
参加全国农村土地承包制度技术支撑培训 … (202)
全市农地流转价格监测点年均流转价格 1 575 元/亩 ……………………………………… (203)
全面梳理整村流转农户承包地风险 ………… (203)
研究农村土地流转工作 …………………………… (203)
农业农村部督导北京市确权登记颁证工作 … (203)
开展农村土地承包案件专题调研 …………… (203)

抓好“大棚房”问题合同清查整改工作 …… (204)
推进浅山区四荒地问题合同清查整改工作 … (204)
全市共发生农村土地承包经营纠纷 1 183 件 …… (204)
开展农村土地承包经营纠纷调解仲裁自查工作 …… (204)
收集土地承包纠纷仲裁典型案例 …… (204)
全市农村土地承包经营纠纷仲裁培训班举办 …… (204)
参加全国农村土地承包纠纷调解仲裁培训 …… (205)
研讨林权纠纷调处工作协调机制 …… (205)
启动土地延包政策研究 …… (205)
开展农村土地经营权流转问题研究 …… (205)
农民专业合作组织 …… (205)
全面完成农民专业合作社“空壳社”专项清理工作 …… (205)
开展农民合作社规范提升行动 …… (205)
启动农民合作社质量提升整县推进试点 …… (205)
持续加大农民专业合作社示范社培育创建力度 …… (206)
探索支持农民专业合作社发展有效模式 …… (206)
组织开展家庭农场调查工作 …… (206)
农村宅基地管理 …… (206)
宅基地改革和管理职能划转至农业农村部门 …… (206)
开展宅基地政策调研 …… (206)
研究起草农村宅基地及房屋建设管理指导意见 …… (206)
开展全市农民闲置房屋调查摸底 …… (207)
组织申报农村闲置宅基地和闲置住宅盘活利用典型案例 …… (207)
加强全市农村宅基地管理培训工作 …… (207)
组织参加农业农村部宅基地管理与改革系列培训 …… (207)
组织参加农业农村部宅基地和农房利用现状问卷调查 …… (207)
农村集体经济管理 …… (208)
开展扶持壮大村级集体经济试点工作 …… (208)
全面完成农村集体资产清产核资工作 …… (208)
持续加强农村集体“三资”管理 …… (208)
开展涉地农村集体经济合同自查自纠工作 … (208)
推进集体产权交易市场建设 …… (209)
农村集体经济产权制度改革 …… (209)
深化农村集体产权制度改革取得新进展 …… (209)
认真做好专项改革督察工作 …… (209)
进一步规范股权管理和收益分配 …… (209)
做好农村集体经济组织登记管理 …… (209)
农村金融创新 …… (209)
北京农商银行圆满完成扶贫和“一企一村”结对帮扶任务 …… (209)
北京农商银行推出“北京农民专业合作社信用评价系统” …… (209)
北京农商银行进一步加大涉农贷款力度 …… (210)
北京农商银行持续开展凤凰乡村游活动，引导城市资金流向农村地区 …… (210)
北京农商银行支持顺义区首个农村污水处理项目 …… (210)
北京农商银行福农卡解决小微融资难题，改善提升农村地区支付服务环境 …… (210)
北京农商银行积极推动基础金融服务向偏远郊区行政村延伸 …… (210)
农业保险为北京市农业发展提供有力风险保障 …… (210)
农业保险保费收入情况 …… (210)
农业保险赔付情况 …… (211)
积极申报农业农村部 2019 年度金融支农创新试点 …… (211)
鼓励险种创新，扩大保险保障范围 …… (211)
完善密云蜂业气象指数保险，落实主题教育整改工作要求 …… (211)
优化再保险方案，推进农业再保险 …… (211)
加强灾情应对，发挥保险保障作用 …… (211)

农村生活与社会保障

综述 …… (212)
低收入帮扶 …… (212)
低收入农户人均可支配收入同比增长 20.2% …… (212)
完善工作机制，强化统筹协调 …… (212)
加大产业帮扶力度 …… (212)
深入推进就业帮扶 …… (212)
强化生态帮扶 …… (212)

持续开展搬迁帮扶 …………………………（212）
稳步提高社会保障水平…………………………（213）
强化社会力量统筹协调…………………………（213）
重点开展线下户帮扶 …………………………（213）
农村集体经济和劳动力就业 ………………（213）
农村集体资产总量 …………………………（213）
农村集体经济总收入 …………………………（213）
农村集体经济利润总额…………………………（214）
农村劳动力就业稳定 …………………………（214）
农村劳动力就业产业结构优化 ………………（214）
农村社会保障 …………………………（214）
强化社会救助政策落实…………………………（214）
提高相关社会救助标准…………………………（214）
推进精准救助服务 …………………………（214）
开展社会救助综合改革试点 …………………（215）
开展社会救助专项整治…………………………（215）
开展低收入农户排查工作 ……………………（215）
居民家庭经济状况核对机制不断规范化 ……（215）
继续开展冬季采暖救助工作 …………………（215）
继续开展“两节”走访慰问送温暖活动 ……（215）
农村养老服务稳步发展…………………………（216）
编制养老服务专项规划…………………………（216）
推进农村幸福晚年驿站建设 …………………（216）
推进养老照料中心建设…………………………（216）
深化养老服务“放管服”改革 ………………（216）
完善运营扶持政策 …………………………（216）
开展养老服务改革试点…………………………（216）
完善老年人福利制度 …………………………（216）
老年人能力综合评估 …………………………（216）
开展养老机构服务质量建设专项行动…………（216）
推进养老服务标准化建设 ……………………（216）
开展养老服务机构星级评定 …………………（216）
加强养老行业安全和监管 ……………………（217）
巡视探访…………………………………………（217）
养老助残卡制发流程缩短 ……………………（217）
京津冀养老服务协同发展 ……………………（217）

农村社会事业

综述 …………………………………………（218）
宣传工作及精神文明建设工作 ……………（218）
围绕中心工作，强化宣传报道 ………………（218）
组织策划世园会“百蔬园”宣传 ……………（218）
组织策划北京市 2019 年中国农民丰收节
庆祝活动宣传 …………………………（219）
开展“北京乡村振兴故事”主题征文展播
活动 …………………………………………（219）
加强涉农舆情监测引导…………………………（219）
深化农村形势政策教育宣传 …………………（219）
开展“时代新人说——我和祖国共成长”
系列演讲比赛 …………………………（219）
开展“美丽乡村·筑梦有我”大型新闻公益
行动 …………………………………………（219）
“美丽乡村·筑梦有我”专场活动举办 ………（220）
举办第 29、30 届北京农民艺术节 …………（220）
第 29 届农民艺术节“乡村大舞台”总决赛
举办 …………………………………………（220）
举办“乡村大舞台——原创文艺节目展演”
活动 …………………………………………（220）
“金秋礼赞——迎国庆庆丰收民间文艺汇演”
举办 …………………………………………（220）
探索“特色文化示范村”试点建设 …………（220）
乡村文艺编导创作人员培训班在京举办 ……（221）
第十届“聚焦美丽乡村”主题摄影大赛
举行 …………………………………………（221）
“礼赞祖国·诗韵乡村”诗词楹联征集
活动举行 …………………………………（221）
乡村手工艺作品征集活动举行 ………………（221）
农村文化工作 ………………………………（221）
健全公共文化政策体系，提升基层公共文化
服务质量 …………………………………（221）
创建公共文化服务示范区，推动基层农村
公共文化设施建设…………………………（222）
开展“深入生活、扎根人民”主题实践
活动 …………………………………………（222）
开展公益惠民演出，丰富农村文化活动 ……（222）
举办“歌唱北京”活动…………………………（222）
举办“舞动北京”群众舞蹈大赛 ……………（222）
举办“戏聚北京”活动…………………………（222）
举办“艺韵北京”活动…………………………（222）
举办“影像北京”活动…………………………（222）
举办“阅读北京”系列阅读活动 ……………（223）
推进全市街道（乡镇）图书馆“一卡通”
专项工作 …………………………………（223）

开展“我和我的祖国”展演活动 ……………………（223）
举办春节庙会赠票活动，活跃农村地区
　节日文化生活 ……………………………………（223）
积极推进“中国民间文化艺术之乡”工作 …（223）
赴回天地区开展文化慰问工作 …………………（223）
开展2019年“我的书屋·我的梦”农村
　少年儿童阅读实践活动 …………………………（223）
开展基层农村公共文化队伍培训工作…………（223）
农村人才培养 ……………………………………（224）
新增农村实用人才2 866人 ……………………（224）
新型职业农民培训 …………………………………（224）
保障返乡人员创新创业……………………………（224）
农村人才参加全国农村致富带头人评选 ……（224）
开展专家智力支援 …………………………………（224）
组织人才服务京郊 …………………………………（224）
农业技术职称评审 …………………………………（224）
创新思路，积极推进新型职业农民培育 ……（224）
开展农业领军人物培育……………………………（224）
开展“蹲点”培养 …………………………………（225）
进一步完善多渠道多样化咨询服务培训
　平台建设 …………………………………………（225）
培训培养乡村振兴人才……………………………（225）
北京农职院信息与经济所承办北京市
　海淀区对口帮扶地区贫困村创业致
　富带头人培训班 …………………………………（225）
“拉萨市科技骨干草莓种植技术培训班”
　在北京农职院林果院开班 ………………………（225）
北京农职院承担市扶贫支援办项目“拉萨市
　农产品质量安全监管能力培训”培训班
　在京开班 …………………………………………（225）
北京市农林科学院承德分院成立 ………………（225）
学生创业团队荣获全国创新创业大赛三等奖
　……………………………………………………（226）
承办第四届“中美未来职业之星联合研习营”
　北京站活动 ………………………………………（226）
承办华北赛区、西北赛区中国小动物临床
　技能大赛 …………………………………………（226）
承办2019年北京市（京冀）职业院校（高职组）
　农林牧渔大类技能大赛 …………………………（226）
承办北京市（京冀）职业院校技能大赛“鸡新城
　疫抗体水平测定”项目 …………………………（226）
在“蓝桥杯”软件大赛中获一等奖 ……………（226）
“轨道交通信号设计控制”代表队获市赛
　二等奖……………………………………………（226）
获第三届中国小动物临床骨科技能大赛特等奖
　……………………………………………………（226）
在宠物美容及影像技能大赛中获奖 ……………（227）
获2019年“轨道交通信号控制系统设计与
　应用”国赛三等奖 ………………………………（227）
参加京津冀现代农业职教联盟成立大会 ……（227）
184名师生志愿服务2019北京世园会 ………（227）
留学生在首届“丝路工匠”国际技能
　大赛中获奖 ………………………………………（227）
召开新型职业农民学历教育座谈会 ……………（227）
学农成果参展中国教育创新成果公益博览会
　……………………………………………………（227）
在“2019年全国大学生动物防疫职业技能
　大赛”中获二等奖 ………………………………（227）
《北京农业职业学院学报》获多项荣誉 ………（227）
召开中国都市农业职业教育集团乡村振兴与
　职业教育改革论坛暨二届一次理事会 ……（228）
农村教育……………………………………………（228）
乡村小规模学校和乡镇寄宿制学校建设
　加强 ………………………………………………（228）
特岗计划乡村教师招聘288人 …………………（228）
“农村美术资源整合”研讨会召开 ……………（228）
高校农村地区专项招生扩大 ……………………（228）
房山促进农村完小均衡发展 ……………………（228）
第二期“协同创新学校计划”项目启动 ……（229）
高职院校分类考试招生改革推进 ………………（229）
3个新型职业农民培训基地通过验收 …………（229）
促进农村教育质量提升……………………………（229）
寻找北京“美丽乡村学校”活动 ………………（229）
乡村教师岗位生活补助发放 ……………………（229）
任教满30年和20年优秀乡村教师获奖励 …（229）
直属单位及乡村中小学公开招聘 ………………（230）
拓展中小学教师来源………………………………（230）
实施“北京市农村基层干部人才培养工程”
　……………………………………………………（230）
加强教师队伍建设 …………………………………（230）
精准帮扶………………………………………………（230）
新时代文明实践工作………………………………（230）
农村卫生、新型合作医疗 ………………………（231）
推进农村户厕改造 …………………………………（231）

强化村卫生室考核与管理 …………………………（231）
乡村医生岗位定向免费培养 ………………………（231）
宣传、慰问从业 40 年乡村医生……………………（231）
推进村级医疗卫生服务全覆盖 ……………………（231）
医疗帮扶低收入村及低收入农户 …………………（231）
乡村医生执业期满再注册 …………………………（232）
乡村医疗卫生政策研究……………………………（232）
少数民族乡村工作 ………………………………（232）
北京市民族乡村经济发展继续保持良好态势
　……………………………………………………（232）
调研低收入民族村发展工作 ………………………（232）
北京市召开 2019 年少数民族乡村经济工作
　会议 ………………………………………………（232）
北京市各民族乡村热烈庆祝中国农民
　丰收节……………………………………………（232）
国家民委副主任赵勇来京调研 ……………………（233）
市民族宗教委学习贯彻落实市委常委会
　精神 ………………………………………………（233）

农村社会管理

综述 ……………………………………………（234）
维护稳定…………………………………………（234）
逐级签订综治责任书，扎实落实维稳责任 …（234）
扎实开展涉农重大决策社会稳定
　风险评估 …………………………………………（234）
信访工作 …………………………………………（235）
到市集体访情况 ……………………………………（235）
到北京市农业农村局上访情况……………………（235）
来信情况 ……………………………………………（235）
网络信箱来信情况…………………………………（235）
认真落实信访工作责任制 …………………………（235）
深入开展矛盾纠纷排查化解工作 …………………（235）
开展全市农村涉农信访维稳培训 …………………（235）
综合治理 …………………………………………（236）
配合开展城乡接合部地区安全隐患综合
　整治………………………………………………（236）
努力推进农业行业“雪亮工程”建设 ……………（236）
配合市扫黑办在北京市农业农村领域开展
　扫黑除恶专项斗争 ………………………………（236）
安全生产 …………………………………………（237）
加强安全生产责任制的落实 ………………………（237）
持续提升系统安全保障水平 ………………………（237）
认真做好安全生产督察问题整改 …………………（237）
加强安全生产工作部署和检查……………………（237）
稳步推进消防安全工作 ……………………………（237）

农村法治建设

综述 ……………………………………………（239）
农村立法工作 ……………………………………（239）
完成涉农地方性法规修订工作……………………（239）
推进完成《北京市野生动物保护管理条例》
　立项论证 …………………………………………（239）
落实立法修订项目调研论证 ………………………（239）
依法行政工作 ……………………………………（239）
推进农业综合执法改革 ……………………………（239）
强化行政执法监督…………………………………（240）
促进行政执法规范…………………………………（240）
农业行政执法基本情况 ……………………………（240）
强化依法行政理念…………………………………（240）
做好复议应诉工作…………………………………（240）
规范各类行政行为…………………………………（240）
开展农作物种子执法活动 1 423 次 ………………（240）
开展种植业农产品质量安全执法检查 ……………（240）
“渔政亮剑”专项执法行动举办 …………………（240）
北京市开展红盾护农，保护农民权益 ……………（240）
农业机械监督执法…………………………………（241）
农业机械安全监管…………………………………（241）
集中开展行政审批服务 ……………………………（241）
梳理农业农村系统行政审批事项 …………………（241）
简化行政审批服务事项申报材料 …………………（241）
优化行政审批服务办理流程 ………………………（241）
压缩行政审批服务事项办理时限 …………………（241）
启动行政审批服务事项容缺受理 …………………（241）
推行行政审批办结材料快递服务 …………………（241）
规范审批服务行为…………………………………（242）
行政审批服务事项移交 ……………………………（242）
取消、下放行政许可事项 …………………………（242）
农村法治宣传 ……………………………………（242）
出台普法工作计划…………………………………（242）
农业农村系统开展多种形式普法活动 ……………（242）
农业农村系统组织宪法主题宣传 …………………（242）
本市多种形式开展普法活动 ………………………（242）

本市集中开展“送法下乡”活动 …………… (242)
北京市召开两次市委全面依法治市委员会守法普法协调小组会议 …………………… (242)
北京市召开2019年普法依法治理工作会议 …………………… (242)
全面启动北京市法治宣传服务世园冬奥系列活动 …………………… (243)
制定《北京市国家机关“谁执法谁普法”普法责任制实施办法》《北京市普法责任制清单》 …………………… (243)
开展“4·15”全民国家安全教育日普法宣传主题活动 …………………… (243)
聚焦新中国成立70周年成立北京普法联盟 …………………… (243)
开展“唱响国歌 守护国旗 致敬国徽”主题普法宣传活动 …………………… (243)
深入开展宪法宣传活动 …………………… (244)
深入推进扫黑除恶专项斗争法治宣传工作 …………………… (244)
法治文化建设蒸蒸日上 …………………… (244)
以案释法打造“定制式服务”新品牌 ……… (244)
人大议案、人大代表建议、政协委员提案办理 …………………… (244)
承办建议提案127件 …………………… (244)
精心组织建议提案办理工作 …………………… (244)
建议提案办理工作成效显著 …………………… (245)
“统筹规划着力改善人居环境 扎实推进美丽乡村建设”议案办理获得各方认可 ……… (245)

基层组织建设和乡村治理

基层组织建设 …………………… (246)
国庆70周年服务保障和群众游行 …………… (246)
村“两委”换届选举工作 …………………… (246)
农村基层干部人才队伍建设 …………………… (246)
扎实推进第一书记驻村帮扶工作 …………………… (246)
全市村民委员会换届选举工作高质量圆满完成 …………………… (247)
乡村治理 …………………… (247)
开展乡村治理体系建设 …………………… (247)
北京市村民委员会底数 …………………… (247)
全市村民委员会换届选举主要做法 ………… (247)
制定下发《关于建立和完善村规民约和居民公约工作的指导意见》 …………… (248)
大力加强村民委员会规范化建设 ………… (248)
制定下发《北京市村民委员会下属委员会工作指导规范》 …………………… (249)
规范“四议一审两公开”“三务公开”制度有序运行 …………………… (250)
坚决开展扫黑除恶专项斗争 …………………… (250)
扎实做好巡视整改工作，推动专项斗争向纵深发展 …………………… (250)
北京市创建全国首批农村社区治理实验区已经检查验收 …………………… (251)
北京市开展村民小组自然村村民自治试点工作成效明显 …………………… (251)
积极适应城市化快速发展趋势的需要，推进撤村建居工作稳步有序开展 ………… (252)

市委农工委、市农业农村局机关党建

全面从严治党 …………………… (253)
把政治建设摆在首位，强化政治意识 ……… (253)
学习贯彻习近平总书记系列讲话精神 ……… (253)
扎实开展“不忘初心、牢记使命”主题教育 …………………… (253)
深化理想信念教育 …………………… (254)
组织党员开展凝心聚力活动 …………………… (254)
圆满完成机构改革后党支部换届选举 ……… (254)
抓好党员发展和教育管理 …………………… (255)
加强党务干部队伍建设 …………………… (255)
持续推进“吹哨报到”工作 …………………… (255)
开展全面从严治党检查 …………………… (255)
领导班子及干部队伍建设 …………………… (255)
党风廉政建设 …………………… (257)
制发《2019年党风廉政建设工作要点》…… (257)
组织召开中共北京市委农工委、市农业农村局和系统单位2019年党风廉政建设工作会议 …………………… (257)
组织开展“以案为鉴、以案促改”警示教育活动 …………………… (257)
组织开展系列反腐倡廉教育 …………………… (258)
聚焦主业，开展监督工作 …………………… (258)
组织纪检干部综合素质能力提升专题培训 …… (258)

老干部工作 ……………………………………… (259)
离退休干部“三项建设”取得新成效………… (259)
抓好抓实教育培训 ……………………………… (259)
老同志发挥优势作用实现新突破 …………… (259)
老干部的系列活动得到新拓展 ……………… (260)
离退休干部服务管理得到新加强 …………… (260)
老干部工作队伍呈现新气象 ………………… (260)

郊 区 农 情

朝阳区 ……………………………………………… (261)
海淀区 ……………………………………………… (266)
丰台区 ……………………………………………… (271)
门头沟区…………………………………………… (276)
房山区 ……………………………………………… (286)
通州区 ……………………………………………… (295)
顺义区 ……………………………………………… (303)
昌平区 ……………………………………………… (311)
大兴区 ……………………………………………… (319)
怀柔区 ……………………………………………… (330)
平谷区 ……………………………………………… (340)
密云区 ……………………………………………… (351)
延庆区 ……………………………………………… (360)

市农业农村系统行政、事业机构

中共北京市委农村工作委员会　北京市农业农村局…………………………………………… (370)
北京市气象局 ……………………………………… (372)
北京市农林科学院 ………………………………… (376)
北京市农村经济研究中心 ……………………… (383)
北京农业职业学院 ………………………………… (386)

统 计 资 料

农村基本情况 ……………………………………… (389)
农林牧渔业总产值（现价） …………………… (389)
主要农产品产量 …………………………………… (390)
农作物播种面积 …………………………………… (392)
设施农业情况 ……………………………………… (392)
生猪生产…………………………………………… (393)
牛的生产…………………………………………… (394)
羊的生产…………………………………………… (394)
家禽生产…………………………………………… (395)
农业观光园情况 …………………………………… (395)
乡村旅游情况 ……………………………………… (396)

索　　引

撰稿联系人名单与单位

特　载

中共北京市委　北京市人民政府
关于落实农业农村优先发展
扎实推进乡村振兴战略实施的工作方案

（2019年5月25日）

各区委、区政府，市委、市政府各部委办局，各人民团体，各高等院校：

现将《关于落实农业农村优先发展扎实推进乡村振兴战略实施的工作方案》印发你们，请结合实际认真组织实施。

关于落实农业农村优先发展扎实推进乡村振兴战略实施的工作方案

为深入贯彻落实《中共中央、国务院关于坚持农业农村优先发展做好“三农”工作的若干意见》精神，确保顺利完成到2020年承诺的农村改革发展目标任务，结合本市实际，特制订本工作方案。

做好全市“三农”工作，要以习近平新时代中国特色社会主义思想为指导，深入贯彻党的十九大和十九届二中、三中全会精神，按照中央农村工作会议部署，立足首都城市战略定位，准确把握“大城市小农业”“大京郊小城区”的市情和乡村发展规律，牢牢把握稳中求进工作总基调，落实高质量发展要求，坚持农业农村优先发展总方针，以实施乡村振兴战略为总抓手，对标全面建成小康社会“三农”工作必须完成的硬任务，抓重点、补短板、强基础，探索走好具有首都特点的乡村振兴之路，以优异成绩庆祝中华人民共和国成立70周年。

一、加快补齐农村人居环境短板，营造乡村新面貌

（一）实施“百村示范、千村整治”工程专项行动。深入学习浙江“千村示范、万村整治”工程经验，扎实推进我市美丽乡村建设三年行动计划。聚力打造“百村示范”，遴选培育一批体现产业兴旺、生态宜居、乡风文明、治理有效、生活富裕总要求、具有北京特色的“乡村振兴示范村”，探索可复制可推广的乡村发展建设路径和长效机制。按照“清脏、治乱、增绿、控污”要求，滚动推进“千村整治”，每年集中推进1 000个左右村环境整治和美丽乡村建设工作，打造集中连片、点线面结合的美丽乡村风景线。重点抓好到冬奥会世园会、雁栖湖会都、大兴国际机场、城市副中心沿线周边村庄和通州区、延庆区美丽乡村建设，形成近中远相结合可学可看的美丽乡村样板群。到2020年，美丽乡村建设取得重要进展，初步创建100个左右示范引领村，高水平完成农村人居环境整治任务，农民环境与健康意识普遍增强，长效管护机制运转有效。允许各区按规定统筹整合相关资金，集中用于“百村示范、千村整治”工程。美丽乡村建设与农村人居环境整治工作要同农村经济发展水平相适应、同当地文化和风土人情相协调、同山区搬迁和煤改清洁能源等工程相结合，注重实效，防止做表面文章。（责任单位：市农业农村局、市发展改革

委、市财政局、市规划自然资源委、市城市管理委、市园林绿化局、市水务局、市住房城乡建设委等，各涉农区区委区政府）

（二）开展村庄清洁专项行动。以“村村户户搞卫生，干干净净迎国庆”为主题，充分调动村“两委”的主动性，激发农民群众“自己的事自己办”的自觉，广泛动员，精心组织，打一场全民参与的村庄清洁战役，全面清理房前屋后、村街巷道、田间地头、河塘沟渠的垃圾、柴草、杂物、畜禽粪污等，着力解决垃圾乱丢乱扔、柴草乱堆乱积、农机具乱停乱放、污水乱泼乱倒、墙壁乱涂乱画、“小广告”乱贴乱写、畜禽乱撒乱跑等环境“脏乱差”现象和不文明行为，全市所有村庄都要保持干净整洁有序。（责任单位：市农业农村局、市城市管理委、市水务局、市卫生健康委、首都文明办等，各涉农区区委区政府）

（三）推进农村“厕所革命”专项行动。加大农村公共厕所、旅游厕所升级改造力度，逐步消灭旱厕和非卫生公厕，对公共厕所、旅游厕所实行定位和信息发布。合理选择户厕改造模式，宜水则水、宜旱则旱，加快推进剩余未改或未达标的户用卫生厕所建设和改造。统筹改厕和污水处理设施建设，进一步完善技术标准和改厕模式。结合农村实际推进厕所粪污分散处理、集中处理或接入污水管网统一处理，实行“分户改造、集中处理”与单户分散处理相结合，鼓励联户、联村、村镇一体治理。积极推动社会化、专业化、市场化服务，加强厕所后续使用维护和厕所粪污处理。到 2020 年，90％以上行政村公共卫生厕所达到三类以上标准，98％的户厕达到卫生厕所要求。（责任单位：市城市管理委、市卫生健康委、市文化和旅游局、市水务局、市农业农村局，各涉农区区委区政府）

（四）推进农村生活垃圾治理专项行动。加强垃圾收运处理体系建设，补足农村垃圾收集运输设施设备短板，巩固完善“村收、镇运、区处理”的垃圾运转处理体系，继续做好农村垃圾分类和资源化利用示范区创建活动。扎实推进非正规垃圾堆放点、拆违后建筑垃圾的整治，加强整治后场地的监管利用。鼓励各区在有条件的乡村探索建立垃圾处理农户付费制度，完善财政投入和农户付费合理分担机制。到 2020 年，99％的行政村生活垃圾得到处理，非正规垃圾堆放点整治全面完成，基本实现村镇生活垃圾收集转运设施和服务全覆盖。（责任单位：市城市管理委、市农业农村局，各涉农区区委区政府）

（五）推进农村生活污水治理专项行动。按照我市农村生活污水处理排放标准，严格乡村污水排放管理。因地制宜，采取城带村、镇带村、联村、单村等模式，集中或分散建设农村地区污水收集处理设施，积极推广低成本、低能耗、易维护、高效率的污水处理技术，逐村制定技术方案，并与“厕所革命”任务相衔接。区分轻重缓急，优先治理城乡接合部、重要水源地、民俗旅游村的生活污水，加快消除农户生活污水、废水向街巷直排现象。完善管护运行机制，继续实施农村污水处理设施在线监测系统建设。落实河长制，以农村的河塘沟渠为重点开展清淤疏浚，采取综合措施恢复水生态。到 2020 年，全市农村污水处理设施村庄覆盖率达到 50％以上，其中，城乡接合部、重要水源地和民俗旅游村的污水处理设施覆盖率高于 90％。研究制定彻底解决农村生活污水治理的计划方案，明确最终全面完成治理任务的时间表。（责任单位：市水务局、市发展改革委、市农业农村局、市生态环境局、市规划自然资源委，各涉农区区委区政府）

（六）推进乡村绿化美化专项行动。推进村庄公共空间、道路两侧、农田林网、庭院等绿化美化，积极发展林下经济、庭院经济，在村头巷尾、房前屋后、河旁渠边、零星空闲地等，依据规划拆违还绿、留白增绿、见空插树，在有条件的村头营建一片林，实现以绿治脏、以绿净村、以绿美村。到 2020 年，累计创建 1 000 个首都绿色村庄。（责任单位：市园林绿化局、市农业农村局，各涉农区区委区政府）

（七）推进“四好农村路”建设专项行动。深化乡村公路管理养护体制改革，推进实施“窄路加宽”，提高乡村公路大修比例，强化乡村公路危桥改造，加强乡村公路安全生命防护工程建设。出台乡村公路技术状况评定规范地方标准，持续开展乡村公路技术状况检测评定，推进“美丽乡村路”建设。以“四好农村路”示范区建设为抓手，以点带面促进全市农村交通工作全面提升。到 2020 年，行政村通公交（客车）达到全覆盖，基本实现“建好、管好、护好、运营好”的“四好农村路”总目标。（责任单位：市交通委、市农业农村局，各涉农区区委区政府）

二、夯实都市现代农业基础，推动农业高质量发展

（八）**持续深化农业“调转节”**。围绕“巩固、增强、提升、畅通”，深化农业供给侧结构性改革，强化高质量绿色发展导向，大力发展区域特色和绿色优质农产品生产，不断提升农业质量效益和竞争力。巩固农业“调转节”成果，大力实施精耕细作的农艺模式，切实转变农业粗放经营方式，推动农业绿色发展。规范规模化畜禽养殖场养殖投入品使用，推广节水节地清洁养殖工艺，促进畜牧业转型升级。深入推进“大棚房”问题清理整治，细致排查，彻底整改，确保按时保质完成整治任务，并建立健全设施农业长效监管机制。强化永久基本农田建设保护，完成农业生产空间划定。加强高标准农田建设，继续推进高效节水灌溉工程实施，抓好骨干基础设施、田间节水设施建设及运行维护，强化土壤污染防治，实施耕地土壤环境质量分类管理。开展测土配方施肥，推广水肥一体化技术和精准施肥技术，有序推进果菜有机肥替代行动，提升耕地质量、水肥利用效率。大力推进生物防治，提升绿色农药施用比例，促进病虫害专业化统防统治与绿色防控融合。深化农业水价综合改革。加大非洲猪瘟等动物疫情监测防控力度，坚持疫情防控和优化提升产业发展两手抓，确保生产安全有序，确保市场供应稳定。到2020年，农业高效节水灌溉基本实现全覆盖，灌溉水有效利用系数提高到0.75以上，农业年用新水控制在4.5亿$米^3$左右，化肥利用率提高到40%以上，农药利用率提高到45%以上，化肥、农药使用量比2015年分别下降28%、15%。（责任单位：市农业农村局、市规划自然资源委、市水务局、市生态环境局、市园林绿化局，各涉农区区委区政府）

（九）**不断强化农业科技创新推广**。加强现代农业产业技术体系创新团队建设，推动现代种业、智慧农业、绿色投入品等领域创新发展和成果转化。制定实施北京现代种业发展三年行动计划，围绕种业创新服务平台、成果转化平台、交流交易平台、南繁科研育种平台建设，构建以高等学校、科研院所为主体的基础性公益性研究和以企业为主体的商业化育种相结合的种业创新体系，形成集研发、展示、示范、交易、服务一体化的全产业链。制定实施平谷区农业科技创新三年行动计划，探索“政府＋科研院所高等学校＋企业”的合作模式，打造产学研深度融合平台，建设北京平谷国家农业科技园区和北京京瓦农业科技创新中心，加快先进实用技术集成创新与推广应用，培育高端、高效农业发展模式。深入推进“互联网＋现代农业”，加强物联网和互联网技术服务支撑，大力发展数字田园、智慧养殖、智能农机。实施数字乡村战略，加强数字农业农村系统建设，推进农产品全产业链大数据应用，全面推进信息进村入户。深入推进科研成果权益改革，完善农业科技创新激励机制，将优化营商环境的措施深入到农业农村领域，落实兼职兼薪、成果权益分配政策，创新公益性农技推广服务方式，进一步激发各类科技力量、市场主体的创造力。到2020年，农业科技进步贡献率达到75%。（责任单位：市农业农村局、市科委、市规划自然资源委、市园林绿化局、市农林科学院，各涉农区区委区政府）

（十）**强化农产品质量安全保障**。扎实推进北京农产品绿色优质安全示范区建设，完善市、区、乡镇、村四级监管体系，加快建设和完善农资、农产品追溯及质量安全监管信息系统，实现与国家追溯平台的对接和互联互通。强化源头治理，推动绿色防控及健康养殖技术集成与综合应用，深入推进全程标准化生产。通过产业结构、生产方式、技术体系的转变和健全完善全产业链监管制度，加快推进绿色、有机农产品发展。支持“一村一品”、专业村镇建设，培育独特品种、特殊品质、特定区域的特色农产品，恢复示范一批北京“老口味”农产品，打造京味精品。继续开展“北京农业好品牌”评选活动，创响一批“京字号”“农字号”特色安全优质产品品牌。到2020年，自产农产品质量安全监测抽检合格率达到98%以上，“三品一标”农产品认证覆盖率达到75%以上，形成名优品牌100个，全市创建成为农产品质量安全市。（责任单位：市农业农村局、市市场监督管理局、市园林绿化局、市商务局，各区区委区政府）

（十一）**加强乡村流通现代化建设**。积极推动物联网、大数据等新技术与乡村流通融合发展，逐步构建绿色、安全、便捷、高效的乡村现代流通体系。完善农产品市场信息服务体系，实施“互联网＋”农产品出村进城工程，以电子商务为平台，打造线上与线下结合的“互联网＋乡村流通”新模

式。引导和支持品牌连锁企业将服务网点和服务功能向乡村延伸，鼓励连锁零售服务、物流服务、金融服务、网络服务、消费服务等融合发展。支持现代物流企业、电商企业渠道下沉农村，提高农产品冷链流通率。（责任单位：市商务局、市农业农村局、市园林绿化局、市经济和信息化局，各涉农区区委区政府）

（十二）推进农业废弃物资源化利用。大力推进畜禽粪污治理和资源化利用，对规模养殖场实施标准化改造提升，建立畜禽粪肥还田利用机制，促进种养循环。建立规模养殖场直联直报信息系统，对养殖场污染实行台账管理，限期治理。推进农膜、农药及肥料包装废弃物回收处置和农作物秸秆、林果废枝综合利用，集成推广一批收、储、运、用典型模式，形成综合化利用长效机制。到2020年，全市规模养殖场粪污处理设施装备基本达到全覆盖，规模养殖场畜禽粪污综合利用率达到90%，农作物秸秆综合利用率达到98.5%。（责任单位：市农业农村局、市园林绿化局、市生态环境局，各涉农区区委区政府）

三、聚力精准施策，激发乡村发展活力

（十三）不折不扣完成低收入村低收入农户帮扶任务。把低收入村低收入农户帮扶作为实施乡村振兴战略的优先任务，到2020年现行标准下的低收入农户家庭人均可支配收入超过标准线，全市低收入村全部消除。坚决落实“六个一批”的政策部署，把工作重点向尚未超过现行标准线的农户、丧失劳动能力的农户倾斜，落实好产业、就业、科技、教育、医疗、助残、住房等方面帮扶措施，基本完成低收入农户危房改造任务，切实实现较高标准的保障目标。加强开发式帮扶与保障性帮扶统筹衔接，着力解决“一兜了之”和少部分人等靠要问题，增强低收入群体内生动力和自我发展能力。总结推广村企、村校对接和社会帮扶的经验，着力培育扶持低收入村形成一批新产业新业态。进一步压实帮扶责任，加强增收监测和督导检查，严格问责问效。（责任单位：市农业农村局、市人力社保局、市卫生健康委、市教委、市民政局、市住房城乡建设委、市国资委、市残联、市财政局、市统计局等，各区区委区政府）

（十四）大力发展农村集体经济。分区研究集体经济发展计划，加大对农村集体经济组织的扶持力度，大力发展绿色富民产业，促进农民持续增收。支持和鼓励农村集体经济组织结合“村地乡管”试点、盘活利用闲置农宅发展乡村旅游等产业，利用财政资金所形成的资产以及集体土地经营权入股、参股农民专业合作社和各类企业等，发展壮大集体经济。创新用地方式，通过镇域或区域统筹规划集体建设用地指标，采取由村集体土地入股、持有异地建设物业的方式，增加集体收入。聚焦集体经济薄弱村，结合实际制定“一村一策”的产业发展及扶持方案，各区可采取资金整合、先干后补、与社会资本合作、政府引导基金等方式，加大产业扶持引导，市级财政通过以奖代补方式给予适当奖励。不断巩固和扩大新型集体林场试点成果，完善集体林业长效发展体制机制，进一步强化乡镇和村集体经济组织的主体作用，按照平原造林管护、规模化苗圃、山区营林招用本地农民分别不低于60%、50%、80%的要求逐一登记造册，做到人员可核查、信息可追踪、管理可问效，切实让更多农民参与到林业工程建设和资源管护中来。全面完成农村集体资产清产核资，建立健全集体资产登记、保管、使用和处置等制度，探索集体资产股权质押贷款办法。完善利益联结分享机制，把以农业农村资源为依托、符合区域布局要求的二、三产业尽量留在农村，把整个农业产业链的增值收益、就业岗位尽量留给农民。到2020年，除了个别确不具备发展条件的村以外，基本消除年集体经营收入10万元以下的集体经济薄弱村。（责任单位：市农业农村局、市文化和旅游局、市发展改革委、市规划自然资源委、市园林绿化局、市财政局、市地方金融监管局等，各涉农区区委区政府）

（十五）加快推进休闲农业与乡村旅游提档升级。结合创建国家全域旅游示范区，进一步完善土地、资金支持政策，强化交通、电力、停车场等配套基础设施建设，持续推进生态沟域、田园综合体等建设与发展，打造一批休闲农业和乡村旅游精品路线。研究出台乡村民宿健康发展指导意见，配套建立民宿安全、消防、税收等一系列管理制度，引导建设一批乡村民宿精品，促进传统农家乐提档升级。培育乡村优质旅游品牌，加强农业节庆、农事体验、生态休闲等活动的推广宣传，继续抓好特色旅游村镇、星级民俗村、民俗户创建工作。创新发展具有传统文化和地域特色的乡村手工业，大力挖

掘农村能工巧匠，扶持培育一批家庭工场、手工作坊、创意车间。（责任单位：市文化和旅游局、市农业农村局、市发展改革委、市规划自然资源委、市园林绿化局、市财政局、市公安局、市市场监督管理局、市应急管理局、市卫生健康委等，各涉农区区委区政府）

（十六）积极培育引导各类人才服务乡村。建立市级统筹培训计划制度、区级人才统筹使用制度和乡村人才定向委托培养制度，着力建设一支以职业农民为主体、以科技人才为引领、以专业人才为保障、以乡土人才为特色的北京农业农村人才队伍。完善支持各类人才到农村创新创业的政策措施，鼓励有条件的区、乡镇建立农村创新创业园区（基地），设立乡村就业创业引导基金，积极引导科技、互联网、旅游管理、文化创意、市场营销等领域专业人才投身乡村振兴，大力支持高校毕业生、外出农民工、退役军人等返乡下乡创新创业。创新培养、评价、激励等机制，对作出突出贡献的各类人才给予表彰和奖励。探索建立“条块结合、以块为主”的农村公益岗位统筹管理机制，探索在乡镇一级有序统筹整合一批、调整转设一批农村公益就业岗位，推动岗位专业化、职业化，增加农民本地就近就业。加强新型职业农民培育，以培育技能型、经营型、管理型、创新型农民为目标，以乡村治理骨干、农村致富带头人、低收入农户为重点，更多采取订单式、套餐式、配送式、一站式服务等培训方式，着力培育一批“土专家”“田秀才”“农状元”，年内培育新型职业农民2万人。提高乡村人才服务保障能力，鼓励支持市属院校加大对农村各类专业人才的学历教育。深化“街乡吹哨、部门报到”改革，组织开展“千名干部科技人员进千村入万户”活动，推动农业农村系统人员下沉一线，引导市属涉农的院站队所人员直接到村庄农户、田间地头服务农民，确保每村有一名市级乡村指导员直接联系，不断提高“三农”工作的精准度和时效性。（责任单位：市委农工委、市委组织部、市人力社保局、市农业农村局、市园林绿化局、市民政局、市科委、市教委、市农林科学院、北京农业职业学院、北京农学院，各涉农区区委区政府）

四、全面深化农村改革，激活乡村要素市场

（十七）深化农村土地制度改革。在基本完成承包地确权登记颁证工作基础上，开展“回头看”，妥善化解遗留问题，做好收尾工作，将土地承包经营权证书发放至农户手中。研究第二轮土地承包到期后延包的具体办法，确保政策衔接平稳过渡。推进承包地“三权分置”，在具备条件的乡镇审慎稳妥开展镇域（联村）承包地统一流转试点，积极推进土地股份合作，发展多种形式农业适度规模经营。巩固“大棚房”问题整治、浅山区违法建设治理成果，坚持农地农用，健全以乡镇为主责的土地流转规范管理制度，通过“村地乡管”等方式，加强土地流转合同备案和经营主体资质审查，严格农业设施等用地管理。继续抓好集体产业用地统筹利用、集约减量试点，在对接分区规划的基础上加快推动实施。研究制定农村产业融合发展用地保障措施，探索开展以点状供地、经营租赁、盘活置换等方式支持农村新产业新业态发展，满足合理需求。研究制定农村宅基地建房的管理办法，加快推进宅基地使用权确权登记颁证工作，规范引导闲置农宅盘活利用。继续推动大兴区农村土地制度三项改革试点，巩固运用好改革成果。（责任单位：市农业农村局、市规划自然资源委、市发展改革委，各涉农区区委区政府）

（十八）大力培育新型农业经营主体。突出抓好家庭农场、新型集体林场、农民合作社等新型农业经营主体，实施家庭农场、新型集体林场、农业“好把式”培育选树计划，开展农民合作社规范提升行动，深入推进示范合作社建设，现有及新增的农业补贴政策重点向新型农业经营主体调整倾斜。充分发挥现有国家级和市级示范社的示范带动作用，以实行全员注册、加强成员账户管理和提高服务带动能力为抓手，进一步推进合作社规范化建设。鼓励以示范社为载体，通过吸收新社员、兼并重组同类小型合作社以及相互联合等方式，扩大规模、丰富产品、做强品牌。健全农业社会化服务体系，支持农民合作社开展农技推广、土地托管、代耕代种、统防统治等农业生产性服务，完善“农户＋合作社”“农户＋公司”等利益联结机制，实现小农户和现代农业发展有机衔接。充分发挥农业龙头企业和产业化联合体带动作用，健全农村一二三产业融合发展利益联结机制，让农民更多分享产业增值收益。重视“新农人”的培育和扶持，帮助指导其规范有序发展现代农业和融合性产业，严防农地非农化。（责任单位：市农业农村局、市园林

绿化局，各涉农区区委区政府）

（十九）**提升金融服务乡村振兴水平**。统筹强化政策引导，充分利用农业融资担保、融资租赁、保险、信贷等金融工具，把更多金融资源配置到农业农村重点领域和薄弱环节，更好满足乡村振兴多样化、多层次的金融需求。加强农村金融产品创新，积极满足高标准农田建设、农业科技研发、现代种业、农产品加工、智慧农业产品技术推广、农产品冷链仓储物流、现代农业产业园、农旅结合等领域的合理融资需求，促进一二三产业融合发展。探索开展适合新型农业经营主体的订单融资和应收账款融资，以及农业生产设备、设施抵押贷款等业务。进一步完善农业领域金融扶持政策，通过贷款贴息、担保费补贴等方式，降低融资成本。继续做好农村承包土地经营权、农民住房财产权、集体经营性建设用地使用权抵押贷款工作，促进农村土地资产和金融资源有机衔接。在可持续的前提下全面提升农村地区支付服务水平，加快推进农村信用体系建设，强化农村地区金融消费权益保护。扩大政策性农业保险保障范围，科学合理确定农业经营主体承担的保费水平，提高保障程度。探索重要农产品价格保险、天气指数保险、“保险＋期货”、贷款保证保险等试点，支持保险资金开展支农融资业务创新试点，进一步完善农业再保险体系和大灾风险分散机制。完善市场化风险处置机制，增强涉农业务风险防控能力。（责任单位：人民银行营业管理部、北京银保监局、市地方金融监管局、市财政局、市农业农村局，各涉农区区委区政府）

五、完善乡村治理机制，保持农村社会和谐稳定

（二十）**加强农村基层组织建设**。以提升组织领导力和服务带动力为重点，持续加强农村基层党组织体系建设，发挥农村党支部战斗堡垒作用。高标准完成村“两委”换届选举，选优配强班子，实现农村基层党组织全面进步、全面过硬。切实加强和改善村党组织对村级各类组织的领导，村党组织书记应当通过法定程序担任村民委员会主任。深化农村党支部规范化建设，全面推行村级组织主要负责人个人重大事项报告、村干部任期和离任经济责任审计等制度。实施村级组织成员整体素质提升行动，开展新一届村“两委”干部培训工作，创新培训方式，丰富培训内容，切实提升履职能力。持续推进农村基层干部人才培养工程，继续开展村务管理专业大专学历教育，招好管好用好农村党建助理员、本乡本土毕业大学生、退役军人、农村后备人才等队伍。建立第一书记派驻长效工作机制，全面向低收入村、软弱涣散村和集体经济薄弱村派出第一书记，并向乡村振兴任务重的村拓展。（责任单位：市委农工委、市委组织部、市民政局、市人力社保局、市委教工委、市教委、市退役军人事务局，各涉农区区委区政府）

（二十一）**加强乡村治理能力建设**。研究制定健全党组织领导的自治、法治、德治相结合的乡村治理体系规范性意见，进一步推进村务公开和民主管理工作深入开展。加强乡镇政务中心建设，打造“一站式服务”综合服务平台，推广应用“互联网＋服务”模式，打通直接服务农民的“最后一公里”。健全村级议事协商制度，全面落实“四议一审两公开”工作法。发挥群众参与治理主体作用，开展乡村治理示范村创建。加强村级权力有效监督，深入推进村务监督委员会建设，通过法定程序将村党组织成员特别是纪检委员推选为村务监督委员会主任。深入推进扫黑除恶专项斗争，坚决杜绝“村霸”等黑恶势力对基层政权的侵蚀。严厉打击邪教组织、非法宗教活动向农村地区的渗透。持续推进平安乡村建设，做好农村矛盾纠纷排查调处化解，加强乡村旅游、交通、消防、公共卫生、食品药品安全、地质灾害等公共安全事件易发领域隐患排查和专项治理，遏制各类安全事故发生，维护农村和谐稳定。（责任单位：市委农办、市委农工委、市委组织部、市委宣传部、市委政法委、市农业农村局、市民政局、市公安局、市司法局、市市场监督管理局、市应急管理局等，各涉农区区委区政府）

（二十二）**加强农村精神文明建设**。以培育和践行社会主义核心价值观为统领，加强农村精神文明建设，深入开展移风易俗、弘扬时代新风行动，破除陈规陋习，抵制封建迷信活动。加强农村公共文化建设，深入挖掘传承优秀农耕文化、红色文化、乡土文化及传统村落资源，积极培育具有京韵农味的乡村文化。加强宣传教育，切实抓好爱国卫生运动、文明村镇建设、违法建设拆除、村规民约修订等工作，教育引导农民养成良好卫生文明习惯，培育文明乡风。深入开展“寻找北京最美的乡村”“讲述乡村振兴故事”等系列活动，总结宣传

推广一批乡村振兴过程中的典型案例、创新做法和模范人物，发挥好榜样的示范引领作用。继续推进乡情村史陈列室建设。办好北京市庆祝“中国农民丰收节”、北京市农民艺术节等活动，广泛开展公益惠民演出活动，丰富农民精神文化生活。扎实推进延庆区新时代文明实践中心建设试点，在各区谋划和布局新时代文明实践中心建设。（责任单位：市委宣传部、市委农工委、市农业农村局、市文化和旅游局、首都文明办，各区区委区政府）

六、加强党对“三农”工作的领导，落实农业农村优先发展总方针

（二十三）强化五级书记抓乡村振兴。坚持完善党委统一领导、政府负责、党委农村工作部门统筹协调的农村工作领导体制。完善市委农村工作领导小组及办公室工作机制，履行好牵头抓总的职能，把方向、管大局、定政策、促落实，切实把全市“三农”工作统筹抓起来。深化党政机构改革，各涉农区要设立党委农村工作领导小组，强化党委和政府农业农村工作部门职能作用，确保上下贯通、工作衔接、执行有力。实行市级统筹、区负总责、乡镇抓落实的农村工作机制，严格督查考核，强化各级党委和政府第一责任。出台区党政领导班子和领导干部推进乡村振兴战略的实绩考核意见，并将考核结果作为综合考核评价领导班子和领导干部的重要参考。（责任单位：市委农办、市委农工委、市委组织部、市农业农村局等，各涉农区区委区政府）

（二十四）落实“四个优先”要求。要把农业农村优先发展的政策导向牢固树立起来，像抓城市工作一样抓好“三农”工作，像抓城市背街小巷一样抓好农村人居环境，像抓城市治理一样抓好乡村治理。加强“三农”干部的培养、配备、管理、使用，着力建设一支懂农业、爱农村、爱农民的农村工作队伍。建立健全实施乡村振兴战略财政投入保障制度，确保公共财政投入力度不断增强、总量持续增加，并切实加强对资金使用的绩效评估。在坚持对城近郊区土地收益返还比例50%、远郊区土地收益返还比例100%的基础上，督促各区不断提高土地收益用于农业农村的比例，鼓励各区不断提高金融服务乡村振兴的能力和水平。瞄准城乡基本公共服务均等化目标，加快推进教育、医疗卫生、社会保障、养老、文化体育等城乡基本公共服务标准统一、制度并轨，实现从形式上的普惠向实质上的公平转变。加强农村儿童学前教育，推动城乡义务教育一体化发展。各区、各部门要围绕全面建成小康社会必须完成的硬任务，结合实际情况逐项分解乡村振兴目标任务，制定专项工作方案，细化强化工作举措，建立专项督导机制，确保按时保质完成各项工作。（责任单位：市委农办、市委农工委、市委组织部、市委教工委、市农业农村局、市发展改革委、市财政局、市教委、市地方金融监管局等，各区区委区政府）

（二十五）强化乡村规划引领，分类推进实施。抓紧制定北京市村庄布局规划、区级乡村规划编制指导意见，为村庄规划编制提供上位依据。各区党委和政府要统筹推进乡村规划工作，立足城镇建设区、生态保护红线区、乡村风貌区三类地区的乡村空间和功能布局，科学划定整治完善类、城镇集建类、特色提升类、整体搬迁类村庄，建立村庄类别名单，分类指导规划编制，因地制宜推广编制简易版规划，确保村庄规划符合实际并能落地实施。按照先规划后建设的原则，通盘考虑土地利用、产业发展、居民点建设、人居环境整治、基础设施与公共服务设施建设配套、生态保护和历史文化传承，尊重农村山水乡俗多样性，注重保持乡土风貌，编制多规合一的实用性村庄规划。加强对村民住房建设、村庄风貌、建筑风格和色彩的管控引导，打造京韵农味的美丽乡村。遵循乡村发展规律，不搞层层加码，不搞一刀切，杜绝形式主义。推行乡村责任规划师制度，建立完善规划师驻村管理机制，加强村庄规划编制过程管理，确保规划质量，不能“千篇一律”“千村一面”。2019年新启动一批村庄的规划编制，到2020年村庄规划覆盖率达到60%以上，逐步有序实现规划管理全覆盖。（责任单位：市规划自然资源委、市农业农村局，各涉农区区委区政府）

（二十六）压实村“两委”主体责任，发挥好农民主体作用。建立和完善农民参与乡村振兴的引导机制，把发动群众、组织群众、服务群众贯穿乡村振兴全过程，充分尊重农民意愿，弘扬自力更生、艰苦奋斗精神，激发和调动农民群众积极性主动性创造性。在乡镇搭建工作统筹平台，以村为单位推进各项任务落实，村党组织书记作为第一责任人，要做好宣传发动、组织实施、长效维护等工

作。发挥政府投资的带动作用，通过民办公助、筹资筹劳、以奖代补、以工代赈等形式，引导和支持村集体和农民自主组织实施或参与直接受益的村庄基础设施建设、农村人居环境整治和绿色生态建设。（责任单位：市委农工委、市发展改革委、市财政局、市农业农村局等，各涉农区区委区政府）

北京市副市长卢彦 2019 年 3 月 4 日在北京市农村工作会议上的报告

市委、市政府对这次会议非常重视。会前，市委常委会、市政府常务会议分别研究了北京市贯彻落实中央一号文件的相关方案，召开了市委农村工作领导小组第一次会议，蔡奇书记、吉宁市长对北京市实施乡村振兴战略、促进城乡融合发展提出了明确要求。蔡奇书记将做重要讲话，我们要认真学习领会，抓好贯彻落实。

一、乡村振兴实现良好开局

党的十九大以来，我们以习近平新时代中国特色社会主义思想为指导，以实施乡村振兴战略为总抓手，准确把握“大城市小农业”“大京郊小城区”的市情农情，围绕乡村改革、乡村发展、乡村建设、乡村文化、乡村治理五篇文章扎实开展工作，实现了良好开局。主要有以下几个特点：

从政策设计上搭起了“四梁八柱”，市委市政府先后制定了实施乡村振兴战略的措施、五年规划，市有关部门配套了一批工作方案；从组织保障上落实了五级书记抓乡村振兴，书记、市长带头，市“四大家”领导二、三季度开展了大调研，四季度召开了现场推进会；从工作机制上形成了统筹联动的工作格局，建立了低收入村帮扶体系，美丽乡村建设实现了部门联动，一些重点工作搭建了工作专班；从任务摆布上实现了重点项目有序推进、纵深突破，造林绿化、水污染防治大力实施，环境整治由点及面，农村“煤改清洁能源”在平原地区基本完成，村“两委”换届选举如期进行，农村民生持续改善，农村社会保持和谐稳定。

但我们还要看到，农业农村还是和谐宜居城市建设中最薄弱的环节、最明显的短板。虽然农村人居环境整治下了很大力气，但长效机制不够健全，一些地区“脏乱差”现象仍较突出，农民群众投诉反映比较集中；虽然农业在科技、市场等方面条件优越，但创新转化、市场竞争力不够，农业发展质量效益优势并不明显；虽然农村改革力度很大，投入力度也较强，但农村集体经济发展不充分的问题仍很突出，还未完全实现从“输血”向“造血”机能的转换；虽然有工作队伍、监管机制，但农业的生物安全体系、标准体系及监管体系仍不够完善，“大棚房”、非洲猪瘟等问题不同程度发生，等等。这些问题都不容忽视、不可小视，我们一定要坚持底线思维，增强忧患意识，抓重点、补短板、强基础，加快解决农民群众反映最强烈、要求最急迫的问题，民有所呼，我有所应，不断增强农民群众的获得感幸福感安全感。

二、进一步明确 2019、2020 两年的工作思路和抓法

市委、市政府已经明确了北京市乡村振兴的路线图、施工图，印发大家讨论的这个文件，是对标对表中央要求，结合北京实际拿出的一套可落实、可考核、执行层面的方案。与往年相比，2019 年有三个明显不同之处，即文件是对标 2019、2020 两年必须完成的硬任务，时间节点十分明确；考核是以国庆 70 周年为主线，重大服务保障十分明确；检验是以工作实绩为主，量化考核、群众评价十分明确。

（一）围绕“三项重要任务”抓工作，在高标准上下功夫

对标 2020 年全面建成小康社会必须完成的硬任务，最紧要的有三项重要任务：即农村人居环境整治、农业“调转节”、低收入村低收入农户帮扶，既是民生工程又是政治任务，是重中之重、急中之急，必须高标准完成。要着力推动农村人居环境由

重点整治向全面推开、整体提升转化，“调转节”由面上平均用力向生态涵养区、密云水库库滨带等重点区域重点环节突破提升转化，低收入帮扶由收入简单过线向综合保障、实现“造血”、巩固提升转化。各区、各部门都要围绕必须完成的硬任务，结合实际情况逐项分解乡村振兴目标任务，拿出工作方案，细化工作举措，切实把政策支持、投入保障、资源调度、人力配备等，重点向硬任务聚焦，集中优势兵力、尽锐出战，压实责任、攻坚克难，确保按时收官交账。

（二）围绕首都“三农”特点抓工作，在高质量上下功夫

紧扣“大城市小农业”“大京郊小城区”的市情农情，利用超大城市的产业带动、消费带动、就业带动和科技推动等资源优势，把绿色优质农产品供应、优美生态环境保障、农民转移就业和持续增收等文章做好做优，把“三农”这个基本盘做扎实。以新中国成立70周年庆祝活动为“纲”，找准农业农村在保障“四个中心”建设、提升“四个服务”水平中的定位，统筹推动减量发展、创新发展、高质量发展，与全市中心工作同频共振、不拖后腿，努力走好具有首都特点的乡村振兴之路。

（三）围绕具体目标抓工作，在高水平上下功夫

围绕“三项重要任务”，2019、2020两年部署了7个专项行动、15项具体工作，明确了20余项可量化、可考核的工作指标，这些都要向社会公开、向群众明示。各区、各部门必须要动真格、见实效，强化重要节点、薄弱环节的意识，倒排工期，挂图作战，打出提前量，不能把工作任务都压在2020年，不搞临门一脚，重心要往前移，工作要往前赶。2019年，市委将对各涉农区党政领导班子和领导干部推进乡村振兴战略开展实绩考核，核心就是考核思想重视、工作落实是否到位，在考核方法上则有“三个摆脱”：即摆脱了单纯由主管部门认定打分、定性评价，更加注重群众满意度、公众评价和新闻曝光；摆脱了年底让各区搞突击、靠填表、一锤定音，考核重在平时，更加注重过程评价、定量分析；摆脱了工作上面面俱到、泛泛评价，更加聚焦重点领域关键环节，关键是看硬任务完成情况。各区只有把重点工作、问题整改和对乡镇的实绩考核抓在手上、放在心上，才能少丢分、不落后。

（四）围绕调动农民积极性抓工作，在广泛动员上下功夫

要把发动群众、宣传群众、组织群众、服务群众贯穿乡村振兴全过程，规划编制、风貌管控、技术选型、产业帮扶等要充分尊重农民意愿，发挥农村党支部战斗堡垒作用，不断激发和调动农民群众的积极性主动性创造性。切实压实村“两委”主体责任，乡镇要搭建工作统筹平台，以村为单位推进各项任务落实。注重发挥政府投资的带动作用，通过民办公助、筹资筹劳、以奖代补、以工代赈等形式，最大限度地引导、支持农民自主组织实施或参与村庄基础设施建设、农村人居环境整治和绿色生态建设，让农民从劳动中获得收益。要讲好乡村振兴故事，发挥好榜样的示范引领作用。

三、对标全面建成小康社会“三农”工作必须完成的硬任务，全力完成2019、2020两年乡村振兴重点任务

文件讨论稿已经印发大家，这里就几个关键节点和具体问题强调几点。

（一）以“百村示范、千村整治”工程为统领，加快补齐农村人居环境短板

改善农村人居环境是实施乡村振兴战略的第一场硬仗。中央明确了农村人居环境整治三年行动方案，2018年底又部署了在全国深入学习和推广浙江“千万工程”经验。结合北京市实际，我们要久久为功，持续发力，扎扎实实抓住几个关键节点。

节点一，全面开展村庄清洁专项行动。以“村村户户搞卫生，干干净净迎金秋”为主题，充分激发农民群众“自己的事自己办”的自觉，全面宣传，广泛发动，打一场全民参与的村庄清洁战役。按照清脏、治乱、增绿、控污“八字”要求，全面清理房前屋后、村街巷道、田间地头、河塘沟渠的垃圾、柴草、杂物，着力解决垃圾乱丢乱扔、柴草乱堆乱积、车辆乱停乱放、污水乱泼乱倒、墙壁乱涂乱画等环境“脏乱差”现象和不文明行为，大力推进村头巷尾、道路两侧绿化美化。打扫卫生是一项最基础的工作，不用等规划、不用大投入，必须先做，都应做好。在4月15日前，2018年重点推进的1 081个环境整治村要达到验收标准；在9月15日前，全市所有村庄都要达到干净整洁有序，

并能长期坚持下去。

节点二，聚焦“百村示范”，打造美丽乡村风景线。按照乡村振兴总要求，在编制规划的基础上，树立目标导向，围绕“五个振兴”，聚力打造100个左右具有北京特色的乡村振兴“示范村”，探索可复制可推广的乡村发展建设路径和长效机制，发挥好示范引领作用。2019 年重点要抓好到冬奥会世园会、雁栖湖会都、大兴国际机场、城市副中心沿线“四条线”周边村庄和通州、延庆两区的美丽乡村建设，形成集中连片、点线面结合的美丽乡村风景线。在推进过程中，各区可以按规定统筹整合相关资金，集中用于“百村示范”，要注重实效，防止做表面文章。

节点三，对农村厕所、污水、垃圾和人居环境整治实行按月调度、定时验收。扎实推进农村“厕所革命”专项行动，加大公厕、户厕改造力度，逐步消灭非卫生厕所。扎实推进农村生活垃圾治理专项行动，进一步巩固完善“村收、镇运、区处理”的垃圾运转处理体系。扎实推进农村生活污水治理专项行动，与“厕所革命”任务相衔接，优先治理城乡接合部、重要水源地、民俗旅游村的生活污水，因地制宜逐村制定技术方案。年底，国务院将对农村人居环境整治、“厕所革命”和污水治理情况进行大督查。市里将建立督促指导和检查考核机制，对重点工作每月调度、定时考核，评估考核结果定期向市委、市政府报告，并对工作中存在的突出问题加大曝光、问责力度。

节点四，强化乡村规划引领，分类推进实施。把加强乡村规划管理作为乡村振兴的基础性工作和美丽乡村建设的前置条件，抓紧制定全市村庄布局规划、区级乡村规划编制指导意见，逐步有序实现规划管理全覆盖。各区党委和政府要统筹推进乡村规划工作，立足城镇建设区、生态保护红线区、乡村风貌区三类地区功能布局，科学划定整治完善类、城镇集建类、特色提升类、整体搬迁类四类村庄，系统建立村庄类别名单，根据实际情况，或纳入新城或小城镇建设规划、或编制美丽乡村建设全版本规划、或编制简易版村庄规划。简易版村庄规划在通州、顺义两个镇开展了试点，要抓紧总结经验，适时推广应用。不管是哪种类型的规划，都应是遵循乡村发展规律、体现多规合一的实用性村庄规划，确保基层易把握并能落地实施。全面推行乡村责任规划师制度，加强村庄规划编制过程管理，强化对村民住房建设、村庄风貌、建筑风格和色彩的管控引导。2018 年已完成规划编制的 1 064 个村，各区要在 6 月底前完成审批，2019 年再启动1 000个左右村庄的规划编制工作。

美丽乡村建设，我们到 2020 年的目标是，90%以上的行政村公共卫生厕所达到三类以上标准，98%的户厕达到卫生厕所要求，99%的行政村生活垃圾得到处理，农村污水处理设施村庄覆盖率达到50%以上，其中，城乡接合部、重要水源地和民俗旅游村的污水处理设施覆盖率高于 90%，累计创建 1 000 个首都绿色村庄，基本实现“建好、管好、护好、运营好”的“四好农村路”总目标。各区、各部门要对照这些目标，找出差距，拿出实招，补上短板，确保如期兑现。

（二）紧抓“两线两翼”，加快推动农业高质量发展

2019、2020 两年农业安排了 5 项工作，归纳起来，就是“两线两翼”。其中，“调转节”是主线，科技和市场是两翼，绿色安全是底线。各涉农区要围绕这“两线两翼”求突破、上台阶，把准方向，创响一批“京字号”安全优质农产品品牌和基地，更好地满足市民日益增长的绿色消费需求。

方向一，以“调转节”为农业发展主线，深化农业供给侧结构性改革。“调转节”是北京市贯彻落实习近平总书记 2014 年视察北京重要讲话精神的具体政策举措，取得了阶段性成果。进入后半程阶段，更要牢记当初制定政策的初心和目的，坚决调出符合首都功能定位的农业产业结构，切实转向高质量的发展轨道，必须节出绿色生态的发展方式，让绿水青山就是金山银山的理念在农业领域形成生动实践。

要持续深入推进“调转节”。按照新总规要求，北京市耕地保有量将不低于 166 万亩①、耕地保有量储备区有 34 万亩，加起来是 200 万亩耕地，同时还有两个百万亩造林、1 000 万亩山区生态林需要经营管护。这块资源发展是长远的，管护是长期的，受益是持续的，工作重心要更加突出“转”和“节”。全面推广精耕细作的农艺模式，大力发展绿色、有机农业，支持“一村一品”、专业村镇建设，做好“特”字文章，培育独特品种、特殊品质、特定区域的特色农产品，恢复示范一批北京“老口

① 亩为非法定计量单位，1 亩≈667 米^2。——编者注

味”农产品。保留的畜牧业要加快转型升级，推进生猪等规模养殖场生物安全管理水平全面提升。农业节水、节肥、节药要往深里做、往细里做，抓好田间节水设施建设与维护，深化农业水价综合改革，有序推进果菜有机肥替代，到2020年基本实现农业高效节水灌溉设施全覆盖，农业用水“可计量、必收费”的体系全面建立并执行有效，农业年用新水控制并稳定在4.5亿米^{3}左右，农药、化肥利用率分别提高到45%、40%以上。市级已明确各区的年用水量，3月底各区要进一步分解到乡镇和村。

要增强经营主体能力。全市还有近50万从事一产的农民、7 000多个农民合作社，有140多家市级以上农业产业化龙头企业，数量不少，但经营质量参差不齐，要下功夫培育提升其经营能力。在农民培训上要抓重点、转方式，更多采取订单式、套餐式、配送式、一站式培训，送技术技能到田间地头、生产一线，着力培育一支以“土专家”“田秀才”“农状元”为引领，有生产、管理、营销、服务等专业分工的新型农业经营主体，2019年要培训职业农民2万名以上。在经营模式上要有创新、推改革，承包地确权登记颁证工作已基本完成，在切实维护农民土地承包权益的基础上，积极探索放活经营权的制度设计，在具备条件的乡镇审慎稳妥开展镇域或联村承包地统一流转试点，积极推进土地股份合作，发展多种形式的适度规模经营。

方向二，以科技和市场为两翼支撑，主动向高精尖经济结构融入。北京农业，只从产业一维看微不足道，从产业、科技、市场三维审视则大有可为。种业是我们的优势产业，通过制定实施北京现代种业发展三年行动计划，建设多元平台，构建创新体系，形成研发、展示、示范、交易、服务一体化的全产业链，打造全国种业发展高地。结合区域功能定位，在平谷区深入探索“政府＋科研院所高等学校＋企业”的合作模式，建设北京平谷国家农业科技园区和北京京瓦农业科技创新中心，打造产学研深度融合平台和产业集群。

科技是手段、产品是成果、市场是终端，形成闭环才能发现价值。要全面畅通农产品销售渠道，以电子商务为平台，推进农产品全产业链大数据应用，引导和支持品牌连锁企业将服务网点和服务功能向乡村延伸，实施“互联网＋”农产品出村进城工程，不光是卖产品，还要把地产环境、文化创意、传统味道一起打包来卖，提升产品附加值。

方向三，以绿色安全为农业发展底线，加快形成绿色生产方式。绿色是农业的本色，但农业在一些环节长期存在不绿色不生态不规范的生产方式，其中，有两个问题触碰底线，我们必须旗帜鲜明地抓好做实，守住底线。

“大棚房”问题，破坏了“农地农用”底线。习近平总书记多次作出重要批示指示，我们必须从政治高度来认识和把握，深入推进清理整治，细致排查，彻底整改，确保按时保质完成整治任务，决不能反弹。巩固“大棚房”问题整治、浅山区违法建设治理成果，健全设施农业长效监管机制，建立以乡镇为主责的土地流转规范管理制度，通过“村地乡管”等方式，加强土地流转合同备案和经营主体资质审查，有效防止农地非农化。

农产品和食品安全问题，这是农业生产的底线要求，在这点上我们要作出示范、当好表率。以建设北京农产品绿色优质安全示范区为载体，切实强化源头治理，推进全程标准化生产，确保到2020年，全市创建成为农产品质量安全市。非洲猪瘟疫情具有长期性、复杂性，要坚持疫情防控和优化提升产业发展两手抓，确保生产安全有序，努力控制不新发疫情。同时，禽流感强制免疫要坚持做到100%，防汛、森林防火、动植物疫情防疫这根弦时时都要绷紧，责任要落实到位，确保不出问题。

（三）聚力精准施策，持续激发乡村发展活力

保持农民持续增收和集体经济持续健康发展是“三农”工作的出发点和落脚点，这在当前也是我们工作中的相对薄弱项，必须集成政策，深化改革，精准发力，改变现状。

一是不折不扣完成低收入村低收入农户帮扶任务。这是全面建成小康社会最大的硬任务，必须从讲政治的高度一抓到底、精准到户。虽然2018年北京市低收入农户平均收入已经超过了现行标准线，但平均不代表全部，还有一定比例的农户低于平均水平，也低于现行标准线，这部分群众是决定2019、2020两年低收入帮扶攻坚进展和成效的关键对象。“六个一批”的工作举措要向尚未过线的农户和丧失劳动能力的农户聚焦聚力，因户、因人施策，精准落实好产业、就业、科技、教育、医疗、助残、住房等帮扶措施，确保到2020年现行标准下低收入农户如期实现脱低目标，全市 234 个低收入村全部消除。要统筹衔接好开发式帮扶和保障性帮扶，着力解决“一兜了之”、全部包办和少部分人“等靠要”问题，形成“造血”发展机制，增强低收入群体自我发展能力。2018 年组织开展的村企、村校结对，取得了积极成效，从现在开始每月要组织一次拉练观摩，重点看培育的新产业、发展的新动能，年底要晒各区的成绩单。

二是多措并举激发农村集体经济发展活力。分区研究集体经济发展计划，特别是生态涵养区、密云水库库滨带等重点区域，要探索集体经济发展的新路径，实现产业兴、百姓富与生态美的有机统一。

措施一，加大农村资源资产盘活使用力度。重点是在深化“三块地”改革上有新进展。承包地，在平谷、大兴、顺义三个区各选一个村开展试点，通过集成、调整各项农业补贴政策，不断提高种粮种菜的比较效益，让种田与种树一样都能得到相对一致的平均收益，切实维护种地农民的积极性。集体产业用地，与实施分区规划相结合，加大对 11 个乡镇统筹利用集体产业用地试点的督促指导力度，争取年内取得实质性进展。落实农村产业融合发展用地保障措施，探索开展以点状供地、经营租赁、盘活置换等方式支持农村新产业新业态发展。宅基地，年内各涉农区都要选择一个村，开展房地一体宅基地使用权确权登记颁证试点，继续做好闲置农宅盘活利用。

措施二，加强对集体经济薄弱村专项扶持。探索将低收入村产业帮扶政策向集体经济薄弱村延伸，根据各村资源禀赋，精准制定“一村一策”的产业发展及扶持方案，着力培育发展集体经济。鼓励各涉农区采取资金整合、先干后补、与社会资本合作等方式，有针对性地加大产业扶持引导，市级财政通过以奖代补方式给予适当奖励。力争到 2020 年，除了个别确不具备发展条件的村以外，基本消除年集体经营收入 10 万元以下的 69 个集体经济薄弱村。

措施三，加快提升休闲旅游发展质量。针对近两年乡村旅游接待人次增速下降、人均消费水平滞涨的现象，重点是打造好“两类精品”。一个是结合创建国家全域旅游示范区，将美丽乡村、田园风光与景点景区有机串联，加强农业节庆、农事体验、生态休闲等活动的推广宣传，打造一批休闲农业和乡村旅游精品路线。一个是抓紧制定出台乡村民宿健康发展指导意见，重点破解民宿管理中涉及消防、安全、开具发票等方面的问题，引导建设一批乡村精品民宿，带动传统农家乐提档升级、转变经营理念。

措施四，不断强化乡镇和村集体经济组织的主体作用。调整政策取向，完善利益联结分享机制，切实把以农业农村资源为依托、符合区域布局要求的二、三产业尽量留在农村，把整个农业产业链的增值收益、就业岗位尽量留给农民，促进农民持续增收。不断巩固和扩大新型集体林场试点成果，按照平原造林管护、规模化苗圃、山区营林招用本地农民分别不低于 60%、50%、80%的要求，上半年要按人头完成登记造册，做到人员可核查、信息可追踪、管理可问效，切实让更多集体和农民参与到林业工程建设和资源管护中来。

为进一步提高“三农”工作的精准度和时效性，强化对农村的具体指导服务，要全面向低收入村、软弱涣散村和集体经济薄弱村派出第一书记，并向乡村振兴任务重的村拓展。围绕深化“街乡吹哨、部门报到”改革，推动全市农业农村系统人员下沉一线，组织开展“千名干部科技人员进千村入万户”活动，引导市属涉农的院站队所人员直接到村庄农户、田间地头服务农民，与第一书记派驻形成农村对接联系的全覆盖，确保每村有一名市级乡村指导员直接联系。

同志们！“三农”工作任重道远，我们要在工作实践中认真学习贯彻习近平总书记关于乡村振兴战略的重要论述和视察北京重要讲话精神，主动担当，奋发有为，打攻坚战，完硬任务，以优异成绩庆祝新中国成立 70 周年！

文件选载

中共北京市委组织部　中共北京市委农工委
北京市财政局　北京市农业农村局
关于坚持和加强农村基层党组织领导
扶持壮大村级集体经济的意见

（2019 年 7 月 22 日）

各相关区委组织部、区委农工委、区财政局、区农业农村局：

为深入贯彻落实习近平总书记关于发展壮大农村集体经济的重要指示精神，按照《中共中央组织部　财政部　农业农村部关于坚持和加强农村基层党组织领导扶持壮大村级集体经济的通知》（中组发〔2018〕18 号）和北京市农村工作会议要求，市委组织部、市委农工委、市财政局、市农业农村局决定，加大力度扶持壮大村级集体经济，开展扶持壮大村级集体经济试点工作，逐步消除农村集体经济薄弱村，实现村村都有稳定的集体经济收入，进一步增强村级自我保障和服务群众能力，提升农村基层党组织的组织力。现就有关事项通知如下。

一、工作目标

（一）总体目标

从现在起到 2022 年，加大政策支持、资金扶持和统筹推进力度，扶持壮大村级集体经济，到 2022 年底前，实现村级集体经济组织年集体经济收入（包括主营业务收入、其他业务收入、投资收益和营业外收入）超过 50 万元。

（二）试点目标

结合本市实际，聚焦农村集体经营性收入（包括主营业务收入、其他业务收入、投资收益），从年集体经营性收入低于 10 万元的村中选择 70 个左右作为试点开展扶持工作，力争到 2020 年底前，试点村年集体经营性收入超过 10 万元。

试点选择条件是：地方党委和政府高度重视农村集体经济发展，尤其是乡镇级党委和政府有发展思路，有工作规划，有具体措施；村党组织凝聚力、战斗力强，村集体成员有意愿、有共识、有要求；区、镇（乡）、村有一定工作基础和实践经验，具备一定的产业发展基础或具备发展集体经济的资产、资源等基础条件。符合试点条件的低收入村要优先纳入试点范围。“百村示范、千村整治”工程中年集体经营性收入低于 10 万元的村统筹考虑纳入试点范围。领导班子好、党员干部队伍好、工作机制好、工作业绩好、群众反映好的村优先纳入试点范围。

二、健全工作机制

充分发挥农村基层党组织的政治功能、组织优势，把党员、群众组织起来，建立健全符合市场经济发展要求的运行机制，确保集体资产保值增值，确保农民受益。

（一）健全村党组织领导机制。强化村党组织领导核心地位，加强对本村集体经济组织的领导。推行村党组织书记通过法定程序兼任本村集体经济组织负责人，村党组织提名推荐集体经济组织管理层负责人，选配合适的经营管理人员和发展带头人。选派素质好、懂经济、有经验的干部，有条件的可从国有企业中选派具有现代经营管理能力的年轻人才到试点村任第一书记，实现试点村第一书记全覆盖。村级集体经济的重要事项，需经村党组织研究讨论。村党组织要组织动员党员、村民发展壮大集体经济，使发展集体经济过程成为发挥、检验党组织战斗堡垒作用和党员先锋模范作用的过程，成为党组织提升影响、整体加强的过程，成为教育引导村民增强集体意识的过程。

（二）健全村集体经济法人治理机制。区农业农村部门要及时为集体经济组织办理注册登记，依法确立村集体经济组织的特别法人地位，充分利用农村集体产权制度改革成果，明确其代表集体行使所有权和作为村集体资产的管理主体，实行股份合作经营。明晰集体所有产权关系，探索农村集体所有制有效实现形式。严格保护集体资产所有权，防止被虚置。农村集体经济组织应建立健全内部管理机构，完善法人治理机制，明确各机构的管理职责和权限。董（理）事会是农村集体经济组织的常务决策机构和管理机构，对成员（股东）大会负责，董（理）事会可根据发展需要聘请职业经理人并授权其负责经营管理活动。监事会是农村集体经济组织的内部监督机构，监督董事、经理和其他管理人员的经营管理行为，检查业务、财务等有关情况，审查股东提出的重大质疑事项。

（三）健全村集体经济经营运行机制。建立以市场为导向的经营灵活、管理有效、运行稳健的集体经济发展新机制，发挥好农村集体经济组织在管理资产、开发资源、发展经济、服务成员等方面的功能作用。鼓励以自主开发、合资合作、投资入股和就业参与等方式，盘活农村集体资产、资源要素和激发集体成员劳动力活力，因地制宜发展农村新产业新业态，拓展集体经济发展途径。

（四）健全村集体经济收益分配机制。按照《关于规范新型农村集体经济组织收益分配工作的意见》（京政农函〔2018〕2号）和《关于财政资金扶持农村集体经济组织形成的经营性资产股份量化及收益分配的指导意见》（京政农发〔2018〕1号）有关要求，建立基于农村集体资产所有权的收益分配机制，处理好国家、集体和成员个人的利益关系。村集体经济组织根据有关法律制度和集体经济组织章程规定，提取公积金、奖励基金，剩余部分再确定合理比例对股东按股权分红，不得跨空分配。坚持公平、公正、公开，由村集体经济组织提出分配方案，经村党组织研究讨论，集体成员大会形成同意决议后实施。

（五）健全村集体经济监督管理机制。建立集体经济组织内部经营管理与监督分离的制约机制。强化农村集体资产财务管理，在农村集体资产清产核资的基础上，建立健全集体经济组织财务、资产管理和会计核算办法，健全完善会计委托代理、集体经济组织财务公开等各项制度，严格履行民主议事决策程序，保障农村集体经济组织成员的知情权、参与权、表达权、监督权。集体经济组织依法依规接受监察、审计等监督，实行集体经济组织负责人离任审计。坚决防止少数人控制和外部资本侵占集体资产，资产流失以及相关各方利益被侵占等情况。

三、提升路径

（一）整合资金，统筹利用好现有扶持政策。各区认真梳理农村集体经济发展的相关扶持政策，统筹利用好现有各项涉农财政支持政策，创新财政资金使用方式，对列入试点的集体经济薄弱村加大支持力度，积极扶持壮大村级集体经济。在完成低收入农户增收和低收入村脱低任务后，区级可统筹低收入产业帮扶资金，扶持壮大试点村集体经济，镇（乡）要积极为试点村搭建资金整合平台。为激励和引导做好试点工作，市级将根据各区工作进展成效和任务完成情况，通过以奖代补方式对各区给予奖励。市级资金扶持单个村额度不超过200万元，区级可结合自身财力在市级补助基础上加大投入力度。

（二）盘活农村集体经济组织各类资源。因地制宜，有效利用各类资金资产资源，发展壮大村级集体经济。依托集体产权流转交易市场，开展农村承包土地经营权、“四荒地”使用权、农村集体经营性资产出租等流转交易，促进集体资产保值增值。挖掘农村集体经济组织土地资源潜力，通过发包、出租、股份合作等方式盘活经营、增加集体收入。支持集体经济组织利用土地、资产等资源优势，成立各类农民专业合作社及联合社，鼓励集体经济组织参与和出资本区域规模较大、发育成熟、运营规范的农民专业合作社及联合社，强化服务功能，扩展产业发展空间。最大限度地利用好农村闲置资源，盘活集体林场、闲置农宅等资源，促进林下经济、精品民宿等特色产业发展。依法规范集体资源发包、租赁等经济合同，纠正违规发包、低价出租、逾期未收回等行为，通过合同清理增加集体收入。加大乡镇统筹力度，集中扶持政策，整合优势资源，组织村集体经济组织抱团发展。

（三）支持农村集体经济组织发展服务经济。鼓励村集体以提供统一管理、有偿服务等形式，领办创办各类服务实体，为农民提供技术、信息、物资、流通等服务。鼓励通过成立劳务服务队，组织村内富余劳动力，以实行劳务总承包等方式承接农村交通、水利、基础设施维护、道路养护、绿化环卫管护等劳务服务，承接平原造林养护、美丽乡村运行管护等服务事项，对外提供劳动中介和输出等有偿服务；通过成立村级代办点，承接金融、保险、广电、通信等有偿代理服务。创新开展农村电子商务服务，鼓励建立农产品网上交易平台，配合开展农超对接、直采直配，为农村电子商务提供通信代理、直购直销等线上线下服务。支持村集体购置农机具，为各类农业经营主体提供产前、产中、产后有偿服务。

（四）加大农村集体经济组织人才支持。建立发展壮大集体经济人才帮扶机制，优先向试点村选派到农村从事支农工作的高校毕业生。加大社会帮扶力度，鼓励各类企业、社会组织和高校，引进专业人才和团队参与，采取产业带动、消费增收等多种方式，结对帮扶试点村发展壮大集体经济，促进试点村集体经济发展。鼓励涉农企事业单位、产业扶贫技术专家重点为试点村提供技术服务。加大对试点村“两委”负责人、村集体经济组织负责人、新型农业经营主体开展政策和技能培训力度。

四、加强组织领导

坚持和加强农村基层党组织领导、扶持壮大村级集体经济，政治性、政策性强，各级要高度重视，加强组织领导，精心安排实施，确保把好事办好，实事办实，真正取得成效。

（一）强化工作责任。建立党委统一领导，组织、财政和农业农村部门统筹推进，乡镇和村具体落实的工作格局。各级党委和政府是责任主体，要加强组织领导，全面协调组织、财政和农业农村等部门，主要负责同志要抓在手上，主持研究，部署推动，调研指导。组织、财政部门要严格把关，全程跟踪，并会同有关部门合力推进，加强对试点村的组织建设、资金管理、产业发展、土地流转、招商引资、人才培训、政策宣传等方面的指导，积极提供相关服务。农业农村部门要积极配合组织、财政部门，为项目组织实施提供必要的规划指导、技术推广、产销对接等服务支撑。乡镇、村党组织是执行主体，要认真组织实施，用好农村承包地确权登记颁证、集体资产清产核资等工作成果，做好土地流转协调、村民组织动员、引资合作服务等工作，为发展壮大集体经济创造条件。

（二）精心制定方案。各区要结合实际，认真组织编制区级实施方案，明确组织领导、总体目标、阶段任务、主要内容、拟采取的政策措施、财政拟安排资金情况及资金使用方向。组织乡镇、试点村制定“一村一策”扶持发展方案，具体包括：试点村名称、地址、人口、村“两委”主要负责人等基本信息；村党组织建设情况；村集体所有土地等资源情况、经营性资产情况、村级财务管理情况；村集体拟发展的经济类型、经营组织管理方式、投资赢利模式及预期收益水平、经营收益分配机制等经营管理情况；集体成员对项目发展意愿或决策议定情况；区、镇（乡）及村集体认为需要提供的其他重要信息等。镇（乡）、试点村制定的“一村一策”扶持发展方案由区委组织部、区财政局、区农业农村局审核审批。各区实施方案、“一村一策”扶持发展方案由市委组织部、市委农工委、市财政局、市农业农村局审核，经市委、市政府同意后，报中央组织部、财政部和农业农村部。

（三）分类推进实施。各区要考虑发展阶段和条件，因地制宜，分类施策。对基础条件较好的村，着重完善体制机制，加强规范管理，持续壮大集体经济实力。对有一定集体资产资源条件、但缺少经营性资金的村，着重给予引导性支持，建立健全管理制度，加强经营管理能力指导，形成具有自主发展能力的集体经济。对集体经济薄弱村，着重给予资产性扶持，将财政资金支持形成的资产量化一定比例作为村集体资产，推动村集体经济与区域经济更好融合发展。

（四）严格考核督查。要把扶持壮大村级集体经济工作情况，纳入区级党委政府主要负责人、领导班子综合考核评价的重要内容，纳入区、镇（乡）党委书记抓基层党建述职评议考核的重要内容。在方案实施过程中，要做好事前、事中、事后公开，严格履行民主决策程序，保障农村集体经济组织及其成员的权益。要实事求是，稳步有序推进，不一哄而上，不铺摊子，防范新增村级组织债务；要坚守底线，不改变集体产权性质，不损害村集体和农民利益，不污染破坏生态环境；要严防腐败，防止贪污、挪用、截留和虚报项目套取扶持资金，防止把“股权量化”变相成为“新的集资摊派”，防止集体经济活动被少数人控制、滋生腐败。各级组织、财政部门要加强对工作落实和扶持资金项目的监管检查，总结推广成功经验，及时纠正资金使用、工作推进中的问题。对工作成效显著的给予表扬、奖励；对工作不力，出现严重问题的取消扶持资格，并依照有关规定严肃问责追究。市委组织部、市委农工委、市财政局、市农业农村局适时开展抽查，并通报结果。

中共北京市委组织部　中共北京市委农工委
北京市民政局　北京市农业农村局
关于进一步规范“四议一审两公开”
“三务公开”制度运行的通知

（2019 年 11 月 22 日）

各涉农区区委组织部，区委农工委，区民政局，区农业农村局：

“四议一审两公开”“三务公开”是党组织领导的村民自治机制的重要实践形式，对夯实农村基层组织建设、保障党员群众民主权利、规范基层干部权力运行、打造善治乡村，具有重要作用。为深入学习贯彻党的十九届四中全会精神，健全充满活力的基层群众自治制度，完善党建引领乡村治理机制，按照中央扫黑除恶督导反馈问题整改和全市规划自然资源领域问题整改工作有关要求，在继续落实好《关于进一步加强村务公开和民主管理工作的意见》（京民基发〔2014〕499 号）、《关于进一步规范全市农村基层组织党务公开、村务公开、财务公开工作的通知》（京农发〔2017〕30 号）等文件的基础上，现对进一步规范“四议一审两公开”“三务公开”制度运行，提出如下要求。

一、关于“四议一审两公开”制度

1. **完善决策事项清单。**乡镇（街道）党（工）委要制定村级重大决策事项清单，以“条目式”列出集体“三资”管理、土地管理、重大项目、大额开支等纳入“四议一审两公开”决策的重大事项具体内容。重大事项决策的内容和决策结果，不得违背党的纪律和规矩，不得与现行法律法规和国家政策相抵触。村民关注的公益岗位分配、集体用工、小微工程、村民福利等方面的制度安排，也应进行民主决策和民主管理。

2. **严格执行逐项审议和决策制度。**对重大事项必须进行逐项审议和决策。其中，每一项重大项目和大额支出，在实际支出前都必须形成具体方案，经党员大会审议、村民（股东、社员）代表会议决议、乡镇（街道）党（工）委和政府（办事处）审核把关通过后方能执行，不得以预算管理代替逐项审议决策。村级组织日常办公经费、水电气开支、村干部报酬补贴、村民福利开支等常规性支出项目，在年初列入预算并经“四议一审”通过的前提下，严格按照预算执行，可不再逐项审议。

3. **规范重大项目和大额资金支出界定标准。**各乡镇（街道）党（工）委要结合实际，逐村进行分析，根据各村资产状况、收支规模、人口数量等情况，明确各村须提交党员大会审议、村民（股东、社员）代表会议决议的重大项目和大额资金支出的具体额度标准，并报区委组织部、区委农工委、区民政局审批同意。由各区委农工委牵头汇总，并报市委组织部、市委农工委、市民政局备案。

4. **充分发挥乡镇（街道）的审核把关作用。**乡镇（街道）党（工）委和政府（办事处），一般应在村党员大会审议前，对村级重大事项进行审核把关。重大项目和大额支出可按照额度大小或事项重要程度，采取乡镇（街道）主管领导牵头、相关科室审核，镇长（主任）办公会议审议，党（工）委会议审议等方式，进行审核把关，具体标准和程序由各乡镇（街道）结合实际制定。乡镇包村干部应列席村“两委”及集体经济组织班子会议，加强对村级重大事项研究的指导和把关。如村级决策事项违反法律法规和相关政策，或存在重大决策风险，乡镇（街道）有权不予批准。

5. **强化党员大会审议职能。**在执行“四议一审两公开”制度过程中，对村“两委”及集体经济组织班子商议提出的重大事项，一般应先提交党员大会审议后，才能提请村民（股东、社员）代表会议决议，防止程序颠倒。各乡镇（街道）可结合实际，对党员大会审议的程序和规则作出具体规定。

6. **规范村民代表会议审议决策方式。**在召开村民（股东、社员）代表会议对村级重大事项进行决策时，必须保证村民（股东、社员）代表充分发表意见的民主权利。村民代表会议必须有三分之二以上组成人员参加，所作决议需经到会人员过半数通过，决议结果须由村民代表会议组成人员签字同意方能生效。股东、社员代表会议决策按照有关规定执行。不得在未召开村民（股东、社员）代表会议的情况下、以村民（股东、社员）代表签字代替会议集体决策。

7. **规范决策记录管理。**应按照既清晰规范、又简便易行的原则，对重大事项决策过程进行记录，并建立健全相关档案，及时留存。为减轻基层负担，原则上一个重大事项“四议一审”的决策过程，应在一页纸内完成记录。各区应结合实际，制定记录模板，供各村参照执行。

二、关于规范“三务公开”制度

1. **完善“三务公开”目录。**以区为单位，定期修订“三务公开”目录，根据国家有关法律法规规定，结合村民关注的热点问题，对公开目录内容进行细化更新、补充完善。要注意把土地征收征用、土地租赁、土地承包经营及流转、宅基地使用等重要情况纳入公开目录，及时予以公开。

2. **规范村级财务公开。**针对群众关心的财务公开事项，加大公开力度，避免公开内容过于专业、村民无法看懂等问题。推行一定额度以上的财务支出“逐笔公开”，具备条件的可全面推行“逐笔公开”，让村级财务开支在阳光下运行。各区可在市级有关部门推荐的公开模板基础上，结合本区实际进一步加以完善，形成全区统一的“逐笔公开”公开模板。

3. **改进“三务公开”方式。**应在村内显著位置设置“三务公开”栏，采取防风、防雨、防晒措施，保持版面整洁、内容完整。丰富公开形式，鼓励有条件的地区，采用网络、有线电视等信息化手段做好公开工作，做到线上公开和线下公开相结合，让广大群众能方便、快捷地了解村级治理有关情况。

4. **明确“三务”公开时限。**属于长期公开的，应每年公开一次。属于阶段公开的，至少每季度公开一次。属于即时公开的，应根据情况每月公开一次或随时公开。对于党员和村民普遍关注、容易引发矛盾纠纷的重大事项以及党员和村民“点题公开”的内容，应及时公开。

三、关于强化工作责任和任务落实

1. **压实工作责任。**各涉农区委组织部、区委农工委、区农业农村局、区民政局等部门要加强统筹联动，按照本通知要求，认真梳理本区相关制度运行中存在的问题，进一步细化工作措施，切实提高村级治理水平。乡镇（街道）党（工）委要履行主体责任，狠抓工作落实，制定好实施细则，加强对各村的督促指导，确保制度执行到位。

2. **加强工作培训。**要把“四议一审两公开”“三务公开”等制度规定，纳入基层党员干部和村民（股东、社员）代表教育培训的重要内容，实现乡镇（街道）干部、村“两委”及集体经济组织班子成员、党员和村民（股东、社员）代表全覆盖，切实提高基层干部执行相关制度、党员群众参与民主决策和监督的意识和能力。

3. 强化监督检查。将执行“四议一审两公开”“三务公开”等制度情况，纳入各级党组织书记抓基层党建述职评议考核。市级相关部门将对各区落实情况进行督促检查，在2020年底前对全市各乡镇（街道）进行普查，并通报检查结果。各区、各乡镇（街道）要坚持分类指导，建立健全常态化的督查机制，推动各项工作落实。要发挥村务监督委员会作用，按照村务监督程序，对“四议一审两公开”“三务公开”工作落实进行全程化、全链条监督，及时发现和纠正存在的问题。

对于实行企业化管理的村级集体经济组织加强民主决策和监督管理的具体办法，由各区结合实际自行制定。

附件：村级财务支出逐笔公开模板（略）

中共北京市委农村工作委员会
北京市农业农村局
关于印发《中共北京市委农村工作委员会
北京市农业农村局关于落实市委市政府安全
生产督察整改意见的工作方案》的通知

（2019年2月15日）

市委农工委、市农业农村局机关各处室、直属单位，系统各单位，各区农工委、区农委（农业局）：

经市委农工委委员（扩大）会同意，现将《中共北京市委农村工作委员会　北京市农业农村局关于落实市委市政府安全生产督察整改意见的工作方案》印发给你们，请认真对照要求迅速抓好整改落实。

关于落实市委市政府安全生产督察整改意见的工作方案

2018年9月10日至9月29日，市委市政府安全生产第九督查组（以下简称督察组）对原市农委（现市农业农村局）开展安全生产驻地督察，形成督察反馈意见。为全面落实市委市政府要求，不折不扣地抓好督察反馈问题的整改，现制定整改工作方案如下：

一、指导思想

以习近平新时代中国特色社会主义思想为指导，全面贯彻党的十九大精神，深入学习、领会中共中央、国务院《关于推进安全生产领域改革发展的意见》《地方党政领导干部安全生产责任制规定》和我市有关要求，牢固树立“生命至上、安全第一”理念，坚持以问题为导向，深入反思、举一反三，多措并举、强化责任，着力解决疑难问题，全面巩固安全生产基础，坚决遏制各类生产安全事故，持续推进农业行业和农委系统安全健康发展，为建设国际一流的和谐宜居之都奠定坚实的基础。

二、基本原则

（一）提升站位，强化认识。坚持以习近平总书记关于安全生产的一系列指示要求为遵循，认真贯彻中共中央、国务院关于安全生产的工作要求和市委、市政府的决策部署，增强“四个意识”，坚定“四个自信”，做到“两个维护”，着力解决安全生产工作在思想认识上存在的偏差和不足，确保与党中央和市委提出的安全生产工作标准高度一致。

（二）举一反三，全面整改。坚持问题导向，追根溯源，认真反思问题产生的原因及漏洞，既要解决表象问题，更要完善治本之策，加强源头治理防范，全面巩固安全监管根基。按照主要领导提出“照单全收”的要求，认真学习消化反馈意见，全面梳理问题，逐条逐项整改，不搞选择变通，不降低标准要求。

（三）坚持标准，讲求时效。坚持整改工作“该改必改、可改即改、能改快改”的原则，对督察发现的严重安全隐患问题，立行立改；对短期难以完成的问题，明确期限、加快研究措施；对需要部门联动解决的问题，主动沟通、协同解决，确保整改高效，防患未然。

（四）统筹协调，整体推进。坚持党政统筹，以上率下，强化责任主体，明确职责分工，加强督导落实。把督察整改工作贯穿于安全生产工作全过程，注重结合转化，完善工作措施，推动工作落实。

三、整改目标

通过整改，市委农工委、市农业农村局、系统各单位及各区的思想认识得到提高，深刻领会党中央国务院和北京市委市政府安全生产工作的决策部署和精神实质，牢固树立生命至上、安全发展的思想理念；安全生产责任制得到加强，组织领导体制机制更加完善，各级安全生产责任更加具体明确，安全生产队伍建设充实，形成齐抓共管的合力氛围；安全监管水平得到提高，源头管控、系统治理制度措施更加健全，监督执法能力全面加强，安全监管更有实效；列举问题得到有效解决；系统单位和农业行业安全生产基础显著加强，生产安全事故得到坚决遏制。

四、重点举措

（一）加强组织领导

市委农工委、市农业农村局成立督察整改工作小组，明确督察整改责任分工，明确督察整改推进总体阶段划分、时间步骤，统筹督察整改进度，确保有序、有力组织实施。市农业农村局安全生产督察整改工作小组职责为：

1. 组长：市委农工委书记、市农业农村局局长李志军，负责全面统筹领导安全生产督察整改工作；

2. 副组长：市委农工委、市农业农村局领导班子成员及领导同志（康森、苏卫东、戚书平、马丽英、马荣才、王修达、郑瑜、左晓波、寇文杰、于雷庆、周洪生、李全录、阎晓军、陶志强、沈立峰）。牵头负责分管业务领域、联系系统单位和分管局属单位安全生产督察整改工作。

3. 整改办公室：市农业农村局安全生产督察整改工作小组下设办公室，于雷庆、陶志强同志负责协助李志军同志牵头推进南区和北区工作实施；办公室设在社管处。职责为：负责安全生产督察整改工作小组日常工作。重点负责草拟督察整改工作方案，加强督察整改推进协调，汇总督察整改工作进展，起草督察整改工作报告等。

4. 成员：机关各处室支部书记、各处室负责人，系统单位党政负责人，局属单位党政负责人，区农口相关单位党政负责人。职责为：各处室负责人负责本处室业务领域安全生产督察的整改工作；系统单位党政负责人负责本单位安全生产督察的整改工作；区农口系统相关单位党政负责人负责本地区行业安全生产督察的整改工作。

（二）分步推进实施

第一阶段：1月15日至1月30日，制定印发《北京市农业农村局关于落实市委市政府安全生产督察整改意见的工作方案》和《市农业农村局关于落实市委市政府安全生产督察反馈问题整改措施清单》，并抄送市安委会办公室，统筹组织全市农业农村局行业督察整改落实。

第二阶段：1月31日至2月15日，针对存在问题，全面开展整改落实。

第三阶段：2月16日至2月22日，汇总整改落实情况，对整改情况进行督导核实。

第四阶段：2月23日至2月28日，组织督察整改总结，向市政府报送整改工作报告，并抄送市安委会办公室备案。

（三）具体问题整改

针对督察组提出的4方面、21个主要问题和抽查到的64个问题清单，各责任单位（部门）要进一步提高政治站位，聚焦重点难点工作，夯实基础工作，全面落实相关单位的监管责任和企业主体责任。要按照整改落实责任清单（见附件）要求，对照存在问题制定详细的整改方案，逐项明确到责任单位、责任人、整改标准、工作措施和完成时限，认真抓好整改工作落实。

问题一、对安全生产工作认识不到位，工作主动性不足。

1. 部分领导干部对“管行业必须管安全、管业务必须管安全、管生产经营必须管安全”认识不到位，理解有偏差。原市农委部分处室负责人对所在部门安全管理职责不了解，在研究制定行业发展规划、产业发展政策时，没有与安全生产工作进行统筹和融合。

整改措施：全面贯彻《地方党政领导干部安全生产责任制规定》，进一步落实“党政同责”“一岗双责”，压实责任体系，强化安全生产教育培训。按照“党政同责、一岗双责、齐抓共管、失职追责”和“三个必须”的要求，督促各单位、各部门、各企业建立健全安全生产监管责任体系，明确各级领导、各部门、各岗位的安全生产监管职责，把安全生产“党政同责、一岗双责”贯彻落实到各个领域、各个层级和每名干部。

责任单位：市农业农村局，机关各处室

完成时限：立即整改，长期坚持

2. 原农业局部分干部对行业安全监管（管理）职责中设有处罚职权的工作较为认可，而对其他只具有安全管理职权的工作则不够重视，未能准确把握行业安全管理责任与专项监管责任的区别。

整改措施：进一步强化安全生产理论武装，坚持用习近平新时代中国特色社会主义思想武装头脑，通过委局统一组织、支部讨论、自学等方式，让全体干部职工做到真学真懂真信真用，在安全生产工作中全面准确贯彻落实，使之在安全生产战线落地生根，形成生动实践。

责任单位：市农业农村局，机关各处室

完成时限：立即整改，长期坚持

3. 工委委员会议、局办公议专题研究部署、统筹协调安全生产工作不多，研究安全生产工作较少。对安全生产一些重要工作部署存在文件“一发了之、一转了之”的现象。

整改措施：定期召开工委委员会议，认真研究落实中央、国务院和市委市政府关于安全生产相关精神，全面落实《北京市安全生产“党政同责”规定》。加强对本系统和农业行业安全生产工作的分析研究，抓好安全生产末端工作落实。

责任单位：市委农工委、市农业农村局，社管处、产业处、村镇处、山区处、粮经处、蔬菜管理处、畜牧管理处、应急处、畜禽屠宰与兽药管理处、农机处、水产管理处、能源处、农产品质量安全处

完成时限：立即整改，长期坚持

4. 原市农委和原市农业局均未制定印发年度安全生产工作要点或计划，对区级农委安全生产工作缺乏有效指导和督促考核。

整改措施：结合编制体制调整，根据“三定”和单位实际，认真研究制定工作要点和计划，抓好督促和指导。

责任单位：市农业农村局，社会管理处

完成时限：2019 年 3 月 31 日

5. 安全生产的落实力度不够，存在安全生产责任落实逐级递减的现象。

整改措施：认真贯彻“党政同责、一岗双责”规定要求，把安全生产工作的着力点，更多地放在事前预防和源头治理上，把安全生产贯穿到“三农”各项工作的全过程，全面排查管控风险，深化事故隐患排查治理，严防风险演变、隐患升级导致生产安全事故发生，让基层不断增强安全生产工作主动权。

责任单位：市农业农村局机关各处室、系统单位、区农工委

完成时限：立即整改，长期坚持

6. 安全生产“党政同责、一岗双责”制度贯彻落实不及时、不到位。《市农委系统安全生产“党政同责”实施办法（试行）》（京农发〔2018〕20 号）印发滞后于北京市文件 3 年。文件未分别明确市委农工委、原市农委安全生产工作职责。抽查的 4 家委属单位中，2 家未制定“党政同责、一岗双责”文件，2 家“党政同责”文件印发滞后。原市农业局印发的“党政同责、一岗双责”文件未明确内设机构的安全生产职责。通过延伸督察和个别谈话发现，部分区农委未按要求制定本单位“党政同责、一岗双责”文件。少数单位“党政同责、一岗双责”文件制发不规范。

整改措施：督促系统单位立行立改，按规定程序重新修订完善印发“党政同责、一岗双责”文件，明确各级安全生产职责，组织对相关制度进行全面核查，解决此类问题。

责任单位：市委农工委、社管处、系统单位、区农委

完成时限：2019 年 6 月 30 日

问题二、部分重点工作推进缓慢，安全生产基础工作比较薄弱

7. 有些安全生产重要工作没有部署、没有落实。原市农委未按《中共北京市委　北京市人民政府关于实施安全发展战略促进和谐宜居之都建设的意见》《北京市安全生产委员会关于印发安全预防控制体系建设重点工作分工方案的通知》《北京市

“十三五”时期安全生产规划主要任务分工方案》等文件要求，制定具体落实方案。

整改措施：立行立改，结合单位实际，拟制相关方案

责任单位：市委农工委，社管处

完成时限：2019 年 6 月 30 日

8. 农委系统未按《北京市生产安全事故隐患排查治理办法》（市政府令第 266 号）要求，制定年度监督检查计划，建立事故隐患治理督办制度，对相关行业生产经营单位事故隐患情况进行监督检查。

整改措施：结合单位实际，制定年度监督检查计划，加大重大隐患挂牌治理力度，持续强化重大隐患跟踪督办。

责任单位：市农业农村局，农机处

完成时限：2019 年 2 月 28 日

9. 未根据《北京市全面推行安全生产责任保险制度工作的实施意见》要求制定相应实施办法，未能充分发挥安全生产责任保险在事故预防方面的作用。

整改措施：严格落实《中共中央国务院关于推进安全生产领域改革发展的意见》关于“建立健全安全生产责任保险制度，在矿山、危险化学品、烟花爆竹、交通运输、建筑施工、民用爆炸物品、金属冶炼、渔业生产等高危行业领域强制实施”的要求，研究“渔业生产”行业推广安责险的可行性方案。

责任单位：市农业农村局、发展规划处、水产管理处

完成时限：2019 年 2 月 28 日

10. 未出台农委系统专职安全员队伍建设指导意见，对各区农业部门专职安全员配备管理、队伍建设缺乏指导。

整改措施：研究制定加强区级农业部门专职安全员队伍配备建设指导意见，对各区农业部门专职安全员配备管理、队伍建设加强指导。

责任单位：社管处、各区政府

完成时限：2019 年 5 月 30 日

11. 安全生产工作制度体系建设还有“空白”。原市农委、原市农业局均未对安全生产执法检查、挂牌督办、约谈、学习例会等做出制度性的安排。

整改措施：研究制定《北京市农业农村局关于安全生产督查检查工作意见》，完善安全生产执法检查、挂牌督办、约谈、学习例会等制度性措施。

责任单位：市农业农村局，社管处、农机处、粮经处、有执法权的相关事业单位

完成时限：2019 年 6 月 30 日

12. 未将《北京市生产安全事故隐患排查治理办法》相关内容纳入农机行业安全监管处罚事项。

整改措施：研究将《北京市生产安全事故隐患排查治理办法》相关内容纳入农机行业安全监管处罚事项的具体措施、办法。

责任单位：市农业农村局政策法规处、农机处、农机监理总站

完成时限：2019 年 6 月 30 日

13. 执法检查不闭环、不规范问题十分突出。延伸督察发现，部分区农业局现场检查记录填写不规范，未对检查发现的安全问题整改情况进行复查。个别区农业局还存在单人进行安全生产执法检查的问题。

整改措施：研究并规范安全生产执法检查工作意见，制定具体工作措施和制度。

责任单位：市农业农村局、农机处，有执法权的相关事业单位、区相关农业部门

完成时限：2019 年 6 月 30 日

14. 安全生产执法检查履职能力偏弱。全市农委系统专门从事安全管理工作的人员较少、力量严重不足。全市各区农委系统专职安全员仅有 29 名。

整改措施：系统各单位分别研究提高执法履职能力具体措施意见，增加从事安全管理工作人员数量，各区农委系统增加专职安全员数量。

责任单位：市委农工委、市农业农村局、各区政府

完成时限：2019 年 6 月 30 日

15. 执法检查队伍缺乏安全生产监管方面的专业人才，执法人员发现隐患和违法违规行为的能力亟待提升。

整改措施：研究培养和引进安全生产监管专业人才措施办法，加强执法队伍的培训，提升执法人员发现安全隐患和违法行为的能力。

责任单位：农业农村局政策法规处、人事处、各区政府

完成时限：2019 年 6 月 30 日

问题三、落实“管行业必须管安全”不到位，行业安全生产管理工作不均衡

16. 对涉及化肥、农药、兽药等存在较大危险性行业的安全监管投入精力明显不够，对这些行业

的安全生产检查不多，企业安全隐患较多。延伸督察了21家生产经营单位，涉及种植业、畜牧业、水产业等行业领域，共发现隐患115处。包括安全生产管理制度缺失，有限空间作业风险失控、危险化学品储存管理不规范、使用应当淘汰的设备等。

整改措施：一是对现有问题迅速整改，确保各项隐患排查整改到位。二是进行调研，了解目前肥料企业存在的主要安全隐患；找准行业安全管理的难点、要点，明确农药、肥料、兽药行业安全管理工作措施。三是根据调研情况，研究确定农药、肥料、兽药行业安全管理工作方案，明确各级管理部门安全管理职责，督促企业落实安全生产责任制，指导企业健全安全生产各项制度，建立覆盖全市农药、肥料、兽药行业安全生产管理体系。四是协调各区肥料管理部门，对全市涉及肥料企业监管的肥料生产场地、安全管理制度、物料堆放、设备情况进行全面排查，督促企业建立起完善的安全生产管理制度，并对不符合生产条件的肥料企业考核坚决不予通过。五是开展农药、肥料行业安全方面培训、教育工作，不断提高肥料行业安全管理工作认识。

责任单位：市农业农村局，产业处、粮经处、蔬菜管理处、畜牧管理处、畜禽屠宰与兽药管理处、水产管理处、农产品质量安全处、各区政府

完成时限：2019年7月31日

17. 在推动企业安全生产主体责任落实方面，对安全生产教育培训比较重视，但对安全生产标准化、隐患排查治理、日常执法检查、安全预防控制体系建设、安全生产责任保险等工作研究得不多，投入精力不多，忽视了各项工作之间的衔接与相互促进关系。

整改措施：各行业监管单位研究制定具体措施办法，将安全生产标准化、隐患排查治理、日常执法检查、安全预防控制体系建设、安全生产责任保险等工作纳入重点工作部署。

责任单位：发展规划处、粮经处、蔬菜管理处、畜牧管理处、畜禽屠宰与兽药管理处、农机处、水产管理处、能源处、农产品质量安全处、直属各站所

完成时限：2019年6月30日

问题四：农村“两气”工程安全监管存在薄弱环节，安全隐患十分突出

18. “两气”工程安全监管力量薄弱，未构建起全面、科学、有效、规范的运行安全监管体系，安全隐患问题十分突出。

整改措施：在与市质监局、安监局联合出台的《安全生产等级评定技术规范第48部分：沼气站》DB11T-1322.48-2018和《安全生产等级评定技术规范第47部分：生物气化站》DB11T-1322.47-2018等相关工程安全技术要求的基础上，协调相关部门和有关区政府，完善制定全面、科学、有效、规范的运行安全监管办法和监管体系，全面解决“两气”工程安全监管中的突出安全隐患问题。

责任单位：市农业农村局、相关区政府

完成时限：2019年9月30日

19. 停用“两气”工程安全监管存在盲区。部分停用沼气工程未在封存前进行必要的料液置换和气体置换工作，沼气池及附建设施存在安全隐患。农委系统未对全市停用“两气”工程开展有效的安全监管，有的停用设施处于无人管理状态，责任单位对可能出现的漏气、火灾、高处坠落等重大风险隐患，缺乏必要的风险防控措施。

整改措施：根据《安全生产等级评定技术规范第48部分：沼气站》DB11T-1322.48-2018和《安全生产等级评定技术规范第47部分：生物气化站》DB11T-1322.47-2018对“两气”安全生产的要求，针对已停用的“两气”工程设施进行料液置换和气体置换等盲区和安全隐患进行逐一排查，同时进一步排查可能出现的漏气、火灾、高处坠落等重大风险隐患，确保现有的“两气”工程安全运行，完善建立有效的风险防控措施。协调相关部门探索制定“两气”工程停用设施逐步退出机制。

责任单位：能源处、区相关农业、安监部门

完成时限：2019年9月30日

20. 在用“两气”工程安全风险高。在用“两气”工程设施建成运行时间长，设备老化问题突出，设备带病运行情况普遍，设施安全管护人员流动性大，日常维护保养水平低，工程设施安全运行保障基础薄弱。

整改措施：根据《北京市人民政府关于加强农村基础设施维护与管理的意见》（京政发〔2011〕28号）规定，对各区“两气”设施安全运行维护管理资金落实情况进行核查，并通报相关区政府。同时加强对运行管理人员的培训，全面消除“两气”工程安全隐患；督促各区建立“两气”运行维修管理相关专项资金，解决设备老化、设备带病运

行、安全管护人员流动性大和日常维护保养水平低等问题，提高工程设施安全运行保障水平。

责任单位：市农业农村局、各区政府

完成时限：2019 年 9 月 30 日

21. 部分“两气”工程生产作业场所靠近农民自建房，安全距离不足，事故危险性较高。普遍存在安全管理制度缺失、操作人员安全知识匮乏、安全意识淡薄的问题。

整改措施：针对正在运行的“两气”工程，排查是否存在安全管理制度缺失和安全距离不足的问题，督促各区进一步制定落实“两气”工程生产作业管理责任制度，加强对操作人员的培训和持证上岗工作，提高安全意识。

责任单位：能源处、区相关农业和安监部门

完成时限：2019 年 6 月 30 日

（四）完善制度机制

一是制定制度措施。在整改过程中，针对安全生产工作中共性或管理缺失问题，要从制度建设、行业规范、措施完善等层面进一步进行细化明确，健全安全生产约谈、督办、执法等监管制度措施，改进监管效能，坚决防范农机生产安全事故，提高安全生产规范化管理水平。二是加强研究部署。进一步修订完善农业农村局党政会议运行规则，把安全生产工作列入“三重一大”工作范畴，重要安全生产事项纳入党组、领导班子会研究。三是强化责任制。进一步完善党政同责、一岗双责责任制规定，细化明确各级领导干部和职能部门安全生产任务、责任清单，压实安全生产岗位责任，凝聚齐抓共管合力。四是协调推进工作。借助机构改革调整机遇，与市有关行政职能部门协同推进理顺全市煤改电、煤改气施工和运行中安全监管责任落实。五是强化源头管理。完善隐患排查治理、安全风险辨识评估等制度标准建设。六是强化监督执法。结合机构改革和新年伊始，把督察问题整改作为当前农业农村局和系统单位重点工作之一，统筹谋划、科学部署，协调推动、强化督导；把督察问题整改成效列入年度工作绩效和“平安北京”考核内容，提高整改落实效果；继续加大农机等相关行业的执法检查，对督察发现的安全隐患要依法进行行政处罚，对延伸督查责成整改的问题，市级主管部门要采取重点复核验收、现场抽查检查等方式推动问题整改，对反复出现或整改不力的安全隐患，落实约谈、通报、挂牌督办、从严处罚等措施，促进督察问题彻底整改到位。

五、措施保障

（一）坚持落实党政同责。市、区农工委系统和农业农村局相关部门党组（委）、领导班子对整改工作负总责，党政一把手要亲力亲为、牵头整改；分管领导要认真研究、主动落实。督察整改工作小组办公室负责统筹计划、联络协调、进度跟进。重要事项、难点问题由分管领导召开专题会或主要领导召开党组会、领导班子会研究审定。

（二）坚持督办问效、问责。机关各处室、各单位要把安全生产督察整改作为当前重点工作，加强整改调度和督促检查。采取建立台账、工作留痕、挂账销号、适时分析等工作措施机制，跟进整改督办。各级领导要把督察整改进展列入日常检查一并开展，重点问题分管领导要紧盯不放，亲自研究指导，坚持整改标准，认真审核把关，直接协调解决，强力推动整改落实。对整改工作中举一反三不认真、责任不落实、组织不得力等情况，将及时通报批评，并视情严肃追究有关单位及负责人责任。实行整改问题后果倒查追溯，因责任和措施落实不到位导致发生生产安全事故的，严肃追究责任。

（三）坚持整改见实效。市、区各相关部门和系统单位要按照市委农工委和市农业农村局统一部署安排，同步推进隐患问题整改落实。围绕督察反馈的问题和整改清单逐条逐项梳理、对号入座，细化明确牵头领导、责任人、整改目标、整改措施和完成时限等，确保需要整改的问题件件有着落、事事有回音，整改见实效。根据督察组反馈意见要求，各单位于 2019 年 1 月 31 日前，报市农业农村局安全生产督察整改工作小组办公室（纸质版需加盖公章，或负责人签字）。要及时报告相关工作动态，关注舆情，拓宽公众参与渠道，积极营造同心协力、共治共享的良好工作氛围。

附件 1. 安全生产第九督察组对市农委督查问题清单任务分解（部门问题）（略）

2. 安全生产第九督察组对市农委督查问题清单任务分解（企业问题）（略）

3. 北京市安全生产委员会办公室关于印发市委市政府安全生产督察反馈意见的通知（略）

中共北京市委农村工作委员会关于印发《2019 年北京市农业安全生产工作要点》的通知

（2019 年 4 月 9 日）

各区区委农工委、区农委（农业农村局），委局机关各有关处室、各直属有关单位：

为贯彻落实全国和本市安全生产电视电话会议精神，落实市领导关于安全生产工作的指示批示要求，做好 2019 年农业安全生产工作，经研究决定，现将《2019 年农业安全生产工作要点》印发给你们，请认真抓好落实。

2019 年农业安全生产工作要点

2019 年是新中国成立 70 周年，大事多、喜事多，做好首都安全稳定工作要求更高、任务更加繁重。为认真贯彻落实习近平总书记关于安全生产工作的系列重要指示批示精神，牢固树立安全红线意识，预防和减少农业安全事故，按照市委、市政府安全生产工作部署要求，特制定 2019 年全市农业安全生产工作要点。

一、指导思想

2019 年农业安全生产工作的总体思路是：以习近平新时代中国特色社会主义思想为指导，全面贯彻落实市委市政府关于安全生产工作的决策部署，以保障新中国成立 70 周年庆祝等重大活动工作为主线，坚持“预防为主，安全第一”方针，坚持“管行业必须管安全、管业务必须管安全、管生产经营必须管安全”，围绕农业高质量发展目标，强化底线思维，强化安全责任制落实，切实履行安全生产行业监管（管理）职责，有效防范各类农业生产安全事故发生，为首都经济社会发展创造良好的安全环境。

二、总体目标

进一步加大工作力度，提高安全管理水平，坚决遏制较大、重特大事故发生，确保农业安全生产形势持续稳定。

三、重点任务

（一）完善安全管理体制

1. **健全管理体系。**要全面贯彻落实《北京市党政领导干部安全生产责任制实施细则》，进一步强化“党政同责、一岗双责、齐抓共管、失职追责”要求，以机构改革为契机，加强组织领导，健全农业安全生产管理体系，着力加强农业安全生产组织机构建设，确保机构设置到位、人员配置到位、装备配备到位、业务培训到位、工作考核到位，一级抓一级、层层抓落实，形成能管、敢管、善管的农业安全生产管理格局。

2. **理清管理职责。**要按照市政府《关于印发市政府工作部门安全监管（管理）职责的通知》（京政发〔2004〕22 号）和《关于进一步完善和加强市政府工作部门安全监管（管理）职责的通知》（京政发〔2014〕27 号），落实“管行业必须管安全、管业务必须管安全、管生产经营必须管安全”要求，进一步理顺农业安全生产职责，明确本辖区农业安全生产监管责任清单。

3. **落实属地责任。**要始终把农业安全生产摆在重要位置，根据属地管理原则，明确责任分工，将安全生产与业务工作同部署、同督查，切实做到任务层层分解，责任逐级落实。

（二）强化安全管理管控

4. **梳理风险隐患。**依据《北京市生产安全事故隐患排查治理办法》，农业各行业应当按照各自职责，制定本行业、本领域的风险隐患清单，加强和规范生产安全事故隐患排查工作。

5. **压实生产主体责任。**指导督促农业生产主体履行安全生产法定义务，以安全生产责任、管理、投入、培训和应急“五到位”为核心，持续推进生产主体责任的落实，强化自身的设备设施管理，建立健全安全生产责任制和各项规章制度、操作规程，注重工作人员安全防护意识教育，加强对作业现场的管理和行为控制，防患于未然。

6. **加强检查治理。**以安全生产大检查、隐患排查等专项行动为抓手，切实提升农业安全生产风险管控水平。加强农业行业领域生产主体、服务组织、关键环节和时间节点的安全生产管理问题和事故隐患的排查，严格按照“排查、治理、整改”闭环管理的要求，抓好跟踪督办整改工作。

（三）深化监管重点整治

7. **落实《2017—2019 年北京市农机安全生产联合行动实施方案》，开展农机交通违法专项整治行动。**在“三夏”“三秋”等农机生产重点时段，强化执法力度，加强对农机田间作业机械及跨区机械安全监管。依照国家和本市地方标准，组织开展农机安全技术检测。以“平安农机”建设为主线，以推进安全生产标准化建设为重点，积极组织落实安全生产监管工作。

8. **加强畜牧渔业生产环节的安全生产管理。**注重行业设施设备运行和维护保养情况的监督，加强线路安全检查，排查电源短路、电器老化等安全隐患，强化对特种设备作业人员持证上岗的监督管理；加强对渔船救生应急安全装备的监督检查，强化渔业捕捞安全的监督检查，配合做好非经营性加油站安全整治；严格饲料行业中有毒有害物品的储存和使用管理，入库储存、发放使用、回收销毁等均应明确记录；结合《畜禽屠宰企业危险化学品安全综合整治三年行动方案》，建立企业名录、完善管理台账，强化监督执法，预防事故发生。

9. **加强兽药生产和经营单位安全生产管理。**依据《兽药生产质量管理规范》和《兽药经营质量管理规范》，组织兽药生产和经营单位严格落实菌（毒）种使用和保存要求；严格规范落实兽药生产工艺中安全操作要求；严格实施生产区、仓储区有关安全管理规定；严格落实有关部门关于易燃、易爆危险品、毒性药品、麻醉药品、精神药品等危险物品安全管理规定；发现严重安全问题依法停止生产，并及时报告。

10. **加强农药、化肥安全管理。**农药生产环节，查验农药生产企业主体资格，检查企业仓储、生产、运输、质检等环节安全生产责任制落实情况；农药经营环节，对农药经营人员、营业场所、仓储场所、计算机管理系统等进行检查；农药使用环节，检查统防统治服务组织、专业合作社、农产品企业、种粮大户及蔬菜、水果、中草药生产基地等农药使用单位，是否存在违规使用高毒农药和限制使用农药等问题。化肥生产环节，查验企业主体资格，检查原料、生产、仓储、质检等环节安全生产责任制落实情况；化肥经营环节，对营业场所、仓储场所、经营台账、产品包装等进行检查；化肥使用环节，检查专业合作社、农业企业、种粮大户及蔬菜、水果、中草药生产基地等肥料使用单位，是否存在施用假冒伪劣化肥和明确禁止使用的化肥等问题。

11. **加强农村“两气”工程设施安全管理。**认真开展农村“两气”工程设施普查，健全管理台账，实施分类管理。强化监督指导，对在用农村“两气”工程设施，对照生物质气化站、沼气站安全生产等级评定技术规范两项地方标准开展安全检查和隐患排查，加强从业人员培训和设施维修维护，提高工程设施安全运行保障水平。对停用农村“两气”工程设施，严格执行报废处置制度，切实消除安全隐患。

12. **加强动物疫病防控过程安全监管。**加大非洲猪瘟等重大动物疫病防控工作，强化监测预警预报，加强检疫、消毒、封锁、扑杀、病死畜禽无害化处理等环节的安全管理。

（四）加强安全宣传培训

13. **开展农业安全生产宣传。**扎实开展农业系统“安全生产月”宣传活动，结合农业行业特点，通过主题活动、发放材料、媒体报道等多种形式，面向社会、面向镇村、面向生产主体，剖析事故案例，树立典型模范，宣传农业安全生产工作，推进安全发展理念进一步深入人心，指导实践，营造关爱生命、重视安全的社会氛围。

14. **组织农业安全生产培训。**通过研讨班、专题讲座、以案说法等形式，促进农业安全生产工作人员系统学习安全生产基础知识，树立总体国家安全观，提升业务素质，提高工作能力，增强工作责任感、使命感和紧迫感。针对农业企业主要负责人、管理人员，通过安全生产事故警示教育、应急演练和组织专业知识培训班等形式，切实提高企业安全生产主责意识，切实增强企业安全生产管理自觉性，促进农业行业安全生产管理水平整体提升。

（五）建立应急管理体系

15. 完善应急预案。根据农业生产和发展的特点，分行业编制应急预案、应急工作方案，规范和强化农业安全生产事件应急管理，进一步提高保障农业生产安全和处置突发性安全生产事件的能力，最大限度地预防和减少突发性农业安全生产事件的损害和影响。

16. 加强应急演练。开展应急模拟演练和培训，锻炼快速响应和处置能力。落实极端天气及重要时节的安全防范措施，切实加强应急值班值守，不断完善事故信息报告制度，做好事故信息接报和处置工作。加强应急装备、应急管理信息化建设。

四、工作要求

（一）提高思想认识。要进一步提高政治站位，以高度的责任感和紧迫感，切实抓好农业安全生产工作，坚决消除各类农业安全隐患，营造安定和谐的社会氛围。

（二）加强组织领导。要将重点工作任务落实摆上重要议事日程，精心组织，周密部署，细化措施，狠抓落实。要严格责任追究，对工作不认真、监管不严格、检查不彻底的，按照有关要求问责追责。

（三）强化督查考核。要加强重点任务落实情况的考核，坚持问题导向，紧盯工作短板，确保各项任务落实到位。全市将开展农业系统区级部门履行安全生产监管（管理）职责示范单位创建活动，将重点任务落实情况作为主要参考指标。

中共北京市委农村工作委员会　北京市财政局　北京市城市管理委员会　北京市水务局　北京市农业农村局　北京市卫生健康委员会　关于北京市农村“厕所革命”专项行动的指导意见

（2019 年 2 月 11 日）

各涉农区人民政府：

为认真贯彻习近平总书记关于推进农村“厕所革命”的重要批示指示精神，根据中央农办、农业农村部等 8 部门联合印发的《关于推进农村“厕所革命”专项行动的指导意见》（农社发〔2018〕2 号，见附件）和本市实际，现就推进全市农村“厕所革命”专项行动有关事项，提出如下指导意见。

一、指导思想

以习近平总书记关于农村“厕所革命”的重要指示指示精神为指导，以中央农办、农业农村部等 8 部门《关于推进农村“厕所革命”专项行动的指导意见》和本市“百村示范、千村整治”工程实施方案为依据，围绕 2020 年底前实现“农村三类以上公厕不低于 90%”“农村卫生户厕达标率不低于 98%”两个目标，坚持先试点示范、后面上推广、再整体提升，推动农村厕所建设标准化、管理规范化、运维市场化、监督社会化，引导广大农民养成良好如厕和卫生习惯，切实增强农村地区群众的获得感和幸福感。

二、工作任务

（一）推进农村公厕改造。按照美丽乡村建设任务安排，逐年启动实施农村公厕达标改造工作。2019 年，全面完成 2018 年启动创建的第一批村庄公厕达标改造任务，新启动实施第二批1 000个左右村庄公厕达标改造；2020 年，完成剩余村庄公厕达标改造任务。到 2020 年底前，全市农村三类以上公厕比例达到 90%以上。

（二）推进农村户厕改造。对目前仍在使用非卫生户厕的农户，按照“能改则改、愿改尽改、农户自愿，一户一厕”原则，全面推进卫生户厕改造工作。2019年，完成2018年启动创建的第一批村庄和2019年启动创建的第二批1 000个左右村庄的非卫生户厕达标改造；2020年完成剩余村庄农户非卫生户厕达标改造，到2020年底前，全市农村卫生户厕改造率达到98%。

（三）推进农村改厕与生活污水设施建设统筹衔接。坚持绿色治污理念，根据村庄地理环境、人口密度、经济水平、管护力量情况，因地制宜选择适合村庄特点的生活污水处理模式。具备生活污水集中收集处理条件的村庄，厕所改造与生活污水集中收集处理设施同步设计、同步建设、同步验收；不具备生活污水集中收集处理条件的村庄，积极应用成本适中、简单实用、农民接受、治污一体的改厕模式，确保卫生清洁、粪污达标排放。

三、方法步骤

（一）制定方案（2019年2月底前）。在全面摸清底数、建立现状台账的基础上，各区依据本指导意见、市级部门专项工作方案和本区实际，分别制定涵盖本区农村公厕改造、户厕改造和污水设施建设的《农村“厕所革命”实施方案》，明确目标、任务、技术、资金、步骤、措施，把改厕计划压实到每个部门、每个乡镇、每个村、每一厕。

（二）部署动员（2019年3月中旬前）。组织开展形式多样、内容丰富的宣传动员，营造良好社会氛围，激发农民内生动力，引导农民主动投工投资投劳。

（三）全面展开（2019年3月下旬至12月底前）。采取“市统一计划、部门对口指导、各区组织实施”的方式，按照“有序推进、整体提升、建管并重、长效运行”的思路展开，其中，市农业农村局负责总牵头协调，农村公厕改造由市城市管理委组织指导，农村户厕改造由市卫生健康委组织指导，农村生活污水集中收集处理设施建设由市水务局组织指导。各区要积极推广低成本、低能耗、易维护、高效率的模式和技术，鼓励采用与厕所粪污同步治理的一体化改厕工艺。

（四）巩固深化（2020年底前）。围绕2020年全面建成小康社会的硬任务，持续巩固2019年改厕成果，完成2020年农村“厕所革命”任务。各区对推进工作较好、完成质量较高的乡镇、村给予适当奖励。市农业农村局将联合有关部门对工作开展有力、改厕成果突出的区、乡镇进行通报表扬，并在媒体上进行公布。

四、保障措施

（一）加强组织领导。市级成立由主管副市长任组长，市财政局、市城市管理委、市水务局、市农业农村局、市卫生健康委等相关部门参加的农村改厕专项领导小组，办公室设在市农业农村局，负责改厕工作的统筹协调。领导小组每季度召开一次会议，听取市相关部门进展情况汇报，分析各区改厕形势，研究制定针对性措施。各区政府是农村改厕工作的责任主体，要参照市级做法，成立区级改厕工作领导小组，明确部门和乡镇职责，加强领导，统一推进。

（二）充分周密准备。要依据相关政策标准和本地实际，综合考虑地理环境、气候条件、经济水平、农民生产生活习惯等因素，因地制宜逐乡镇（或逐村）编制农村“厕所革命”专项实施方案，明确年度任务、资金安排、保障措施；要参照《北京市农村公厕、户厕建设基本要求》《北京市公厕运行管理规范》《农村户厕建设规范》《北京市农村生活污水处理设施水污染物排放标准》等文件，合理选择简单实用、成本适中、农民群众接受的改厕技术和产品；要抓好试点示范，每个区要树立不同类型的改厕示范乡镇、每个乡镇要结合实际树立不同类型的改厕示范村，为全面推广树立样板、提供经验。

（三）严密组织实施。广泛开展农村“厕所革命”公益宣传活动，大力宣传农村改厕的重要意义，加强文明如厕、管护制度、卫生常识教育；采取“先建后验、以奖代补”方式，引导农民自愿改厕，支持整村推进改厕；坚持统筹推进，正确处理政府引导与村民参与、当前建设与长效管护、单项投入与综合效益、农村改厕与其他环境整治的关系，确保农村改厕顺利实施；坚持从各地实际出发，把群众认同、群众参与、群众满意作为基本要求，改厕成本不能脱离实际、改厕技术不能贪大求洋、改厕方式不能大包大揽，稳步推进农村“厕所革命”。对于人口较少、需求较低、管护力量较弱的村庄，可以根据村民意愿，减少公厕设置数量；对冬季使用率低、管护难度大的公厕，乡镇、村可以适当减少开放月份，并向村民公告，报市、区主管部门备案。

（四）健全工作机制。一是工作协调机制。各区每月至少召开一次农村改厕工作会议，及时协调解决各部门、各乡镇改厕中遇到的矛盾和问题。二是检查督导机制。市、区行业主管部门要加强对各区、乡镇村改厕工作的检查督导，及时发现、研究、解决问题；引导乡镇、村每月至少组织开展一次厕所管护情况检查评比，评出“最美农村公厕”“文明卫生清洁户”，并利用乡镇政府网站、村广播、村务公开栏、微信群等途径公布、通报。三是长效管护机制。各区要着力建立健全农村厕所长效管护机制，确保管护标准落实到位、管护资金保障到位。对在各类检查考核中发现的农村厕所后期管护和污水处理不到位的问题，市、区主管部门要及时督促整改，市级财政下达各区美丽乡村补助资金时视情进行核减。四是进度报告机制。各区改厕部门每季度末对口向市相关部门报告本区进展，市相关部门汇总后分别向市委农办、市农业农村局报告全市农村公厕、户厕改造和生活污水集中收集处理设施建设进度情况，市委农办、农业农村局整理后统一向市委、市政府报告全市农村“厕所革命”进展情况。

附件：中央农办等8部门《关于推进农村“厕所革命”专项行动的指导意见》

附件

中央农办　农业农村部　国家卫生健康委　住房和城乡建设部　文化和旅游部　国家发展改革委　财政部　生态环境部　关于推进农村“厕所革命”专项行动的指导意见

为深入贯彻习近平总书记关于农村“厕所革命”的重要指示精神，落实《中共中央办公厅国务院办公厅转发〈中央农办、农业农村部、国家发展改革委关于深入学习浙江“千村示范、万村整治”工程经验　扎实推进农村人居环境整治工作的报告〉的通知》《农村人居环境整治三年行动方案》和全国改善农村人居环境工作会议有关要求，科学指导各地农村改厕工作，有效提升农村人居环境建设水平，现就推进农村“厕所革命”专项行动提出以下指导意见。

一、重要意义

小厕所、大民生。农村“厕所革命”关系到亿万农民群众生活品质的改善。习近平总书记指出，厕所问题不是小事情，要把这项工作作为乡村振兴战略的一项具体工作来推进，努力补齐这块影响群众生活品质的短板。近年，各地各有关部门积极行动、采取措施，农村改厕取得了一定进展，缺少卫生厕所状况有所缓解，相关疾病发生、流行得到一定控制，农民群众文明卫生素质有所提升。同时，各地农村改厕工作进展不平衡，重视程度不够，推动方式简单化，农民主体作用不突出，技术创新跟不上，农民群众“不愿用、没法用、用不上”等现象不同程度存在。“厕所革命”的重点在农村，难点也在农村。各地要顺应农民群众对美好生活的向往，把农村“厕所革命”作为改善农村人居环境、促进民生事业发展的重要举措，进一步增强使命感、责任感和紧迫感，坚持不懈、持续推进，以小厕所促进社会文明大进步。

二、思路目标

以习近平新时代中国特色社会主义思想为指导，深入贯彻习近平总书记关于“厕所革命”重要指示批示，牢固树立新发展理念，按照“有序推进、整体提升、建管并重、长效运行”的基本思路，先试点示范、后面上推广、再整体提升，推动农村厕所建设标准化、管理规范化、运维市场化、监督社会化，引导农民群众养成良好如厕和卫生习惯，切实增强农民群众的获得感和幸福感。

到2020年，东部地区、中西部城市近郊区等有基础、有条件的地区，基本完成农村户用厕所无害化改造，厕所粪污基本得到处理或资源化利用，管护长效机制初步建立；中西部有较好基础、基本具备条件的地区，卫生厕所普及率达到85%左右，达到卫生厕所基本规范，贮粪池不渗不漏、及时清掏；地处偏远、经济欠发达等地区，卫生厕所普及率逐步提高，实现如厕环境干净整洁的基本要求。到2022年，东部地区、中西部城市近郊区厕所粪污得到有效处理或资源化利用，管护长效机制普遍建立。地处偏远、经济欠发达等其他地区，卫生厕所普及率显著提升，厕所粪污无害化处理或资源化利用率逐步提高，管护长效机制初步建立。

三、基本原则

（一）政府引导、农民主体。党委政府重点抓好规划编制、标准制定、示范引导等，不能大包大揽，不替农民做主，不搞强迫命令。从各地实际出发，尊重农民历史形成的居住现状和习惯，把群众认同、群众参与、群众满意作为基本要求，引导农民投工投劳。

（二）规划先行、统筹推进。发挥乡村规划统筹安排各类资源的作用，充分考虑当地城镇化进程、人口流动特点和农民群众需求，先搞规划、后搞建设，先建机制、后建工程，合理布局、科学设计，以户用厕所改造为主，统筹衔接污水处理设施，协调推进农村公共厕所和旅游厕所建设，与乡村产业振兴、农民危房改造、村容村貌提升、公共服务体系建设等一体化推进。

（三）因地制宜、分类施策。立足本地经济发展水平和基础条件，合理制定改厕目标任务和推进方案。选择适宜的改厕模式，宜水则水、宜旱则旱、宜分户则分户、宜集中则集中，不搞一刀切，不搞层层加码，杜绝“形象工程”。

（四）有力有序、务实高效。强化政治意识，明确工作责任，细化进度目标，确保如期完成三年改厕任务。坚持短期目标与长远打算相结合，克服短期行为，既尽力而为又量力而行。坚持建管结合，构建长效运行机制，持之以恒将农村“厕所革命”进行到底。

四、重点任务

（一）明确任务要求，全面摸清底数。各地认真落实《农村人居环境整治三年行动方案》对各类厕所数量和改厕标准的任务要求，组织开展农村厕所现状大摸底，以县域为单位摸清农村户用厕所、公共厕所、旅游厕所的数量、布点、模式等信息。深入开展调查研究，了解农村厕所建设、管理维护、使用满意度等情况，及时查找问题，及时跟踪农民群众对厕所建设改造的新认识、新需求。

（二）科学编制改厕方案。各地要综合考虑地理环境、气候条件、经济水平、农民生产生活习惯等因素，结合乡村振兴、脱贫攻坚、改善农村人居环境等规划，按照村庄类型，突出乡村优势特色，体现农村风土人情，因地制宜逐乡（或逐村）论证编制农村“厕所革命”专项实施方案，明确年度任务、资金安排、保障措施等。中西部地处偏远、山区、经济欠发达的地方，特别是严寒、缺水等地区，可以县域为单位合理确定农村改厕目标任务。

（三）合理选择改厕标准和模式。加快研究修订农村卫生厕所技术标准和相关规范。各地要结合本地区农村实际，鼓励厕所粪污就地资源化利用，统筹考虑改厕和污水处理设施建设，研究制定技术标准和改厕模式，编写技术规范，指导科学合理建设。农村户用厕所改造要积极推广简单实用、成本适中、农民群众能够接受的卫生改厕模式、技术和产品。鼓励厕所入户进院，有条件的地区要积极推动厕所入室。农村公厕建设要以社区综合服务中心、文化活动中心、中小学、集贸市场等公共场所，以及中心村等人口较集中区域为重点，科学选址，明确建设要求。可按相关厕所标准设计，因地制宜建设城乡接合部、公路沿线乡村和旅游公厕，进一步提升卫生水平。施工建设砖混结构贮粪池时把不渗不漏作为基本要求，采用一体化厕所产品时注重材料强度和密闭性，避免造成二次污染。

（四）整村推进，开展示范建设。各地要学习借鉴浙江“千村示范、万村整治”工程经验，总结推广一批适宜不同地区、不同类型、不同水平的农村改厕典型范例。鼓励和支持整村推进农村“厕所革命”示范建设，坚持“整村推进、分类示范、自愿申报、先建后验、以奖代补”的原则，有序推进，树立一批农村卫生厕所建设示范县、示范村，分阶段、分批次滚动推进，以点带面、积累经验、形成规范。组织开展A级乡村旅游厕所、最美农村公共厕所、文明卫生清洁户等多种形式的推选活动，调动各方积极性。

（五）强化技术支撑，严格质量把关。鼓励企业、科研院校研发适合农村实际、经济实惠、老百姓乐见乐用的卫生厕所新技术、新产品。在厕所建设材料、无害化处理、除臭杀菌、智能管理、粪污回收利用等技术方面，加大科技攻关力度。强化技术推广应用，组织开展多种形式的农村卫生厕所新技术新产品展示交流活动。鼓励各地利用信息技术，对改厕户信息、施工过程、产品质量、检查验收等环节全程监督，对公厕、旅游厕所实行定位和信息发布。

（六）完善建设管护运行机制。坚持建管并重，充分发挥村级组织和农民主体作用，鼓励采取政府购买服务等方式，建立政府引导与市场运作相结合的后续管护机制。各地要明确厕所管护标准，做到有制度管护、有资金维护、有人员看护，形成规范化的运行维护机制。运用市场经济手段，鼓励各地探索推广“以商建厕、以商养厕”等模式，创新机制，确保建设和管理到位。组织开展农村厕所建设和维护相关人员培训，引导当地农民组建社会化、专业化、职业化服务队伍。

（七）同步推进厕所粪污治理。统筹推进农村厕所粪污治理与农村生活污水治理，因地制宜推进厕所粪污分散处理、集中处理或接入污水管网统一处理，实行“分户改造、集中处理”与单户分散处理相结合，鼓励联户、联村、村镇一体治理。积极推动农村厕所粪污资源化利用，鼓励各地探索粪污肥料化、污水达标排放等经济实用技术模式，推行污水无动力处理、沼气发酵、堆肥和有机肥生产等方式，防止随意倾倒粪污，解决好粪污排放和利用问题。

五、保障措施

（一）加强组织领导。进一步健全中央部署、省负总责、县抓落实的工作推进机制，强化上下联动、协同配合。省级党委政府负总责，把农村改厕列入重要议事日程，明确牵头责任部门，强化组织和政策保障，做好监督考核，建立部门间工作协调推进机制。强化市县主体责任，做好方案制定、项目落实、资金筹措、推进实施、运行管护等工作。

（二）加大资金支持。各级财政采取以奖代补、先建后补等方式，引导农民自愿改厕，支持整村推进农村改厕，重点支持厕所改造、后续管护维修、粪污无害化处理和资源化利用等，加大对中西部和困难地区的支持力度，优先支持乡村旅游地区的旅游厕所和农家乐户厕建设改造。进一步明确地方财政支出责任，鼓励地方以县为单位，统筹安排与农村改厕相关的项目资金，集中推进农村改厕工作。支持农村改厕技术、模式科研攻关。发挥财政资金撬动作用，依法合规吸引社会资本、金融资本参与投入，推动建立市场化管护长效机制。在用地、用水、用电及后期运维管护等方面给予政策倾斜。简化农村厕所建设项目审批和招投标程序，降低建设成本，确保工程质量。

（三）强化督促指导。对农村改厕工作开展国务院大检查大督查。每年组织包括农村改厕在内的农村人居环境整治工作评估，把地方落实情况向党中央、国务院报告。落实国务院督查激励措施，对开展包括农村改厕在内的农村人居环境整治成效明显的县（市、区、旗），在分配年度中央财政资金时予以适当倾斜。落实将农村改厕问题纳入生态环境保护督察检查范畴。建立群众监督机制，通过设立举报电话、举报信箱等方式，接受群众和社会监督。

（四）注重宣传动员。鼓励各地组织开展农村“厕所革命”公益宣传活动，结合农村人居环境整治村庄清洁行动、卫生县城创建等活动，多层次、全方位宣传农村改厕的重要意义，加强文明如厕、卫生厕所日常管护、卫生防疫知识等宣传教育。鼓励和引导基层党员干部率先示范，引导农民主动改厕。发挥共青团、妇联等基层群团组织贴近农村、贴近农民的优势，广泛发动群众，激发农民群众改善自身生活条件的主动性和积极性。

中共北京市委农村工作委员会　北京市农业农村局　北京市规划和自然资源委员会　北京市住房和城乡建设委员会　北京市城市管理委员会　北京市卫生健康委员会　北京市民政局　北京市财政局　北京市交通委员会　北京市水务局　北京市园林绿化局　关于印发《北京市2019年度改善农村人居环境和推进美丽乡村建设工作方案》的函

（2019年4月19日）

各相关区委、区人民政府，市各有关单位：

为深入贯彻落实全市农村工作会议精神和《中共中央办公厅国务院办公厅关于印发〈农村人居环境整治三年行动方案〉的通知》（中办发〔2018〕5号）、《中共北京市委办公厅北京市人民政府办公厅关于印发〈实施乡村振兴战略扎实推进美丽乡村建设专项行动计划（2018—2020年）〉的通知》（京办发〔2018〕5号）等文件精神，做好2019年度农村人居环境整治和美丽乡村建设相关工作，特制定《北京市2019年度改善农村人居环境和推进美丽乡村建设工作方案》。现印发给你们，请认真组织实施。

北京市2019年度改善农村人居环境和推进美丽乡村建设工作方案

2019年，是新中国成立70周年，也是农村人居环境整治和美丽乡村建设工作由点到面全面推开和承上启下的关键一年，环境整治工作时间紧、任务重、要求高。为深入学习推广浙江“千万工程”经验，实施“百村示范、千村整治”工程，全面有序地推进我市农村人居环境整治和美丽乡村建设工作，制定本方案。

一、工作思路

以习近平新时代中国特色社会主义思想为指导，立足提升“四个服务”水平，在美丽乡村建设三年专项行动计划的基础上，全面推进“百村示范、千村整治”工程，突出主要道路沿线、旅游区及其他重点场所等周边农村人居环境整治和美丽乡村建设，重点抓好冬奥会世园会沿线、雁栖湖会都沿线、大兴国际机场沿线、城市副中心沿线（简称“四线”）周边村庄和通州区、延庆区（简称“两区”）美丽乡村建设，在各区打造一批近、中、远相结合的美丽乡村样板，以更加有力的举措、更加扎实的行动，推进农村人居环境整治和美丽乡村建设工作，巩固提升环境整治效果，努力打造集中连片、点线面结合的美丽乡村风景线，为新中国成立70周年、世园会等重大活动营造良好的农村环境氛围，为建设国际一流的和谐宜居之都作出积极贡献。

二、工作目标

农村人居环境整治既是一项重要的民生工程，也是一项重要的政治任务。要围绕重点区域、重大活动、重要节点，坚持问题导向，按照美丽乡村建设三年专项行动计划及补充方案确定的工作目标，全面推进“百村示范、千村整治”工程。到2019年底，全市及各相关区达到以下目标：

1. **农村生活垃圾治理**。全市97%的行政村生活垃圾得到处理，纳入住房城乡建设部管理台账70%的存量非正规垃圾堆放点完成整治，创建一批垃圾分类示范村。为确保全市年度任务完成，各区列入2018年、2019年美丽乡村创建任务的村庄，99%的行政村农村生活垃圾得到处理。

2. **农村“厕所革命”**。全市农村户厕卫生厕所比例达到95%，规模畜禽养殖场粪污治理装备配套率基本达到100%，畜禽粪污治理与资源化利用率达到80%以上，农作物秸秆基本实现资源化利用。为确保全市年度任务完成，各区要完成2018年列入美丽乡村创建任务的村庄公厕、户厕达标改造任务，启动2019年任务村达标改造；鼓励各区全面启动户厕改造。

3. **农村污水治理**。落实《北京市进一步加快推进污水治理和再生水利用工作三年行动方案》，完成760个重要水源地、城乡接合部和民俗旅游村的污水设施覆盖。开展房前屋后河塘沟渠小微水体整治。为确保全市年度任务完成，各区列入2018年、2019年美丽乡村创建任务的行政村要逐村明确污水治理的途径、模式，生活污水须得到有效治理，房前屋后黑臭沟渠基本消除；要完成300个村污水设施建设任务。

4. **村容村貌提升**。全市乡村公路中等路以上比例保持在90%以上，公共空间和庭院环境整治工作深入推进，私搭乱建、乱堆乱放得到有效治理，基本完成农村危房改造任务。为确保全市年度任务完成，各区列入2018年、2019年美丽乡村创建任务的行政村，主要道路硬化的村庄比例保持在98%（生态涵养区94%）左右，基本消除私搭乱建、乱堆乱放；基本完成农村危房改造任务。

5. **村庄规划管理**。各区列入2018年、2019年美丽乡村创建任务的村庄基本完成村庄规划编制工作，实现村庄规划管理基本覆盖；完成村规民约制（修）订工作，农村人居环境整治和村庄规划管控纳入村规民约。

6. **建立完善长效管护机制**。各区完善农村基础设施台账，"有制度、有标准、有队伍、有经费、有督查"的农村人居环境管护长效机制全面建立。

7. **加强农村人居环境整治和美丽乡村建设考核验收**。各区村庄按照时间节点要求基本完成环境整治任务；列入2018年、2019年农村人居环境整治和美丽乡村建设的村庄，全部通过农村人居环境整治验收；建成验收一批美丽乡村。

三、主要任务

（一）全面推进"百村示范、千村整治"工程

1. **"百村示范"**。深入开展"百村示范"创建，每个区确定10到15个（朝阳区、海淀区、丰台区结合实际确定数量）村庄开展"乡村振兴示范村"（简称"示范村"）培育创建。各相关区要依据主体作用充分、村庄治理有效、发展基础较好、规划布局合理、集中连片打造等原则遴选示范村创建村庄，按要求报市有关部门审核。各区要调动和发挥农村基层主体作用，研究和统筹各类相关政策，尽快培育打造典型，努力推进"百村示范"取得实效。

2. **"千村整治"**。各区要以"村村户户搞卫生，干干净净迎金秋"为契机，按照清脏、治乱、增绿、控污的要求，全面开展村庄清洁行动。巩固提升2018年第一批村庄环境整治效果，重点推进2019年启动的第二批1 000个左右村庄农村人居环境整治工作，全面推进农村人居环境整治工作。各区要优先将"四线""两区"周边村庄和民族村纳入第二批美丽乡村创建范围，集中打造一批近、中、远相结合的美丽乡村样板。各区在推进"千村整治"工作中，要结合村庄所在区位特点、经济条件和社会发展水平，因地制宜确定整治目标。要全面落实村庄清洁行动的要求，围绕影响农村环境卫生的突出问题，动员广大农民群众开展村庄清洁行动，集中力量从面上推进农村环境整治，重点做好村内"三清一改"（即清理农村生活垃圾、清理村域河塘沟渠、清理畜禽养殖粪污等农业生产废弃物、改变影响农村人居环境的不良习惯）工作，掀起全民关心农村人居环境改善、农民群众自觉行动、社会各界积极参与的热潮。

3. **批次开展考核验收**。2019年，市级将加大对各区的考核评估，继续组织开展农村人居环境专项督察、农村人居环境第三方核查评估、日常检查巡查等活动，曝光存在的问题，督促各区推进农村人居环境整治和美丽乡村建设工作开展。原则上，4月15日前完成第一批1 081个村庄农村人居环境整治考核验收，9月15日前完成第二批村庄农村人居环境整治考核验收，对其余村庄农村人居环境整治进行考核评估，全市所有村庄要以干净整洁有序的环境面貌迎接新中国成立70周年；10月底前，各区按照美丽乡村建设考核验收标准，开展美丽乡村建设考核验收。农村人居环境列入中央环保督察，中央有关部委将组织开展农村人居环境整治督导检查，年底国务院要组织一次大检查。各区要落实属地责任，切实抓好工作任务和目标的推进落实，做好随时迎接中央督导检查的准备。

（二）加快推进美丽乡村建设任务

1. **加快推进村庄规划编制工作。**各区要落实“统筹编规划、开门编规划、驻村编规划”的要求，坚持因地制宜、一村一策，科学编制实用型村庄规划，发挥规划的管控作用，坚持一张蓝图绘到底。要加快村庄规划编制和审批进度。2019年6月底前，要完成2018年启动的村庄规划的审批工作，年底前要基本完成第二批创建村村庄规划、美丽乡村建设实施方案的编制工作，有条件的区要尽快启动第三批创建村村庄规划编制工作。

2. **加强农村基础设施和公共服务设施建设。**各区要统筹各方力量、各种资源，聚焦创建村庄，加快推进农村基础设施建设和公共服务建设；要持续推进农村卫生、医疗、文化、教育、交通、养老、村邮站、快递便民服务网点、商业连锁便民店等服务设施建设，鼓励建设养老机构、老人日托中心、居家养老照料中心等，提升农村提升基本公共服务供给水平，满足村民需求。各区要加强乡镇政务中心建设，打造“一站式服务”综合服务平台，推广应用“互联网+服务”模式，打通直接服务农民的“最后一公里”。各区要结合智慧乡村建设，总结推进一批典型。

3. **推进乡风文明乡村治理能力建设。**健全党组织领导下的乡村治理机制和自治、法治、德治相结合的乡村治理体系。加强农村思想文化阵地建设，广泛开展“文明乡镇”“文明村”“文明家庭”“文明户”创建活动。有效发挥村规民约作用，增强村民自我管理、自我教育、自我服务和自我约束能力。2019年底前，要全面完成全市农村村规民约制（修）订工作，将农村人居环境整治、村庄规划管控等文明意识纳入村规民约，引导村民自觉形成良好文明的生活习惯。

4. **加快推进专项工作。**市各相关行业主管部门要按照职责分工，各负其责抓好农村人居环境各项具体工作。要抓紧制定农村户厕改造、农村公厕改造、农村垃圾治理、农村污水治理、农村畜禽养殖废弃物资源化利用、村庄规划编制、村庄绿化、农村基础设施长效管护机制等专项工作方案。各区要结合本区实际，分别制定具体的工作方案。农村基础设施建设和长效管护工作中，市级未明确主管部门的，各区政府要明确主管部门，做好相关方案和具体实施工作。

（三）健全完善工作机制

1. **完善农村人居环境管护长效机制。**各区4月底前要制定出台区级农村人居环境管护长效机制的政策文件，报市农业农村局备案，加快建立完善“有制度、有标准、有队伍、有经费、有督查”的农村人居环境管护长效机制。要完善村级长效机制的执行监督，对村规民约、公厕管护、户厕维护、绿化养护、环卫保洁、村庄照明等涉及农村人居环境管护内容的项目，各区要指导村级，在村内显著位置予以公示，接受群众监督，确保整治效果长期保持。引导村庄住户开展庭院环境整治，提高群众环境素养，内外兼修扮靓农村环境。市、区各相关部门要加强日常检查考核评估，确保各项机制得到有效贯彻落实。

2. **加强基础设施台账管理。**各区要加强对农村基础设施台账的管理和数据的审核、维护和更新，形成农村基础设施区级“一本账”。鼓励各区充分运用信息化手段，强化对农村基础设施运行维护的监管，提高农村基础设施管理的信息化水平。市各相关单位要加强对区级台账监管。2019年上半年，市级要对照区级“一本账”，核实确认2018年度美丽乡村建设任务完成情况及农村基础设施管护资金情况；三季度，市级将组织开展2018年美丽乡村建设任务考核评估，发现建设任务未完成、基础设施管护不到位的，相应核减市级补助资金。

3. **强化政策资金统筹监管。**市级安排美丽乡村建设补助资金，支持各区开展农村人居环境整治和美丽乡村建设，补助资金测算标准按照《中共北京市委办公厅北京市人民政府办公厅关于印发〈实施乡村振兴战略扎实推进美丽乡村建设专项行动计划（2018—2020年）〉的通知》（京办发〔2018〕5号）执行。区级是美丽乡村建设实施主体，应结合实际情况制定本区具体的补助政策，加强财政资金的统筹使用，加快市级引导资金的支出进度，落实好农村人居环境整治和美丽乡村建设等相关支出，按标准足额保障农村基础设施运维管护投入。各区按照“责权一致”的原则，对美丽乡村建设有关资金的使用负责，建立完善相关制度，强化监督执纪问责，确保资金使用效益，严禁套取、挪用、挤占、虚报冒领政策资金。市级建立农村人居环境整治和美丽乡村建设实施效果挂钩的奖惩机制，对农村卫生户厕改造等工作实施效果好的区，市级将加大奖励力度。

四、时间安排

根据全年工作进度，原则上按照以下时序推进工作：

第一季度。深入学习推广浙江“千村示范、万村整治”工程经验，启动实施北京市“百村示范、千村整治”工程，各区制定工作方案，确定创建村庄和整治村庄名单；确定第二批创建村名单并开展环境整治、村庄规划编制和美丽乡村建设实施方案编制工作，全面启动全市所有村庄环境整治工作。2019 年 3 月 20 日前，各区要向市农业农村局报告学习浙江“千万工程”经验情况。市各相关单位加强行业监管检查，定期对各区工作进行巡查、排名、通报。

第二季度。全面推进第一批创建村人居环境整治和美丽乡村建设工程。原则上，2019 年 3 月 20 日到 4 月 15 日完成第一批村庄农村人居环境整治考核验收；6 月底前完成 2018 年度美丽乡村建设和农村基础设施管护资金清算。市各相关单位加强行业监管检查，定期对各区工作进行巡查、排名、通报。市区各相关单位做好准备，迎接和完成中央对北京市农村人居环境核查。

第三季度。推进第一批村庄美丽乡村建设工作。原则上，2019 年 9 月 15 日前，完成第二批村庄人居环境整治考核验收，其余村庄人居环境达到验收条件；第一批美丽乡村创建村组织开展区级自查验收。市、区各相关单位结合职责分工，提出下一年度资金预算。市各相关单位加强行业监管检查，定期对各区工作进行巡查、排名、通报。

第四季度。完成第二批创建村村庄规划和美丽乡村建设实施方案编制、审批工作；各区对照美丽乡村建设考核验收标准，对第一批美丽乡村创建工作完成自查验收。原则上，从 2019 年 11 月开始，市级组织对第一批美丽乡村创建村进行考核验收。市各相关单位加强行业监管检查，定期对各区工作进行巡查、排名、通报。

五、工作要求

一是加强区级统筹，有序推进建设。各区要加强农村人居环境整治和美丽乡村建设资金、项目的统筹，本着经济、实用、适度、合理的原则安排建设项目，务求实效，防止出现超越农村发展阶段和不切实际的建设项目。各区要统筹推进农村生活污水治理和改厕工作，加强农村改厕与生活污水治理的有效衔接，安排好农村基础设施项目建设时序问题，依法合规推进项目建设。市、区各相关部门要加强工作协调，形成工作合力，共同推进农村人居环境整治工作，绝不能各行其是。各区在推进建设过程中，要坚持因地制宜，严控建设成本、注重建设质量、防止过度建设，严禁借美丽乡村建设之名修建高档门（牌）楼、大广场、贪大求洋等面子工程。

二是坚持依规建设，避免大拆大建。各区要科学编制美丽乡村建设实施方案，合理安排建设内容。现有农村基础设施，如街坊路、农村改厕、农村供水设施等，在满足生产、生活需要和市级有关标准的条件下，应本着修缮恢复功能为主、拆除重新建设为辅的原则安排建设。农村卫生户厕改造要聚焦非卫生户厕（含水冲式非卫生厕所、旱厕、无厕所）农户的改造需求，支持各区创新政策，按照政府补贴一部分、农民自筹一部分、一户一厕的原则，调动农民积极性，整村推进改造工作；对于上一轮改厕中投入政府资金、符合卫生户厕标准、且目前仍在使用的户厕，市级不再安排建设资金，避免重复建设。太阳能浴室原则上不再安排新建项目。要防止大规模拆旧建新造成的资源浪费，防止大拆大建，确保建设管护符合农村实际。市各相关行业主管部门要切实发挥指导监督作用，督促各区合理开展建设。

三是压实属地责任，严格审核把关。各相关区是农村人居环境整治和美丽乡村建设的责任主体，对农村人居环境整治和美丽乡村建设实施效果负责，要全面贯彻落实中央和市委市政府的决策部署，扎实推进农村人居环境整治和美丽乡村建设工作取得实效；要落实相应的财政资金支出责任，确保资金使用效益和安全。各区要聘请第三方机构，对美丽乡村建设实施方案确定的农村基础设施建设项目进行核实确认；要加快村庄规划、美丽乡村建设实施方案的区级审核进度，为开展工程建设抢出时间。

四是发挥农民主体，加强部门协作。农村人居环境整治，是组织动员广大农民群众自己动手清洁家园的行动，必须发挥农民的主人翁地位。各区要创新工作方式方法，充分运用精神激励、物资奖励、红板黑板、村规民约等多种形式，引导和发挥广大农民群众参与美丽宜居家园建设的主体作用，政府不大包大揽。要发挥好新一届村两委班子的优势，调动村干部谋事创业的积极性，支持村书记（主任）当好村庄清洁行动“指挥长”，带领广大农民做好农村环境整治工作。涉及农村人居环境整治和美丽乡村建设、管护等工作，除专业性有特殊要求外，应按照不低于60%的比例，尽量吸引本地农民用工。市、区各行业主管部门要落实部门职责，加强工作指导，聚焦创建村庄，强化部门协作，形成共建合力，共同推进农村人居环境整治和美丽乡村建设任务落实。

中共北京市委农村工作委员会　中共北京市委宣传部　北京市农业农村局　北京市文化和旅游局　首都精神文明建设委员会办公室　北京市文学艺术届联合会关于印发《第30届北京农民艺术节总体方案》的函

（2019年6月25日）

各涉农区区委、区政府：

为深入学习宣传贯彻习近平新时代中国特色社会主义思想，隆重庆祝中华人民共和国成立70周年，生动展示全市扎实推进实施乡村振兴战略的具体实践，进一步推动乡村文化振兴、培育文明乡风，落实全市农村工作会议等部署要求，经市委农工委、市委宣传部、市农业农村局、市文化和旅游局、首都文明办、市文联共同研究决定，继续举办北京农民艺术节。现将《第30届北京农民艺术节总体方案》印发给你们，请紧密结合实际，认真抓好落实。

第30届北京农民艺术节总体方案

一、活动目的

通过市、区、镇（乡）、村联动，组织开展群众喜闻乐见的文化活动，努力实现四个主要目的：一是以丰富多彩的形式集中展示北京落实“乡风文明”要求、推进“乡村文化振兴”的生动实践，展现新型职业农民的时代风采；二是广泛搭建乡村群众欢庆丰收、祝福祖国、展演才艺、凝心聚力的文化舞台；三是激励培育乡村文化人才、挖掘传承“京韵农味”特色文化，不断丰富新时代文明实践，有效提高广大农民的获得感、幸福感，积极营造喜庆新中国成立70周年的浓厚氛围；四是与中国农民丰收节紧密结合，艺术化地呈现北京农民庆丰收、晒丰收、话丰收、享丰收、助丰收等特色活动，引导社会各界共同分享丰收喜悦。

二、活动主题

京郊喜庆70年，乡村文化展“京”彩。

三、活动时间

2019年秋分（9月23日）至2020年元宵节（2月8日）

四、活动原则

坚持守正创新。紧紧围绕统一思想、凝聚力量这个中心环节，立足群众需求和资源特点，不断创新活动载体和节目形式，挖掘弘扬具有“京韵农味”的乡村文化，进一步推进移风易俗、遏制陈规陋习、建设文明乡风。

坚持重在基层。切实将工作重心下移，以引导乡村群众发挥好主体作用为着力点，千方百计帮助他们搭建好“乡村大舞台”、鼓励他们“人人展风采”。

坚持节俭高效。坚决反对铺张浪费，注重整合用好各级新时代文明实践中心、所、站和文化设施等现有资源，注重调动各级文化干部、文艺骨干、志愿者等现有队伍的热情。

五、组织机构

为加强组织协调，确保各项活动有序开展，主办单位共同组建“第 30 届北京农民艺术节组织指导委员会”（以下简称“市组织指导委员会”），办公室设在市委农工委宣教中心（附件 1，略）。

六、活动安排

市组织指导委员会将组织开展以下四大系列 11 项活动（单项活动方案另行制定印发）：

（一）“乡村大舞台”群众文艺展演系列活动

1. 乡村大舞台——“三农”题材原创节目大赛

深刻反映新中国成立 70 年来特别是党的十八大以来北京“三农”发生的巨大变化，生动鲜活地反映北京实施乡村振兴战略、推进美丽乡村建设带来的农业的新功能、农村的新面貌、农民的新风采、乡村的新风尚，艺术形式不限，力推主题突出、表现力强的原创节目。各区在预赛的基础上，分别精选推荐 1～3 个原创节目参加市级复赛，决赛中的优秀节目将获得相应鼓励。

牵头单位：市委农工委、市农业农村局、市文化和旅游局

承办单位：市委农工委宣教中心、北京文化艺术活动中心

完成时间：2020 年 1 月

2. 金秋礼赞——迎国庆庆丰收民间文艺汇演

在“中国农民丰收节”（9 月 23 日）前后，组织开展乡村优秀文艺节目会演，集中展现京郊农民迎国庆庆丰收的喜悦心情。每区精选推荐 2 个基层优秀文艺节目（乡镇及以下团队）参加，节目形式不限，鼓励具有本地特色、群众参与性较强、现场气氛喜庆热烈的节目参演。市组织指导委员会将根据实际，甄选适宜节目参加市级会演。拟选择一个乡村作为举办地，以后每年由各区申请承办。

牵头单位：市委农工委、市农业农村局、市文化和旅游局

承办单位：市委农工委宣教中心、北京文化艺术活动中心

完成时间：2019 年 9 月

3. 搭建市级网络版“乡村大舞台”

落实《数字乡村发展战略纲要》，拟在北京美丽乡村网（www.bjmlxc.cn）上逐步搭建网络版“乡村大舞台”，分门别类集中展示全市丰富多彩的乡村文化，使之逐步成为乡村文化“资源库”、文艺节目“大舞台”、民间工艺“展示厅”、文艺人才“聚集区”、文化交流“新平台”，以网络“乡村大舞台”引领促进实体“乡村大舞台”发展。

牵头单位：市委农工委、市农业农村局、市文化和旅游局、首都文明办、市文联

承办单位：市委农工委宣教中心、北京文化艺术活动中心

完成时间：2019 年 12 月网页上线，随后逐步充实内容。

（二）乡村文化建设示范系列活动

4. 开展“特色文化示范村”试点建设

继续围绕“传承乡村优秀文化、助力乡村全面振兴”的目标，稳步开展“特色文化示范村”试点建设工作，努力培育一批文化特色突出、铸魂成效显著的示范村。2019 年拟突出乡风文明、文旅融合等，各区可分别推荐 1 个特色突出、基础较好、积极性高、区镇重点扶持的候选村，市组织指导委员会将从中筛选并扶持 3 个市级“特色文化示范村”进行试点建设，包括选派专家志愿者指导、对接社会力量参与、支持部分建设项目等。

牵头单位：市委农工委、市农业农村局

承办单位：市委农工委宣教中心、北京美丽乡村联合会

完成时间：2019 年 11 月

5. 开展“乡村大舞台”示范宣传活动

鼓励引导区、镇（乡）、村紧密结合新时代文明实践中心、所、站建设，整合利用好文化活动中心、户外文化广场等公益文化设施，逐步建成适合广大农民开展文化活动的“乡村大舞台”。拟从今年开始，每年精选一批“乡村大舞台”进行示范宣传。各区可分别推荐不超过 3 个利用率较高、传统节日活动丰富、群众反响好的“乡村大舞台”，市组织指导委员会初定筛选 30 个，进行宣传命名、奖励牌匾等。

牵头单位：市委农工委、市农业农村局、市文化和旅游局、首都文明办

承办单位：市委农工委宣教中心、北京文化艺术活动中心

完成时间：2019 年 12 月

（三）乡村文化人才培养系列活动

6. 开展乡村文化专题培训

一是对各区优秀文艺团队的编导和节目创作人员进行集中培训，有针对性地提升“三农”原创节目的创作和表演水平。拟请全国“群星奖”评委老师授课，采取案例分析、互动教学等方式，提升培训效果；二是开展“乡村拍手”等专题培训，提升基层文化组织员和乡村文艺骨干视频影像拍摄水平。

牵头单位：市委农工委、市文化和旅游局、市农业农村局

承办单位：市委农工委宣教中心、北京文化艺术活动中心

完成时间：2019 年 11 月底前

7. 开展“乡村文化之星”宣传活动

响应各区、镇（乡）、村的呼吁和需求，为激励关爱农村文化人才成长，本届拟突出宣传 50 名“北京乡村文化之星”，颁发纪念杯牌、录入“北京市乡村文化人才库”并进行广泛宣传。各区可分别推荐 4～5 名候选人，符合具有一技之长、热心公益、服务当地、口碑良好、贡献突出等条件，乡村文化能人和基层文化工作者均可。

牵头单位：市委农工委、市农业农村局、市文化和旅游局

承办单位：市委农工委宣教中心、北京文化艺术活动中心

完成时间：2020 年 1 月

（四）“诗画北京美丽乡村”系列活动

8. 开展第 10 届“聚焦美丽乡村”摄影大赛

聚焦北京乡村 70 年来改革发展的巨大变化，突出世园会“百蔬园”特色、人居环境整治、低收入帮扶、乡村旅游、新时代文明实践中心等重点，用精美图片呈现美丽乡村的产业、生态、人文、治理、生活之美。在面向社会进行公开征稿的同时，请各区文联摄影家协会进行组稿，优秀作品将纳入“诗画北京美丽乡村”艺术作品联展。为延伸活动影响，将继续开展“美丽乡村・筑梦有我”大型新闻公益行动，引导社会各界走进“美丽乡村风景线”。

牵头单位：市委农工委、市农业农村局、市文联

承办单位：市委农工委宣教中心、北京摄影家协会

完成时间：2019 年 11 月

9. 开展“礼赞祖国・诗韵乡村”诗词楹联征集活动

落实农业农村部部署，组织开展“礼赞祖国・诗韵乡村”主题诗词、楹联创作征集活动。诗词内容要求以实施乡村振兴战略、建设美丽乡村为视角，以新中国成立 70 周年为背景，反映作者对北京“三农”翻天覆地变化的独特观察和感受，题材不限；楹联内容要求以社会主义核心价值观为遵循，以尚“三德”（社会公德、家庭美德、个人品德）、树“三风”（文明乡风、良好家风、淳朴民风）为着力点，能够成为人们或家庭的思想行为遵循。市组织指导委员会将以获奖优秀作品为内容组织开展书法笔会，形成书法作品并纳入“诗画北京美丽乡村”艺术作品联展。

牵头单位：市委农工委、市农业农村局、市文联

承办单位：市委农工委宣教中心

完成时间：2019 年 11 月

10. 开展乡村手工艺作品征集活动

面向乡村广泛征集手工艺作品，实物或图片形式均可，包括剪纸、布艺、草编、京绣、农民画、手工制品等，适合挂展的作品优先。创作题材要反映当代乡村生活，乡土气息浓郁，群众参与广泛，生动有趣，健康向上。市组织指导委员会将组织专家进行遴选，择优纳入“诗画北京美丽乡村”艺术作品联展。

牵头单位：市委农工委、市农业农村局、市文化和旅游局、市文联

承办单位：市委农工委宣教中心

完成时间：2019 年 11 月

11. 举办“诗画（北京）美丽乡村”艺术作品联展

汇集摄影、诗词楹联创作、民间手工艺、书法笔会及“文化中国”——北京美丽乡村微视频的优秀作品进行合璧展出，从多个角度艺术化地展示北京现代乡村的面貌和风韵，展示农村群众物质、精神“双丰收”的喜悦心情和良好精神状态，反映具有首都特点的乡村振兴之路的新气象。

主办单位：市委农工委、市农业农村局、市文化和旅游局、首都文明办、市文联

承办单位：市委农工委宣教中心、北京文化艺术活动中心、北京摄影家协会、北京书法家协会、北京美术家协会

完成时间：2020 年 1 月

七、工作要求

（一）加强统筹安排。举办北京农民艺术节，是扎实推进实施乡村振兴战略的重要内容，是落实全市农村工作会议部署的具体举措，也是推动文化振兴、培育文明乡风的重点工作。各区要高度重视、广泛动员、精心组织，结合实际、因地制宜、突出特色，引导、鼓励、服务广大群众积极参与其中。同时注重将农民艺术节与基层庆丰收活动有机结合，将物质丰收与精神丰收有机结合，将政府引导与群众自主有机结合。

（二）健全组织机构。各区要参考市级方案，明确牵头部门（市级由市委农工委牵头统筹协调，各区可由区委农工委牵头统筹协调）并成立相应工作机构（附件 2，略），结合实际制定具体的落实安排，并请于 7 月 15 日前报市组织指导委员会办公室。

（三）加强资金支持。北京农民艺术节是一项连续时间长、知名度较高、群众喜闻乐见的乡村品牌文化活动，市组织指导委员会将安排一定的资金，对区级活动给予补贴。各区要站在深入推进乡村文化振兴、不断提升乡风文明的高度，继续给予大力支持，做好有关资金预算安排，确保各项活动顺利开展，丰富传统节日文化生活。要同时积极引导鼓励社会各界的优质资源参与乡村文化建设。

（四）加强安全保障。落实“谁主办、谁负责”的原则，大型活动要制定周密的安保工作预案，强化安保措施，落实岗位责任，确保各项活动安全有序进行，切实把实事办实、好事办好。

（五）加强氛围营造。综合运用各级各类宣传载体和文化阵地，不断加大对北京农民艺术节的宣传推广力度，努力营造各级重视、各界支持、群众踊跃参与的良好氛围，展现北京乡村文化繁荣发展的勃勃生机。

北京市农业农村局　北京市市场监督管理局　北京市商务局　北京市公安局　北京市知识产权局　北京市供销合作总社关于印发北京市农村假冒伪劣食品专项整治行动方案的通知

（2019 年 1 月 3 日）

各区农业农村、市场监管、商务、公安、知识产权主管部门及供销合作社，各有关单位：

按照《农业农村部　商务部　公安部　国家市场监督管理总局　国家知识产权局　中华全国供销合作总社关于印发农村假冒伪劣食品专项整治行动方案的通知》（农质发〔2018〕12 号）要求，为进一步加强北京市农村假冒伪劣食品问题治理，维护群众健康和合法权益，保障公平竞争的市场秩序，促进乡村振兴战略有效实施，市农业农村局、市市场监督管理局、市商务局、市公安局、市知识产权局及市供销合作总社决定自 2018 年 12 月起，在全市范围内集中开展为期 3 个月的农村假冒伪劣食品专项整治行动，严厉打击生产经营假冒伪劣食品等违法行为，净化农村食品市场，切实保障元旦和春节期间农村食品消费安全，现将《北京市农村假冒伪劣食品专项整治行动方案》印发给你们，请遵照执行。

附件

北京市农村假冒伪劣食品专项整治行动方案

按照《农业农村部　商务部　公安部　国家市场监督管理总局　国家知识产权局　中华全国供销合作总社关于印发农村假冒伪劣食品专项整治行动方案的通知》（农质发〔2018〕12 号）要求，加强北京市农村假冒伪劣食品问题治理，市农业农村

局、市市场监督管理局、市商务局、市公安局、市知识产权局及市供销合作总社决定自2018年12月起，在全市范围内集中开展为期3个月的农村假冒伪劣食品专项整治行动。实施方案如下：

一、总体目标

全面打击生产经营农村假冒伪劣食品等违法违规行为，收缴一批假冒伪劣食品，处理一批“山寨”食品商标侵权案件，移送一批违法案件，严惩一批违法犯罪分子，曝光一批典型案例，形成有效震慑氛围，2019年春节前，农村假冒伪劣食品问题得到有效改善。以专项整治为契机，进一步发动和引导全社会积极参与农村假冒伪劣食品治理，全面规范农村食品市场秩序，夯实农村地区食品监管基础，提升农村食品安全水平和保障能力。

二、整治重点

（一）重点对象。小作坊、小商店、小摊点、小餐馆、小商贩等食品生产经营主体和农村集市、食品批发市场。

（二）重点品类。方便食品、休闲食品、酒水饮料、调味品、奶及奶制品、肉及肉制品等农村消费量大的食品品类。

（三）重点违法违规情形。食品假冒（使用不真实的厂名、厂址、商标、产品名称、产品标识等信息）；侵权“山寨”（食品包装标识、文字图案等模仿其他品牌食品，误导消费者）；食品假货（假羊肉、假狗肉、假驴肉等涉及食品欺诈的行为）；“三无”（无生产厂家、无生产日期、无生产许可）；劣质（以次充好、不符合国家食品安全标准等）；超过保质期等。

三、整治措施

（一）迅速开展生产经营环节执法大检查，集中收缴一批农村假冒伪劣食品。各区要坚持问题导向，针对重点对象开展全面清理检查，针对重点品类加大现场检查和监督抽查力度，查看是否存在重点违法违规情形。发现问题隐患，要进一步核查生产经营行为是否规范、索证索票是否到位、进货查验责任是否落实、生产经营记录是否健全。发现假冒伪劣食品，要坚决收缴并及时销毁，切实规范农村食品市场秩序，全面净化农村食品市场。（市市场监督管理局负责，各区人民政府负责属地任务落实）

（二）开展农村食品商标大保护，查处一批商标侵权假冒案件。要在商标注册工作中从严把握涉食品类商标审查标准，严厉打击恶意抢注、模仿食品类高知名度商标行为。依法打击、规范违反商标法禁用条款使用商标、未注册商标冒充注册商标行为。严厉打击食品类商标侵权行为。强化商标专用权保护，加大商标侵权食品源头追溯力度，对商标侵权食品生产、销售及商标标识印制等环节开展全链条打击。加强对农村食品领域商标宣传培训，增强社会公众对农村食品领域的商标保护意识。（市市场监督管理局、市知识产权局按职责分工负责，各区人民政府负责属地任务落实）

（三）开展农村假冒伪劣食品线索大追查，严惩一批违法犯罪分子。发现农村假冒伪劣食品线索，要顺藤摸瓜、追根溯源、一查到底，依法查处农村假冒伪劣食品的生产经营者和为其提供商标、广告、认证、包装等服务的经营者。坚决查处无证无照生产经营行为，端掉一批违法“黑工厂”“黑窝点”“黑作坊”，对违法生产经营单位负责人和其他直接责任人员，依法实施禁业限制。涉嫌犯罪或黑恶势力，依法需要追究刑事责任的，及时移送公安机关。（市农业农村局、市市场监督管理局、公安局按职责分工负责，各区人民政府负责属地任务落实）

（四）深入开展农村假冒伪劣食品共治大行动，规范农村食品市场秩序。充分发挥基层党组织作用，依托村“两委”实施网格化管理，把农村假冒伪劣食品作为农村综合治理的重要内容，强化社会共治。有条件的地方要设立村级食品安全信息员，开展群防群治。在重点对象、重点区域和村委会张贴12315、12331、12365等投诉举报电话，鼓励广大农村居民举报违法违规行为。将生产经营主体纳入社会信用平台管理，实施联合惩戒，引导和督促各类主体依法生产经营，积极推进农村流通市场体系建设。（市农业农村局、市商务局及市供销合作总社按职责分工负责，各区人民政府负责属地任务落实）

（五）开展食品知识和法律标准大培训，增强守法生产经营和安全消费意识。加大对农村食品生产经营者和消费者的教育管理，曝光一批典型案例，用身边的事教育身边的人。强化农村食品生产者的诚实守信意识，发展培育符合农村需求的质优价廉食品品牌。引导经营者从合法合规渠道进货，严格落实食品进销货把关责任和义务。组织开展喜闻乐见、通俗易懂、生动活泼的教育培训活动，提升农村消费者的食品安全意识和自我保护意识。（市农业农村局、市市场监督管理局、市商务局及市供销合作总社按职责分工负责，各区人民政府负责属地任务落实）

四、实施步骤

各区要坚持边整治与边整改相结合，集中整治与日常监管相结合，监督生产经营者自查自纠与加强检查督促相结合，集中力量和时间，认真开展专项整治行动。

（一）部署动员阶段（2018 年 12 月中下旬）。各区农业农村、市场监管、商务、公安、知识产权主管部门及供销合作社要在当地政府的统一领导下，相互配合，联合行动，共同开展专项整治行动。要制定符合当地实际情况的专项整治工作方案，周密部署、精心安排、突出重点、迅速行动。

（二）集中整治阶段（2018 年 12 月下旬至 2019 年 1 月底）。各区相关部门组织力量，围绕重点对象、重点品类、重点违法违规行为开展大检查、大清理、大追查、大行动、大培训，集中力量开展农村假冒伪劣专项治理行动，严打重惩、打出声威、形成震慑、营造氛围，规范农村食品生产经营行为和市场经营秩序。

（三）检查督促阶段（2019 年 1 月中下旬）。市农业农村局、市市场监督管理局、市商务局、市公安局、市知识产权局及市供销合作总社将联合派出工作检查组，对各区专项整治工作成果进行检查，督促专项整治工作取得实效。

（四）总结提升阶段（2019 年 2 月）。各区要及时总结专项整治行动中的好经验、好做法，提炼形成农村假冒伪劣食品有效监管模式，向全市范围进行宣传推广，推动建立长效机制。

五、工作要求

（一）加强工作领导。市区两级各相关部门要统一思想，提高认识，进一步增强开展农村假冒伪劣食品专项整治工作的紧迫感、责任感，切实把开展农村假冒伪劣食品专项整治行动作为当前工作重点。市级层面由市农业农村局、市市场监督管理局、市商务局、市公安局、市知识产权局及市供销合作总社主管领导组成专项工作组，负责专项整治工作方案制定与督导落实。市级专项工作组下设办公室，办公室设在市农业农村局，市各部门相关处负责同志为成员，负责落实市级专项工作组各项决策部署，沟通协调，推动专项整治任务实施。

各区要高度重视，落实党政同责要求，负责统筹本辖区农村假冒伪劣食品专项整治工作，对应市级相关部门及整治措施，成立专项工作组，落实本辖区各相关部门职责与任务，切实抓紧抓好专项整治工作。

（二）强化责任落实。市区各相关部门要按照部门职责，认真落实专项整治各项措施，对整治过程中存在的问题和薄弱环节，及时指导，及时解决，不留隐患，确保成效。各区要制定专项整治工作方案，采取重点督查、明察暗访等方式，突出重点、措施有力、要求明确，确保专项整治行动各项任务落到实处。要强化乡镇和村两级责任，充分依托村“两委”实施网格化管理，探索“职能部门＋镇村联动”的多元共管模式。

市区两级各相关部门要按照职责分工，建立健全涉及农村假冒伪劣食品相关监管部门的工作责任制和责任追究制，确保措施落实到位，责任落实到人。对责任不落实、监管不作为、情况不报告、问题不解决的单位和工作人员，要严肃追究责任。

（三）务求工作实效。在专项整治行动期间，对发现的风险隐患和不规范行为，整改率要达到 100%；对发现的违法行为，打击和查处率要达到 100%；加强行政执法和刑事司法的有效衔接，对涉嫌食品犯罪的案件，依法向公安机关移送率要达到 100%。对大要案件要一案一报、挂牌督办、限期办结。对发现涉及本市其他区的问题食品，要及时通报相关区监管部门彻底追查；对涉及外埠的问题食品，要通过市级监管部门通报相关地区省（市、区）级监管部门彻查。

（四）加大宣传引导。各区各有关部门要以多种形式加大宣传力度，公布专项整治行动部署和成效，营造良好的舆论氛围。要着重宣传专项整治行动成果，曝光典型案例，营造整治行动的强大声势，震慑违法犯罪分子，引导全社会积极参与农村假冒伪劣食品治理，强化社会共治。

（五）及时报送信息。各区农业农村、市场监管、商务、公安、知识产权主管部门及供销合作社要建立整治信息报送制度，2019 年 1 月 10 日、2019 年 1 月 29 日前分别向市级主管部门报送阶段性专项整治情况统计表（附件 1）；2019 年 1 月 29 日前报送本区农村假冒伪劣食品专项整治工作总结（包括整体情况、主要措施、存在的问题、下一步工作安排等）。区级专项工作组要将上述专项整治情况统计表和工作总结汇总后，按上述时限要求报送市级专项工作组办公室，同时报送本区政府。各区各部门要及时总结工作中的好经验、好做法、成效、亮点，及时向专项工作组报送信息。各区级专项工作组要确定一名联络员，并于 2019 年 1 月 7 日前，将本区专项整治工作实施方案和工作联络信息表（附件 2）反馈至市级专项工作组办公室。

附件：1. 北京市农村假冒伪劣食品专项整治情况统计表（略）

2. 区级专项整治工作联络信息表（略）

北京市农业农村局
关于开展对展会中假冒北京农药企业违法违规行为专项整治工作的通知

（2019 年 2 月 2 日）

朝阳、海淀、丰台区农委，通州、大兴、怀柔、昌平区农业局：

为继续严厉打击冒称北京市农药企业从事违法违规农药生产、经营行为，进一步规范我市农药市场秩序，根据《2018 年北京市农药监督管理年活动暨农药打假专项治理行动实施方案》要求，我局组织相关执法人员分别对“第二十四届山东植保信息交流暨农药械交易会”“第十六届中国国际农产品交易会”“第 34 届中国植保信息交流暨农药械交易会”（以下简称“农药展会”）进行了暗访检查，共查获 11 家标称北京市农药企业（注：不包括重复检查到的企业，见附件）涉嫌违法违规生产、经营行为。对展会中假冒北京市农药企业的违法违规行为，我局拟组织开展专项整治工作。现将相关事宜通知如下：

一、展会检查中发现的问题

执法人员在展会中发现的农药生产经营企业，通过“国家企业信用信息公示系统（北京）”“中国农药信息网”和企业的网站查询，发现存在以下三方面问题：

（一）涉嫌冒称本市企业违法违规生产、经营农药现象依然严重

北京斯秘诺高新生物科技有限公司、北京联邦（集团）农业科技、北京茗普农业科技有限公司、北京中农华创生物技术有限公司、北京鑫农国泰生物科技有限公司等 5 家企业均标称为农药生产企业，其名下均没有持有农药登记证和生产许可证，涉嫌冒称北京市农药生产企业违法违规生产、经营农药，在展会中查获的企业产品宣传资料显示，也涉嫌农药产品标签不符合规定。

北京茗普农业科技有限公司、北京鑫农国泰生物科技有限公司、北京哈漫迪国际科技有限责任公司、北京华信恒都科技有限责任公司－鑫科植保等 4 家标称为农药经营企业，均未查询到取得农药经营许可的信息，查获的农药产品宣传资料也显示涉嫌标签不符合规定。

（二）“无照、无证”假冒北京企业违法违规生产经营农药

北京斯秘诺高新生物科技有限公司、联邦农业科技有限公司、佳禾（北京）农业科技发展有限公司等 3 家企业未查询到工商营业许可信息，涉嫌未取得工商营业许可非法从事生产经营活动。其中，

北京斯秘诺高新生物科技有限公司、联邦农业科技有限公司多次在展会中被查获假冒资料。联邦农业科技有限公司分别在 2012 年、2014 年、2015 年、2017 年农药展会中被发现，《浙江省农业厅关于通报北京联邦（集团）生物化工有限公司涉嫌网上销售百草枯水剂有关情况的函》中相关地址、电话也与此相同。

（三）4 家经营企业涉嫌违规经营标签不符合规定农药

北京中农华创生物技术有限公司、北京中捷四方生物科技股份有限公司、北京明德立达农业科技有限公司、鑫凯高科（北京）作物科技有限公司等 4 家企业，有相关工商行政许可、农药经营许可信息，但其农药产品宣传材料和企业网站展示的产品信息，显示涉嫌违规经营标签不符合规定的农药。

二、专项整治工作要求

（一）强化属地管理责任，依法查处违法违规行为

各相关区农业主管部门应严格落实属地监管责任，应指定专人负责，依法对上述标称属地企业涉嫌违法违规生产、经营农药行为深入开展实地核查。对发现违法违规行为事实清楚的，严格按照《农药管理条例》依法严厉查处。发现重大案情线索的，及时上报。防止假冒伪劣农药行为进一步泛滥。

（二）加强部门联动，严厉打击违法违规行为

各相关区农业主管部门应及时将“无照、无证”假冒北京企业违法违规生产经营农药的行为，通报本区市场监督管理部门，必要时联合公安部门深入追查造假源头，维护好农药市场秩序。

（三）及时总结，上报专项整治情况

各相关区农业主管部门应及时将实地核查、专项整治情况形成总结材料，在 2 月 28 日前上报至北京市农业农村局和北京市农药检定所。

附件：展会发现的涉嫌假冒北京农药企业情况汇总表（略）

北京市农业农村局
关于印发北京市“瘦肉精”专项监督抽查工作实施方案的通知

（2019 年 2 月 11 日）

各区农业局（动监局）：

为落实农业农村部办公厅《关于开展“瘦肉精”专项监督抽查工作的通知》（农办牧〔2019〕2 号）要求，我局制定了《北京市“瘦肉精”专项监督抽查工作实施方案》，现印发给你们，请贯彻执行。

北京市“瘦肉精”专项监督抽查工作实施方案

为进一步加强畜产品质量安全监管，维护人民群众身体健康，开展“瘦肉精”专项监督抽查工作，加强在养殖环节、活畜运输环节和屠宰环节“瘦肉精”的监督抽查力度，保障我市畜产品质量安全。特制定本方案。

一、工作目的

落实农业农村部办公厅《关于开展“瘦肉精”专项监督抽查工作的通知》要求，围绕养殖、活畜运输和屠宰等多个环节，开展监督抽查，保持高压态势，严厉打击生产、销售和使用“瘦肉精”违法犯罪行为，强化监测与执法联动，加强日常执法监管，增强生产经营者的质量安全意识，全面巩固提高畜产品质量安全水平。

二、抽查方式

（一）区级监督检查。市农业农村局负责制定

全市“瘦肉精”专项监督检查工作实施方案，各区根据市级工作方案制定并细化区级工作方案。

（二）**市级监督抽查**。市农业农村局成立市级检查组，负责督促抽查各区工作开展情况。市动物卫生监督所、市饲料监察所、市兽药监察所、市畜牧总站、市畜牧业环境监测站派人参加。抽查时，不通知相关区主管部门。

三、抽查范围

（一）**养殖环节**。以肉牛、肉羊养殖场户为重点，兼顾部分生猪养殖场户，市级随机抽查10个主要养殖区。

（二）**运输环节**。以肉牛、肉羊运输车辆为重点，由市动物卫生监督所组织安排在指定进京道口完成活畜运输车辆监督抽查工作，抽检数量不低于10车次。

（三）**屠宰环节**。市动物卫生监督所对设有肉牛、肉羊或生猪屠宰企业的辖区，开展屠宰环节监督抽检工作，抽查样品数量每畜种不低于10份，由市饲料监察所负责确证检测。

各区结合区级方案对辖区内牛羊、生猪养殖、活畜运输和屠宰等相关环节，开展全覆盖、无死角、针对性强的监督检查和抽检工作。抽检样品数量自定。

四、时间安排

2019年1月底前，市区分别组织开展并完成全市和辖区内“瘦肉精”专项监督检查工作。各区将春节前开展相关工作情况形成工作总结，于2019年2月15日前报市农业农村局。市级检查组将于2019年2月22日前完成市级督导检查工作。

五、检查组分组情况

节前“瘦肉精”专项监督抽查工作时间紧，任务重，市级计划分五个检查组，分赴各区，完成检查任务。具体分组情况如下：

分组	牵头单位	检查辖区
第一组	市动物卫生监督所	房山、通州
第二组	市饲料监察所	顺义、怀柔
第三组	市畜牧总站	平谷、密云
第四组	市兽药监察所	大兴、门头沟
第五组	市畜牧业环境监测站	昌平、延庆

各检查组具体检查时间由牵头单位根据工作需要自行安排，并于2019年2月22日前完成检查工作，形成检查报告，报市农业农村局。

六、工作要求

（一）**加强监督抽查监测**。重点加强对存在问题较多的地区，以及肉牛肉羊育肥场、活畜运输环节、屠宰环节的畜产品进行监督抽检，坚持问题导向，有针对性进行抽查检查，对抽检发现“瘦肉精”的，要及时处置，控制风险，整改到位。涉及其他辖区、其他省份的，及时通报协查，严控产品安全风险。

（二）**严厉打击违法违规行为**。要严格落实农业农村部和我市关于“瘦肉精”监管相关政策措施，对监督抽检中发现的违法违规行为线索，要立即核查，严惩重处；涉及跨区域、跨省市的要及时通报案件线索，联查联动、密切协作；涉嫌犯罪的，移送公安机关立案调查；构成犯罪的，依法追究其刑事责任。坚决落实违法行为“处罚到人”，对违法生产经营单位直接负责的人员和其他直接责任人员，依法追究法律责任。

北京市农业农村局
关于印发北京市饲草业调查与监测项目实施方案的通知

（2019 年 2 月 25 日）

各有关区农业局（动监局）：

为落实农业农村部草原监测与全国饲草业调查监测项目要求，我局制定了《北京市饲草业调查与监测项目实施方案》，现印发给你们，请结合实际，按照项目要求，在第三方专业技术部门的指导下，组织完成各区饲草业清查统计、样地样方调查、上图勾绘等工作，确保数据真实可靠。

北京市饲草业调查与监测项目实施方案

一、工作目的

为进一步贯彻实施乡村振兴战略，实现产业兴旺，解决饲草种植地块底数不清，缺乏制定产业发展和牧区振兴规划计划的基础信息，为保障饲草有效供给、促进畜牧业现代化可持续发展、优化农业生产结构提供信息支撑，农业农村部启动实施全国饲草业调查监测项目，开展饲草分布调查、典型地块监测（试点）、饲草全产业链调查监测、成果应用与推广和数据审核集成等工作。根据项目总体要求，结合本市实际，制定本实施方案。

二、主要技术方法和技术路线

（一）主要技术方法

一是遥感、地理信息系统技术。遥感技术能够快速获取地面物体波谱信息（一般用图像表现），地理信息系统实现对空间实体的信息管理与关系分析，二者能够高效结合。

二是地面调查技术。地面调查是获取草地第一手数据的根本手段，是建立遥感分析样本的必需步骤，天地结合（遥感与地面调查相结合）是各类土地资源调查的通行手段。

三是数据库技术。土地管理、自然资源资产管理都需要定期掌握资源状况，海量空间信息必须依靠数据库技术进行管理。数据库技术也是信息化的基础技术，草地资源清查、草地信息管理与服务都离不开数据库技术。

（二）技术路线

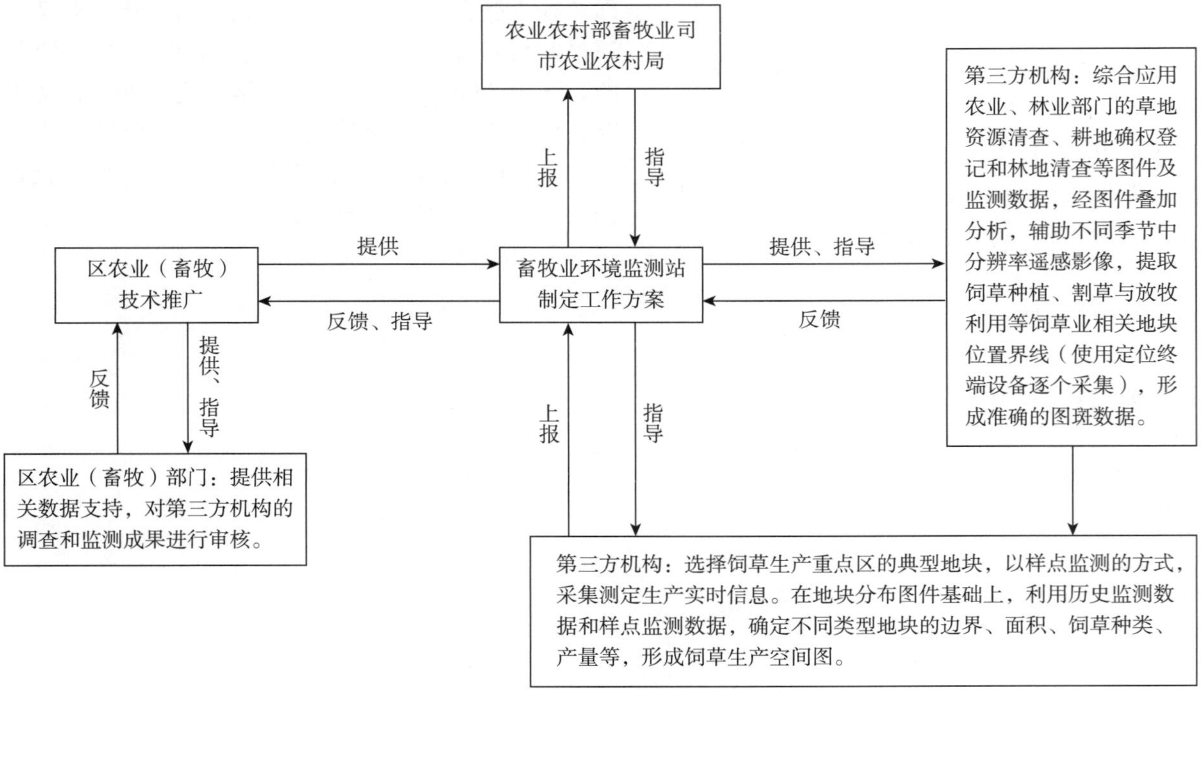

三、主要技术流程

应用本市农业、林业部门的草地资源清查、耕地确权登记和林地清查等图件及监测数据，经图件叠加分析，辅助不同季节中分辨率遥感影像，提取饲草种植、割草与放牧利用等饲草业相关地块位置界线（使用定位终端设备逐个采集地块边界），形成准确的图斑数据，获得地块空间分布图。

选择本市饲草生产重点区的典型地块，以样点监测的方式，采集测定生产实时信息。在地块分布图件基础上，利用历史监测数据和样点监测数据，确定不同类型地块的边界、面积、饲草种类、产量等，形成饲草生产空间图。

四、饲草业调查与监测工作内容

（一）主要指标

1. 饲草分布调查

开展全市多年生牧草种植、一年生饲草种植和饲草利用等 3 个方面 38 个指标的调查。

饲草分布调查具体指标

多年生牧草种植	一年生牧草种植	饲草利用
1. 多年生牧草种植面积	5. 多年生牧草种类	11. 放牧季节
1.1　退耕还草面积	6. 一年生饲草种植面积	12. 放牧畜禽数量（羊单位）
1.2　耕地种草面积	6.1　草田轮作面积	13. 放牧天数
2. 林下种草面积	6.2　农闲田种草面积	14. 割草场面积
2.1　豆科种植面积	6.3　林下种草面积	14.1　天然割草场面积
2.2　禾本科种植面积	7. 一年生饲草产量	14.2　人工割草场面积
2.3　其他科种植面积	7.1　草田轮作饲草产量	15. 割草场产量
3. 多年生牧草产量	7.2　农闲田饲草产量	15.1　天然割草场产量
3.1　退耕还草产量	7.3　林下种草产量	15.2　人工割草场产量
3.2　耕地种草产量	7.4　一年生饲草种类	16. 割草场牧草种类
4. 林下种草产量	8. 放牧面积	
4.1　豆科牧草产量	8.1　天然草场面积	
4.2　禾本科牧草产量	9. 人工草场面积	
4.3　其他科牧草产量	10. 其他放牧面积	

2. 典型地块监测

选择本市饲草生产重点区的典型地块，在全市共设立 30 个监测样地，采集测定生产实时信息。完成包括地块类型、面积、饲草种类、饲草产量、产品或利用类型（放牧、青饲、青贮、干草调制加工、种子生产）、种植成本、灌溉方式、灌溉量、施肥种类与用量、机械化程度、长势（质量与健康状况）、生物灾害种类及程度、草产品加工量、草产品质量、草产品销售量、畜禽种类、养殖数量、放牧数量与天数、生产设施等指标的样点测定。

3. 饲草业全产业链调查监测

完成饲草业产业链调查监测，加工草产品种类、数量（销售量）、质量和加工企业（主体）等 5 个指标的监测。

4. 生物灾害发生与危害情况统计

对全市现代草地畜牧业推进行动项目的政策内容和项目措施产生的效益进行生物灾害发生与危害情况统计分析，上报年度数据。

（二）数据审核、集成和成果图件报告等

开展数据审核和集成，编制成果图件和报告等。

（三）成果应用与推广

组织本市农业相关院校和科研单位主要开展产业市场需求和经济状况分析研判，筛选暖牧冷饲、牧旅结合、高效划区轮牧、工厂化舍饲、种养加一体化等适宜生产模式，开展不同区域产业发展规划研究。

五、饲草业调查与监测技术实施方案

（一）地块空间分布数据提取

综合应用农业、林业部门的草地资源清查、耕地确权登记和林地清查等图件及监测数据，经图件叠加分析，辅助不同季节中分辨率遥感影像，提取饲草种植、割草与放牧利用等饲草业相关地块（图斑），获得地块空间分布数据。

1. 数据准备

（1）草地资源清查及监测数据

（2）耕地确权登记及监测数据

（3）林地清查及监测数据

（4）不同季节中分辨率遥感影像

（5）行政区划数据

2. 操作过程

（1）统一坐标系，初步叠加分析

统一各类数据的坐标系统和投影；

使用arcgis软件叠加分析草地资源清查、耕地、林地等数据，结合其他饲草材料，大体圈定饲草种植空间范围。

（2）提取饲草业相关地块图斑

叠加影像，利用目视解译结合相关分析技术手段确定饲草业相关图斑边界，提取饲草业相关地块图斑。

对于部分图斑边界模糊，提取困难的，用定位终端设备逐个采集地块边界。

（二）典型地块样点监测

选择饲草生产重点县的典型地块，以样点监测的方式，利用平板设备现场采集测定生产实时信息。

1. 监测样点布设

在提取的地块空间分布图上，选择饲草生产重点区的典型地块，提取空间位置，制作监测样点分布图，导入平板设备。

2. 监测时间

选择草地地上生物量最高峰时进行地面调查，多在7—8月。

3. 监测方法

结合实际情况灵活使用饲草地块实地外业调查和访问调查两种监测方法。

（三）饲草空间分布图制作

在地块分布图件基础上，利用历史监测数据和样点监测数据，确定不同类型地块的边界、面积、饲草种类、产量等，形成饲草生产空间图。

六、进度安排

（一）外业清查阶段（1个月）

1. 选择确定饲草生产重点区典型地块，开展样点检测，采集测定生产实时信息。

2. 开展饲草分布调查。

3. 开展饲草业产业链调查监测。

4. 开展生物灾害发生与危害情况统计。

（二）内业汇总及成果上报（1个月）

1. 在各区地块分布图件基础上，利用历史监测数据和样点监测数据，确定不同类型地块的边界、面积、饲草种类、产量等，形成饲草生产空间图。

2. 草业调查与监测结果经会商后上报。

七、报送的成果

（一）报告汇编

完成统计调查表格等数据的统计和计算，《饲草业调查与监测报告》及典型地块和生产实时信息数据。

（二）数据库

本市在统一坐标系的基础上建立饲草地数据库，数据库中所有图斑应具有准确边界、类型及重要属性数据（包括资源、生态、利用状况），并在此基础上建立本市饲草业数据库。

（三）图件

利用数据库管理和计算机辅助制图等技术，采用缩编等手段对本市草地清查图形数据进行整理缩编，编制出本市（1∶25万）、区（1∶5万）系列饲草图件、图集和专题图件。

八、工作要求

北京市农业农村局负责协调，市畜牧业环境监测站负责具体事宜，各区农业主管部门负责组织落实，在第三方专业技术部门的指导下，完成各区的饲草业调查与监测工作。

北京市农业农村局
关于印发2019年动物疫病强制免疫“先打后补”工作实施方案的通知

（2019年3月11日）

各有关区农业局、动物卫生监督管理局，市动物疫病预防控制中心，市动物卫生监督所：

根据《财政部农业部关于印发〈动物防疫等补助经费管理办法〉的通知》（财农〔2017〕43号）和《农业部办公厅　财政部办公厅关于印发〈动物疫病防控财政支持政策实施指导意见〉的通知》（农办财〔2017〕35号），为进一步强化畜禽养殖经营者的强制免疫主体责任，2019年我市继续开展动物疫病强制免疫“先打后补”工作，现将《北京市2019年动物疫病强制免疫“先打后补”工作实施方案》印发给你们，请遵照执行。

北京市2019年动物疫病强制免疫
“先打后补”工作实施方案

根据《财政部　农业部关于印发〈动物防疫等补助经费管理办法〉的通知》（财农〔2017〕43号）和《农业部办公厅　财政部办公厅关于印发〈动物疫病防控财政支持政策实施指导意见〉的通知》（农办财〔2017〕35号）精神，按照农业农村部有关工作部署，结合我市实际，制定本方案。

一、实施范围

（一）补助病种

口蹄疫。

（二）补助畜种

生猪、奶牛。

（三）补助对象

按照《北京市农业农村局关于开展2019年度动物疫病强制免疫先打后补场户调查统计工作的通知》（京农发〔2018〕35号）要求，根据养殖者自愿申请，经各区兽医行政主管部门认定并报市农业农村局备案的养殖场户。

“先打后补”场户名单可在北京市农业农村局网站（http：//ny j. beijing. gov. cn）及北京市畜牧兽医精细化管理平台查询。

二、补助标准及经费安排

（一）补助标准

1. 生猪。根据动物产地检疫记录核定，免疫“O型＋A型”口蹄疫疫苗的，每出栏1头生猪补助口蹄疫疫苗费用2.63元；免疫O型口蹄疫疫苗的，每出栏1头生猪补助口蹄疫疫苗费用2.32元。

2. 奶牛。根据动物养殖存栏记录核定，每存栏1头奶牛补助口蹄疫疫苗费用3.45元。

（二）经费安排

2019年度“先打后补”工作所需补助经费由市财政局通过转移支付方式下达给相关各区。各区应先使用以前年度结余资金，确保补助经费落实到位。

根据各区申报情况，具体经费安排如下：

1. 昌平8.818 63万元，优先使用2017年净结余的6.821 167万元，从2019年补助经费中拨付1.997 463万元。

2. 大兴0.966 345万元，全部由2017年净结余资金解决。

3. 房山40.621 435万元，优先使用2017年净结余的29.994 953万元，从2019年补助经费中拨付10.626 482万元。

4. 延庆4.862 693万元，优先使用2017年净结余的4.695 4万元，从2019年补助经费中拨付0.167 293万元。

5. 怀柔5.260 0万元，优先使用2017年净结余的0.053 592万元，从2019年补助经费中拨付5.206 408万元。

6. 密云 17.709 565 万元，全部从 2019 年补助经费中拨付。

7. 平谷 8.367 3 万元，全部由 2017 年净结余资金解决。

8. 顺义 74.034 17 万元，优先使用 2017 年净结余的 27.486 05 万元，从 2019 年补助经费中拨付 46.548 12 万元。

三、核定、公示与发放

（一）动物数量核定

1.2019 年度核定周期

（1）2018、2019 连续参加“先打后补”场户：自 2018 年 11 月 1 日至 2019 年 10 月 31 日。

（2）2019 年新增“先打后补”场户：2019 年有关场户停止领用统一招采疫苗后至 2019 年 10 月 31 日。新增场户一直为自采自免、未领用过统一招采苗，按照 2018 年 11 月 1 日至 2019 年 10 月 31 日的周期核定。

2. 生猪产地检疫数量核定

（1）官方兽医开具产地检疫证明时，在货主栏必须填写养殖场户名称，以保证在检疫电子出证平台中该场户生猪出栏数据完整准确。

（2）区动物卫生监督机构通过动物检疫合格证明电子出证系统核定有关场户 2019 年度核定周期内的生猪产地检疫数量。

3. 奶牛存栏数量核定

区兽医行政主管部门指定工作机构根据实际情况采取现场查验活畜数量、核对养殖生产档案和检疫监督记录以及运用奶牛电子标识管理系统等多种方式进行核定。在 2019 年 10 月 31 日前完成对有关场奶牛存栏数量的核定工作。

（二）免疫情况核定

区动物疫病预防控制机构检查有关场户的免疫记录、疫苗使用记录、疫苗采购记录和证明等，并按照监测评价工作要求（附件）完成免疫效果监测评价工作。

（三）补助金额核定

区兽医行政主管部门组织相关单位填写生猪强制免疫“先打后补”补助资金审核表（附表 1）、奶牛强制免疫“先打后补”补助资金审核表（附表 2），综合有关监测评价和监督检查信息，确认是否给予补助，确定补助金额。对存在以下情形之一的不予补助：（一）免疫抗体监测不合格后，补免后免疫抗体检测仍不合格的；（二）不配合免疫抗体监测采样和监督检查工作的；（三）购置、使用非法疫苗的；（四）免疫记录、疫苗使用记录、疫苗采购记录和证明等材料不真实的；（五）违规调运动物的；（六）不按规定处置病死动物的；（七）不按规定开展奶牛布鲁氏菌病和结核病净化工作的。

（四）公示

强制免疫“先打后补”补助经费使用管理坚持公开透明原则，区级兽医主管部门应设立强制免疫“先打后补”工作举报电话，并将补助政策内容、申请参加场户名单、养殖情况、补助标准和补助金额等相关信息在区人民政府网站或区农业部门网站上进行公示，接受群众和社会监督，杜绝违规违纪行为的发生。

（五）资金发放

区兽医主管部门将强制免疫“先打后补”补助资金审核表提交区财政部门，由区财政部门及时发放补助经费。

各区补助经费发放应于 2019 年 12 月 15 日前或各区财政年底封账结算前完成。

四、工作要求

（一）制定方案，周密部署

各区要高度重视此项工作，根据本辖区实际制定“先打后补”工作实施方案，明确职责分工、实施条件、补助对象、补助标准、实施要求、监管措施、绩效评价等内容，切实加强领导，周密部署安排，确保“先打后补”工作顺利开展。

（二）落实监督，公开透明

强制免疫“先打后补”补助经费使用管理坚持公开透明原则。各区实施方案、补助发放名单应在区人民政府网站或区农业部门网站上向社会公开。同时，区兽医主管部门应通过多种形式推进信息公开，做好政策内容、补助对象、补助标准、受益对象等信息公开公示，认真落实好群众的知情权、参与权和监督权。

（三）详实统计，及时发放

各区兽医行政主管部门负责组织做好对场户动物疫病强制免疫“先打后补”情况的统计、汇总、审核和监督检查等工作，并会同区财政部门及时做好补助经费的发放工作。同时，补助经费的核定发放需要有完整的程序和手续，保证工作严谨规范。

（四）加强调度，认真总结

各区要加强调度，保证“先打后补”工作按计划有序开展，并将调度情况及时报送市农业农村局。2019年12月30日前，有关区及单位认真评估总结“先打后补”工作，完善经验、做法，并将工作总结报市农业农村局。

五、监督管理

（一）加强监管，确保绩效目标顺利完成。各区兽医主管部门应加强对本区“先打后补”工作的监督管理，建立监督抽查动态监管制度，确保“先打后补”工作措施落实到位，如期完成年度目标和各项绩效指标。绩效目标表见附表3。

（二）申请补助资金的“先打后补”场户应妥善保存强制免疫“先打后补”工作的记录和档案资料，包括但不限于免疫记录、疫苗使用记录、疫苗采购记录或证明、抗体检测报告。相关档案资料保存2年。

（三）对挤占、挪用、虚报、冒领等行为，依照《财政违法行为处罚处分条例》的相关规定进行处理。

（四）遇有国家或本市相关政策发生变化时，按照新规定执行。

附件：1. 免疫效果监测评价工作要求（略）

2. 生猪强制免疫“先打后补”补助资金审核表（略）

3. 奶牛强制免疫“先打后补”补助资金审核表（略）

4. 强制免疫补助经费“先打后补”绩效目标表（略）

北京市农业农村局
关于印发2019年北京市农产品质量安全统一监测计划的通知

（2019年3月25日）

机关各有关处室、直属各有关单位，各区农业农村局：

为加强农产品质量安全监管，提升农产品质量安全水平，依据《中华人民共和国农产品质量安全法》《北京市食品安全条例》和《农产品质量安全监测管理办法》（农业部令2012年第7号）相关规定，按照《农业农村部关于开展2019年农产品质量安全例行监测（风险监测）工作的通知》（农质发〔2019〕1号）和北京市食品药品安全委员会办公室关于食品安全监测相关工作要求，结合本市工作实际，我们制定了《2019年北京市农产品质量安全统一监测计划》（以下简称《监测计划》），现印发给你们，请遵照执行。相关要求如下：

一、市、区各相关单位要高度重视农产品质量安全监测工作，强化组织管理、严格责任落实、科学细化方案、明确任务目标、抓好过程管控、强化结果应用，确保统一监测工作高效、规范实施，进一步增强对农产品质量安全监管工作的技术支撑作用。

二、市级各承检单位要严格按照《监测计划》的具体要求，制定详细的农产品质量安全监测计划实施方案，按照相关程序报相关处审核通过后，于4月19日前以正式文件形式报农产品质量安全处备案。要本着依法、科学、客观、及时的原则，严格按照备案后的实施方案开展监测工作，并及时按要求报送不合格结果、季度总结、年度总结等相关材料。

三、市农业农村局机关各相关处要加强行业指导和监督管理，要组织相关单位认真研究确定市级承检单位实施方案中的工作落实、样本分布、检测项目等内容。要强化检测结果的应用，严格依法处理，及时开展“问题链”跟踪分析与管理，消除风险隐患。

四、各区农业农村局要按照《监测计划》的具体要求，制定本区监测计划，认真做好本区农产品质量安全监测工作，并积极配合市级完成各类型监测与不合格结果处理工作。请于 4 月 26 日前将监测计划以正式公文形式报市农业农村局农产品质量安全处，同时将电子版发送至 nong010@163.com。

2019 年北京市农产品质量安全统一监测计划

为加强农产品质量安全监管，提升农产品质量安全水平，按照 2019 年北京市农产品质量安全工作整体部署，制定此计划。

一、工作依据

依据《中华人民共和国农产品质量安全法》《中华人民共和国食品安全法》《北京市食品安全条例》和《农产品质量安全监测管理办法》（农业部令 2012 年第 7 号）相关规定开展本市农产品质量安全统一监测工作。按照农业农村部和北京市食品药品安全委员会办公室相关工作要求，结合本市农产品质量安全工作实际，编制本监测计划。

二、工作原则

（一）突出科学抽样。市级监测要按照各区的农产品生产数量及品种情况，合理安排抽样，做到区域平衡、时段均衡，突出重点，强化生产源头环节管理。同一类型的监测原则上不能在同一基地重复抽样。对 2018 年已经开展监督抽查的基地、企业，检出过不合格产品的除外，今年原则上不再进行监督抽查。

（二）强化规范程序。抽样、检测、判定、复检等工作应严格执行国家相关标准、规定，力求过程严谨，做到程序合法、记录准确、数据真实、判定科学。所有抽样要支付样本费。

（三）严格数据管理。各承检单位要制定检测数据管理制度，加强数据管理，不得违反规定对外公布和泄露任何检测数据。

（四）坚持依法应用。监测结果的处理要严格遵守相关法律和规定。对风险监测发现的问题要及时进行行业分析研判，跟进开展监督抽查。对监督抽查发现的问题，要强化“检打联动”，及时进行依法查处。

（五）实施定期通报。市、区两级分别建立农产品监督抽查结果季度通报制度，并依法依规公布。

三、工作内容

（一）市级监测

市级农产品质量安全统一监测的总样本量为 16 288 个，其中，基地环境 550 个、农业投入品 1 950个、产品 13 788 个。具体类别和任务分工如下：

1. **基地环境类。**样本量 550 个，检测重点项目应为影响农产品质量安全的项目，可参照国家相关标准具体研究确定。具体监测任务分工见表 1。

表 1 基地环境类统一监测任务表

监测对象	承检单位	监测任务量（个样）
种植环境	市农业环境监测站	300
水产环境	市水产技术推广站	100
畜牧环境	市畜牧环境监测站	150
合计		550

2. **农业投入品类。**样本量 1 950 个，检测重点项目应为影响农产品质量安全的项目，可参照国家相关标准具体研究确定。具体监测任务分工见表 2。

表 2 农业投入品类统一监测任务表

监测对象	承检单位	监测任务量（个样本）	备注
农药	市植保站	300	
肥料	市土肥工作站	400	
饲料	市饲料监察所	800	含鱼饲料
兽药	市兽药监察所	450	含渔药
合计		1 950	

3. **农产品类。**样本量 13 788 个。市级抽检分为监督抽查、风险监测、专项监测三类，具体任务分工见表 3。

表 3 农产品类统一监测任务表

承检单位	监测对象	监测类别				小计
		监督抽查		风险监测	专项监测	
		常规	专项			
市植保站	蔬菜	1 430	220	0	0	1 650
	草莓	50	0	0	0	50
	小计	1 480	220	0	0	1 700
市农业环境监测站	蔬菜	0	0	280	420	700
	草莓	0	0	40	0	40
	粮经产品	130	0	100	0	230
	小计	130	0	420	420	970
市农优站	即用鲜切菜	60	0	0	0	60
市水产技术推广站	水产品	550	100	180	50	880
市渔政站	水产品	0	0	0	525*	525*
市兽药监察所	猪产品	300		230		530
	禽产品	100		160		260
	牛羊肉	100	120	115	145	215
	鲜蛋	230		200		430
	生鲜乳	100		100		200
	小计	830	120	805	145	1 900
市饲料监察所	生鲜乳	210	0	50	20	280
市动物卫生监督所	畜禽相关产品	0	0	0	6 173*	6 173*
	小计	0	0	0	6 173*	6 173*
合计		3 260	440	1 455	7 333	12 488

注：表中数字后标注“*”的为快速检测样本量。

此外，2019 年继续在全市统一开展市级异地监督抽查工作，全年共抽检农产品样本 1 300 个。由市农业环境监测站负责具体工作的组织实施与技术指导，由具有计量认证和农产品质量安全检测机构考核合格证的区级农产品质量安全综合质检站承担具体的监督抽查工作。具体任务分工见表 4。

表 4 农产品类市级异地监督抽查任务表

承担单位	抽样地点	抽样量（个）
延庆区植物保护站	密云区	140
	朝阳区	60
密云区农产品质量安全综合质检站	海淀区	60
	平谷区	140
房山区农业环境和生产监测站	延庆区	120
	怀柔区	120
大兴区农产品质量检测中心	房山区	130
	昌平区	110
朝阳区植物保护检疫站	通州区	140
平谷区农产品质量安全综合质检站	大兴区	140
怀柔区农产品质量安全综合质检站	顺义区	140
合计		1 300

（二）区级监测

区级监测计划由各区主管部门结合辖区实际制定。定性检测要实现对全区农产品生产主体的全覆盖。定量检测按照监督抽查实施，要实现对全区农产品生产企业、农民合作经济组织、家庭农场、基地、园区、专业大户等规模生产主体的全覆盖。具体监测样本量见表 5。

表 5 各区监测参考样本量

区域	定性检测样本量	定量检测样本量
通州区	5 万个以上	1 000 个以上
顺义区	5 万个以上	1 000 个以上
大兴区	5 万个以上	1 000 个以上
平谷区	5 万个以上	1 000 个以上
延庆区	3 万个以上	600 个以上
怀柔区	3 万个以上	600 个以上
密云区	3 万个以上	600 个以上
昌平区	3 万个以上	600 个以上
房山区	5 万个以上	1 000 个以上
门头沟区	1 万个以上	样本量要保证对生产主体和主要产品的全覆盖
朝阳区	1 万个以上	
海淀区	1 万个以上	
丰台区	1 万个以上	
合计	41 万个以上	7 400 个以上

另外，各区要督促、指导辖区农产品生产企业和基地开展农产品质量安全自检。

四、相关要求

（一）要强化监测工作的规范化管理、严肃工作纪律。各承检单位要强化内部管理，严格按照检测机构资质认定和农产品质量安全检测机构考核具体要求开展工作，确保依法依规开展监测工作，单位主要领导对监测工作实施过程中的规范性、合法性负总责。要严格落实监测工作实施方案，如确实需要调整，必须以承检单位正式公文形式报市农业农村局，获得正式批准后方可实施调整。

（二）市级各承检单位要按照相关要求实施分类监测，根据本计划及具体情况制定详细的实施方案。实施方案报市农业农村局农产品质量安全处和相关处室审核同意后实施。

1. **监督抽查**。坚持问题导向，针对“六重”，即重点主体、重点产品、重点区域、重点时段、重点项目、重点环节中存在的问题开展抽查，抽样要综合考虑产业发展实际，突出针对性。监督抽查各区样本分配原则上要严格按照附件 1 落实。同时，蔬菜、畜禽产品、水产品要针对重点问题各开展不少于 2 次专项监督抽查。

由市农业农村局相关处室负责，依法依规组织相关承检单位实施抽查、组织查处不合格样本。监督抽查检测项目和标准依据参考附件 2，由承检单位结合本市生产及用药特点、历年检测情况、国内外现状以及国家各相关部门要求具体提出，并经农产品质量安全处和相关处室审核通过后实施。各行业专项监督抽查要制定独立的工作方案。

2. **风险监测**。本着区域全覆盖、时段全覆盖、产品全覆盖并结合产业发展、瞄准风险隐患的原则进行抽样；生产环节样本与流通销售环节（超市、农贸市场、批发市场、运输车、水产品暂养池、观光采摘、电商销售等）样本数量比例原则上保持 5∶5；流通销售环节原则上只抽取能够溯源为本市农业生产主体生产或初加工配送的产品，如抽样无法溯源，可适当降低抽样量（等量样本要在生产环节补齐），要留存每批次样本照片、购买小票等。

由农产品质量安全处商相关处室研究确定并组织实施。检测项目和依据标准参考附件 3，由承检单位本着问题导向和充分发挥风险监测“雷达”作用的原则，结合行业特点和本市实际具体提出，经农产品质量安全处和相关处室审核通过后实施。

3. **专项监测**。主要结合突发应急事件处置、重大活动保障等方面工作需求，临时制定具体的实施方案或发布特定检测任务，对抽样时间与区域、样本种类与数量等作出明确规定与要求，需要严格按照方案实施。

由农产品质量安全处研究确定并组织实施，主要是为部分专项工作、重大活动农产品质量安全保障和农产品质量安全应急处置而开展的检测工作。

另外，监督抽查和风险监测任务要结合生产实际均衡分配到各月，抽样不得过于集中，避免出现抽样无法及时完成检测和不能科学准确反映实际问题的状况。在春节、“五一”“十一”等重点节日前要开展各类农产品监督抽查。

（三）市级监督抽查严格实施“抽检分离”。抽样单位和检测单位要加强沟通、明确责任，建立完善工作机制，明确抽样计划、样品采集、样品交接、信息系统填报等相关事宜的具体安排与程序要求。

监督抽查各环节要严格遵守相关工作规范，依法依规组织实施。抽样环节须出示执法证、履行告知义务，科学规范采集样本，详细填写抽样单，准确记录样品信息。检测环节要严格执行相关标准，确保检测结果真实可靠。

（四）市级各承检单位要严格按照要求开展检测和结果报送工作。

1. **及时开展检测与结果处理**。监督抽查要在抽样后 10 个工作日内完成检测工作，发现不合格结果，检测机构要在结果确认 24 小时内报告农产品质量安全处和相关处室。相关处室要严格按照有关要求与程序依法进行处理，符合行刑衔接条件的要依法依规移交，并联合农产品质量安全处和相关单位实施“问题链”跟踪分析与管理。

风险监测要在抽样后 15 个工作日内完成检测工作，发现不合格结果，检测机构要在结果确认 24 小时内报告农产品质量安全处和相关处室，对本市农业农村部门监管范围内的不合格结果要由相关处室及时跟进、安排承检单位开展监督抽查，并根据需要联合农产品质量安全处和相关单位实施“问题链”跟踪分析与管理。

市级各类监测，仅专项监测除外，要在 11 月 25 日前完成所有检测任务。专项监测样本量在 11 月 25 日前如因任务未下达而没有完成，可在 12 月 31 日前参照风险监测要求开展抽样检测，结果纳入下一年度第一季度进行统计。

2. **按时、按要求报送总结等材料**。分别于 4、6、9 月以及 11 月的 25 日前，按附件 4 格式将季度监测情况同时报农产品质量安全处和相关处室，按附件 5 格式将季度检测报告报农产品质量安全处。电子版通过局办公网报送，同时报送正式文件。

分别于6月、11月的25日前，报送半年、年度监测工作总结，全面总结、分析各类监测工作完成情况和监测结果，并结合监测结果中发现的农产品质量安全风险隐患与问题对下一步监测工作提出建议。

（五）农产品质量安全处将根据需要组织各相关处室、承检单位、区监管部门、市食药安委办、国家有关部门等相关人员及专家召开监测交流会商会，形成报告，通报相关单位和部门。

（六）强化检测工作信息化管理。市级各类监测要在抽样次日将样本信息上传至“北京市农产品质量安全监管信息系统”，并在检测工作完成次日上传检测结果。

（七）整合检测资源，统筹检测结果应用。市级各检测机构要及时将承担的农业农村部各相关司局下达的各类农产品质量安全检测结果报送农产品质量安全处和相关处室。农产品质量安全处联合相关处室对检测结果进行通报，并结合检测工作制度对不同类型检测的不合格产品采取“检打联动”、跟进监督抽查等措施。

（八）为加强农产品质量安全监测工作，由市农业环境监测站按照监测工作的相关要求，配合农产品质量安全处做好具体工作，协助相关单位加强对各区的技术指导、工作交流与信息汇总，开展检测技术培训等工作。

（九）各区定量检测工作按照监督抽查实施，抽样、检测、结果处理等要严格依法依规执行。各行业产品样本数量应按产业规模比例分配，并实现主要农产品类别全覆盖。所有检测参数均应为以农药残留、兽药残留为主的质量安全参数，不应含产品品质、检疫等方面检测参数。承担具体检测工作的机构要通过实验室资质认定和农产品质量安全检测机构考核。对不合格产品要依法实施“检打联动”。

（十）各区要根据本计划及具体情况，制定本区统一监测计划，并附具体实施方案，于4月26日前报市农业农村局农产品质量安全处备案；分别于5月、6月、9月和11月的25日以前将季度监测情况按照附件6格式报市农业环境监测站，由市农业环境监测站汇总后报市农业农村局农产品质量安全处。同时，各区要于6月、11月的25日前，分别将半年、年度监测工作总结报市农业农村局农产品质量安全处。

（十一）各区要按照市级安排的抽样计划，配合完成好市级抽样工作，对拒绝抽样的单位要按照相关规定处理。要积极配合市农业农村局相关部门开展“检打联动”相关工作。

各区要明确负责监测工作的主管领导和1名具体工作联系人（负责具体对接市级检测机构抽样等事宜）、1名结果报送人，信息表（附件7）与本区监测计划同期报送市农业农村局农产品质量安全处。

附件：1.2019年农产品质量安全监督抽查样本分配方案（略）

2.2019年北京市农产品质量安全监督抽查检测项目与标准参考表（略）

3.2019年北京市农产品质量安全风险监测检测项目与标准参考表（略）

4.2019年北京市农产品质量安全检测结果报送表（略）

5.农产品质量安全季度检测报告格式（略）

6.2019年区级农产品质量安全检测结果报送表（略）

7.各区主管领导、联系人登记表（略）

北京市农业农村局　北京市规划和自然资源委员会关于印发《建立完善长效监管机制严防“大棚房”问题反弹的意见》的通知

（2019 年 4 月 23 日）

各相关区人民政府：

经市政府同意，现将《建立完善长效监管机制严防“大棚房”问题反弹的意见》印发你们，请认真抓好贯彻落实。

建立完善长效监管机制严防“大棚房”问题反弹的意见

为进一步加强对永久基本农田和耕地的保护，提高农业园区和设施农业精细化管理水平，明确各级政府及相关部门监管工作职责，及时有效制止和查处在各类农业园区内占用耕地违法违规建设非农设施、直接在耕地上以设施农业为名违法违规建设非农设施、改变设施农用地用途进行非农业经营、在农业大棚内违法违规占用耕地进行非农业建设以及违法违规改变农业大棚看护房性质和用途进行住宅类经营性开发和建设餐饮设施等行为，确保农地农用，发挥北京农业在推进实施农村振兴战略、发展高质量绿色农业、保障首都“菜篮子”供应、促进农民增收的重要作用，经市政府同意，制定本意见。

一、总体思路

（一）工作目标

以“大棚房”问题专项清理整治行动为契机，在遵循相关法律法规的前提下，细化监督措施，明确监管对象，按照“发现—处置—整改”全流程闭环监管要求，将市、区、镇、村四级及各部门监管责任落实到人，形成目标明确、上下一体、部门联动、职责清晰、标准统一的长效工作机制，坚决防止“大棚房”问题发生反弹，坚决整治将设施农业和农业园区用于其他非农建设的违法违规行为，杜绝农地非农利用问题。

（二）工作原则

一是坚持全面覆盖的原则。本市行政区域范围内的设施农业（日光温室、塑料大棚、连栋温室等）及耕地上农业园区全部纳入监管范围。《“大棚房”问题专项清理整治行动协调推进小组关于“大棚房”问题专项清理整治行动整改工作的指导意见》明确的一、二、三类问题，全部纳入，全程监管。

二是坚持全程跟进的原则。在建设前对方案进行备案，建设中进行现场核对，投入使用后定期核查使用情况，发现违法违规行为及时查处，形成管理责任无缝对接。

三是坚持疏整结合的原则。着眼美丽乡村建设，坚持农地农用，严格落实用途管制，不得改变土地用途。引导农业生产经营主体优化产业结构，充分挖掘农业生产潜能，积极探索现代农业一、二、三产业融合发展的路径和办法。

（三）工作依据

一是《国土资源部农业部关于进一步支持设施农业健康发展的通知》（国土资发〔2014〕127号）。

二是《北京市国土资源局　北京市农村工作委员会　北京市园林绿化局　北京市农业局关于贯彻落实国土资源部农业部进一步支持设施农业健康发展有关问题的通知》（京国土耕〔2015〕72 号）。

三是《北京市规划和自然资源委员会　北京市发展和改革委员会　北京市农业农村局关于深入推进农业供给侧结构性改革做好农村产业融合发展用地保障的实施意见》（京规自函〔2019〕418 号）。

四是“大棚房”问题项目验收档案。

五是设施农业管理台账。

二、进一步健全监管工作体系，强化组织保障

（一）明确监管工作职责

明确各级政府、村委会及农业生产经营主体的职责，通过层层签订责任书，将农业园区和设施农业用地的监管责任压实到岗到人。各区政府与各镇（乡）政府（街道办事处）、各镇（乡）政府（街道办事处）与各村委会签订监管责任书，明确镇（乡）政府（街道办事处）主要负责同志和村委会主任为本辖区农业设施的监管责任人，各村委会与农业生产经营主体签订依法依规建设和经营农业项目的责任书。对违反责任书的行为要予以追究。

市级职责。市农业农村局、市规划自然资源委、市园林绿化局负责组织对全市设施农业管理台账、设施农用地备案信息、土地承包及流转合同、日常巡查工作情况等进行监督检查。

区级职责。区政府要切实加强对农业园区、设施农业监管工作的组织领导，健全共同监管责任机制，建立违法用地黑名单。区农业、园林、规划等部门要加强对农业园区、设施农业的日常监管，要对设施农用地进行联合备案；区农业部门牵头建立设施农业管理台账并实施动态管理；区规自部门牵头加强执法检查，对各类违法违规行为要坚决予以查处；区经管部门负责指导镇（乡）政府做好土地承包及流转合同审核、备案等工作，健全合同管理台账。

镇级职责。镇（乡）政府负责监督农业园区、设施农业生产经营主体按照用地协议约定的用途和备案核准的内容实施建设，落实土地复垦责任。镇（乡）政府和国土所负责对农业园区和设施农业用地、设施农用地进行日常巡查，制止和督促纠正占用耕地进行非农建设行为以及非正常闲置等问题，及时发现、制止、上报违法违规问题。

村级责任。村委会负责监督管理设施农业项目经营主体按照约定开展合法合规经营活动。对于擅自新建、改扩建、非农利用等土地违法行为做到第一时间发现、第一时间制止、第一时间报告。严格按照相关规定进行土地发包（出租）或流转。

生产经营主体责任。生产经营主体要严格履行用地协议（合同）条款、内容和约定，依法依规经营，诚信经营。自觉履行备案程序，自觉接受各方监督配合检查，积极签订并遵守责任书。

（二）建立部门研究协调工作机制

建立市级农业园区和设施农业用地规范管理工作研究协调工作小组，组长由市农业农村局和市规划自然资源委主要领导共同担任。工作小组成员包括市农业农村局、市规划自然资源委、市发展改革委、市经济信息化局、市财政局、市文化和旅游局、市市场监督管理局、市园林绿化局、市网信办等相关部门和各区政府。工作小组以联席会议形式开展工作，定期邀请市纪委市监委和市政府办公厅督查室参加联席会议。工作小组下设办公室，办公室设在市农业农村局，办公室主任由市农业农村局和市规划自然资源委主管领导担任，办公室设3名专职人员负责日常工作。

工作小组负责研究农业产业融合发展用地政策，协调解决联动协作监管中的重要问题，针对全市农业园区、设施农业违法用地、违法建设的新情况、新问题，研究对策并向市政府提出工作建议等。各区建立相应的工作小组，办公室设在区政府办公室，由区政府办公室领导任主任，区农业农村部门、规划自然资源部门主要领导任办公室副主任，办公室设立专职人员负责日常工作。

联席会议原则上每季度召开1次，根据工作需要可临时召开全体会议或部分成员会议。工作小组办公室以会议纪要形式明确会议议定事项，印发工作小组成员单位。工作小组成员单位联合督导检查原则上每季度进行1次，根据工作需要可临时召集进行联合督导检查。

三、进一步完善监管工作制度，强化机制保障

（一）落实四级巡查制度

1. 镇（乡）政府指导村委会进行日常管理。村级日常管理要每月覆盖全村区域内所有农业园区和设施农业，做好记录，建立台账并留档。发现问题要拍照留档，第一时间进行制止并上报镇（乡）政府。每年7月10日前将上半年检查工作总结、次年1月10日前将全年检查工作总结报镇（乡）政府。

2. 镇（乡）级落实月检查。镇（乡）级月检查要每月覆盖全镇有农业园区和设施农业的村，做好检查记录，建立检查台账并留档，对村级发现的问题及时依法依规采取有效措施。镇（乡）政府和国土所要对各村开展日常巡查。次年1月20日前将镇级检查工作总结报区工作小组办公室。

3. **区级落实季巡查**。区级季度巡查要每季度覆盖区域内有农业园区、设施农业项目的镇（乡），特别是问题高发点位要重点巡查，做好巡查记录，建立巡查台账并留档。区工作小组对镇（乡）上报问题项目组织认定，确保问题依法依规得到有效处置，并视危害程度依法履行相关程序。区级年度巡查报告于次年1月30日前，加盖区政府公章报送市工作小组办公室。

4. **市级落实季抽查**。市级抽查要每年覆盖所有涉农区。对区级报送问题项目开展联合检查或随机抽查，对问题点位进行重点复核。年度巡查结果向市工作小组联席会议报告。

（二）建立监管责任倒查制度

1. 四级巡查未落实，追究本级主要负责人监管主体责任，追究上一级负责人督导责任。

2. 上一级抽查巡查过程中发现问题，追究下一级检查人员和主要负责人的责任。

3. 四级巡查均未发现，被上级部门明察暗访发现、被群众举报、媒体曝光等的问题，经查实，逐级追究检查人员、相关部门主要负责人的责任。

（三）完善问题认定处置制度

1. 镇（乡）政府是落实问题整改的责任主体。对于四级巡查中发现的问题，镇（乡）政府及时按照法律法规相关规定进行处理，处理结果通报区联席会议办公室。

2. 对于镇（乡）政府难以认定的问题，由区规划自然资源部门组织农业农村、园林绿化部门联合进行认定，认定结果通报镇（乡）政府，并视问题严重程度立即上报或按季度上报市联席会议办公室。

3. 经区规划自然资源部门认定确属违法违规的项目，由镇（乡）政府依法依规进行整改。区规划自然资源和农业农村、园林绿化等部门做好整改的督促指导工作。

4. 区规划自然资源部门会同区农业农村、园林绿化部门对整改结果进行验收。对于验收不合格的，由区规划自然资源部门督促镇（乡）政府限期整改并进行验收。对于验收合格的，由区农业农村、园林绿化部门督促乡镇政府及时组织恢复农业生产。

四、进一步优化监管措施，强化技术保障

（一）建立设施农业监管大数据平台

农业农村、规划自然资源部门联合建立设施农业监管信息平台，整合设施农业管理台账和违法违规用地问题台账，通过一村一册、一棚一码，动态管理设施农业监管数据，实现多部门信息资源的汇聚、流转、交换和共享。定期分析平台数据，生成设施农业项目违法违规风险预警，确保找到重点、切入难点、对准关键点。

（二）提高监管工作技防能力

在设施农业集中区域主要路口、设施农业园区安装监控设备，增加卫片拍摄频率，探索利用先进技术和设施设备等方式，实现实时监督及时发现违法建设的监管目标。开发巡查App等，发现疑似问题实时上传，提高巡查人员监管工作效率。

（三）丰富问题线索来源

设立常态化举报电话接受群众相关举报，定期监测媒体曝光或网络散播非法租售“大棚房”信息等，多渠道获取问题线索。

五、工作要求

（一）全面落实属地职责

各区政府要认真落实农业园区和设施农业长效监管工作职责，切实履行属地主体责任，引导农业产业健康有序发展。镇（乡）、村要切实履行监管职责，镇（乡）政府要快速反应，采取果断措施，坚决将违法违规行为消除在萌芽状态；村主要负责人作为日常管理的第一责任人，要敢于担当，负起监管责任。各相关部门要将对农业园区和设施农业的监管工作纳入日常工作中，加强对各区监管工作的指导检查。

（二）加大支持力度

各级政府要切实加强对监管工作的保障，从人力、财力、物力等方面对监管工作给予支持。各相关单位要根据监管职责，研究制定保障措施，在资金、人才、科技等方面加大支持力度，形成监管工作合力。

（三）加强督导考核责任追究

根据违法违规事实对生产经营主体依法进行行政处罚；将擅自改变农业用途、违法建设“大棚房”的生产经营主体纳入违法用地诚信体系，并通报各相关单位；对触犯法律、造成严重后果的，移送法院提起诉讼；对涉及犯罪的，移送公安机关追究刑事责任。对在工作中存在不作为、充当“大棚房”保护伞或参与“大棚房”建设、租售等行为的

公职人员，及时向纪委监委机关移送。

（四）加强舆论宣传

充分发挥媒体引导作用，深入细致宣传农业、土地、规划等法律法规。设立禁止违法违规建设“大棚房”警示牌和标语。采取广播、宣传栏、明白纸、短信等多种形式，加强对农业生产经营主体进行宣传引导，强化农地农用意识，营造良好的社会舆论氛围。

北京市农业农村局关于印发《北京市2019年种子市场及质量监管工作方案》的通知

（2019年4月24日）

各区农业农村局：

为贯彻落实《种子法》及配套规章，深入推进依法治种，维护种子市场秩序，保护品种创新，督促种子生产经营企业增强质量意识，保障农业生产用种安全，按照《农业农村部办公厅关于印发〈2019年全国种业市场监管工作方案〉的通知》（农办种〔2019〕12号）和《北京市种子监管三年行动计划（2018—2020年）》（京农发〔2018〕149号）的要求，北京市农业农村局制定了《2019年种子市场及质量监管工作方案》。现将方案印发给你们，请各区结合实际情况，制订本辖区具体工作方案，并抓好组织实施，力求实效。

北京市2019年种子市场及质量监管工作方案

一、指导思想

以党的十九大精神和习近平总书记关于“三农”工作的论述思想为根本遵循，以《中华人民共和国种子法》《中共中央　国务院关于坚持农业农村优先发展　做好“三农”工作的若干意见》和农业农村部《2019年推进现代种业发展工作要点》（农种综函〔2019〕3号）为工作指导，深入落实蔡奇书记在2019年北京市农村工作会议上的讲话精神，加强种业监督检查，加大种子执法力度，提高种子执法能力，保证全市农作物种子质量安全和种子产业安全。

二、工作目标

（一）市场检查

切实履行种子管理机构的监管职责，以“质量兴种、品牌强种”为抓手，大力开展种业执法专项行动，深入开展案件查处、纠纷调解，全年种子经营单位检查率达到80%以上，种子重大案件查处率达到100%，重要投诉举报处理率达到100%，完成北京农业行政执法责任制要求的人均执法量和人均办案量。

（二）质量监督

在种子销售关键季节有计划、有步骤地开展种子企业、种子市场质量监督抽查和种子生产田检查。本市种子生产企业及经销商抽查覆盖率不低于70%；种子生产田检查覆盖率达到100%。

三、工作内容

（一）全面开展市场检查，维护种业市场秩序

以玉米、棉花、蔬菜种子以及进口种子为重点，对种子生产、加工、贮藏、经营等环节全面开展检查，严厉查处生产经营假劣种子、套牌侵权、无证生产经营、未审先推、包装标签不规范等违法行为。一是开展日常执法检查。市区两级种子管理机构对全市种子企业、经营门店和种子交易市场进行日常检查，对违法行为进行查处。二是开展专项执法检查。根据各区实际情况，在春秋种子购销旺季，针对种子经营门店，以种子标签、零售主体备案、登记制度实施为重点，组织开展春秋两季种子市场专项检查行动；在种子加工时期，针对种子企

业，以生产经营档案、品种真实性、品种权许可等为重点，组织开展冬季种子企业监督检查专项行动；以转基因研发项目、区域试验参试品种、科研单位和企业的育种基地、制（繁）种基地等为重点，组织开展转基因监管专项行动。同时，抽取一定比例种子样品，开展常规四项指标、品种真实性和转基因成分检测。三是开展京津冀联合执法检查。按照京津冀种子联合执法长效工作机制的要求，对三地接壤地区的种子经营活动，集中开展市场检查，查处违法经营。四是开展双随机执法检查。各区根据实际情况，制定科学、合理的方案，通过摇号方式，每月随机抽取执法人员和被检查单位，开展双随机市场检查。

（二）开展种子质量检查，保障农民用种安全

一是开展企业监督抽查。市种子管理站组织对玉米及部分蔬菜种子生产经营企业及承担国家救灾备荒种子储备任务的企业开展监督抽查，进行净度、水分、发芽率、品种纯度、品种真实性和转基因成分检测。二是开展市场监督抽查。各区结合市场专项检查和区域性种子违法行为专项治理等行动，在春秋季开展玉米、大豆、小麦、大白菜及重要蔬菜种子的监督抽查，进行净度、水分、发芽率、品种纯度等项目检测。重点抽查近年市场监管中发现有问题的、企业举报和农民投诉的品种、经营门店、企业和种子市场。北京市救灾备荒种子抽样和检测工作由丰台区种子质量监督检验站承担。三是开展种子田检查。各区对小麦种子繁殖田、杂交玉米种子制种田、蔬菜种子制种田应逐地逐块进行检查，并检查生产档案；有玉米制种田的区利用转基因检测试纸条在苗期对制种田亲本材料进行检测，检测结果为阳性的样品送到农业农村部种子及转基因成分检测监督检验测试中心（北京）进行确认。

（三）强化种子案件查处，严厉打击违法经营

一要积极拓展案源渠道，认真排查案件线索，严厉查处生产经营假劣种子、套牌侵权、无证生产经营、未审先推、包装标签不规范等违法行为。二要对以互联网、种子交易会和展销会等形式经营假劣种子的违法行为，及时会同有关部门联合查办。三要加大典型案件曝光力度，及时公开处罚案件信息，对涉嫌构成犯罪的案件，严格按照规定及时移送公安机关，依法追究刑事责任。

（四）积极开展双打活动，加强植物新品种保护

新《种子法》将新品种保护单独列为一章，并赋予了县级农业主管部门侵权案件查处权，各区务必履行好相关职责，加大品种权保护宣传力度，提高全市种子企业保护植物新品种权的意识；充分利用社会力量，挖掘线索，积极开展打击侵犯植物新品种权、打击制售假劣种子的活动。一是要建立健全举报投诉渠道。向社会公布“双打”投诉举报电话，确保“双打”投诉举报途径畅通。坚持有投诉必受理、有线索必追查的原则，坚决做好侵犯品种权案件的办理。二是要明确“双打”工作责任，落实专人负责。三是要结合专项行动，在市场、基地和企业检查中，查看档案和授权情况，严查未经品种权人许可，擅自生产经营、销售授权品种种子的侵权行为。

（五）依法受理种子投诉，积极开展纠纷调解

一是确保举报渠道畅通。向社会公开种子投诉举报电话、网址、邮箱等，专人负责收集举报线索，热情接待群众来访，及时流转投诉案件，认真跟进调查情况。二是依法处理、及时反馈。接到投诉举报，要耐心倾听，详细记录，要按照规定及时赶赴现场，实地勘察，重大案件及时上报。本着自愿调解的原则，协调双方达成和解；不能达成一致的，依照法定程序告知其他救济途径。三是如实记录保证留痕。使用统一的《北京市种子纠纷调解记录表》，记录种子纠纷案件办理流程。

（六）继续实行量化监管，严格落实执法双档制

按照《北京市种子企业执法管理分级标准》和《北京市种子经营门店执法管理分级标准》的要求，根据全年市场监管情况对辖区种子经营单位进行风险分级，量化监管并实行动态管理，对于出现问题的经营单位要立即降级，加大检查频次。按照《北京市种子企业分级监管方案》和《北京市种子经营门店分级监管方案》，继续完善全市种子管理机构的“一企一档”工作，监督种子经营单位落实“一店一档”工作情况，保证执法留痕，做到执法过程可追溯。

（七）加强信息平台应用，不断规范执法流程

积极运用种业管理平台，及时更新、补充有关信息，做到信息共享共用，提高种子监管工作的信息化水平。加强北京市行政执法信息服务平台应用，在执法过程中使用执法信息服务平台检查表，认真做好检查记录，及时网上填报，依法出具处理意见，并做好检查记录的归档留存。

（八）规范案卷制作，提升案卷水平

要按照《北京市农业行政处罚案卷标准（2016版）》的要求，规范制作案卷，提升案卷水平。案卷内容要符合有关法律、法规和规章的规定，做到格式统一、内容完整、表述清楚、用语规范。

四、时间安排

（一）辖区自查

各区按照冬季1月1日至2月28日、春季3月1日至5月30日、秋季8月20日至10月30日的时间安排，对本辖区内的种子经营单位进行检查并抽取样品开展质量检测工作，开展双打活动。

（二）区域联查

5月至6月，开展京津冀联合市场检查。

（三）监督检查

春季4月10日至25日，秋季10月10日至25日，市种子管理站组织督查小组，随机开展执法监督检查。

（四）总结交流

6月中旬召开春季种子市场检查总结会，认真总结春季监管工作经验和不足之处。年底前各区及时总结全年种子市场及质量监管工作，并于12月10日前将总结交于市种子管理站市场管理科。

五、工作要求

（一）及时报送结果及信息

各区组织有关人员按照文件要求制定详细的工作方案并予以实施，实施中做好相关记录，及时上报各类种子质量监管信息及质量监督抽查结果。

（二）严格规范程序，全面固定证据

严格按规定要求开展抽样和检测，确保公正、规范、科学。务必认真制作抽（扦）样单，做好样品确认等工作，确保每个样品材料完整可靠。按照检验规程要求尽量保证样品的代表性。

六、工作保障

（一）提高认识，加强领导

各区农业农村局务必高度重视种子监管工作，切实强化组织领导。建立主要领导负责制，坚持问题导向，完善工作机制，创新监管手段，确保种子监管工作有序开展。

（二）多方协作，各尽其职

各级农业农村部门要指导各级种子管理机构主动作为，争取当地政府支持，同公安、工商等部门建立多方协作机制。各级种子管理机构内部应建立权责明确、分工合作、运转高效的监管体系，确保职责履行充分。

（三）恪尽职守，加强督查

执法人员要严格遵守相关法律法规，如实记录调查结果，秉公办事，不徇私情。市种子管理站组织种子执法督查活动，重点检查各区种子市场检查、案件查处及执法档案建设情况。

（四）组织培训，宣传法律

组织种子执法人员和其他从业人员加强学习《中华人民共和国种子法》和配套规章；及时公开种子市场检查和种子执法信息，加大对种子违法案件的曝光力度。

北京市农业农村局
关于进一步加强本市非洲猪瘟监测工作的通知

（2019年4月25日）

各区农业农村局、市动物疫病预防控制中心、市动物卫生监督所：

为贯彻落实《农业农村部关于印发〈全国非洲猪瘟防控工作方案（2019年）〉的通知》（农牧发〔2019〕12号）要求，根据本市非洲猪瘟风险评估意见，按照“关口前移、扩大防线”的原则，及时发现和清除非洲猪瘟病毒污染，以全市范围大区域环境安全保护生猪养殖安全，在对养殖生猪、屠宰生猪及调入白条肉、饲料进行检测基础上，扩大到对屠宰厂和无害化处理厂的环境及相关运输车辆开展检测。现将有关要求通知如下：

一、检测要求

（一）养殖环节

采取以对养殖场户发病猪和死亡生猪的非洲猪瘟检测排查为主，以全面检测排查为辅的检测方式。即：各区对发现的发病猪和死亡生猪必须进行非洲猪瘟检测排查，继续实行死亡生猪日报告日核查；各区对辖区所有生猪养殖场户开展的覆盖式检测排查由 10 天调整为 30 天完成一轮。此项工作由各区承担，不具备检测能力的区采样送市动物疫病预防控制中心检测。

（二）屠宰环节

1. 对屠宰企业从外埠调入的白条肉继续实施“批批检测”。检测方法调整为农业农村部批准的快速检测方法和试剂；采样批次调整为当天来自同一屠宰企业的白条肉作为一批，样品量不变；在驻场官方兽医监督下，在做好标记和分区存放的基础上，可实行采样后即入库，待检测结果确认为阴性后方可出库。此项工作由各区组织实施，抽样方式和数量按照原安排执行。

2. 对屠宰企业生产区实施“环境病原监测”。对屠宰厂的待宰圈、屠宰间、无害化处理间、屠宰生产污水处理设施、检测室、采样人员及采样器具、冷库等进行环境病毒检测。此项工作由各区承担，生猪屠宰场配合实施完成。具体采样方式、频次及数量见附件 1。

3. 对屠宰生猪实施“分批屠宰、在线检测”。在驻场官方兽医监督下，按照生猪不同来源实施分批屠宰。在每批生猪屠宰后，对该批猪暂储血液进行采样检测；也可采取逐头采血后混合的方式采样检测。或者，也可在生猪进场前以车为单位采集全部生猪血液样品，均匀混合后进行检测。此项工作在驻场官方兽医监督下，由生猪屠宰企业承担。

4. 对生猪运输车辆实施“出厂前监测”。对已完成清洗消毒的生猪运输备案车辆，在离开屠宰企业前进行采样检测。此项工作由各区承担，生猪屠宰场配合实施完成。具体抽样方式、频次及数量见附件 2。

（三）动物无害化处理环节

1. 对无害化处理厂区实施“环境病原监测”。对病死动物无害化处理厂的无害化处理车间、厂区门口和道路、工作服和鞋靴进行采样检测。

2. 对病死动物运输车辆实施“出厂前监测”。对已经清洗消毒的病死动物运输车辆和转运器具在出厂前进行采样检测。

3. 对病死动物暂存场所实施“环境病原监测”。对各类病死动物暂存库进行环境采样检测。

对一清百玛士公司无害化处理厂的监测由市动物疫病预防控制中心承担；顺义区负责本区病死动物无害化处理厂的监测。对病死动物暂存库的采样检测由各区负责，不具备检测能力的可采样送市动物疫病预防控制中心检测。具体抽样方式、频次及数量见附件 3。

（四）饲料生产环节

对本市饲料生产企业相关原料和成品料进行检测。采样工作由市饲料监察所负责，检测工作由市动物疫病预防控制中心负责，具体抽样方式、频次及数量按照原计划安排执行。

（五）备案运输车辆

对辖区备案的生猪运输车辆以及承担跨省运输种猪、商品仔猪、淘汰母猪的备案车辆进行采样检测。此项工作由各区承担。具体采样方式、频次及数量见附件 4。

二、报告和处置

（一）报告

对所有检测结果及时录入并上报，并做到不漏报、不虚报。屠宰企业上报到区动物疫病控制中心，各区每月 5 日前将上月检测结果上报到市动物疫病预防控制中心。各区及屠宰企业检测结果为非洲猪瘟阳性的，应及时送市动物疫病预防控制中心进行复核确认。

（二）处置

1. 养殖环节。按照相关应急预案以及《病死及病害动物无害化处理规范》（农医发〔2017〕25 号）规定执行。

2. 屠宰环节。对于白条肉检出阳性的，对同批次进行无害化处理；对于生猪检出非洲猪瘟阳性的，各区将屠宰场划为疫点（不含未受病毒污染的肉制品生产加工车间），不需要划定疫区及受威胁区，疫点处置按照《非洲猪瘟疫情应急实施方案（2019年版）》要求执行；对于车辆及环境检测为阳性的，应暂停屠宰生产和车辆运营，并立即进行彻底清洗消毒，消毒后进行检测和评估，经评估合格后方可恢复生产和运营。

3. **动物无害化处理环节**。对于运输车辆和器具、无害化处理厂和病死动物暂存设施环境检测为阳性的，应立即暂停生产和运营，并进行彻底清洗消毒，消毒后进行检测和评估直至合格。

4. **饲料生产环节**。对检出阳性原料及成品料进行无害化处理，对环境进行彻底消毒，并进行污染来源排查。

5. **生猪运输备案车辆**。对车辆检测为阳性的，应立即暂停营运和移动，并进行彻底清洗消毒，消毒后进行检测评估直至合格；同时各区要立即改进车辆消毒方式。

三、其他要求

非洲猪瘟防控工作是一项系统性工程，净化区域环境意义重大，只有实施各环节非洲猪瘟病毒污染的监测与控制，才能真正防范化解生猪养殖场疫情发生风险，这是当前及今后我市有效防控非洲猪瘟的重要基础。各区、各有关单位务必高度重视，加强领导，落实责任，保障人员和经费安排，严格按照本通知要求组织落实好相关工作，努力确保不发生非洲猪瘟疫情。

特此通知。

附件：1. 屠宰厂环境检测采样方式、频次及数量要求（略）

2. 屠宰厂生猪运输车辆检测采样方式、频次及数量要求（略）

3. 无害化处理环节检测采样方式、频次及数量要求（略）

4. 生猪运输备案车辆检测采样方式、频次及数量要求（略）

北京市农业农村局
关于开展农业安全生产大检查工作的紧急通知

（2019年4月28日）

各区农业农村局：

为认真贯彻落实市委市政府《关于进一步加强安全防范工作的紧急通知》要求，汲取近期国内接连发生的多起重大安全事故教训，举一反三，引为镜鉴，有效防范农业安全生产事故发生，确保首都安全稳定，现就有关事项通知如下。

一、提高政治站位，落实安全责任

要进一步强化红线意识、底线思维，真正把党政领导干部安全生产责任制落在实处，层层传导压力，层层压实责任。各区要主动作为，履行安全生产属地管理职责，全面分析农业安全生产风险，针对种植、畜牧、渔业、农机、“两气”工程等各行业、各领域，周密部署安全生产大检查工作。要严格要求农业生产主体落实安全生产责任，督促其主要负责人担负起安全管理第一责任，主动进行自查，强化风险管控，严防安全事故发生。按照“管行业必须管安全、管业务必须管安全、管生产经营必须管安全”要求，市农业农村局相关业务处室加强安全生产大检查督导工作。

二、全面开展检查，排查风险隐患

要统筹考虑大事之年公共安全形势特点，切实加强农业安全生产监管。

（一）加强隐患排查。认真落实《北京市生产安全事故隐患排查治理办法》，针对当前农业行业生产的特点，对辖区内农业生产主体进行检查，特别是春季防火安全。系统检查生产主体事故隐患排查治理制度建立和落实情况，并做好检查记录。

（二）**实施台账管理**。仔细分析、梳理安全检查结果，建立本辖区生产经营单位风险隐患台账。下达整改通知，加强技术指导，实施挂单销账，督促生产主体制定治理方案，落实治理措施，消除安全隐患，进一步压实安全责任。

（三）**依法依规管理**。要敢于动真碰硬，对于无视法律责任、违法违规生产的，严格实施行政处罚，真正让执法“长牙齿”。严格依法审批，对于安全隐患不整改或整改不彻底，不符合法定条件的，不予许可。

三、加强应急管理，提升应急能力

进一步完善农业安全生产应急预案，及时组织开展应急演练，提升突发事件应急处置能力。加强应急值守，严格落实带班值班制度，做到在岗、在职、在责。强化预警预报，及时发布大风、雷雨等信息，面向生产主体做好提示提醒。强化应急处置，一旦发生突发事件，立即启动应急响应，确保人民群众生命财产安全。

四、加强宣传教育，增强安全意识

要充分利用“5·12”防灾减灾日、安全生产月等契机，组织开展安全生产知识宣传活动，借助电视、网络等各类新闻媒体，利用微信、手机 App 等现代传播手段，普及防灾减灾知识，提高安全意识。要有针对性地加强农业生产主体安全管理培训，提升安全防范能力。

五、加强分析总结，及时上报数据

为做好各项重大活动保障，市委市政府就进一步做好安全防范工作做出了紧急部署，要充分认识做好本次农业安全生产大检查的政治意义，立即行动，认真落实，确保大检查取得实效。要分行业做好信息统计，于 5 月 30 日报送检查结果。

附件：农业安全生产大检查结果统计表（略）

北京市农业农村局
关于印发《北京市 2019 年农业领域留白增绿工作方案》的通知

（2019 年 5 月 10 日）

各区农业农村局：

为贯彻落实《北京市人民政府关于组织开展“疏解整治促提升”专项行动（2017—2020 年）实施意见》（京政发〔2017〕8 号）和《北京市人民政府办公厅关于印发〈北京市“疏解整治促提升”专项行动 2019 年工作计划〉的通知》（京政办字〔2019〕6 号）要求，扎实做好农业领域留白增绿工作。现将《北京市 2019 年农业领域留白增绿工作方案》印发给你们，请结合实际，贯彻落实。

北京市 2019 年农业领域留白增绿工作方案

为贯彻落实《北京市人民政府关于组织开展“疏解整治促提升”专项行动（2017—2020 年）实施意见》（京政发〔2017〕8 号）和北京市关于“疏解整治促提升”专项行动 2019 年工作计划要求，坚持把拆违腾退土地作为增加城市绿色空间的重要抓手，扎实做好农业领域留白增绿工作，特制定以下工作方案。

一、目标任务

按照《关于印发做好“留白增绿”工作指导意见的通知》（京发改〔2018〕760 号）要求，农业领域留白增绿主要是对拆违腾退土地中涉及永久基本农田和新增耕地的地块，通过种植农作物和观赏性作物，实现生态绿色覆盖。2019 年农业领域完成330公顷拆违腾退土地的复种复绿任务（分配指标见附件）。其余拆违腾退的土地要积极创造条件加紧还绿，做到能种尽种、能绿尽绿。

二、工作安排

（一）精准接收留白增绿地块

农业领域留白增绿地块的性质为划定的永久基本农田和新增耕地。各区农业农村部门要对下发的图斑地块情况进行再次核实，确保移交的地块土地平整，无垃圾、渣土，基本达到复垦复种条件。达不到复垦复种条件的地块，各区政府要责成拆违部门或乡镇抓紧清理。年度新拆违腾退地块继续由拆违部门会同农业农村部门、第三方机构共同组织验收，验收合格后方可移交。

（二）确定实施留白增绿地块

各区依据下达的指标面积和提供的图斑，确定2019年实施地块时，要优先安排"百村示范、千村整治"工程所属村庄范围内的地块，并录入全市"疏解整治促提升"专项行动台账系统。

（三）开展留白增绿地块土壤检测

对照《土壤环境质量标准》（GB15618—1995）要求，用于种植食用农产品的留白增绿地块，开展土壤环境状况检测，重点检测土壤8种重金属和"六六六""滴滴涕"等含量，依据检测结果选择指导种植农作物或观赏性作物。对于面积特别小且不宜种植食用农产品的地块，由各区农业农村部门自行确定是否开展土壤环境检测。

（四）因地制宜实施复种复绿

依据国家有关规定，永久基本农田和新增耕地不允许种树。各区要以不破坏耕作层为原则，选择种植农作物（玉米、蔬菜、杂粮）或观赏性作物（花卉）等。要根据地块具体情况，统筹林田生态整体布局，实施大尺度绿化实现复绿，也可将实施地块纳入休耕轮作试点范围实现复种复绿。其中，园区或基地要以整体区域实施复种复绿。根据今年的工作特点，8月底前各区至少要完成80%以上的目标任务。同时，加强对2018年已实施地块的管理，防止出现撂荒现象。

（五）组织开展检查验收

各区要加强作物生长期间的管理，实现生态效益和绿色覆盖。市级部门将根据各区台账系统上报情况，每月组织第三方进行验收和审核销账，确保不影响各区工作进度。

三、工作要求

（一）加强组织领导。农业领域留白增绿工作是全市疏解整治促提升专项行动的重要内容。各区农业农村部门要提高思想认识，加强工作统筹，研究制定工作方案，明确责任部门和联系人，同时要积极协调相关部门，确保年度指标任务落实。

（二）严格资金使用。全市疏解整治促提升专项行动资金中，安排农业领域留白增绿资金，用于土地整治、改良土壤、土壤检测以及购买种子、有机肥等农资。各区农业农村部门要积极协调区级财政部门落实资金，严格把控资金使用范围，杜绝违反资金使用问题。

（三）强化监督检查。各区要逐宗建立工作案卷，包括地块图斑、复种复绿计划、土壤检测报告、验收报告以及工作检查等相关资料。各区农业农村部门要加强检查指导，每周须登录台账系统更新情况，每月25日报送进展情况。

（四）做好宣传引导。强化风险意识，加强舆情监测和应对处置，预防和减少不稳定因素。运用多种形式，做好政策解读和宣传引导，营造良好社会氛围。

附件：农业领域留白增绿指标任务分解表（略）

北京市农业农村局
关于做好 2019 年高标准农田建设工作的通知

（2019 年 5 月 24 日）

北京首农食品集团有限公司：

为切实做好 2019 年北京市高标准农田建设工作，确保高质量完成国家下达我市任务，现就有关事宜通知如下：

一、高标准农田建设任务

根据《全国高标准农田建设总体规划（2011—2020 年）》《农业农村部关于下达 2019 年农田建设任务的通知》（农建发〔2018〕1 号）的要求，2019 年 2 万亩高标准农田建设（含高效节水灌溉）任务由你公司北京市双河农场完成。

二、高标准农田建设工作流程

（一）选定地块。地块确定要按照以下原则：一是在永久基本农田建设区域；二是允许对 2010 年（含）以前立项的中低产田改造项目区进行提质更新，按照“填平补齐，避免重复建设”的原则确定建设内容，直接建成高标准农田；三是在 2011 年及以后由相关部门立项建设过的高标准农田地块，在国家规定使用年限内，不列入建设范围。

（二）作业设计。选定地块后，在完成项目区实地测绘与勘察的基础上，按照建设标准与规范，委托有资质的单位进行初步设计，初步设计包括设计报告、设计图、概算书等材料。

（三）初设审批。市农业农村局将建立农田建设项目评审专家库，组织专家进行评审，并适时进行批复。

（四）组织实施。项目建设推行项目法人责任制，按照国家有关招标投标、政府采购、合同管理、工程监理、资金与项目公示等规定执行。参与工程建设的工程施工、监理、财务审计单位应具有相应资质；也可以根据实际情况，简化由具备条件的新型经营主体和农村集体经济组织自主组织实施。农田建设项目应按照批复的初步设计文件组织实施、按期完成、并达到项目设计目标，建设期一般为 1～2 年。

（五）工程监理。根据农业农村部的要求，由各项目实施单位选定监理单位监督实施，监理费用根据工程建设费按一定比例支付。

（六）竣工验收。根据“谁审批、谁验收”的原则，由项目实施单位组织设计单位、施工单位、监理单位、建设单位四方开展初验，初验合格后，编制竣工决算，经有资质的机构审计后，向市农业农村局提出竣工验收申请报告，由市农业农村局委托第三方进行工程竣工验收。

（七）后期管护。项目全部完成竣工验收后，在项目区域设立标牌，按照“谁受益、谁管护、谁使用、谁管护”的原则明确管护主体，保证在设计使用期限内正常使用。

三、高标准农田建设主要内容

高标准农田建设内容按照《高标准农田建设通则》国家标准规定的执行，包括土地平整、土壤改良、灌溉与排水、田间道路、农田防护与生态环境保持、农田输配电、农田质量监测等内容。

四、组织管理

（一）加强组织领导。项目实施单位要认真履行职责，做好项目申报、组织协调、工程招投标、技术指导、督查考核等工作。要将高标准农田建设作为农业农村工作的一项重要工作来抓，安排专人负责推进高标准农田建设工作。

（二）落实工作经费。加强项目资金管理，落实项目招标代理、勘测设计等前期费用和项目管理费用支出，确保高标准农田建设工作顺利推进。

（三）严格监督管理。强化对高标准农田建设工作风险的预防与控制，加强事前、事中、事后的监督检查，发现问题及时纠正。同时，对农田建设项目开展监督评价与检查，对工作成效好的予以通报表扬，对项目推进不力的予以通报批评，对在项目建设过程中不作为、慢作为、乱作为的将严肃追责问责。请于 2020 年 1 月 30 日前，将 2019 年高标准农田建设工作总结报送市农业农村局。

中央农村工作领导小组办公室　农业农村部　国家市场监督管理总局　国家发展和改革委员会　财政部　水利部　国家税务总局　中国银行保险监督管理委员会　国家林业和草原局　中华全国供销合作总社　国务院扶贫开发领导小组办公室关于印发《开展农民专业合作社“空壳社”专项清理工作方案》的通知

（2019 年 2 月 19 日）

各省、自治区、直辖市、计划单列市、新疆生产建设兵团党委农办、农业农村（农牧、农业）厅（委、局）、市场监督管理局、发展改革委、财政厅（局）、水利厅（局）、银保监局、林草厅（局）、供销合作社、扶贫办，国家税务总局各省、自治区、直辖市和计划单列市税务局：

经国务院领导同意，决定开展农民专业合作社“空壳社”专项清理工作。现将《开展农民专业合作社“空壳社”专项清理工作方案》印发给你们，请结合实际，认真贯彻落实。

开展农民专业合作社“空壳社”专项清理工作方案

农民专业合作社（以下简称“合作社”）是广大农民群众在家庭承包经营基础上，自愿联合、民主管理的互助性经济组织。自 2007 年农民专业合作社法施行以来，我国合作社发展迅速，在组织带动小农户发展生产、衔接产销、助力脱贫攻坚、促进现代农业发展和乡村振兴等方面发挥了重要作用。但与此同时，也出现了合作社数量不实、质量不高的问题，有不少合作社有其名无其实，沦为“空壳社”，给合作社整体社会形象造成不利影响。为加强合作社规范管理，提升整体素质，决定在全国范围内集中开展农民专业合作社专项清理工作（以下简称“专项工作”），特制定本方案。

一、总体要求

认真落实党中央、国务院关于突出抓好和重视培育合作社发展、促进合作社规范提升的部署要求，以加强合作社规范管理、提升发展质量为目的，以集中清理“空壳社”为重点，坚持依法清理、分类处置，做好统筹安排，强化部门协作，落实属地责任。通过专项工作，促进合作社依法规范健康发展，夯实乡村产业发展的组织基础，为推进脱贫攻坚和乡村振兴战略实施营造良好环境。

二、清理范围

按照突出重点、明确标准、分类处置的要求，在对合作社发展情况摸底排查基础上，重点对被列入国家企业信用信息公示系统经营异常名录、在抽查抽检中发现异常情形、群众反映和举报存在其他问题的合作社，查核具体情况，依法依规进行分类清理整顿。

清理整顿的问题主要包括以下六类：

（一）无农民成员实际参与。

（二）无实质性生产经营活动。

（三）因经营不善停止运行。

（四）涉嫌以合作社名义骗取套取国家财政奖补和项目扶持资金。

（五）群众举报的违法违规线索。

（六）从事非法金融活动，如变相高息揽储、高利放贷和冒用银行名义运营等。

三、重点工作和步骤

（一）摸底排查。在全国范围内开展摸底排查，摸清底数、掌握实情。市场监管部门将被列入经营异常名录、抽查抽检存在异常情形的合作社名单，共享给同级农业农村、水利、税务、林草、供销等部门和单位。税务部门负责整理提供合作社税务登记情况。农业农村部门对合作社发展情况和群众举报的合作社违法违规线索进行摸底排查。水利、林草、供销、扶贫等部门和单位分别负责开展涉及各业务领域或领办创办的合作社清理整顿工作。

（二）精准甄别。通过现场查看合作社经营场所、生产基地、管理制度、财务会计账目等，结合实地问询合作社交易相对人、成员、村两委等，对合作社经营状况作出准确判断。对摸底排查发现问题的合作社，逐一建立问题台账，为清理整顿提供依据。

（三）分类处置。根据排查结果，对存在问题的合作社区分类型，依法依规进行清理。对无农民成员实际参与、无实质性生产经营活动、因经营不善停止运行的合作社，引导其自愿注销；对领取营业执照后未开展经营活动、申请注销登记前未发生债权债务或已将债权债务清算完结的合作社，可采用简易注销方式办理注销。对有生产经营活动、运行管理不规范的合作社，通过开展有针对性的法律政策宣传，指导其对照法律法规，完善管理制度，规范办社；对发展遇到困难的合作社，及时跟踪帮扶。对缺乏合作社组织特征，但符合其他市场主体设立条件的，可引导其自愿设立、依法登记，并从政策咨询、经营方式等方面做好指导服务。

（四）严格依法惩处。在清理整顿工作过程中，发现涉嫌骗取套取涉农资金补助或中央预算内投资支持项目的，移交财政部门依法查处或由发展改革部门会同有关业务主管部门负责查处。发现涉嫌从事非法金融活动的，由地方金融工作部门会同银保监部门等负责查处工作。

（五）构建长效机制。以专项工作为契机，强化合作社规范发展长效措施，综合运用“双随机、一公开”监管、信息公示等手段，开展合作社运行情况动态监测。加强基层合作社辅导员队伍建设，提供合作社设立辅导和跟踪指导服务。加强合作社登记管理，依法规范登记注册，从源头上把好质量关。探索简化合作社注销登记程序，畅通合作社退出渠道。

四、责任分工

严格落实属地管理责任，明确责任主体，逐级压实责任，切实把清理整顿措施落到实处，确保取得实效。

（一）部级统筹推进。中央农村工作领导小组办公室牵头负责，会同农业农村部、市场监管总局、发展改革委、财政部、水利部、税务总局、银保监会、林草局、供销合作总社、国务院扶贫办等部门和单位，统筹协调推进专项工作，调度通报进展情况，联合开展检查指导，督促各地落实清理整顿任务和要求，总结进展和成效。

（二）省级加强指导。省级党委农村工作综合部门对本地区的专项工作负总责，要建立健全组织领导机制，抓好组织动员、清理整顿、监督检查等工作，指导本地按照属地原则压实责任。

（三）县级组织落实。县级承担实施专项工作的主体责任，负责专项工作具体组织落实，充分发挥合作社工作的综合协调机制作用，做好进度安排、任务落地、分类处置、辅导服务等工作。

（四）加强部门协同。地方各级党委农村工作综合部门统筹协调，加强专项工作指导和督促，建立健全信息共享、情况通报、联合查处等机制，各有关部门立足职责，加强协调配合，形成工作合力。

五、时间安排

（一）全面排查阶段。2019年4—6月底开展全面排查。各省、自治区、直辖市、计划单列市组织各县（市、区）开展全面排查，对有问题的合作社登记造册，建立问题台账。各省、自治区、直辖市、计划单列市党委农村工作综合部门牵头统计汇总排查清理情况，形成报告，于6月底前报中央农村工作领导小组办公室。

（二）*清理整顿阶段*。2019年7—10月底开展清理整顿，各省、自治区、直辖市、计划单列市督促各县（市、区）组织开展问题查处和分类处置。根据整顿整改情况，集中通报一批典型案例。组织相关部门开展联合督导检查，对重点地区清理整顿情况开展实地抽查核查。

（三）*全面总结阶段*。2019年11月底前，各省、自治区、直辖市、计划单列市党委农村工作综合部门要在认真总结各业务领域清理整顿情况的基础上，形成专题报告，填写《农民专业合作社“空壳社”专项清理工作统计表》（附后），报中央农村工作领导小组办公室。

各地要高度重视，充分认识此次专项工作对促进合作社规范提升的重要性，严格属地管理，压实属地责任，及时解决清理整顿过程中出现的问题，切实把各项任务落到实处，确保取得实效。对清理整顿中发现的重大情况随时上报中央农村工作领导小组办公室秘书局。

附件：农民专业合作社“空壳社”专项清理工作统计表（略）

北京市农业农村局　北京市园林绿化局
关于印发《第三次北京市农作物种质资源普查与收集行动实施方案》的通知

（2019年6月3日）

各涉农区农业农村局、园林绿化局：

为贯彻落实《农业农村部办公厅关于印发〈第三次全国农作物种质资源普查与收集行动2019年实施方案〉的通知》（农办种〔2019〕11号）的要求，组织实施好北京市农作物种质资源普查与收集工作，现将《第三次北京市农作物种质资源普查与收集行动实施方案》印发给你们，请按照要求，认真落实。

第三次北京市农作物种质资源普查与收集行动实施方案

农作物种质资源是农业科技原始创新、现代种业发展的核心“芯片”，是保障粮食安全、建设生态文明、支撑乡村振兴、满足国民营养健康需求的战略性资源。为贯彻落实国家农业农村部门等单位《关于印发〈全国农作物种质资源保护与利用中长期发展规划（2015—2030年）〉的通知》（农种发〔2015〕2号）《关于印发〈第三次全国农作物种质资源普查与收集行动实施方案〉的通知》（农办种〔2015〕26号）《关于印发〈第三次全国农作物种质资源普查与收集行动2019年实施方案〉的通知》（农办种〔2019〕11号）等有关精神和要求，结合本市种业发展现状和特点，全面开展农作物种质资源普查与收集以及畜禽、水产遗传资源调研工作，制订本实施方案。

一、主要任务

（一）*农作物种质资源普查和征集*。对本市11个涉农区开展各类农作物种质资源的全面普查。一是查清粮食、经济、蔬菜、果树、牧草、绿肥等栽培作物地方特色老品种的分布范围、主要特性以及农民认知等基本情况；二是基本查清重要作物野生近缘植物的种类、地理分布、生态环境和濒危状况等重要信息；三是调查各类作物的种植历史、栽培制度、品种更替等情况，分析社会、经济和环境变化对农作物种质资源演变趋势的影响。填写《第三次全国农作物种质资源普查与收集普查表》。在此基础上，征集古老、特有、特异作物地方品种和珍稀、濒危作物野生近缘植物的种质资源220～330份。填写《第三次全国农作物种质资源普查与收集种质资源征集表》。

（二）农作物种质资源系统调查和抢救性收集。在门头沟、房山、大兴、平谷、怀柔 5 个农作物种质资源丰富的涉农区，进行各类作物种质资源的系统调查。抢救性收集各类栽培作物的古老地方品种、种植年代久远的育成品种、重要作物的野生近缘植物以及其他珍稀、濒危作物野生近缘植物的种质资源 400～500 份。填写《第三次全国农作物种质资源普查与收集种质资源调查表》。

（三）农作物种质资源鉴定评价和编目保存。在适宜的生态区域，对征集和收集的种质资源进行繁殖和基本生物学特征特性的鉴定评价，经过整理、整合并结合农民认知进行编目，入库（圃）妥善保存此次收集、征集的各类作物种质资源 550 份以上。

（四）农作物种质资源数据库建设。系统整理全市种业科研院所、企业及个人已保存的、此次行动普查与征集的、系统调查与抢救性收集的种质资源数据信息，建立北京市农作物种质资源数据库，按照有关规定开放共享。编写北京市农作物种质资源普查报告、系统调查报告、种质资源目录和重要作物种质资源图集等技术报告，研究北京市农作物种质资源保护措施与可持续利用模式，提出政策建议。

（五）农作物种质资源保护性开发。结合精准扶贫、乡村振兴等工作部署，对具有重要潜在市场价值的“京味”乡土资源进行提纯复壮、挖掘利用和开发推广。交流引进其他省（区、市）优异地方特色种质资源 100 份，在京开展种植评价，从中筛选出适宜北京的种质资源进行推广利用。

（六）开展畜禽、水产遗传资源调研工作。查清北京地区畜禽、水产遗传资源的主要种类品种、存量分布、特征特性、养殖规模、生产经营、保护开发与利用等基本情况，形成调研报告，提出畜禽、水产遗传资源的保护利用具体措施和政策建议。

二、进度安排

（一）农作物种质资源普查与收集行动实施范围

在 11 个普查区和 5 个系统调查区普查与征（收）集粮食、经济、蔬菜、果树、牧草、绿肥等作物的古老地方品种、种植历史可溯到 1981 年前的育成品种以及重要作物的野生近缘植物。

（二）农作物种质资源普查与收集行动实施期限

2019 年 4 月至 2021 年 12 月。

（三）农作物种质资源普查与收集行动实施进度

1. 准备与启动。2019 年 4—6 月，市农业农村局、市园林绿化局联合印发《第三次北京市农作物种质资源普查与收集行动实施方案》；组建市、区两级领导小组和市、区、镇（乡）三级普查（调查）工作队伍；组织召开全市“第三次北京市农作物种质资源普查与收集行动”启动会和培训班。

2. 普查与征集。2019 年 6—10 月，11 个普查区摸清本辖区各类农作物种质资源的基本情况，填写《第三次全国农作物种质资源普查与收集普查表》；完成农作物种质资源征集工作，填写《第三次全国农作物种质资源普查与收集种质资源征集表》；将普查数据录入数据库，将征集的种质资源送至市种子管理站和市农林科学院各一份。2019 年 11—12 月，校对、核验数据，编写普查报告、种质资源目录和重要农作物种质资源图集，进行年度工作总结。

3. 系统调查与抢救性收集。2019 年 6—12 月完成大兴、怀柔两区农作物种质资源的系统调查和抢救性收集；2020 年完成门头沟、房山、平谷三区农作物种质资源的系统调查和抢救性收集。编写各年度系统调查报告、种质资源目录和重要农作物种质资源图集等技术报告。

4. 鉴定评价、编目保存及数据库建设。2020—2021 年，集中进行农作物种质资源的种植、鉴定、评价、编目、入库保存。2021 年底前，初步建成北京市农作物种质资源数据库。

5. 种质资源保护性开发。按照“边保护边利用”的原则，2020—2021 年对普查（调查）中发现的优异本土种质资源进行开发利用，交流、引进外埠优异地方特色种质资源，在京开展种植评价。

（四）畜禽、水产遗传资源调研实施进度

2019 年 4—5 月，组织有关专家研究制定调研方案，启动调研工作；2019 年 6—11 月，全面开展全市畜禽、水产遗传资源调研工作；2019 年 12 月，形成调研报告。

三、任务分工

（一）市农业农村局、市园林绿化局制定出台实施方案，组织召开启动会；督导各区、各部门按时完成任务；研究提出北京市农作物种质资源保护与可持续利用建议。

（二）市种子管理站、市林业种子苗木管理总站共同组织全市11个普查区的粮食、经济、蔬菜、牧草、绿肥和果树等作物种质资源的普查和征集。负责组织普查与征集人员培训；汇总、审核各普查区提交的普查信息，提交至国家种质信息中心；组织优异种质资源交流、引进和在京开展试验、展示等。

（三）各区农业农村局、园林绿化局共同组建普查队伍，配合北京农学院、北京农业职业学院负责本区粮食、经济、蔬菜、牧草、绿肥和果树种质资源的普查和征集工作。此外，门头沟、房山、大兴、平谷、怀柔5个系统调查区的农业农村局和园林绿化局共同组建的普查队伍还要积极配合市农林科学院系统调查和抢救性收集工作，提供必要的协助。

（四）北京农学院、北京农业职业学院负责查阅各区县志资料，摸清行政区划、经济社会、种植结构等历史变迁；组建专门队伍深入11个普查区，在各区普查队伍的协助下开展农作物种质资源普查和征集工作，每个区征集当地古老、珍稀、特有、名优作物地方品种和作物野生近缘植物种质资源20～30份，将征集的农作物种质资源送交市种子管理站和市农林科学院；完成各类填报表格并录入数据库。

（五）市农林科学院组建系统调查队伍，承担门头沟、房山、大兴、平谷、怀柔5个系统调查区的系统调查和抢救性收集，每个区抢救性收集各类作物种质资源80～100份，妥善保存本市征集和收集的各类作物种质资源，繁殖、鉴定、评价并将鉴定结果和种质资源提交国家作物种质库（圃）；建设北京市农作物种质资源数据库。

（六）市畜牧总站、市水产技术推广站分别制定畜禽、水产遗传资源调研工作方案并组织实施，形成调研报告，提出相关政策建议。

四、工作措施

（一）加强组织领导

成立北京市农作物种质资源普查与收集行动领导小组（附件1），研究协调解决种质资源普查与收集行动的重大问题；领导小组办公室设在市种子管理站，负责落实领导小组决定的重要事项、组织协调、日常管理等；成立专家组，为北京市农作物种质资源普查与征集制定技术路线，提供技术咨询，评价项目实施。

各区成立相应的领导小组，领导小组办公室设在各区种子管理机构，加强普查工作组织协调，抓好任务落实。

（二）建立工作机制

一是建立联络员机制。市、区两级领导小组办公室、各区农业农村局及园林绿化局组建的普查队伍、北京农学院、北京农业职业学院、市农林科学院组建的专门队伍要分别明确一名联络员，畅通联络渠道。二是建立对接机制。各区农业农村局和园林绿化局组建的普查队伍、北京农学院、北京农业职业学院、市农林科学院组建的专门队伍之间要建立对接机制，各区要提供种质资源属地信息和向导等帮助，必要时可成立联合工作队，共同开展好相关工作。三是建立安全制度。从安全教育、器材保障、保险等方面，加强偏远地区、恶劣环境下普查与调查行动的安全保障。

（三）开展宣传培训

举办种质资源普查与收集培训班，解读相关政策，培训文献资料查阅、资源分类、信息采集、数据填报、样本征集、资源保存、鉴定评价等内容。各区之间加强交流，相互学习借鉴先进经验和工作方法。市、区两级农业农村局、园林绿化局组织全媒体跟踪报道，宣传本次种质资源普查与收集的重要意义和主要成果，各有关单位配合和组织好本辖区种质资源普查行动宣传。

（四）强化经费保障

按照第三次全国农作物种质资源普查与收集行动的工作要求及进度安排，除国家拨付工作经费外，市、区两级财政将所需经费列入年度工作预算，保障种质资源普查与收集工作实施。制定农作物种质资源普查与收集行动资金管理办法，明确经费预算、使用范围、支付方式、运转程序、责任主体等。

（五）加强项目督导

通过中期检查、年终总结和随机检查等方式，加快各区项目执行进度，跟踪指导和督查考核，确保行动方案稳步推进、顺利实施。

北京市农业农村局
关于印发《2019 年北京市农业农村科技工作要点》的通知

（2019 年 6 月 5 日）

各区农业农村局、市属推广单位、市农林科学院、北京农学院、北京农职院、各有关单位：

为深入贯彻党的十九大和十九届二中、三中全会精神，深入贯彻习近平总书记关于“三农”工作的一系列重要指示精神，认真落实中央农村工作会议、中央 1 号文件和北京市农村工作会议精神，实施好乡村振兴科技支撑行动，扎实推进我市农业农村科技工作，我局制定了《2019 年北京市农业农村科技工作要点》。现印发给你们，请认真贯彻执行。

2019 年北京市农业农村科技工作要点

一、总体思路

以习近平新时代中国特色社会主义思想为指导，深入贯彻党的十九大和十九届二中、三中全会精神，深入贯彻习近平总书记关于“三农”工作的一系列重要指示精神，认真落实中央农村工作会议、中央 1 号文件和北京市农村工作会议精神，根据农业农村部《2019 年农业农村科技环能工作要点》，立足首都“四个中心”战略定位，准确把握“大城市小农业”“大京郊小城区”的市情和乡村发展规律，推进实施乡村振兴战略，落实减量发展、创新发展、高质量发展要求，抓重点、补短板、强基础，突出全市农村工作会议提出的“两翼”中农业科技的引领和支撑作用，加强农业科技创新、科技成果转化和推广应用，努力开创本市农业农村科技工作新局面。

二、工作要点

（一）推动科技创新

1. 加大关键核心技术攻关力度和模式集成。围绕“种业建设、绿色发展、营养安全、优质高效、智慧农业”5 个方面，立足解决制约优势产业竞争力提升的关键问题，组织技术联合攻关与集成应用。加大农作物、畜禽和渔业优新品种选育，绿色生态循环、环境友好、农产品质量安全技术研发与应用，设施工厂化等高效生产技术集成与推广，农业机械化与智能化深度融合等方面科技支撑力度，重点解决关键问题。集中力量在生物育种、良种推广、废弃物资源化利用、种养循环模式、清洁生产健康养殖、水肥一体化、减肥减药减抗、农业投入品科学使用、化学投入品风险分析与评估、功能性农产品技术研发、高产高效、特色高效、优质高效、农业物联网、共享农庄、电商平台等 16 个方向集成一批成熟可推广的模式。

2. 加强现代农业产业技术体系北京市创新团队建设。加强调研，结合当前产业结构调整，推动团队转型升级，优化体系布局。调优团队定位、调优团队结构、调优团队机制、调出团队绩效。组织各团队开展技术攻关与集成示范，提升创新引领示范效果。

（二）强化产业支撑

3. 推进平谷农业科技创新示范区和北京京瓦农业科技创新中心建设。制定完成《平谷区农业科技创新及产业提升三年行动计划（2019—2021 年）》，推进北京京瓦农业科技创新中心建设。以实施创新驱动发展战略和乡村振兴战略为引领，瞄准世界前沿技术，创新农业科技体制机制，完善农业科技创新政策，夯实农业科技创新基础，优化农业科技创新资源配置，打造农业高新技术企业与农业研发机构集群、科技人才聚集地、农业科技成果转化辐射源，推动现代种业、智慧农业、农业智能装备、生物技术、营养健康和食品安全六大产业发展，建设体现北京特色、服务首都核心功能、具有全国引领作用及全球影响力的农业科技协同发展与创新驱动发展的先行区，打造“农业中关村”。

4. **打造一批农业科技示范园。** 充分发挥首都科技优势、人才优势，推动农科教协同创新，建设一批农业科技示范展示基地，打造一批农业科技园，总结典型经验，形成可复制可推广的组织机制和产业模式。以农业科技园区为载体，引导科技项目、资金、人才进入，打造成为新品种新技术的研发中心、高新技术的试验示范展示中心、新型职业农民的培育中心、新型社会化服务的创新中心、创业创新的孵化中心，并以点带面，引领、带动、辐射周边农民发展。

5. **加强科技对推进有机农业发展的支撑。** 充分发挥现有科技资源优势，重点构建有机农业发展技术研发体系、推广应用和社会化服务体系，推动传统技术研发供给向有机农业技术研发供给转变，提高京郊有机农业发展技术供给的选择度和质量，打造一批有引领示范作用的有机农场，为有机农业发展、乡村振兴提供创新驱动支撑。

6. **组织农业科技人员进村入户开展技术服务。** 组织推广机构、“三院”的专业技术人员深入田间地头，开展农业技术需求调研，了解农民在产业发展中的技术瓶颈、技术需求。开展技术咨询、培训、科普宣传、技术观摩及送农业科技下乡进村等多种形式的技术服务活动，解决生产经营的实际问题，助力农业增效、农民增收。

（三）完善体系建设

7. **加强农技推广体系建设与改革。** 进一步增强基层农技推广体系条件建设，改善条件、创新手段，充分履行好公益性职能；健全制度，明确职责，完善人员配置，加强乡镇一级建设。初步探索公益性推广和经营性服务融合发展、技术人员增值服务并合理取酬机制，激发基层农技人员积极性。完善分级分类培训机制，对本市1/3基层农技人员进行不少于5天的脱产业务培训。支持农技人员优化知识结构，增强专业技能。强化农技推广补助项目绩效管理、集中考评、线上抽查、实地核查。充分发挥“中国农技推广”App作用，实现专家、农技人员和农民在线互动。

8. **继续加强村级全科农技员队伍建设。** 加强对村级全科农技员聘任和服务情况管理，把好选人用人关、健全人员退出关；加强能力培训，充分发挥全科农技员的作用，使之成为基层农技推广体系“最后一公里”的关键节点、新型职业农民的先行者；做好服务对象满意度调查，完善村级全科农技员绩效考核，逐步探索完善考评结合和绩效补贴挂钩的激励机制。

9. **充分发挥各类主体作用。** 完善“一主多元”农技推广服务格局，支持和鼓励科研院校、企业、社会化服务组织等开展农技推广，构建政产学研推用“六位一体”推广新机制。

（四）改革体制机制

10. **建设农业科技创新联合体。** 制定本市农业科技创新联合体建设工作方案，构建联合体协同协作、高质量运行、多元化支持等机制；针对本市特色小产业，作为现代产业技术体系北京市创新团队的补充，建设50个农业科技创新联合体；建立引导企业参与发展机制，发挥市场主体的作用，推动产学研推用深度融合。

11. **推进农业科技体制改革研究。** 开展农业科技改革政策研究，探索科技成果转化和人才引进的激励政策，探讨研究农技推广人员改革创新机制，推进农业知识产权保护政策研究。

（五）优化科技管理

12. **做好科技项目储备库遴选。** 修改与完善农业科技项目管理办法，根据问题导向、目标导向的原则，采用顶层设计与自由申报结合的方式做好农业科技项目遴选，鼓励和引导产学研用推紧密结合、协同创新，共同申报项目。按照前瞻性、必要性与可行性的要求，做好项目储备库的遴选、评审与确定。

13. **实施好转移支付的试验示范项目。** 2019年市级试验示范项目采用了转移支付的方式由区实施，有关区要主动做好与本区财政的沟通工作，按照专项确定的任务要求，做好项目实施。市级部门要加强监督检查，确保经费专款专用、项目成效明显。

14. **加强科技奖励申报、评审和推荐工作。** 按照统一安排，今年是“农牧渔业丰收奖”“神农中华科技奖”和北京市农业技术推广奖的评审、奖励年，各部门、各区要充分利用时机做好申报、推荐工作，充分调动专业技术人员积极性，为年轻技术人员的成长创造良好的条件。

（六）保障重点工作

15. **加强农业转基因生物安全管理。** 加强全链条、全区域、全项目的执法监管和宣传引导，提升监管能力，切实落实管理责任，提高监管责任意识，加强监管力度，加强约谈、函询、督导和通报，强化责任追究。组织“科学理性认识农业转基因”科普宣传进校园、进社区的活动，加强对农业转基因生物安全行政执法人员和执法对象的培训，从试验、标识、加工和经营进行全方位培训，提高执法水平和遵纪守法自律意识，引导舆论，提高公众认知能力，营造良好的工作氛围。

16. **做好世园会百蔬园科技保障工作**。组建专家团队，根据百蔬园建设的需要，提供全程技术咨询指导服务；组织对世园会百蔬园参展农作物品种的抽检，制定并实施好转基因生物安全监管工作方案。

17. **推动京津冀科技协调发展**。协调市级农业科研、教学、推广单位，以及现代农业产业技术体系北京创新团队，积极与河北、天津对接，在科技信息交流、科技人员培训、品种技术试验示范、科技成果转化应用等方面加强协作，共同推动京津冀农业协调发展。

（七）助力脱低与人居环境整治

18. **科技帮扶助力脱低**。统筹好全市农业农村科技力量开展科技帮扶，调动大专院校、科研单位、推广机构、全科农技员队伍参与科技帮扶工作的积极性，继续对接全市低收入村科技需求，因地制宜提供新品种新技术新模式。依托现代农业产业技术体系北京市创新团队，整合市、区推广部门资源，开展技术帮扶和指导服务。

19. **强化乡村人居环境整治技术支撑**。组织开展乡村生活污水无害化处理、畜禽粪污协同处理利用等技术研发，加快研究相关技术标准规范，集成示范推广不同区域适宜技术模式。积极推广简单经济实用的生活垃圾、污水处理模式、技术和产品。

北京市农业农村局　关于进一步做好本市农机专业合作社安全生产标准化建设工作的通知

（2019年6月14日）

各区农业农村局、农机服务中心：

按照《北京市安全生产委员会关于印发〈北京市企业安全生产标准化建设管理办法〉的通知》（京安发〔2017〕13号）要求，结合市委市政府安全生产督察整改意见，为规范本市农机专业合作社安全生产标准化建设工作，就进一步做好相关工作有关事宜通知如下：

一、切实提高工作认识

农机行业安全生产是农业安全生产的重要内容，农机专业合作社安全生产标准化建设是强化农机安全监管工作的重要抓手，是推动农机专业合作社主动性和自觉性实施安全管理的内生动力。《中华人民共和国安全生产法》《中共中央国务院关于推进安全生产领域改革发展的意见》（中发〔2016〕32号）等政策法规对安全生产标准化建设提出了明确要求，市政府安全生产督察对推进农机专业合作社安全生产标准化建设提出整改意见，各区农机化主管部门要提高政治站位，树立安全责任意识，重视标准化创建工作，推进农机行业安全生产基础建设，不断提升农机安全生产管理水平，有效预防生产安全事故。

二、规范程序分级负责

为进一步明确安全生产标准化创建流程，制定《北京市农机专业合作社安全生产标准化创建程序》（附件），包括：合作社自评及申请、评审单位评审、评审组织单位复核、部门公告、颁发证书和牌匾、撤销称号及期满复评和持续改进等环节。各区要认真组织研究，严格依照程序开展农机专业合作社安全生产标准化创建工作，确保程序规范、任务清晰、责任明确。

合作社标准化建设管理工作实行分级负责的原则。市农业农村局负责组织推进和管理本市农机专业合作社安全生产标准化建设工作，负责标准化二级企业的建设管理，确定标准化二级合作社的评审组织单位、标准化二级及三级合作社的评审单位和评审人员基本条件；各区农机化主管部门负责标准化三级合作社的建设管理，确定标准化三级企业的评审组织单位。

三、加快推动工作落实

各区农机化主管部门要认真履行安全监管责任，善于创新工作方式方法，加强科学统筹和部门联动，适时联合应急管理部门督促农机专业合作社落实安全生产标准化建设的各项工作。要强化政策引导，提高农机专业合作社主动性，加强执法检查，对于主体责任不落实的合作社依法进行查处，提高农机专业合作社的自觉性，多措并举，不断加快推动农机专业合作社安全生产标准化创建工作。

四、及时总结工作成效

各区农机化主管部门要依据农机专业合作社安全生产标准化评审标准，依法推进安全生产标准化工作，强化安全基础管理，规范安全生产行为，改进安全生产条件，有效防范事故发生，确保全市农机行业安全生产形势持续稳定。要善于总结经验，梳理成效，及时报送相关工作信息，每年 12 月 15 日前将推进农机专业合作社安全生产标准化建设情况报送至市农业农村局农机管理处。

附件：北京市农机专业合作社安全生产标准化创建程序

附件

北京市农机专业合作社安全生产标准化创建程序

根据《北京市安全生产委员会关于印发〈北京市企业安全生产标准化建设管理办法〉的通知》（京安发〔2017〕13 号），结合我市实际，确定本市农机专业合作社（以下简称合作社）安全生产标准化创建程序。具体要求如下：

一、初次创建

（一）合作社自评及申请

合作社标准化评审实行自愿申请的原则。合作社是标准化创建的主体，应当成立由主要负责人任组长的标准化创建工作组，根据生产经营规模和安全生产状况确定创建标准化的等级，组织进行全员培训，根据标准主动开展标准化创建，对照评审标准逐项进行自查，对不符合项进行整改，形成自评报告，在合作社内部进行公示，并提交到相应评审组织单位。

（二）评审单位评审

评审单位收到合作社的评审申请后，应当按照规定对合作社进行初访，成立评审项目组，严格按照评审标准和安全生产法律法规进行评审，并在 3 个月内（不含合作社整改时间）完成评审工作。

评审单位应当按照规定编制评审报告，并说明重点部位安全管理、安全装置使用运行等情况，以及重大事故隐患及其整改情况，及时将评审报告提交给相应的评审组织单位。

（三）评审组织单位复核

评审组织单位收到评审单位提交的评审报告后，应当在 10 个工作日内完成对申请资料和评审报告的审查。按照一定比例对审查合格的合作社进行抽查，在 20 个工作日（不含整改时间）内组织完成现场复核。

在现场复核中发现合作社存在事故隐患或者其他不安全因素，应当督促合作社立即进行整改。合作社完成整改并提交整改情况报告后，评审组织单位应当在 5 个工作日内重新组织进行现场复核。

评审组织单位应当记录资料审查和现场复核的过程及其结果，并在完成现场复核后形成书面报告。现场复核合格的，由标准化二级合作社的评审组织单位将书面报告提交市农业农村局；标准化三级合作社的评审组织单位将书面报告提交区级农机化主管部门；不合格的，将评审报告退回评审单位并说明理由。

（四）部门公告

市农业农村局、区级农机化主管部门收到评审组织单位提交的审查合格结果和复核报告后，应当在 15 个工作日内完成审核（需要进行现场核实及合作社整改的时间除外）。对于经审核符合要求的合作社，在部门官方网站予以公告。

（五）颁发证书和牌匾

对于审核符合要求的合作社，公告后由评审组织单位颁发相应等级的标准化证书和牌匾。标准化证书和牌匾的有效期为 3 年。

二、期满复评

合作社的标准化证书有效期届满后，可自愿申请复评。申请复评时，一般应当按照初次创建的程序和方法进行。如果评审标准已经更新，应当按照更新后的评审标准进行自评，并重新申请评审。申请更高等级标准化合作社的，向相应的评审单位或者评审组织单位提出申请。

标准化合作社在标准化证书有效期内变更生产经营范围或者领域，应当及时向标准化评审组织单位报告有关情况并重新申请标准化评审。

标准化二级、三级合作社满足以下条件，期满后可直接向评审组织单位申请换发标准化证书、牌匾：

（一）按照规定每年提交自评报告并在合作社内部公示；

（二）建立并运行事故隐患排查治理体系，按要求使用隐患排查治理信息系统，实施自查自改自报；

（三）三年内未发生人员重伤、死亡、直接经济损失 100 万元以上及社会影响较大生产安全事故；

（四）在安全生产检查中未发现合作社安全管理存在突出问题或者重大事故隐患；

（五）未改建、扩建或者迁移生产经营、储存场所，未扩大生产经营许可范围。

三、建立撤销机制

取得标准化证书的合作社，在证书有效期内如果存在评审过程中提交的申请材料不真实、迟报（漏报、谎报、瞒报）生产安全事故、发生死亡或直接经济损失 100 万元以上及社会影响较大生产安全事故、执法检查中发现存在事故隐患并且未采取有效措施防控和消除、合作社工商营业执照注销或者被吊销以及被列入北京市生产经营单位安全生产联合惩戒和黑名单管理等情形之一的，由原公告单位根据情况撤销其标准化合作社称号。

被撤销标准化称号的合作社，应当向原发证单位交回证书、牌匾。自撤销之日起满 1 年后，方可重新申请标准化评审。

四、持续改进

标准化农机合作社应当根据国家及本市新出台的安全生产法规标准，及时完善安全生产和职业健康管理制度，定期检查制度落实情况，每年至少开展 1 次自评，完成自评报告并在合作社内部进行公示。主要负责人每年应当主持召开标准化专题会议，推进安全生产管理体系有效运行、不断完善并持续改进。

北京市农业农村局关于印发《2019 年北京市农业农村市场、信息化与统计工作要点》的通知

（2019 年 6 月 14 日）

各区农业农村局，委局机关各相关处室，所属各有关单位：

为贯彻落实中央一号文件和北京市农村工作会议精神，根据农业农村部有关文件，北京市农业农村局编制了《2019 年北京市农业农村市场、信息化与统计工作要点》，现印发给你们，请遵照执行。

2019 年北京市农业农村市场、信息化与统计工作要点

2019 年北京市农业农村市场、信息化和统计工作要以习近平新时代中国特色社会主义思想为指引，全面贯彻党的十九大和十九届二中、三中全会

精神，按照中央农村工作会议部署，立足首都城市战略定位，准确把握“大城市小农业”“大京郊小城区”的市情和乡村发展规律，适应新形势新任务新要求，牢牢把握稳中求进工作总基调，落实高质量发展要求，坚持农业农村优先发展总方针，以实施乡村振兴战略为总抓手，对标全面建成小康社会“三农”工作必须完成的硬任务，立足本岗、依法履职，不断完善北京地产农产品流通体系，积极培育本土农产品优秀品牌，深入实施数字乡村战略，努力做好统计体系统筹协调工作，以优异成绩迎接建国70周年。

一、摸清全市农产品市场基本情况

对全市农产品生产情况进行摸底，摸清全市农产品生产主要品种、规模、上市时间。对全市农产品销售情况进行摸底，摸清现有农产品销售方式、销售渠道、销售成本及需要政府帮助解决的热点难点问题。对全市农产品冷链物流现状进行摸底，摸清全市生产基地、加工企业、物流配送等农产品流通环节应用冷链保鲜情况。

二、开展农产品品牌创建工作

继续推进北京绿色优质安全农产品示范区建设，推进完成100个农业好品牌的创建工作。研究制定北京农业好品牌建设实施意见，提升北京农业好品牌的知名度和影响力。规范北京农业好品牌培育、推广、评选、管理、退出、资金使用等相关工作。

三、完善城乡农产品流通网络体系建设

实施“互联网+”农产品出村进城工程。以电子商务为平台，打造线上与线下结合的“互联网+乡村流通”新模式。支持现代物流企业、电商企业渠道下沉农村，提高农产品冷链流通率。做好农产品生产企业与销售企业的对接，推动北京生鲜企业与知名销售企业开展联动发展。

四、做好农业农村信息化顶层设计

在国务院、农业农村部和北京市信息化发展规划、管理制度和数据标准基础上，做好整体架构设计，制订完善北京市农业农村信息化发展规划、管理制度、数据标准和工作机制。指导各相关部门按照总体规划组织实施。配合完成农业农村大数据的实践与应用课题。

五、启动农业农村大数据平台建设工作

做好农业农村大数据平台建设前期调研工作。按照乡村振兴战略要求，做好农业农村信息化大数据建设的架构设计。初步建成领导“驾驶舱”，并围绕设施农业、农产品市场行情、“三资管理”三个业务专题进行重点建设。建成生猪产业从养殖、屠宰、流通、价格、消费全产业链大数据。

六、做好信息化和统计工作日常管理

完成全市14个区近5 000名农村管理信息化及农经统计人员培训。完成全市农村固定观察点、农产品成本核算监测点数据采集补贴发放工作。加强信息化基础设施建设工作，推进信息进村入户工程。规范信息化项目管理和运维工作。统筹区域评价工作。

七、统筹协调农业农村统计工作

落实农业农村部、国家统计局和北京市统计局统计工作决策部署，结合《统计法》相关要求，研究编制本市农业农村经济信息体系建设规划，积极开展本市农业农村经济信息体系标准、信息管理制度和信息指标体系调研工作。组织完成《北京市农业农村统计报表制度》申报工作，做好《报表制度》、调查表的印制和发放工作。按照业务归口管理和统一数据出口原则，统筹协调各有关部门共同做好农业农村统计工作。指导各业务单位和部门按照职责分工做好相关业务数据的指标解释、业务培训、数据采集、数据审核、汇总分析等工作。组织做好农业农村部、市统计局、市农业农村局布置的农业农村统计各类报表的归集、综合统计分析及报送工作。配合各委办局做好农业农村信息数据的提供和分析。加强数据查询流程管理和档案管理。做好农业农村统计工作信息服务需求调研，为开展定制化统计服务奠定基础。

八、组织开展农业农村信息动态监测和预警工作

组织开展农产品和农业生产资料供求、价格分析和监测预警，组织发布农产品和农业生产资料供求和价格信息，引导农业生产和市场预期。按照农业农村部要求，组织完成农村固定观察点调查工作。按农产品生产周期组织开展成本核算监测，及时形成监测分析报告。

附件：1.2019 年北京市农业农村市场工作方案

2.2019 年北京市农业农村信息化工作方案

3.2019 年北京市农业农村综合统计工作方案

附件 1

2019 年北京市农业农村市场工作方案

为更好地落实 2019 年北京市农业农村市场、信息化和统计工作要点，准确掌握全市农产品生产基本情况，抓好优质农产品品牌建设工作，推动农产品产销对接，做好优质生产基地与知名销售企业的联动发展，根据北京农业高质量发展的工作要求，制订本方案。

一、总体思路

以习近平新时代中国特色社会主义思想为指导，以中央一号文件和中央农村工作会精神为基本遵循，全面落实北京市农村工作会议确定的工作目标，以农产品品牌建设为抓手，以农村流通体系建设为载体，以解决农民买难卖难为根本目标，全面营造政府引导、市场规范、双向畅通、农民受益的农产品流通市场。

二、工作目标

通过开展一系列摸底调查，全面掌握全市农产品生产现状，有针对性地制定市场服务内容和信息。到 2020 年底完成 100 个农业好品牌的创建工作目标。坚持做好优质农产品生产基地（农民专业合作社）与知名销售企业的产销对接，力争促成 10 家以上签约合作。

三、重点内容

（一）摸清全市农产品流通市场基本情况

此次将布置市场流通专题调查表，填报单位为乡（镇）、村两级，数据层层落实、层层把关，由区农业农村局汇总审核后于 6 月 31 日前报市场与信息化处。

1. 对全市农产品生产情况进行摸底。摸清全市农产品生产主要品种、规模、上市时间。可以依托种植、养殖、林果等生产管理部门的统计数据，也可以自行安排统计调查。调查对象包括农业企业、生产园区、标准化基地、农民专业合作社、家庭农场及种养殖大户。

2. 对全市农产品销售情况进行摸底。摸清现有农产品销售方式、销售渠道、成交量等。可协调本区商务部门提供农超对接、农批对接、地头交易等相关统计数据，也可以自行安排统计调查。调查对象包括农业企业、生产园区、标准化基地、农民专业合作社、家庭农场及种养殖大户。

3. 对全市规模蔬菜、食用菌、林果生产基地的情况进行摸底调查。统计范围是所在村农产品生产规模前五的品种。不包括通过农业企业、生产园区、标准化基地、农民专业合作社、家庭农场及种养殖大户销售的基地。

4. 对全市农产品冷链物流现状进行摸底。摸清全市生产基地、加工企业、物流配送等农产品流通环节应用冷链保鲜情况。同时摸清下一步拟建设冷链物流的企业、生产基地的情况。

（二）开展农产品品牌创建工作

5. 继续推进北京绿色优质安全农产品示范区建设，到 2020 年底完成 100 个农业好品牌的创建工作。2019 年在前两年的基础上继续推进北京农业好品牌的评选工作。评选将新增对品牌建设工作的考评，包括品牌的中长期发展规划、营销策划、宣传推广等。

北京农业好品牌创建工作 5 月开始，11 月底前结束。

（三）完善城乡农产品流通网络体系建设

6. 实施“互联网＋”农产品出村进城工程。以电子商务为平台，打造线上与线下结合的“互联网＋乡村流通”新模式。加强与阿里、京东、苏宁小店等互联网商业巨头的合作，利用其资源、渠道

优势，扩大线上网点和线下实体店的合作规模和范围，实现线上线下、城里村里、田间餐桌的互联互通。

全年实施，12 月底完成。

7. 支持现代物流企业、电商企业渠道下沉农村，提高农产品冷链流通率。集成政策资源，推动生产企业发展冷链物流，提高农产品冷链物流使用率和覆盖率。继续深化“农邮通”服务站建设，各区要针对偏远地区农产品物流需求开展调查，积极协助北京邮政物流开展冷链运输新业务。

全年实施，12 月底完成。

8. 做好农产品生产企业与销售企业的对接，推动北京生鲜生产企业与知名销售企业开展联动发展。深化与盒马鲜生、京东生鲜、苏宁小店等新零售业态的农产品销售合作。全市将在农产品摸底调查的基础上，促成 10 家以上生产企业、合作社与知名销售企业签订合作协议。

全年实施，12 月底完成。

四、工作要求

（一）加强组织领导。各区要高度重视农产品流通工作，把思想统一到中央一号文件和全市农村工作会会议精神上。要明确牵头领导，责任部门，具体人员，并建立长效工作机制。

（二）强化责任分工。各区按照工作方案将工作任务和内容分解细化，将责任分工及完成时限传递到基层，逐级落实，责任到人，自上而下的形成合力，共同完成好今年各项任务目标。

（三）严格督查考核。按照任务时间节点，倒排工期，细化指标，明确任务主体，强化领导负责制，制定任务清单，将工作纳入全市农村工作考核体系。市农业农村局将对部分任务指标的完成情况进行督促检查，推动工作任务刚性落实。

附表：1. 生鲜企业（合作社）基本情况调查表（略）

2. 生鲜企业（合作社）与商超合作基本情况调查表（略）

3. 规模蔬菜、食用菌及瓜果生产基本情况调查表（略）

附件 2

2019 年北京市农业农村信息化工作方案

2019 年是“十三五”时期的重要一年，要以党的十九大精神和习近平新时代中国特色社会主义思想为指引，全面落实乡村振兴发展战略，加快推进大数据平台和“互联网＋”农业建设，促进信息技术与农业生产、经营、管理、服务全面深度融合，进一步提高北京市农业农村信息化水平，现制定本方案。

一、工作目标

按照“智慧北京”的总体要求，围绕乡村振兴战略，以信息化推动北京城乡一体化发展，加快推进农业农村大数据建设，加强信息化在农业生产、经营、管理和服务等方面的创新应用，为政府部门管理决策和农民增收提供更加完善的服务。

二、工作任务

（一）做好农业农村信息化顶层设计。在国务院、农业农村部和北京市信息化发展规划、管理制度和数据标准基础上，做好整体架构设计，制订完善北京市农业农村信息化发展规划、管理制度、数据标准和工作机制。指导各相关部门按照总体规划组织实施。

（二）推进北京乡村振兴大数据平台建设。根据《北京大数据行动计划工作方案》（京政办发〔2018〕31 号）中提出了“四梁八柱深地基”的大数据平台总体架构，农业农村是“八柱”的重要组成部分。2019 年我市农业农村大数据平台建设已经启动，今年将初步建成领导“驾驶舱”，并围绕设施农业、农产品市场行情、“三资”管理三个业务专题进行重点建设。各相关单位要配合做好资源摸底，夯实数据来源，编制资源目录，完善标准体系等工作。

（三）开展农产品全产业链大数据建设与应用。2019 年建成生猪产业从养殖、屠宰、流通、价格、消费全产业链大数据。通过信息化手段，实现对生猪产品的质量全程控制、安全可追溯，打造“安全、放心、健康”食品产业链。

（四）全面推进信息进村入户工程。信息进村入户是“互联网+”现代农业在农村落地的一项基础性工程。按照农业农村部的统一要求，将进一步加大信息进村入户工程推进力度。市级在充分调研的基础上，制定全市统筹推进工作方案。各区要按照全市统一安排，做好需求调研，结合实际，扎实推进信息进村入户工作。

（五）做好北京市农业农村信息化项目建设。市场与信息化处负责统筹农业农村信息化项目建设工作，推动政务信息系统整合共享，逐步实现核心业务信息化。包括项目申报、审核、备案，督促检查各相关单位项目执行情况，参与项目验收和绩效考评。

（六）做好网络安全与运维工作。2019 年网络安全保障工作将以做好新中国成立 70 周年、市级重大活动网络安全保障工作为核心，健全网络安全保障工作机制，完善网络安全保障措施，切实提升网络安全保障水平。

1. 保障农业农村局各业务系统安全稳定运行。继续做好农业农村信息化运维管理工作，切实保障农业农村信息化工作健康、可持续发展，确保市、区、乡（镇）、村四级软硬件、网络设备安全稳定运行。

2. 严格贯彻落实信息系统网络安全等级保护制度。信息化各建设单位要切实做好信息系统的定级、备案、测评、整改等工作，重点加强关键信息基础设施和重要信息系统的安全防护能力建设，持续完善、更新网络安全防护技术装备。

3. 提升网络安全态势感知能力。实时监测、处理来自互联网的恶意攻击和各类病毒，及时阻断和排除各类安全威胁隐患，重点保障政府网站和重要信息系统安全运行。定期开展安全隐患排查工作，通过漏洞扫描、渗透测试等技术措施，及时发现网络安全风险漏洞并进行整改，重点做好数据安全管理工作。

4. 提升网络安全应急处置能力。加强网络安全信息通报机制建设，及时处理各通报平台的安全动态、任务要求、风险提示等。按要求做好重大活动、节假日期间的网络安全 7×24 小时应急值守，落实“零”报告制度。组织开展网络安全应急演练，修订完善网络安全应急预案。

（七）负责农业农村信息化培训工作。为提升统计和信息化队伍的整体素质和应用水平，2019 年继续对农业农村统计与信息化市、区、乡（镇）和村四级人员进行培训。各区要做好参训人员的组织及管理工作。（培训工作另行通知）

三、工作要求

（一）加强组织领导。各级相关单位要高度重视农业农村信息化工作，党政一把手要亲自抓，主管领导要具体负责，相关工作落实到人，确保 2019 年农业农村信息化各项工作按时完成。

（二）严格项目管理。严格执行财政项目管理要求和财务管理的各项规定，按照绩效目标加强对项目的管理。各单位在实施过程中，统筹安排，做好工作方案，建立健全制度规范和监管体系，加强检查和验收，按时保质完成项目建设。

（三）建立考核机制。市级按照信息化管理工作相关规定，建立考核机制，定期进行考核。同时对相关单位信息化项目建设按照绩效目标，进行考核评定。（考核工作另行通知）

附件 3

2019 年北京市农业农村综合统计工作方案

根据农业农村部、市统计局和市农业农村局的工作部署，按照相关报表制度的要求，制定本方案。

一、工作机制

北京市农业农村统计工作由市场与信息化处统筹协调、相关业务处室分工负责、各区农业农村局组织实施、相关单位配合落实。

二、工作任务

农业农村统计工作包括定报、监测和分析三类任务。

定报　即：农业农村部农村经营管理情况统计、农业生产情况预计、农业与农村经济分县卡片；北京市统计局部门统计（农林牧渔）；北京市农村双层经营收益分配统计。

监测　即：农村固定观察点监测、农产品成本核算监测、农村物价信息监测和农产品批发市场价格监测。

分析　即：农村双层经营统计分析（半年报、年报）和农业农村经济形势分析（季度报）。

（一）农业农村部统计报表

1. 根据农业农村部《农村经营管理情况统计报表制度》要求，填报《农村经济基本情况统计表》等13张报表，由市农业农村局市场与信息化处与相关处室汇总整理分析，市场与信息化处负责向农业农村部报送。农业农村部农村经营管理情况半年报、年终预报、年报工作另行通知。

2. 根据农业农村部《农业综合统计调查制度》要求，填报农业生产情况预计等5张表，由市农业农村局市场与信息化处统筹协调，组织5个基点县按农业农村部要求及时在线填报。种植业管理处负责全市农业生产情况推算，市场与信息化处负责检查督促，并将推算结果通过邮箱向农业农村部上报。具体填报要求详见附表1。

3. 根据农业农村部《关于组织填报农业与农村经济分县卡片的通知》要求，填报农业农村基本情况、农业生产情况2张报表。6月底完成2017年填报工作，10月底前完成2018年填报工作。市场与信息化处负责统筹数据收集、整理和上报工作，种植业管理处、农机管理处、畜牧渔业处等有关单位和处室负责相关数据的填报和审核。

（二）北京市统计局统计报表

4. 根据市统计局《北京市部门统计报表制度》（农林牧渔）要求，填报农业机械化、渔业生产、环境基本情况、双层经营主要指标情况、农民合作社情况、渔业生产情况等11张报表。该项工作由市场与信息化处统筹协调，农机管理处、种植业管理处、畜牧渔业处、生态建设处、农村合作经济指导处等相关处室组织填报和审核，经主管领导审核通过后，于截止日期前将电子版和纸质版报表向市统计局数据管理中心和市农业农村局市场与信息化处报送。具体报表要求详见北京市部门统计报表制度（农林牧渔）。

（三）北京市农业农村局统计报表

5. 根据《北京市农业农村统计报表制度》要求，市场与信息化处负责《乡镇级集体经济组织收益分配表》等6张报表的审核、汇总和分析。各区于2019年7月10日前、2020年1月15日前，通过北京农村管理信息化综合应用平台上报。（详见附表2）

6. 继续做好《农户收入分类台账》登记工作。村级集体经济组织按季度填写《农户收入分类台账》，根据劳动力就业和收入来源，分类填写收支情况，为农户收益分配半年报和年报提供相关指标数据。该项工作由市场与信息化处牵头组织。

7.《北京市农业农村统计报表制度》中市农业农村局种植业管理处、畜牧渔业处、农机管理处、法制处、局信息中心、市农业环境监测站申报的统计报表仍由各业务处室和所属各单位组织数据采集、审核、汇总工作，季报和年报分析结果报送市场与信息化处。

（四）农村固定观察点监测

8. 2019年继续在房山区、密云区、延庆区开展农村固定观察点调查工作。市场与信息化处按照农业农村部要求，统筹协调做好村、户常规调查和上半年农民可支配收入调查、农村劳动力外出就业情况调查、返乡下乡人员创业创新和新型农业经营主体调查，实施调查员登记备案和调查员聘用发证工作。

（五）农产品成本核算监测

9. 市场与信息化处继续在房山、大兴、通州、顺义、昌平、平谷、延庆7个区开展农产品成本核算点监测工作，各区监测点总量保持不变。各区要做好农产品成本核算布点落实工作。涉及取消养殖品种的区，在全市统筹安排下结合本地实际，选择当地具有特色的农产品品种进行重新布点，并优先选择农民专业合作社、家庭农场、专业大户等新型经营主体。继续做好农产品成本核算监测点记账工作。加强辅导和监督力度，确保监测点及时、完整、准确记录农业生产过程中发生的各项收入和费用支出。（详见附表4和附表5）

（六）农产品和生产资料价格监测

10. 农村物价信息监测。由市农业农村局市场与信息化处统筹协调，市农业局信息中心具体落实。组织通州、昌平、大兴、房山、密云、顺义6个区，按照农业农村部要求每月上报主要经济作物和养殖产品、生产资料、成品粮、原粮价格。

11. 农产品批发市场价格监测。由市场与信息化处统筹协调，市农业局信息中心具体落实。每日采集批发市场农产品价格，通过菜篮子市场信息App每周发布北京“菜篮子”产品价格分析报告，对“菜篮子”市场行情进行深入分析，每月形成监测分析报告向市场与信息化处报送。

（七）农业农村经济分析

12. 农业农村经济形势分析。分析内容包括农民增收、农业供给侧改革、美丽乡村建设、农村产权制度改革等方面的进展情况、工作亮点、难点及下一步工作措施。市场与信息化处负责统筹协调，并完成综合分析报告。相关处室和区农业农村局于每季度末次月 10 日前向市场与信息化处提供本部门和本区域分析报告。

13. 农村双层经营统计分析。由市场与信息化处负责。各区分析内容包括集体经济和农户发展基本情况、人均所得、资产情况、劳动力就业情况、经济发展变化原因、需要关注的问题及下一步采取的措施或建议，各区农业农村局于 2019 年 7 月 15 日前、2020 年 1 月 20 日前，以正式文件形式向市场与信息化处报送半年报和年报分析各一篇。（详见附表 3）

三、工作要求

农业农村统计工作涉及面广、工作量大，是实现我市农业农村数字化、规范化管理的有效手段，为保证统计工作的及时性、准确性、完整性和规范性，提出如下工作要求：

（一）强化组织领导

各区要从全局发展的战略高度切实加强对统计工作的组织领导。做到“三有”：一有组织机构。要高度重视农业农村统计工作，明确主管领导、业务科室、责任人，早部署、早落实。二有管理机制。要制定统计工作方案，明确职责权限、工作流程和时限要求。三有辅导检查。要加强对基层统计工作的现场指导和业务检查。

（二）强化数据质量

进一步提升基础数据质量，做到统计工作全过程质量控制。规范数据采集源头，做到数据来源有根有据，应统尽统，不重不丢。加强数据安全管理，依流程做好数据采集、存储、查询、发布工作。2020 年初，市农业农村局将对全年统计工作进行考核（考核工作另行安排）。

（三）强化保障工作

市级将统筹安排市、区、乡（镇）、村各级农经综合统计和信息化培训。做好农村固定观察点、农产品成本核算点数据采集补贴发放工作。各区要按照市农业农村局统计工作要求，结合本区实际情况，做好相关培训和补贴发放工作。

（四）强化数据应用

各区要高度重视统计数据分析应用，贯彻落实乡村振兴战略、全面建成小康社会和北京市农村工作会议精神，结合历史数据、当地经济发展形势做好综合分析，加强数据挖掘应用，为领导决策、经济发展提供数据支撑。

附表：1. 农业农村部农业生产情况预计明细表（略）

2. 农村经济收益分配统计明细表（略）

3. 农村经济收益分配统计分析报送明细表（略）

4. 成本点数据和分析报送时间明细表（略）

5. 2019 年农产品成本核算监测点落实情况表（略）

北京市农业农村局　北京市发展和改革委员会　北京市商务局　北京市市场监督管理局　北京市统计局　国家统计局北京调查总队关于印发《北京市“菜篮子”市长负责制实施方案》的通知

（2019 年 6 月 24 日）

各区人民政府，市相关单位：

经市政府同意，现将《北京市“菜篮子”市长负责制实施方案》印发给你们，请遵照执行。

北京市“菜篮子”市长负责制实施方案

为全面贯彻落实“菜篮子”市长负责制，进一步推动“菜篮子”工程建设，丰富首都“菜篮子”，满足人民群众对美好生活的需要，根据《国务院办公厅关于印发“菜篮子”市长负责制考核办法的通知》（国办发〔2017〕1号，以下简称《考核办法》）、农业农村部等13部委《关于印发〈“菜篮子”市长负责制考核办法实施细则〉的通知》（农市发〔2017〕1号，以下简称《实施细则》）和《农业农村部关于印发〈“菜篮子”市长负责制考核任务分工方案〉的通知》（农市发〔2017〕5号，以下简称《分工方案》）要求，结合市政府《关于统筹推进本市“菜篮子”系统工程建设保障市场供应和价格基本稳定的意见》（京政发〔2010〕37号）规定和本市实际，制定本实施方案。

一、总体要求

各区政府、各有关单位要按照《考核办法》《实施细则》《分工方案》要求，认真贯彻国务院、市政府对“菜篮子”工作的决策部署，切实采取有效措施，持续推进本市“菜篮子”工程建设，全面落实市长负责制，圆满完成各项考核任务，进一步提高本市“菜篮子”产品生产能力、市场流通能力、质量安全监管能力、调控保障能力，丰富首都“菜篮子”，提升市民满意度，满足人民群众对美好生活的需要。

二、工作原则

坚持统筹推进的原则。“菜篮子”工程建设在生产、消费、流通等环节面临多种因素制约，要坚持统筹推进的工作原则，在全市形成上下一致、部门协调的局面，既要明确职责分工，又要加强相互沟通配合，协同推进各项“菜篮子”工作深入开展。

坚持重点突破的原则。针对本市新一轮“菜篮子”工程建设中的难点问题和焦点问题，结合“菜篮子”市长负责制考核要求，对蔬菜生产、零售点、质量安全监管等重点和难点，本着查缺补漏、提档升级的原则有针对性地进行重点建设。

坚持实事求是的原则。“菜篮子”工程是保障和改善民生的重要工程，要借助“菜篮子”市长负责制考核工作的契机，推进“菜篮子”工作。考核结果反映北京市“菜篮子”实际情况，不得弄虚作假。

三、工作机制

（一）成立北京市“菜篮子”工作领导小组

成立由市长任组长的北京市“菜篮子”工作领导小组，主管农业副市长任副组长，“菜篮子”食品管理部门联席会议成员单位、本市生活必需品应急协调小组成员单位及16个区政府所对应的主要领导为成员，负责统筹协调本市“菜篮子”工作。

（二）建立“菜篮子”市长负责制考核工作联席会议

建立北京市“菜篮子”市长负责制考核工作联席会议（以下简称联席会议），“菜篮子”工作领导小组成员单位为联席会议成员，联席会议办公室设在市农业农村局，办公室主任由市农业农村局局长担任，市发展改革委、市商务局、市农业农村局主管领导任办公室副主任，全面负责本市“菜篮子”市长负责制考核工作。办公室设3名专职人员负责考核工作，各成员单位确定1名工作人员具体负责考核工作。办公室下设5个考核小组，牵头负责推进本市“菜篮子”生产保障能力建设，组织生产能力考核、流通能力考核、质量安全监管能力考核、调控保障能力考核及考核综合事务，负责本市“菜篮子”市长负责制考核自评工作和“菜篮子”区长负责制考核工作。

（三）建立联席会议工作制度

联席会议原则上每半年召开1～2次，根据工作需要可临时召开全体会议或部分成员会议。联席会议由联席会议办公室提出需研究解决的问题和事项，报召集人审定会议议题，确定会议时间及形式，由召集人或召集人委托的成员召集。联席会议办公室以会议纪要形式明确会议议定事项，印发各相关单位。联席会议办公室定期组织召开考核小组组长单位会议，沟通情况，解决问题，落实联席会议布置的工作任务。

四、重点任务

各有关单位要结合考核任务和本市实际，统筹研究制定具体方案并组织实施，围绕供应抓生产，确保数量充足、质量安全，加强对自产和外埠进京产品的监控和管理；围绕保障抓流通，加强覆盖批发、运输、零售等各环节的流通体系建设，完善政府储备，增强市场调控能力；围绕职责抓机制，明确市各相关部门和区政府职责，充分发挥整体合力，保证各项措施落实到位。

（一）全面落实“菜篮子”市长负责制考核任务

根据《实施细则》要求，主要从以下四个方面落实好“菜篮子”市长负责制：

1. 生产能力方面。在符合国家和本市农业“调转节”等政策的基础上，发展肉、蛋、菜、奶、鱼、果六大类“菜篮子”产品生产，保障“菜篮子”产品供给，尤其是保持蔬菜播种面积、产量以及肉类产量的持续稳定，努力实现考核年度各种蔬菜播种面积（含食用菌，不含西甜瓜、马铃薯、草莓）达到或超过前 3 年平均值的 98％；各种蔬菜产量（含食用菌，不含西甜瓜、马铃薯、草莓，也不含蔬菜加工产品）达到或超过前 3 年平均值的 98％；猪肉产量符合市委、市政府《关于调结构转方式发展高效节水农业的意见》（京发〔2014〕16 号）调整目标。（牵头部门：市农业农村局）

2. 市场流通能力方面。科学合理规划“菜篮子”产品批发市场布局，将其纳入城市建设规划，并按规划组织实施。加强本市“菜篮子”产品批发市场尤其是年交易额居前两位的“菜篮子”产品批发市场的功能建设和管理，完善交易厅（棚）、冷藏保鲜、质量安全检测等基础设施配套，组织开展质量安全检测，规范市场管理制度，制定合理的收费标准。开展“菜篮子”产品批发市场公益性建设（公益性是指政府通过投资入股、产权回购回租、公建配套等方式参与“菜篮子”产品批发市场建设和改造），充分发挥批发市场在“菜篮子”产品市场流通中的集散和调控作用。开展包括生鲜超市、农贸市场、菜市场（含早、晚市）、社区菜店、平价商店、蔬菜社区直通车等在内的社区“菜篮子”产品零售网点建设，确保每个行政社区平均建有 2 个“菜篮子”产品零售网点。（牵头部门：市商务局）

3. 质量安全监管能力方面。落实地方政府质量安全属地管理责任，在力量配备、条件保障等方面加大对质量安全监管能力建设的支持力度。全面推进标准化生产。进一步完善农产品质量安全监管制度，加强农产品质量安全执法监管，每年开展市级农产品质量安全执法监督抽查的次数不得少于 2 次。强化检打联动机制，对监督抽查中发现的使用禁用物质的不合格产品坚决跟进开展执法，确保在农业农村部对本市开展的“菜篮子”产品质量安全例行监测（风险监测）工作中，年度蔬菜、畜禽产品、水产品质量安全监测总体合格率平均值超过 98％。建立健全本市肉类和蔬菜等食用农产品追溯体系，对已纳入全市肉菜追溯体系的追溯节点进行监督检查，保障追溯体系有效运行，力争本市批发市场、菜市场、农贸市场、超市追溯体系覆盖率达到 50％以上。各区要积极配合整市创建国家食品安全示范城市和国家农产品质量安全市工作。（牵头部门：市农业农村局、市商务局）

4. 调控保障能力方面。进一步完善本市“菜篮子”相关调控政策，包括：支持“菜篮子”产品生产基础设施建设、技术推广、新型职业农民培育、政策性保险、合作社建设、金融服务、生产者补贴等生产扶持政策；支持流通基础设施建设、搭建产销对接平台、创新农产品流通方式、培育多元化市场流通主体等市场流通政策；当“菜篮子”产品价格过高时实施减免进场费、发放低收入人群补贴等消费者补贴政策以及本市“菜篮子”市场供求应急调控预案等应急调控政策，稳定本市“菜篮子”产品价格。加强“菜篮子”产品市场监测，及时分析、发布市场供应信息，构建监测预警和信息发布体系；制定生活必需品市场供应应急预案，建立应急投放网络体系。结合“菜篮子”产品生产消费情况，鼓励各区建立“菜篮子”产品储备制度，自行确定储备品种及数量。（牵头部门：市发展改革委、市商务局、市农业农村局；数据提供单位：国家统计局北京调查总队）

（二）开展“菜篮子”市长负责制自评工作

本市是直接接受由农业农村部牵头的“菜篮子”食品管理部际联席会议考核的 36 个城市之一。主要考核“菜篮子”产品生产能力、市场流通能力、质量安全监管能力和调控保障能力，“菜篮子”产品市民满意度由农业农村部委托权威第三方评估机构进行调查。

“菜篮子”市长负责制考核工作每两年为一个考核期，考核得分根据考核期内第二年各项指标数据计算。2017 年 1 月 1 日至 2018 年 12 月 31 日为首个考核期，2019 年 6 月底前完成“菜篮子”市长负责制考核系统填报并向农业农村部报送自评报告。

根据《实施细则》要求，考核小组组长单位组织各有关单位对照《实施细则》中的考核项目和要求，按照《北京市“菜篮子”市长负责制考核工作联席会议制度》（附件2）的分工，于2019年6月底前提供考核数据指标及相关证明文件或材料，并逐条自评分数。市农业农村局负责对本市“菜篮子”市长负责制落实情况进行全面总结和自评，并按要求形成自查报告，经市政府主管负责同志审核同意后，于2019年6月20日前报送农业农村部。

（三）组织“菜篮子”区长负责制考核工作

按照国务院“各省（区）政府参照本办法，结合当地实际制定考核办法，负责考核本行政区域内其他地级城市‘菜篮子’市长负责制落实情况”要求，根据《考核办法》和《实施细则》，制定《北京市“菜篮子”区长负责制考核办法》，对各区政府进行考核，明确各项考核指标计算方法和评分标准，细化考核流程和要求，确保考核工作公平公正。

五、保障措施

（一）狠抓督促检查。在考核期内，各成员单位要按照《北京市“菜篮子”市长负责制考核工作联席会议制度》（附件2）规定的考评指标，结合各自职能和任务分工，加大督查力度，及时掌握“菜篮子”工程建设各项工作落实情况，以年度为单位，统计汇总考评项目落实情况，报送联席会议办公室，对未达到考核指标要求的，要说明原因，并制定措施，抓紧落实。

（二）加大扶持力度。各成员单位要根据任务分工和职能，会同有关部门，研究制定扶持政策，在资金、人才、科技等方面加大扶持力度，对已经制定的扶持政策，进行梳理，形成合力。

（三）广泛开展宣传。要通过各类新闻媒体在全市范围内进行广泛宣传，让全市人民了解“菜篮子”工程建设的各项政策措施，广泛征求市民对“菜篮子”工程建设的意见和建议，保证制定的各项政策措施接地气、有实效，确保本市“菜篮子”工程建设各项工作让市民满意。

（四）建立问责机制。各成员单位在推进本市“菜篮子”工程建设中，落实本单位业务职能不力的；提供考评数据不真实，受到批评的；工作中不作为、不担当，造成本市“菜篮子”市长负责制考核出现严重后果的；考核期内发生“菜篮子”产品质量安全突发事件，响应级别达到三级及以上（“菜篮子”产品质量安全突发事件等级界定参照《农产品质量安全突发事件应急预案》有关规定），导致本市在“菜篮子”市长负责制考核工作中出现否决项，考核结果被评定为不合格的，要进行通报并严肃追责问责。

附件：1. 北京市“菜篮子”工作领导小组成员单位名单（略）

2. 北京市“菜篮子”市长负责制考核工作联席会议制度（略）

3. 北京市“菜篮子”市长负责制考核分工表（略）

4. 北京市“菜篮子”区长负责制考核办法（略）

北京市农业农村局　北京市财政局关于印发《北京市推广应用绿色防控产品工作方案（试行）》和《北京市推广应用有机肥工作方案（试行）》的通知

（2019年6月26日）

郊区各区农业农村局、财政局，市土肥站、市植物保护站：

为落实《北京市人民政府办公厅关于印发〈北京市污染防治攻坚战2019年行动计划〉的通知》（京政办发〔2019〕5号）精神，完善以绿色生态为导向的农业补贴制度，推进化肥减量提效、农药减量控害，市农业农村局、市财政局制定了《北京市推广应用绿色防控产品工作方案（试行）》和

《北京市推广应用有机肥工作方案（试行）》，现印发给你们，请认真组织实施。

北京市推广应用绿色防控产品工作方案（试行）

为贯彻落实农业农村部《到 2020 年农药使用量零增长行动方案》《水污染防治法》《土壤污染防治法》、中华人民共和国《农药管理条例》等规定要求，完善以绿色生态为导向的农业补贴制度，按照绿色生态、支农惠农、政府主导、公开自愿的原则，坚持“预防为主、综合防治”，推广应用绿色防控产品，推进农药减量增效，降低化学农药使用量，制定以下工作方案。

一、目标任务

围绕市委《关于全面加强生态环境保护、坚决打好北京市污染防治攻坚战的意见》（京发〔2018〕16 号），市政府办公厅《北京市人民政府办公厅关于印发〈北京市污染防治攻坚战 2019 年行动计划〉的通知》（京政办发〔2019〕5 号）中明确到 2020 年全市农药使用量比 2015 年下降 15％的目标，建立政府引导、市场运作、农民自愿的机制，落实以绿色生态为导向的农业补贴制度，全面推广应用绿色防控产品，减少化学农药使用量。2019 年主要农作物补贴覆盖面积 39.6 万亩（附件 1），实现绿色防控覆盖率达到 60％，化学农药使用量持续减少。

二、补贴对象和标准

对本市从事农业生产的农户和生产经营组织，在开展病虫害防治中，实际购买使用全市统一补贴产品名录内的天敌、生物农药、理化诱控、授粉昆虫、高效低毒低残留化学农药等产品给予适当补贴，每年每亩最高补贴不超过 750 元。具体补贴比例：天敌产品补贴 90％；生物农药、理化诱控、授粉昆虫产品等补贴 50％；高效低毒低残留化学农药产品补贴 30％。

三、实施方法

（一）依托“北京市农药减量使用管理系统”具体实施。市级农业农村部门搭建“北京市农药减量使用管理系统”运行平台，采取各区设立独立端口、分区组织实施的形式，实现系统申报、开具处方、按方供药、统一结算。申请享受补贴的农户和生产经营组织指定管理者，须办理作物健康保障一卡通或安装手机 App。

（二）统一补贴产品名录及指导价。市级农业农村部门依据当年发布的“北京市农作物病虫草鼠害绿色防控农药与药械产品推荐名录”范围，按照企业报价、市场询价、专家评审的程序，确定全市统一的补贴产品名录及指导价。

（三）分区组织实施。各区按照全市统一的遴选标准（附件 2），审核确定本区的补贴对象、植物医生、绿控产品供应商和经销商等实施主体。补贴具体实施流程：

1. 经各区审核通过的享受补贴对象，根据作物病虫害防治需要，持作物健康保障一卡通或手机 App，到植物医生处诊断病虫害。

2. 经各区认定的植物医生，根据补贴对象反映或提供的作物病虫害发生情况，利用“北京市农药减量使用管理系统”开具预防和防治处方，明确推荐使用产品和数量。

3. 享受补贴对象持植物医生开具的处方，到本区确定的任一经销商处购买产品，支付需要自费部分金额后，预订和购买相应绿控产品，并按照产品使用说明自行或委托第三方服务组织科学使用。

4. 各区遴选确定的供应商、经销商，要按照病虫害防治需要，供应和储备享受补贴的绿控产品。经销商按方售药时，需要从系统核对补贴对象所持处方，确保无误方可售药。需要提前预订的天敌、授粉昆虫等产品，供应商要按照经销商提供的订单组织生产，按照约定时间配送到的相应经销商处。

5. 各区利用“北京市农药减量使用管理系统”，按月统计各供应商补贴产品的供应情况，形成补贴资金结算单，经审核后及时向供应商拨付补贴资金，并规范相应入账手续。

四、保障措施

（一）加强组织领导。各区作为实施主体，要落实属地责任，加强工作沟通和统筹，制定实施方案，于 7 月底前以正式文件形式，报市农业农村局备案。市级农业农村部门要加强工作指导，制定工作方案，明确目标任务，开展绩效考评；市植物保护站具体承担组织实施工作、提供技术支撑，负责“北京市农药减量使用管理系统”维护管理和技术培训、遴选和确定补贴产品名录及指导价、指导各区开展工作并搞好督导检查。区级农业农村部门具体负责本区推广应用工作。

（二）加强资金保障。市级财政部门落实资金预算安排与下达；区级财政部门要加强资金统筹、安排、使用与监管，确保补贴资金专款专用。实施中优先使用中央财政资金，年度财政资金可以按照有关文件要求接转下年度继续使用。实施过程中市、区工作经费，分别纳入本级财政预算给予保障。落实全市优化营商环境相关措施，各区农业农村部门要审核用药情况，积极与区级财政部门协商，按月向供应商结算补贴资金，防止出现拖欠现象。鼓励各区筹措资金，扩大推广应用范围和面积。

（三）加强检查考评。各区要加强对补贴发放过程、绿控产品质量、系统异常数据，以及补贴对象、植物医生、供应商、经销商等审核和监管，建立退出机制，对于违反规定的，依据情节轻重进行通报、警告、撤销资格及移交有关部门处理。补贴对象生产过程中，检查检测发现使用高毒高残留农药的，取消补贴资格。市级农业农村部门将围绕化学农药使用量持续减少的目标，委托第三方机构对各区执行补贴政策、落实面积任务、资金使用绩效、推广应用效果、群众满意度等情况开展评价，评价结果与下年度推广应用任务及补贴资金安排挂钩。

（四）加强宣传培训。市级农业农村部门加强对区级组织单位和系统管理员的培训，确保全面掌握系统功能与操作使用。各区要对补贴对象、植物医生、供应商、经销商等主体进行全员培训，熟悉补贴标准、产品目录、实施流程、系统使用等内容，确保补贴工作顺利进行。市、区两级农业农村部门要加强政策解读和宣传，充分利用报纸、广播、电视和新媒体，扩大政策受益面与参与度，普及绿色防控技术、专业化统防统治、科学安全用药等知识，宣传推广应用的成效和经验，实现小农户与现代农业的有机衔接。

附件：1. 2019 年推广应用绿色防控产品资金安排及任务清单（略）

2. 实施主体职责及遴选标准（略）

北京市推广应用有机肥工作方案（试行）

为贯彻落实《水污染防治法》《土壤污染防治法》《到 2020 年化肥使用量零增长行动方案》《耕地质量保护与提升行动方案》等规定要求，完善以绿色生态为导向的农业补贴制度，按照绿色生态、政府主导、公开自愿的原则，推广应用有机肥，推进农业废弃物综合利用，促进化肥减量增效，降低化肥使用量，提升耕地质量，制定以下工作方案。

一、目标任务

建立政府引导、市场运作、农民自愿的机制，落实以绿色生态为导向的农业补贴制度，全面推广应用有机肥，提高农业废弃物综合利用率，减少化肥使用量。到 2020 年实现测土配方施肥全覆盖，化肥使用量比 2015 年下降 28%，耕地质量等级比 2015 年提升 0.5 个等级。

二、补贴对象和标准

对在本市实际种植粮经作物和蔬菜的耕地上，推广应用商品有机肥或生物有机肥的农户和农业生产经营组织，按照每年每亩限额 1 吨，市级最多不超过 480 元/吨给予补贴，各区可依据实际情况制定具体补贴标准。

三、实施方法

各区结合实际情况，制定有机肥推广应用具体实施方案，确定具体组织实施单位，明确补贴对象和标准、供肥企业选择、操作程序和补贴发放方式等内容，并于 7 月底前以正式文件形式报市农业农村局备案。按照公平、公开、自愿的原则，组织和落实具体工作措施。

（一）组织补贴对象申报。各区组织农户和农业生产经营组织从商品有机肥或生物有机肥中任选一种自愿申报，经村、镇（乡）、区逐级审核，确定推广应用地块和补贴对象。各区要优先选择划定的农业生产空间内的地块。

（二）遴选肥料供应企业。肥料供应企业需获得相关肥料登记证，生产的商品有机肥与生物有机肥质量要分别达到标准 NY525-2012、NY884-2012 要求。各区按照自愿、公开、公平、依法、依规等原则，采取一定形式发布信息，组织有机肥生产企业自愿申报，综合考虑供肥企业的生产能力、产品质量、产品价格、售后服务等因素，初步遴选确定供肥企业，优先选择利用本区和本市农业废弃物生产有机肥的企业。初步名单确定后，由市土肥站会同区农业农村部门对其产品进行抽检。依据抽检结果，各区最终确定 2 家（含）以上供肥企业，并与其签订供应和服务合同，明确服务内容、违约责任等。

（三）组织购销服务对接。各区要及时公布供肥企业名录，采取组织产品展示、见面洽谈等方式，开展农企对接服务工作，组织农户和生产经营组织选择供肥企业和产品，签订购销协议，确定购买种类和数量、配送时间和地点，以及补贴范围以外购买款支付方法等内容。

（四）结算拨付补贴资金。每季度末供肥企业根据配送情况，提出补贴资金结算申请，并提供购销协议、发货和收货清单等相关证明材料。区级农业农村部门核实后形成补贴资金结算单，经审核后及时向供肥企业拨付补贴资金，并规范相应入账手续。

四、保障措施

（一）加强组织领导。各区作为实施主体，要落实属地责任，加强工作统筹，制定实施方案，明确责任部门和组织单位，确保补贴工作顺利实施。市级农业农村部门加强工作指导，制定工作方案，明确目标任务，开展绩效考评；市土肥站具体承担组织实施工作、提供技术指导、组织宣传引导、指导各区开展工作并搞好督导检查。

（二）加强资金保障。市级财政部门统筹安排补贴资金预算；区级财政部门要加强资金统筹、安排、使用与监管，确保补贴资金专款专用，年度财政资金可以按照有关文件要求结转下年度继续使用。实施过程中市、区工作经费，分别纳入本级财政预算给予保障。落实全市优化营商环境相关措施，各区农业农村部门与区级财政部门协商，按季度向供肥企业结算补贴资金，防止出现拖欠现象。

（三）加强检查考评。各区要加强对资金使用、产品质量、肥料施用等情况，以及补贴对象、供肥企业的审核和监管，建立退出机制，对于套取补贴资金、产品质量不合格、未实际施用等违反规定的现象，要严肃查处并取消资格。市级农业农村部门将围绕化肥使用量持续减少的目标，对各区执行补贴政策、落实面积任务、资金使用、推广应用效果、群众满意度等情况开展评价，评价结果与下年度推广应用任务及补贴资金安排挂钩。

（四）加强宣传培训。市、区两级农业农村部门要充分利用报纸、广播、电视和新媒体，以及新型职业农民培训工程、农村实用人才带头人素质提升计划，加强政策解读和宣传，扩大政策受益面与参与度，宣传推广应用的成效和经验，指导农户和生产经营组织科学施肥、精准施肥。化肥减量技术和模式，实现小农户与现代农业的有机衔接。

北京市农业农村局　北京市财政局
关于印发《北京市级现代农业产业园创建管理办法（试行）》的通知

（2019 年 11 月 1 日）

各涉农区农业农村局、财政局：

为规范北京市级现代农业产业园的创建活动，市农业农村局、市财政局共同制定了《北京市级现代农业产业园创建管理办法（试行）》，现印发给你们，请认真贯彻执行。

北京市级现代农业产业园
创建管理办法（试行）

第一章　总　　则

第一条　为规范北京市级现代农业产业园的创

建活动，依据《北京市乡村振兴战略规划（2018—2022年）》《北京市农村工作委员会　北京市财政局关于开展现代农业产业园创建工作鼓励支持现代农业产业园发展的意见》（京政农函〔2017〕16号）的精神，制订本办法。

第二条　现代农业产业园是按照政府引导、市场主导、农民受益、共享发展的方式，以规模化种养基地为基础，依托农业产业化龙头企业，通过“生产＋加工＋科技”，聚集现代生产要素，促进产业融合发展，创新体制机制，形成明确的地理界限和一定的区域范围、主导产业具有较强的竞争优势、建设水平比较领先的现代农业发展平台。

第三条　市农业农村局、市财政局联合部署开展市级现代农业产业园创建工作，共同组织开展市级现代农业产业园申报创建、监测评价、验收认定等工作。全市利用三年时间，支持发展10个市级现代农业产业园区。

第四条　北京市级现代农业产业园的申报创建、监测评价、验收认定适用于本办法。

第二章　申报创建

第五条　市级现代农业产业园以乡镇政府为创建主体，经区政府批准，由区农业农村局、区财政局联合向市农业农村局、市财政局提出创建申请。申报材料包括申报创建情况表（附件1）、监测评价情况表（附件2）、创建方案、建设规划及资金使用方案。

第六条　市级现代农业产业园创建方案包括产业园范围与布局、发展现状、功能定位和思路目标、创建内容（主导产业明确且不能超过两个）、带动农民增收、支持政策、运行管理机制、保障措施及获得国家、市级农业产业方面的奖项复印件和相关证明材料等。

第七条　市农业农村局对申报材料的合规性、完整性进行审核。组织专家及相关部门负责同志组成专家评审组，开展竞争性选拔，提出建议创建名单。

第八条　按照相关程序审定同意后，在市农业农村局政府门户网站进行公示，公示期为7个工作日。公示结束无异议后，批准创建市级现代农业产业园，创建期三年。

第三章　监测评价

第九条　市级现代农业产业园创建工作实行“目标考核、动态管理、能进能出”的管理机制。市农业农村局每年组织开展对批准创建的产业园运行情况进行监测评价。

第十条　批准创建的产业园每年提交年度建设水平自评报告、监测评价情况表（附件2），由区农业农村局审核后，加盖公章，报市农业农村局。

第十一条　市农业农村局在审核各产业园上报材料的基础上，组织第三方机构进行监测评价，监测结果作为资金支持的参考依据。

第十二条　监测评价按照评价指标体系（附件2）进行。内容包括主导产业发展、绿色发展成效、科技创新引领、品牌建设推进、带动农户增收、建设推进水平及组织管理保障七个方面，评价总分为100分。

第四章　支持方式

第十三条　对批准创建的现代农业产业园，从下一年度开始，市级财政分三年予以支持。第一年批准创建后安排支持资金1 000万元，第二年通过监测评价后安排支持资金1 000万元，第三年通过监测评价后安排支持资金1 000万元。

第十四条　产业园创建满一年和两年的监测评价分值应分别达到60分和65分。对未通过年度监测评价的，3个月后进行再次监测评价，届时仍未达到相应分值的将取消创建资格，不再安排支持资金，并按有关规定收回结余资金。

第五章　验收认定

第十五条　市农业农村局负责组织对批准创建满三年的产业园进行验收。

第十六条　产业园在验收前须向市农业农村局提交三年创建工作报告，包含资金使用情况及绩效目标完成情况。

第十七条　市农业农村局组织都市农业、生态农业、农业规划、农业管理等方面专业人员组成专家组，召开专家评审会，对创建期满的产业园进行评审、验收，并出具书面评审意见。评审专家不少于5名（为单数）。评审验收采取指标体系评价与专家现场评价相结合的办法：最终分值＝指标体系评价分（占60％）＋专家现场评价分（占40％）。

第十八条　产业园创建期满考评分值达85分以上为优，70分以上为合格，70分以下为不合格。

第十九条　对创建期满评审验收合格的产业园经相关工作程序批准后，在市农业农村局政府门户网站进行公示，公示期为7个工作日。对公示期满无异议的产业园，正式认定为“北京市级现代农业产业园”。

第六章 监督管理

第二十条 各创建主体完善统计制度，科学采集指标数据，对监测评价数据的真实性负主要责任，严禁虚报数据。

第二十一条 各区农业农村局对本辖区内参加创建的产业园监测评价数据的真实性负审核责任，并加强监督检查。

第二十二条 市农业农村局加强对监测评价工作的监督管理，对报送有关数据不及时、虚报伪造数据、项目进度报告不真实的产业园，视情节予以通报批评，直至撤销创建资格。

第二十三条 市农业农村局对创建期满后的产业园继续监督管理。已认定的市级现代农业产业园，应当每年参与年度监测，并提交年度建设水平自评报告和监测评价情况表（附件2）。年度监测不合格的市级现代农业产业园，实行一年整改，整改后依然不合格的，取消其称号。

第二十四条 有下列情形之一的，终止创建资格或取消认定称号。

（一）侵占农民权益，严重损害农民利益，造成恶劣社会影响的；

（二）发生重大生产安全、农产品质量安全、重大生态环境污染等事故，造成严重后果的；

（三）乡镇一级未发现产业园出现“大棚房”问题，被上级部门发现查处或被群众举报、媒体曝光等的；

（四）绩效目标未实现及在资金审计中发现重大问题的；

（五）其他应当终止创建资格或取消认定称号的情形。

第七章 附 则

第二十五条 本办法自公布之日起实施。

第二十六条 本办法由市农业农村局、市财政局负责解释。

附件：1. 北京市级现代农业产业园申报创建情况表（略）

2. 北京市级现代农业产业园监测评价情况表（略）

北京市农业农村局 北京市发展和改革委员会 北京市财政局 北京市规划和自然资源委员会 北京市生态环境局 北京市交通委员会 北京市水务局 北京市商务局 北京市市场监督管理局 北京市园林绿化局 中国银行保险监督管理委员会北京监管局 关于印发《北京市生猪产业优化提升发展和保障猪肉市场稳定供应工作方案》的通知

（2019年11月5日）

各区人民政府，市各有关单位：

经市政府同意，现将《北京市生猪产业优化提升发展和保障猪肉市场稳定供应工作方案》印发你们，请认真贯彻执行。

北京市生猪产业优化提升发展和保障猪肉市场稳定供应工作方案

生猪产业是北京都市现代农业的重要组成部分，猪肉是首都人民“菜篮子”肉类食品中最重要的品种，发展生猪生产，对于保障人民群众生活、稳定物价、保持经济平稳运行和社会大局稳定具有重要意义。近年，本市生猪产业受土地、环境、资源、市场等因素的约束和影响，发展相对缓慢。非洲猪瘟疫情发生后，生猪产能明显下滑，猪肉市场稳定供给和服务首都功能受到严重冲击。为稳定生猪生产，促进生猪产业转型升级，提高本市猪肉供应保障能力，特制定本方案。

一、总体要求

（一）指导思想

以习近平新时代中国特色社会主义思想为指导，全面贯彻党的十九大和十九届二中、三中全会精神，紧紧围绕首都“四个中心”功能定位和提高“四个服务”能力水平，优化产业布局，健全高水平生物安全防控体系，完善产销对接保障供应机制，促进生猪产业转型升级和绿色发展，全面提升服务首都能力、生物安全防控能力、科技创新能力、市场竞争能力，构建布局合理、生产优质、安全无疫、产销协调的高质量发展新格局，确保生猪产业安全、市场充足供应和社会和谐稳定。

（二）总体目标

全面优化本市生猪产业布局，建立生猪及其产品的三级供应保障体系，到2022年，实现生猪存栏50万头，年出栏生猪89万头，北京市域供给率10%的目标；通过引导我市龙头企业在周边省市建设自控外埠基地，实现猪肉区域可控供给率64%的目标；通过产销对接，与主产区形成契约化、常态化供应机制，实现供给率26%的目标。

二、总体布局

依据国务院办公厅《关于稳定生猪生产促进转型升级的意见》（国办发〔2019〕44号）及北京市总体规划，整合政府、企业和社会资源，构建三级生物安全防控屏障和三级供应保障体系，实现全产业链闭环式发展。

（一）京内一级应急保障供应体系

优化布局，着力建设京内“935”生猪产业区。吸引国内大型养殖集团投资建设我市生猪产业体系，与本市规模化养殖场共同在平谷、顺义、密云、怀柔、昌平、延庆、房山、大兴、通州9个区，打造京东北、京西北、京南3个生猪产业片区，配套与生猪养殖规模相应的饲料、兽药、屠宰加工、有机肥生产、有机种植园等5类企业，完善从养殖到屠宰全程全产业链追溯体系，实现全产业链闭环式发展。建成85家左右标准化、规模化、高级别生物安全生猪规模养殖场，确保到2022年，实现生猪存栏50万头，年提供商品猪89万头，猪肉市域供给率10%的目标。

1. 京东北产业片区

包括平谷区、顺义区、密云区、怀柔区。整合片区内产业优势和生态资源优势，促进产业片区内协同互补发展，通过新建、改建、扩建，建成50家左右标准化、规模化、高级别生物安全生猪养殖场，确保到2022年，实现年供应商品猪56.3万头以上。依托北京平谷国家农业科技园区、京瓦农业科技创新中心，对北京生猪产业科技创新发展发挥引领作用，打造本市生猪产业应急保障供应主产区。

2. 京西北产业片区

包括昌平区、延庆区。依托片区内技术研发优势，突出生态循环发展，通过新建、改建、扩建，建成10家左右标准化、规模化、高级别生物安全生猪养殖场，确保到2022年，实现年供应商品猪13.8万头以上。发挥生猪国家核心育种场引领辐射功能，打造本市生猪产业种源基地，对恢复生猪产能提供优质种源，为我市生猪种业自主创新发展提供产业平台。

3. 京南产业片区

包括房山区、大兴区、通州区。以房山区国家现代农业示范区为核心，依托片区内屠宰加工优势，通过新建、改建、扩建，建成20家左右标准化、规模化、高级别生物安全生猪养殖场，承担京南猪肉供应和北京城市副中心食品安全应急保障供应任务，确保到2022年，实现年供应商品猪19万头以上。

（二）二级可控保障供应体系

充分发挥首都市场优势和本市龙头企业主体作用，在外埠建立生猪和猪肉“点对点”供应基地。以“自主、安全、可控”为前提，与本市企业投资自建、合资（合作）经营的外埠生猪养殖和屠宰加工基地建立“点对点”供应模式，推进环京生猪全产业链联动、互补式发展。农业农村部门会同商务、市场等部门，依据相关标准，确定养殖基地50家和屠宰加工基地10家，确保到2022年，实现年供京猪肉53.7万吨（折合商品猪569.6万头），猪肉区域可控供给率64%的目标。

（三）三级保障供应体系

加强与主产区对接，建立稳定供应渠道。充分依托生猪主产区和大型屠宰企业，通过合同、订单等形式，实现契约化、常态化供应，确保到2022年，实现年供京猪肉21.8万吨（折合231.4万头商品猪），供给率26%的目标。

三、重点任务

（一）全面完成市域内供给目标

2019年底扭转生猪生产下滑的局面，实现生猪存栏15万头，出栏27万头，猪肉市域供给率3%的目标；2020年实现生猪存栏31万头，出栏56万头，猪肉市域供给率6%的目标；2021年实现生猪存栏45万头，出栏81万头，猪肉市域供给率9%的目标；2022年实现生猪存栏50万头，出栏89万头，猪肉市域供给率10%的目标。力争通过三年时间，建成一批设施设备齐全、绿色循环、种质优良、质量安全、养殖技术先进的现代化、信息化养殖企业，到2022年底全面完成全市生猪养殖布局的优化提升。（责任单位：市农业农村局、房山区政府、通州区政府、顺义区政府、大兴区政府、昌平区政府、平谷区政府、怀柔区政府、密云区政府、延庆区政府）

（二）构建高效、绿色生猪产业

大力发展标准化规模养殖。配备现代化养猪技术与设施设备，应用人工智能技术，实施批次化、全进全出高效养殖工艺，提升饲养管理水平。加快养殖废弃物资源化利用。指导规模养殖场配套建设，完善升级畜禽粪污收集、贮存、处理设施，结合农作物养分需求和土地承载力标准，推行种养结合，促进生态养殖与有机种植一体化发展，实现养殖粪污减量化、无害化、资源化。（责任单位：市农业农村局、市规划自然资源委、市生态环境局、各相关区政府）

（三）建立高级别生物安全防控体系

建立市域、产区、养殖三层生物安全屏障体系。禁止泔水喂猪，杜绝未经检疫的猪肉产品流入市场、加工、餐饮环节。实行养殖、屠宰、饲料、动物无害化处理等场所生物安全风险评估制度，实施相关场所及运输开展全链条非洲猪瘟检测和可视化智能化监控，监督落实封闭、隔离、消毒、检测、病死动物无害化处理和疫情报告等措施。引导和支持养猪场完善清洗消毒、出猪台、生物安全监控等防疫设施设备。鼓励养殖屠宰一体化企业创建非洲猪瘟无疫小区。全面提升本市生猪产业体系生物安全防控能力。（责任单位：市农业农村局、市场监督管理局、各相关区政府）

（四）强化外埠基地保障能力

鼓励本市龙头企业在北京周边建设稳定、可控的生猪养殖和屠宰加工基地，配备现代化生产设施和检测设备，做到产品“批批检”，不断强化外埠基地的供应保障能力。严格按照“四统一”标准（规模场建设标准、屠宰加工技术标准、监督检疫标准、品质检验标准和管理水平标准），重点对外埠相关基地的生物安全条件、有效供给能力和质量安全水平进行评估。加强对养殖、屠宰、加工以及收储运输各环节的监管，按照“四特定”原则（特定养殖企业、特定运输工具、特定运输路线、特定屠宰企业），实现对本市的生猪和猪肉“点对点”供应。（责任单位：市农业农村局、市商务局、市市场监督管理局）

（五）组织产销对接保障供应

加强与主产区对接，进一步完善产销对接机制，主动与邻近调出省份和主产区建立长期、稳定的供销关系。鼓励屠宰企业建设冷库等设施，配备冷藏车和北斗定位系统，完善冷鲜肉品流通和配送体系，提高终端产品的配送能力。加强与当地监管部门的协调合作，实现监管联动、信息互通，保障供京生猪产品数量充足和质量安全。（责任单位：市商务局、市市场监管局、市农业农村局）

四、组织实施

（一）加强组织领导

按照市统筹、区负责的原则，市级成立由农业农村部门牵头，发展改革、财政、规划自然资源、生态、商务、市场、园林、水务等部门组成的工作专班，加强协调调度、统筹推进任务落实。各区政府严格落实“菜篮子”市长负责制，对本区内的生猪生产和猪肉供应负总责，落实各区生猪产业发展和猪肉保供任务，确保各区猪肉供应达到100%。市农业农村局负责制定实施方案，牵头指导实施，其他有关单位依照相关法律法规和职责共同推进本市生猪产业优化提升发展和保障猪肉市场稳定供应工作。（责任单位：市农业农村局、市发展改革委、市财政局、市规划自然资源委、市生态环境局、市商务局、市市场监督管理局、市园林绿化局、市水务局、北京银保监局、房山区政府、通州区政府、顺义区政府、大兴区政府、昌平区政府、平谷区政府、怀柔区政府、密云区政府、延庆区政府）

（二）强化政策保障

对生猪规模场建设选址与用水指标给予支持。生猪养殖用地作为设施农用地，按农用地管理，不需办理建设用地审批手续。允许生猪养殖用地使用一般耕地，作为养殖用途不需占补平衡。取消现行配套附属设施15亩上限规定。各区在符合规划的前提下，允许新建、改建、扩建生猪规模养殖场。加强对禁养区划定和调整的指导，对符合环保要求、土地规划的畜禽养殖建设项目，加快立项、环评审批。（责任单位：市农业农村局、市规划自然资源委、市发展改革委、市园林绿化局、市水务局、市生态环境局）

（三）加大投入力度

加大资金扶持，计划用三年时间共投入8.5亿资金用于扶持生猪产业优化提升，积极支持我市生猪规模养殖场升级改造，对新建、改建、扩建的生猪规模养殖场给予扶持。建立粪污治理资源化利用长效机制，将粪污处理设备纳入农机购置补贴范围。持续加强政策性保险支持。加强金融服务，对生猪规模养殖场给予贷款贴息支持。继续对生猪疫病防控采取强制免疫，并对生猪规模养殖场的病死猪采取无害化处理。充分发挥政策性功能，积极为生猪规模养殖场提供信贷担保服务。（责任单位：市财政局、北京银保监局）

（四）着力保供稳价

做好冻猪肉的储备投放，做好产销对接，保障市场稳定供给。做好阳性生猪产品和猪肉制品排查处置，保障质量安全。及时发放价格临时补贴，确保困难群众基本生活不受影响。严厉打击捏造和散布涨价信息、囤积居奇、串通涨价等违法行为。（责任单位：市农业农村局、市发展改革委、市商务局、市市场监督管理局、市交通委）

各区、各有关单位要根据本方案精神，按照职责分工，加大工作力度，抓好工作落实。各区要在今年年底前，将贯彻情况报市政府并抄送市农业农村局。市农业农村局将会同有关单位适时开展生猪生产和供应情况督查，督查情况通报各区。

附件：各区一级应急保障供应体系发展任务年度计划

附件

各区一级应急保障供应体系发展任务年度计划表

单位：万头

产业片区	行政辖区	2019年		2020年		2021年		2022年	
		存栏量	出栏量	存栏量	出栏量	存栏量	出栏量	存栏量	出栏量
京东北	顺义	8	14.4	9	16.2	10	18	11	19.7
	平谷	1	1.8	8	14.4	13.5	24.3	15	26.9
	密云	3	5.4	3.5	6.3	3.5	6.3	3.5	6.2
	怀柔	0	0	1.2	2.16	1.8	3.24	2	3.5
京西北	延庆	1	1.8	2.5	4.5	4	7.2	4.3	7.64
	昌平	1.4	2.52	2	3.6	3	5.4	3.5	6.2
京南	房山	0.6	1.08	4	7.2	6	10.8	7	12.5
	通州	0	0	0.5	0.9	1.5	2.7	1.7	2.96
	大兴	0	0	0.6	1.08	1.8	3.24	2	3.5
合计		15	27	31.3	56.34	45.1	81.18	50	89.1
市域供给率		—	3.03%	—	6.33%	—	9.12%	—	10.01%

*出栏量根据出栏率180%计算（即出栏量为存栏量的1.8倍）。

北京市农业农村局　北京市发展和改革委员会　北京市科学技术委员会 北京市经济和信息化局　北京市财政局　北京市园林绿化局 关于印发《北京市关于加快推进农业机械化和农机装备产业转型升级的实施意见》的通知

（2019 年 12 月 26 日）

各区人民政府：

为贯彻落实《国务院关于加快推进农业机械化和农机装备产业转型升级的指导意见》（国发〔2018〕42 号）精神，加快推进本市农业机械化发展，经市政府同意，现将《北京市关于加快推进农业机械化和农机装备产业转型升级的实施意见》印发给你们，请结合实际，抓好落实。

北京市关于加快推进农业机械化和农机装备产业转型升级的实施意见

农业机械化和农机装备产业是转变农业发展方式、提高农业农村生产力的重要基础，是实施乡村振兴战略的重要支撑。习近平总书记指出，“大力推进农业机械化、智能化，给农业现代化插上科技的翅膀”。《国务院关于加快推进农业机械化和农机装备产业转型升级的指导意见》（国发〔2018〕42 号）提出，“没有农业机械化，就没有农业农村现代化”。近年，我市农业机械化和农机装备水平显著提升，目前全市农机总数 20.52 万台套，主要农作物综合机械化率达到 91.2%，农作物秸秆综合利用率达到 95.36%，为农业“调、转、节”和农业供给侧结构性改革提供了动力保障，在促进农业增产增效、农民增收、农村资源利用方面发挥引擎作用。

当前农业机械化和农机装备产业发展还存在不平衡不充分不全面等问题，特别是区域间发展不平衡、产业间机械化水平差异大、部分农机装备有效供给不足、农机和农艺融合还需进一步加强等问题亟待解决，关键领域和重点环节还存在短板，管理水平和服务能力亟待提升。为全面贯彻落实《国务院关于加快推进农业机械化和农机装备产业转型升级的指导意见》（国发〔2018〕42 号）和 2019 年全国春季农业生产暨农业机械化转型升级工作会议精神，加快推进我市农业机械化和农机装备产业转型升级，提出如下实施意见：

一、总体要求

（一）指导思想。以习近平新时代中国特色社会主义思想为指导，立足北京农业农村发展定位，准确把握北京“大城市小农业”“大京郊小城区”的市情农情，牢固树立和贯彻落实新发展理念，以服务乡村振兴战略、满足农业农村发展为目标，做好“四个转变四个升级”，暨转变农机发展传统观念，推动综合机械化水平升级；转变农机技术推广方式，推动创新型应用水平升级；转变经营主体组织模式，推动规模化服务水平升级；转变政策扶持引导方向，推动机械化管理水平升级。着力解决机械化和农业农村产业发展需求之间不平衡、不充分的实际问题，为发展北京都市型现代农业提供机械化支撑。

（二）发展目标。到 2020 年，农机装备产业科技创新能力持续提升，农机具配置结构进一步优化，农机作业条件初步改善，农机社会化服务领域有效拓展，农机使用效率进一步提升。在全面实现大田作物生产全程机械化的基础上，建立完善主要经济作物全程机械化生产体系，设施农业、畜牧养殖、水产养殖、农产品初加工机械化取得明显突破，基本建立农业农村废弃物资源机械化综合利用技术体系。

到 2025 年，农机装备品类基本齐全，农机具配置结构基本合理，农机作业条件显著改善，农机与农艺、机械化与信息化融合水平显著提高，覆盖农业产前、产中、产后的农机社会化服务体系基本建立，农机使用效率显著提升，农业机械化进入全程全面高质高效发展阶段。全市主要农作物耕种收综合机械化率稳定在98%以上，创建露地蔬菜生产全程机械化示范区，设施农业机械化率总体达到60%，畜牧养殖机械化率总体达到70%，水产养殖和农产品初加工率总体达到50%，秸秆资源基本实现机械化综合利用。

二、转变农机发展传统观念，推动综合机械化水平升级

（三）促进农机农艺融合发展。加强高标准农田建设、设施农业、畜牧渔业、农产品初加工以及园林绿化行业“宜机化”建设标准制修订，新建项目要严格按照“宜机化”标准建设，对老旧设施要加强改造，改善农机通行和作业条件，为农机农艺融合发展打下坚实基础。加快选育、推广适于机械化作业、轻简化栽培的品种，将适应机械化作为农作物品种审定、耕作制度变革、产后加工工艺改进、农田基本建设等工作的重要指标，促使良种、良法、良地、良机配套。（市农业农村局、市园林绿化局、市科委、市经济和信息化局。位列第一为牵头单位，下同）

（四）推进农业机械化全面应用。以服务乡村振兴和满足现代农业发展需求为导向，以提高生产效率，降低人工成本为目标，不断扩大和细化农机装备品目范围。一是平原地区发展适应多种形式适度规模经营的大中型农机，推进大田种植生产全程机械化。二是山区、半山区发展适应小农生产和山区作业的小型农机。三是发展设施农业、畜牧渔业养殖、农产品初加工等领域农业生产全链条关键环节的机械化应用。四是发展秸秆综合利用等农业废弃物资源化利用装备现代化。（市农业农村局、市经济和信息化局等）

（五）突破农业机械化薄弱环节。结合我市农业产业布局和区域特色农产品生产，提升草莓、鲜食玉米、甘薯、花生等特色作物生产关键环节和林果管理作业机械化水平。加快高效植保、产地烘干、秸秆处理等环节与耕种收环节机械化集成配套，形成具有区域特点的主要农作物生产全程机械化解决方案。聚焦薄弱环节，重点在设施农业的种植采运、畜牧业的粪污处理、水产养殖的水质调控、农产品初加工的保质处理、块茎类作物的机械化种收等方面实现新突破。（市农业农村局、市科委、市经济和信息化局、市园林绿化局）

三、转变农机技术推广方式，推动创新型应用水平升级

（六）加快技术引进和成果转化。立足北京“国际交往中心”和“科技创新中心”功能定位，积极引进吸收国内外先进装备和成套技术方案，加快先进技术与装备的转化与推广，通过多种合作方式实现新装备研发和新技术集成。加强现代农业科技园区、农业产业技术体系、农业科技推广体系的深度融合，加大现代农业产业技术体系各产业农机岗位专家力量选配，推动多学科、各环节协同联动，加快全程全面机械化技术成果转化和集成示范。（市农业农村局、市科委、市经济和信息化局）

（七）推进农机智能化示范应用。促进移动互联网、物联网、智能控制、卫星遥感、北斗导航等信息化技术在农机装备和农机作业等方面的推广应用。布局农业人工智能、5G通信技术、农业机器人、农业无人机等技术的示范应用。建设大田作物精准耕作、智慧养殖、园艺作物智能化生产等数字化农机示范基地，推进智能农机与智慧农业、云农场建设等融合发展。推进设施蔬菜、养殖等领域环境智能调控，推进自动控制及分析决策于一体的自动化、智能化种养耦合信息装备及系统应用。推进“互联网+农机作业”，加快推广应用农机作业实时监测、维修诊断、跨区作业、远程调度等信息化服务平台，实现数据信息互联共享，提高农机作业质量与效率。（市农业农村局、市科委、市经济和信息化局）

（八）强化绿色高效技术示范推广。大力支持保护性耕作、秸秆还田离田、精量播种、精准施药、高效施肥、水肥一体化、节水灌溉、残膜回收利用、病死畜禽无害化处理及畜禽粪污资源化利用等绿色高效机械化技术的示范推广。筛选一批能耗低、效率高、性能好的成熟机具，推进农机装备向能源节约和环境友好方向发展，探索研究农机污染物排放解决方案。（市农业农村局、市科委、市经济和信息化局）

四、转变经营主体组织模式，推动规模化服务水平升级

（九）培育农机新型经营主体。按照主体多元、

形式多样、服务专业的原则，鼓励农机大户、农机专业合作社、农机服务企业等新型农机服务经营主体，开展多种形式适度规模经营。引导我市农业产业化龙头企业、农业信息化龙头企业直接参与机械化装备应用及配套技术方案服务，实现自我服务与社会化服务有机结合。鼓励新型经营主体间相互合作，组建农机产业联合体，实现风险共担、优势互补、互利共赢。加大对新型农机服务经营主体的信贷投放，灵活开发各类信贷产品，提供融资租赁、信贷担保等个性化融资方案；落实农机融资租赁服务和农机耕作服务增值税优惠政策相关规定；鼓励发展农机保险，指导保险机构研究开发适合农机特点的保险产品；盘活农村集体经济组织农机资产，探索村集体农机产权交易机制。（市农业农村局、市财政局、国家税务总局北京市税务局、北京银保监局、市地方金融监管局等）

（十）促进农机服务产业提档升级。鼓励新型农机服务经营主体通过跨区作业、订单作业、农业生产托管等多种形式，开展高效便捷的农机生产作业服务。建设“全程机械化＋综合农事”服务中心，为周边农户提供全程机械作业、农资统购、技术培训、信息咨询、农产品销售对接等“一站式”综合服务，实现小农户与现代农业发展有机衔接。积极推广使用手机App系统办理农机购置补贴工作，建立健全现代农机流通体系和售后服务网络，创新现代农机服务模式，确保普通农户享受补贴待遇。（市农业农村局）

五、转变政策扶持引导方向，推动机械化管理水平升级

（十一）促进政府与市场良性互动。发挥政府在推进农业机械化中的引导作用，重点在公共服务等方面提供支持，为市场创造更多发展空间。深入推进农机装备产业和农业机械化管理领域简政放权、放管结合、优化服务改革，推进政务信息公开，加强规划政策引导，打击农机补贴违规经营行为，优化鉴定推广服务，切实调动各类市场主体的积极性和主动性。充分尊重农民意愿，从根本上依靠市场力量和农民的创造性，及时发现和总结推广典型做法，因地制宜推进农业机械化发展。充分发挥行业协会在行业自律、信息交流、教育培训等方面的作用，服务引导行业转型升级。（市农业农村局）

（十二）统筹相关扶持政策。稳定实施农机购置补贴政策，对购买国内外农机产品一视同仁，加大农机新产品补贴试点力度，支持大马力、高性能和特色、复式等高精尖农机新装备示范推广。一是积极拓展农机服务补贴政策内涵，探索建立农机作业、报废换新、农机保险、保护性耕作、秸秆综合利用补贴机制，具体参照“北京市农机购置补贴实施方案”执行。二是落实农机跨区作业证管理规定，免收跨区作业的联合收割机、运输联合收割机车辆的通行费。三是依法依规实施用地政策，对接分区规划、乡镇国土空间规划、村庄规划等相关规划，支持新型农机服务经营主体建设农机具存放、农产品产地储藏、烘干、分等分级等设施和区域农机维修中心。四是拓宽农机领域财政扶持政策，整合涉农资金向农业机械化和农机装备产业适当倾斜，支持农机农艺融合、全程全面发展、智慧农机、农机作业条件改善、农机服务模式创新等一批重点工程项目，持续推动北京农业机械化和农机装备产业转型升级。（市农业农村局、市发展改革委、市规划自然资源委、市交通委、市财政局）

（十三）加强质量监督和安全执法。制定精准农业、智能农机、绿色农机、特色农机等系列农机装备相关标准，加快建设农机装备质量管理体系，统筹提升农机产品质量、作业质量、维修质量和服务质量，建立健全农机装备检验检测体系，建立检验检测认证公共服务平台。加强农机安全执法和综合治理，开展农机安全隐患排查整治，以“平安农机”创建工作为抓手，加快推进农机安全生产标准化基地建设。压实安全监管责任，制订应急预案，落实监管措施，推进农机安全执法队伍和基层农机安全监管网络建设，查处涉牌涉证、道路交通、农机安全操作等违法违章行为，坚决防范和遏制重特大农机安全事故发生。（市农业农村局、市市场监督管理局、市应急管理局、市经济和信息化局等）

六、保障措施

建立全市农业机械化发展协调推进机制，由市农业农村局负责牵头协调推进全市农业机械化发展，统筹协调农业机械化和农机装备产业发展工作，审议有关政策、重大工程专项和重点工作安排。相关部门加强战略谋划和工作指导，破除农业机械化发展障碍，共同完成农机化转型升级各项任

务。（各有关部门）

各区人民政府落实主体责任，确保本区农业机械化和农机装备产业转型升级工作责任、资金投入和政策保障到位。深入贯彻落实《北京市农业机械化促进条例》等法律、法规，加强农机管理队伍建设和绩效评价考核。加强舆论引导，推介典型经验，宣传表彰先进，营造加快推进农业机械化和农机装备产业转型升级的良好氛围。（各区人民政府）

北京市农业农村局　北京市发展和改革委员会　北京市科学技术委员会　北京市经济和信息化局　北京市财政局　北京市商务局　国家税务总局北京市税务局　北京市园林绿化局　中国人民银行营业管理部　北京市供销合作总社　关于印发《北京市农业产业化重点龙头企业认定和动态监测管理办法》的函

（2019年1月3日）

13个涉农区人民政府，市各有关单位：

按照实施乡村振兴战略和北京城市总体规划（2016—2035）的总体要求，为进一步适应首都功能定位和产业发展新形势，规范对本市农业产业化重点龙头企业管理和服务，经北京市农业产业化联席会议研究通过，我们重新修订了《北京市农业产业化重点龙头企业认定和动态监测管理办法》，现印发给你们，请认真贯彻执行。

北京市农业产业化重点龙头企业认定和动态监测管理办法

第一章　总　　则

第一条　为推进都市型现代农业发展，发挥北京市农业产业化重点龙头企业（以下简称“重点龙头企业”）的辐射带动作用，规范重点龙头企业的认定和监测工作，根据农业农村部等八部委印发的《农业产业化国家重点龙头企业认定和运行监测管理办法》（农经发〔2018〕1号）和市委市政府有关文件精神，特制定本办法。

第二条　重点龙头企业是指以农产品生产、加工、流通或服务为主业，通过合同、合作、股份合作等利益联结方式直接与农户紧密联系，符合首都功能定位，适应都市农业发展需求，在经营规模、企业效益和辐射带动能力等方面达到规定标准并经北京市农业产业化联席会议认定的企业。

第三条　对重点龙头企业的认定和监测工作要遵循市场经济规律，引进竞争淘汰机制，发挥中介组织和专家的作用，坚持公开、公平、公正原则，不干预企业经营自主权。

第四条　本市企业申报农业产业化国家重点龙头企业资格前须先取得北京市农业产业化重点龙头企业资格。已经获得农业产业化国家重点龙头企业资格的企业，自然获得北京市农业产业化重点龙头企业资格。

第五条　北京市农业产业化联席会议由北京市农业农村局、北京市发展和改革委员会、北京市科学技术委员会、北京市经济和信息化局、北京市财政局、北京市商务局、国家税务总局北京市税务局、北京市园林绿化局、中国人民银行营业管理部和北京市供销合作总社等部门组成，负责指导全市农业产业化建设工作，研究全市农业产业化发展规划与政策，考核全市农业产业化政策的落实工作。北京市农业产业化办公室是北京市农业产业化联席会议的日常办事机构，设在北京市农业农村局，负责组织北京市农业产业化重点龙头企业认定和动态监测工作，包括制定认定和监测工作方案，组织企业申报和专家评审以及动态监测管理等。

第六条　凡申报或已获准作为重点龙头企业的企业，适用本办法。

第二章　申　报

第七条　申报企业应严格遵守法律法规，符合本市农业产业化发展导向及以下基本标准：

1. 企业组织形式。依法在北京市设立的以农产品生产、加工、流通或服务为主业、具有独立法人资格的企业。包括依照《公司法》设立的公司，其他形式的国有、集体、私营企业以及中外合资经营、中外合作经营、外商独资企业，直接在市场监督管理部门注册登记的农产品专业批发市场等。

2. 企业经营的产品。企业中农产品生产、加工、流通、服务的销售收入（交易额）占总销售收入（总交易额）70%以上。

3. 企业规模。总资产规模 5 000 万元及以上，固定资产规模 2 000 万元及以上，年销售收入 1 亿元及以上。

4. 农产品专业批发市场年交易规模达到 40 亿元以上。

5. 企业效益。企业的总资产报酬率应高于现行一年期银行贷款基准利率；企业诚信守法经营，应按时发放工资、按时缴纳社会保险、按月计提固定资产折旧，无重大涉税违法行为，产销率达 93%以上。

6. 企业负债与信用。企业资产负债率一般应低于 60%；有银行贷款的企业，近 2 年内不得有不良信用记录。

7. 企业带动能力。企业从事农产品生产、加工、流通、服务过程中，通过合同、合作和股份合作方式从本市农民、新型农业经营主体或自建基地直接采购的原料或购进的货物占所需原料量或所销售货物量的 70%以上；或通过建立合同、合作、股份合作等利益联结方式带动农户的数量达到 1 000户以上，其中本市农户占 50%以上；或企业安排本市农村劳动力（签订劳动合同）占职工总数的 20%以上。

8. 企业产品竞争力。在同行业中企业的产品质量、产品科技含量、新产品开发能力处于领先水平，企业有注册商标和品牌。产品符合本市产业政策、环保政策和绿色发展要求，并获得相关质量管理标准体系认证，近 2 年内没有发生产品质量安全事件。

9. 已开展区级重点龙头企业认定工作的区，申报企业原则上应是区级农业产业化重点龙头企业。

第八条　符合本办法第七条第 1、2、3、5、6、7、8、9 款要求的生产、加工、流通或服务企业可以申报作为重点龙头企业；符合本办法第七条第 1、2、4、5、6、8、9 款要求的农产品专业批发市场可以申报作为重点龙头企业。

第九条　符合本办法第七条第 1、2、6、8、9 款要求，以及第 5 款中“企业诚信守法经营，应按时发放工资、按时缴纳社会保险、按月计提固定资产折旧，无重大涉税违法行为，产销率达 93%以上”要求；且企业成立 3 年以上，年销售收入 5 亿元以上，以互联网方式销售农产品收入占农产品销售收入之比达到 50%以上，从农民、新型农业经营主体、自建基地或区级以上一村一品示范村镇直接采购的农产品占所销售农产品总量的比例达到 50%以上，带动本地农户数量 500 户以上农产品电商企业，可以申报重点龙头企业。

第十条　符合本办法第七条第 1、2、6、8、9 款要求，以及第 5 款中“企业诚信守法经营，应按时发放工资、按时缴纳社会保险、按月计提固定资产折旧，无重大涉税违法行为，产销率达 93%以上”的要求，总资产规模 3 000 万元及以上，固定资产规模 1 000 万元及以上，年销售收入 5 000 万元及以上的种业企业，可以申报重点龙头企业。

第十一条　符合本办法第七条第 1、6、8、9 款要求，以及第 5 款中“企业诚信守法经营，应按时发放工资、按时缴纳社会保险、按月计提固定资产折旧，无重大涉税违法行为”要求；且通过拓展农业功能，发展休闲农业，实现农村产业融合，年销售收入 5 000 万元及以上，带动农户 500 户以上的企业，可以申报重点龙头企业。

第十二条　符合本办法第七条第 1、2、5、6、8、9 款要求，且获得绿色食品或有机食品认证，或获得高新技术企业认证，总资产规模 3 000 万元及以上，固定资产规模 1 000 万元及以上，年销售收入 5 000 万元及以上，带动农户 500 户以上的企业，可以申报重点龙头企业。

第十三条　鼓励与农民专业合作社、家庭农场等新型农业经营主体建立紧密联系，共建联合机制，共享利益链接成果，具备发展农业产业化联合体基础条件；申报前 2 年销售收入增长都不低于 30%；与建档立卡贫困户或低收入户建立稳定农产品产销关系或者帮扶关系的农业企业优先申报重点龙头企业。

第十四条　申报材料。申报企业应提供企业的基本情况并按照本办法第七条要求提供有关申报材料。

第十五条　申报程序：

1. 根据属地原则，企业向所在区农业产业化工作主管部门提出申请，各区农业产业化工作主管部门要对企业申报材料的真实性进行审核，经区政府同意，正式向北京市农业产业化办公室行文推荐，并附审核意见和相关材料。

2. 如所在区没有农业产业化工作主管部门或市级直属企业，可直接向北京市农业产业化办公室提出申请，由北京市农业产业化办公室对企业申报材料的真实性进行审核。

第三章　认　　定

第十六条　认定程序。北京市农业产业化办公室受理企业申报，组织专家对申报企业进行资格评审，将专家意见汇总公示后，向北京市农业产业化联席会议推荐。经北京市农业产业化联席会议认定，企业获得北京市农业产业化重点龙头企业资格。北京市农业产业化联席会议向企业颁发证书，向社会公布企业名单。

第四章　运行监测

第十七条　重点龙头企业实行动态管理，建立竞争淘汰机制，做到可进可出。

第十八条　实行动态监测评价制度。具体办法如下：

1. 年度经营情况监测。企业按照要求每年按时上报年度经营情况，区农业产业化工作主管部门负责审核、汇总、审核并向北京市农业产业化办公室做出书面报告。

2. 考核性动态监测。每两年进行一次。由市、区农业产业化工作主管部门组织辖区内的重点龙头企业开展监测。北京市农业产业化办公室组织专家对企业上报的基础材料进行审核，对监测结果予以审定并向社会公布。监测不合格者，取消北京市农业产业化重点龙头企业资格。

3. 监测中如发现企业个别非关键指标偏离标准，可视实际情况留待观察一年，在下一年度继续参加监测，若仍存在问题则视为监测不合格。若企业在生产经营过程中出现违法违规行为，可由北京市农业产业化联席会议决定取消其重点龙头企业资格。

第五章　附　　则

第十九条　重点龙头企业及申报重点龙头企业的企业应按要求如实提供有关材料，不得弄虚作假。如存在舞弊行为，一经查实，已经认定的取消其重点龙头企业资格；未经认定的取消其申报资格，3 年内不得再行申报。

第二十条　重点龙头企业要及时提供有关企业运行情况的材料。对不认真、不及时上报的企业给予警告，并作为监测考核的重要依据。

第二十一条　对在申报、认定、监测评审工作中，不坚持公开、公平、公正原则，存在徇私舞弊行为的有关人员，要按有关党纪政纪规定予以严肃查处。

第二十二条　重点龙头企业更改企业名称，应出具市场监督管理部门的营业执照等更名材料，报北京市农业产业化办公室予以审核确认。北京市农业产业化办公室予应将企业更名情况通报北京市农业产业化联席会议成员单位。

第二十三条　各区农业产业化主管部门应根据本办法，制定本区重点龙头企业有关管理办法，开展重点龙头企业认定和运行监测工作。

第二十四条　经认定公布的重点龙头企业，享受有关优惠政策。重点龙头企业要勇于承担公共服务义务，遇有自然灾害、突发事件、特殊情况时，要积极配合政府部门做好农产品生产供应的应急保障工作。

第二十五条　本办法由北京市农业产业化办公室负责解释。

第二十六条　本办法自发布之日起施行。此前发布的《北京市农业产业化重点龙头企业认定和动态监测管理办法》（京政农函〔2014〕11 号）同时废止。

北京市农业农村局　北京市发展和改革委员会
北京市科学技术委员会　北京市财政局
北京市规划和自然资源委员会　北京市生态环境局
北京市住房和城乡建设委员会　北京市城市管理委员会
北京市交通委员会　北京市水务局　北京市卫生健康委员会
北京市园林绿化局　中国共产主义青年团北京市委员会
北京市妇女联合会　北京市供销合作总社
关于印发《北京市农村人居环境整治村庄清洁行动实施方案》的通知

（2019 年 3 月 25 日）

各相关区委、区政府：

为深入贯彻落实习近平总书记关于改善农村人居环境的重要指示精神，按照《农村人居环境整治三年行动方案》的部署安排，依据《农村人居环境整治村庄清洁行动方案》（农社发〔2018〕1 号）的要求，结合《实施乡村振兴战略扎实推进美丽乡村建设专项行动计划（2018—2020 年）》和北京实施“百村示范、千村整治”工程有关要求，制定了《北京市农村人居环境整治村庄清洁行动实施方案》。现印发给你们，请结合本区实际认真组织落实。

北京市农村人居环境整治村庄清洁行动实施方案

为深入贯彻落实习近平总书记关于改善农村人居环境的重要指示精神，抓好《中共中央办公厅国务院办公厅转发〈中央农办、农业农村部、国家发展改革委关于深入学习浙江“千村示范、万村整治”工程经验扎实推进农村人居环境整治工作的报告〉的通知》精神落实，按照中央农办、农业农村部、国家发展改革委、科技部、财政部、自然资源部、生态环境部、住房城乡建设部、交通运输部、水利部、文化和旅游部、国家卫健委、国家能源局、国家林草局、全国供销合作总社、国务院扶贫办、共青团中央、全国妇联等 18 个部门联合印发的《农村人居环境整治村庄清洁行动方案》（农社发〔2018〕1 号）部署要求，结合我市实施“百村示范、千村整治”工程实际，制定本实施方案。

一、目的和意义

改善农村人居环境，是以习近平同志为核心的党中央从战略和全局高度作出的一项重大决策，是实施乡村振兴战略的重点任务，事关全面建成小康社会，事关广大农民根本福祉，事关农村社会文明和谐。2018 年以来，全市各级各部门按照《农村人居环境整治三年行动方案》和《中共北京市委办公厅北京市人民政府办公厅关于印发〈实施乡村振兴战略扎实推进美丽乡村建设专项行动计划（2018—2020 年）〉的通知》（京办发〔2018〕5 号，以下简称《行动计划》）要求，扎实推进工作，农村人居环境整治取得了一定成效。但是，当前农村人居环境整治和美丽乡村建设中，仍然存在地方责任压实不够、面上整治力度有待加强、群众参与程度有待提高、长效机制需要加快完善等困难和问题，一定程度上影响了农村人居环境整治的进展和效果。

实施村庄清洁行动，是推动农村人居环境整治的一项基础性工程，是农村人居环境整治由点上示范向面上推开的重要举措，是实施“百村示范、千村整治”工程的具体行动。各区要通过广泛动员农民群众投身村庄环境整治，鼓励多方力量参与村庄清洁行动，聚焦农民群众最关心、最现实、最急需解决的村庄环境卫生难题，充分激发农民群众“自己的事自己办”的自觉，集中整治农村环境脏乱差问题，为深入推进农村人居环境整治和美丽乡村建设打牢基础，为助推乡村振兴创造有利条件。

二、目标任务

深入推进“百村示范、千村整治”工程，以“清洁村庄助力乡村振兴”为主题，坚持问题导向，动员广大农民群众广泛参与，从农民自己动手能干、易实施、易见效的村庄环境卫生问题入手，坚持集中整治与持续推进相结合，着力解决村庄环境脏乱差问题，实现村庄内垃圾不乱堆乱放，污水不乱泼乱倒，厕所粪污有效治理，杂物堆放整齐，房前屋后干净整洁，村庄环境干净整洁有序，村容村貌明显提升，文明村规民约普遍形成，长效清洁机制基本建立，村民清洁卫生文明意识普遍提高。

2019 年，全市所有村庄全面开展以村庄清洁行动为主要内容的环境整治工作。2019 年 4 月 15 日前完成第一批 1 081 个村庄农村人居环境整治考核验收；9 月 15 日前完成第二批村庄农村人居环境整治考核验收，对其余村庄农村人居环境整治进行考核评估，全市所有村庄要以干净整洁有序的环境面貌迎接新中国成立 70 周年。

2020 年，全市所有村庄继续全面开展村庄清洁行动，持续巩固农村人居环境整治效果，重点启动实施剩余村庄人居环境整治和美丽乡村建设工作，年内完成剩余村庄人居环境整治考核验收，全面完成农村人居环境整治三年行动方案确定的任务目标。

三、基本原则

——区级主抓、多方参与。强化区级党委和政府主体责任，明确区、乡镇主要负责同志为“一线总指挥”，做好村庄清洁行动部署动员、督促指导、检查验收等工作。鼓励群团组织、社会力量等参与村庄清洁行动。

——村为单位、农民主体。相信群众、依靠群众，以村为单位实施。村党支部书记是第一责任人，做好宣传发动、组织实施、监督检查等，组织动员农民群众自觉行动，培养形成维护村庄环境卫生的主人翁意识，主动投身村庄清洁行动，保持村庄清洁。

——因地制宜、循序渐进。结合村庄所在区位特点、经济社会发展水平、群众生活习惯等实际，合理确定行动目标任务，不搞“一刀切”，不搞层层加码，不搞形式主义。基础条件比较好的地方，要求和标准可以高点；基础条件相对较差的地方，可适当降低要求和标准；稳扎稳打、渐次推进，巩固提升村庄环境整治效果。

——教育引导、培养习惯。坚持环境整治与转变观念相结合，加强宣传教育，积极倡导文明新风，引导农民群众转变观念，改变不良生活习惯，培养生态环境保护意识，倡导健康生活方式。

四、行动内容

针对当前影响农村人居环境建设中好的做法，广泛宣传、群策群力，集中力量从面上推进农村环境整治提升，重点做好村庄内“三清一改”。

（一）清理农村生活垃圾。全面清理村庄农户房前屋后和村巷道柴草杂物、积存垃圾，以及河岸垃圾、沿村公路和村道沿线散落垃圾等，解决生活垃圾乱堆乱放污染问题。

（二）清理村内塘沟。引导农户规范排放生活污水，以房前屋后河塘沟渠、排水沟等为重点，清理水域漂浮物，有条件的地方要实施清淤疏浚，采取综合措施恢复水生态，逐步消除农村黑臭水体。

（三）清理畜禽养殖粪污等农业生产废弃物。清理随意丢弃的病死畜禽尸体、农业投入品包装物、废旧农膜等农业生产废弃物，严格按照规定处置，积极推进资源化利用。规范村庄畜禽养殖行为，减少养殖粪污影响村庄环境。

（四）改变影响农村人居环境的不良习惯。加强农村卫生健康教育工作，提高村民清洁卫生意识。建立文明村规民约，将良好的卫生习惯、农村人居环境整治、村庄规划管控等纳入村规民约，强化社会舆论监督，引导群众自觉形成良好的生活习惯，杜绝乱堆乱放、乱泼乱倒、乱贴乱画、私搭乱建等不良行为和现象，从源头减少农村人居环境脏乱差的问题。

各区在实施村庄清洁行动工作中，要按照有关规定妥善处置清理收集的垃圾、淤泥等污染物，相关部门做好农业生产废弃物、一般工业固体废物、危险废物和生活垃圾的处置工作，禁止随意焚烧、堆放垃圾和随意处理淤泥等，不得随意填埋河沟坑塘等，防止出现次生问题和二次污染。各区可在完成“三清一改”规定动作的基础上，开展内容更为丰富的整治活动，达到环境改善、生态宜居、美丽乡村等标准。

五、组织实施

（一）动员部署。2019年1月开始，在全市范围启动实施。各区（乡镇）要根据市里的实施方案，结合本地实际，制定切实可行的具体行动实施方案。各区实施方案要坚持因地制宜、分类指导、问题导向、突出重点，根据本区农村人居环境实际，提出切实可行的工作措施。各区要结合实际制定实施方案，2019年3月底前报市农业农村局备案，各乡镇的实施方案报区农业农村局备案。

各区要进行全面动员，各乡镇要进行具体部署，各村要全面抓好落实，确保村庄清洁行动全面开展。各区要以行政村为单位，建立工作台账，明确工作责任人，定期向上级部门报送工作情况。

（二）明确任务。各区（乡镇）要围绕解决村庄脏乱差问题，根据农村人居环境实际，按照不同的区域特点、推进难度、时间节点等，突出重点、挂图作战、持续推进，确保整治目标任务全面完成。市级制定农村人居环境考核验收标准，指导各区村庄环境整治进行考核验收。各区可以在市级标准基础上，进一步完善标准，提高要求，丰富内容，确保整治活动取得实效。

（三）集中整治。开展村庄清洁行动，提升村容村貌，是当前改善农村人居环境工作的首要任务。各区要抓住春季、全国“两会”、世园会、“五一”、国庆等传统节日、重要节假日和重大活动时机，实施各类形式的环境整治“大会战”，集中开展整治活动。

各区要积极组织开展形式多样的集中整治活动，如组织机关干部下乡指导并参与村庄清洁行动；以农村基层党组织为单位组织开展“村庄清洁行动”主题党（团）日活动；组织农业新型经营主体对各自生产区域的农业生产废弃物清理干净。通过集中整治，确保农村环境脏乱差问题得到明显改观。

（四）持续推进。开展村庄清洁行动，既是当前工作，也是长期任务。不能把这次村庄清洁行动变成突击行动，决不能搞成刮风运动、做表面文章，而是要学习浙江的经验做法，坚持久久为功、长期推进、持续发力，通过阶段部署、滚动实施，将这项行动贯穿到农村人居环境整治和美丽乡村建设工作的始终，持续开展村庄清洁行动。各区要突出问题导向，坚持由易到难、有序安排，扎实推动，促进村庄清洁工作常态化，建立完善长效机制，逐步养成习惯、达到习惯成自然的效果。

六、保障措施

（一）压实地方责任。村庄清洁行动由市委市政府统筹指导、市级督促监督、区级组织实施、乡镇推动落实、村级具体实施。各区（乡镇）要切实将此项行动纳入各级党委、政府重要议事日程，落实属地责任，逐级压实各级党委、政府的主体责任。各区党委、政府主要负责同志要亲自部署、亲自动员、亲自推动，切实抓好组织实施工作。乡镇、村的党组织书记担任村庄“清洁指挥长”，负责辖区的村庄清洁行动。各区要切实发挥村级党组织战斗堡垒作用、党员干部模范带头作用，发动群众、组织群众，确保各项整治任务落地见效。

（二）加强协同配合。市级建立村庄清洁行动联席会议制度，由市农业农村局牵头指导推动、统筹协调、督导调度，市各有关部门按照职责分工，督促各有关区抓好相关工作落实。市委农工委、市农业农村局负责统筹协调村庄清洁有关工作，指导农业生产废弃物清理等工作，组织相关部门开展农村人居整治专项督查；市发展改革委负责对符合市政府固定资产投资支持政策的项目给予资金支持；市财政局负责必要的经费保障工作；市规划自然资源委负责指导做好村庄规划编制与农民建房规划管理等工作；市生态环境局负责加强农村生活污水排放监管，会同相关部门组织开展农村人居整治专项督查；市住房和城乡建设委负责指导农村危房改造工作和农宅抗震节能建设；市城市管理委负责指导农村生活垃圾治理、村庄保洁、农村公厕达标改造等工作；市交通委负责督促指导乡村公路垃圾清理工作；市水务局负责指导农村生活污水集中收集处理、河塘沟渠清淤疏浚和消除黑臭水体工作；市卫生健康委负责指导健康知识的宣传和农村户厕改造工作；市园林绿化局负责指导村庄绿化美化工作；市科委负责村庄清洁行动“三清一改”新技术、新设备的研发指导；团市委负责动员广大农村青年带头参与村庄清洁行动；市妇联负责动员广大农村妇女充当庭院清洁的主力军，搞好庭院环境；市供销合作总社负责配合做好村庄清洁行动相关工作。市各相关部门要履职尽责，按照职责分工，组织指导各区抓好本行业本领域工作，形成合力，共同推进村庄清洁行动取得实效。

（三）发动多方参与。各区（乡镇）广大农村党员干部要发挥模范带头作用，带领群众开展庭院清洁卫生。要充分发挥工会、共青团、妇联等基层群团组织贴近基层、贴近群众的优势，积极发动群众参与。积极倡导公益组织、当地企业等社会力量共同参与村庄清洁行动，改善农村人居环境。各区要宣传一批示范乡镇、示范村、示范户，发挥以点带面辐射带动作用。

（四）构建长效机制。各区要进一步完善村庄环境整治制度，推动形成民建、民管、民享的长效机制。要进一步完善村规民约，明确村民维护村庄环境的责任和义务，实行“门前三包”制度，切实增强农民群众自觉性主动性，确保村庄常年保持干净整洁有序；要建立“村级周自查、镇级月检查、区级季督查”的机制，加强村庄环境的长效管护；要建立群众事群众抓、群众参与、群众监督的机制。2019 年 4 月底前，各区要制定出台区级农村人居环境管护长效机制的政策文件，报市农业农村局备案，加快建立完善“有制度、有标准、有队伍、有经费、有督查”的农村人居环境管护长效机制；要完善村级长效机制的执行监督，对村规民约、公厕管护、绿化养护、环卫保洁、村庄照明等涉及农村人居环境管护内容的项目，各区要指导村级，在村内显著位置予以公示，接受群众监督，确保整治效果长期保持。市农业农村局将会同市有关单位加强对全市农村人居环境整治监督，对脏乱差现象进行曝光、通报、排名。各区也要设立公开电话或投诉信箱等形式，接受群众咨询、举报，对反映的问题要及时进行核查和回应。

（五）营造良好氛围。各区要通过开辟电视专栏、组织拉练检查等多种形式，广泛开展宣传发动和引导推动，掀起全民关心农村人居环境改善、农民群众自觉行动、社会各界积极参与村庄清洁行动的热潮。鼓励各区利用文明村（户）评选、农户自评互评、星级庭院、村民光荣榜、文化墙等形式，宣传推动农村人居环境整治工作取得实效。各区要有针对性地总结一批好典型、好经验、好做法，发挥典型示范作用，形成“比学赶超”的良好态势。同时，要充分利用第三方评估和拉练、检查、排名、通报等机制，对整治效果不佳、脏乱差现象突出的乡镇、村进行公开曝光，倒逼环境整治效果提升。

（六）强化考核调度。市级建立农村人居环境整治工作考核评估机制，适时调度工作开展情况，加强对包括村庄清洁行动在内的农村人居环境整治情况的考核验收评估。鼓励有条件的区对推进工作较好、完成质量较高的村庄，给予适当奖励。各区要建立工作情况调度制度，加强督查检查，定期总结报告工作进度。从 2019 年 3 月起，每月 20 日前，各区要将工作进展情况报市农业农村局，各乡镇也要按照区级要求定期将工作进展情况报各区农业农村局。

北京市农业农村局
关于印发《2019 年北京山区农民搬迁工作方案》的函

（2019 年 4 月 16 日）

各相关区人民政府：

为深入贯彻落实《北京市人民政府办公厅印发〈关于实施新一轮山区农民搬迁工程的意见〉的通知》（京政办发〔2018〕30 号）精神，加快推进 2019 年山区农民搬迁工作，确保各项工程有序、平稳推进，特制定《2019 年北京山区农民搬迁工作方案》，请各相关区结合实际，认真组织落实。

2019 年北京山区农民搬迁工程工作方案

2019 年是推进新一轮山区农民搬迁工程的关键之年，也是贯彻落实《北京市人民政府办公厅印发〈关于实施新一轮山区农民搬迁工程的意见〉的通知》（京政办发〔2018〕30 号）相关工作任务的重要一年，为加快推进 2019 年山区农民搬迁工作，确保各项工程有序、平稳推进，特制定本实施方案。

一、工作目标

全面深入贯彻党的十九大精神，以习近平新时代中国特色社会主义思想为指导，坚持规划引领、政策推动、统筹协调、创新机制，积极推进 2019 年山区农民搬迁工程，有效改善地质灾害易发区和生存条件恶劣地区农民生活居住条件。

二、主要工作及进度安排

（一）2018 年度搬迁计划任务全面完成

2018 年山区农民搬迁计划涉及平谷、怀柔、密云 3 区 27 个村 772 户 1 939 人。各相关区应在 2019 年 4 月底前，实现搬迁村全面开工建设；11 月底前，搬迁新居主体工程全部完成，基本达到可入住标准。农户搬迁新居后，对原址除古民居、文物建筑以外的房屋，要及时组织人员进行拆除。

（二）2019 年度搬迁计划任务完成前期手续

2019 年山区农民搬迁计划涉及昌平、平谷、怀柔、密云、延庆 5 区 23 个村 2 447 户 5 314 人。各相关区在 2019 年 10 月底前，实现搬迁村前期手续基本完成，并陆续开工建设。

（三）拟定 2020 年度山区农民搬迁计划

各区要抓紧研究谋划本区搬迁计划任务，将剩余搬迁任务细化到 2020—2022 年，保障新一轮山区农民搬迁工程按时按量完成。在 2019 年 9 月底前，要将 2020 年度搬迁计划落实到户、落实到人，并函报市农业农村局。

（四）开展检查考核评估工作

各区在 2019 年 11 月底前，要对新一轮山区农民搬迁组织实施情况进行检查评估，撰写自查报告，报送市农业农村局。

三、工作要求

（一）高度重视，加强组织领导

有关区政府是山区农民搬迁的责任主体和工作主体，要严格落实工作责任制。建立由区领导担任召集人、相关部门为成员单位的山区农民搬迁联席会议制度，组织推进本行政区域内的山区农民搬迁工作。各区要认真制定搬迁村的村庄规划、年度计划、实施方案和配套政策，依法依规、扎实有序推进搬迁。

（二）因地制宜，科学制定搬迁方案

根据搬迁村、搬迁户的客观条件、经济状况和未来发展规划，研究制定切实可行的搬迁方案，选择适宜有效的搬迁安置方式，建设经济实用的搬迁农宅，不搞一刀切和不切实际、贪大求全的搬迁工程。

（三）加强统筹，实施精细化管理

山区农民搬迁在实施过程中要充分尊重农民意愿，履行民主程序，发挥农民主体作用，切实把山区搬迁与搬迁农民个人愿望相结合、与搬迁农户生产生活相融合。要严格履行程序，遵循农民申请、实地勘察、村民会议决策、公示复核、签订合同等流程。要践行绿色施工，合理安排各项工程施工时序，在保证质量、安全等基本要求的前提下，最大限度减少施工对环境造成的不利影响。要逐户建立档案，留存文字、图片、影像等资料。

（四）系统谋划，坚持安居与乐业并重

按照“产村互动”理念，农民搬迁新村建设要与产业发展一并统筹规划。搬迁新村产业培育与地方资源禀赋相结合，将村庄主导产业从单纯的农业生产向一二三产业融合并举的发展方向转变，提升搬迁新村经济发展活力，确保搬迁农民实现“搬得出、稳得住”。

（五）加强宣传，营造良好的舆论氛围

各区可通过电视、广播、网络等多种形式，加强对相关镇、村的宣传工作，增强基层干部的责任感和使命感，营造全社会支持、参与山区农民搬迁工作的良好氛围。激发搬迁农民的内生动力，引导农民主动参与搬迁工程，保障惠农政策充分发挥预期效益。

北京市农业农村局关于印发《北京市2019年农村地区村庄冬季清洁取暖工作指导意见》的函

（2019年6月11日）

各涉农区人民政府，石景山区人民政府：

为深入落实《2019年北京市农村地区村庄冬季清洁取暖工作实施方案》（京农组办发〔2019〕4号），进一步规范各区“煤改清洁能源”和“减煤换煤”相关工作，现将《北京市2019年农村地区村庄冬季清洁取暖工作指导意见》印发给你们，请认真组织实施。

北京市2019年农村地区村庄冬季清洁取暖工作指导意见

为深入落实《2019年北京市农村地区村庄冬季清洁取暖工作方案》（京农组办发〔2019〕4号）（以下简称《工作方案》），进一步规范各区“煤改清洁能源”和“减煤换煤”相关工作，现提出以下意见。

一、加强领导，强化部门配合

市农业农村局和市相关部门将共同加大对各区的业务指导和工作进展的督查力度，并会同市发展改革委、市财政局、市生态环境局、市城市管理委等部门协调“煤改清洁能源”工程建设施工过程和长效管护中的重大问题。各区政府是本区冬季清洁取暖工作的责任主体，要按时限、高标准完成市政府下达的工作任务。同时由于全市大多数村庄已经完成“煤改电”“煤改气”工作，各区要将工作重心向后期运行服务管理转变，保障已经完成安装的清洁取暖设备运行良好。各区特别要健全工作体制机制，确保建设、管理、安全监管等各项工作有明确职责分工和明确的牵头单位、责任人，全力保障冬季清洁取暖的工作成效。

二、科学推进，严格管理

1. 科学确定技术路线。要按照“安全、环保、节能、高效、经济”的要求，认真研究制定每个改造村的清洁取暖方案，科学确定技术路线与清洁取暖设备。禁止推广使用“直热式”电取暖设备，限制使用蓄能式电暖器。继续引导农村地区村庄住户使用能效比（COP）较高的空气源热泵、地源热泵，原则上空气源热泵要采取环保冷媒，鼓励使用变频式、分体式空气源热泵，可以因地制宜的推广使用热风型空气源热泵。倡导使用“太阳能＋辅助电加热”设备以及“多能联动、多热复合、多源合一”的新技术、新设备。各区推广热泵和“多能联动”类设备不低于本区取暖设备的80％。

2. 加强招标管理。各区对清洁取暖工作相关的设备、工程建设要按照相关规定要求依法依规开展招标工作。招标时必须以区政府或区相关部门的名义组织实施，户内线路改造工作的招标可由乡镇（街道）组织。投标企业必须是设备生产、制造的实体企业，禁止同一商标品牌、同一投资主体等关联企业在同一个区同时参与投标。要优先选择在我市推广产品质量优、使用效果好、农户满意度高、后期服务及时到位的规模大、知名度高等综合实力较强的企业。要将投标企业对各类产品的“安装设计、包修保修、售后服务”等内容纳入招投标条件。所有中标企业应承诺对其所供应产品（含水泵、储水罐、供暖末端前管道、过滤装置等）给予住户5年以上的“免费保修期”和10年内的“有偿保修期”。各区要对中标的企业进行实地考核把关，对弄虚作假的取消资格。对未按招投标相关规定和本文件要求进行招标或招标不符合相关要求的，要依法取消其供应资格，并移交有关部门审查处理。

3. 规范中标企业产品的推广与选定。为便于清洁能源取暖设备安装管理和售后服务，原则上实行“一村一品牌”。各区要周密组织中标企业开展产品技术示范展示，严禁企业出现一切不正当营销行为。各区、镇（乡）、村要将相关政策、取暖技术设备、设备费用、运行费用、维护服务等内容全面宣传到户，说明各型号的取暖效果，及时让农村住户了解各种取暖设备产品的特点，引导住户科学选定产品型号。

4. **坚持一户一设计**。将每个农村住户冬季取暖作为一个系统来对待，组织技术力量或中标企业，根据农村住户需求和实际情况对每户提出科学的取暖系统设计方案，严格设备选型和配件匹配。各区要加强对设计工作的指导和管理，确保让每个家庭取暖系统做到“省钱实用、安全舒适、环保节能”。

5. **注重安装与施工监理**。农村地区住户清洁取暖设备的安装必须具备机电设备安装工程专业承包企业二级以上资质，清洁取暖设备的安装质量及相应法律责任由中标的实体生产、制造企业承担。各区要依法合规聘请有资质、严格认真负责的监理机构对各类设施、设备、备料、施工、安装、验收等各个环节进行监理。

6. **加强设备抽样检测**。加强对各类取暖设备的抽样检测，所有设备的相关抽样检测必须由具有相应资质的国家级检测机构承担，并由其出具检测报告。各供货企业必须提供相关型号的在线检测报告，在设备到货后要按照抽检要求进行抽检，合格后方可开展安装工作。在设备安装中可依规委托具有资质的第三方国家级检测机构进行抽检。各区要建立“黑名单制度”，对同一产品两次抽检不合格的要约谈企业退出，对问题严重的纳入“黑名单”。

三、优化完善相关技术指标，确保取暖系统高效运行

1. **热水型空气源热泵产品**。应符合《低环境温度空气源热泵（冷水）机组第2部分：户用及类似用途的热泵（冷水）机组》（GB/T 25127.2）要求，同时满足：(1) 环境温度－12℃名义工况COP≥2.2。(2) IPLV（H）≥2.6。(3) 环境温度－20℃低温工况COP≥1.8。(4) 环境温度－25℃，制热最高出水温度应能达到50℃以上。(5) 环境温度在－30℃时，应能无电辅加热正常启动。

取暖系统重要部件要求。要严格选择品牌优、质量好的水泵，科学匹配水泵功率，宜选择具有可调挡位的水泵；水系统要配备适宜的过滤装置，可选用带报警功能或内部可视的过滤装置，选用常规过滤装置时应保证方便拆卸清洗或更换。取暖系统管道保温材料应采用耐燃材料，施工时应粘贴牢固，铺设应平整，其导热系数、密度和吸水率应符合GB/T 17794－2008《柔性泡沫橡塑绝热制品》、GB/T 13350－2017《绝热用玻璃棉及制品》、GB/T 11835－2016《绝热用岩棉、矿渣棉及其制品》等相关标准的规定。

2. **热风型空气源热泵产品**。应提供具备资质的国家级检测机构出具的检验合格报告，涵盖：(1) 环境温度－12℃名义工况COP≥2.2。(2) 制热季节性能系数HSPF≥2.8。(3) 环境温度－20℃低温工况COP≥2.0。(4) 环境温度在－30℃时，无电辅加热能正常启动。

3. **热泵产品监测能力**。机组具备485通信接口，采用modbus通信协议，配备数据采集与传输装置，能够实现供水（风）温度、回水（风）温度、蒸发温度、冷凝温度、进气温度、排气温度、环境温湿度、整机电压、整机电流、故障信息等运行信息的无线传输，具备远程调控（温度设定、开关机状态、运行模式等）的能力。

四、健全工作档案，注重过程管理

各区要将本区“煤改清洁能源”工作推进情况、各项工程进展情况和设备运行情况纳入统一的工作管理、进度跟踪和运行监控信息化管理平台，将相关平台建设、传输设备及数据流量等费用纳入招标核算和年度财政预算。各区要委托监理、审计等第三方机构全程参与，确保工作质量。全面落实一户一档案，要将每户户型结构、设计方案、设备型号、设备安装等信息列入工作档案中。各区要建立住户申报、村镇核查、财政监管、审计跟踪的全程监管制度。要建立住户姓名、购置设备（或购买优质型煤）、住户出资及政府补贴等情况的资金台账。各区要对资金使用、设备运行和包修保修等情况严格把关，并委托第三方机构对资金使用情况进行核查。对完成设备安装或燃煤购买的村庄，村委会要将各户“煤改清洁能源”和“减煤换煤”相关信息在本村进行为期一周的张贴公示，在公示期间，各区对群众反映、举报并经查实存在虚报冒领、弄虚作假行为的要严肃纠正或取消其补贴资

格，情节严重的要移交司法部门处理。

五、健全机制，提升售后服务水平

各区要建立完善的“煤改清洁能源”产品售后服务管理体系，认真落实政府督查调度和回访职责。可通过政府购买服务等方式，成立区级（区域、镇域）设备后期使用服务中心。企业要安排充足人员或委托第三方机构认真开展售后维修工作。企业可独立设置售后服务站点，建立快速、高效、便捷的服务网络，也可委托区级（区域、镇域）后期服务中心或第三方机构实施产品后期服务。对委托区级后期服务中心服务或第三方机构的，要自行商定服务内容、服务标准、服务费用，确保服务效果。各区要建立统一的农村“煤改清洁能源”产品后期服务热线，同时要在每家每户张贴、告知公布具体维修人员的电话，并适时更新，要 24 小时有人值守，确保农户能够随时联系。接到电话要实现 2 小时上门服务，4 小时解决问题。

六、其他

原有要求与此不一致的，以本意见为准，其他内容可继续参照执行。

北京市农业农村局　北京市民政局　北京市人力资源和社会保障局　北京市卫生健康委　北京市园林绿化局　北京市医疗保障局　北京市残疾人联合会关于印发《低收入农户帮扶工作专项审计发现问题整改方案》的函

（2019 年 6 月 17 日）

各相关区政府：

现将《低收入农户帮扶工作专项审计发现问题整改方案》印发你们，请结合本单位整改任务，认真落实整改措施，确保问题整改到位。

低收入农户帮扶工作专项审计发现问题整改方案

市审计局 2018 年下半年对低收入农户帮扶工作开展了专项审计，形成《北京市审计局审计报告》（京审农报〔2019〕2 号），指出 5 大类问题。为切实抓好审计发现问题整改落实，确保整改工作取得实效，制定如下整改方案。

一、指导思想

深入贯彻落实习近平总书记关于脱贫攻坚的系列重要讲话精神，进一步提高政治站位，把低收入农户帮扶工作作为重大政治任务来抓，深刻把握“打好三大攻坚战一项重点任务和率先全面建成小康社会硬任务”的工作定位，进一步增强工作责任感、紧迫感、使命感。坚持问题导向，清醒认识帮扶工作的短板，既要解决问题本身，也要举一反三，解决具体问题背后反映出的体制机制和政策供给问题，确保整改工作落实到位，为打好低收入农户帮扶攻坚战夯实基础。

二、整改任务

根据审计发现的 5 大类 17 个方面的具体问题，制定以下整改措施。

（一）坚决退出认定不实低收入农户，夯实帮扶工作基础

1. 关于部分低收入农户识别不精准问题

存在问题：6 722 户低收入农户在建档立卡时申报的家庭工资性收入数据与实际情况偏差较大；1 019 户低收入家庭有轿车；40 名财政供养人员和

32 名村“两委”班子成员存在未如实申报工资性收入和家庭车辆财产。

整改措施：一是按照审计提供的收入或财产申报不实的 7 481 户低收入农户名单，逐一核查。对确有问题的按程序予以退出，情节严重的追究相关责任人责任。对经核查符合低收入农户认定标准的，逐户说明原因。对收入超标但因家庭困难未退出的，核查其真实性，如，对因病家庭困难未退出的，通过查询是否有就医记录、医保报销等，进一步核实。对在精准识别时名下有车但购车指标借给他人的，原则上 2019 年 12 月底前或者退出低收入农户，或者处理名下车辆。二是修订动态管理方案。明确新申请进入低收入农户必须同步申请城乡低保等社会救助，通过民政系统家庭经济状况核对平台，对其收入和财产等情况开展进一步核对。

责任单位：市农业农村局、市民政局、除朝阳、海淀、丰台外涉农区政府

整改时限：2019 年 6 月底完成退出，动态管理长期坚持

2. 关于已发现认定不实未退出低收入农户监测系统问题

存在问题：2017 年，延庆区发现 2 742 户认定不实，未及时退出低收入农户监测信息系统。

整改措施：予以退出。

责任单位：延庆区政府

整改时限：2019 年 6 月底

3. 关于将民政特困人员直接纳入低收入农户影响帮扶措施精准问题

存在问题：特困户的医疗、丧葬、教育等各项支出由财政部门足额保障，并享有现金或实物形式的生活保障，且均属于无劳动能力人群，实际上无须提供额外的帮扶措施。

整改措施：加强低收入农户帮扶工作与民政社会救助政策的衔接，发挥政策叠加帮扶作用。2019 年起，民政社会救助对象申请低收入农户的，农村低保、低收入家庭对象生活确实困难的，可酌情纳入低收入农户，对特困人员原则上不再纳入。对已纳入低收入农户的民政特困人员，在动态监测系统中进行标识，便于分类施策。

责任单位：市农业农村局、市民政局、除朝阳、海淀、丰台外涉农区政府

整改时限：2019 年 6 月底并长期坚持

（二）进一步加强部门沟通与信息共享，完善低收入农户监测系统

1. 关于低收入农户监测系统中部分信息有误问题

存在问题：监测系统中 5 134 条低收入人口的身份信息存在录入错误；4 838 名农户健康状况信息不准确；部分信息存在逻辑冲突，涉及 836 名低收入人口；部分行业部门掌握信息未及时在低收入系统中更新。

整改措施：一是对身份信息有误问题逐一核实修改；二是对系统中指标逻辑冲突问题全部修正，做关系限定；三是加强与民政、残联、医疗保障、人力社保等行业部门的信息共享和交换，建立定期沟通机制，开放数据共享权限，使行业部门可及时获得最新的低收入农户信息。同时，各行业部门在工作中发现的人员信息不准确等情况，应及时反馈给农业农村部门，由农业农村部门组织对相关信息进行更新更正。

责任单位：市农业农村局、市民政局、市残联、市医保局、市人力社保局、除朝阳、海淀、丰台外涉农区政府

整改时限：2019 年 6 月底并长期坚持

2. 关于低收入农户中部分低保家庭 2017 年调查收入低于低保标准问题

存在问题：在低收入农户监测信息系统中，有 970 个 2017 年全年纳入民政低保救助范围的低收入农户（涉及人口 1 880 人）当年人均可支配收入未达到 10 800 元。

整改措施：一是在监测系统中增加收入提醒功能，若低保户填写收入低于低保标准，提示核实。二是市农业农村局与市民政局核对数据，对收入低于低保标准，但全年全户享受低保的低收入农户，由各区核实修改收入信息。

责任单位：市农业农村局、市民政局、除朝阳、海淀、丰台外涉农区政府

整改时限：2019 年 6 月底并长期坚持

（三）加强与行业部门政策衔接，推进政策落实

1. 关于医疗保险政策落实不到位问题

存在问题：4 198 名低收入人口未参加城乡居民医疗保险；9 495 名低收入人口未落实医疗保险补贴政策；349 名非低收入人口超范围享受了医疗保险补贴政策。

整改措施：一是将在认定不实低收入农户全部退出后，市农业农村局统一与市医疗保障局比对数据，形成台账名单，各区逐一核实，去除参加公费医疗等，对其余应参加未参加的低收入农户，积极宣传政策，协助办理参保手续，提高低收入农户参保比例。二是2019年起，市级层面将统一开展参保补贴工作，由市农业农村局按照监测系统数据统一提供给市医疗保障局，确保补助政策无遗漏。三是针对超范围享受政策问题，各区逐一核实情况，除存在明显弄虚作假等性质严重、影响恶劣、金额较大的问题外，原则上不收缴涉及的普通农户和一般群众资金。严格开展认定不实低收入农户退出工作，确保帮扶对象精准，防止超范围扶持现象发生。

责任单位：市农业农村局、市医疗保障局、除朝阳、海淀、丰台外涉农区政府

整改时限：2019年12月底

2. 关于就业帮扶措施的针对性和帮扶效果有待提高问题

存在问题：对低收入农户针对性就业培训少；低收入人员参加就业培训比例低；低收入劳动力就业率增长不明显；农业农村部门与人力社保部门对低收入劳动力政策衔接不到位。

整改措施：一是完善市、区农业农村部门与人力社保部门沟通协调机制，定期交换数据，加强政策衔接落实。二是将低收入农户劳动力纳入职业培训补贴政策范围，调整就业培训补贴目录，降低培训门槛，扩大培训机构范围，纳入更多适合低收入农户且针对性强、技术门槛低、实用性高的培训项目。三是对低收入农户开展未就业劳动力摸底调查，对有转移就业意愿的，提供帮扶促进转移就业；对无转移就业意愿的，协调从一产、农村公益岗位、集体经济组织、村内建设用工等方面促进就业。四是将全部有劳动能力和转移就业意愿的低收入农户劳动力纳入就业困难人员范围，享受相应就业帮扶政策。

责任单位：市农业农村局、市人力社保局、除朝阳、海淀、丰台外涉农区政府

整改时限：2019年12月底

3. 关于助残增收基地帮扶力度有待进一步加大问题

存在问题：助残增收基地对残疾人的帮扶政策与民政部门的社会保障政策相比不具备明显优势，残疾人参加劳动积极性不明显；《助残增收基地管理办法》相关政策的有效期至2020年，政策持续性不强。

整改措施：一是落实《助残增收基地管理办法》，将助残增收基地补贴标准与城乡低收入家庭认定标准挂钩，严格基地考核，突出政策优势，辐射带动残疾人实现劳动增收。二是2020年后，根据国家和本市对低收入农户帮扶工作的新要求新部署，研究新的助残增收基地政策，做好政策衔接。

责任单位：市残联、市农业农村局、除朝阳、海淀、丰台外涉农区政府

整改时限：长期坚持

4. 关于个别教育帮扶补助资金重复发放和超范围发放问题

存在问题：2017年，密云区教委与民政局沟通协调不到位，对既是低保家庭又是低收入农户的47名高考学生发放了重复补贴。区教委超出政策奖励范围向5名非低收入农户学生发放助学奖励资金。

整改措施：加强政策衔接和部门协调，协调推进帮扶措施落实，完善帮扶机制，避免类似问题。

责任单位：密云区政府

整改时限：2019年6月底

5. 关于个别区林业工程用工方面落实政策不力问题

存在问题：门头沟区林业建设、造林项目由区园林局统一招标，区园林局在招标条件中未设置使用本地工比例，不掌握也未干预本地农民用工情况。密云区在平原造林管护工程中先后用工635人次，仅吸纳低收入农户2人次。

整改措施：落实市园林绿化局《关于严格执行林木管护就业政策优先吸纳低收入农户就业工作的通知》（京绿办发〔2019〕19号），各区自2019年开始，招标工作要将吸纳低收入农户参与设置为中标的优先条件，并确保符合山区生态林管护员条件的低收入农户充分参与管护工作。

责任单位：市园林绿化局、市农业农村局、除朝阳、海淀、丰台外涉农区政府

整改时限：长期坚持

6. 关于村级医疗卫生服务不便利问题

存在问题：有20个低收入村采取巡诊方式或由相邻村医疗机构提供医疗卫生服务，有24个有医疗机构的低收入村因没有医生而无法提供医疗服

务，有 165 个低收入村卫生服务站没有纳入医保报销体系。

整改措施：一是实现低收入村医疗服务全覆盖，对 20 个由于人口少或与邻村距离较近无医疗机构的低收入村，确保巡诊或邻村就诊服务到位。二是通过社会招募、学校定向培养等方式补充乡村医生岗位人员，人员到位前继续通过巡诊提供服务。三是推进将符合条件的村卫生机构纳入医疗保险定点医疗机构范围，方便低收入村居民就近就医。

责任单位：市卫生健康委、市医保局、市农业农村局、除朝阳、海淀、丰台外涉农区政府

整改时限：2019 年 12 月底并长期坚持

（四）加强产业项目的设计管理，提高产业项目效益

1. 关于部分产业帮扶项目设计、管理不精细和资金项目安排缺少统筹问题

存在问题：13 个项目内容与农户增收不直接相关；8 个项目可行性研究不够、经营管理不善；个别区财政资金分配和项目安排缺少统筹。

整改措施：一是加强项目前期调研和设计论证。进一步加强调查研究，摸清资源情况，立足资源实际，突出特色，找准选好适合当地发展、有市场竞争力的产业。二是提高产业项目效益。严格落实市级产业政策要求，与农户增收不直接相关项目不予安排。大力发展现代农业、特色民宿、乡村旅游、分布式光伏等见效快、收益高的产业项目。三是加强对产业帮扶资金的统筹指导。市级转移支付至各区的低收入产业帮扶资金不能简单直接分配至区相关部门或乡镇，区级牵头部门应及时开展有效的统筹、协调、指导和监督工作。四是加强对各区产业项目的指导，汇总交流各区产业发展的成功案例和经验教训，提炼可复制、可推广的共性元素。市农业农村局每年组织一次产业帮扶项目培训，适时组织产业项目拉练观摩活动，交流、推广各区产业帮扶的成功经验。进一步加强对产业帮扶工作的监督考核。

责任单位：市农业农村局、除朝阳、海淀、丰台外涉农区政府

整改时限：长期坚持

2. 关于产业帮扶资金扩大受益范围问题

存在问题：密云区旅游委安排产业帮扶资金 129 万元，对 86 个民俗户给予每户 1.5 万元的资金扶持，其中 43 个不是低收入农户。部分产业帮扶资金支持项目收益分配机制未向低收入户倾斜。

整改措施：一是对超范围享受政策扶持的坚决整改，追回资金。二是全面建立产业帮扶项目与低收入农户的利益联结机制，全面制定科学的产业项目收益分配方案，倾斜支持低收入农户。三是按照《关于财政支农资金支持低收入农户增收及低收入村发展工作的实施意见》（京财农〔2016〕2139 号）规定的扶持范围，对去除认定不实退出的低收入农户后，村内低收入农户数量不足农户总数 50%的低收入村，自本方案印发日起，原则上不再给予对低收入村的专项产业帮扶政策。

责任单位：除朝阳、海淀、丰台外涉农区政府

整改时限：2019 年 9 月底并长期坚持

3. 关于少数项目采用“简单输血”帮扶方式的问题

存在问题：平谷区、大兴区有 6 个产业帮扶项目将帮扶资金以借款或投资的方式支付给有关企业，由企业直接向低收入农户发放利息甚至本金；密云区 1 个项目对低收入农户直接发放现金补贴。

整改措施：全面核查产业帮扶项目，对违反市级产业政策规定的“简单输血”甚至“分光吃净”式项目坚决叫停，收回帮扶资金。

责任单位：除朝阳、海淀、丰台外涉农区政府

整改时限：2019 年 6 月底

4. 关于适宜农民自主实施的项目实行招投标影响帮扶资金使用效益问题

存在问题：门头沟、昌平 2 个区共有 40 个农业种植等适宜农民自主实施的产业项目，如果由村自主实施更有利于农户通过参与项目建设获取报酬，也有利于提升财政资金使用效益，但均采取招投标方式选定实施单位，招投标形式实施的项目中一般包含约四分之一的规费、税、文明施工费以及企业利润等费用。

整改措施：按照《必须招标的工程项目规定》（国家发展和改革委员会令第 16 号），以下项目必须招投标：施工单项合同估算价在 400 万元人民币以上；重要设备、材料等货物的采购，单项合同估算价在 200 万元人民币以上；勘察、设计、监理等服务的采购，单项合同估算价在 100 万元人民币以上。在上述规定标准以下，农业种植、修整土地等适宜农民自主实施的产业项目，原则上不走招投标

程序，由农民自主实施，提高财政资金使用效益。

责任单位：除朝阳、海淀、丰台外涉农区政府

整改时限：2019 年 6 月底并长期坚持

（五）加快产业帮扶资金项目落地，提高资金使用效率

1. 关于部分产业帮扶资金未落实到具体项目问题

存在问题：截至 2018 年 8 月，除平谷、大兴区外，8 个区仍有 22 290 万元资金未安排具体项目。昌平、延庆、门头沟、密云 4 个区未落实项目的资金占比均不低于 30%。主要原因，一是项目审批周期长，一些项目从报审到批复实施需要半年甚至更长时间；二是密云、昌平、通州 3 个区未按市级要求建立项目储备库。

整改措施：市农业农村局指导各区加强与国企、高校、民企等帮扶单位的对接，协调研究一批与低收入村、户合作的产业帮扶项目。各区严格落实《关于进一步加强低收入村户产业发展帮扶项目和资金管理的通知》（京财农〔2017〕1883 号）。一是完善项目库建设，建立到 2020 年的帮扶项目储备库，提前完成评审论证等前置程序，增强项目实施的时效性，切实解决“钱等项目”的问题；二是切实简化程序，缩短审批周期，对所有项目环节明确审批时限，确保帮扶项目早实施、早见效。到 2019 年 6 月底，2016—2019 年资金要全部落实到具体项目。

责任单位：市农业农村局、除朝阳、海淀、丰台外涉农区政府

整改时限：2019 年 6 月底并长期坚持

2. 关于已安排至项目资金中大量资金仍在各级滞留问题

存在问题：产业帮扶项目实施进度慢，截至 2018 年 8 月，全市 577 个项目中 101 个项目未开工，39 419 万元在区级主管部门或乡镇财政滞留，顺义、怀柔、房山 3 个区滞留帮扶资金超过 50%，3 619 万元资金在项目实施主体滞留。

整改措施：加快资金使用拨付进度，未安排到项目的加快安排，未开工项目加快开工，已开工项目加快完工，已完工项目加快验收，减少资金在各级财政的滞留，加快拨付至项目实施单位。到 2019 年 6 月底，2016—2018 年资金拨付至项目实施单位比例达到 80%以上；到 2019 年 12 月底，2019 年新安排产业项目开工率达到 85%、完工率达到 50%以上。

责任单位：市农业农村局、除朝阳、海淀、丰台外涉农区政府

整改时限：2019 年 12 月底并长期坚持

三、工作要求

（一）进一步提高政治站位。深入贯彻落实习近平总书记关于脱贫攻坚的系列重要讲话精神和市委市政府的决策部署，把低收入农户帮扶工作作为重大政治任务来抓，从打好三大攻坚战、率先全面建成小康社会的高度，从建设国际一流的和谐宜居之都的高度，从践行以人民为中心发展思想的高度，来认识做好低收入农户帮扶工作的重要性，着力解决工作中存在的突出问题，以更大的决心、更精准的举措、更过硬的作风，全力打好低收入农户帮扶攻坚战。

（二）全面落实整改工作。市级各有关部门、各相关区政府要对照问题清单，压实整改责任，细化整改任务，明确整改时限，全面落实整改措施，做到事事有回音、件件有着落。对能够立即解决的，不打折扣，立行立改；对需要一段时间能够解决的，积极创造条件，限期见效；对需要长期解决的，咬定目标，持之以恒深入整改；对属于共性问题的，举一反三，以点带面全面整改。

（三）强化调度督导。定期调度整改工作，市级层面于 2019 年 6 月底、9 月底、10 月底、11 月底、12 月底开展 5 次整改工作调度，区级层面年内开展不低于 5 次调度。强化整改过程督导，对整改工作责任落实不到位、工作不主动、措施不得力、整改进度慢的逐级约谈，情节严重的通报问责。

（四）定期报送工作进展。市各有关单位、各相关区政府要分别于 6 月中旬、9 月底、12 月底向市农业农村局报送整改情况，市农业农村局、各相关区政府于审计报告下发后 60 日内向市审计局报送整改情况，市农业农村局年底前向市委、市政府报送整改情况。

北京市农业农村局 北京市财政局 关于组织做好美丽乡村建设引导资金预算结算工作的函

（2019 年 9 月 27 日）

各相关区人民政府，市城市管理委、市卫生健康委、市园林绿化局、市水务局、市住房和城乡建设委、市规划自然资源委：

根据《中共北京市委办公厅 北京市人民政府办公厅关于印发〈实施乡村振兴战略扎实推进美丽乡村建设专项行动计划（2018—2020 年）〉的通知》（京办发〔2018〕5 号）和市财政局等相关部门制定的《北京市美丽乡村建设引导资金管理办法》精神，为做好 2020 年度有关资金预算和 2018 年度管护资金结算工作，保障美丽乡村建设资金需求，经研究，现就做好有关资金申报工作函告如下。

一、做好 2020 年度资金预算工作

2020 年度美丽乡村建设引导资金预算应包括第三批开展美丽

乡村基础设施建设的资金需求，以及年度农村基础设施长效管护资金需求两个方面的内容。具体如下：

1. 农村基础设施建设资金预算。2020 年度美丽乡村农村基础设施建设资金需求预算，包含应开展美丽乡村建设但未纳入 2018、2019 年任务村庄的基础设施建设需求，上年度预算已包含的不得重复报送。各区如实填报《2020 年美丽乡村建设农村基础设施建设资金需求预算表》（附表 1）。

2. 农村基础设施长效管护资金预算。2020 年度管护资金需求预算，包括本年度纳入美丽乡村建设农村基础设施管护范围的所有村庄的管护资金需求。各区如实填报《2020 年度美丽乡村建设农村基础设施管护资金需求预算表》（附表 2）。

二、做好 2018 年度农村基础设施长效管护资金申报工作

市级从美丽乡村建设引导资金中对 2018 年度在用农村基础设施长效管护资金进行结算。各区应据实对 2018 年度在用的农村基础设施长效管护提出资金需求。各区申请管护资金的农村基础设施应为 2018 年度在用的基础设施，当年未使用的农村基础设施不得申请管护资金。具体包括：

1. 提交 2018 年度农村基础设施长效管护工作落实情况的报告。各区加强农村基础设施的长效管护，确保农村基础设施长期有效使用，农民长期受益。各区要提交落实“有制度、有标准、有队伍、有经费、有督查”等“五有”长效管护机制情况的报告，重点对长效机制制度建设、各项农村基础设施管护工作的执行情况、在用基础设施的数量，以及 2018 年度市级管护资金需求等进行说明，提交《××区 2018 年度农村基础设施长效管护工作落实情况的报告》。

2. 报送 2018 年度在用农村基础设施长效管护资金需求。针对 2018 年度长效管护执行情况，填报《2018 年度美丽乡村建设农村基础设施管护资金申请表》（附件 3），申报 2018 年度在用农村基础设施长效管护资金需求。

三、做好 2018、2019 年度农村基础设施建设情况统计

各区如实对 2018、2019 年度已组织实施建成的农村基础设施建设情况进行统计，核算建设数量和资金需求，提供 2018、2019 年度农村基础设施建设情况的报告，并填报《2018、2019 年美丽乡村建设农村基础设施建设情况统计表》（附件 4）。

四、其他资金预算结算

市住房城乡建设委负责组织开展 2020 年度农村危房改造和抗震节能改造资金预算工作；市水务

局负责组织开展2018年度农村污水处理运行费结算及2020年度农村污水处理运行费预算工作。各区要按照市住房城乡建设委、市水务局的要求，做好相关资金申报工作，按时报送相关部门，确保有关数据准确无误。

五、工作要求

（一）高度重视

美丽乡村建设引导资金关系到农村基础设施建设和长效管护的有效落实，关系到美丽乡村建设的实施成效。各区要高度重视，落实属地责任，对各项数据真实性、完整性、准确性负责，科学合理地做好预算和资金申报工作。各区要加强对美丽乡村建设引导资金的监管，强化监督执纪问责，严禁套取、挪用、挤占、虚报冒领美丽乡村建设引导资金，确保资金使用安全。对有虚报、冒领、截留、挪用、滞留资金等行为，依照《财政违法行为处罚处分条例》（国务院令第427号）等有关规定进行处理处罚。

（二）周密组织

各区政府是美丽乡村建设的责任主体，对美丽乡村建设引导资金使用负全面责任。各区要加强资金预算结算工作的统筹，农业农村部门要发挥牵头作用，组织各相关部门，按照职责分工做好资金预算和需求申报工作，确保工作无遗漏；各相关部门要加强与市级相关部门的沟通协调，确保数据一致、准确无误；各区要按时上报本区美丽乡村建设年度计划、建设情况和资金预算，并对资金预算的真实性负责；要明确资金使用范畴，确保管护资金落实到村级，确保基础设施得到长效管护。市相关部门将对各区编制的年度工作任务计划和资金预算的真实性、完整性进行审核；对于美丽乡村建设完成任务量与预算计划差距过大，农村基础设施管护机制不健全、管护资金拨付村级不到位，基础设施重建轻管、闲置浪费等问题突出、群众反映不佳的区，市级将核减补助资金。

（三）按时报送

请各区于2019年10月10日前，将有关资金预算和资金申请等文件一式十份，以区政府名义加盖公章后正式报市农业农村局，文件电子版一并报送至邮箱：cunzhenchu@nyncj.beijing.gov.cn。市农业农村局、市财政局将组织市各相关部门就有关情况进行审核。本通知相关报表各区可自行下载，邮箱：bjmlxcjs@163.com，密码：83979162。特此函达。

附件：1.2020年美丽乡村建设农村基础设施建设资金需求预算表（略）

2.2020年美丽乡村建设农村基础设施管护资金需求预算表（略）

3.2018年度美丽乡村建设农村基础设施管护资金申请表（略）

4.2018、2019年美丽乡村建设农村基础设施建设情况统计表（略）

5.××区关于申报2020年度美丽乡村建设资金预算和2018年度管护资金的函（参考模板）（略）

北京市农业农村局
关于进一步加强山区农民搬迁村（户）原址旧宅拆除工作的函

（2019年12月27日）

门头沟、房山、昌平、平谷、怀柔、密云、延庆区人民政府：

为深入推进首都规划和自然资源领域问题整改，进一步加强对山区搬迁工作中旧宅拆除工作，现就有关工作安排如下。

一、高度重视山区搬迁村原址旧宅拆除工作

按照市委、市政府关于山区农民搬迁工作的要求，搬迁村（户）原址上的房屋除经文物部门认定

为古民居、文物建筑要做到应保尽保外，其他房屋要全部拆除，避免出现回迁、“一户多宅”等问题。各有关区政府作为实施山区农民搬迁工程的责任主体和工作主体，要高度重视山区农民搬迁工作，落实好山区搬迁村（户）原址旧宅拆除工作，加大工作力度，确保全面完成原址旧宅的拆除工作。各区要明确牵头部门和联络员，于 2020 年 1 月 15 日前将名单和联系电话报市农业农村局。

二、山区搬迁村（户）旧宅拆除范围

山区搬迁村（户）是指 2004 年以来享受《市政府办公厅〈转发市农委关于山区采空区泥石流易发区农户实施搬迁的意见的通知〉》（京政办发〔2003〕56 号)、《市政府办公厅〈转发市农委关于实施新一轮山区泥石流易发区及生存条件恶劣地区农民搬迁工程意见的通知〉》（京政办发〔2008〕5 号)、《市政府〈关于实施新一轮山区地质灾害易发区及生存条件恶劣地区农民搬迁工程的意见〉》（京政发〔2012〕28 号）和《市政府办公厅印发〈关于实施新一轮山区农民搬迁工程的意见〉的通知》（京政办发〔2018〕30 号）等山区农民搬迁政策补贴，实施搬迁的村庄和分散搬迁的农户。其中，房山区主要涉及 2004—2012 年的山区搬迁村（户）。

三、摸清底数，分类施策开展旧宅拆除工作

相关区政府要组织力量对搬迁村（户）原址旧宅情况进行全面摸排并建立台账，对未拆除的旧宅分类研究整改方案。对于 2004—2017 年列入搬迁计划并已完成搬迁的村庄，未拆除的旧宅要进行分类处置。对搬迁村旧宅原址的土地性质为非建设用地和分布在地质灾害隐患点的，除文物保护建筑以外，所有原址旧宅必须全部拆除；对搬迁村原址土地已调整为建设用地的，旧宅和原址宅基地必须全部收回村集体，在保障安全的情况下，作为集体资产依据村庄规划进行利用。对于 2018 年之后列入搬迁计划和正在施工的搬迁村，待搬迁农民搬入新宅后，除需保留的文物建筑外，其余旧宅必须在一个月内完成拆除工作。搬迁旧宅应拆未拆的，区财政不得全额拨付搬迁补助资金及旧宅拆除补助资金。对规划调整后符合土地政策要求的，旧宅原址全部收回村集体所有，在符合土地规划的相关要求后方可进行利用。各区政府要组织相关部门、镇（乡）、村进行认真全面核实，不得瞒报、漏报。请各区于 2020 年 6 月 30 日之前将摸排情况和整改方案报市农业农村局备案。

四、健全督办机制，加速推进应拆旧宅的拆除工作

各相关区政府作为搬迁工程的工作主体和责任主体，负责组织实施搬迁原址旧宅拆除工作。各区应于 2020 年底前对不符合保留条件、应当拆除的旧宅全部完成拆除工作。各区要建立健全督办机制。各区从 2020 年 7 月份起每月底前将拆除情况定期报送市农业农村局。市农业农村局将加强工作调度，定期汇总工作进展，对工作进度缓慢或未及时拆除旧宅的区，市农业农村局将在全市进行通报，并责成有关区政府限期完成拆除工作。对存在问题不及时整改的区，市农业农村局将向市政府报告，并向市纪监委提供问题线索，同时按照市委巡视组的要求报送工作进展。

北京市农业农村局　北京市应急管理局
关于印发《北京市农村地区“两气”工程安全隐患排查治理实施方案》的函

（2019 年 12 月 27 日）

各相关区人民政府：

现将《北京市农村地区“两气”工程安全隐患排查治理实施方案》印发给你们，请结合实际，认真组织实施、贯彻落实。

北京市农村地区“两气”工程安全隐患排查治理实施方案

按照《北京城市安全隐患治理三年行动方案（2018年—2020年）》和《中共北京市委农村工作领导小组关于印发〈北京市农村基础设施工程专项整改工作方案〉的通知》的部署要求，市农业农村局、市应急管理局定于2019年12月至2020年6月在全市范围内组织开展“两气”工程（沼气工程、生物质气化工程，以下简称“气站”）安全隐患排查治理工作。为进一步加大本市农村地区停用气站安全隐患排查治理有关工作力度，制定本实施方案。

一、工作目标

推进本市152座停用气站的拆除和安全隐患排查治理任务，按要求完成气站设施主体拆除、废弃物处理和相关地面恢复等工作。对于无法或无必要拆除的管道等相关附属设施，做好安全隐患日常巡检，加大安全宣传培训工作力度，确保管道等附属设施安全隐患排查治理到位。

二、支持政策

按照《北京市生产安全事故隐患治理项目资金管理办法》，经市政府同意，2020年市级财政采取“以奖代补”方式，对各有关区完成停用气站拆除和安全隐患排查治理工作给予奖励，奖励标准为10万元/座。奖励资金采取预拨方式通过安全生产专项转移支付下达，由各区统筹主要用于停用气站拆除和在用气站安全隐患排查治理工作；在优先保障气站拆除和隐患治理工作的基础上，奖励资金也可统筹用于农业农村领域以外其他安全生产隐患排查治理工作。市财政局将按照市级相关部门验收结果对奖励资金进行清算。

三、任务分工

（一）市农业农村局负责指导推动全市停用气站的隐患排查治理工作，督促指导各有关区政府完成停用气站的拆除及隐患治理任务，组织开展气站隐患治理市级抽查验收工作，定期收集汇总工作进展情况及工作结果函告市应急管理局。

（二）市应急管理局（市安委会办公室）负责发挥协调、指导作用，配合市农业农村局督促指导有关区政府做好停用气站隐患治理工作。

（三）有关区政府作为责任主体负责做好本区相关安全生产隐患治理统筹协调工作；负责停用气站的隐患治理及拆除工作，组织农业农村等部门制定具体实施方案，完成动员部署、组织实施、宣传培训、验收恢复等具体治理任务；按照气站主体设施完全拆除、废弃物安全处理、气站及配套设施路面实现安全恢复、用气管网内残气排除的标准做好自查验收工作。按规定严格市级专项资金的使用管理。

四、进度安排

（一）2019年12月31日前，有关区组织完成停用且不再恢复的气站有关报废手续，同步开展气站主体工程拆除等相关安全隐患排查治理工作。

（二）2020年1—4月，市农业农村局会同市应急管理局组织对各有关区气站隐患治理项目执行情况进行督查抽查。

（三）2020年5—6月，市农业农村局督促指导各有关区对气站隐患治理项目完成情况进行验收，汇总收集相关情况和有关基础资料。

五、工作要求

（一）加强组织领导。各有关区政府要高度重视气站安全隐患排查治理工作，明确牵头组织部门，细化工作职责分工，做好层层动员部署，加大安全宣传培训力度，确保按期完成气站隐患治理任务。要建立气站安全隐患排查治理长效机制，防止隐患反弹反复。

（二）严格项目验收。各有关区政府要严密组织做好气站隐患治理项目验收及相关基础资料留存工作。

（三）严格资金管理。各有关区牵头组织部门要专门研究制定配套的资金使用管理方案，明确本区资金使用事项和内容，严格资金使用管理，坚决杜绝资金的截留、挤占。

（四）加强信息报送。各有关区政府要及时将隐患治理任务进展情况报市农业农村局和市应急管理局（市安委会办公室）。

附件：2020 年“两气”工程隐患排查治理工作奖励资金预拨表

附件

2020 年“两气”工程隐患排查治理工作奖励资金预拨表

行政区	气站数量（个）	转移支付资金量（万元）
朝阳区	3	30
海淀区	5	50
门头沟区	3	30
房山区	9	90
通州区	9	90
顺义区	10	100
大兴区	14	140
昌平区	9	90
平谷区	6	60
怀柔区	26	260
密云区	17	170
延庆区	41	410
总计	152	1 520

涉农文件目录

2019年涉农文件目录

中共北京市委　北京市人民政府关于落实农业农村优先发展　扎实推进乡村振兴战略实施的工作方案

中共北京市委农村工作委员会　北京市农业农村局关于转发中央农办农业农村部等18部门《关于印发〈农村人居环境整治村庄清洁行动方案〉的通知》的函

关于北京市农村“厕所革命”专项行动的指导意见

关于印发《北京市2019年度改善农村人居环境和推进美丽乡村建设工作方案》的函

关于做好农村集体资产清产核资工作验收的函

关于印发《第30届北京农民艺术节总体方案》的函

中共北京市委农村工作委员会　北京市农业农村局关于印发《中共北京市委农村工作委员会北京市农业农村局落实市委市政府安全生产督察整改意见的工作方案》的通知

关于印发《2019年北京市农业安全生产工作要点》的通知

中共北京市委组织部　中共北京市委农工委　北京市财政局　北京市农业农村局关于坚持和加强农村基层党组织领导扶持壮大村级集体经济的意见

中共北京市委组织部　中共北京市委农工委　北京市财政局　北京市农业农村局关于开展扶持壮大村级集体经济试点工作的通知

北京市人才工作领导小组办公室　中共北京市委农村工作委员会关于开展2019年北京市农村实用人才优秀创业项目评选资助活动暨第三届北京市农村创业创新大赛的通知

中共北京市委组织部　中共北京市委农村工作委员会　北京市民政局　北京市农业农村局关于进一步规范“四议一审两公开”“三务公开”制度运行的通知

北京市农业农村局　北京市市场监督管理局　北京市商务局　北京市公安局　北京市知识产权局　北京市供销合作总社关于印发北京市农村假冒伪劣食品专项整治行动方案的通知

北京市农业农村局关于2018年北京市级现代农业示范区认定情况的通知

关于定期报送犬只狂犬病防控有关工作开展情况的通知

关于注销部分饲料和饲料添加剂生产许可证的通告

关于注销部分企业兽药生产许可证的通告

北京市农业农村局关于转发《农业农村部办公厅关于启用农村集体经济组织登记证有关事项的通知》的通知

关于注销部分企业兽药生产许可证的通告

关于开展对展会中假冒北京农药企业违法违规行为专项整治工作的通知

关于印发北京市“瘦肉精”专项监督抽查工作实施方案的通知

关于2018年度农业农村系统行政处罚案卷评查情况的通报

关于印发《北京市饲草业调查与监测项目实施方案》的通知

关于梳理本单位未行使处罚职权有关情况的通知

关于通报2018年下半年农药市场监督抽查情况的通知

关于启用行政审批服务专用章的通知

关于2019年主要农作物审定品种同一适宜生态区引种备案的公告

关于印发2019年动物疫病强制免疫“先打后补”工作实施方案的通知

关于印发北京市2019年狂犬病防控工作要点的

通知
北京市农业农村局关于对 2018 年村级公益事业专项补助资金管理使用情况进行年度审计的通知
北京市农业农村局　北京市知识产权局关于组织开展北京市农作物品种规范使用示范活动的通知
关于公布现代农业产业技术体系北京市创新团队 2018 年度考评结果的通知
关于发布 2018 年度北京市第一批农机购置补贴产品归档信息表的通告
关于印发 2019 年北京市农产品质量安全统一监测计划的通知
关于注销部分饲料和饲料添加剂生产许可证的通告
关于做好 2019 年度拖拉机和联合收割机污染物减排控制装置加装工作的通知
北京市农业农村局　北京市规划和自然资源委员会关于印发《建立完善长效监管机制，严防“大棚房”问题反弹的意见》的通知
北京市农业农村局关于印发《2019 年北京市农产品质量安全异地监督抽查实施方案》的通知
关于公布 2018 年度奶牛布鲁氏菌病净化场（群）名单的通知
关于印发《北京市 2019 年种子市场及质量监管工作方案》的通知
北京市农业农村局关于印发《2019 年北京市动物疫病强制免疫实施方案》的通知
关于进一步加强本市非洲猪瘟监测工作的通知
关于落实屠宰环节非洲猪瘟检测工作的通知
关于进一步加强饲用猪血制品生产管理工作的通知
关于开展农业安全生产大检查工作的紧急通知
关于印发 2019 年兽药质量监督抽检计划的通知
北京市农业农村局　北京市公安局公安交通管理局关于印发北京市农机交通违法专项整治行动实施方案的通知
关于开展 2019 年全市高级别动物病原微生物实验室生物安全专项检查工作的通知
关于印发《北京市 2019 年农业领域留白增绿工作方案》的通知
北京市农业农村局关于开展 2019 年种畜禽质量安全监管工作的通知
关于做好 2019 年高标准农田建设工作的通知
北京市农业农村局关于做好农机购置补贴“三合一”试点工作的通告
北京市农业农村局关于开展 2019 年区级兽医系统实验室检测能力比对工作的通知
关于调整农业转基因生物安全管理领导小组成员和部门职责分工的通知
北京市农业农村局关于印发《北京市农业农村局关于调整禁渔区、禁渔期的通告》的通知
关于加强草地贪夜蛾监测防控的紧急通知
转发中央农办等部门《关于开展农民专业合作社“空壳社”专项清理工作方案》的通知
北京市农业农村局　北京市园林绿化局关于印发《第三次北京市农作物种质资源普查与收集行动实施方案》的通知
关于开展落实生猪屠宰环节非洲猪瘟自检和官方兽医派驻制度专项行动的通知
关于印发《2019 年北京市农业农村科技工作要点》的通知
关于印发 2019 年动物及动物产品兽药残留监控计划的通知
关于发布 2018 年度北京市第二批农机购置补贴产品归档信息表的通告
关于印发《2019 年北京市化肥农药减量和农膜回收工作方案》的通知
北京市农业农村局关于奶牛布鲁氏菌病 A19 株疫苗免疫有关问题的通知
北京市农业农村局关于印发进一步加强犬只防疫管理工作实施方案的通知
北京市农业农村局关于印发《北京市水产苗种产地检疫试点工作方案的通知》
关于印发《2019 年北京市农业安全生产工作方案》的通知
关于公布北京市第 35 批主要农作物审定品种名录的通告
北京市农业农村局关于开展 2019 年北京市农产品质量安全检测能力验证工作的通知
关于印发 2019 年北京市农业标准化工作实施方案的通知
北京市农业农村局关于进一步做好本市农机专业合作社安全生产标准化建设工作的通知
关于印发《2019 年北京市农业农村市场、信息化与统计工作要点》的通知
北京市农业农村局　北京市卫生健康委员会关于开展“健康中国行，美丽乡村梦——2019 年北京‘健康乡村’主题巡讲”活动的通知
北京市农业农村局　北京市发展和改革委员会　北

京市商务局　北京市市场监督管理局　北京市统计局　国家统计局北京调查总队关于印发《北京市“菜篮子”市长负责制实施方案》的通知
北京市农业农村局　北京市财政局关于印发《北京市推广应用绿色防控产品工作方案（试行）》和《北京市推广应用有机肥工作方案（试行）》的通知
关于做好 2019 年执业兽医资格考试工作的通知
北京市农业农村局关于强化兽药产品追溯管理工作的通知
北京市农业农村局关于印发《北京市农业系统 2019 年防汛工作方案》的通知
北京市农业农村局关于印发 2019 年北京市农产品质量安全工作意见的通知
北京市农业农村局关于公布现代农业产业技术体系北京市创新团队 2019 年岗位人员聘任名单的通知
关于发布 2018 年度北京市第三批农机购置补贴产品归档信息表的通告
关于进一步加强畜禽养殖大户污染防治工作的通知
关于发布 2018 年度市级补贴机具补贴额一览表的通告
北京市农业农村局　北京市医疗保障局关于进一步推进低收入农户参加城乡居民医疗保险的通知
关于加强农业农村扬尘管控工作的通知
北京市农业农村局关于做好跨省调运种猪产地检疫有关工作的通知
北京市农业农村局关于印发《2019 年北京市动物疫病监测与流行病学调查计划》的通知
北京市农业农村局　北京市民政局关于进一步推进低收入农户社会救助帮扶工作的通知
北京市农业农村局关于组织开展全市兽药生产安全督导工作的通知
北京市农业农村局关于印发《北京市草地贪夜蛾、草地螟等重大迁飞性害虫防控工作方案》的通知
北京市农业农村局关于公布 2019 年 5 月至 2020 年 4 月强制扑杀动物补偿基准指导价格的通知
北京市农业农村局关于 2020 年度狂犬病免疫标识样式及制作标准的通知
北京市农业农村局关于开展北京市 2018 年度市级农机购置补贴产品投档工作的通告
北京市农业农村局关于印发《北京市兽用抗菌药使用减量化行动试点工作方案（2019—2021 年）》的通知
北京市农业农村局关于做好秋冬季高致病性禽流感免疫预防工作的通知
北京市农业农村局关于奶牛产地检疫和种猪跨省调运检疫有关事项的通知
关于印发《北京市 2019 年中国农民丰收节庆祝活动工作指导方案》的通知
北京市农业农村局关于进一步加强中央财政畜禽粪污资源化利用项目管理的通知
北京市农业农村局关于进一步做好本市非医疗机构实验动物生产单位动物尸体无害化处理工作的通知
关于印发屠宰环节非洲猪瘟检测设备购置补贴实施方案的通知
北京市农业农村局关于加强牛结节性皮肤病病毒相关实验活动生物安全监管的通知
北京市农业农村局关于全面做好 2019 年度在册农业机械催检和注销工作的通知
北京市农业农村局关于发布北京市 2018 年度第四批农机购置补贴产品归档信息表的通告
北京市农业农村局关于印发北京市 2019 年水生生物增殖放流实施方案的通知
北京市农业农村局关于生猪调运检疫有关事宜的补充通知
北京市农业农村局关于做好北京市农业生态环境监测工作的通知
北京市农业农村局　北京市财政局关于印发《北京市级现代农业产业园创建管理办法（试行）》的通知
北京市农业农村局　北京市发展和改革委员会　北京市财政局　北京市规划和自然资源委员会　北京市生态环境局　北京市交通委员会　北京市水务局　北京市商务局　北京市市场监督管理局　北京市园林绿化局　北京银保监局关于印发《北京市生猪产业优化提升发展和保障猪肉市场稳定供应的工作方案》的通知
北京市农业农村局关于发布北京市 2018 年度第五批农机购置补贴产品归档信息表的通告
北京市农业农村局北京市人力资源和社会保障局关于开展 2017—2019 年度北京市农业技术推广奖推荐评审工作的通知
北京市农业农村局　北京市规划和自然资源委员会关于开展涉地农村集体经济合同自查自纠的通知

北京市农业农村局印发《关于加强区级农业主管部门专职安全员队伍建设的指导意见（试行）》的通知

关于做好2019年度秸秆综合利用工作总结和开展2020年度重点工作的通知

北京市农业农村局关于2019年肥料产品监督抽查结果的通报

北京市农业农村局关于组织开展全市动物病原微生物实验室生物安全专项检查工作的通知

北京市农业农村局关于公布第三批北京市特色专业示范村名单的通知

北京市农业农村局关于严厉打击非法制售和使用非洲猪瘟疫苗等违法行为的通知

北京市农业农村局关于下达2020年高标准农田建设任务的通知

北京市农业农村局关于进一步加强优质燃煤配送使用和安全管理的通知

北京市农业农村局关于发布北京市2018年度第六批农机购置补贴产品归档信息表的通告

关于印发《北京市关于加快推进农业机械化和农机装备产业转型升级的实施意见》的通知

北京市农业农村局关于开展兽用生物制品生产企业生物安全及兽药生产企业危险化学品安全大检查工作的通知

北京市农业农村局关于印发《北京市2020年政策性农业保险统颁条款》的通知

北京市农业农村局关于公布第六次北京市农业产业化重点龙头企业监测合格名单的通知

北京市农业农村局　北京市发展和改革委员会　北京市科学技术委员会　北京市经济和信息化局　北京市财政局　北京市商务局　国家税务总局北京市税务局　北京市园林绿化局　中国人民银行营业管理部　北京市供销合作总社　关于印发《北京市农业产业化重点龙头企业认定和动态监测管理办法》的函

北京市农业农村局　关于转发深入学习浙江“千万工程”经验有关材料的函

北京市农业农村局　北京市规划和自然资源委员会关于“大棚房”问题清理整治专项行动中科技类农业园区整改工作的指导意见

北京市农业农村局　北京市发展和改革委员会　北京市科学技术委员会　北京市财政局　北京市规划和自然资源委员会　北京市生态环境局　北京市住房和城乡建设委员会　北京市城市管理委员会　北京市交通委员会　北京市水务局　北京市卫生健康委员会　北京市园林绿化局　中国共产主义青年团北京市委员会　北京市妇女联合会北京市供销合作总社关于印发《北京市农村人居环境整治村庄清洁行动实施方案》的通知

北京市农业农村局　关于做好农村街坊路建设和管护工作的函

关于印发《2019年北京山区农民搬迁工作方案》的函

北京市2019年农村地区村庄冬季清洁取暖工作指导意见

关于印发《低收入农户帮扶工作专项审计发现问题整改方案》的函

关于开展北京市传统村落资源调查的通知

关于明确低收入农户动态管理有关问题的补充通知

关于确认2019年度北京市农村地区村庄冬季清洁取暖市级工作任务清单的函

关于进一步开展全市村庄人居环境整治工作的函

关于进一步加强农村地区冬季清洁取暖设备畅销管护服务工作的函

北京市农业农村局　北京市财政局关于2019年北京市耕地地力保护补贴的实施意见

关于研究制定2020年山区农民搬迁工程计划的函

市农业农村局转发《关于进一步落实中央环保督察反馈意见抓好城乡接合部地区环境污染问题整治的整改方案》的函

北京市农业农村局　北京市财政局关于组织做好美丽乡村建设引导资金预算结算工作的函

关于做好农业绿色发展先行先试支撑体系建设工作的函

北京市农业农村局关于公布2019年北京市农民专业合作社市级示范社考核评定结果的函

北京市农业农村局　北京市规划和自然资源委员会关于成立市级农业园区和设施农业用地规范管理工作研究协调工作小组的函

北京市农业农村局关于进一步加强山区农民搬迁村（户）原址旧宅拆除工作的函

北京市农业农村局　北京市应急管理局关于印发《北京市农村地区“两气”工程安全隐患排查治理实施方案》的函

总　　述

2019 年北京市农业农村经济社会发展总述

2019 年，北京市以习近平新时代中国特色社会主义思想为指导，立足“四个中心”首都城市战略定位，把握“大城市小农业”“大京郊小城区”市情农情，对标对表全面建成小康社会目标，深入推进乡村振兴战略扎实有序实施，“三农”领域形成了稳中求进、创新发展的良好局面。

一、圆满完成庆祝新中国成立 70 周年等重大活动服务保障工作

农业农村系统组织 3 000 名群众扎实训练，顺利完成“艰苦奋斗”“希望田野”“乡村振兴”“脱贫攻坚”四个方阵游行。为国庆系列活动优质保量供应 100 万千克鲜活农产品，完成 7 万只放飞和平鸽防疫任务。承担国庆系列活动、全国“两会”“一带一路”高峰论坛、亚洲文明对话大会等七项重大活动的农产品服务保障工作，累计供应安全优质农产品 115 万千克，供应量是常年的 14 倍，实现了“质量零事故、供应零中断、服务零投诉”。2019 年北京世园会圆满成功，首次将世界园艺博览会的展示拓展到花、果、蔬、草本等“大园艺”范畴。百蔬园、百果园、百药园“三个百园”完成了菜、果、药在世园会历史上的精彩首演。

二、推进美丽乡村建设，提升农村人居环境

（一）扎实推进村庄规划编制。出台市区镇村四级乡村规划编制指导意见、导则，实现各级各类规划统筹管理和系统衔接。按照乡村的区位特点、功能定位、发展方向，将乡村空间划分为城镇建设区、生态保护红线区、乡村风貌区三类地区，将村庄的发展方向划分为整治完善类、城镇集建类、特色提升类和整体搬迁类四种类型，构建“三区四类”村庄发展体系。分类编制多规合一的实用性村庄规划，累计完成村庄规划编制成果 2 255 个，约占全市现状村庄数量的 66.7%。中央农办、农业农村部在顺义区召开全国村庄规划现场观摩会。

（二）全面开展农村人居环境整治。围绕“清脏、治乱、增绿、控污”，深入实施“百村示范、千村整治”工程，3 254 个村庄环境整治通过考核验收，基本达到干净整洁有序的要求。深入推进“厕所革命”、污水治理、生活垃圾治理，完成公厕达标改造 850 座、户厕改造 13.5 万户，全市无害化卫生户厕覆盖率达到 96.2%；全面完成 300 个村的污水治理任务；97% 的村庄垃圾得到有效处理。确定 152 个村开展“百村示范”创建培育工作，推进实施“百名规划师、百村示范行”活动。

（三）深入开展农业农村生态环境保护。出台绿控产品和有机肥补贴政策，实施统防统治 60 余万亩次；规模养殖场粪污处理设施配套率达到 100%，粪污综合利用率达到 80% 以上。126 个村庄 3.89 万户完成冬季清洁取暖工作，全市农村地区实现清洁取暖村庄累计达到 3 269 个，清洁取暖户数比例达到 82%。实施新一轮城乡水环境治理三年行动，严格落实河长制，全面加强城乡水环境治理。

（四）构建大尺度乡村绿色生态空间。在新一轮百万亩造林绿化行动计划中，重点安排冬奥会世园会、雁栖湖会都、大兴国际机场、城市副中心沿线村庄和通州、延庆两区村庄的造林任务，撑起集中连片、点线面结合的美丽乡村绿化格局。结合“留白增绿”等绿化工程建设，打造 30 个绿化美化亮点村。完成年度乡村绿化美化 5 050 亩。首都森

林城镇、绿色村庄总量达到 976 个。全市 197 个村庄被认定为国家森林乡村。

三、深化农业供给侧结构性改革，促进高质量发展

（一）持续推动农业调整结构、提质增效。统筹推进“北京农产品绿色优质安全示范区”和“国家农产品质量安全市”整体创建工作。“三品一标”认证覆盖率达到 86.9%，本市自产农产品蔬菜、畜禽、水产品合格率分别为 99%、99.3%、97.5%。设施农业中瓜果类、花卉苗木、园林水果等高效品种亩均产值大幅增长，小麦亩均增产 2%。制定实施《北京市生猪产业优化提升发展和保障猪肉市场稳定供应工作方案》，年出栏生猪 29 万头，实现止跌回升。推进农业农村大数据平台建设，初步建成生猪全产业链大数据平台。实现了非洲猪瘟疫情不扩散不蔓延的工作目标。推进 2 万亩高标准农田和 8 万亩高效节水工程建设。大兴区被列入国家农业绿色发展先行区。

（二）加强农业科技创新。稳步推进平谷区国家农业科技创新示范区和京瓦农业科技创新中心建设。加快发展现代种业，选育与筛选新品种 170 个，研发新产品 143 项，引进与攻关新技术 167 项。全年种业产值 15.1 亿元，同比增长 21.3%。

（三）推动一二三产业融合发展。累计评选“北京农业好品牌”100 个，全国“一村一品”示范村镇累计达到 80 个。制定《北京市关于促进乡村民宿发展的指导意见》，推动促进乡村民宿持续健康发展。推进休闲旅游业提档升级，农业观光园平均收入达到 244.9 万元，同比增长 3.8%。继续抓好农业龙头企业发展，国家级和市级龙头企业分别达到 43 家、108 家。举办第七届北京农业嘉年华等系列农事节庆活动。房山区国家现代农业产业园通过验收。

（四）深入开展“大棚房”问题清理整治。严格按照中央要求做好整治工作，通过多轮全面排查、重点勘查、督查暗访、点位核查等，共清理“大棚房”问题 3 396 个，已基本整改到位。制定《建立完善长效监管机制　严防“大棚房”问题反弹的意见》，搭建设施农业台账信息综合管理平台，落实市、区、乡镇、村四级联动闭合检查巡查制度。扎实推进规自领域问题整改，守住农地农用底线。

四、推进农村改革，激活农村各类要素

（一）深化农村“三块地”改革。承包地方面，做好农村承包地确权登记颁证收尾工作，确权村比例达到 99%，证书打印比例达到 98%。开展承包地确权登记颁证工作“回头看”，对发现的问题制定分类处置计划，积极开展整改。审慎稳妥推进镇域承包地统一流转试点工作，积极探索承包地“三权分置”的有效途径，推动土地经营权向金融机构融资担保、入股从事农业产业化经营。目前，已流转土地占确权总面积的 69.7%。集体建设用地方面，积极推进集体经营性建设用地入市、利用集体土地建设租赁住房、乡镇统筹利用等试点，加快推动集体建设用地腾退减量、“腾笼换鸟”。宅基地方面，规范引导闲置农宅盘活利用 3 697 座，鼓励利用闲置房屋发展健康养老、度假休闲等第三产业；积极推进大兴区国家农村宅基地制度改革试点。

（二）深化集体产权制度改革，扶持发展壮大集体经济。印发《关于坚持和加强农村基层党组织领导　扶持壮大村级集体经济的意见》，开展扶持壮大村级集体经济试点工作。深化集体产权制度改革，全市累计完成村级产权制度改革 3 922 个、占 99%；完成乡镇级产权制度改革 25 个、占 13%。全市 6 664 个乡村集体经济组织换发了农村合作经济组织登记证书。全面完成了全市 5 959 个清查单位的清产核资工作。积极推进集体产权交易市场建设，出台了《关于加大对本市农村产权流转交易市场扶持力度的若干意见》，截至 2019 年底，本市农村产权流转交易市场累计总成交额 143.5 亿元，成交宗数 1 039 宗，土地流转面积 25 万亩。

（三）推进农业农村创新创业。研究出台《关于促进返乡下乡人员创新创业的若干措施》，从政策层面为新农人创业提供支持和保障。举办第 5 届北京市农村实用人才优秀创业项目评选资助暨第 3 届农村创业创新创意大赛活动，选出 10 个农村实用人才优秀创业项目予以资助。加强农村人才队伍建设，市区两级共培训超 2.3 万人次，开展“千名干部科技人才进千村入万户”活动，首批选派 796 名干部科技人才对接服务。开展农民合作社规范提升行动，持续加大示范社培育创建力度。顺义区、平谷区成为全国农民合作社质量提升整区推进

试点。

（四）加强金融支持。截至2019年末，辖内中资银行涉农贷款余额2 482.2亿元，较2018年末增加183.6亿元，增长8%。市农担公司累计担保项目2.5万个，累计实现担保金额288.3亿元。其中，在保项目4 406笔，在保规模30.1亿元。安排7 708万元预算用于贷款贴息。试点推出犊牛养殖、瓜果及蔬菜育苗两个创新险种。政策性农业保险保费收入4.9亿元，保险金额126.8亿元，参保农户7.2万户次。全市简单赔付支出4.8亿元，简单赔付率98.3%。

五、着力改善农村民生，提升群众获得感

（一）千方百计促进农民就业增收。全年实现6.1万名农村劳动力转移就业。继续组织引导农村地区劳动力到城市公共服务类岗位就业，累计安置1.6万人。将低收入农户劳动力纳入就业困难人员范围，提高岗位补贴标准，由每人每年5 000元提高到8 000元。将城镇6类公益性岗位向农村延伸，托底安置农村就业困难人员0.9万人。倾斜帮扶重点建设和生态涵养地区就业政策资金，组织开展“就业援助月”“民营企业招聘周”“春风行动”等专项活动，将农村劳动力以及低收入农户等农村就业困难人员列为重点服务对象。

（二）扎实做好低收入帮扶。聚力做好收入未过标准线的2 021户低收入农户帮扶工作，“一户一策”制定精准帮扶措施。注重“造血式”帮扶，新安排产业帮扶项目192个。帮助2 981人纳入社会救助范围、796人参加医疗保险、1 058人按月领取城乡居民养老保障待遇，实现低收入农户“应保尽保”。低收入群众危房改造和农宅抗震节能改造工作全面推进，危房改造确定实施2 548户。进一步推进社会力量帮扶，实现234个低收入村结对帮扶全覆盖。低收入农户人均可支配收入达到15 057元，同比增长20.2%。

（三）提高农村基本公共服务水平。统筹资源、加快农村基础教育事业发展，以“一区一案”“一区一策”“一区一品”为抓手，引导乡村中小学和乡镇寄宿制学校发展，推动城乡义务教育一体化发展。继续推进农村幸福晚年驿站建设，新建成运营农村驿站52家，累计建成运营农村幸福晚年驿站312家。通过加强村卫生室建设、邻村覆盖和巡诊等方式，实现村级卫生服务全覆盖。城乡基础养老金和福利养老金发放标准人均每人每月增加95元，分别达到830元和745元，城乡最低生活保障标准家庭月人均提高100元，达到1 100元。

六、弘扬乡村优秀文化，促进乡风文明

（一）加强乡村文化建设。举办北京市2019年中国农民丰收节系列庆祝活动，各区共组织开展庆祝活动33项，其中，顺义区和房山区庆祝活动列入全国70地庆丰收全媒体直播活动。举办第30届北京市农民艺术节，围绕“京郊喜庆70年，乡村文化展‘京’彩”的主题，组织开展“乡村大舞台”群众文艺展演、乡村文化建设示范、乡村文化人才培养、诗画北京美丽乡村四大系列11项全市性活动。组织“美丽乡村·筑梦有我”大型新闻公益行动，开展“美丽乡村风景线”全媒体宣传推广活动。筹备搭建“北京乡村大舞台”网络版。充分发挥各涉农区115个首都文明乡镇760个首都文明村的示范引领作用，深化文明村镇创建活动，不断提升农村地区文明程度。推动建设77个乡情村史陈列室和144个精神文明宣传视屏。

（二）加强传统村落保护。列入中国传统村落名录村庄累计达到22个。加强传统村落保护发展规划编制工作，44个市级传统村落中，20个村规划通过审查。启动21个村传统村落志编纂工作，9个村建立了中国传统村落数字博物馆。制定了《北京市传统村落修缮技术导则》，启动了房山区水峪村、门头沟区灵水村传统村落整村保护修缮试点工作。

七、夯实基层基础，提升乡村治理能力

（一）加强党对基层组织的领导。扎实开展“不忘初心、牢记使命”主题教育，全市农村系统深入学习贯彻《习近平关于“三农”工作论述摘编》。圆满完成村“两委”换届选举工作，全市3 871个村党组织和3 640个村委会换届参选村全部完成换届选举，书记一次选举成功率100%，除320个村下派书记外，均实现了“一肩挑”，“一肩挑”比例达到91%，比上届提高26.7个百分点。扎实推进新时代文明实践中心建设，实现了区、乡镇、村实践中心（所、站）全覆盖。持续开展第一

书记选派工作，市区两级共选派了 431 名第一书记接力帮扶低收入村。集中梳理整顿新一轮 108 个软弱涣散村党组织。

（二）加强农村基层干部人才队伍建设。坚持能力提升与强化监督并重，重点在教育培训、管理监督、后备队伍建设等方面下功夫，大力培养适应乡村振兴需求的农村基层干部人才队伍。全年共培训村“两委”干部 4.2 万余人次。全面推广村干部个人重大事项报告、经济责任审计等监督管理办法，探索建立了村干部资格联审长效机制，做到“凡进必查”“凡提必查”“举报必查”。创新开展村干部学历教育，开设“村务管理专业”，2019 年录取 750 人。面向高校毕业生招聘 400 名乡村振兴协理员。

（三）加强乡村治理。完善党建引领“街乡吹哨、部门报到”和“接诉即办”工作机制，打通了基层治理抓落实的“最后一公里”。提高乡镇政务服务中心规范化、标准化建设水平，打造“一站式服务”综合服务平台，乡镇级政务服务事项实行“一窗式”综合受理模式。加强村级权力的有效监督，规范了“四议一审两公开”“三务公开”制度。深入开展扫黑除恶专项斗争，持续推进平安乡村建设，全市民主法治示范村（社区）达到 671 个。印发《关于建立和完善村规民约和居民公约工作的指导意见》。顺义区“村规民约”推进协同治理经验入选全国乡村治理 20 个典型案例。海淀区、平谷区被确定为全国乡村治理体系建设首批试点单位。

（万敏波）

大 事 记

2019年北京市农业农村大事记

1月8日 北京社会力量结对帮扶低收入村取得积极进展。按照北京市低收入农户帮扶“六个一批”工作措施中社会力量帮扶一批的要求，市委组织部、市农业农村局、市发改委、市国资委、市教委、市科委、市工商联、市统战部等部门积极组织中心城区及北京经济技术开发区、市属国有企业、市属高校、民营企业以及科技人员与低收入村开展结对帮扶工作。据统计，市委组织部向所有低收入村派驻了第一书记，6个中心城区和经济技术开发区与低收入村户较多的7个远郊区，50家市属国有企业与54个低收入村，23个市属高等院校与34个低收入村，75家非公所有制企业与104个低收入村，北京农学院、北京农业职业学院、北京市农林科学院等单位组织科技人员与136个低收入村进行了对接。此外，市区党政机关单位、事业单位、民主党派、区属国企、慈善机构等对低收入村开展帮扶，已有257家市、区级党政机关结对帮扶190个低收入村，32家区属企业结对帮扶30个低收入村；全市234个低收入村已经实现社会力量结对帮扶全覆盖。

1月12日 平谷区与呼伦贝尔市签署《现代农牧业战略合作框架协议》。双方将以“绿色协同发展、合作在路上”为主旨，通过信息互通、渠道共建，打造资源共享平台，推进两地产业、文化和旅游合作，实现共同富裕。1月12—14日，双方在平谷区举办呼伦贝尔市绿色优质农畜林产品展销推介会，展出面积2 000余米^2，涵盖优质产品展览展销、美食品鉴及体验、产销对接洽谈、民族文化展演等多项内容，实现优势产区和优质市场无缝对接，共60余家企业参展，展出产品7大类、356个品种。

1月18日 北京市积极打造全市首个田园综合体。项目位于昌平区东部，风貌管控范围北至京密引水渠、东接顺义区界、西邻崔阿路、南至小汤山现代农业示范园西园，涉及兴寿、崔村、小汤山3镇19个村庄。一期项目将整合昌金路沿线农业生态旅游资源，按照“一带、四园、六片区、多节点”总体布局，精心规划建设总长10千米、总面积14千米^{2}的田园综合体，集休闲农业、全域旅游、科普教育等多种功能于一体，呈现“林田交织、农庄镶嵌、艺术点睛、村园共荣”田园风貌，推动周边19个村庄产业升级，促进整个区域农业消费升级。项目于2019年启动，具体实施计划包括昌金路两侧各扩50米范围内的环境整治、沿线村庄农村人居环境整治、重点地块和节点的打造。

1月23日 副市长卢彦赴通州行政副中心调研农村食品情况。对通州区潞城镇大营村、七级村等村内小食杂店、超市和农村集市等进行现场调研检查，并提出要求：一方面，农村食品生产经营主体要加强食品安全第一责任人意识，从正规渠道进货，严格落实进出货台账制度，合法合规经营。另一方面，市、区、乡镇、村各级监管部门，要提高政治站位，以“四个最严”要求和首善标准，摸清全市农村食品生产经营主体底数，找准问题和对策，实施全覆盖督导检查和问题精准打击，将春节前重点专项整治和跟进监管长效机制相结合，保障农村食品的安全供应和有效供给，让人民群众过上一个吃得放心、安全的春节。

2月2日 中共北京市委农村工作委员会、北京市农业农村局召开工委委员扩大会议传达市委常委会会议精神，重点学习了习近平总书记2月1日视察北京、看望慰问基层干部群众的重要讲话精神和市委书记蔡奇在市委常委会上的讲话精神。2019年，将按照蔡奇提出的六点要求，重点抓好以下几方面工作：一是着力增加优质绿色农产品供给，推进“百村示范、千村整治”工程建设，切实改善农村人居环境，为新中国成立70周年庆祝活动和冬奥会、冬残奥会提供有力保障；二是切实增加农民收入，改善民生，补齐农村基础设施和公共服务设施建设短板；三是进一步维护好农村地区安全稳定，为首都的安全稳定奠定坚实基础；四是进一步强化作风建设，抓好大棚房清理整治、非洲猪瘟防控等重点工作；五是全面加强党对“三农”工作的领导。

2月25日　房山区窦店镇窦店村农村产业融合发展示范园入选首批国家级示范园。在全国100个村级入选单位中，窦店村是北京市唯一入选单位，其经验包括：一是探索多种产业融合模式。推进农业内部融合、延伸农业产业链、发展农业新型业态等多种形式，结合资源实际，探索农村产业融合商业模式，构建农业与二、三产业交叉融合的现代农业产业体系。二是培育多元化产业融合主体。探索农民专业合作社、家庭农场等在农村产业融合中发挥作用的有效途径，鼓励农民专业合作社发展农产品加工、销售，家庭农场开展农产品直销。三是健全利益联结机制。围绕股份合作、订单合同、服务协作等利益联结模式，建立龙头企业与农户风险共担的利益共同体，鼓励龙头企业带动合作社、家庭农场等经营主体形成经营组织联盟，让农民更多分享产业增值收益。

2月27日　副市长卢彦调研通州区村庄简本规划编制工作。实地察看了陈桁村、南小庄村环境整治情况，并出席了现场会。针对村庄简本规划对美丽乡村建设的重要作用，卢彦强调：一是推进美丽乡村建设背景下，编制简本村庄规划具有广泛的适用范围，有必要进行研究并推广；二是编制简本村庄规划必须要深入了解农民需求，发挥村支书作为村庄简本规划编制的第一责任人的作用，既能让农民看得懂，又具有可操作性，做到补短板、接地气、能复制；三是简本规划实施过程中，乡镇、村要做好任务的统筹，让农民在参与美丽乡村建设中解决实际问题，见到实惠，提高农民的获得感和幸福感。

3月4日　中共北京市委农村工作领导小组召开第一次全体会议。市委书记、市委农村工作领导小组组长蔡奇主持会议并讲话，市领导陈吉宁、林克庆、卢彦出席会议。会议审议通过了《中共北京市委农村工作领导小组工作规则》《中共北京市委农村工作领导小组办公室工作细则》《北京市“百村示范、千村整治”工程实施方案》《北京市涉农区党政领导班子和领导干部推进乡村振兴战略实绩考核意见》。蔡奇指出，市委农村工作领导小组是这次机构改革中新成立的议事协调机构，这是加强和完善党对“三农”工作全面领导的重要举措，是落实五级书记抓乡村振兴的具体行动。蔡奇强调，一要严格落实责任。市委农村工作领导小组要发挥牵头把总、统筹协调、推动落实作用。各组成部门要按照职责分工履职尽责，密切配合，形成工作合力。重要事项及时提交市委农村工作领导小组会议研究。市委农村工作领导小组办公室要配齐力量，做好服务，抓好领导小组议定事项的检查落实。二要继续深化改革。坚持以处理好农民和土地的关系为主线，围绕农村“三块地”，加大改革创新力度，推动城乡要素自由流动、平等交换，为农业农村现代化增添新动力。三要强化投入保障。在2019年过紧日子的情况下，依然要保障对“三农”的投入。加强对现有涉农资金的统筹整合，积极引导社会资本更多投向农业农村，集中力量把农村最该办的事情办好，不断提高农村基础设施和公共服务有效供给水平。四要加强队伍建设。各级党委要加强“三农”干部的培养、配备、管理、使用，培养造就一支懂农业、爱农村、爱农民的“三农”工作队伍。要把到农村一线锻炼作为培养干部的重要途径，形成人才向农村基层流动的用人导向。

3月4日　全市农村工作会议召开。中共北京市委书记蔡奇讲话，市委副书记、市长陈吉宁主持会议，副市长卢彦作工作报告。会议的主要任务是坚持以习近平新时代中国特色社会主义思想为指导，深入贯彻落实中央农村工作会议精神，研究部署全市“三农”工作。蔡奇强调，一要编制好村庄规划。落实乡村振兴五年规划，抓紧编制全市村庄布局规划和村庄规划，充分发挥规划的引领作用。二要大力整治农村人居环境。聚焦垃圾污水处理、厕所革命、村容村貌提升，抓好“百村示范、千村整治”工程实施。三要深化农业供给侧结构性改革。发挥大城市对农村产业发展的带动作业，主动适应市民对绿色和生态消费的需求。四要尽快补齐农村基础设施和公共服务短板。重点抓好污水处理、乡村道路、危房改造、农村公厕、公交客运等影响群众生活的基础设施建设。五要切实抓好低收入农户帮扶工作。坚持“一户一策”，一个都不能少。六要进一步完善乡村治理体系。推动党建引领“街乡吹哨、部门报到”改革向农村基层延伸。七要切实加强党对“三农”工作的全面领导。要强化对涉农区党政领导班子和领导干部推进乡村振兴战略实绩的考核，切实把五级书记抓乡村振兴的要求落到实处。各涉农区党政一把手要切实担负起领导“三农”的政治责任，当好“施工队长”。蔡奇要求，各级各部门都要牢固树立农业农村优先发展的导向，把“四个优先”要求落到实处。

3月6日 通州区全面启动农村人居环境提升和美丽乡村建设工作。一是村容村貌整治。按照“清脏、治乱、增绿、控污”要求，持续开展村庄清洁行动，重点做好“三清一改”工作；全面启动农村垃圾和生活污物治理、公厕改造提升、污水处理设施建设，3月完成工作方案编制。启动360个村违建、旱厕拆除工作，第一批112个村3月中旬完成拆除，其他村7月底完成拆除。二是规划方案管理。3月底前，基本完成《通州区农村人居环境及美丽乡村建设长效管护工作方案》编制、第一批112个村庄建设实施方案编制及审批，其余村庄6月底基本完成。2019年底前360个村基本完成村规民约制（修）订工作。三是生态环境建设。3月中旬完成第一批112个村黑臭坑塘沟渠治理工作，其余村庄9月底完成。开展村庄绿化美化，3月完成方案编制并启动实施；10月底完成112个村及其余部分村庄绿化美化工作。四是乡村振兴示范村创建。按照“产业兴旺、生态宜居、乡风文明、治理有效、生活富裕”创建目标，因地制宜、分类实施、集中连片地打造各具特色的乡村振兴示范村，4月底基本完成选定村庄的规划及方案编制并启动村庄建设。五是村庄软环境提升。开展挂账重点地区综合整治、村内照明设施改造提升，推进村史馆建设、农村优秀传统文化挖掘传承、传统村落保护、乡村旅游发展、移风易俗、文明家庭创建等工作，3月完成方案编制。启动美丽乡村建设产业研究和培育工作，年底前形成阶段性成果（注：“三清一改”工作，即清理农村生活垃圾、清理村域沟渠、清理畜禽养殖粪污等农业生产废弃物、改变影响农村人居环境的不良习惯）。

3月11日 中共北京市委农办第一次全体会议暨农村人居环境整治工作调度（视频）会召开。副市长、市委农村工作领导小组办公室主任卢彦主持会议。会议总结了2018年全市农村人居环境整治相关工作，明确了2019年工作目标。会议决定，市委农办将加强督促检查，采用一月一调度的方式，突出抓好10项重点工作的落实：一是聚力打造100个左右具有北京特色的乡村振兴“示范村”；二是平谷、大兴、顺义三个区各选一个村开展试点，集成、调整相关农业补贴政策，提高农业比较效益；三是各涉农区选取一个村开展房地一体宅基地使用权确权登记颁证试点，盘活利用闲置农宅；四是帮扶年集体收入低于10万元的集体经济薄弱村；五是农村用水指标要分解到区、乡镇、村，并做好考核工作；六是出台乡村民宿健康发展指导意见，重点破解管理中的问题；七是落实平原造林管护、规模化苗圃、山区营林招用本地农民不低于60%、50%、80%的要求；八是加强对11个乡镇统筹利用集体产业用地试点的督促指导力度；九是组织开展“千名干部科技人员进千村入万户”活动；十是农村人居环境整治工作各主责部门要盯住每个环节、每个时间节点，形成表单。会议要求，一要高度重视、提高站位，切实增强做好农村人居环境整治工作的责任感和紧迫感；二要问题导向、明确任务，全力推进农村人居环境整治年度重点工作；三要扎实推进、真抓实干，全面做好农村人居环境整治组织实施工作，强化责任落实，实现任务表单化管理。市委农村工作领导小组成员单位在主会场参会，各涉农区政府主管领导、区有关部门负责同志在分会场参会。

4月2日 北京市制定农业农村污染治理攻坚战行动计划实施方案。市生态环境局、市农业农村局联合印发《北京市落实〈农业农村污染治理攻坚战行动计划〉实施方案》(以下简称《实施方案》)。《实施方案》明确，到2020年，全市实现“一保两治三减四提升”的工作目标。“一保”：保护农村饮用水水源，确保农村饮水安全更有保障。“两治”：治理农村生活垃圾和污水，实现村庄环境干净整洁有序。“三减”：减少化肥、农药使用量和农业用水总量；其中，化肥、农药使用量比2015年分别下降28%、15%。“四提升”：农业面源污染造成的超标水体水质、农业废弃物综合利用率、环境监管能力和农民群众参与度得到提升；其中，规模化养殖场畜禽粪污综合利用率达到90%以上，农膜回收率达到80%以上，农作物秸秆综合利用率达到98.5%。《实施方案》部署了加强农村饮用水水源地保护、推进农村污水和垃圾治理、推动农业污染防治和提升农业农村环境监管能力四项重点措施。

4 月 12 日　北京世园会重大迁飞性害虫联合监测组成立。一是建立重大迁飞性害虫联合监测网。在河北、天津、内蒙古、辽宁协同建立 4 个迁飞性害虫联合监测点，每个监测点落实好灯具和监测人员，做到确保正常开灯、逐日监测和及时共享信息。二是建立信息沟通机制。北京、天津、内蒙古、辽宁、河北 5 省（区、市）通过联合监测微信群及时互通虫情、气象、防控等相关信息，第一时间掌握虫源地发生与防控信息，为做好联防联控提供最有利的技术支撑。三是建立应急防控机制。在做好迁飞性害虫联合监测的基础上，及时开展虫情预报预警，同时，做好应急演练、防控药剂、药械等各种应急物资的储备工作，迁飞性害虫一旦暴发立即按程序启动应急预案，最大限度减少迁入虫源。

4 月 18 日　低收入农户脱低存在问题整改工作调度会议召开。会上，各部门和各区分别对存在问题的整改措施进行了汇报。副市长卢彦出席会议并提出四点要求：一是要提高政治站位。把低收入农户帮扶工作作为重大政治任务来抓，深刻把握“打好三大攻坚战一项重点任务和率先全面建成小康社会硬任务”的工作定位，树立应有的工作责任感、紧迫感和使命感。二是要狠抓整改工作。要细化深化整改清单，明确整改任务及时限，不但要解决问题本身，还要研究解决问题背后反映出的体制机制和政策供给问题。三是要定期开展调度。市级层面年底前要召开 5 次调度会，各区也要相应开展不低于 5 次的调度。四是要加强部门协作。各部门要强化沟通反馈机制，加强数据交换、比对和信息共享，夯实精准帮扶基础；各部门要加强政策衔接，对产业项目评审、造林营林用工、培训就业、医疗保险、残疾人帮扶等方面存在的问题，会商研究解决。

4 月 26 日　北京市农业农村局强化四项保障措施，确保“一带一路”等三大国际性会议农产品质量安全服务保障万无一失。一是严格落实专人专岗、专区生产、专线屠宰、专区分割、专库存放、专车运输等“十二专”封闭管理规定，做到“精益求精”；二是强化生产关键环节全程管控，采取供前巡查与供中突击检查相结合的方式，对确定产品货源基地批次来源、储存场所、运输流转、实施点对点供应等各关键环节加大巡查检查，市区两级监管部门共出动 51 人次对 4 家企业及其外埠基地开展巡查、检查 17 次；三是落实产品批批检测，抽检 367 个样本进行监测；四是实行驻点监管的方式强化产品流转管控，严格签字放行，确保供应产品“万万无一失”。

4 月 30 日　北京市“菜篮子”市长负责制有效落实。根据市农业农村局的自评报告，按照“整体部署、分级分步”责任机制，2018 年全面实施新一轮“菜篮子”工程建设：一是在生产能力方面：①蔬菜生产。2018 年全市蔬菜（含食用菌）播种面积 54.0 万亩，产量 130.6 万吨，发放菜田补贴 2.5 亿元。②猪肉供给。2018 年生猪存栏 45.4 万头，同比下降 59.5%；出栏 169.4 万头，同比下降 30%；猪肉产量 13.5 万吨，同比下降 29.6%。二是在市场流通能力方面：①批发市场规划布局明确。出台了《北京市“十三五”时期农产品流通体系发展规划》，明确批发市场规划布局。②批发市场建设规范。参加考核的 2 个批发市场均实现科学规划、合理布局，功能区完善，制度健全，执行规范，收费合理，安全质量检测机构齐备。③零售网点密度基本合理。印发了《关于在“疏解整治促提升”工作中加强蔬菜零售网点建设的通知》等文件，目前已建有零售网点 9 129 个，覆盖 3 033 个社区。三是在质量安全监管能力方面，“菜篮子”产品质量安全建设水平逐年提升和肉类蔬菜追溯体系建设情况良好。成立北京市农产品质量安全监管工作领导小组，制定了《北京市肉菜流通追溯体系建设试点工作实施意见》等文件。截至 2018 年底，猪肉和蔬菜追溯节点分别达到 2 128个和 3 088 个，流通追溯覆盖率达到 86.9%。四是在调控保障能力方面：①健全和创新菜篮子工程调控政策。制定实施“菜篮子”产品生产扶持、市场流通、消费者补贴和应急预案等方面的调控政策并予以落实。②不断完善“菜篮子”产品储备制度。先后制定了《北京市市级重要商品政府储备管理办法》等，建立了包括猪肉、牛羊肉、鸡蛋、蔬菜、食糖、食盐、婴幼儿奶粉等生活必需品的政府储备制度。③建立了信息监测预警体系和信息发布平台。建立了“市区两级协调联动、生产—流通—消费全过程、全年 365 天不间断”的监测工作机制，覆盖 9 大类 61 个小类 2 400 多个品种，监测定点单位 1 254 个。五是在组织制度建设方面，“菜篮子”管理体系有序高效。成立了由市长任组长的北京市“菜篮子”工作领导小组，建立了北京市“菜篮子”市长负责制考核工作联席会议。各成员单位各负其责，牵头单位切实发挥领导责任，组织落实分工任务稳步完成。

5月9日 北京高校成立“引智帮扶”联盟。该联盟是北京各高校自愿组成的专业性、联合性、非营利性组织，旨在通过建立联盟平台协同更多高校及社会资源，实现信息共享、经验互鉴、优势互补、协同创新，将“引智帮扶”低收入村工作进一步做细做实、推向深入。会议研讨并表决通过了《北京高校“引智帮扶”联盟章程》，推荐并选举产生了联盟第一届理事会。北京农业职业学院作为理事长单位同时承担联盟秘书处工作职能。市教委、市农业农村局、部分低收入村和第一书记代表参加了会议。

5月12日 第七届北京农业嘉年华圆满闭幕。活动自3月16日开幕以来，安全、平稳、高效运行58天，举办各类主题活动81场，累计接待入园游客110.72万人次，实现收入4 300余万元；带动周边各草莓采摘园接待游客达253万人次，销售草莓195万千克，实现收入1亿元；带动兴寿、延寿、小汤山等6个镇民俗旅游接待游客55.72万人次，实现收入1.03亿元。第七届北京农业嘉年华累计实现总收入2.47亿元。

5月15日 2019年第三次农村人居环境整治调度会召开，副市长卢彦带队对全市农村人居环境整治工作进行拉练检查。调度会上，市农业农村局通报了农村人居环境整治整体工作情况，市水务局、市卫生健康委分别介绍了全市农村污水治理、户厕改造工作进展，集体观看了第二批美丽乡村创建村人居环境暗访视频。现场拉练分两组同时进行，分别查看了房山区十渡镇西太平村户、平谷区大兴庄镇良子村、周庄子村三村的户厕改造、污水治理、文化建设等工作情况。卢彦同志提出四点要求：一是坚决落实蔡奇书记最新批示要求，切实解决农民身边问题，确保农村人居环境整治成效。二是在时间、空间、广度、深度四方面做好文章，针对检查暗访中的问题逐项解决，确保9月15日前全市所有村庄达到干净整洁有序的标准，同时尽快建立健全长效管护机制。三是加快规划编制与审批、污水治理、厕所改造等工程推进。四是启动“百村示范”创建，聚焦政策，形成部门合力，打造首都乡村振兴示范村。

5月30日 副市长卢彦研究推进全市“四好农村路”建设工作。市交通委汇报了全市总体情况，房山区汇报了推进“村村通客车”工作情况。针对全市“四好农村路”建设中存在的乡村公路路面窄、养护补助资金标准偏低和部分建制村尚未通公交等问题，各参会单位依据职责提出了解决方案。卢彦同志要求：一是要进一步提高政治站位。“四好农村路”是习近平总书记亲自提出、亲自推动的一项民生工程，要从树牢“四个意识”、坚定“四个自信”、做到“两个维护”的高度来抓好落实。二是要加强横向联系形成合力。市交通委要与市农业农村局联合开展督导，促进各区进一步全面落实主体责任。三是要充分利用好“四好农村路”纳入绩效考核这个抓手，探索建立与工作成效挂钩的资金拨付模式，形成有效的工作激励机制。四是要坚持因地制宜原则，做好基础工作摸清底数，科学制定计划，严格按照时间节点推进工作。市发展改革委、市规划和自然资源委、市农业农村局、市财政局、市生态环境局和公交集团等单位参加会议。

6月2—6日 新任职村“两委”主要负责人示范培训班举办。中共北京市委组织部、市委农工委在北京农学院举办了全市新任职村“两委”主要负责人示范培训班。来自13个涉农区的新任职村“两委”主要负责人和区委农工委干部共200多人参加培训。培训班立足新任职村“两委”主要负责人的实际需求，安排了《习近平新时代中国特色社会主义思想》《美丽乡村建设形势与任务》专题辅导报告，产业政策、“三资”管理、乡村治理、党支部书记工作职责与方法和党风廉政教育等内容。培训采取集中授课、现场教学、分组讨论及视频教学等多种方式，结合热点问题设立了“如何当好村党支部书记”“乡村民宿发展”和“百村示范、千村整治”三个主题论坛。组织全体学员观看了《陈海涛为首的黑社会性质犯罪团伙覆灭记》，警示参训学员进一步树立法治观念，筑牢思想防线，坚守纪律底线。培训班要求参训学员以习近平新时代中国特色社会主义思想为指导，以开展“不忘初心、牢记使命”主题教育为契机，在推动乡村振兴上实现新作为、展现新担当。

6月10日 中共北京市委农工委、北京市农业农村局召开动员部署会贯彻全市“不忘初心、牢记使命”主题教育工作会议精神。会议要求，一是要认真学习贯彻习近平总书记在“不忘初心、牢记使命”主题教育工作会上的重要讲话精神，按照市委部署和蔡奇书记的讲话要求，结合首都“三农”各项工作业务实际，扎扎实实开展好主题教育。二是要牢牢把握主题教育的根本任务、“十二字”总要求、“五句话”具体目标和“四个贯穿始终”，切实抓好各项任务的贯彻落实。三是要把思想和行动统一到习近平总书记重要讲话精神和中央、市委的决策部署要求上来，坚持围绕中心，服务大局，把开展主题教育同国庆服务保障、实施乡村振兴战略和委局各项中心工作结合起来，以首善标准推进实施乡村振兴战略，建设美丽乡村，力争首都“三农”发展取得新成效。四是要切实加强主题教育工作的组织领导，加强对 30 个所属单位主题教育工作进行全程督导，确保主题教育质量高、成效实。

6 月 17—21 日　北京市农业农村局组织开展“2019 年放心农资下乡进村宣传周”活动。其间，围绕种子种苗、农药、肥料、兽药、饲料和饲料添加剂以及农机、农膜等重点品种，通过推广优质农资、组织现场咨询与培训、进一步加强监管执法、曝光典型案件等方式加大放心农资下乡进村宣传。全市共出动执法人员和技术人员约 1 500 人次，举办现场咨询 58 次，接待咨询群众 1.1 万人次，展销农资产品 35 台件、产品 0.1 万千克，印发明白纸、宣传资料 13 万份。

6 月 21 日　全市推进农村改水改厕工作现场会召开。上午参会人员实地考察了礼贤镇龙头村、魏善庄镇李家场村、安定镇杜庄屯村的改水改厕情况，下午在魏善庄镇政府会议室召开座谈会。会议首先学习了习近平总书记关于推进农村厕所革命的重要批示指示精神，传达了全国农村人居环境整治暨厕所革命现场会精神；大兴区、房山区、通州区汇报了本区改水改厕工作情况；市卫生健康委、市城市管理委、市水务局、市发展改革委分别汇报了户厕改造、公厕改造、污水治理、污水骨干管网建设等工作情况。

6 月 24 日　北京市农业农村局狠抓四项实措推进京蒙扶贫协作。为贯彻落实蔡奇同志对京蒙扶贫协作的相关要求，市农业农村局主要负责同志带领专业技术团队和农业企业赴乌兰察布市全面对接农业扶贫协作，推动各项举措落地：一是发挥北京农业科技和人才优势，帮助受援地确定新品种、新技术需求清单，重点援建土壤消毒、天敌应用、蜜蜂授粉等绿色防控体系，推广高效种养模式，构建土肥、植保、畜牧等技术人员进京培训和出京教学双向渠道，切实提升受援地农畜产品质量安全水平。二是进一步巩固中地乳业、二商大红门、大北农、万丰大地、凯达恒业等市农业龙头企业在受援地建设生产基地的成果，加大产业与就业扶贫力度，年底实现达产蔬菜 2 000 亩、奶牛 6 000 头、生猪 1 万头、农产品加工 35 万吨，通过利益链接带动当地贫困人口 230 人。三是发挥新发地的北京农产品市场流通主导优势，共享市场信息和客户资源，实现受援地农产品优质生产企业与北京流通企业有效对接，扩大马铃薯等受援地特色农产品在京销售量。四是加强受援地挂职干部团队的指导和交流，形成援建合力，设立农业扶贫项目台账，构建长效扶贫协作机制。

6 月 26 日　第三次北京市农作物种质资源普查与收集行动启动会召开。此次农作物种质资源普查与收集行动的主要任务是对 11 个涉农区开展粮食、经济、蔬菜、果树、牧草、绿肥等作物种质资源的全面普查。在门头沟、房山、大兴、平谷、怀柔 5 个农作物种质资源丰富的涉农区，进行系统调查和抢救性收集。此外，普查还将对征集和收集的种质资源进行鉴定评价和编目，建立北京市农作物种质资源数据库，对具有重要潜在市场价值的农作物种质资源进行开发，同时开展畜禽、水产遗传资源调研工作，推动北京现代种业发展。

6 月 28 日　北京市在全国率先实现绿控产品补贴政策落地。北京市农业农村局与北京市财政局联合印发了《北京市推广应用绿色防控产品工作方案（试行）》，标志着北京在全国率先实现了绿控产品补贴政策落地。具体补贴比例为：天敌产品补贴 90%，生物农药、理化诱控、授粉昆虫产品等补贴 50%，高效低毒低残留化学农药产品补贴 30%。目前，全市绿控补贴政策覆盖 12 个涉农区，登记在册的农户有 28 310 个，补贴覆盖面积达 43.07 万亩，其中，非化学农药应用面积占比达 70.45%。

7 月 3—10 日　“百村示范”村党支部书记培训班举办。为全面提高村党支部书记开展“百村示范”创建工作的能力素质，依托北京农学院组织开展为期 8 天的“百村示范”村党支部书记培训班，内容紧扣“产业兴旺、生态宜居、乡风文明、治理有效、生活富裕”五个专题。市委农工委书记、市农业农村局局长李志军进行了开班动员，强调要充分认识推进“百村示范、千村整治”工程的重要意义，切实增强培育创建“乡村振兴示范村”的使命感、荣誉感、紧迫感，发挥好实施乡村振兴战略的推进者作用。市委农工委副书记、市农业农村局副局长苏卫东同志对“百村示范”建设进行了政策解读。市规划自然资源委、市卫生健康委、市水务局、市城市管理委、首都文明办、市委组织部等市级相关部门分别就村庄规划编制、户厕、生活污水、乡村治理、基层党建等内容进行了讲解。中央党校、农业农村部、中国农业大学等专家教授讲授了乡村产业、特色培育、农村金融等专题内容。152个示范村书记、各区、镇有关同志共计173人参加。

7月4—12日 全市农村集体资产清产核资市级验收工作基本完成。北京市农业农村局开展了全市农村集体资产清产核资工作验收，在乡镇自查、区级核查的基础上，共抽查了14个区27个乡镇54个清查单位。从总体来看，各区对清产核资工作高度重视，较好地完成了各项任务，朝阳、房山、海淀、丰台、顺义和通州工作完成质量较高。各验收组向被验收单位现场反馈了验收结果，提出完善整改意见，后续将对个别区组织“回头看”，再次进行验收。

7月16日 副市长卢彦推进北京农林复合生态系统建设工作。邀请市农林科学院魏丹研究员作专题报告，以电视电话会议形式，与市农业农村局、市园林绿化局、市中医局班子成员和各区政府负责同志交流全市农林复合生态系统建设和可持续管理有关工作思路。卢彦强调：一是坚决贯彻落实习近平新时代中国特色社会主义思想，坚守“绿水青山就是金山银山”的理念，充分认识农林复合体建设的重要性和必要性，充分挖掘其对首都高质量、绿色发展和农民增收的作用潜力。二是要建立绿色低碳循环的农业产业体系，着力增加农民的经营性收入。三是要发挥首都科技人才优势，加大创新和技术推广力度，切实把科技成果写在京郊大地上、写在希望的田野上。四是各有关部门、各区要解放思想、创新思维，积极推动农林复合体建设，支撑首都实现绿色可持续发展。

7月20日 副市长卢彦赴通州区开展乡村振兴蹲点调研。实地察看了通州区张家湾镇烧酒巷村户厕改造生物一体化技术、“两上两下”发动群众推进农村拆违情况，西集镇南小庄村公厕改造、拆除私搭乱建后背房工作情况，并主持召开了农村人居环境整治工作调度会。卢彦强调，一是要提高认识，严格按照时间节点推进农村人居环境整治工作，以显著的工作成效迎接新中国成立70周年；二是要紧抓重点任务，加快村庄规划编制与审批、户厕和公厕改造、农村污水治理等工作进度，确保按计划完成全年各项任务；三是要全面加强“百村示范”创建工作，按照“一村一策”“一村一方案”的原则，明确创建思路和政策，同时加大市区统筹力度，集成相关支持政策，形成合力共同推进。

7月23日 落实全国非洲猪瘟防控政策部署会召开。北京市重大动植物疫情应急指挥部办公室、市农业农村局组织市发展改革委、市公安局、市财政局、市交通委、市城市管理委、市商务局、北京海关、市市场监管局、市园林绿化局等指挥部成员单位、各区农业农村部门召开全市视频会议，贯彻落实全国非洲猪瘟防控工作会议精神。会上提出，要以更高的政治站位担当起非洲猪瘟防控的责任。各区、各有关部门要切实贯彻落实好各项综合防控措施，不放松、不懈怠，切实做到防控力度不减、劲头不松、标准不降、目标不变，确保养殖业安全、市场供应和社会稳定。在做好非洲猪瘟防控工作的同时，还要高度重视高致病性禽流感、狂犬病、布病和炭疽病等人畜共患病防控工作，保障公共卫生安全；要以更严的工作标准落实好非洲猪瘟防控各项措施，做到“七个强化”，即强化驻场监管，强化全链条监测，强化部门联防联控，强化屠宰环节两项制度，强化生猪产地检疫，强化运输车辆的管理，强化病死猪无害化处理；要以更实的工作举措谋划好生猪产业发展。督促各区按照《北京市生猪产业优化提升发展方案》，研究本辖区生猪产业布局。加强对现有生猪规模养殖场的服务与指导，提振养殖者信心，进一步恢复生猪产能。同时，要求各区按照国办31号文件部署，严格动物防疫条件审查，着力抓好养猪场户特别是种猪场和规模猪场防疫监管。

8月1日 中共北京市委农工委书记、北京市农业农村局局长李志军调研检查农产品质量安全供应服务保障工作。李志军与班子成员陶志强一同赴房山区，现场调研检查了农产品质量安全服务保障工作运行、“十二专”管控措施落实情况，并与房山区、相关企业负责人就都市型现代农业高质量发展、农产品质量安全供应保障存在的风险等进行了深入的交流与沟通。李志军强调，2019年大事多、喜事多，供应服务保障工作要求高、任务重，农产品质量安全供应保障工作怎么重视都不为过，相关供应企业要以高度的政治站位和责任意识，坚守初心、勇担使命，严格落实“精精益求精、万万无一失”的供应保障要求，明责任、细梳理、抓落实、严管控，一丝不苟、毫不放松，将农业农村部门供应服务保障工作“产品质量安全零事故、供应保障零中断、服务保障零投诉”的好口碑保持下去。另外，李志军还调研了房山区非洲猪瘟的防控情况。

8月8—9日　扶持壮大村级集体经济试点评审会召开。按照中组部、财政部、农业农村部和北京市农村工作会议的要求，中共北京市委组织部、市委农工委、市财政局、市农业农村局联合印发了《关于坚持和加强农村基层党组织领导　扶持壮大村级集体经济的意见》及《关于开展扶持壮大村级集体经济试点工作的通知》，决定在全市开展扶持壮大村级集体经济试点工作。市委组织部、市财政局、市农业农村局共同组织召开扶持壮大村级集体经济试点评审会，逐一对9个区65个乡镇的93个试点申报村“一村一策”扶持发展方案进行了评审，提出了修改完善意见。下一步，各区将进一步完善实施方案，并组织各试点单位按照“一村一策”扶持发展方案落实相关工作，实现村村都有稳定的集体经济收入，力争到2020年底前，试点村年集体经营性收入超过10万元。

8月9日　第八届京承农业扶贫战略合作暨“承德山水”农产品区域公用品牌推介活动在京举行。现场达成53个项目合作意向，选择具有代表性的19个项目集体签约，投资和销售总额达22.63亿元。京承农业战略合作会议举办16年来，带动了一大批“叫响又叫座”的农业龙头企业和优质农产品品牌，实施合作项目160多个，总投资380亿元，到位资金200亿元，有效衔接了京承两地扶贫攻坚与农业发展、战略合作与消费扶贫，成为促进承德农民增收、更好满足首都农产品市场需求的重要载体。

8月19日　农村人居环境整治工作有序推进。一是推进工作责任落实，对第一批“千村整治”村庄回头看核查中保持效果较差的21个村党支部书记，第二、三批“千村整治”村庄中期核查中整治效果较差的20个乡镇负责同志进行约谈，并建立长效督导机制。二是聚焦工作重点，加快解决垃圾治理、污水治理、乱堆乱放、乱贴乱画乱挂等难点问题，抓紧抓实抓出成效。三是实施验收倒排期管理，确保环境整治效果，切实把长效管护工作落到实处，确保9月15日前第二批村庄通过环境整治验收（达到80分以上），第三批村庄达到干净整洁的要求（达到60分以上），全市所有村庄“干干净净迎金秋”。

8月21日　全市农资打假工作稳步推进。严厉打击种子（含种苗、种畜禽）、肥料、农药、饲料、兽药（含水产兽药）、农机产品等领域的生产经营假冒伪劣农资行为，坚决查处销售农作物种子未建立经营档案和无证经营兽药等案件，组织放心农资下乡进村宣传周，开展农资打假夏季百日行动和农资执法专项行动，切实保障农产品质量安全。截至7月底，全市涉嫌农资违法案件立案89起，办结案件55件，罚没款38.14万元。

8月21日　第三次无公害农产品认定终审会召开。市农业绿色食品办公室、市农业环境监测站组织召开本年度第三次无公害农产品（种植业、畜牧业）认定终审会。共收到评审材料93份产品308个，其中91份材料302个产品通过终审，并将由北京市农业农村局颁发无公害农产品证书。

8月27日　延庆区探索农业废弃物资源化利用新路径。一是政府引导推广。以“就地消纳、能量循环、综合利用”为主线，制定出台农业废弃物收集、加工、处置工作方案和补贴标准，扩大机械化收储范围、提升收集效率。二是企业积极参与。选定两家企业将农地秸秆、畜禽粪便等作为原料混合配比进行深层加工制作有机肥，上年度共消纳4万吨秸秆、15万吨畜禽粪便和1万吨园林废弃物。三是农民综合利用。按照政府补贴80%、农户自筹20%的标准鼓励农户增施有机肥代替化肥，改善土壤有机质含量，已完成有机肥配送5万吨，减少化肥使用5 500吨。

8月28日　全市多措并举加强农村基层组织建设。一是高标准完成村“两委”换届选举工作。截至7月，全市村共有3 871个村党组织和3 640个村委会完成换届选举，除320个村书记由上级机关下派外，其他村全部实现书记、主任“一肩挑”。“十不能”资格联审共审查4.99万人，取消村“两委”候选人资格1 874人。二是组织开展新一届村“两委”干部轮训。举办了全市新任村党组织书记、优秀村党组织书记、新任村委会主任示范培训班，培训人数1 700人次；指导各涉农区累计举办22批次培训班，培训人数6 886人次。三是持续选派第一书记。新选派217名第四批第一书记开展接力帮扶。四是加强村级后备人才培养。全国开设首个村务管理专业，连续两年共录取296人。在全国率先探索试点农村党建助理员队伍，共招录1 100余名农村党建助理员。采取“党校理论培训＋机关挂职锻炼＋好村拜师学艺”三步法培养模式，举办为期3个月的全市村级后备人才研修班。五是开展软弱涣散村党组织集中整顿。2017年以来，对225个市级软弱涣散村进行集中整顿，已有215个村实现转化，转化率达到95.6%。部署开展新一轮软弱涣散村整顿工作，计划于2020年底前实现全部转化。六是深入推进扫黑除恶专项斗争。建立村干部资格联审长效机制，深入剖析农村涉黑涉恶典型案例，探索建立村干部信访问题线索排查处置机制，及时解决一些苗头性、倾向性问题。

8月28—30日 全市农村宅基地政策培训班举办。为加强农村宅基地管理及闲置农宅盘活利用相关政策理论基础，进一步推进农业农村部门与规划自然资源部门的业务交流与衔接，促进宅基地管理人员队伍凝心聚力，市农业农村局举办了北京市农村宅基地政策培训班。培训期间，重点解读了北京市宅基地管理及闲置利用政策，并对下一步工作进行部署。同时，邀请了中共中央党校政法部、市规划与自然资源委乡村规划处、自然资源保护处的相关专家为参训人员进行授课。13个涉农区农业农村部门主管局长及科长、51个重点乡镇主管镇长及相关人员共80余人参加培训。

9月5日 京津冀蒙辽5省（区、市）迁飞性害虫区域联防联控工作协调会召开。会上，市农业农村局介绍了年内全市草地贪夜蛾等重大迁飞性害虫发生态势、“三道防线”建设工作的主要内容，并就“三道防线”建设工作中涉及河北省怀来县、固安县、涿州市和天津市武清区等外省市区域内的设备安装工作和联合监测点建设工作进行了协调部署。天津、河北、内蒙古、辽宁等地分别介绍了本地区重大迁飞性害虫防控工作情况，下一步将加强联防联控，促进区域性迁飞性害虫防控。农业农村部种植业管理司处长宁鸣辉、市农业农村局副局长马荣才、市农业农村局副局长苗冰松及相关省（区、市）植保部门负责同志参加了会议。

9月6日 中共北京市委农工委、北京市农业农村局保密工作检查考核结果为优秀。9月5日，市国家保密局副局长刘建华带队赴市农业农村局对保密工作开展专项检查，市委农工委书记、市农业农村局局长、委局保密委员会主任李志军与检查组一行进行了座谈交流。副巡视员、委局保密委员会专职副主任左晓波牵头组织迎检各项工作，办公室、组织处、质安处、应急处和兽医兽药处等处室进行了工作汇报。检查组查看了委局保密工作各项制度、记录等文件资料，并分组随机到南区有关处室实地检查了涉密文件管理、涉密电脑和非涉密电脑使用、定密管理等保密措施落实情况。检查组对委局保密工作总体评价较好，考核结果为优秀。

9月10日 北京市农业农村系统行政执法骨干人员集中专题培训班举办。为进一步提升全市农业农村系统行政执法规范化水平，提高基层执法人员综合素质，市农业农村局举办了行政执法骨干人员专题培训班。此次培训是市委农工委市农业农村局成立以来对系统行政执法人员的第一次集中专题培训，市委农工委委员王修达就全市农业农村系统行政执法现状、工作中存在的难点问题和下一步工作思路做了开班动员。培训班还邀请了市委党校、市司法局、市公安局等相关领域的专家和主管负责同志对依法行政与法治思维、行政执法“三项制度”及扫黑除恶形势政策等内容进行了深入解读。市级6个执法单位和16个区农业农村局法制工作负责人和执法骨干人员共计128人参加了培训。

9月19日 北京市农村土地承包经营权确权登记颁证、宅基地利用及农民培训工作部署视频会召开。市委农工委副书记、市农业农村局副局长苏卫东到会部署工作。市农业农村局农村土地承包管理处、宅基地管理处及13个相关区的区农业农村局和区经管站分管负责同志参加了会议。

9月22日 “中国农民丰收节”北京市庆祝活动举办。国务院副总理胡春华、农业农村部部长韩长赋、北京市副市长卢彦等同志出席了庆祝活动。根据农业农村部2019年中国农民丰收节庆祝活动的总体安排，市农业农村局会同顺义等相关区紧紧围绕“礼赞丰收·致敬农民·祝福祖国”的主题，以基层庆祝活动为主体、以农民广泛参与为导向、以农民满意为目标组织开展系列庆祝活动。全市系列庆祝活动从即日起至10月7日集中举办，市级活动主要包括世园会百蔬园主题活动等，基层活动主要包括顺义丰收节等33项特色活动，其他相关区、镇乡、村及农业园区等也将开展丰富多彩的庆祝丰收活动。

9月23日 第30届北京农民艺术节举办。本届活动由市委农工委、市委宣传部、市农业农村局、市文化和旅游局、首都文明办、市文联共同主办，自2019年秋分（9月23日）开始至2020年元宵节（2月8日）结束，以“京郊喜庆70年，乡村文化展‘京’彩”为主题，通过市、区、镇（乡）、村联动，组织开展群众喜闻乐见的文化活动。一是以丰富多彩的形式集中展示北京落实“乡风文明”要求、推进“乡村文化振兴”的生动实践，展现新型职业农民的时代风采；二是广泛搭建乡村群众欢庆丰收、祝福祖国、展演才艺、凝心聚力的文化舞台；三是激励培育乡村文化人才、挖掘传承“京韵农味”特色文化，不断丰富新时代文明实践，有效提高广大农民的获得感、幸福感，积极营造喜庆新中国成立70周年的浓厚氛围；四是与中国农民丰收节紧密结合，艺术化地呈现北京农民庆丰收、晒丰收、话丰收、享丰收、助丰收等特色活动，引导社会各界共同分享丰收喜悦。

9月25日 京津冀非洲猪瘟联防联控工作研讨会召开。为贯彻落实《国务院办公厅关于加强非洲猪瘟防控工作的意见》和《关于稳定生猪生产促进转型升级的意见》，深入开展京津冀三地非洲猪瘟联防联控和区域畜牧兽医事业协同发展，京津冀三地农业农村部门在京召开会议，交流生猪产业恢复发展和动物疫病防控经验，开展点对点生猪调运政策和兽药委托生产试点政策研讨。会上，三地就保产稳供及非洲猪瘟联防工作和生猪、生猪产品点对点调运监管机制进行了交流研讨。京津冀三地动物防疫监督管理、屠宰监督管理、兽药监督管理、动物卫生监督、动物疫病预防控制机构共计30余人参加了会议。

9月26日 北京市农业农村局五项举措防控草地贪夜蛾。一是明确防控目标，明确提出设立“三个区”防控布局、“两个避免”防控目标和“科学防控、主动防控、联防联控”的工作原则和举措。二是加强监测预警。建立专家研判机制，实行零报告制度。设置灯诱监测点70个、性诱监测点60个和昆虫雷达监测点1个。三是加强联防联控。召开京津冀蒙辽五省（区、市）区域联防联控工作协调会。四是加强宣传培训，共培训技术人员518人次，制作、发放彩页2.2万份，制作播出专题电视预报1期。五是采取桌面推演，开展应急演练，提高快速反应能力和实战水平。

10月9—11日 全市低收入帮扶专题培训班举办。培训期间，向参加培训的镇村干部发放了250余份低收入帮扶问卷，了解了基层开展低收入帮扶工作的情况、问题、意见与建议，并分区召开了工作研讨交流会。各区农委主管领导、48个乡镇主管乡镇长、低收入村书记、第一书记共计271人参加了培训。

10月10—11日 全市扶持壮大村级集体经济培训班举办。中共北京市委农工委副书记、北京市农业农村局副局长康森做动员讲话，市委农工委副书记、市农业农村局副局长苏卫东和农业农村部农村经济研究中心副研究员刘俊杰、北方工业大学经济管理学院院长赵继新等进行了专题授课。各区农业农村局主管领导、主管科长，各试点乡镇主管镇长和各试点村集体经济组织负责人近200人参加培训。

10月18日 全市农村人居环境整治工作现场调度会召开。会议通报了10月全市农村人居环境整治“回头看”各区排名，副市长卢彦主持了会议并听取了市相关部门及各区对农村户厕改造、农村危房改造工作的汇报，并实地检查了昌平区、顺义区农村人居整治情况。会议要求，一是持续推进，坚决巩固农村人居环境整治成果。建立健全常态化检查机制，每年3、6、9、12月对所有村庄进行全面核查，其余月份定期抽查。二是坚持问题导向，紧盯农村人居环境整治中存在的问题一抓到底。各区要聚焦农村污水治理、公厕建设、户厕和危房改造等重点，找准薄弱环节、找准问题、找准差距，抓落实、抓进度、扎质量。三是继续抓好“百村示范、千村整治”工程。“百村示范”是全面的示范、是“全能冠军”，要按照乡村振兴20字要求，切实抓好152个乡村振兴示范村的建设。

10月18—20日 第二十七届北京种子大会圆满举办。北京市在廊坊国际会展中心成功举办第二十七届北京种子大会，共有国内外670余家种子企业、120余家名优特农产品企业、100余家北京帮扶地区涉农企业参会参展，会期累计客流8万人次参展观摩。大会期间参展商种子、种苗交易、签约额近5亿元，成为北京现代种业发展成果展示窗口。

10月21日—11月8日 中共北京市委农工委、北京市农业农村局干部培训班举办。为加强处级及以下干部进一步深入学习习近平新时代中国特色社会主义思想和党的十九大精神，促进机关、局属单位干部融合交流，在中国人民大学组织开展了三期委局干部培训班，机关各处室、局属单位处级及以下干部共计400余人参加。培训班邀请来自中央党校、人民大学、农业农村部等的专家学者，围绕十九大以来相关党内法规、主体责任落实等内容进行系统、详细的讲解。其中，将党务专题作为第二期主要培训内容，机关各党支部书记或支委、局属单位全体党支部书记参加。

10月29日 副市长卢彦赴房山区集中调研户厕改造和“四好农村路”“村村通公交”工作进展情况。卢彦强调：一是在目标制定上要坚持实事求是，不能脱离实际，不能盲目推进。二是在落实过程中要尊重民意，绝不能做超越能力的承诺、超越实际的承诺。三是在工作方法上要坚持分类指导，在建设模式、清掏模式和治理机制上科学分类，有序推进实施。四是在工作进度上要坚持以质量为重，因上冻等天气原因不能施工的，要结合实际合理安排工期。

10月30日 大兴区入选第二批国家农业绿色发展先行区。按照农业农村部办公厅要求，2019年以区为单位开展国家农业绿色发展先行区申报创建工作，大兴区入选第二批国家农业绿色发展先行区。大兴区以“一体化、高端化、国际化”和“建设宜居宜业和谐新大兴”为目标，以京津冀协调发展和疏解非首都核心功能为核心，主动适应新形势新任务，以环境农业、高效农业、特色农业为重点，深入开展农业供给侧结构性改革，抓住农业“调、转、节”的关键节点，调整优化农业生产结构和空间布局，农业质量和效益进一步提升；开展煤改清洁能源工程，农村地区基本实现无煤化，空气质量进一步提升；开展农业废弃物资源化利用，改善了农村人居环境；实施农业生产减肥减药行动，农业面源污染得到有效治理；开展农业标准化生产，农产品质量进一步提高，农业绿色发展初见成效。下一步，大兴区将立足当地资源禀赋，开展农业绿色发展科技创新，探索符合区域特点和地方特色的绿色发展模式。

10月31日 北京市国资委和市农业农村局联手推进“一企一村”结对帮扶，重点推进10家市管企业结对帮扶延庆区11个低收入村。一是强化党建引领。按照扶贫先扶志的工作思路，与漠视群众利益工作整改相结合，落实帮扶责任，同时妥善处理好短期脱低与长期稳定脱低、线下与线上农户精准帮扶、脱低与致富、当前政策和2020年后政策的关系，持续促进低收入农户增收。二是建立调度机制。不定期通过实地调研、召开座谈等形式，有效督促10家市管企业深入开展帮扶工作。三是组织结对帮扶典型总结宣传。重点对延庆区香营乡聂庄村以党建为引领开展蔬菜种植园帮扶项目、珍珠泉乡庙梁村北京农商银行便利店、农产品一二三产融合发展帮扶模式等典型案例进行总结，加大宣传力度，提升社会力量帮扶工作水平。

11月4日 中共北京市委农工委、北京市农业农村局全面学习贯彻十九届四中全会精神。市委农工委、市农业农村局高度重视，第一时间召开工委委员会，集体学习《新闻联播》播发的《会议公报》，传达学习市委常委会扩大会议精神。一是落实主体责任，督促指导市农科院、北京农职院等系统单位，委局机关各支部和局属单位党组织本周内必须进行至少一次专题学习，切实把学习宣传贯彻好四中全会精神作为当前和今后一个时期的重要政治任务，抓紧抓细抓实抓好。二是全面系统深入学习宣传领会。按照市委常委会扩大会议明确提出的重点把握好8个方面，领导干部带头全面学、系统学、深入学，而且督促指导分管处室和单位学懂、弄通、做实，引导广大党员干部职工进一步坚定制度自信，自觉尊崇制度、严格执行制度、坚决维护制度。三是主动完善相关治理制度和体制机制，立足岗位扎实走好具有首都特色的乡村振兴之路。根据梳理《会议公报》中与“三农”相关的制度，重点查找相关治理方面存在的突出问题并科学分析原因、制定有效整改措施，与主题教育有机结合起来，与巡视巡察问题整改有机结合起来，与实施乡村振兴战略有机结合起来。

11月4日 副市长卢彦调度部署农村地区冬季清洁取暖保障工作。他强调：一是民生大于天，要进一步提高认识，思想上不能有丝毫放松，全力以赴、攻坚克难，确保全市农村地区冬季清洁取暖工作取得实效，农户安全温暖过冬。二是实现两个百分百到位，即设备安装及长效管控百分之百到位、费用补贴百分之百到位。三是按诉即办，第一时间处置，力争未诉先办，采取先行摸排等方式，将问题消灭在萌芽状态。四是科学谋划，精细摸排，坚持山区村庄改造政策和剩余平原地区村庄无煤化的工作要求，结合电力条件和海拔等实际情况，合理安排剩余村庄2020年冬季清洁取暖工作。

11月7日　中央环保督察第48项整改落实进展情况核查工作启动。为贯彻落实好11月1日市整改办中央生态环境保护督察有关情况介绍会中有关开展自查自纠活动的要求，扎实做好下一步中央环保督察反馈意见第48项整改落实迎检准备工作，市农业农村局牵头组织协调8个相关责任单位，对全市城乡接合部重点地区农村环境污染问题综合整改工作进展情况分专项进行核查。此次核查自11月7日起至11月15日结束，由各责任单位对照本部门任务分工自行组织安排。

11月7日　中共北京市委农工委、北京市农业农村局赴北京市高级人民法院开展专题调研。市委农工委委员王修达带领法制处、农村土地承包管理处赴北京市高级人民法院开展农村土地承包案件专题调研。调研组从农村土地承包制度的演变，北京市农村土地所有权、承包权、经营权的情况以及面临的主要问题等方面进行了详细介绍。调研组分别听取了基层法院涉农案件的审理情况、存在难点和主要问题，并围绕热点、难点问题与参会人员进行了深入交流、探讨，对各方提出的相关政策问题进行解答。北京市第一、第二、第三、第四中级人民法院，顺义、房山、大兴、怀柔、通州法院相关工作人员参加调研。

11月8日　全市非洲猪瘟疫情应急演练举办。本次应急演练由市农业农村局主办，以2019年农业农村部颁布的《非洲猪瘟疫情应急实施方案（2019版）》和《非洲猪瘟疫情应急处置手册（试行）》为蓝本，采取“现场演练＋室内同步观摩”方式，按照非洲猪瘟疫情应急处置全过程，分设7个科目进行现场演练，分别由顺义、平谷、密云、昌平、延庆、通州、房山7个区的动物疫情应急预备队根据抽签顺序承担。全市16个区农业农村局相关负责同志，各区动物疫病预防控制中心、动物备队人员参加并观摩了本次演练。中国动物疫病预防控制中心对本次演练进行了点评，并提出专业指导意见。通过此次演练，提升了全市动物疫情应急处置能力，为保障首都畜牧产业安全奠定了坚实基础。

11月12日　全市出台公共厕所建设成本控制标准。一是明确二、三类公厕建设改造成本控制标准，并作为成本控制上限，其中，城市二、三类公厕分别为7 000元/米^2、6 100元/米^2；农村二、三类公厕分别为4 600元/米^2、3 600元/米^2。二是明确一类公厕严格控制，确需建设的，由各区政府按照“一厕一方案、一厕一预算”严控建设成本的原则研究确定，并报市城市管理委备案。三是强化各区主体责任，加强源头管控，牢固树立“过紧日子”的思想，按照不高于全市标准的原则，制定本区公厕建设改造成本控制标准。四是加强绩效管理，各区应以绩效目标为导向，加强项目审核，对超标建设的一律不安排预算。

11月13—17日　中华人民共和国农业农村部检查组检查指导全市秋季重大动物疫病防控工作。农业农村部检查组通过座谈汇报、查阅档案、现场检查、实地抽样等方式，围绕秋季重大动物疫病集中免疫、非洲猪瘟防控、秋季“大清洗、大消毒”专项行动、疫病监测流调等，对全市秋季重大动物疫病防控工作进行全面检查。检查组认为，全市秋季重大动物疫病防控工作思想上重视，措施上有力，成效上明显，非洲猪瘟疫情总体平稳，有力地保障了世园会、国庆70周年等重大活动，也为全市农业农村社会稳定和谐发展发挥了基础性作用。

11月13日　“在那里”低收入产业帮扶推介会召开。组织汇集门头沟区马各庄村高山稻、房山区二站村蛋白桑茶等8个区的14种低收入地区特色农产品，由推介人对产业发展背景、带动低收入农户增收机制、产品特色和销售渠道等做现场介绍和宣传推介，还将涉及高端休闲民宿、专业合作社等为主题，是展示本市低收入产业帮扶成果的重要形式。自2016年以来，市级财政共安排9.6亿元专项扶持低收入村户特色优势产业项目725个，包括特色林果、特色种养殖、休闲旅游、农产品加工、分布式光伏、林下经济等，惠及全市3万低收入农户。

11月13日　北京市农林科学院获得植物新品种权明星育种科研单位称号。13日至15日，2019年植物新品种保护相关问题研讨会暨中国农业科技管理研究会植物新品种保护工作委员会年会在海南举办。会议就植物新品种管理与农业知识产权保护等主题进行了交流研讨并发布了“2018年农业植物新品种保护发展报告”和“中国农业知识产权创造指数报告（2019年）”。报告显示，北京市农林科学院2018年植物新品种权申请量、授权量位于国内科研教学单位第一，植物新品种权授权总量位居国内科研教学单位第二，获得了中国农业植物新品种培育领域“明星育种科研单位”称号。“京科968”位列玉米授权品种推广面积第三，获得了“百姓欢迎玉米授权品种”称号，市农科院玉米中心副研究员段民孝同志获得了“明星育种人员”称号。农业农村部科教司、种业管理司、农业农村部科技发展中心、中国农业科技管理研究会及中国农业科学院、中国热带农业科学院、省级农科院等单位的负责同志参加了会议。

11月14—15日 全市农村宅基地政策专题培训班举办。为贯彻落实《中央农村工作领导小组办公室农业农村部关于进一步加强农村宅基地管理的通知》《农业农村部关于积极稳妥开展农村闲置宅基地和闲置住宅盘活利用工作的通知》部署要求，市农业农村局举办了全市农村宅基地政策专题培训班。市委农工委副书记、市农业农村局副局长苏卫东做开班动员，13个涉农区农业农村部门、部分乡镇负责同志共100余人参加培训。

11月15—18日 北京展团参加第十七届中国国际农产品交易会。由农业农村部、江西省人民政府共同主办的第十七届中国国际农产品交易会（以下简称“第十七届农交会”）在江西南昌绿地国际博览中心举行。北京市统一组团参加了全国品牌农产品专场推介活动、数字农业农村发展论坛、中国农业品牌建设高峰论坛、“春华秋实话嘉年”农民丰收节与乡村文化发展论坛等多项重大活动。在展会期间，北京展团组织召开“2019年度北京农业好品牌”发布会并就8家企业品牌进行专题推介，展览期间参展企业现场开展贸易洽谈对接15次，展团总体贸易额达到3.63亿元。

11月18日 北京市·南荷兰省“未来都市供给和绿色发展”研讨会举行。副市长卢彦、南荷兰省省长雅普·斯密特出席了活动。研讨会围绕“城市农产品供给”“城市绿色发展”“城市创新发展”“在城市中农业与水的共生关系”四个主题进行了讨论。“未来都市供给和绿色发展”研讨会是积极响应习近平总书记在第二届中国国际进口博览会开幕式上的倡议：“共建开放合作、开放创新和开放共享的世界经济”和“加强创新合作，推动科技同经济深度融合，加强创新成果共享”，推动加强了北京市和南荷兰省在设施农业、农产品流通、都市安全供给和农业农村可持续发展等方面的互相了解与交流，对促进“北京·京瓦农业科技创新中心”等重点项目引入荷兰科研单位和企业、推动北京市和南荷兰省农业企业之间市场化的合作具有重要意义。

11月19日 农业农村部政策改革司督导全市农村土地承包经营权确权登记颁证工作。农业农村部政策改革司司长赵阳同志一行来京督导确权登记颁证工作并召开座谈会，在高度肯定全市工作后提出：土地确权登记颁证是党和中央布置的一项重要政治任务，是深化农村改革、处理好农民与土地关系的重要内容，务必高度重视，层层落实；确权颁证工作必须“稳”字当头，实事求是，积极开展，力争做到“应确尽确，应发尽发”。市委农工委委员王修达和农村土地承包管理处相关同志参加座谈。

11月22日 副市长卢彦赴北京农业职业学院就培养高素质农民工作开展调研。他强调：一是提高思想认识。培养高素质农民是落实乡村振兴战略，实现首都城乡一体化、高质量发展的重要支撑，对于加快林下经济、民宿旅游、设施农业等发展具有重要作用。二是创新方式方法。结合农村实际情况，充分利用周末、长假、农闲时间，通过夜校、深入田间地头、开展网上培训等方式，努力实现“农主读辅，农学交替”。三是培养核心能力。重点帮助农民增强懂技术、懂经营、善总结、善思考等方面能力，动员和组织农民做好农业农村工作，形成可复制、可推广的经验。四是强化政策支撑。根据生猪产业布局调整、新机场配套建设等重点工作科学制定培训计划方案，建立分布京郊各处的定点培训基地，切实提升农民素养。

11月26日—12月3日 全市农村人居环境整治工作接受国务院督查检查。国务院督查室农村人居环境大检查第一检查组对北京市农村人居环境整治工作开展情况进行检查。第一检查组对北京市农村人居环境整治工作开展情况予以高度肯定，指出北京市农村人居环境整治重点任务取得新进展、形成了一套行之有效的做法和机制；同时指出了存在的问题，对下一步工作提出了建议。

11月29日 中共北京市委农工委、北京市农业农村局学习贯彻市委十二届十次全会精神。市委农工委市农业农村局高度重视，第一时间召开工委委员会，将全会精神传达到党员班子成员，重点学习了全会决议、蔡奇同志所作说明和重要讲话精神。会议要求：一是切实提高站位，委局机关、各系统单位、各支部切实把学习宣传贯彻好全会精神作为当前重要的政治任务，通过领导干部带头学、系统学、深入学，督促指导分管处室和单位学懂、弄通、做实，引导党员干部积极思考，推进工作。二是全面深化认识。重在把握全会对于完善首都治理体系、提升治理能力的重要意义，立足首都城市战略定位，着力健全加强“四个中心”功能建设、提高“四个服务”水平的体制机制，积极构建更加有效的首都治理体系。切实抓好市委《实施意见》的贯彻落实，以制度建设的实际成效，为完善首都治理体系和提升治理能力作出贡献。三是结合实际研究谋划，全面贯彻落实。把党的十九届四中全会精神和此次市委全会工作部署，具体落实到实施乡村振兴战略、推进美丽乡村建设工作中去，切实完善首都“三农”各方面制度，更好地履行市委农工委和市农业农村局工作职责，全面提升首都“三农”的治理工作能力和水平。

11 月 29 日 副市长卢彦赴中国农业科学院国家农业科技创新园调研。他强调：一是北京作为世界级超大型城市，人多地少特征明显，要深刻认识首都农业发展形势，探索高效可持续发展方式。二是发展高效设施农业对于促进都市农业高质量发展、带动农民增收致富和保障首都市民“菜篮子”供给，都具有极其重要的意义，是首都农业未来发展的方向。三是设施农业是资本密集型和技术密集型产业，要加强金融政策引导，加大政府金融政策支持。要组建创新团队，发挥技术研发、物联互通、终端销售等机构各自优势，构建利益共同体，推动高效设施农业健康发展。四是抓紧研究本市高效设施农业发展思路及具体举措，在郊区开展高效设施农业试点工作，注重与城市管网等基础设施结合，降低运行成本，探索总结可复制发展模式。

12 月 9—10 日 中共北京市委农工委、北京市农业农村局参加全国南繁工作会议和全国现代种业发展工作会议。会议现场考察了南繁基地建设情况，并对全国南繁工作和现代种业发展进行了总结和工作部署，对全国农业植物新品种保护先进集体和个人以及南繁工作先进单位和个人进行了表彰。中国工程院院士袁隆平、中国农科院等作了典型发言，中央农办主任、农业农村部部长韩长赋出席会议并讲话。会前，市委农工委书记、市农业农村局局长李志军实地调研了市水产技术推广站文昌繁育基地、市南繁指挥部以及市农业技术推广站崖州繁育基地、市农林科学院玉米中心基地、乐东县黄流镇抱孔洋南繁核心区等，并就全市南繁在工作定位、顶层设计、统筹协调、育繁推转型发展等方面的工作提出了具体指导意见。

12 月 10 日 平谷区“医养联动”破解农村养老难题入选全国农村公共服务典型案例。通过邀请相关部门专家成立专家组，对报送案例进行初审、专家评审和实地调研核实，最终推出来自北京、上海、江苏等 14 个省（区、市）的 18 个典型案例，涵盖农村医疗、养老、文化、社会保障、留守儿童关爱、人居环境、基础设施等多个领域。其中，平谷区“医养联动”破解农村养老难题作为全市唯一入选的公共服务典型案例。

12 月 19 日 海淀区、平谷区被确定为全国乡村治理体系建设首批试点示范单位。试点期至 2021 年 12 月底，试点内容主要集中在探索共建共治共享治理体制、乡村治理与经济社会协调发展机制、创新现代乡村治理手段等方面。海淀区将围绕产权改革、社区治理、公共服务、换届选举等方面，解决一批实际问题；围绕党对集体经济的领导、集体经济组织内部治理、农村集体“三资”监管、回迁社区治理、乡村治理人才体制机制建设等补齐一批制度短板；围绕乡村治理的前沿问题开展调查研究，与区域内著名科研院所、高校形成长效合作机制，形成一批理论成果。平谷区已制定并印发乡村治理体系建设试点工作实施方案，将在完善乡村治理、改善生态环境、发展农村产业等领域结合具体事例进行探索与实践，已明确 8 个方面具体工作，包括实施村务中心、医养联动等具体项目 10 个，建设农村管理信息化平台等重点任务 7 个，并提出近 3 年的年度任务目标、牵头部门及责任部门，保障发挥试点镇村示范作用，总结形成可复制、可推广的平谷机制，推动乡村治理体系建设。

12 月 23 日 中智生物农业国际研究院落地平谷农业科技创新示范区。主要有三方面功能：一是聚集科创人才。由北京科技大学、北京首农集团、市农林科学院等 5 家生物农业领域优势单位共建发起，以平谷区作为主要研发创新和人才服务基地，与“京瓦中心”形成优势互补，持续提供生物农业领域顶尖人才供给、创新基地协同和成果转化，形成生物农业研发产业聚集地。二是聚焦科创服务。

聚焦生物农业领域科技创新需求，开展科学研究、技术创新和研发服务，以生物前沿技术、智慧农业与农业食品健康三大领域为主要研究方向，具体包括生物育种与种子技术科技创新与成果转化等7个具体创新方向。三是培育科创企业。第一期重点在玉米多控不育技术产业化、功能型作物品种和食品产业化等方向进行产业布局，与首农集团等企业开展技术授权和技术合作，推动成果双创孵化，打造一批具有核心技术的创新型研发企业。

12月23日　房山区现代农业产业园被认定为第二批国家现代农业产业园。2017年以来，农业农村部、财政部批准创建了114个国家现代农业产业园。近日，经绩效自评、认定申请、省级推荐、绩效评价和现场考察，创建成效突出、符合认定条件的房山区现代农业产业园等29个现代农业产业园被认定为第二批国家现代农业产业园。

12月24日　延庆区农村人居环境整治效果显著。一是持续整治村庄环境。围绕人居环境建设“1+8”工程（健全农村基础设施长效管护机制，治理乱堆乱放、规范垃圾处置等8项重点任务），整治各类环境问题7.76万处，拆除私搭乱建24.9万米^2，清理垃圾渣土643万米^3，完成户厕改造7 932处。二是宣传动员全民参与。通过印发《致村民的一封信》、在中小学校举办“小手拉大手”系列主题活动、在村内评选“最美街巷”“最美庭院”等，形成小家带大家、人人齐参与的良好氛围。三是统筹利用腾退空间。因地制宜补建休闲绿地、增设停车位、利用建筑废料砌筑防护坡等，完成留白增绿49个地块、7.91万米^2，让人居环境“惠”之于民。第一批120个村通过市级考核验收，第二、三批248个村验收成绩位居涉农区第一。

12月24日　中共北京市委农工委、北京市农业农村局全面学习贯彻市委十二届十一次全会精神。市委农工委、市农业农村局高度重视，第一时间传达学习市委十二届十一次全会精神，在市委农工委和市农业农村局上下统一思想认识，按照市委关于“十个方面”的统一安排部署，紧密结合首都“三农”工作实际，积极主动作为，以实施乡村振兴战略为总抓手，落实好五级书记抓乡村振兴的要求，逐一对标对表，对照全会确定的任务指标，抓重点、补短板、强弱项，高质量完成全面建成小康社会“三农”领域必须完成的各项“硬任务”。一是全面完成低收入帮扶任务，切实做到全面小康“一户都不能落下”。探索建立稳定脱贫长效机制。二是全面完成农业“调转节”既定目标任务。三是完成北京农产品绿色优质安全示范区建设。四是基本完成农村人居环境整治任务。五是全面加强农村改革创新。六是全面加强党的领导，大力提升乡村治理能力。

12月31日　北京市“一保、一推、三强化”深入推进农业农村污染治理攻坚战。一是保障农村饮水安全。划定乡镇级、村级集中式饮用水水源保护区282个、“千吨万人”以上农村饮用水水源地保护区65个。生活饮用水卫生监测网监测覆盖全市所有181个乡镇。二是推进农村环境治理。完成140个村环境综合整治工作和300个村的年度污水治理任务。累计完成非正规垃圾堆放点治理142处。完成公厕品质提升改造839座，农村户厕改造13.3万户。三是强化种植业污染防控。推广配方肥物化技术示范15.7万亩，带动推广专用配方肥料1.73万吨，覆盖面积64万亩；实施统防统治约420余万亩次；回收废旧地膜约1 620吨。四是强化养殖业污染防控。优化生猪养殖发展布局，引导规模养殖场完善升级粪污资源化利用设施装备，规模养殖场100%安装粪污处理设施。五是强化环境监管和政策保障。密云区和延庆区试点开展村庄空气质量、饮用水水质等监测。印发实施《关于进一步做好农村人居环境整治加强长效管护的工作方案》等，建立健全农村污染治理设施长效机制。

（王宇新）

乡　村　振　兴

综　述

2019年，北京市把握“大城市小农业”“大京郊小城区”市情农情，推进实施乡村振兴战略，“三农”领域实现了稳中求进、创新发展的格局。

村庄规划编制实现系统衔接。出台市区镇村四级乡村规划编制指导意见、导则，实现各级各类规划统筹管理和系统衔接。构建“三区四类”村庄发展体系，分类编制多规合一的实用性村庄规划，累计完成村庄规划编制成果2 255个，约占全市现状村庄数量的66.7%。

农村人居环境经过整治又有改善。实施村庄清洁行动，3 254个村庄环境整治通过考核验收，基本达到干净整洁有序的要求。推进“厕所革命”、污水治理、生活垃圾治理，完成公厕达标改造850座、户厕改造13.5万户，全市无害化卫生户厕覆盖率达到97.6%；完成300个村的污水治理任务；97%村庄的垃圾得到有效处理。实施“百村示范、千村整治”工程，确定152个村开展“百村示范”创建培育工作。

农村污染治理和生态环境保护有新推进。出台绿控产品和有机肥补贴政策，实施统防统治60余万亩次；规模养殖场粪污处理设施配套率达100%，粪污综合利用率达80%以上。128个村庄4.14万户完成冬季清洁取暖工作，清洁取暖户数比例达82%。完成上一轮搬迁工程收尾工作，组织实施新一轮山区农民搬迁工程，上年计划的772户1 939人搬迁任务已全面开工。

农业产业实现升级。统筹推进“北京农产品绿色优质安全示范区”和“国家农产品质量安全市”整体创建工作。“三品一标”认证覆盖率达86.9%，北京市自产农产品蔬菜、畜禽、水产品合格率分别为99%、99.3%、97.5%。实现非洲猪瘟疫病不蔓延不扩散目标，出台生猪产业优化提升方案，生猪生产实现止跌回升。

农业科技创新成果丰硕。推进平谷区国家农业科技创新示范区和京瓦农业科技创新中心建设。加快发展现代种业，选育与筛选新品种170个，研发新产品143项，引进与攻关新技术167项。全年种业产值15.1亿元，同比增长21.3%。

产业进一步融合发展。累计评选“北京农业好品牌”100个，全国“一村一品”示范村镇累计达到80个。推进休闲旅游业提档升级，平均观光园实现收入244.9万元，同比增长3.8%。国家级和市级龙头企业分别达到43家、108家。举办第七届北京农业嘉年华等系列农事节庆活动。

农村“三块地”改革持续推进。开展承包地确权登记颁证工作“回头看”，督导落实问题整改，确权村比例达到99%。继续抓好乡镇集体产业用地统筹利用试点。规范引导闲置农宅盘活利用3 697座。

发展壮大集体经济扶持政策落实。印发《关于坚持和加强农村基层党组织领导　扶持壮大村级集体经济的意见》，开展扶持壮大村级集体经济试点工作。深化集体产权制度改革，全市累计完成村级产权制度改革3 922个，占99%；完成乡镇级产权制度改革25个，占13%。有35个村级集体经济组织、8个乡级集体经济组织正在推动改革。

乡村创新创业蓬勃开展。研究出台《关于促进返乡下乡人员创新创业的若干措施》，从政策层面为新农人创业提供支持和保障。加强农村人才队伍建设，市区两级共培训超2.3万人次，开展“千名干部科技人才进千村入万户”活动，首批选派796名干部科技人才对接服务。

低收入帮扶成效明显。做好收入未过标准线的2 021户低收入农户帮扶工作，“一户一策”制定精准帮扶措施。注重“造血式”帮扶，新安排产业帮扶项目192个。帮助2 981人纳入社会救助范围、796人参加医疗保险、1 058人按月领取城乡居民养老保障待遇，实现低收入农户“应保尽保”。推进危房改造，确定实施改造2 548户。进一步推进社会力量帮扶，实现234个低收入村结对帮扶全覆盖。低收入群众危房改造和农宅抗震节能改造工作全面推进。继续开展扶贫协作和对口支援相关工作。低收入农户人均可支配收入达到15 057元，同比增长20.2%。

乡村文化建设方兴未艾。举办北京市2019年中国农民丰收节系列庆祝活动，各区共组织开展庆祝活动33项，其中，顺义区和房山区庆祝活动列入全国70地庆丰收全媒体直播活动。举办第三十届北京市农民艺术节，围绕“京郊喜庆70年，乡村文化展‘京’彩”的主题，组织开展“乡村大舞台”群众文艺展演、乡村文化建设示范、乡村文化人才培养、诗画北京美丽乡村四大系列11项全市性活动。筹备搭建“北京乡村大舞台”网络版。

传统村落保护纳入规划编制。列入中国传统村落名录村庄累计达到22个。加强传统村落保护发展规划编制工作，44个市级传统村落中，20个村规划通过审查。启动21个村传统村落志编纂工作，9个村建立中国传统村落数字博物馆。制定《北京市传统村落修缮技术导则》，启动房山区水峪村、门头沟灵水村传统村落整村保护修缮试点工作。

农村精神文明建设又有提升。推进新时代文明实践中心建设，实现了区、乡镇、村实践中心（所、站）全覆盖。充分发挥各涉农区115个首都文明乡镇、760个首都文明村的示范引领作用，深化文明村镇创建活动，不断提升农村地区文明程度。推动建设77个乡情村史陈列室和144个精神文明宣传视屏，推动乡情村史陈列室提档升级。

基层组织建设得到强化。开展“不忘初心、牢记使命”主题教育，全市农村系统深入学习贯彻《习近平关于“三农”工作论述摘编》。全市3 871个村党组织和3 640个村委会换届参选村全部完成换届选举，书记一次选举成功率100%，除320个村下派书记外，均实现了“一肩挑”。持续开展第一书记选派工作，市区两级共选派了431名第一书记接力帮扶低收入村。

农村基层干部人才队伍建设整体素质提高。全年共培训村“两委”干部4.2万余人次。全面推广村干部个人重大事项报告、经济责任审计等监督管理办法，探索建立村干部资格联审长效机制，做到“凡进必查”“凡提必查”“举报必查”。开设“村务管理专业”，全年招生范围扩大到13个涉农区，录取750人。面向高校毕业生招聘400名乡村振兴协理员。

乡村治理形成机制。完善党建引领“街乡吹哨、部门报到”和“接诉即办”工作机制。加强村级权力的有效监督，规范了“四议一审两公开”“三务公开”制度。深入开展扫黑除恶专项斗争，持续推进平安乡村建设，全市民主法治示范村（社区）达到671个。

（万敏波）

乡村振兴工作

【制定北京市乡村振兴战略规划】 认真落实《北京市乡村振兴战略规划（2018—2022年）》，北京市农业农村局和市发改委共同制定了《〈北京市乡村振兴战略规划（2018—2022年）〉重点任务分解落实方案》，包括构建乡村振兴新格局、建设美丽宜居乡村、推动乡村产业高质量发展、提高农村民生保障水平、繁荣发展乡村文化、完善乡村治理体系、完善城乡融合发展政策体系7个方面27项内容。

（张　宇）

【深入贯彻落实习近平总书记关于“三农”工作的重要论述重要指示精神】 2019年，北京市坚持以习近平新时代中国特色社会主义思想为指导，扎实推进实施乡村振兴战略，“三农”领域实现了稳中求进、创新发展的良好格局。北京市委、市政府始终坚持以习近平总书记关于“三农”工作重要论述和对北京重要讲话精神为指引，增强“四个意识”，坚定“四个自信”，做到“两个维护”，不折不扣抓好贯彻落实。市委常委会多次召开会议，学习贯彻习近平总书记关于“三农”工作的重要批示指示精神，研究落实中央一号文件、部署推进乡村振兴战略。深入学习贯彻《习近平关于“三农”工作论述摘编》《中国共产党农村工作条例》，推动乡村振兴战略在京郊大地落地生根，进一步形成生动实践。坚决落实习近平总书记关于“大棚房”问题、农村人居环境整治、规划和自然资源领域问题等重要批示指示精神，组建工作专班紧盯实抓，确保乡村振兴战略有序实施。

【加强对乡村振兴战略实施的组织领导】北京市委、市政府坚持把解决好“三农”问题作为今年首都诸多重大活动的工作基础，印发《关于落实农业农村优先发展扎实推进乡村振兴战略实施的工作方案》，召开全市农村工作会议部署工作。市委主要领导带头落实五级书记抓乡村振兴要求，担任市委农村工作领导小组组长，谋划推动乡村振兴战略实施。市委农办发挥工作统筹、推动落实作用，紧盯年度重点任务，坚持月调度，形成了全市工作合力。

【坚持把“四个优先”落到实处】优先考虑“三农”干部配备，从市区选派多名优秀年轻干部到乡镇任职；优先满足“三农”发展所需的土地、科技、人才等要素配置；优先保障“三农”资金投入，一般公共预算安排同比增长 1.2%，普惠性涉农贷款余额增长 14.4%（1—9 月）；优先安排农村公共服务，按照“七有”“五性”要求，大力推动就业、教育、医疗、养老等公共服务向农村地区延伸。

【强化对涉农区党政领导班子和领导干部推进实施乡村振兴战略的实绩考核】印发考核意见，明确 16 项年度考核指标，全面压实涉农区党政一把手责任。

美丽乡村建设

2019 年，北京市坚持城乡统筹发展，全面实施“百村示范、千村整治”工程，持续开展“村庄清洁行动”，全域推进农村人居环境整治，扎实推进美丽乡村建设。全市农村人居环境整治取得了明显成效，3 254 个村庄环境面貌基本达到干净整洁有序的要求，农民群众的获得感、幸福感、安全感明显提升。印发《关于加强农业农村扬尘管控工作的通知》，指导相关地区开展保护性耕作技术推广、农业领域留白增绿、耕地休耕试点等重点工作。印发《关于进一步加强农村可再生能源安全管理工作的通知》，对停用“两气”工程的报废拆除和太阳能浴室整改工作提出了具体要求。

（万敏波　田亦平）

【投入美丽乡村建设资金 52 亿元】2019 年，北京市加大美丽乡村建设资金保障力度，全年安排市级美丽乡村引导资金约 52 亿元，确保农村基础设施建设和管护资金需求。制定《关于印发〈美丽乡村建设市级引导资金管理办法〉的通知》，规范美丽乡村建设引导资金管理；基本摸清全市 3 000 多个行政村农村基础设施台账底数，为安排农村基础设施管护资金提供数据支撑。

（郑桐富）

【建立传统村落保护联席会议】2019 年，建立由 18 个市相关部门组成的北京市传统村落保护发展工作联席会议，编纂传统村落志，完善了数字博物馆，制定《北京市传统村落修缮技术导则》和《北京市传统村落保护修缮监督管理办法》，开展房山区水峪村、门头沟区灵水村传统村落整村保护修缮试点。

（胡建华）

【编制村庄规划】2019 年，是农业农村局配合市规划和自然资源委，把全市 3 381 个村庄区分成了城镇集建型、整体迁建型、特色提升型、整治完善型四大类，编制规划村庄 2 255 个，村庄规划编制完成率达到 66.7%；推进“百名规划师、百村示范行”活动，组成乡村规划师团队与“百村示范”村一对一对接。5 月，配合农业农村部在顺义区举办全国村庄规划现场观摩会。

（连旭）

【改造农村公厕 850 座】2019 年，北京市农业农村局推进“厕所革命”，升级改造农村公厕 850 座，农村地区三类及以上公厕比例达到81%；改造农村户厕13.5万座，全市无害化卫生户厕覆盖率达到97.6%。

（徐兴华）

【农村污水处理率达60%以上】 2019年，北京市完成300个村生活污水治理，全市农村生活污水得到收集处理的村庄达到1 506个，污水处理设施覆盖率达到41%，农村生活污水处理率达到60%以上。在房山区、通州区、大兴区等区5个村开展分散式一体化改水改厕试点，取得了平原村、山区村建设一体化粪污处理设施的成熟经验。

（赵锦一）

【农村人居环境治理】 2019年，北京市累计动员农村群众投工投劳200余万人次，投入各种机械、车辆130余万台次，累计清理农村生活垃圾200万余吨，清理村域沟渠3万余条（处），清理农业生产废弃物20万余吨，拆除私搭乱建1 100余万米^2，清理乱堆乱放乱贴乱挂130万余处，3 254个村庄环境面貌基本达到干净整洁有序的要求。

（郑桐富）

【建立农村人居环境整治月调度机制】 2019年，北京市建立农村人居环境整治月调度机制，市委农办主任、副市长卢彦连续11次调度工作。月调度工作坚持问题导向，采取现场拉练、播放视频资料、听取工作汇报等形式进行，督促工作落实，推进农村人居环境整治工作深入开展。

（郑桐富）

【开展农村人居环境整治考核8次】 2019年，北京市农业农村局制定《北京市农村人居环境整治考核验收评分标准（试行）》，重点对农村基础设施长效管护机制建设、公厕管护、农村生活垃圾治理、农村生活污水治理和村容整洁等5个方面进行考核。全年采取第三方考核验收评估形式，对全市3 254个村进行全面考核验收，累计组织各类核查8次，核查村庄8 000余村次，投入核查人员5 673人次；利用北京电视台、《北京日报》等媒体报道和内部通报等形式对问题情况进行曝光；以市委农办名义约谈3次、涉及39个镇65个村的主要负责人。

（郑桐富）

【“百村示范、千村整治”工程实施】 2019年，印发实施《中共北京市委农村工作领导小组关于印发〈北京市“百村示范、千村整治”工程实施方案〉的通知》。文件对全市范围内深入开展“百村示范、千村整治”工程进行全面部署，明确了总体要求、工作任务、保障措施。市委农办印发《关于印发“百村示范、千村整治”工程任务村名单的通知》，明确了152个“百村示范”创建培育村庄和3 000余个“千村整治”村庄名单，加快推进“百村示范、千村整治”工程落实。

（郑桐富）

【国务院督查农村人居环境整治】 2019年，国务院督查室农村人居环境大检查第一检查组对北京市农村人居环境整治工作开展情况进行检查。重点对北京市农村人居环境整治重点任务落实情况、做法和机制进行督查指导；同时指出了存在的问题，对下一步工作提出了建议。

（郑桐富）

【推进中央环保督察任务整改】 2019年，北京市落实中央环保督察整改任务，571个重点村中农村生活污水得到处理占比达到90%以上，环境卫生整治实现全覆盖，动态清理散乱污企业205家，工业大院、出租大院持续整治，城乡接合部农村地区村庄整体环境得到提升。

（赵锦一）

【指导涉农郊区村庄日常环境整治】 2019年，以京沪、京开、京港澳、京藏、京平等5条高速公路可视范围村庄、城乡接合部及重点旅游沿线村庄为重点，以建筑生活垃圾清理、街巷堆物堆料整治，污水管网和公厕等村庄环卫基础设施建设维护情况为重点，北京对13个郊区、131个乡镇、350余个行政村的环境整治情况进行实地检查指导，确保农村环境整洁有序。

（吴玥）

【开展“百村示范”村党支部书记培训】 7月3—10日、11月25—28日，以“理论授课、现场教学、座谈讨论、典型发言”相结合的方式，北京市农业农村局组织全市152个“百村示范”村党支部书记和所在乡镇主管领导，在北京农学院开展以“产业兴旺、生态宜居、乡风文明、治理有效、生活富裕”为主题的乡村振兴示范村村党支部书记培训班。培训班分两组赴陕西省袁家村、浙江省安吉县等地学习考察，提升“百村示范”村党支部书记的素质能力。

（徐兴华）

【京台科技论坛美丽乡村论坛举办】 8月29日，第二十二届京台科技论坛美丽乡村论坛在北京市经济技术开发区朝林广场成功举办。论坛主题为“农民组织与乡村振兴”。京台两地有关部门负责人、专家、农业企业、农民专业合作社代表 70 余人参加论坛。应台湾农训会邀请，10 月 21—27 日，市农研中心组织北京“三农”研究单位人员组成的京台乡村交流团一行 12 人赴台湾地区进行走访交流，了解台湾农民合作组织发展、乡村产业振兴、青年返乡创业等相关情况。

（李婷婷）

【开展“空心村”调查】10 月，北京市农村经济研究中心开展北京市“空心村”情况调查。课题组通过对全市 3 919 个村庄的数据分析，先后与北京市 5 个区 30 个镇开展座谈和实地调研，基本摸清全市“空心村”的现状及特点。

（季虹）

【“美丽智慧乡村”信息平台上线】2019 年，北京市城乡经济信息中心与北京歌华有线电视网络股份有限公司共同建设北京“美丽智慧乡村”信息服务平台，开展农村“三务公开”信息入户点播试点工作，农村居民能够通过机顶盒看到村情村务、政策宣传、办事指南等内容。该平台已在延庆区张山营镇、昌平区崔村镇八家村开通。截至年底，北京“美丽智慧乡村”信息服务平台发布信息 1 970 条，累计访问量 45.9 万次。

（张春林）

都市现代农业

综　　述

2019年，统筹推进北京农产品绿色优质安全示范区和国家农产品质量安全市整体创建，“三品一标”认证覆盖率达到86%以上。实现非洲猪瘟疫病不蔓延不扩散目标。出台生猪产业优化提升方案，生猪生产实现止跌回升。推进平谷区国家农业科技创新示范区和京瓦农业科技创新中心建设。大力发展民宿等新业态，促进一、二、三产融合发展。

（万敏波）

种　植　业

【粮食生产】 年内，小麦收获面积12.06万亩，较上年减少2.64万亩，减幅18.0%；小麦亩产365.7千克，较上年亩增产7.9千克，总产量4.4万吨。秋粮收获面积57.5万亩，较上年减少10.7万亩，减幅15.7%；其中，玉米50.5万亩，较上年减少9.6万亩，减幅16%，其他杂粮杂豆7万亩，基本与上年持平。

（赵朔）

【蔬菜生产】 年内，蔬菜（含食用菌）播种面积46.76万亩，比上年减少7.26万亩，减幅13.44%；蔬菜产量111.45万吨，比上年减少19.1万吨，减幅14.63%。据遥感监测显示，全年菜田占地面积39.7万亩，比上年减少5.3万亩，减幅为11.8%；其中，设施占地面积28.65万亩，比上年减少3.16万亩，减幅为10%。

（赵朔）

【创建绿色高质高效示范区】 年内，继续在房山区开展示范创建工作，编制项目实施方案，确定全区创建面积5.5万亩，实施核心区2 900余亩、示范区5 623亩、推广区6 236亩，其余为辐射带动区。

（许晓东）

【建立特色蔬菜示范基地26个】 年内，建立苹果青番茄、北京刺瓜、鞭杆红胡萝卜等10种特色蔬菜示范基地26个，示范面积320亩，年供应量达38.4万千克，较上年提升10.0%，辐射推广1 200余亩。

（徐进）

【创建粮经作物种植示范区】 年内，制定《2019年北京市绿色高质高效行动实施方案》，创建粮经作物种植示范区。以谷子、甘薯、鲜食（青饲）玉米、小麦为主实施规模化种植，打造核心示范区1万亩，辐射带动周边11万亩。

（潘望）

【“大棚房”问题专项整治基本完成】 年内，制定实施《关于建立完善长效监管机制严防“大棚房”问题反弹的意见》《关于开展“大棚房”问题专项清理整治行动“回头看”的函》，建立并严格落实市、区、镇（乡）、村四级巡查制度。完成设施农业台账数据采集工作，共采集13个区、173个乡镇、1 988个村的213 928栋设施的信息，建立北京市设施农业数字台账，核心指标包括建设主体信息、经营主体信息和设施属性信息。完成设施农业台账信息采集平台、管理平台以及可视化平台的建设。

（许晓东）

【农业领域留白增绿】年内，《北京市 2019 年农业领域留白增绿工作方案》印发。对拆违腾退土地中涉及永久基本农田和新增耕地的地块，通过种植农作物和观赏性作物，实现生态绿色覆盖。全年农业领域留白增绿计划任务为 330 公顷，实际完成 359.96 公顷，超额完成面积 29.96 公顷。

（胡玉根）

【实施有机肥补贴政策】年内，市农业农村局、市财政局联合印发《北京市推广应用有机肥工作方案（试行）》。方案实施有机肥补贴政策，并将工作机制调整为结合各区特色的自主遴选方式。

（何威明）

【建设高标准农田 2 万亩】年内，完成 2 万亩高标准农田建设，建设内容主要包括土地平整、土壤改良、灌溉与排水、田间道路工程、农田防护与生态环境保持、农田输配电、高标准农田综合效果监测等。

（贺建德）

【耕地土壤环境质量分类管理】年内，市农业农村局会同市生态环境局在完成北京市土壤污染状况详查基础上，完成全市农用地土壤环境质量类别初步划分。全市 13 个区全部建立了耕地土壤环境质量分类清单。涉及受污染耕地的区同步制定并实施了受污染耕地安全利用工作方案。对各相关区受污染耕地的安全利用工作进行了年度评估。

（黄斌）

【补贴粮田 46.8 万亩】年内，印发《2019 年北京市耕地地力保护补贴的实施意见》，补贴粮田面积 46.8 万亩，受益农户 14.6 户。

（潘望）

【肥料合格率达 95.8%】年内，全市抽检有机肥料、有机—无机复混肥料和水溶肥料样品 71 个，整体样品合格率为 95.8%，比上年的 91.1%上升了 4.7 个百分点。

（何威明）

【化肥总用量约 2.52 万吨】年内，印发《2019 年北京市化肥农药减量和农膜回收工作方案》，制定《北京市推广应用有机肥工作方案（试行）》，实施推广应用有机肥补贴政策。全市化肥使用量（折纯）约 2.52 万吨，测土配方施肥技术覆盖率达到 98%，肥料利用率提高到 40.2%。推广配方肥物化技术，复混肥、缓释肥和水溶肥等专用配方肥示范面积达 15.7 万亩，带动全市推广专用配方肥料 1.73 万吨，覆盖面积 64 万亩。创建化肥减量示范点 34 个，示范面积 12 万亩，推进农企合作推广配方肥，依托新型农业经营主体和社会化服务组织开展化肥减量增效服务。

（胡玉根）

【农膜回收率达 82%】年内，印发《2019 年北京市化肥农药减量和农膜回收工作方案》，采取以旧换新、推广应用加厚地膜、自主回收等方式，全市共回收废旧地膜约 1 620 吨，发放新膜（≥0.014 毫米规格地膜）约 707.8 吨，农膜回收率达到 82%。

（胡玉根）

【重大迁飞性害虫防控】年内，印发《关于加强草地贪夜蛾监测防控的紧急通知》《北京市草地贪夜蛾、草地螟等重大迁飞性害虫防控工作方案》，成立“草地贪夜蛾、草地螟等重大迁飞性害虫防控工作领导小组”，组织开展科学防控、主动防控、联防联控。通过布设防控缓冲区、重点阻截区、核心防控区三道防线，建立北京、天津、河北、内蒙古、辽宁等五省（市、区）迁飞性害虫联防联控工作机制和市区双向虫情通报机制，加强虫情监测和田间普查，组织全市应急防控演练等措施，实现了早发现、早预警、早处置目标，未对全市农业生产和重大活动举办造成不利影响。

（董杰）

【共有蔬菜病虫害绿色防控基地 93 家】年内，全市正常生产运营的蔬菜病虫害全程绿色防控示范基地共计 93 家，覆盖面积 2.9 万亩。在绿控基地内，重点推广应用覆盖蔬菜产前、产中和产后全过程的“蔬菜病虫全程绿色防控技术体系”，具体包括残体无害化处理、棚室土壤消毒、色板诱杀等 20 余项绿色技术，基地绿色防控技术使用率 100%，绿色防控覆盖率 100%，产品农药残留检测合格率 100%，专业化统防统治比例达到 80%以上，平均施药次数减少 5～13 次，减少化学农药用量 27%～42%。

（曹金娟）

【农药总用量约 360.7 吨】年内，全市化学农药总用量（折百）约 360.7 吨；农药利用率提高至 44.2%；农作物病虫害绿色防控覆盖率提高至 64%；主要农作物病虫害专业化统防统治覆盖率提高至 49.18%。制定《北京市推广应用绿色防控产品工作方案（试行）》，发布病虫害绿色防控产品推荐名录和补贴名录，实施绿控产品补贴政策。推进统防统治工作，开展以全程绿色防控为核心的植保专业化服务，全年开展统防统治420余万亩次。

（胡玉根）

【**制定天敌产品质量检测规范**】年内，北京市植物保护站制定了《北京市天敌及授粉昆虫产品质量检测规范》，包涵寄生性天敌、捕食性天敌、授粉昆虫在内的共13类天敌品种的产品质量检测标准，并在全市推广应用。

（尹哲）

【**开展天敌产品质量检测**】年内，北京市植物保护站首次在全市开展生物天敌产品质量检测工作。对进入《北京市2019年农作物病虫草鼠害绿色防控产品补贴名录》的24个天敌产品和15个授粉昆虫产品进行了不定期抽检和企业送检。全年共检样品966个，受检样品总体质量较好。

（尹哲）

【**新建植物诊所35家**】年内，全市7个区新建35家植物诊所，北京市植物诊所达115家。2019年112人获得植物医生资质证书，全市植物医生人数达到650人。全市诊所共开具处方46 591个，服务覆盖13个区，1 231个村，基本覆盖京郊主要农作物品类。

（乔岩）

【**“北京农业好品牌”遴选**】年内，北京市完成26个品牌“北京农业好品牌”遴选任务，全市累计达100个。

（赵浩森）

【**农作物品种标准样品信息系统获批**】1月8日，农作物品种标准样品信息管理与应用系统通过国家版权局的审查，获得国家版权局颁发的《计算机软件著作权登记证书》。该系统是关于品种信息管理与应用的系统，包含品种的基本信息、DUS形态数据、DNA指纹信息、典型的形态图片和使用管理记录等模块；主要用于农作物品种信息化管理，可对品种表型和DNA指纹信息进行检索和比对，可实现品种信息网络共享与应用。

（吴明生）

【**农作物品种审定和登记**】4月28日，北京市农作品种审定委员会主任委员会第一次会议召开。共24个主要农作物品种通过审定，其中，小麦2个、玉米19个、大豆3个。全年共受理品种登记841个，涉及马铃薯、甘薯、谷子、大麦（青稞）、高粱、向日葵、油菜、大白菜、结球甘蓝、辣椒等共计17种作物；已获得登记品种211个。

（任辉霞）

【**实施绿控产品补贴政策**】6月26日，北京市农业农村局、北京市财政局联合印发《北京市推广应用绿色防控产品工作方案（试行）》，绿控产品补贴比例分别为天敌产品90%、生物农药及理化诱控产品50%、高效低毒低残留化学农药30%。

（张群峰）

【**举办第二十七届北京种子大会**】10月18—20日，第二十七届北京种子大会在廊坊国际会展中心举办，共有国内外670余家种子企业、120余家名优特农产品企业、100余家北京帮扶地区涉农企业参会参展，会期累计客流8万人次参展观摩。大会期间参展商种子、种苗交易、签约额近5亿元。

（任辉霞）

【**农作物种子企业达265家**】全市共有持证种子经营企业265家，比上年增加16家，其中，部级发证29家（育繁推一体化2家、外资8家、进出口18家、转基因棉花1家）、市级发证39家（其中育繁推一体化企业11家）、区级发证197家。

（刘丹丹）

畜牧业

【**畜牧业发展**】年内，全市肉类总产量5.14万吨，鸡蛋产量9.62万吨，生鲜乳产量26.41万吨。生猪、牛、羊、家禽出栏量分别为28.36、4.18、22.62、1 113.03万头（只）；全年生猪、牛、羊、家禽存栏量分别为13.19、8.11、16.87、974.77万只。全年饲料总产量155.6万吨，其中，配合料产量95.3万吨，浓缩料21.6万吨，添加剂预混料16.6万吨，总产值82.5亿元。

（张保延）

【**生猪产业优化提升发展**】制订《北京市生猪产业水影响评价审批流程及注意事项》，保障各区生猪养殖场用水指标。制定《生猪养殖场建设规范》

《生猪养殖场生物安全防控规范》《北京市生猪产业优化提升项目实施意见》等文件，引导各区建设具备完善的粪污处理设施、高生物安全防控水平的现代化生猪养殖业。

（张保延）

【畜禽粪污资源化利用】印发《关于进一步加强中央财政畜禽粪污资源化利用项目管理的通知》（京政农发〔2019〕116号），提升规模养殖场污染处理设施装备配套率和粪污综合利用率。印发《关于进一步加强畜禽养殖大户污染防治工作的通知》（京政农发〔2019〕90号），排查辖区畜禽养殖大户污染隐患，建立养殖大户污染防治台账，针对存在污染隐患的养殖大户提出整改措施并引导其实施整改。2019年底，全市粪污处理设施装备配套率已达到100%，粪污综合利用率达到87%以上。

（张保延）

【畜禽产品质量安全专项整治】继续在全市范围开展畜禽产品专项整治工作。畜产品监管工作实现3个100%，即私屠滥宰、注水或注入其他物质和定点屠宰企业违法违规等行为的查处率达到100%；畜禽定点屠宰企业被监督检查率达到100%；畜禽定点屠宰企业产品被抽检率达到100%。开展“三鱼两药”专项整治，实现阳性样品100%立案查处；畜禽、水产品例行监测合格率达到97%以上。

（张保延）

【奶业和饲料行业管理】年内，继续开展饲料、养殖环节“瘦肉精”、生鲜乳专项整治行动，加强行政管理和监督执法联动，推进行政管理和监督管理规范化、制度化和长效化。奶畜养殖场、生鲜乳收购站、运输环节质量安全专项监测合格率100%，养殖环节“瘦肉精”抽检保持“零检出”。

（张保延）

【畜禽屠宰行业监督管理】开展生猪等畜禽屠宰资格审核清理活动，关停三证不全（屠宰证、防疫证、排污证）和不符合发展规划、设立条件的屠宰场点。完成屠宰企业基础信息数据实时在线更新，全面建立管理台账和电子信息档案。印发《北京市农业农村局关于落实屠宰环节非洲猪瘟检测工作的通知》（京政农发〔2019〕45号），完成猪尿、牛羊尿样本6 500份的检测任务，协助采集药物残留等风险监测样品120份。

继续抓好生猪屠宰环节非洲猪瘟自检和官方兽医派驻两项制度专项行动。做好农业农村部畜禽产品质量安全例行监测采样工作，抓好畜禽屠宰监管“扫雷行动”“排查整治违法屠宰行为”等系列专项治理行动，打击私屠乱宰。落实病害猪损失补贴和无害化处理补贴资金，保障上市肉类产品质量安全。2019年底北京市有生猪定点屠宰企业9家，分布在7个区，年屠宰能力1 300万头，2019年度屠宰生猪21万头，年营业收入146亿元。

（张保延）

【登记备案畜禽养殖场达239个】截至2019年底，全市满足条件并进行登记的畜禽养殖场（小区）共有239个。在已登记的规模畜禽养殖场（小区）中，登记未备案的规模畜禽养殖场（小区）有45个，标注进行备案的畜禽养殖场（小区）有194个。登记的畜禽养殖场（小区）中200个持有动物防疫合格证，持证占比83.68%；239个有地理GPS定位记录，比例为100%；配备雨污分流、干湿分离设施的有204个，资源化利用的有234个，参与政府和自筹建设项目的有187个。

（赵有）

【新增种猪个体登记头数5.02万头】年内，新增种猪个体登记头数5.02万头，累计达345.23万头；新增达100千克体重日龄有效记录数1.20万条，累计达46.80万条；新增达100千克体重背膘厚有效记录数1.20万条，累计达46.55万条；新增产仔窝数0.49万窝，累计达42.10万窝。种猪品种登记和性能测定主要涉及大白猪、长白猪和杜洛克三个品种。

（赵有）

【新增猪SNP检测技术参考群633头】年内，本市开发了自主知识产权的猪SNP检测技术。新增大白猪参考群350头，达到5 233头；新增长白猪参考群283头，实现零突破。加大猪基因组选择推广应用力度，新增基因组选择示范点2个，达8个，评估种猪1 018头，累计达4 123头。

（赵有）

【畜禽种质资源监测】年内，本市种猪精液质量监测：共抽检种公猪14个批次292头次，种公猪常温精液产品合格率为100%，各项检测指标均达到国家标准要求。种猪活体质量监测：检测种猪197头，种猪氟烷基因频率为0.5%，为开展该项工作以来氟烷基因频率最低的一年。奶牛生产性能测定：测定奶牛3.95万头，参测奶牛群的305天产奶量为9 567.11千克，较上年同期增加了291.37

千克；生鲜乳质量保持高水平，多数指标好于同期，体细胞数为19.40（万/毫升），连续2年维持在20（万/毫升）以下；乳脂率4.04%，提高了0.04个百分点；乳糖率5.16%，提高了0.04个百分点；干物质13.29%，提高了0.02个百分点；乳蛋白率为3.35%，与上年同期持平。母猪繁殖生产性能监测：对家规模化猪场进行抽样，获取1 083头母猪繁殖生产数据，使用繁殖管理记录卡1 000份，平均窝产仔数、平均断奶仔猪头数、仔猪成活率分别为10.98头、9.88头、92%。

（赵有）

【畜禽种质资源库建设】年内，本市共采集入库北京鸭、北京油鸡等品种遗传物质310份；赛马入库血清227份，湖羊血样28份；种公牛冻精220支，累计总样本量达到1.2万份，全年采集有效监测数据近5万条。全年共输出纯血马、北京油鸡、北京鸭样本30份。

（赵有）

【地方畜禽品种保护管理】年内，完成北京油鸡地理标志申报相关材料的收集、整理和论证，重新划定北京油鸡地域保护范围，包括昌平区、大兴区、房山区、门头沟区、怀柔区、密云区、通州区、顺义区、延庆区、平谷区等10个区的37个乡镇。推进北京鸭地理标志宣传管理工作，规范工作内容和程序，编印《北京鸭地理标志使用手册》，为授权使用单位印制并免费发放加贴型北京鸭地理标志标识80万个。开展地方品种特色品质分析，对金星鸭业出栏91批次180万只北京鸭进行了抽检分析，各项指标均符合规范要求。

（赵有）

【建立农业废弃物无害化处理示范基地】年内，本市建立农业废弃物无害化处理与资源化利用科技示范基地，占地达1 400亩。搭建专项信息平台1个，技术到位率达到100%，生猪、奶牛养殖场建档率100%，养殖场开展废弃物资源化利用率达到100%，自身配套种植消纳土地开展种养结合技术应用率达到64.3%。技术推广满意度达到100%。

（赵有）

【完成1 200头奶牛优良种质筛选】年内，本市建立高通量的基因检测平台，完成了全市1 200头奶牛的酪蛋白和β-乳球蛋白编码基因鉴定与筛选工作。在南口三场建立纯合型CSN3和BLG基因母牛群体53头，并促成特色奶酪产品的生产与市场化，推动全市特色高品质种牛的培育与组群。

（赵有）

【开展畜牧业环境监测147场次】年内，本市开展生态农业畜禽产地环境质量监测、风险监测、常规监测等。全年组织监测和督导147场次，涉及畜禽产品产地、舍内环境质量、粪污排放、环境残留等方面，累计抽检监测样本1534份，包括空气、饮用水、污水、粪便和土壤等。

（赵有）

【草种质量监督抽检】年内，全市完成50批次牧草种子样品抽检，覆盖全市所有取得经营许可的备案企业，主要品种包含紫花苜蓿、白三叶、燕麦、黑麦草、高羊茅等10余个种类。另完成2家草种生产经营企业的生产经营许可审核。

（支树立）

【建立美丽生态牧场技术试点12个】年内，本市强化畜牧环境相关技术的研究示范和推广应用，研发推广奶牛智能喷淋、牛粪垫料再生利用、喷雾除臭、滤墙过滤除臭、密闭发酵等实用技术。全年建设技术试点12个，辐射带动畜禽养殖规模70多万头（羽）。

（罗一鸣）

【畜禽养殖粪污治理】年内，本市梳理治污模式，编制《畜禽养殖粪污治理技术指导手册》，研究提出“养殖废弃物全过程控制与污染防控最佳管理模式”，采用“补齐技术短板、细化全程管控”的方法，在北运河上游流域内养殖场全面示范推行，实现流域内粪污“双百”管理，即100%无害化与100%资源化。全年累计组织技术培训800人次，发放手册2 000余册。

（张丽丽）

水 产 业

2019年，全市渔业养殖面积3.4万亩，产量2.2万吨。

【水生生物增殖放流】 年内，增殖放流资金共2 400万元，投放鱼苗1 600万尾，投放水域38处，投放涉及水面35.6万亩。在永定河水系的妫河源头——玉渡山自然保护区举办了2019年全国放鱼日北京主场增殖放流宣传活动，投放了1.5万尾的瓦氏雅罗鱼和1万尾的细鳞鲑。

（张保延）

【渔业转型升级】 休闲渔业在养殖总面积中占比超过40%，经营方式呈现多元化趋势，能够提供休闲垂钓、特色餐饮、文化体验、儿童娱乐等个性化服务。调减养殖面积，提质增效，全市100亩以上的休闲渔业企业56家，年利润100万元以上的27家。

（张保延）

【水产苗种产地检疫试点】 2019年开展全市的水产苗种产地检疫试点，以动物卫生监督机构为检疫主体，以水产技术推广机构为技术支撑，开展水产苗种产地检疫试点，印发《北京市水产苗种产地检疫试点工作方案》并开展试点。各区依据《北京市水产苗种产地检疫试点工作方案》，以有利于开展水产苗种产地检疫试点工作为原则，结合本区的实际情况，推进水产苗种产地检疫试点工作，并初见成效。2019年全市在水产苗种生产单位和养殖经营单位申请下，开具了水产苗种检疫合格证明，检疫出证共计40批次（张），其中，A证11批次，B证29批次，检疫苗种数量为8 977 128尾。

（张保延）

【投入水生生物增殖放流资金2 400万元】 年内，北京市投入水生生物增殖放流资金共2 400万元，投放鱼苗1 600万尾，投放水域38处，投放涉及水面35.6万亩。在永定河水系的妫河源头——玉渡山自然保护区举办2019年全国放鱼日北京主场增殖放流宣传活动，投放了1.5万尾的瓦氏雅罗鱼和1万尾的细鳞鲑。

（张保延）

林 产 业

2019年北京大力推动果树产业与美丽乡村融合发展，通过设立子基金向社会募资13.32亿元，新发展果树650.87公顷。全市苗圃面积1.65万公顷，产值超过60亿元。建立食用林产品质量安全追溯平台，抽检产品合格率达到100%。北京市林下经济现有累存面积13 713.33公顷（其中新建3 240公顷），总产值4.05亿元，有156家企业、81家合作社参与林下经济建设，带动1.01万户农户、1.23万人就业，实现户均增收1.6万元。

【北京世界园艺博览会百果园建设】 百果园以“乐果、乐活、乐世园”设计理念，融合果林景观、果艺发展、传统文化、乐活体验，打造景观、科普、体验、示范于一体创新示范园。百果园占地面积6.67公顷，是本届世园会上单体面积最大展园，汇集12个树种、180个品种、6 000余株果树，是名副其实“百”果园。百果园首次将“全球重要农业文化遗产项目”——漏斗架栽培葡萄引进果树种植园区展示。将盆栽苹果、盆栽樱桃、盆栽葡萄引进园区展示，通过“创意果市”汇集京津冀地区特色果品和特色文化产品。通过数字化手段展示世界、中国、北京果树发展史。通过数字化和沙盘形式模拟现代果树产业发展规划、物流配送、果品田间到消费者等环节。百果园首次将果树园艺列为专类展园，荣获世园会“最佳创意奖”。

【果树产业政策研究和基础数据调研】 年内，持续推进果树产业大数据调研和数据梳理、平台开发，初步完成果树产业大数据平台搭建工作。修改完成《北京市退耕还林基本情况及后续政策机制的建议》（讨论稿）。结合“大棚房”整治专班工作与自然资源委持续沟通，推进规模化果园附属设施用地政策突破。同时，深入有关区主要果树产区开展调研工作。

【果树基金扩展投资范围修订】 年内，市园林绿化局根据2018年11月，市政府同意的果树基金扩展投资范围方案，对应修改果树基金《合伙协议》《三方协议》。至2019年底，果树基金《合伙协议》《三方协议》获得批准做相应修订并重新签署。

【制定解决果树基金社会募资方案】 3月14日，召开社会资本合作座谈会，听取社会机构京津冀果品产业市场投资需求，会同市财政局、市农投公司、六合基金研究提出以设立子基金方式解决社会募资问题的方案和具体措施，并与拟合作社会资本方进行合作洽商。

【果树基金政府资金到位及社会募资工作进展】 年内，落实《北京市果树产业发展基金扩展支持范围方案》，基金投资范围从种植环节扩展至符合北京市产业发展政策的果品品质提升、果品产业链上下游配套项目，联合其他投资机构以果品为核心的新产业新业态。在做好已投项目投后管理和服务工作基础上，主要围绕京津冀果品流通领域及果品产业链项目开展投资。北京市政府引导基金已于2018年12月28日将2019年的2亿元出资拨付至北京农投公司，对果树基金出资总额增加为8亿元。

【北京市与中国人民大学财政金融学院合作开展果树产业基金监管】 年内，市园林绿化局与中国人民大学财政金融学院合作开展“果树产业基金监管和绩效评价研究”项目，起草完成北京市园林绿化局《北京市果树产业发展基金管理暂行办法（建议稿）》《北京市果树产业发展基金绩效评价管理暂行办法（建议稿）》及《北京市果树产业发展基金相关法规政策文件汇编》。

【完成六个达到年限果树相关标准复审】 年内，北京市完成6个达到年限果树相关标准复审工作，复审建议：《北京果品等级　鲜食枣》（DB11/T 1047-2013）、《核桃无公害生产综合技术》（DB11/T 434-2007）、《果园生草技术规程》（DB11/T 991-2013）继续有效。《鲜食杏无公害生产综合技术》（DB11/T 435-2007）、《李无公害生产综合技术》（DB11/T 436-2007）修订。《有机农产品樱桃生产技术规程》（DB11/T 954-2013）废止。

【北京2022年冬奥会和冬残奥会备选果品供应基地遴选】 年内，按照《北京2022年冬奥会和冬残奥会餐饮原材料备选供应基地遴选工作方案》规定，市园林绿化局制定《北京2022年冬奥会和冬残奥会水果干果供应基地遴选规范》并经冬奥组委审议通过。按照《北京2022年冬奥会和冬残奥会2019年餐饮业务领域工作任务分解表》确定第一批、第二批果品供应基地遴选原则和范围，完成第一批24家备选果品供应基地初选名单，包括樱桃、葡萄、苹果、梨、枣、板栗6个产品类别，制作《2022年冬奥会和冬残奥会水果干果备选供应基地图册》，于4月底提交冬奥组委运动会服务部。推进冬奥果品供应基地产品质量安全标准体系建设有关规范性文件编制工作。

【第九届国际樱桃大会筹备】 年内，按照北京市政府批复，成立第九届国际樱桃大会组委会、执委会工作机构。大会组委会办公室设在市园林绿化局。市园林绿化局会同顺义区政府研究起草《第九届国际樱桃大会暨首届北京市樱桃文化节总体方案》。

【2019年果园有机肥替代化肥项目】 年内，为贯彻落实《中共北京市委生态文明建设委员会2019年工作要点》，合理引导高品质有机肥使用，2019年市财政局安排专项资金，用于采购有机肥进行土壤改良。结合全市鲜果果园现状，起草《果园有机肥替代化肥试点项目实施方案（试行）》，制定项目实施工作流程，明确项目实施节点和有关内容。通过公开招投标方式，公开招聘商品有机肥供肥企业和全过程监理，协同落实项目。聘请北京农业质量标准与检测技术研究中心进行有机肥产品抽样检测，把控商品有机肥质量。完成2019年试点项目有机肥采购和配送工作。

【启动化肥使用总量核算体系编制工作】 年内，按照《中共北京市委生态文明建设委员会2019年工作要点》要求，研究建立果树化肥使用总量核算体系。会同各区行业主管部门，对全市果园施肥情况进行摸底调查，每区选择20个果园，调查内容涉及施肥种类、施肥数量、施肥方式、果品质量等，形成本底数据。依托通州区、顺义区、平谷区302个果园土壤样品专业检测结果，会同中国农科院专家，对检测结果进行专业化数据分析，初步掌握果园土壤有机质等理化指标实际情况。启动与中国农业科学院农业资源与农业区划研究所合作，从技术、管理和运用等方面开展北京市果园化肥减量体系研究。

【完成果树数据管理平台建设】 2019年，以果树产业大数据调查结果为基础，完成果树数据管理平台建设。该平台建立数据采集、归纳分类、数据质量保证、批量数据处理与大数据库管理系统（前端可视化展示、工作台、存储后台子系统），形成调查数据188万条，实现果树资源、规模化果园、果园管理、经营主体等可视化展示，实现数据实时录入、汇总、更新及报表生成，实现后台数据系统化管理与检测。对于北京果树产业动态化、数字化、精准化、智慧化管理奠定坚实基础，为合理制定果树产业发展政策、规划、计划、资金等管理提供科学依据。特别是该平台针对 13 个区开设端口，各区可实现本区数字化管理功能。平台建设联同果树大数据调查项目于 9 月 4 日通过专家验收。

【林下经济示范基地建设批量成型】 2 月，北京市有 4 家从事林下经济建设的经营主体被国家林业和草原局命名为"国家林下经济示范基地"。截至 2019 年底，北京市共有 8 家国家级林下经济示范基地。市园林绿化局通过开展座谈、观摩、交流等方式，指导全市 8 家"国家林下经济示范基地"充分发挥自身优势，在提升森林质量、开展林下休闲旅游、自然体验等方面为城乡群众提供更加丰富生态服务产品，把"国家林下经济示范基地"这块牌子做成品牌，真正为全市乃至全国林下经济绿色高质量发展做好示范。

【种苗生产供应】 2019 年，全市苗圃数量 1 243 个，苗圃面积 1.65 万公顷，苗圃实际育苗面积 1.48 万公顷，苗木总产量 7 974 万株，全市针叶树、阔叶树、花灌木比例为 25：33：42。种子采收量：种子 67 千克、良种穗条 6 万条。实际用种量：种子 967 千克、良种穗条 6 万条。实际用苗量 1 194 万株。

【规模化苗圃精细化管理】 2019 年，本市印发《北京市园林绿化局关于做好 2019 年北京市平原地区规模化苗圃建设管理工作的通知》，将规模化苗圃使用当地劳动力、土壤污染防治、安全生产等情况列入检查验收重要指标。全市共验收合格 133 个规模化苗圃，总计 0.77 万公顷。全市规模化苗圃吸纳 3 140 人绿岗就业，其中，本地劳动力 2 167 人，占比 69%，涉及低收入户 19 人。

【植物种质资源创新化管理】 2019 年，完成国家重点林木良种基地及种质资源库 2019 年作业设计评审、日常监督、年度专家考核，包括两处国家重点林木良种基地及北京市海棠国家林木种质资源库，总面积 173.1 公顷（其中，母树林 15.3 公顷、采穗圃 6 公顷、良种繁殖圃 19 公顷、种质资源收集区 85.3 公顷、试验林 17.5 公顷、良种示范区 30 公顷）。采集黄檗、椴树、蒙古栎、青檀等 20 余种乡土树种近 6 万粒种子。

蜂　产　业

2019 年，全市蜜蜂饲养量达 27.76 万群，比上年年底增长了 4.8%；蜂蜜产量 504 万千克，蜂王浆产量 6.89 万千克，蜂花粉产量 12.01 万千克，蜂蜡产量 28.01 万千克；售蜂收入 430 万元，蜂授粉收入 1 483 万元，养蜂总产值 1.9 亿元，蜂产品加工产值超过 12 亿元，出口创汇超过 1 800 万美元。

【蜂业气象指数保险试点运行】 2019 年，北京市在密云、昌平、怀柔三个区开展蜂业气象指数保险的试点运行工作，本次试点工作中参保蜂农 667 户，承保蜂群 6.554 8 万群，投保金额 262.192 万元，其中，蜂农出资 52.438 4 万元，保险赔偿总金额为 131.096 万元，有效解决了蜂农在干旱气候下的生产困难。

【精准帮扶低收入农户】 2019 年，市蚕蜂站重点对接密云、平谷、昌平、延庆的 4 个低收入村，开展养蜂精准扶低工作，发展 17 户低收入农户从事养蜂生产。为近三年重点帮扶对象免费购置蜂群 5 000群，购置蜂机具 6 000 余件，并承诺对低收入户销售的蜂产品，各区合作社高于市场 15%的价格进行收购。

【成功承办 5·20 世界蜜蜂日活动】 2019 年 5 月 20 日，北京市在密云区承办了华北地区"5·20 世界蜜蜂日"主题活动暨北京密云第二届蜂产业发展高峰论坛；在昌平区举办了"5·20 世界蜜蜂日"庆祝活动。向广大市民传播蜜蜂文化，弘扬蜜蜂精神，普及和推广蜂产品健康消费理念，让广大市民携手共同关爱蜜蜂，保护蜜蜂。

【蜜蜂授粉现场会全面推动授粉技术应用】 2019 年 4 月，为全面推动授粉技术的应用，北京市在大兴区魏善庄镇召开了北京市蜜蜂为西瓜授粉现场会。至 2019 年末，北京市投入授粉示范蜜蜂 1.2 万群，熊蜂 3 万箱以上，授粉总面积超过 60 万亩，总增产值达 4 亿多元。

【京津冀联合授粉服务区建设工程推广实施】2019年，北京市继续实施"京津冀现代化蜂授粉服务区建设工程"，大力推广新型现代配套蜂具，培育优质高效授粉蜂种，并与京津冀地区果树、蔬菜和农作物生产基地联合开展授粉服务，建立12个蜜蜂、熊蜂授粉技术示范基地，共同进行优良授粉蜂种的标准化授粉技术示范，授粉示范蜜蜂5 000群，熊蜂3万群以上，作物平均增产超过10%。

花卉业

2019年，北京市打造了46块大尺度、有特色的北京花田，全市花卉种植面积达到4 666.67公顷，产值12.5亿元，花卉企业220家，花卉市场15个，促进农民就业1 000余户。

【迎春年宵花展举办】1月20日，由北京市园林绿化局、北京花卉协会主办的迎春年宵花展及组合盆栽大赛，在北京各大花卉市场举办，北京各大生产商年宵花生产量总计约400万盆。同日举行了以"绽放幸福　追求梦想"为主题的第九届组合盆栽和插花花艺大赛颁奖仪式，丰富了节庆期间首都居民文化生活。

【第十届北京郁金香文化节开幕】4月5日至5月6日，第十届北京郁金香文化节以"丝路花语·春满京城"为主题，在北京国际鲜花港开幕，郁金香文化节期间，室外布展以景观装饰、花艺小品和花车为表现形式，形成富有观赏性的景观轴线，将"丝路花语·春满京城"主题与"一带一路"专题小品相结合，打造"时代变迁""丝路传承""锦绣花车""共享繁华""国泰郁金香""和谐美满""锦绣前程"等景观小品16处，展示优质郁金香130余种共计400余万株，布展面积9万余米^2。园区还能欣赏到风信子、洋水仙、观赏葱、贝母以及7种不同国家或城市的国花、市花等多种花卉，与园区内的集装箱彩绘涂鸦等展示相结合，营造浓厚的花展氛围。

【参展2019世界月季洲际大会】4月28日至5月2日，2019年世界月季洲际大会在河南省南阳市举办。北京室外展园占地1 500米^2，设计以"燕都花韵千里传，一水同迎宛城香"为主题，园内共栽植树状月季、藤本月季等11大类100余个品种，共计5 000株。北京市室外展园荣获展园综合奖、设计专项奖、施工专项奖和优秀组织单位奖等四项金奖，北京组织的11家企事业单位选送的参展展品共获得38个奖项，其中，特等奖3个，金奖18个、银奖14个，铜奖3个，展现北京造园水平以及市花月季科技创新水平和影响力。

【首届北京牡丹文化节开幕】5月6日至6月6日，首届北京牡丹文化节在延庆开幕，由北京市园林绿化局、北京市公园管理中心、北京林业大学、北京花卉协会、北京市延庆区人民政府共同主办，以"盛世牡丹靓京都　国色天香庆世园"为主题，在世界葡萄博览园等6个园区游览欣赏。

【第十一届北京月季文化节开幕】5月17日，由北京市园林绿化局、北京市公园管理中心、北京花卉协会、中国花卉协会月季分会主办北京市共11家单位承办的第十一届北京月季文化节开幕。北京的月季栽植面积已经达到了2.5万亩，各大花卉生产基地、植物园、公园等栽培的月季品种总计超过2 500个，包含藤本月季、灌木月季、地被月季、微型月季、丰花月季、香水月季、古老月季等多个类型，种植总量达5 000余万株。北京市从2009年开始举办月季文化节，节日期间，京城大地千余亩的月季景观，2 000余个月季品种，近100万株月季争奇斗艳。

【第五届北京百花文化节开幕】6月29日至7月31日，以"百花竞放迎华诞，群芳争艳庆世园"为主题的第五届北京百合文化节在延庆世界葡萄博览园开幕。本届百花文化节分为延庆世葡园、顺义国际鲜花港和北京植物园3个展区，延庆世葡园展区分为室外花海展和室内精品展两部分。室外展区采取点状种植、围合种植、混播种植等多种种植手法相结合，种植百合70多万株，主要品种64个，通过花境、花海、花田、盆栽、花廊及景观小品等展现形式，打造主题特色景观，并与水上活动区、林下空间相结合。室内展区面积4 500米^2，分为品种展示区、花艺作品展示区、大型花艺造景区、花事活动体验区和花卉衍生品售卖区五大部分，重点打造百合文化元素。

【第十一届北京菊花文化节举办】 9 月 13 日至 11 月 15 日，第十一届北京菊花文化节在北京国际鲜花港、世界葡萄博览园、北海公园、天坛公园、世界花卉大观园等 6 大展区展出，有近 60 万余株（盆）、近 800 个品种的菊花以及各色花卉总面积达 15 余万米^2。文化节期间，北京国际鲜花港将以“菊蕴花港・盛美中华”为主题，布展面积达 10 万米^2，展示以菊科和亚菊科为主的秋季露地花卉 34 种、精品大菊 200 余种。世界葡萄博览园将设室内展和室外展。室外展分为菊花花境展区、景观园艺展区、菊花品种展区 3 个展区，共计 50 500 株菊花，其他草花 50 000 盆。室内展分为品种展示区、花艺作品展示区、菊花书画作品展示区、菊花文化体验区和花卉衍生品售卖区 5 个部分。世界花卉大观园以“菊舞京城花开新时代，金秋争艳绝技聚英才”为主题。天坛公园以“金菊花开庆华诞”为主题，将在祈年殿西南侧设置 6 个展棚，展出大立菊、悬崖菊、造型菊、多头菊、案头菊等多种类型，展出数量约 2 000 盆。北京植物园将布置 4 座立体花坛，整个园区内花廊、花境、花艺、花坛交织，以菊花为主的鲜花将把园区装点成花的海洋。

【举办 2019 世界花卉大会】 9 月 10—13 日，国家林业和草原局、中国花卉协会、中国贸促会、北京市人民政府和国际园艺生产者协会（AIPH）于 2019 北京世园会期间在北京市延庆区共同主办了 2019 世界花卉大会，会议以“携手花卉事业，共创美好家园”为主题，举办国际绿色城市论坛、花卉品种创新与保护论坛、花卉贸易合作论坛、花卉消费与市场论坛等多项活动。自世界 69 个国家和 6 个国际组织 300 多名代表共聚北京，参加 2019 世界花卉大会。

农机业

【促进农业机械化转型升级】 年内，北京市农业农村局等 6 部门联合出台《北京市关于加快推进农业机械化和农机装备产业转型升级的实施意见》。对全市主要农作物耕种收综合机械化、设施农业机械化、露地蔬菜生产全程机械化、畜牧养殖机械化、水产养殖、农产品初加工以及秸秆综合利用机械化水平提出明确目标。通过稳定实施农机购置补贴政策，探索建立农机作业、报废换新、农机保险、保护性耕作、秸秆综合利用补贴机制，推动农业机械化转型升级。

（刘贺）

【修订《北京市农业机械化促进条例》】 年内，完成《北京市农业机械化促进条例》修订工作，经市人大通过常委会审议。本次共修订了其中 6 条，包括修改相关部门名称、制定农机购置补贴品目和额度、取消《农业机械维修技术合格证》申请和核准等内容。

（刘贺）

【建立农机购置补贴长效机制】 年内，北京市农业农村局与市财政联合印发《北京市农机购置补贴违规经营处理办法（试行）》《关于进一步做好 2019—2020 年度农机购置补贴工作的通知》《2019—2020 年度补贴品目范围》《北京市贷款购机贴息试点方案》《北京市农机报废更新补贴试点方案》《北京市农机购置补贴“三合一”试点方案》《北京市农机购置补贴机具核验规定》《北京市农机购置补贴新产品试点工作方案》《北京市农机购置补贴政策实施管理内部控制规程》等文件，进一步规范农机购置补贴工作程序，明确相关事项。

（刘贺）

【秸秆综合利用率达 98%以上】 年内，本市制定《北京市 2019 年秸秆综合利用实施方案》，通过建立全市秸秆资源台账、创建秸秆综合利用重点区、培育市场主体等措施，全面推进综合利用水平。全年农作物秸秆综合利用率达到 98%以上。

（刘贺）

【农机质量零投诉】 年内，本市共接到农机化质量、农机鉴定、农机补贴等技术咨询 20 余次，其中农机质量问题零投诉。

（刘旺）

【推进农业机械化防尘减排】 年内，本市《北京市农业农村局关于做好 2019 年度拖拉机和联合收割机污染物减排控制装置加装工作的通知》印发，为 1 000台拖拉机和联合收割机免费加装污染物减排装置；制定《季节性裸地农田扬尘抑制关键保护性耕作技术推广作业补贴实施方案》，开展扬尘抑制技术推广。开展深松整地作业 7.5 万亩，发放作业补贴 375 万元。

（刘贺）

【农机安全】 年内，本市修订《北京市农业机械事故应急预案》，完善农机行业安全生产事故隐患排查制度，开展农机安全检查专项整治和农机安全生产联合普法活动，农机安全形势稳定。推荐 4 名同志评为全国“平安农机”先进标兵。

（刘贺）

【推广农机科技应用技术】 年内，本市围绕乡村振兴战略和农业转型升级，将农机概念内涵拓展至蔬菜、粮经、林果、畜禽、生态、农产品初加工等产业，全年示范推广相关产业智能、绿色、省力化农机新技术百余项，推广面积超 10 万亩，并已辐射到河北省、内蒙古自治区、天津市等周边省市。

（滕飞）

【农机关键技术创新应用】 年内，北京市针对粮经、蔬菜等主导产业，研发设施草莓专用起垄机。建立甘蓝、生菜、小油菜等蔬菜全程机械化生产技术体系；针对不适宜机械化的丘陵山区、小散零碎地块、塑料大棚，开展宜机化改造示范；针对全市农机作业管理，建设北京市农机调度中心，实现大田全程农机作业质量监测，全面推广应用深松作业质量监测技术。

（滕飞）

【创建秸秆综合利用重点区】 按照农业农村部《农业农村部办公厅关于做好秸秆综合利用工作的通知》（农办科〔2019〕20 号）要求，当年北京市顺义区和怀柔区创建秸秆综合利用重点区，中央资金全部通过转移支付下达顺义区和怀柔区，分别为 994 万元和 900 万元。重点区农作物秸秆综合利用率达到 98.5%以上，建立了长效机制，形成可复制、可推广的区域典型模式。顺义区通过扶持赵全营镇兴农天力农机服务专业合作社、北京奥格尼克生物技术有限公司等 4 家单位，引导市场主体升级硬件设备，带动投入 1 400 万元，提升秸秆规模化利用能力。怀柔区对农业废弃物机械化综合利用予以作业补贴，按作业面积测算，全区作业费补贴达到 597.6 万元，激发了市场活力。

（刘贺）

【开展农机排放污染物控制装置加装工作】 本市印发《北京市农业农村局关于做好 2019 年度拖拉机和联合收割机污染物减排控制装置加装工作的通知》《关于进一步做好 2019 年北京市拖拉机和联合收割机污染物减排控制装置加装工作的通知》，明确了 2019 年全市减排装置加装任务，在十个区共 1 000 台拖拉机上加装减排装置，明确了销售者、拖拉机和联合收割机所有人、农机排放控制装置使用人的责任，细化各区在农机减排控制装置加装工作方面的流程。通过检测表明，加装减排装置后污染物排放降低 90%。

（刘贺）

【规范农机购置补贴政策】 2019 年是北京市实施“自主购机”政策第一年，规范性文件有待完善，为确保新的操作方式能够顺利启动实施，本市制定了《北京市农机购置补贴工作流程》《北京市农机购置补贴产品核验工作规程》《北京市农机具购买及补贴申请、兑付流程》《关于进一步做好 2019—2020 年度农机购置补贴相关工作的通知》《北京市农机购置补贴产品违规经营行为处理规定（试行）》《北京市农机购置补贴机具投档和核验工作规范（试行）》《北京市农机购置补贴“三合一”试点方案》《北京市农机置补贴政策实施管理内部控制规程》等一系列配套文件，明确了补贴工作程序，规范了相关工作流程。确定了年度本市农机购置补贴范围共 70 个品目，调查相关产品 1 000 余个，对每个品目的产品进行分档，并测算每个档次产品的补贴额，公布年度本市农机购置补贴额一览表。邀请企业自主、自愿投档，组织专家对投档信息和材料进行审核，形成并发布年度本市农机购置补贴产品归档信息表，全年共归档补贴产品 2 000 余个。

（崔皓）

【全面推行农机购置补贴信息化管理】 规范“北京市农机购置补贴信息公开专栏”，将所有的补贴政策、文件、补贴受益用户信息、补贴资金使用情况等进行公示公开，方便购机者、生产企业及时了解相关政策信息，同时使补贴工作阳光化、公开化接受社会监督。开发“北京市农机购置补贴辅助管理系统”“农机购置补贴产品自主投档平台”和手机 App、机具二维码、物联网监管“三合一”系统，实现了管理人员、农机企业和购机者三方面的信息化管理和操作，相比过去有质的提升。组织召开北京市农机购置补贴政策实施启动会。

（崔皓）

【整合资源强化安全宣教】北京市农机监理总站创新工作方式，将全年宣教工作整合形成3个工作小组，高效地完成各项工作。成立宣传工作小组，下发《北京市农业机械监理总站2019年宣传工作实施方案》（京农机监发〔2019〕9号），整合宣传工作，形成包含广播、报纸、微信、视频以及媒体宣传五位一体的宣传工作格局。北京市农业机械监理总站制作并发放各类宣传用品31 000余件，完成微信推送39期，发布微信65篇，开展线上活动1次，通过《北京日报》发表文章2篇，通过电台FM103.9发布广播14天，累计触及播放次数202人次。成立巡回大讲堂工作小组，先后在平谷、昌平、延庆、大兴、房山举办5期北京市农机安全生产巡回大讲堂，围绕农机安全操作、应急救援和防火安全等相关法律法规和安全常识巡回开展教育宣传，共培训区镇两级农机监理业务骨干、安全员、机手等260余人。成立重点时节工作小组，市农业农村局、市应急管理局、市市场监督管理局和市公安交通管理局围绕“生命至上，安全发展”的主题，采取一个主会场、四个分会场的形式，通过进集市、进合作社、进园区、进广场以及线上互动等途径进行联合宣传，将农机安全生产相关法律法规送到基层、送到个人。

（王科程）

【农机科技推广持续深入】北京市农业机械试验鉴定推广站围绕乡村振兴和现代农业规划的重点产业，持续深入推进高精尖农机技术推广应用。针对主导产业，推进主要叶菜品种（如生菜、小油菜等）生产全程机械化；针对高效产业，推进主要经济作物（如草莓、鲜食玉米、甘薯等）生产和加工机械化；针对丘陵山区、小散零碎地块等不适合机械化的产业，积极研发和引进小型动力机械和农机具，推进农田及设施宜机化改造；针对平原及浅山区具有一定规模的农业产业，利用“互联网＋农机”等现代信息手段，打造全国智慧农机装备示范基地，促进智慧农业发展；针对农机专业合作组织转型发展以及新型生产联合体建设，通过政策驱动、技术引导、机具共享等方法，推进农机社会化服务。

（麻志宏）

【“设施农业机械设备质量监督检验测试中心”通过评审】1月24日，挂靠在北京市农业机械试验鉴定推广站的“农业农村部设施农业机械设备质量监督检验测试中心”顺利通过了三年复评审。

（刘旺）

【智慧农机工作专题会召开】4月15日，北京市农业机械试验鉴定推广站组织召开智慧农机工作专题会议，交流智慧农机相关工作、国内外技术相关发展情况以及对智慧农机发展的思考和建议，根据当前形势及趋势指出智慧农机技术等在各产业的发展方向，提出了下一步各产业工作和智慧农机结合的要求。

（麻志宏）

【在中国蔬菜产业大会上进行专题展示】7月15日，北京市农业机械试验鉴定推广站“甘蓝生产全程机械化技术”作为典型模式，在2019年中国蔬菜产业大会上进行了专题展示，受到高度关注，为全国农业农村技术创新发展提供了可借鉴的“北京模式”。

（李治国）

【《秧苗嫁接机》等推广鉴定大纲通过审定】7月19日，北京市农业机械试验鉴定推广站牵头制定的《秧苗嫁接机》《电动卷膜机》和《方草捆捡拾码垛机》等推广鉴定大纲通过了审定。

（刘旺）

【京津冀农机联合鉴定工作取得新进展】7月19日，北京市农业机械试验鉴定推广站在北京市延庆区组织开展第四次京津冀检验检测机构能力比对试验。京津冀三地农机鉴定站及北京市机电产品标准质量监测中心等四家单位参加。

（刘旺）

【“北京市农机技术推广田间日”举办】8月15日至16日，北京市农业机械试验鉴定推广站组织召开“北京市农机技术推广田间日”活动，农业农村部农业机械试验鉴定总站、农业农村部农业机械化技术开发推广总站及京津冀三地农机部门共同参加。由京津冀三地农机鉴定机构联合对10种起垄机的作业质量及其他性能指标进行了测定，共同对机具的作业性能进行定量评价，推动了先进适用起垄机在三地范围内推广应用。

（刘旺）

【日光温室草莓种植机械化技术培训会召开】8月23日，北京市农业机械试验鉴定推广站在昌平区组织召开日光温室草莓种植机械化技术培训会，对自行研发的草莓起垄机进行实地演示与操作培训。该草莓起垄机可有效解决日光温室草莓起垄的难题，填补了国内此类机型的空白。

（张莉）

【完成优势特色农产品生产机械化技术与装备需求调查】 9月17日，北京市农业机械试验鉴定推广站完成“全国优势特色农产品生产机械化技术与装备需求调查”工作，针对种植业、畜牧业、渔业三大产业和粮油、果茶桑、蔬菜、中药材、畜禽、水产6大品种，对北京市11个区进行了详细调查，最终形成产业汇总表7份、《北京市优势特色农产品生产机械化技术与装备需求调研报告》1篇，并上报农业农村部。

（王立成）

【2019年北京市农机精准作业管理现场会召开】 10月18日，北京市农业机械试验鉴定推广站在大兴区召开2019年北京市农机精准作业管理现场会。农业农村部农机化司、农业农村部农机推广总站、北京市农业农村局相关领导出席了本次活动。活动分为机具静态展示、田间作业演示及室内系统演示三部分，充分展示了北京市农机信息化技术和智能装备发展的先进水平。

（徐岚俊）

【农机职业技能鉴定成效良好】 10月24日，由北京市农业机械试验鉴定推广站承建的特有工种职业技鉴定站农业（020）站完成对怀柔、延庆两区的农机机修工（初级）鉴定服务工作。总鉴定184人，通过181人，通过率达到98.4%。

（张武斌）

【农机科技项目获奖】 2019年12月，北京市农业机械试验鉴定推广站申报的“京冀农作物秸秆及尾菜资源化利用技术集成示范推广”获全国农牧渔业丰收奖二等奖，“结球叶类蔬菜生产机械化技术集成与示范推广”获北京市农业技术推广奖一等奖，“蔬菜废弃物资源化循环利用机械化技术示范推广”获北京市农业技术推广奖三等奖，参与申报的“鲜食甘薯优质高效关键技术集成与示范推广”获北京市农业技术推广奖二等奖，参与申报的“蛋鸡健康的抗氧化营养调控技术集成与示范”获北京市农业技术推广奖三等奖。

（张武斌）

【农机科普丛书发布】 2019年12月，由北京市农业机械试验鉴定推广站编写的《现代农业机械化技术丛书》正式出版印刷，全套书共6本，包括《粮经作物机械化技术》《蔬菜产业机械化技术》《养殖产业机械化技术》《生态农业机械化技术》《农机专业合作社规范管理与运行》《农机鉴定检测与质量监督》。

（麻志宏）

【印发《北京市关于加快推进农业机械化和农机装备产业转型升级的实施意见》】 北京市农业农村局会同市发改委、市科委、市经信局、市财政局、市园林绿化局联合印发《北京市关于加快推进农业机械化和农机装备产业转型升级的实施意见》。到2025年，全市主要农作物耕种收综合机械化率稳定在98%以上，创建露地蔬菜生产全程机械化示范区，设施农业机械化率总体达到60%、畜牧养殖机械化率总体达到70%、水产养殖和农产品初加工率总体达到50%。重点做好“四个转变四个升级”：①转变农机装备传统观念，推动综合机械化水平升级。促进农机农艺融合发展、推进农业机械化全面应用、突破农业机械化薄弱环节。②转变农机技术推广方式，推动创新型应用水平升级。加快技术引进和成果转化、推进农机智能化示范应用、强化绿色高效技术示范推广。③转变经营主体组织模式，推动规模化服务水平升级。培育农机新型经营主体、促进农机服务产业提档升级。④转变政策扶持引导方向，推动机械化管理水平升级。促进政府与市场良性互动、统筹相关扶持政策、加强质量监督和安全执法。

（刘贺）

【农业机械安全生产】 北京市安全生产委员会办公室将农机安全生产工作纳入对各区政府考核内容，增设农机事故应急预案及其演练的考核指标。根据《北京市2018—2020年“平安农机”创建活动工作方案》的要求，筹划部署市级示范单位评选、示范岗位标兵评选工作，共评选出4名示范岗位标兵候选人，其中，市级1名、区级3名。在全市选取4家农机专业合作社开展规范化建设，按照《安全生产法》中对生产经营单位的相关要求，制定农机合作社安全生产相关制度及档案，下拨专项资金帮助4家农机合作社治理农机使用存在的安全隐患，助推农机合作社实现标准化。

（王科程）

【继续推进在册农业机械催检注销】 本市印发《北京市农业农村局关于做好2019年度在册农业机械催检和注销工作的通知》（京农发〔2019〕123号），对连续3个检验周期未取得检验合格标识的517台京01、京 02 号段的拖拉机、联合收割机依法进行公告注销，在北京市农业农村局官方网站、北京日报发布注销公告，并向市公安交管部门通报注销数据。

（卫健健）

农产品质量安全

【重大活动供应服务保障圆满完成】 2019 年，本市圆满完成包括市“两会”、全国“两会”“一带一路”高峰论坛、世园会、亚洲文明对话、“篮球世界杯”以及 70 周年国庆阅兵等 7 项重大活动的食用农产品质量安全服务保障工作。通过强化产品质量源头管控，落实专场养殖、专线屠宰、专库贮存等“十二专”管理规定，实施供应产品批批检测等三个方面措施，确保供应产品 100%合格。全年共监督检查 234 次，出动 691 人次，组织产品检测样本 19 091 个（其中，定量 378 批次 1 226 个，定性 17 865 个）；全年累计供应 192 天，供应产品 115.73 万千克，实现了“供应产品质量零事故、数量零中断、服务零投诉”，受到了市相关部门、重大活动保障单位及驻地的肯定。

（葛建军）

【大兴区、顺义区获“国家农产品质量安全县”授牌】 11 月 1 日，在农业农村部举办的第二届国家农产品质量安全县与农产品经销企业产销对接活动启动仪式暨第二批国家农产品质量安全县授牌仪式上，北京市大兴区、顺义区获农业农村部正式授牌，成为“国家农产品质量安全县”。至此，本市平谷、房山、大兴、顺义等共 4 个区获得农业农村部授牌，第三批创建试点单位通州区、延庆区、怀柔区等也已初步完成创建。

（甘朝亮）

【农业标准化工作取得新进展】 本市大力推进农业标准化工作，完善标准体系，初步形成涵盖农业与农村两大重点领域、21 个分类、6 000 余项国标、行标、团标及地标的首都农业标准体系。年内，完成 16 项农业地方标准制修订和 130 项地标复审，提出 37 项地标立项建议。推进标准化生产，全年新建标准化基地 72 家，新评和复评市级优级基地 104 家，全市有效备案基地达 1 208 家，其中，优级 506 家，标准化基地覆盖率达到 60%，较上年提高 6 个百分点。

（刘永霞）

【“三品一标”认证有序推进】 北京市持续推进“三品一标”认证工作，着力增加绿色优质农产品有效供给。全年新增“无公害”用标主体 143 家，产品 448 个，产量 3.7 万吨。截至 12 月 10 日，全市共有无公害生产主体 1 282 家，产品 4 672 个，产量 157.5 万吨，“菜篮子”产品认证覆盖率达 86.9%，较上年增加 15 个百分点，其中，绿色、有机产品认证覆盖率达到 11.3%，较上年增加 1.8 个百分点。

（阚睿斌）

【地理标志农产品保护工程实施】 年内，聚焦提升“京西稻”和“茅山后佛见喜梨”2 个产品的标准化生产能力和品牌建设能力，重点包括品质特性指标的检测与评价、全程质量控制追溯能力和标识加贴、统筹品牌宣传和市场营销、讲好历史文化内涵和品牌故事。

（刘永霞）

【持续实施区级综合质检站和乡镇管理站等级评估】 北京市开展区级综合质检站和乡镇农产品质量安全管理站等级评定与动态管理工作。从 12 方面 54 项指标进行评定，评出 3 星级以上机构 8 家，较上年增加 2 家，区级质检站整体水平显著提升。完成了 12 个区的 160 个乡镇农产品质量安全管理站等级评定，其中，优级 39 个、良好级 55 个，良好级以上的占比达 58.8%，较上年度提高近 10 个百分点，基层监管体系能力水平进一步提高。

（孙奂明）

动物疫情防治

【动物疫病强制免疫情况】 本市制定下发了《北京市农业农村局关于印发〈2019 年北京市动物疫病强制免疫实施方案〉的通知》（京政农发〔2019〕42 号）。《北京市农业农村局关于印发 2019 年动物疫病强制免疫“先打后补”工作实施方案的通知》（京政农发〔2019〕23 号）。组织对高致病性禽流感、口蹄疫、羊小反刍兽疫、羊布病和犬狂犬病等 5 个病种实施强制免疫，各区督促规模场落实强制免疫疫病的程序化免疫，指导散养户做好新生动物、新补栏动物及免疫不合格场户的补免工作，切实做到“应免尽免”，构筑有效免疫屏障。截至 11 月底，全市共强制免疫家禽高致病性禽流感 3 883.258 3万羽次，其中，鸡 3 407.811 1 万羽次，鸭 439.571 8 万羽次，鹅 25.988 9 万羽次，其他禽 9.886 5 万羽。家畜口蹄疫 142.782 1 万头次，其中，生猪口蹄疫 47.039 5 万头次；牛口蹄疫 27.7222 万头次；羊口蹄疫 68.000 4 万头次；小反刍兽疫 23.641 2 万头只；羊布病 16.857 7 万头只；狂犬病 60.021 1 万条。

【动物疫病监测情况】 开展免疫抗体监测。全市监测高致病性禽流感 H5N1 Re11 株免疫合格率为 94.07%、禽流感 H5N1 Re12 株免疫合格率为 89.43%、禽流感 H5N1 Re8 株免疫合格率为 97.92%、禽流感 H9 为 96.27%、禽流感 H7N9 为 97.23%、鸡新城疫为 94.92%、猪瘟为 96.39%、猪 O 型口蹄疫为 93.68%、牛 O 型口蹄疫为 95.93%、羊 O 型口蹄疫为 84.94%、猪 A 型口蹄疫为 81.94%、牛 A 型口蹄疫为 94.43%、猪蓝耳病为 95.51%、狂犬病为 78.15%、小反刍兽疫为 83.39%、犬瘟热为 93.98%、犬细小病毒病 96.47%，监测结果表明，上述疫病的平均免疫抗体合格率均大于 70%，具有较好的保护力。但市级监测仍有 111 个免疫保护率偏低场户，涵盖种场、商品场、散养户，对于这些未达标的场（户），已及时通知相关部门加强了免疫，有效地降低了发生疫病的风险。

【动物病原学监测情况】 高致病性禽流感、口蹄疫、猪瘟、猪繁殖与呼吸障碍综合征、高致病性猪蓝耳病、牛传染性鼻气管炎、牛流行性病毒性腹泻、塞尼卡谷病毒病原学监测结果均为阴性，马传贫、马鼻疽、布鲁氏菌病（猪、犬）、蓝舌病感染抗体监测结果均为阴性。种畜禽场主要存在的疫病仍然是猪伪狂犬病、猪圆环病毒病、禽白血病和鸡白痢。猪伪狂犬病的阳性率为 57.58%，猪圆环病毒 2 型阳性率为 18.70%，猪圆环病毒 3 型阳性率为 19.20%，禽白血病市级监测阳性率为 0.42%，鸡白痢阳性率 1.97%。

【开展动物疫病流行病学调查】 开展疫病普查。本市对全市 16 个区共调查禽类养殖场户 650 场次，涵盖 400 余万羽份次禽只，通过禽类疫病普查得知，本市禽类疫病总体平稳，没有高致病性禽流感重大禽类疫病区域性流行发生，细菌性疾病、传染性喉气管炎、支原体、维生素缺乏等常规疫病散发。针对密云、通州和延庆等区检测出的奶牛布病阳性结果，开展现场流调，逐个分析具体原因，提出指导性建议，并形成调查确认报告。2019 年 1—11 月，共开展流调和疫情处置 25 余次，涉及本市 4 个区县 13 个养羊、养牛、养驴场户。

专项流调。①按照《全国家禽 H7N9 禽流感防治指导意见（2018－2020 年）》，在做好免疫抗体检测的同时从各区采集禽养殖场户临床异常症状的新鲜病死禽的病理组织以开展病原学检测，共采集 200 余份样品，检测结果均为阴性，总体调查情况显示，临床生产情况相对稳定，未出现 H7N9 的区域性流行发生的现象。②为做好国庆 70 周年鸽子放飞专项活动顺利进行，组织全市开展鸽病的专项调研检测，其间全市共采集病原学样品3 576份，涉及 499 个次养鸽户；共采集血清学样本1 522份，涉及 263 个养鸽户，实验室检测结果及时上报反馈为相关决策提供技术支撑，保障个鸽子放飞活动的顺利完成。③按照中国动物疫病预防控制中心《关于开展马鼻疽、马传染性贫血专项监测与调查工作的通知》要求，对朝阳、延庆、昌平等 6 个区开展了马鼻疽、马传贫专项调查工作。针对规模养殖场、马术俱乐部等存栏量大、移动调运多的朝阳区和延庆区两个区开展重点监测工作，采集监测样品 270 份，结果全部为阴性。按照农业农村部要求，配合哈尔滨兽医研究所完成对本市 200 匹次的马传贫样品采集、送检和马鼻疽临床检测工作，检测结果均为阴性。

定点流调。在全市建立 8 个家禽哨兵场。对其饲养状况、免疫程序、禽类发病情况进行动态跟踪，并定期开展流行病学调查和诊疗服务，进行了抽样检测，共计采集病原学（咽肛双拭子、病理组织等）样品 150 份，血清学样品 120 份，通过前期的流调和诊疗信息显示家禽哨兵场没有发生高致病性禽流感等重大动物疫病，主要偶发细菌性疾病。

（张佳艳）

【实施非洲猪瘟全链条监测，净化区域大环境安全】本市制定并印发《北京市农业农村局关于进一步加强本市非洲猪瘟监测工作的通知》（京政农发〔2019〕44 号），按照"关口前移、扩大防线"的原则，及时发现和清除非洲猪瘟病毒污染，以全市范围大区域环境安全保护生猪养殖安全，在对养殖生猪、屠宰生猪及调入白条肉、饲料进行检测基础上，扩大到对屠宰厂和无害化处理厂的环境及相关运输车辆开展检测。截至 11 月底，共监测样品 308 323 份，其中，市级监测 7 671 份，区级监测 30 0652 份。

【确定非洲猪瘟检测实验室，委托开展非洲猪瘟检测工作】本市按照《农业农村部办公厅关于做好非洲猪瘟实验室检测工作的通知》（农办牧〔2018〕54 号）《农业农村部办公厅关于进一步做好非洲猪瘟实验室检测工作的通知》（农办牧〔2018〕66 号）《北京市农业农村局关于做好非洲猪瘟实验室检测工作的通知》（京政农发〔2018〕50 号）的有关要求，对申请开展非洲猪瘟检测的实验室进行审核，符合条件的委托开展非洲猪瘟检测。截至目前，已批复 3 批共计 17 家实验室开展非洲猪瘟检测。

【严格落实生猪屠宰环节非洲猪瘟自检和官方兽医派驻两项制度，保障屠宰环节安全】本市制定并印发《北京市农业农村局关于开展落实生猪屠宰环节非洲猪瘟自检和官方兽医派驻制度专项行动的通知》，组织开展落实"两项制度"专项行动。截至目前，全市 9 家生猪屠宰场已全部配备非洲猪瘟检测设备，配备专门人员负责检测工作。非洲猪瘟自检制度落实达标率为 100％。全市 9 家生猪屠宰企业配备官方兽医 92 名，每场均达到 10 人标准，完全符合农业农村部要求。

【总结应急处置实战经验，夯实应急处置基础性工作】一是编制了《北京市突发非洲猪瘟疫情应急处置指导手册（2019 版）》，以期实现本市非洲猪瘟疫情应急处置科学化、快速化、顺畅化。二是制定《北京市生猪屠宰企业非洲猪瘟应急处置预案》。三是制定《北京市 2019 年非洲猪瘟疫情应急演练工作实施方案》，2019 年 11 月 8 日，开展实战演练，全市 16 个区参加观摩。

【印发《生猪养殖场所生物安全评估办法》】本市组织专家指导各区开展养猪场建设与生物安全提升。

【加强部署调度，做好信息报送工作】本市组织各区参加全国重大动物疫病防控工作视频会议 4 次，组织 13 次全市防控非洲猪瘟专题调度会，召开 6 次全市工作部署会，将党中央国务院有关精神和部署，直接传达到区。同时，做好各类数据统计、信息收集及上报工作。实现 12345、12316 舆情闭环管理，督促各区及时办理非洲猪瘟相关舆情，督办率为 100％。

（张佳艳）

【稳步推进奶牛布病和结核病净化工作】本市奶牛布病共监测 10 个区 247 个次场（户）的 64 008 份样品，阳性数 62 份，阳性率为 0.10％（免疫阳性率为 0.12％，非免疫阳性率为 0.08％）；奶牛结核病共监测 10 个区 307 个次场（户）的97 071头奶牛，阳性率为 0。开展奶牛布病 A19 株疫苗应用风险评估。为科学评价奶牛布鲁氏菌病（以下简称布病）疫苗免疫效果，遴选高效、安全的疫苗用于本市布病免疫防控，基于前期试验结果，组织相关专家开展奶牛布病 A19 株疫苗应用风险评估，确定本市奶牛布病免疫可采取 A19 疫苗与 S2 疫苗互为补充的策略。在开展上述工作的基础上，制定并印发了《北京市农业农村局关于奶牛布鲁氏菌病 A19 株疫苗免疫有关问题的通知》。推进奶牛布病免疫。延庆区共有 4 家奶牛养殖场申请实施布病免疫，其中，免疫 S2 疫苗 1 322 头，A19 疫苗 320 头。顺义区共有 2 家奶牛养殖场申请实施布病 A19 疫苗免疫，共计 102 头。开展奶牛场群布病净化评估。督促指导各区开展 2018 年的评估工作。经评估审查，顺义、延庆、通州、昌平、房山、平谷、大兴等 7 个区的 19 家养殖场（小区、户）被确定为 2018 年度本市奶牛布病净化场（群），其中，非免疫净化场（群）17 家，免疫净化场（群）2 家。

（张佳艳）

【继续强化狂犬病防控工作】2019 年，全市共免疫接种犬 61.49 万只，查办未依法实施狂犬病强制免疫案件 248 起。全面部署。制定下发了《北京市农业农村局关于印发北京市 2019 年狂犬病防控工作要点的通知》（京政农发〔2019〕24 号），要求各区组织做好免疫点认定和管理、免疫标记管理工作，努力提高辖区家养犬只免疫数量，组织做好狂犬病诊断和处置及对集中饲养犬只场所的动物防疫监管工作。细致落实。制定并印发了《北京市农业农村局关于印发进一步加强犬只防疫管理工作实施方案的通知》，就加强登记注册犬免疫、疫苗质量管理和免疫效果评价、加强免疫点监管和指导工作、加强狂犬病强制免疫监督执法工作、持续开展犬只狂犬病防治宣传教育、加强民间动物收容场点监管指导工作进行了再动员、再部署，要求各区切实履行《北京市养犬管理规定》《北京市动物防疫条例》赋予的职责和义务，梳理本区农业农村部门在养犬管理工作中存在的需要解决的重点和难点问题，制定针对性、可操作性强的工作实施方案。提案办理。2019 年，市农业农村局共收到涉及养犬管理及狂犬病防控的人大代表意见和政协委员提案 5 件，其中，主办件 1 件、单办件 1 件、协办件 3 件。截至目前，协办件 3 件已办理完成；主办件 1 件已形成了办理意见，拟与委员进行现场沟通交流；单办件 1 件已形成了办理意见，但该代表无法取得联系，市人大工作人员正努力争取与其进行沟通。做好服务。汇总整理全市 16 个区最新犬只狂犬病免疫点 495 个，并通过局外网对免疫点名称、地址、联系电话等内容进行公示，方便市民及时进行狂犬病免疫。督查考核。编制了《2019 年北京市动物狂犬病防控考核实施方案》，并与动物防疫责任制考核进行整合，减轻基层负担。

（张佳艳）

【积极开展动物卫生监督工作】全市动物及动物产品检疫工作产地检疫：截至 11 月底，全市累计产地检疫畜禽 1.52 亿头只，其中，生猪 23.1 万头、牛羊 3.2 万头只、禽 1.5 亿只、其他动物 208.3 万头只；消毒运载工具 4.6 万辆。屠宰检疫：截至 11 月底，全市累计屠宰检疫畜禽 1 221 万头只，其中，生猪 20.3 万头、禽类 1 158.1 万只、牛羊 42.6 万头只，检出不合格畜禽 0.3 万头只，全部依法依规进行无害化处理。动物及动物产品运输监管工作截至 11 月底，全市公路、铁路和航空监督检查进京动物 1 737.7 万头只，动物产品 108.5 万吨；运输环节查办案件 296 起，罚没款 90.3 万元。动物卫生监督执法工作截至 11 月底，全市共查办案件1 400起，罚没款 245.82 万元；超 10 万元以上案件 1 起，超万元以上案件 69 起，行刑衔接案件 5 起。

（张佳艳）

【严格实施执业兽医资格认定行政许可】2018 年北京市考区有 666 人（执业兽医师 521 人，执业助理兽医师 145 人）经考点初审、考区审核，通过执业兽医资格认定。此外为 21 名申请补证人员办理补证。截至 5 月底，所有证书已经发放完成。

【组织完成 2019 年执业兽医考试】本市按照《农业农村部关于做好 2019 年全国执业兽医资格考试工作的通知》（农牧发〔2019〕17 号）要求，6 月印发了《北京市农业农村局关于做好 2019 年执业兽医资格考试工作的通知》，就 2019 年考试有关安排和要求进行全市部署。10 月 13 日完成了考试，北京考区 2019 年全国执业兽医资格考试共有 2 813 名考生报名参加（兽医全科 2 792 人，水生动物 21 人），设置 95 个考场。

（张佳艳）

【依法强化兽医实验室生物安全管理】本市组织开展兽医系统实验室比对工作，印发了《北京市农业农村局关于开展 2019 年区级兽医系统实验室检测能力比对工作的通知》，组织设有实验室的 12 个区农业农村部门的动物疫病预防控制中心参加比对，明确了比对项目及比对工作组织方式、时间安排和工作要求。组织开展动物病原微生物实验室生物安全专项检查工作，印发了《北京市农业农村局关于开展 2019 年全市高级别动物病原微生物实验室生物安全专项检查工作的通知》。组织对全市范围内 2 家已正式运行的高级别动物病原微生物实验室，以及承担本市非洲猪瘟检测任务的 11 家受委托实验室开展专项检查。检查重点是实验室建设运行情况、生物安全组织机构情况、生物安全防护措施情况等九大项内容，分实验室自查、集中检查和实地抽查三阶段实施。

（张佳艳）

【优化兽药批号技术审查办事流程】本市在严格按要求实施兽药产品批准文号技术审查的基础上，针对审批环节退件重复盖章问题，积极与部畜牧兽医局、中监所沟通协调，予以解决。下半年，按照农业农村部要求，推进批准文号电子化审查相关工作，组织做好政策宣传及疑难解答。过渡期间，为方便企业办事，采取纸质审查与电子化审查并行模式，有效确保了各项政策措施的顺利过渡。截至12月中旬，累计为企业办理兽药批准文号技术审查、自由销售证明、集团内部调剂意见等事项200余批次。

（张佳艳）

【组织做好兽药二维码追溯工作】5月底，农业农村部发布第174号公告，对兽药生产、经营、使用、监管等环节推进二维码追溯提出明确要求。为此，北京市印发了《北京市农业农村局关于强化兽药产品追溯管理工作的通知》，要求全市有关企业在2019年9月1日前，完成新旧标准衔接工作，及时、规范、准确上传兽药产品入出库信息。截至目前，本市兽药生产经营企业，均已按照要求进行了兽药产品入出库数据上传，根据农业农村部通报，全国只有北京、上海、新疆三个省（区、市），实现了兽药生产经营注册率、追溯率100%。

（张佳艳）

【组织做好减量化试点工作】本市按照农业农村部《兽用抗菌药使用减量化行动试点工作方案（2018—2021年）》，印发了《北京市兽用抗菌药使用减量化行动试点工作方案（2019—2021年）》，力争用3年时间，通过实施养殖环节兽用抗菌药使用减量化行动试点，减少抗菌药类药物饲料添加剂使用量，大力推广替代性中兽药等新型兽药及饲料药物添加剂，实现试点养殖场兽用抗菌药使用量“零增长”目标。2019年，遴选了首农集团金银岛牧场和德青源两家企业，参加全国兽用抗菌药减量化行动试点；对列入2018年全国减量化试点的金星鸭业中辛庄基地和北京众乐河畔养殖合作社，开展了减抗效果评估，评估结果符合农业农村部要求。目前，本市已将减抗效果评估相关材料报农业农村部，待正式确认后，将向两家达标场颁发标牌。

（张佳艳）

【组织开展禽蛋兽药残留和蛋禽兽药专项整治行动】本市印发了《关于组织开展禽蛋兽药残留专项整治行动的通知》《关于组织开展蛋禽养殖场户安全用药技术远程视频培训的通知》两个配套文件。组织开展了对72批次禽蛋产品和100批次蛋禽用兽药的监督抽检，涉及兽药生产和经营企业24家、蛋鸡养殖场37家，采集兽药样品100份、禽蛋样品117份，累计开展检测2 065项次，检测样品合格率100%。

（张佳艳）

【动物无害化处理委托项目管理】本市1—11月共处理4 008.7吨病死动物及病害动物产品，实现了无害化处理和资源化利用，有效保障了食品安全、动物防疫安全、公共卫生安全和生态环境安全。同时对2018年项目绩效评价。2018年无害化处理项目项目按照入市财政局要求实施了两次绩效评价，第一次绩效评价结果作为市政府对市农业农村局绩效评价的重要依据，评价结果为全部符合预期绩效，没有扣分项；第二次绩效评价得分为91.5分，绩效评定级别为优秀。对2019年项目绩效评价。分别按照局办公室和计财处要求对2019年项目绩效进行跟踪和评价。每季度向市绩效办报送项目绩效进展情况；上半年按要求对2019年无害化处理项目报送了中期绩效跟踪报告及证明材料，项目执行情况符合要求；对2019年中央财政动物防疫经费中的生猪无害化处理补助转移支付部分实施绩效评价。按要求组织顺义区提交绩效评价所需绩效报告及相关证明资料，配合财政局开展绩效评价。

（张佳艳）

【非洲猪瘟防控】2019年，北京市印发《北京市农业农村局关于进一步加强本市非洲猪瘟监测工作的通知》，在对养殖生猪、屠宰生猪及调入白条肉、饲料进行检测基础上，扩大到对屠宰厂和无害化处理厂的环境及相关运输车辆开展检测。对申请开展非洲猪瘟检测的实验室进行审核，符合条件的委托开展非洲猪瘟检测。同时，开展联合检查和生猪产品全链条监管，通过养殖场、公路检查站、屠宰场、市场等多个环节的反向追溯和相互关联，确保上市猪产品来源可追溯，进一步保障生猪养殖疫病安全及猪产品质量安全。

（张佳艳）

【抽检动物产品6.02万份】年内，本市共组织各级官方监督抽检各类样品6.02万份，实施检测12.2万项次，督促指导企业自检样品15.78万份，实施监测34.52万项次。

（陈　翠）

【进京动物及动物产品闭环式监管】2019年，北京依托“首都畜牧兽医综合执法网络执法能指挥系统”，解决了外埠动物及产品有没有进北京、外埠和本地动物及产品有没有到达目的地、到达目的地的动物及产品有没有经过指定道口监督检查等3个“有没有”的问题，实现闭环式监管。对闭环管理中产生的异常信息，全年核查未经道口信息达万余条，发放督办单43份；办理案件209起，罚没款105万元。

（陈　翠）

产业融合发展

综　述

2018年，北京市认真落实乡村振兴战略规划，推动乡村产业高质量发展，现代农业产业园区建设、农产品加工业、镇村企业、农产品流通业、休闲农业等领域乡村产业融合工作稳步推进。

现代农业产业园区建设方面。2019年，北京市认真贯彻落实国家关于创建现代农业产业园精神，以供给侧结构性改革为主线，加快探索、大胆创新、持续发挥产业园在产业融合、技术集成、农户带动、就业增收、辐射示范等方面的作用，为农业高质量发展持续注入新动能、新活力。2019年，北京市已批准9家现代农业产业园开展创建工作，包括2家国家级现代农业产业园，房山国家现代农业产业园及密云国家现代农业产业园；7家市级现代农业产业园，房山窦店现代农业产业园、房山大石窝现代农业产业园、大兴庞各庄现代农业产业园、大兴长子营现代农业产业园、平谷峪口现代农业产业园、通州西集现代农业产业园及通州于家务现代农业产业园，已形成"2（国家级）+7（市级）"现代农业产业园创建工作协同推进的发展格局。各产业园立足本地特色优势产业和支柱产业，按照"生产+科技+品牌营销"的发展要求，加快形成种养规模化、科技集成化、营销品牌化的产业链开发格局。突出资源环境和产业特色，加快推进农业品牌创建与整合，已形成一批较知名的产品品牌和区域品牌，如"峪口禽业""窦店肉牛""正大蛋鸡""裕农蔬菜"等品牌价值不断提升，形成了较高品牌影响力，逐渐步入产品创品牌、品牌壮产业、产业促发展的良性循环，品牌优势不断凸显。

镇村企业方面。2019年，北京市乡镇企业积极调整产业结构和空间布局，坚决淘汰落后产业，大力压缩过剩产能，着力转变经济增长方式，在经济总量和总体规模大幅缩减的前提下，整体经济运行质量稳步提升，经济结构继续优化，经济运行总体态势稳中向好。截至2019年底，北京市乡镇企业66 724家，比上年减少16 067家，同比下降19.4%；从业人员500 160人，比上年减少77 306人，同比下降13.4%；完成营业收入39 672 372万元，比上年下降3.6%；完成利润总额2 045 547万元，比上年下降5.7%；实现增加值7 251 091万元，比上年下降0.7%；实现工业增加值3 896 594万元，比上年下降0.3%；完成出口产品交货值596 262万元，比上年下降19.9%；上缴税金1 675 758万元，比上年下降7%；提供劳动者报酬3 270 342万元，比上年增长1%；人均劳动者报酬65 386元，比上年增长16.6%；私营以上企业资产总额81 276 943万元，比上年下降15.8%；私营以上企业负债总额53 959 027万元，比上年下降30.7%；私营以上企业资产负债率66.4%，比上年下降14.2个百分点。

乡村旅游业方面。2019年，乡村旅游以贯彻乡村振兴战略，建设美丽乡村为目标，以乡村民宿发展为抓手，以促进旅游投资与消费为目标，以提升旅游品质为重点，以建设乡村旅游标准为抓手，促进乡村旅游提质升级。近年，以社会资本投资为主体的乡村精品民宿发展速度迅猛，乡村旅游逐步发展壮大，乡村旅游在助力乡村振兴，建设美丽乡村，带动农民就业增收方面的作用日趋增强，成为北京市旅游业和乡村经济的重要内容。截至2019年底，北京市共有9个全国重点乡村旅游村、274个星级乡村民俗旅游村、6 042个星级乡村民俗旅游户。乡村精品民宿品牌699家，对接社会资本上百亿元，盘活闲置农宅2 000余户。

产业园区

现代农业产业园是按照政府引导、市场主导、农民受益、共享发展的方式，以规模化种养基地为基础，依托农业产业化龙头企业，通过“生产＋加工＋科技”，聚集现代生产要素，促进产业融合，创新体制机制，形成明确的地理界限和一定的区域范围、主导产业园具有较强的竞争优势、建设水平比较领先的现代农业发展平台。北京市认真贯彻落实国家关于创建现代农业产业园精神，以供给侧结构性改革为主线，加快探索、大胆创新、持续发挥产业园在产业融合、技术集成、农户带动、就业增收、辐射示范等方面的作用，为农业高质量发展持续注入新动能、新活力。

2019年，北京市已批准9家现代农业产业园开展创建工作，包括2家国家级现代农业产业园：房山国家现代农业产业园及密云国家现代农业产业园；7家市级现代农业产业园：房山窦店现代农业产业园、房山大石窝现代农业产业园、大兴庞各庄现代农业产业园、大兴长子营现代农业产业园、平谷峪口现代农业产业园、通州西集现代农业产业园及通州于家务现代农业产业园，已形成2（国家级）＋7（市级）现代农业产业园创建工作协同推进的发展格局。

各产业园立足本地特色优势产业和支柱产业，按照“生产＋科技＋品牌营销”的发展要求，加快形成种养规模化、科技集成化、营销品牌化的产业链开发格局。突出资源环境和产业特色，加快推进农业品牌创建与整合，已形成一批较知名的产品品牌和区域品牌，如峪口禽业、窦店肉牛、正大蛋鸡、裕农蔬菜等品牌价值不断提升，形成了较高品牌影响力，逐渐步入产品创品牌、品牌壮产业、产业促发展的良性循环，品牌优势不断突显。

各园区聘请科研院校及专业团队根据不同区位、资源禀赋、经济发展条件等情况对园区发展进行科学定位和规划，明确了产业园发展布局和区域范围，产业园种养、加工、物流、研发、服务等一二三产业板块初步形成。产业园专项规划注重与美丽乡村建设、土地利用等相衔接，产业发展与村庄建设、生态宜居等同步推进，逐渐形成园村一体、产村融合的格局。

各产业园将绿色发展理念贯穿产业发展全过程，全面推行和实施“一控两减三基本”，通过加大节水节能设施的普及，平均节水灌溉面积比重达到99％以上；通过从严控肥、控药、控添加剂，合理施肥、科学用药，农作物化肥利用率45.89％、农药利用率43.56％；通过推广低碳、循环农业技术，畜禽粪污综合利用率，农膜、农药、化肥包装废弃物回收处置率分别达到95.00％。

各产业园通过发展合作制、股份制、订单农业等多种利益联结方式，推进资源变资产、资金变股金、农民变股东，建立并完善农民利益联结机制，带动农民就业增收。尤其是通过发展集体经济，保障了农民分享产业增值收益。同时，在提高农民组织化程度、确保农民增收方面发挥了重要作用，园内农户加入合作社比例平均为61.88％，形成利益共享、风险共担的共同体，示范带动小农户共同发展，将其引入现代农业发展轨道，同步分享农业农村现代化成果，推动小农户与现代农业发展有机衔接。

（张宇）

【农业农村部、财政部批准密云区现代农业产业园创建国家现代农业产业园】 2019年6月12日，农业农村部、财政部印发《关于公布2019年国家现代农业产业园创建名单的通知》（农规发〔2019〕20号），经密云区人民政府申请，北京市农业农村局和财政局择优遴选，农业农村部和财政部备案审查，同意北京市密云区现代农业产业园备案并创建国家现代农业产业园。密云区现代农业产业园以科学布局、绿色发展、品牌再塑为措施和抓手，按照“1＋3＋N”的产业布局，重点提升一批精品蔬菜和特色果品，建设一批高标准、高效益的农业产业园专业镇、专业村，打造一批知名度高、影响力大的农业单品品牌和农业销售品牌，探索符合密云实际的“绿色、优质、高端、高效”的精品农业发展之路，着力打造乡村振兴密云样板。

（张宇）

【印发《北京市级现代农业产业园创建管理办法（试行）》】 为贯彻落实农财两部关于开展国家现代农业产业园创建工作的相关精神，加快推进北京市现代农业产业园，规范北京市级现代农业产业园的创建活动，对市级产业园实行动态监测管理，依据《北京市乡村振兴战略规划（2018—2020 年）》《北京市农村工作委员会　北京市财政局关于开展现代农业产业园创建工作鼓励支持现代农业产业园发展的意见》（京政农函〔2017〕16 号）的精神，2019 年 11 月 1 日，北京市农业农村局、北京市财政局联合制订、印发了《北京市级现代农业产业园创建管理办法（试行）》的通知（京政农发〔2019〕134 号），正文部分共七章二十六条，明确了产业园的申报创建、监测评价、验收认定等程序，是对市级产业园实行动态监测管理的重要依据。

（张宇）

【房山区现代农业产业园通过国家认定】 2019 年 12 月 17 日，农业农村部、财政部印发了《关于认定第二批国家现代农业产业园的通知》（农规发〔2019〕38 号），根据《农业农村部办公厅、财政部办公厅关于开展 2019 年国家现代农业产业园创建绩效评价和认定工作的通知》（农办规〔2019〕51 号）要求，经绩效自评、认定申请、省级推荐、绩效评价和现场考察，农业农村部、财政部决定将创建成效突出、符合认定条件的房山区现代农业产业园等 29 个现代农业产业园认定为第二批国家现代农业产业园。房山区现代农业产业园总面积 3.89 万亩，园内有 16 个行政村，总人口 2.1 万人。产业园围绕实施“现代农业、健康颐养、文化创意、城乡统筹”的发展战略，立足资源基础，定位北京高端农产品市场，形成了功能蔬菜和康养园艺两大主导产业。园内农产品加工流通企业明显聚集，培育了卓宸、金北联、脆脆乐等 13 个知名品牌，果蔬脆产品出口 30 余个国家和地区，市场占有率全国第一。在康养园艺产业方面，产业园产业集中度高，形成了规模化、标准化、集约化种养基地，构建了功能蔬菜规模生产、集中加工、技术服务输出、休闲康养相融合的全产业链的发展格局，形成了“一带两轴多板块”产业布局。2019 年产业园实现总产值 48.63 亿元，已成为品牌突出、业态合理、效益显著、生态良好的都市农业发展示范区。

（张宇）

农业产业化

【农业产业化龙头企业发展稳健】 从总体规模上看，2019 年，北京市共有重点龙头企业 142 家，其中，国家级重点龙头企业 43 家，市级重点龙头企业 99 家。从发展规模看，企业固定资产净值总额为 13 084 346.71万元，平均每个企业固定资产净值为 92 796.79 万元，固定资产净值基本与上年持平；企业上缴税金总额为 2 347 302.26 万元，基本与上年持平。从企业经济效益方面看，北京重点农业龙头企业大部分指标优于上年。2019 年，企业涉农营业收入总额为68 881 464.07万元，同比增长 4.9%，其中通过电子商务实现的销售收入总额为 533 649.33 万元，同比增长 64.9%。企业净利润为 1 553 726.96 万元，同比增长 4.2%；企业营业收入净利润率为 4.37%，同比下降 0.75 个百分点。企业负债合计为 60 035 300.32 万元，同比增长 6.7%；资产合计为 89 192 831.4 万元，同比增长 6%；企业平均负债率为 47.23%，同比下降 0.62 个百分点。从产业类型上看，142 家龙头企业中，按产业类型划分，涉及一产企业有 57 家，涉及二产企业有 82 家，涉及三产的企业有 41 家；按行业划分，有种植及加工企业 58 家，畜牧业养殖及加工企业 41 家，水产养殖及加工企业 4 家，林业种植及加工企业 2 家，其他行业企业 37 家。

（林然）

【农业产业化组织联农带农成效显著】 2019 年，北京农业产业化组织带动农户数为 4 661 045 万户，其中全市重点龙头企业共带动农户 4 573 783 户，占全部农业产业化组织带动农户数的 98.1%；重点龙头企业带动本市农户 139 541 户，占全部带动农户数的3.1%。重点农业龙头企业带动农民合作社4 590家，其中带动本市农民合作社348家，占带动农民合作社总数的7.6%。龙头企业对农户支出总额2 327 327.86万元，占农户从事产业化经营增收总额的93.9%。从带动就业情况看，龙头企业从业人员总数为229 643人，其中农民从业人员数为113 549人，占比49.4%；本市农民从业人员15 248人，占全部农民从业人员总数的13.4%。企业支付的工资福利总额为1 383 055.76万元，其中农民的工资福利总额为454 064.9万元，占比32.8%。各企业围绕特色优势产业，积极发展订单农业。主要农产品原料从自建基地采购值为500 397.98万元，占总采购值3%；从订单基地采购值6 248 752.343万元，占总采购值37.4%；其他方式采购值9 950 527.998万元，占总采购值59.6%。种植业生产基地中，企业自建生产基地面积1 408 790.5亩，其中租赁农村土地面积900 713.02亩，支付土地租金34 252.26万元；吸收农民以土地经营权入股面积26 893亩。订单生产基地面积10 205 623.5亩，是自建生产基地面积的7倍。创建绿色食品、有机农产品原料基地面积939 342.1亩。从产业扶贫情况看，农业龙头企业明确负责的建档立卡贫困户227 056户，其中带动本市建档立卡贫困户442户。建档立卡贫困户户均从企业获得的收入6 099元。

（林然）

镇村企业

【镇村企业经济总量稳中趋降】 近年，北京市按照首都城市功能定位要求，大力疏解非首都功能，坚决淘汰落后产业，加速退出一般制造业企业。受此影响，2019年京郊镇村企业经济总量呈现稳中趋降态势，各项主要总量指标与上年相比均有小幅下降。全市镇村企业累计完成营业收入3 967.2亿元，比上年下降3.6%，其中工业营业收入2 069.8亿元，比上年下降4.3%；实现增加值725.1亿元，比上年下降0.7%，其中工业增加值389.7亿元，比上年下降0.3%。

【镇村经济效益稳中有升】 2019年，京郊镇村企业创新发展、提质增效，经济效益出现企稳回升趋势。全年镇村企业累计实现利润总额204.6亿元，比上年下降5.7%；镇村企业利润率为5.2%，比上年降低0.1个百分点。镇村工业企业实现利润总额110.2亿元，比上年增长3.1%；镇村工业利润率为5.3%，比上年提高0.4个百分点。与上年相比，虽然全行业利润总额和利润率仍然小幅下降，但工业企业利润总额和利润率双双实现了小幅增长，经济效益稳中有升。

【镇村企业产业结构继续优化】 2019年，京郊镇村企业主动适应经济发展“新常态”，着力转变增长方式，积极调整产业结构，产业结构继续优化。2019年北京镇村企业（私营以上）完成增加值667.3亿元，其中，一产增加值4.2亿元，占0.6%，所占比重比上年降低0.3个百分点；二产增加值411.7亿元，占61.7%，所占比重与上年持平；三产增加值251.4亿元，占37.7%，所占比重比上年提高0.3个百分点。与上年相比，一方面，一、二产比重下降，三产比重上升，产业结构有所优化；另一方面，除企业个数外，二产各项主要经济指标所占比重均超过50%，仍然保持着较为显著的主体地位。

2019年京郊乡镇企业（私营以上）主要经济指标产业分布情况

单位：个、人、亿元、%

	增加值	企业个数	职工人数	营业收入	利润总额
合计	667.3	13 502	355 816	3 651.8	168.8
一产	4.2	403	9 713	36.2	1.0
比重	0.6	3.0	2.7	1.0	0.6
二产	411.7	4 573	208 186	2 265.6	104.3
比重	61.7	33.9	58.5	62.0	61.8
三产	251.4	8 526	137 917	1 350.0	63.5
比重	37.7	63.1	38.8	37.0	37.6

【镇村企业空间布局更加合理】 随着首都城市功能布局调整的不断深化，京郊乡镇企业向城市发展新区集聚发展，北京镇村企业空间布局和区域结构更加趋于合理。2019年，城市发展新区（通州、顺义、大兴、昌平、房山）作为全市镇村经济的主

体，镇村企业营业收入、利润总额、增加值、工业增加值和出口产品交货值分别为2 864.1亿元、117.7亿元、450.3亿元、325.9亿元和47.6亿元，分别占全市乡镇企业的78.4%、69.7%、67.5%、83.6%和83.7%，各项主要经济指标所占比重均在60%以上，主体地位较为突出，主导作用非常显著。

2019年京郊镇村企业主要经济指标区域分布情况

单位：亿元、%

	营业收入	利润总额	增加值	工业增加值	出口产品交货值
合　计	3 651.8	168.8	667.3	389.7	56.9
城市功能拓展区	386.4	40.1	138.5	9.4	0.2
所占比重	10.6	23.7	20.8	2.4	0.3
城市发展新区	2 864.1	117.7	450.3	325.9	47.6
所占比重	78.4	69.7	67.5	83.6	83.7
生态涵养区	401.3	23.0	78.5	54.4	9.1
所占比重	11.0	6.6	11.7	14.0	16.0

【镇村工业继续保持主体地位】镇村工业在乡镇企业产业结构中占据主体地位，发挥主导作用。2019年京郊镇村工业企业7 349家，比上年减少1 630家，同比下降18.2%；职工人数206 582人，比上年减少34 885人，同比下降14.4%；完成营业收入2 069.8亿元，比上年下降4.3%；实现增加值389.7亿元，比上年下降0.3%；实现利润总额110.2亿元，比上年增长3.1%。乡镇工业企业数、职工人数、营业收入、增加值和利润总额分别占乡镇企业总量的11%、41.3%、52.2%、53.7%和53.9%。其中，乡镇规模工业企业744家，比上年减少61家，同比下降7.6%；职工人数120 872人，比上年减少35 476人，同比下降22.7%；完成营业收入1 652.1亿元，比上年下降5.7%；实现增加值308.1亿元，比上年增长10%；实现利润总额79.8亿元，比上年下降6.8%。乡镇规模工业企业数、职工人数、营业收入、增加值和利润总额分别占乡镇规模企业总量的10.1%、58.5%、79.8%、79.1%和72.4%。

2019年京郊镇村工业企业主要经济指标完成情况

单位：个、人、亿元、%

	企业个数	职工人数	营业收入	增加值	利润总额
私营以上	4 002	179 410	1 925.6	368.5	95.4
个体户	3 347	27 172	144.2	21.2	14.7
乡镇工业合计	7 349	206 582	2 069.8	389.7	110.2
占乡镇企业比重	11.0	41.3	52.2	53.7	53.9
规模工业	744	120 872	1 652.1	308.1	79.8
占规模企业比重	62.9	61.5	55.9	61.6	62.0

【镇村规模企业主导作用显著】规模企业作为镇村企业的主力军，在镇村企业中主导作用明显。2019年京郊镇村规模企业1 182家，比上年减少83家，同比下降6.6%；职工人数196 460人，比上年减少38 405人，同比下降16.4%；完成营业收入2 957.8亿元，比上年下降3.6%；实现增加值499.9亿元，比上年增长6.2%；实现利润总额128.8亿元，比上年下降12.4%。镇村规模企业数、职工人数、营业收入、增加值和利润总额分别占镇村企业总量的1.8%、39.3%、74.6%、68.9%和63%。

其中，规模工业企业744家，比上年减少61家，同比下降7.6%；职工人数120 872人，比上年减少35 476人，同比下降22.7%；完成营业收入1 652.1亿元，比上年下降5.7%；实现增加值308.1亿元，比上年增长10%；实现利润总额79.8亿元，比上年下降6.8%。规模工业企业数、职工人数、营业收入、增加值和利润总额分别占镇村工业总量的10.1%、58.5%、79.8%、79.1%和72.4%。

2019年京郊镇村规模企业主要经济指标完成情况

单位：个、人、亿元、%

	企业个数	职工人数	营业收入	增加值	利润总额
规模企业	1 182	196 460	2 957.7	499.9	128.8
占镇村企业比重	1.8	39.3	74.6	68.9	63.0
规模工业	744	120 872	1 652.1	308.1	79.8
占镇村工业比重	10.1	58.5	79.8	79.1	72.4

【镇村企业固定资产投资大幅下降】2019年，受北京市疏解非首都功能和清理整顿工业小区、工业大院影响，京郊镇村企业固定资产投资大幅下滑，各项指标大幅下降。本年施工项目数96项，比上年减少239项，同比下降71.3%；本年新开工项目数42项，比上年减少74项，同比下降63.8%；本年投产项目数13项，比上年减少105项，同比下降89%；本年完成投资额17亿元，比上年下降83.3%；本年新增固定资产价值6.8亿元，比上年下降88.6%。

【镇村企业融资规模大幅增长】2019年，京郊镇村企业融资规模大幅增长，金融机构贷款总额861.1亿元，比上年增长6.6倍；年末贷款余额382.1亿元，比上年增长95%。

【镇村企业创新能力有所提升】2019年，京郊镇村企业建立技术创新中心和研发机构67家，比上年增加16家，增长31.4%，镇村企业创新能力有所提升，可持续发展能力进一步增强。

【镇村企业职工素质进一步提升】2019年，京郊镇村企业职工培训人数59 634人，比上年增加31 537人，增长112.2%；大专及以上文化程度职工89 787人，占职工数的18%，所占比重比上年提高1.7个百分点，镇村企业职工素质进一步提升。

【镇村企业职工收入持续增长】2019年，北京市镇村企业在企业总数和职工人数大幅下降的背景下，全年支付劳动者报酬327亿元，比上年增长1%；人均劳动者报酬65 386元，比上年增长16.6%。镇村企业职工人均工资收入持续增长，镇村企业增加农民工资性收入，带动农民增收的作用更加凸显。

【镇村企业园区清理扎实推进】2019年，北京市加快非首都功能疏解，继续加大疏解整治力度，大力清理郊区乡镇工业小区和工业大院，取得显著成效。2019年本市31个乡镇工业园区内年末实有企业1 188家，比上年减少1 013家，降幅为46%；园区内企业年末从业人员数77 641人，比上年减少4 630人，降幅为5.6%；园区内企业完成总产值551.1亿元，比上年下降15%。

【镇村企业外贸出口形势严峻】2019年，受中美经贸摩擦升级、欧美主要经济体增速放缓、国际市场需求疲软等不利因素影响，京郊镇村企业外贸出口持续下滑，外贸形势不容乐观。全市镇村出口企业228家，比上年减少33家，同比减少12.6%；其中，年出口交货值500万元（含）以上企业128家，比上年减少22家，同比减少14.7%。全年累计完成出口产品交货值56.9亿元，比上年下降19.9%；其中，年出口交货值500万元（含）以上企业出口交货值52.1亿元，比上年下降20.7%。产品出口率为1.4%，比上年降低0.3个百分点。

【镇村企业社会贡献有所弱化】2019年，京郊镇村企业数66 724家，比上年减少16 067家，同比下降19.4%；镇村企业职工人数500 160人，比上年减少77 306人，同比下降13.4%；上缴税金167.6亿元，比上年下降7%。镇村企业吸纳农民就业，支持郊区新农村建设，推动京郊农村经济社会发展的作用有所弱化。

农产品流通业

【印发《北京市提高乡村流通现代化水平行动计划》】1月14日，北京市商务局会同市农业农村局、市市场监督管理局印发《北京市提高乡村流通现代化水平行动计划》。按照“促规范、提品质、惠民生”的发展思路，全面提升乡村商业流通网点建设、运营、管理和服务水平。

（耿英贞）

【印发《关于加强社区蔬菜直通车管理的指导意见》】1月16日，北京市商务局会同市公安交管局、市城管执法局、市住房城乡建设委、市城市管理委、市市场监管局印发《关于加强社区蔬菜直通车管理的指导意见》，明确了相关职能部门的分工，对直通车企业征集入库、网点设置统筹规划、运营监管退出等工作进行了说明，对蔬菜直通车的车辆外观等提出了具体要求。《关于加强社区蔬菜直通车管理的指导意见》在培育现代经营主体、完善蔬菜零售终端，进一步优化蔬菜零售网点布局，提升服务能力，提高市民生活便利度等方面具有指导意义，有助于市区两级部分对蔬菜直通车的管理，进一步促进蔬菜直通车的规范化发展。

（张爽）

【全市积极开展第九次春节蔬菜保供联合行动】 2月1日至3月20日，北京市商务局会同市农业农村局、中国蔬菜流通协会与天津、河北、山东、海南、广西等供京蔬菜主产区政府开展了第九次春节蔬菜保供联合行动。活动期间，在蔬菜日常供应量基础上累计增加蔬菜供应总量约5.8万吨，日均增加1 100吨，其中大白菜、白萝卜、土豆、洋葱等8个居民日常所需大路菜品种增加供应总量约3.1万吨，日均增加687吨，保障了本市蔬菜市场供应稳定。

（陈泽）

【举办赣品进京启动仪式暨井冈山品牌会】 3月17日，由江西省商务厅、北京市商务局支持，吉安市人民政府主办的赣品进京启动仪式暨井冈山品牌农产品对接会在京举办。50余家北京市大型农产品批发市场、连锁超市、电商平台及经销商代表与来自江西吉安地区的农产品龙头企业齐聚一堂，洽谈合作、共谋发展。北京市与江西省于2017年签订《进一步深化赣京合作框架协议》，当年3月，北京市商务局与江西省商务厅签订了《全面战略合作框架协议》，建立了商务合作机制，两地在京共同举办了3期“江西商品大集”，赣南脐橙、南丰蜜橘、景德镇陶瓷等品质优良、品种多样的江西特色产品丰富了北京消费市场。

（魏新宇）

【启动“北京市消费扶贫产品专区”和“和田地区特色产品专柜”】 3月18日，北京市商务局和市扶贫支援办举办的“北京市消费扶贫产品专区”“和田地区特色产品专柜”正式启动，为市民选购正宗地道的扶贫地区特色产品提供了新选择。市商务局、市扶贫支援办、市援疆和田指挥部、新疆和田地区、兵团第十四师和北京市16个区商务委领导以及来自新疆和田地区的农产品龙头企业与20家北京市大型连锁超市参加了启动仪式。

（魏新宇）

【举办京交会首届粮食主题国际论坛】 5月31日，京交会首届粮食现代供应链发展与投资国际论坛在京举办。论坛聚焦“推动粮食现代供应链发展、提升粮食流通水平和效率、促进粮食国际投资与合作”主题，深入探讨现代粮食供应服务与多边合作相关议题，旨在提升粮食流通效率，助力粮食供应服务加快转型，推动粮食产业高质量发展。论坛由中国粮食行业协会、世界粮食计划署、中国国际经济技术交流中心联合主办，北京市粮食和物资储备局等单位承办，为中国粮食行业更加紧密地融入全球粮食供应链搭建了全面协同、开放共享、互利共赢的合作发展新平台。“一带一路”沿线有关国家代表、国际粮食、农业合作及推进组织相关人员、部分驻华使馆官员、国家粮食和物资储备局、北京市政府及相关部门人员、部分省市政府主管部门人员、相关行业组织代表、国内外大型粮食企业代表以及研究智库、高等院校的专家学者等参加了本次论坛。

（蔡奇敏）

【本市首批规范化备案和统一标识的蔬菜直通车公示】 7月15日，北京市商务局会同市公安局交管局、市住建委、市城管委、市市场监管局、市城管执法局在新发地百舸湾农产品物流中心举行北京市社区蔬菜直通车规范性标识发布会。全市第一批90辆规范化蔬菜直通车统一了标识、编号。

（张爽）

【组织参加京蒙合作助力脱贫攻坚暨全国采购联盟绿色食材产销对接会】 7月20日，京蒙合作助力脱贫攻坚暨全国采购联盟绿色食材产销对接会在内蒙古乌兰察布市召开，市商务局组织本市多家商贸、餐饮企业参加，与当地供应商进行对接洽谈。乌兰察布是面向首都、辐射全国的重要农畜产品生产供应基地，对接会上展示的马铃薯、冷凉蔬菜、杂粮杂豆、牛羊猪肉、乳制品等绿色食材备受北京采购商青睐。

（魏新宇）

【践行主题教育活动，解沽源蔬菜滞销难题】 蔬菜产业是河北沽源县主导产业之一，7、8月正是沽源蔬菜集中上市的季节，由于产量过大，导致部分蔬菜滞销。7月30—31日，北京市商务局紧急组织北京农产品流通协会带领20余家北京商贸企业，并指导对口扶贫沽源县的顺义区商务局组织区供销社、顺商集团、石门市场等赴沽源县参加扶贫产品产销对接暨蔬菜交易大会，与当地农业合作社、蔬菜企业和菜农开展产销对接。

（魏新宇）

【建设重要产品追溯统一平台】 7月，北京市重要产品追溯统一平台建设项目通过验收。主要覆盖全市猪肉和蔬菜类食用农产品，覆盖屠宰、批发、零售、超市、团体单位、生产加工和电商等7类企业达6 000余家。平台还将继续扩大纳入品类，发挥更大的惠民作用。

（侯学群）

【举办河北沧州—北京市商务局“黄骅旱碱麦”推介活动】为深化京津冀协同发展，加强京津冀特色优势农产品产销对接，实现品牌提升，丰富首都消费市场，8月16日，河北沧州—北京市商务局“黄骅旱碱麦”推介活动在京举办。市商务局组织北京40余家知名品牌超市、餐饮、食品加工、电商、批发市场等企业参加推介活动。活动现场，市商务局与沧州市政府签订了特色优质农产品推介合作框架协议，第一批合作企业签订了合作协议。

（魏新宇）

【组织参加第23届廊交会品牌农产品产销对接活动】10月31日，河北省政府主办的第23届中国（廊坊）农产品交易会品牌农产品产销对接会在河北廊坊举办。北京市商务局组织本市20余家超市、电商、餐饮及农产品流通企业参加对接活动。

（魏新宇）

【发布实施《北京市超标粮食管理办法》】12月13日，北京市商务局会同市市场监督管理局、市农业农村局印发《北京市超标粮食管理办法》，进一步健全完善超标粮食管理机制，加强对农药残留、重金属、真菌毒素超标粮食的管控，禁止不符合食品安全标准的粮食进入口粮市场，维护粮食生产经营和消费者的合法权益。

（惠春光　王红伍　暴瑞冰）

【推进流通领域现代供应链体系建设试点】2019年，稳步推进流通领域现代供应链体系建设试点工作，聚焦农产品、快消品、医药以及冷链、电子商务等民生消费领域，推动试点供应链建设，提高供应链效率和运作水平，降低供应链综合成本。全年试点共支持16条供应链35个项目，参与试点供应链综合成本平均降低20%以上。

（余博）

【环首都1小时鲜活农产品流通圈7个项目落地】2019年，加强与天津、河北商务部门联动，强化京津冀区域物流基础设施建设的协同合作，进一步优化流通网络，提升服务保障水平，推进重点项目建设，推动农产品电商平台、农产品冷链流通设施等7个项目落地。

（余博）

【举办“精准扶贫”活动】在2019年中国国际服务贸易交易会上，中国电子商务大会举办全国电商扶贫成果展及专业论坛，推动社交电商助力消费扶贫；知名教育企业现场设置“情系远山”课堂直播间，通过互联网将优质教育资源送到贫困乡村，助力教育扶贫；拍卖板块组织线上线下对口拍卖内蒙古赤峰等地大宗农副产品现货和期货，总拍卖额14亿元人民币。

【建设提升蔬菜零售等基本便民商业网点1 190个】2019年，北京市共建设提升蔬菜零售、便利店（超市）、早餐、家政服务、末端配送等基本便民商业网点1 190个。其中，蔬菜零售213个，便利店（超市）610个，餐饮（早餐）132个，家政、洗染、美容美发、便民维修等其他便民商业网点235个。

【蔬菜上市总量增加】2019年，本市监测的7家批发市场蔬菜上市量达71.4亿千克，日均1 954.9万千克，同比增长2.2%。

（刘璇）

【生猪市场货源稳定】2019年，北京市9家生猪屠宰企业白条猪日均上市量14 329头。7家主要批发市场日均销售量6 451头。

（刘璇）

【牛羊肉交易量减少】2019年，本市监测的7家批发市场牛肉交易总量2 680.8万千克，日均交易量7.5万千克，同比减少5.1%。羊肉交易总量3 131.7万千克，日均交易量8.7万千克，同比减少5.4%。

（刘璇）

【鸡蛋交易量略有减少】2019年，本市监测的7家批发市场鸡蛋交易总量15 559.6万千克，日均43.3万千克，同比减少0.7%。

（刘璇）

【粮食消费量451.5万吨】2019年，北京市粮食直接消费量451.5万吨，比上年减少9.7万吨，减幅2.1%。其中，城乡居民口粮消费340.4万吨，比上年减少1.4万吨，减幅0.4%；饲料用粮81.5万吨，比上年减少10.7万吨，减幅11.6%；工业用粮28.8万吨，比上年增加2.6万吨，增幅9.9%；食用油消费量55.1万吨，比上年减少3万吨，减幅5.2%。全年粮食供给544.2万吨，食用油供给57.4万吨。年内，本市粮油供给充分，消费量稳中有降，粮油库存保持平稳，社会粮油供需总体平衡。

（惠春光）

【粮食便民服务水平不断提升】2019年，北京市持续推进“中国好粮油”工作，编制《北京市“中国好粮油”行动实施方案》，建设“优质粮食工程”销售专区 1 000 余个。优化粮食便民服务方式，将粮食流通服务纳入基本便民商业服务体系范围。推动“互联网＋粮食”，支持专业网络发展，支持主食加工和供应体系建设。

（惠春光　王红伍　暴瑞冰）

【粮食服务保障扎实有力】2019 年，北京市圆满完成新中国成立 70 周年庆祝活动、第二届“一带一路”国际合作高峰论坛、亚洲文明对话大会等重大活动粮食供应保障重点任务。军粮供应保障有力，军民融合发展取得新进展。发放退耕还林补助粮 1.2 万吨，涉及 7 个区、94 个乡镇、1 441 个村、9.8 万户农户，有效保护退耕农户利益。

（惠春光　赵长达）

【储备粮工作顺利开展】2019 年，北京市利用竞价交易等方式累计轮出市储备粮油 59.1 万吨，确保市场粮油供应。认真执行“郊区收购转储政策”，未发生农民“卖粮难”问题。市储备粮操作公开透明、全过程可追溯，粮油宜存率、科学保粮率均达到 100%。

（惠春光　王红伍　暴瑞冰）

【完成政策性粮食大清查工作】2019 年，北京开展全市政策性粮食库存数量和质量大清查工作。全市组成 12 个普查组，严格按照“有仓必到、有粮必查、有账必核，查必彻底、全程留痕”的要求，开展清查工作，共检查库点 81 个、货位 1 825 个，开展督导 30 余次。从清查结果情况看，本市政策性粮食库存数量真实，账实相符，质量良好，储存安全，粮食补贴拨补情况良好，库贷对应，资金占用合理，库存管理较为规范。

（石红兵）

【深入开展粮食科普宣传】2019 年，北京市开展 2019 年粮食科技周活动、食品安全宣传周活动、“粮食质量安全宣传日”等宣传教育活动，有序推进粮食科普宣传活动进企业、进社区。首都博物馆开馆，全面展现北京粮食历史与文化。确定首都粮食博物馆、中粮贸易有限公司职业教育学院、北京市经济管理学校等 10 家单位为粮食安全宣传教育基地，为市民全景式了解、近景式参观、沉浸式体验粮食知识提供窗口和平台。拍摄《维护宪法尊严，保障首都粮食安全》微视频。

（王红伍　蔡奇敏）

乡村旅游业

【规范乡村民宿发展】为进一步规范乡村民宿发展，北京市文化与旅游局会同市农业农村局等 8 部门联合出台了《关于促进乡村民宿发展的指导意见》（以下简称《指导意见》），重点研究解决乡村民宿合法性问题，确定乡村民宿准入条件，优化审批流程，强化事中事后监管，加强政策支持引导，为乡村民宿的持续健康发展提供政策保障。该《指导意见》的出台，将进一步发挥乡村民宿在带动乡村旅游产业提质升级，促进农民致富增收方面的积极作用，进一步促进乡村产业、人才、文化、生态、组织等方面的全面振兴。

【加强对乡村旅游业金融平台支持】本市通过搭平台、建机制，在全国率先建立起旅游金融服务体系，针对民俗旅游户贷款难问题，设立一亿元的旅游融资担保资金；针对乡村旅游经营抗风险能力弱的问题，建立旅游政策性保险机制。2019 年累计承保业务 4 331 笔，保险费为 187.98 万元，累计承担风险金额为 28.992 亿元。京郊旅游融资担保平台累计担保京郊旅游项目 1 502 个，银行放款金额共计 22.23 亿元。

【研究编制乡村振兴传统村落旅游发展规划】本市 2019 年重点对 8 个传统村落进行旅游发展策划及方案编制，对旅游资源、现状问题进行梳理，为当地乡村旅游开发提供决策依据。

【培育乡村旅游特色业态及民俗村户】为促进乡村旅游标准化建设，北京市文化和旅游局持续开展乡村旅游特色业态和星级民俗村（户）评定工作。5 月启动 2019 年乡村旅游评定工作，12 月完成市级评定工作。2019 年共评定通过乡村旅游特色业态 28 家，四、五星级民俗村 4 个，五星级民俗户 105 家。

【加强京郊旅游宣传推广】本市在“五一”“端午”“中秋”“十一”等节假日期间推广京郊旅游资源及主题线路，通过户外社区灯箱、地铁、公交等形式加强对京郊旅游形象的宣传推广。9—12 月举办 2019“畅游京郊”京郊旅游资源系列推介活动，发布京郊旅游主题线路，举办“游客心中最喜爱的京郊美食”投票活动等，对京郊旅游资源的集中宣传推介，进一步扩大“畅游京郊”品牌影响力。

【强化人才培养，形成乡村旅游人才服务体系】北京市文化和旅游局自2012年起启动京郊旅游“百千万”培训工程，即：培训百名乡镇级管理人员、千名村级管理人员和万名京郊旅游和新业态带头人，不断提升京郊旅游管理人员管理能力及从业人员经营水平及服务水平，目前已培训五万余人次。

【中国美丽休闲乡村和星级园区评定】年内，怀柔区渤海镇六渡河村等9个村获评2019年中国美丽休闲乡村，累计已有34个乡村获得中国美丽休闲乡村荣誉称号。延庆区华海田园、顺义区欧菲堡酒庄等6个园区获评全国星级企业（园区），其中，五星级企业（园区）2家，四星级企业（园区）3家，三星级企业（园区）1家。

（李媛）

【休闲农业园区数量达948个】年内，北京市共有休闲农业园948个，较上年减少224个；接待游客1 538万人次，同比下降17.5%；实现收入23.2亿元，同比下降12.7%。平均每个观光园实现收入244.9万元，同比增长3.8%。全市游客人均消费150.9元，同比增长5.7%。全市民俗旅游实际经营户7 350户，同比下降5.6%；接待游客1 920.1万人次，同比下降3.8%，但实现收入14.4亿元，同比增长5.4%；人均消费75.1元，同比增长9.5%。

（李媛）

【中国农民丰收节系列庆祝活动举办】2019年3—9月，北京市组织举办中国农民丰收节系列庆祝活动33项，涵盖农业、农村、农民各个方面。中央政治局委员、国务院副总理胡春华到北京市顺义区赵全营镇兴农天力农业产业园参加主题为“礼赞丰收·致敬农民·祝福祖国”的基层庆祝活动。

（李媛）

【第七届北京农业嘉年华活动举办】3月16日至5月12日，第七届北京农业嘉年华活动在昌平区草莓博览园举办。300余家分别来自23个省、5个自治区和4个直辖市的企业参展，销售1 000余种产品，其中全国特色农产品500余种。共接待游客110.72万人次，累计实现经济总收益2.47亿，带动周边产业发展累计实现总收入达2.034亿元。

（李媛）

【北京世园会设立“百蔬园”】4月29日至10月7日，北京世界园艺博览会在北京市延庆区举办。此次世园会首次将蔬菜园艺作物单独设立为“百蔬园”进行展览。“百蔬园”占地面积54亩，共8个展区，展出70个品类的近200个品种。

（李媛）

【北京国际设计周“艺术乡村”活动举办】4月30日至5月4日，“艺术乡村·兴农天力大地艺术季暨第二届醉美油菜花节”在北京市顺义区赵全营镇正式启动。在五天的活动中，兴农天力农业园累计接待游客10万余人次，门票、采摘、餐饮、娱乐、农产品展销等各项收入达265万元。

（李媛）

【举办第八届北京现代种业博览会】5月26日，2019年第八届北京现代种业博览会在北京通州国际种业科技园区举办。大会包括国家玉米良种攻关组推荐的适合机收新组合及优异自交系展示、番茄擂台赛、工程化育种论坛等系列活动。共有140余家单位3 500余个蔬菜新品种集中展示。

（任辉霞）

【举办“观鱼知乐”宫廷金鱼故宫展】7月30日—8月31日，北京市水产技术推广站承办“观鱼知乐——宫廷金鱼文化与故宫博物院藏金鱼题材文物联展”，活动共有全国12个地区的42个品种近200条宫廷金鱼、34件故宫院藏文物和500余件金鱼历史文化相关展品参展，每天接待游客约5万人以上。

（潘勇）

【会展农业及农事节庆成为北京新名片】首都会展农业及农事节庆活动成为京郊农业文明和农村文化的展示窗口，2019年开展一系列农业节庆活动，如北京农业嘉年华、中国农民丰收节、大兴西瓜节、平谷桃花节、海淀樱桃文化节、房山秋收节、延庆丰收节、第七届北京农业嘉年华等。

（李媛）

【北京世界园艺博览会在京召开】2019年4月29日至10月7日，在北京市延庆区举办，展期共162天。共有110个国家和国际组织，以及包括中国31个省区市、港澳台地区在内的120余个非官方参展者参加，共举办3 284场活动，吸引934万中外观众前往参观。

（李媛）

【2019年中国生态食品博览会在京召开】2019年

10 月 7—13 日，北京市优选京郊 42 个休闲农业和特色农产品经营主体组成“北京特展”，参加在“中国（北京）生态食品博览会”。

（李媛）

【2019 京郊冬季农趣休闲农业项目推介会举行】 2019 年 12 月 15 日，在北京意大利农场举行 2019 京郊冬季乡村休闲项目推介会，发布北京市休闲农业“十百千万”畅游行动，并进行京郊冬季乡村休闲项目发布与推介。

（李媛）

【各区农事休闲活动丰富多彩】 2019 年 6 月 9 日，房山区稻作文化节暨首届高庄插秧节在大石窝镇高庄村举行；2019 年房山秋收节系列活动，设立 1 个主会场和 15 个分会场，涉及全区 9 个乡镇，对 2019 房山区秋季农业观光精品线路进行推介；北京平谷区第二十一届桃花节，以“花海徜徉，乐享休闲”为主题，设计三条徒步赏花大道、四条自驾赏花走廊，共接待游客 174.5 万人次，实现休闲旅游综合收入 12 737.61 万元；顺义区 2019 年中国农民丰收节，活动历时 15 天，以“礼赞丰收·致敬农民·祝福祖国”为主题，集中展示农民丰收之景。

（李媛）

生态与基础设施建设

综　　述

2019 年，全市郊区生态与基础设施建设以较高质量推进。主要围绕疏解非首都功能、改善首都生态环境，建设魅力北京、美丽乡村和乡村振兴协同开展。通过乡村环境整治、开展村庄清洁行动、乡村绿化净化、农村污水治理和垃圾处理，清洁能源改造等，乡村生态环境整体上有明显提升。高强度推进农业污染源治理、土壤环境质量管理、京津风沙源治理、农业农村扬尘控制、改造生态修复、平原造林、强化乡村水务管理，坚持实施“河长制”等，继续对基本农田实施有效保护等，农业资源环境质量进一步提升，农村公路建设持续开展，为经济社会发展做出积极贡献，农村基础设施建设趋向城乡协调发展。

（徐再城）

农村生态环境建设

【农业面源污染防治概况】北京市持续推进化肥农药减量增效、农膜及农药包装废弃物回收处置、农作物秸秆及畜禽粪污综合利用工作。据初步统计，2019 年全市化肥使用量（折纯）约 2.52 万吨，比 2015 年的 5.9 万吨下降约 54%，测土配方施肥技术覆盖率达到 98%，化肥利用率提高到 40.2%。全市化学农药总用量（折百）约 360 吨，比 2015 年的 580 吨下降约 38%；农药利用率提高到 44.2%；农作物病虫害绿色防控覆盖率提高到 64%；主要农作物病虫害专业化统防统治覆盖率提高到 49.18%。全市共回收农药包装废弃物 37 余吨、废旧地膜约 1 620 吨，农膜回收率达到 88%。2019 年农作物秸秆综合利用率达到 98%以上；全市规模养殖场粪污处理设施装备配套率已达到 100%，畜禽粪污综合利用率已达到 87.53%。除农药利用率外（45%），其他指标已全部提前超额完成 2020 年任务指标要求。

【建立并实施耕地土壤环境质量分类管理制度】北京市农业农村局会同市生态环境局在完成北京市土壤污染状况详查基础上，完成了全市农用地土壤环境质量类别初步划分，印发指导文件，召开全市会议，组织和指导各区开展耕地土壤环境质量分类管理工作。全市 13 个区全部建立了耕地土壤环境质量分类清单。涉及受污染耕地的区同步制定并实施了受污染耕地安全利用工作方案。市农业农村局会同市生态环境局对各相关区受污染耕地的安全利用工作进行了年度评估。2019 年度北京市受污染耕地基本全面实现了安全利用，提前一年超额完成了国家考核指标。

【完成第二次全国农业污染源普查工作】北京市农业农村局组织协调市相关处室站所编写完成了农业污染源普查工作报告及数据分析报告，顺利完成了第二次全国农业污染源普查年度工作任务。

【做好农业农村扬尘管控工作】北京市农业农村局

印发了《关于加强农业农村扬尘管控工作的通知》(京政农发〔2019〕99号),会同相关业务处室指导相关区开展了保护性耕作技术推广、农业领域留白增绿、耕地休耕试点等重点工作。

【实施京津风沙源治理二期工程】北京市农业农村局负责指导督促各区开展实施易地搬迁项目和人工种草项目。2019年实施人工种草1.06万亩,实施易地搬迁项目4 115人。

【推进国家农业绿色发展先行区创建工作】经国家八部委联合评审,北京市大兴区被确定为第二批国家农业绿色发展先行区。按照农业农村部办公厅印发《农业绿色发展先行先试支撑体系建设管理办法(试行)的通知》(农办规〔2019〕61号),顺义、大兴区分别编制了《农业绿色发展先行先试支撑体系建设方案(2020—2022年)》。

【农宅抗震节能和农村危房改造】北京市农业农村局落实《北京市农民抗震节能住宅建设工作方案(2018—2020年)》,继续推进农宅抗震节能建设工作,引导农民建设抗震安全、节能舒适的住房。贯彻落实中央脱贫攻坚战中实现困难群众住房安全有保障的目标任务,按照《北京市农村4类重点对象和低收入群众危房改造工作方案(2018－2020年)》,立足"两不愁三保障"要求,深入到13个区宣传讲解政策文件,指导各区严格执行《北京市农村4类重点对象和低收入群众危房改造工作流程(2018—2020年)》。

(胡小标)

【市领导对北京市农村人居环境整治工作做出重要批示】2019年,蔡奇书记分别于4月、10月份两次对农村人居环境整治工作开展情况作出重要批示(2019年4月30日:"经过努力,农村人居环境整治成效明显,但还不好说巨大变化。各区都下了功夫,还需巩固成果,深入整治,解决农民群众身边的问题,并建立长效机制。适时四不两直检查。"2019年10月第2次批示:"农村人居环境整治取得明显成效,还要抓巩固,经得起检查,要坚持问题导向,一抓到底。"),有力推进了农村人居环境整治工作深入开展。

(郑桐富)

清洁能源改造工作

【推进农村地区清洁取暖】北京市农业农村局2019年圆满完成128个村庄、4.14万户的冬季清洁取暖工作,指导各区加强后期维护工作,全力保障历年来完成的约120万农户的正常取暖。对尚未实施清洁取暖改造的村庄住户,完成30万吨优质燃煤的配送任务。

【组织开展农村"两气"工程的安全生产督察检查】根据委局安全生产工作的整体部署,北京市农业农村局组织各有关区对照相关行业标准逐个进行自查检查,联合市农优站对全市农村地区"两气"工程安全情况进行了专项督查,对在用的沼气站进行了逐个巡检,对安全隐患问题提出了整改要求,2019年全市"两气"工程未发生安全事件。

【开展农村地区"两气"工程和太阳能浴室的运行使用情况摸底调查】全市两气工程达到282座、太阳能公共浴室1 422处。近几年,随着本市农业结构调整(养殖场数量减少),农村能源消费结构变化(燃气下乡、煤改清洁能源等),农村"两气"工程等能源工程设施运行数量呈现显著下降趋势。9月5日,下发了《关于进一步加强农村可再生能源安全管理工作的通知》,对停用两气工程的报废拆除和太阳能浴室整改工作提出了具体要求。争取应急局1 520万元安全资金转移各有关区通过以奖代补的方式开展两气工程拆除工作。

绿化建设与管理

2019年，北京市园林绿化系统圆满完成了市委、市政府和首都绿化委员会部署的各项任务。全市新增造林绿化面积1.87万公顷、城市绿地803公顷。全市森林覆盖率达到44%，平原地区森林覆盖率达到29.6%，森林蓄积量达到1 850万米^3；城市绿化覆盖率达到48.46%，人均公共绿地面积达到16.4米^2。

【召开全市园林绿化工作会】 1月13日，北京市园林绿化工作会议召开，北京市园林绿化局（首都绿化办）局长（主任）作了《加大生态保护修复，统筹重大活动保障，努力以优异成绩祝新中国成立70周年》的工作报告。北京市分管副市长出席会议并讲话，各区县分管区县长、绿化办主任、园林绿化局局长及市园林绿化局机关各处室、局属各单位的负责人等参加会议。

【举办国际森林日植树活动】 3月21日，在北京市石景山区新安城市记忆公园举办2019年“国际森林日”植树纪念活动。20多个国家和国际组织代表、全国绿化委员会成员单位、有关部门（系统）代表及各界干部群众共240余人，共同栽下油松、银杏、白蜡、栾树、国槐、元宝枫等苗木800余株。

【第七届北京西山森林音乐会召开】 3月24日，第七届北京森林文化节在西山国家森林公园开幕，全市15家森林公园和5家市区公园，举办60余项200余场的森林文化活动。

【中央军委领导参加义务植树活动】 3月29日，中央军委领导以及解放军四总部、驻京解放军各大单位、武警部队近百名将军，在北京市委、市政府主要领导陪同下，丰台区丽泽金融商务区绿化地块参加义务植树活动，共栽种白皮松、国槐、玉兰、美人梅、石榴、木槿等1 500余株。

【举办共和国部长义务植树活动】 3月30日，中直机关、中央国家机关181名部级领导，在北京市市长、首都绿化委员会主任等领导陪同。到北京市朝阳区沙子营村地块参加以“绿化神州大地、建设美丽中国”为主题的共和国部长义务植树活动。共同栽下2 000余株，主要树种有油松、银杏、国槐、玉兰、海棠等树木。

【举办第三十七届爱鸟周宣传活动】 3月30日，由北京市园林绿化局、北京市公园管理中心、北京野生动物保护协会共同主办，以“关注候鸟迁徙，维护生命共同体”为主题的北京市第三十七届“爱鸟周”宣传活动启动仪式在圆明园遗址公园。活动期间，举办了生动的野生动物救护知识讲座，讲师与市民现场互动，学习如何应急救护身边的鸟类，设置了多个咨询台，向市民科普候鸟保护等知识。

【开展首都全民义务植树日活动】 4月6日，第35个首都全民义务植树日，首都市民，植树栽花、认养树木、抚育林木、清理绿地，以多种形式履行植树义务，为北京建设国际一流的和谐宜居之都贡献力量。全市共有108万人次参加了形式多样的义务植树活动，栽植各类树木50万余株，挖坑50万个，养护树木421万余株，发放宣传材料88万份。

【党和国家领导人参加义务植树活动】 4月8日，党和国家领导人习近平、栗战书、汪洋及在京的政治局常委、委员，在北京市委、市政府主要领导的陪同下，到北京市通州区永顺镇参加首都义务植树活动。习近平强调：“今年是新中国植树节设立40周年。40年来，我国森林面积、森林蓄积分别增长一倍左右，人工林面积居全球第一，我国对全球植被增量的贡献比例居世界首位。同时，我国生态欠账依然很大，缺林少绿、生态脆弱仍是一个需要下大气力解决的问题”。习近平强调：中华民族自古就有爱树、植树、护树的好传统。众人拾柴火焰高，众人植树树成林。要全国动员、全民动手、全社会共同参与，各级领导干部要率先垂范，持之以恒开展义务植树。要践行绿水青山就是金山银山的理念，推动国土绿化高质量发展，统筹山水林田湖草系统治理，因地制宜深入推进大规模国土绿化行动，持续推进森林城市、森林乡村建设，着力改善人居环境，做到四季常绿、季季有花，发展绿色经济，加强森林管护，推动国土绿化不断取得实实在在的成效。习近平种下油松、国槐、侧柏、玉兰、红瑞木、碧桃等7棵树苗。

【全国人大参加义务植树活动】 4月10日，5位全国人大常委会副委员长及全国人大常委会机关干部，在北京市人大常委会主要领导的陪同下，丰台区青龙湖植树场地参加义务植树活动，共栽种350余株，主要树种有油松、银红槭、彩叶豆梨等。

【全国政协参加义务植树活动】 4 月 16 日，9 位全国政协副主席同全国政协机关干部职工近 300 人，在北京市政协主要领导的陪同下，到北京市海淀区西山国家森林公园参加义务植树活动。共栽种白皮松、元宝枫、栾树、流苏、丁香和黄栌等乔灌木 1 050余株。

【举办北京园林绿化科学普及系列活动】 4 月 20 日，“绿色科技，多彩生活——2019 北京园林绿化科学普及系列活动”在西山国家森林公园举行，活动现场设置“科普知识宣传长廊”“绿色市集”“森林音乐会”等内容。

【习近平和夫人彭丽媛在北京延庆共同出席 2019 年中国北京世界园艺博览会】 4 月 28 日，习近平和夫人彭丽媛在北京延庆同出席 2019 年中国北京世界园艺博览会的外方领导人夫妇共同参观园艺展。大家共同观看了北京世园会主题片，并在绿意盎然的世园会主题墙前集体合影。习近平夫妇和外宾们步入中国馆华北、西北十省区市展示区，观赏各地特色植物和精美园艺。并发表题为《共谋绿色生活，共建美丽家园》的重要讲话，强调顺应自然、保护生态的绿色发展昭示着未来。地球是全人类赖以生存的唯一家园。中国愿同各国一道，共同建设美丽地球家园，共同构建人类命运共同体。

【庆祝中华人民共和国成立 70 周年环境布置】 9 月 27 日，在庆祝中华人民共和国成立 70 周年之际，在全市环路、长安街延长线、香山纪念地、新机场周边以及重要旅游景区周边、繁华商业区周边等重要区域，共设置主题花坛 200 个、地栽花卉 2 000 万盆（株），摆放花柱花堆小品 1 万个、组合容器 5 000 组，悬挂花箱 1.5 万个，使首都绿化环境景观全面升级。花坛摆放整体应用 230 余个花卉品种，其中，有 16 个自主培育品种、18 个绿色抗逆新品种和 11 种乡土植物，自主知识产权品种用量达到 15%。12 座主题鲜明的立体花坛从建国门西北角的“壮丽 70 年”起始，到复兴门东北角的“美好明天”收尾，荟萃了新中国成立 70 年来在各个领域取得的辉煌成就。

【2019 年中国北京世界园艺博览会闭幕】 10 月 9 日，为期 162 天的 2019 年中国北京世界园艺博览会闭幕。国务院总理李克强出席闭幕式并讲话，北京世园会是迄今展出规模最大、参展国家最多的一届世界园艺博览会，共有 110 个国家和国际组织，以及包括中国 31 个省、自治区、直辖市及港澳台地区在内的 120 余个非官方参展者参加。自 4 月 29 日开幕以来，北京世园会共举办 3 284 场活动，吸引了 934 万中外观众前往参观。

【参加南宁园博会】 2018 年 12 月 6 日至 2019 年 6 月 28 日，南宁园博会期间，北京园以其大气恢宏的完美设计，巧妙精湛的施工工艺和亲切宜人的花溪花海布置，充分展示了京城园林形象，表达传统山水精神，体现“生态文明、和谐宜居”的时代主题，北京园获六项最佳奖（室外展园综合竞赛最佳奖、室外展园设计专项竞赛最佳奖、室外展园施工竞赛最佳奖、室外展园植物配置竞赛最佳奖、室外展园建筑小品竞赛最佳奖、园博会创新项目最佳奖）。

【“绿卫 2019”森林执法专项行动】 年内，北京市“绿卫 2019”森林执法专项行动领导小组成立，制定《北京市“绿卫 2019”森林执法专项行动实施方案》《北京市“绿卫 2019”森林执法专项行动督查工作方案》，全面开展排查整改工作，全市“绿卫 2019”森林执法专项行动共排查出 4 638 起问题案件线索，范围涉及自然保护地 184 起，国家公益林 359 起，市级公益林 603 起，平原生态林 746 起，其他 2 746 起。截至 2019 年底，整改完成 2 717起，收回林地 1 767.84 公顷；其中，查处案件 79 起，已结案 65 件，结案率为 2.28%，罚款 899.291 6 万元。

【新一轮百万亩造林工程完成 3.29 万公顷造林】 本市全年完成造林 1.72 万公顷（25.8 万亩），栽植各类苗木 1 159 万株。自 2018 年开始新一轮百万亩造林已经完成 3.29 万公顷（49.3 万亩）。①结合重大活动、重点功能区环境提升，建设大尺度森林 1.09 万公顷。围绕服务保障世园会冬奥会，在世园会周边实施绿化 780 公顷，京礼公路、京藏公路、京新高速绿色通道沿线形成 300 米的绿色景观带 76 千米；围绕服务保障“一带一路”峰会，在雁栖湖周边和京承高速沿线实施绿化景观提升 1 000公顷，市郊铁路怀密线两侧完成造林绿化 142.27 公顷；围绕打造“森林中的机场”，在大兴新机场周边新增造林绿化 800 公顷，高质量完成门户区 46.6 公顷绿化美化任务。②充分利用拆迁腾退地，建成朝阳汇星苑、顺义海航、房山长阳等大尺度森林 8 处，新增造林 333.93 公顷；围绕构建两道绿色项链，新增造林1 266.67公顷，结合违建整治和农业结构调整，持续加大浅山区生态修复，实施造林绿 6 066.67 公顷。③通过新造林与原有林有机连接、互联互通，形成千亩以上绿色板块40个、万亩以上大尺度森林湿地6处；坚持宜林则林、宜草则草、宜湿则湿，新增和恢复湿地2 247公顷，建成亚运村中心花园小微湿地，起到了示范带动作用。

【实施京津风沙源治理工程】 年内，本市在生态涵养区实施人工造林和封山育林，提高山区水源涵养和水土保持能力，完成人工造林1 000公顷、封山育林1.27万公顷。

【实施太行山绿化工程】 年内，本市推进西北部生态涵养区建设，在房山区实施荒山造林266.67公顷，栽植油松、侧柏等乡土树种，增加森林植被。

【山区森林健康经营】 年内，本市山区森林健康经营林木抚育3.87万公顷、国家级公益林管护抚育0.8万公顷，建设市级林木抚育综合示范区15处。

【彩叶树种造林】 年内，北京市在房山、怀柔、密云等区风景名胜区、民俗村、重点公路河道两侧，实施彩叶造林1 020公顷。

【北京城市副中心绿化建设】 年内，城市副中心绿化绿心建设完成造林绿化322公顷，潮白河景观生态带实施造林绿化433.34公顷。

【绿化隔离地区公园环建设】 年内，一道绿化隔离地区，衙门口城市森林公园、大瓦窑城市公园、回天地区贺新公园和霍营公园、朝南森林公园、杜仲公园二期、镇海寺公园二期、旧宫城市森林公园等8处城市公园全面启动施工建设，一道绿隔规划“百园”目标实现闭合。二道绿化隔离地区，温榆河湿地公园、孙河郊野公园、金盏森林公园、黑桥公园二期、台湖万亩游憩园四期、西红门生态休闲公园、狼垡城市森林公园等7处郊野公园继续推进，与平原地区百万亩生态林融于一体，实现了互联互通，扩大了休闲游憩空间，为二绿郊野公园成环奠定了基础。

【实施永定河综合治理工程】 年内，新增造林3 200公顷，完成森林质量精准提升4 266.67公顷，3年累计完成1.07万公顷。

【森林火灾防控】 全市共发生森林火情、火灾24起，其中，森林火情18起，森林火灾6起，年受灾面积共计65.6公顷，圆满完成了全国“两会”、清明节和五一国际劳动节等重要节点、“一带一路”、世园会开幕、亚洲文明对话大会、国庆70周年庆典等重大活动期间森林火灾防控任务，全市未发生重特大森林火灾，未发生人员伤亡事故。

【森林火灾防控基础设施建设推进】 年内，全市森林防火经费投入1.74亿元，市级投资4 149万元。全市加快实施“北京市森林防火三年行动计划”，自2018年以来，共推进实施建设项目16个（累计投入资金7.4亿元），现已完成“公共安全视频监控联网应用”“京冀森林防火合作”“京西林场森林防火指挥系统”“防火物资储备”“无人机巡护”“道路测绘”“物资储备库数字化管理”等8项建设任务。年内全市新建专业森林消防队13支，使全市总数达到139支3 486人。积极开展队伍培训和演练，全市共计组织各类森林防灭火培训186次，开展防火演习142次。

【森林公安执法情况】 年内，全市共接报警情1 460起，同比降低13%；受立案594起，同比降低8%；包括刑事立案85起，同比增加23.2%。其中，侦破刑事案件65起，同比增长8.3%，共计打击处理涉案人员112人次，行政处罚1 169人次，刑事拘留和批准逮捕分别同比提高了28.6%、94.1%，取保候审人数下降了9.5%。

【世界园艺博览会的中国馆建设】 世园会中国馆北京室内展区面积为150米^2，采用开放式的布展形式演绎“红墙百花，绿水青山”的主题，打造“北京记忆”“北京发展”“北京未来”和“北京绽放”四个板块，共布置月季、牡丹、菊花、榆叶梅、玉兰、矾根等花卉植物50余种，1 600余株（枝），通过植物造景与北京园艺发展多媒体影像虚实结合，讲述北京花卉园艺的历史文化故事，体现首都花卉园艺最新成果。

【森林病虫害防治】 本市全年林业有害生物发生面积3.58万公顷，美国白蛾发生面积1 233.33公顷，未发生严重的美国白蛾灾害，全面完成了国家林业和草业局下达给北京市的“四率”指标和美国白蛾防控任务。2019年飞机防治林业有害生物在10个区共计作业1 071架次，防控面积约为10.71万公顷次。生物防治，2019年完成塑料胶带围环5 500卷，悬挂2万张黏虫色板、12万个白蜡窄吉丁黏虫板、400套白蜡窄吉丁诱捕器、2.3万套国槐叶柄小蛾诱捕器和6.9万个诱芯，布置沟眶象捕获网1.2万个、白蜡窄吉丁捕获网1.2万个、释放周氏啮小蜂13亿头、管氏肿腿蜂380万头、白蜡窄吉丁肿腿蜂200万头、异色瓢虫576万粒、花绒寄甲卵100万粒。

【开展森林城市创建】 年内，本市编制完成《北京森林城市发展规划（2018—2035年）》。印发《关于加快推进国家森林城市创建工作的实施方案》，明确了北京市创建国家森林城市的总体目标、基本原则、基本程序和工作要求，力争2021年门头沟、平谷、怀柔、密云、延庆，昌平、房山7个生态涵养区实现创森目标，到2023年，除东城、西城外，其他14个区达到国家森林城市标准。北京市延庆区获得“国家森林城市”称号，成为北京市第二个荣获“国家森林城市”称号的区。

【古树名木管理】本市完成《北京市古树名木保护管理条例》的重新修正。配合中央国家机关绿委办出台《中央国家机关古树名木保护管理办法》。深入落实保护责任制，加强古树名木保护与管理。推进丰台太子峪、海淀公主坟、西城金融街3处古树名木主题公园建设。组织开展《北京古树名木保护规划》编制工作。

【湿地建设】年内，本市将湿地恢复与建设任务纳入新一轮百万亩造林绿化行动计划，以温榆河公园、沙河湿地公园、南苑森林湿地公园建设为重点，加大湿地恢复与建设力度，推进南苑森林湿地公园等项目建设，全年计划恢复湿地1 600公顷，新增湿地600公顷。完成《北京市湿地名录管理办法》《北京市建设项目占用湿地审核审批管理办法》等保护管理制度草案；完成《北京市湿地保护条例》专家审查。推进中央财政湿地保护补助项目实施，完成房山长沟泉水国家湿地公园验收，组织开展密云水库国家重要湿地申报前期工作。

【加强北京市极度濒危野生动植物保护】年内，本市针对丁香叶忍冬、百花山葡萄、北京雨燕等特色、本土的极度濒危野生动植物，有针对性地采取就地、近地及迁地保护等拯救保护措施，不断改善野生动植物的栖息环境。现已分别完成丁香叶忍冬和百花山葡萄群落生存状况调查工作，丁香叶忍冬种子萌发实验及百花山葡萄外植体组培扩繁工作，并完成了大花杓兰、山西杓兰组培研究报告，北京无喙兰调查报告等专项工作报告。完成了北京雨燕调查报告，已基本摸清北京雨燕的种群数量和分布情况。

耕地保护与高标准农田建设

【摸清永久基本农田内空间利用现状】基于北京市规划和自然资源委员会2017年提供的154.31万亩永久基本农田数据，对全市10万余块永久基本农田内农业用地、非农业用地进行空间核定调查。调查显示，本市永久基本农田空间实际利用情况有五个特点。一是农业用地仅占六成，二是非农业用地中林地超过九成，三是大兴等4区农业用地占全市近七成，四是设施农业面积占比超过一成，五是农业用地中零散地块较多。此次调查为农口部门工作提供了主动。一是详细掌握了基本农田的实际利用状况，二是调查结果可充分与全国第三次土地调查印证协助完成本市新一轮耕地调整补划工作，三是在市委专项巡视中提供了农口部门掌握的情况。

（崔国胜）

【“大棚房”有关情况汇报】2019年3月底，北京市向党中央、国务院报告“大棚房”清理整治工作进展情况，按照北京市委市政府工作部署和全国“大棚房”办工作要求，北京市农业农村局会同市规划自然资源委，组织各区继续抓好因故延期问题的整改。截至11月底，280个延期整改问题中，91个完善建设用地手续问题完成62个，21个退出供地整改问题全部完成，36个完善设施农用地手续问题得到解决，132个“一事一议”问题整改到位。落实长效监管机制，深入实施《建立完善长效监管机制　严防“大棚房”问题反弹的意见》和《关于开展“大棚房”问题专项清理整治行动“回头看”的通知》，开展市级第三、第四季度巡查，推动落实市、区、镇（乡）、村四级联动检查巡查制度，严防“大棚房”问题反弹。

（崔国胜）

【统筹提升耕地质量】北京市围绕落实耕地质量管理提升的工作职责，综合施策、持续发力，推动耕地质量不断提升。2019年通过有机肥替代化肥补贴15万亩，测土配方施肥技术示范推广13.4万亩，围绕重要水源保护区、地下水严重超采区、大尺度绿化区、生态涵养区等重点生态保护区域，在密云、延庆等8个区开展休耕试点，以及耕地地力保护补贴、基本菜田生产补贴、农机深松整地、秸秆综合利用、畜禽粪污资源化利用等多项措施，全市耕地质量逐年提升。经评价，2015年全市耕地质量平均等级为5.11，2016年全市耕地质量平均等级为4.91，2017年全市耕地质量平均等级为4.79，2017年耕地质量平均等级比2015年提升0.32个等级。

（张立新）

【推进高标准农田建设项目】 按照农业农村部4号令要求，落实了北京市2万亩高标准农田建设任务。北京市农业农村局对本市区域内高标准农田建设标准补贴到3 000元/亩，对双河农场补贴到2 500元/亩。指导本市高标准农田建设项目，制定并印发了《北京市农业农村局关于做好2019年高标准农田建设工作的意见》。截至11月底，资金全部下达，开工率100%，建成面积33%，预计到2020年9月工程全部建成。按照农业农村部要求，组织各区对“十二五”以来由各相关部门组织实施的高标准农田项目进行核查，全部上图入库并进行等级评价。

（贺建德）

【确保完成农业高效节水目标】 北京市确保2019年农业年用新水不超过4.72亿米³。调整农业种植结构，减少小麦种植面积2.61万亩，比2018年减少了18%。共建设雨养旱作总面积达20万亩。推进休耕轮作，筛选休耕作物9种，建立不同模式示范点5个。推广农艺节水技术，在全市建立了45个示范区，示范推广3种农艺节水模式。推进高效节水工程建设，顺义、怀柔、丰台、门头沟等共开工高效节水工程建设10.18万亩，目前已完工8.34亩。进行养殖节水改造，2019年底完成10家规模养殖场的改造提升，强化节水减排。

（俞学义）

水务建设与管理

2019年，北京市水务系统深入贯彻落实中央和市委市政府决策部署，坚持“转观念、抓统筹、补短板、强监管、惠民生”工作思路，全力推进“安全、洁净、生态、优美、为民”发展目标，主动担当、积极作为，全年用水总量41.7亿米³，万元地区生产总值水耗11.78米³，污水处理率达到94.5%，再生水利用量11.5亿米³，圆满完成全年目标任务，有力促进了首都经济社会高质量发展。

【水政】 ①行政审批。全市进一步精简生产建设项目水土保持审批服务事项，完成284个建设项目水土保持设施自主验收报备并组织核查。持续优化营商环境，2019年水务政务服务事项申请材料精简达62%，时限压减56%，世行评价供排水接入时间从57天降为28天，行政审批推出4项“立等可取”即办件，办事企业群众平均跑动次数降至0.15次，“小小窗口、满满服务”获得广泛赞誉。②行政执法。进一步加大执法力度，2019年查处各类违法案件5 035件、罚款4 032万元，公安机关办理涉水案件77起，拘留以上处罚102人。

【水资源】 ①水资源量。2019年全市平均降水量506毫米，水资源总量为24.56亿米³，其中，地表水资源量为8.61亿米³，地下水资源量为15.95亿米³。年末大中型水库蓄水量为32.71亿米³，其中，密云水库蓄水24.96亿米³，官厅水库蓄水5.12亿米³。年末平原区地下水埋深为22.71米。2016年以来累计回升3.04米、增加储量15.56亿米³。②水资源开发利用。2019年全市总供水量为41.7亿米³，其中，地表水为6.7亿米³，地下水15.4亿米³，再生水11.5亿米³，南水北调水8.1亿米³。2019年全市总用水量为41.7亿米³，其中，生活用水18.7亿米³，生态环境用水16.0亿米³，工业用水3.3亿米³，农业用水3.7亿米³。③水资源调度。2019年，南水北调来水9.85亿米³，累计超过52亿米³。

【水务规划】 ①启动水生态空间管控规划编制。本市制定《北京市水务空间划定及管控措施规划的技术指导意见》。启动全市河道管理保护范围划定和调整工作，基本完成市管河道、湖泊管理范围补充划定和调整工作，并大力推动各区划定区管河湖管理保护范围。启动编制北京市河湖岸线保护和利用规划，在编制永定河河道内防洪与生态空间腾退方案基础上，编制《永定河流域及重点河段综合治理与生态修复建设规划》。潮白河综合治理与生态修复规划和拒马河综合治理与生态修复规划均完成征求意见稿。②探索城乡建设空间水务要素管控。以城市副中心为试点，组织开展街区层面水务要素规划指标研究，结合城市副中心组团控制性详细规划，重点推进用水总量等16项水务要素指标在城市副中心控规8个组团、24个街区中落实落细。梳理街区层面需要管控的16项水务指标和29条管控要求，形成《各区控制性详细规划落实“四定原则”的技术指导意见》。制定《关于村镇规划落实水务重点指标和管控要求的指导意见》，提出乡镇域规划应落实23条水务管控要求，并量化确定20个水务重点指标；村庄规划落实13条水务管控要求，并量化确定18个水务重点指标。③协助审查各区分区规划。配合市规划自然资源委对14个分区规划中涉水内容进行审查，指导各区按照水务管控要求，落实“四定原则”和“节水优先、空间均衡、系统治理、两手发力”新时期治水方针要求。

【水旱灾害防御】2019年，本市制定洪水内涝预警管理办法，开展小型水库安全运行检查，强化洪水监测预报预警、防洪排涝工程调度和防洪抢险技术支撑，推动落实重点部位防汛责任。综合运用水利工程拦蓄洪水8 000万米^3。发挥厂网联合调度优势，雨前加大污水处理量，腾出排水管线空间，有效提升雨污水调控能力，雨中减少溢流、跨越污水460万米^3。加快构建“通州堰”分洪体系。开工建设密云水库第一溢洪道改建工程。副中心海绵城市建设试点顺利通过国家验收，各区基本完成海绵城市建设规划制定，城市建成区18%面积实现70%降雨就地消纳和利用。

【城乡供水】2019年，密云水库最大蓄水量达26.8亿米^3，为近21年来最好水平。出台《北京市地下水超采综合治理行动方案》，最大限度“少采多补”，降水偏少之年全市地下水同比仍回升0.32米。完成香山革命纪念地、国庆阅兵训练基地、大兴国际机场、冬奥会赛区等重点地区供水保障工程。完成永丰供水工程建设，有效缓解海淀山后地区供水紧张问题。第十水厂、黄村水厂投入运行，市区日供水能力由370万米^{3}提高到420万米^3。完成316个单位（小区）自备井置换和397个老旧小区内部供水管网改造，超额完成任务，公共自来水供水人口累计新增140万。着力加强农村供水运行监督和规范化建设，指导各区建立健全农村供水管理责任体系，全面落实“三个责任”和“三项制度”。完成50个村农村饮水安全巩固提升工程，有效解决了部分农村地区集约化供水程度不高、供水水量保障不足、工程建设标准偏低等问题，5万多村民供水条件得到明显改善。加大农村供水监督检查力度，全年组织开展4轮专项检查，共检查600多处农村供水厂（站），对1 573处农村供水水质进行专项检测分析，并以“一区一单”形式通报各区政府进行整改。全市农村供水消毒设备配备率由76%提高至90%，运行率由54%提高至80%。

【节约用水】2019年，北京市顺利通过国家节水型城市复核，连续17年保持全国节水型城市称号。年内9个区完成节水型区创建，16个区全部建成节水型区。初步建立“三管”（城市运行必须管节水、管理生产必须管节水、管理行业必须管节水）节水责任体系，对用水增长过快的20个街道（乡镇）进行了约谈，开展“五杜绝”（杜绝绿地水汪汪、杜绝工地水哗哗、杜绝公共场所水滴答、杜绝道路水渍渍、杜绝农田地面水漫流）行动，推动高校、园林绿化等重点单位和行业节水，率先完成水务系统66家单位节水型机关创建。全市再生水年利用量达到11.5亿米^3，同比增长8 000万米^3。

全年新增完成农业水价综合改革面积39万亩，已累计完成159万亩，占计划实施改革有效灌溉面积的97%；“两田一园”范围内灌溉机井96%已经安装机井计量设施，实现精准计量，农田灌溉水有效利用系数提高到0.747，农业用水量3.7亿米^3，较2018年4.18亿米^{3}下降11.5%。

【河湖长制工作】2019年，河长制的治水机制和责任制作用得到新发挥，将全年治水管水目标任务分解到各级河长和部门，将工作中突出问题纳入区委书记月度点评会，市委书记蔡奇对29个突出问题进行了点评。各市级河长多次现场协调解决治水难点问题，各区级河长、各相关部门主动推动重点任务落实，形成工作合力。发布市总河长令，开展2019年度“清河行动”，全面开展农村地区沟道、坑塘、马路边沟、公园池塘等小微水体整治，将小微水体整治纳入河长制管理体系，推进规范化管理，基本实现“无垃圾渣土、无集中漂浮物、无污水排入、无臭味、无违法建设”“五无”目标。深入推进“清四乱”专项行动，全年解决河湖环境问题近1.3万个，完成442条河段小微水体整治，水利部挂账督办的1 317个“四乱”问题全部整治完成，河湖违法建设基本实现动态清零。

【重点水利工程建设】①南水北调工程。年内，本市完成大兴支线干线主体工程和亦庄调节池扩建工程。提早谋划、周密实施南水北调中线干线北京段检修。河西支线完成中堤泵站和园博泵站主厂房结构建设，输水隧洞主体工程完成32%。团九二期盾构掘进完成55%，二衬施工完成28%。②城市副中心水务工程。城市副中心水务工程均为“一会三函”项目，是“通州堰”分洪体系的组成部分，2019年各项工程均按计划推进。宋庄蓄滞洪区二期工程完成尹各庄拦河闸、分洪闸及管理中心土建主体施工。温榆河综合治理工程完成河道清淤、险工护砌，并完成水下部分通水阶段验收。

【水土保持】本市强化水土保持监管，加大违法案件查处，2019年结案70起，共处罚金239万元。实施建设项目遥感监管，组织完成4 000余个疑似违法图斑核查，对其中596个疑似违法建设项目进行查处。完成建设项目“双随机”和重点项目监督检查650个，基本实现建设项目水土保持监管全覆盖。完成177个建设项目水土保持补偿费征收和95个建设项目补偿费免缴工作，累计收缴补偿费6 688余万元，基本做到水土保持补偿费征收全覆盖。加强生态清洁小流域建设，2019年完成25条、231千米^{2}生态清洁小流域建设任务。向社会公布全市343条生态清洁小流域名录，强化后期管护。协助完成密云水库上游张承地区600千米^2、23条生态清洁小流域治理任务。

【水环境治理】2019年，本市完成第二个三年治污方案，三年来新建再生水厂26座，升级改造污水处理厂8座，建设污水收集管线2 407千米，累计解决1 506个村污水收集处理问题，全市污水处理率达到94.5%，城镇地区基本实现污水全收集、全处理，农村治污取得重大进展。启动第三个三年治污方案，明确到2022年全市污水处理率达到97%以上，其中，中心城区达到99.7%，副中心建成区基本实现污水全收集、全处理。全市农村污水处理设施覆盖率达到55%以上。推进农村地区污水收集处理设施建设，优先解决水源地保护区、民俗旅游、城乡接合部和人口密集村庄，同时考虑水质断面、水源地上游等重点区域和需完善改造生活污水收集处理设施的村庄，筛选出10类适合建设管网的规划保留村和4类不适合建设管网的村庄，解决了300个村的污水收集处理问题。农村污水处理设施在线监控系统正式运行，在线率达到80%。出台《北京市农村生活污水收集处理和再生水利用工程项目实施暂行办法》，明确农村污水处理设施建设审批流程和支持政策，明确三年治理的900个村庄清单。

开展“清管行动”，汛前清掏雨水口近42万个、雨水及雨污合流管线9 060千米，有效减少降雨初期污染物入河。实施基于量子点光谱传感技术的“水环境侦察兵”系统示范工程，探索对全市重点河湖水环境实时监测。重要河湖水功能区水质达标率提高到87%，提前实现“十三五”国家考核目标，城乡水环境大幅改善。

【水生态保护与修复】2019年，本市制定了京冀密云水库水源保护共同行动方案和密云水库上游潮白河流域（延怀密）生态清洁小流域建设方案。实现密云水库、怀柔水库、京密引水渠全封闭管理，推动一级保护区困难群众生活补贴标准由每人每年1 500元提高到2 000元。开展水生态健康年度评价，全市监测的7座重要水库全部达到健康水平，23个重点河道、湖泊中15个达到健康水平，同比增加4个；水生动植物种群稳步增加，白鹭、天鹅等珍稀水禽成为常客留鸟，全市水生态持续改善。

【永定河综合治理与生态修复】本市实施“用水开路、用水引路”，探索用生态的方法驱动生态治理，官厅水库向下游生态补水3.38亿米^3，永定河山峡段40年来首次实现不断流。境内76%河段、近130千米实现“有水的河”，河道生态状况有效改善。完成官厅水库八号桥湿地主体工程，完成永定河主河道管理保护范围划定，将原规划的基本农田调整为水域用地，制定山峡段、平原南段综合整治方案及水生态空间腾退规划，清理垃圾堆体172万米^3，拆除违法建设18万米^2。

【安全生产】本市持续强化安全生产监督，坚决遏制安全事故，全年监督水利建设工程172个项目，280个标段。强化市区专职监管部门作用，突出危大单项工程管理和隐患排查治理等制度落实，不断加大在建工程施工现场监督执法力度，全市共计实施行政执法检查3 000多人次，行政处罚50余起，处罚金30多万元。将水务系统内部安全管理，纳入安全生产体系加大督促管理，突出电器火灾、日常消防、彩钢板房整治、建设施工等重点，加大治理整改力度，2019年共整改彩钢板房隐患28处、2万多米^2，电器隐患10余处。针对水务行业安全生产涉及领域广、专业力量薄弱等矛盾，聘请专业安全机构对市区建设、运行工程、南水北调工程、局属单位实施两轮次专项监督检查。

【大中型水库移民后期扶持】①及时拨付兑现移民后期扶持资金。2019年度全市拨付大中型水库移民后期扶持资金55 895.496万元，其中，中央资金 37 747 万元，市级资金 18 148.496 万元。全市 16 个区核定登记符合政策的农业户口移民 112 493 人，兑现资金 6 750.7 万元；核定登记符合政策的非农户口移民 24 364 人，兑现培训补贴资金 1 365.052万元。②加大项目扶持力度。组织实施扶持项目共计 160 个，总投资 6.75 亿元，其中，新建项目 91 个，续建项目 69 个。解决 48 个村供排水设施、14 个村安全隐患、12 个村公共服务设施、18 个村居住环境、3 个村产业扶持等；医疗扶持村民 1 782 人、上养老保险 7 803 人、实施大病医疗救助 99 人，发放一次性助学补助金 3 726 名。③移民收入稳步增长。2019 年，全市农业户口移民人均可支配收入为 25 898 元，较 2018 年增长 9.4%。全年市、区移民管理机构共接待移民来电、来访 795 人次，未发生越级上访事件，保持水库移民“零上访”的良好态势。

【水务科技与教育】本市加强“水专项”项目进度管理，根据水务重点工作和新技术需求，推进示范工程落地，全面支撑北京市水环境治理、水生态修复。推进水务地方标准制订修订，完成生态再生水厂评价等 3 项地方标准编制报批发布工作，完成水生态健康评价技术规范等 4 项标准送审工作，完成工业用水定额 3 项标准终审报批工作，完成引水隧洞监测技术导则标准征求意见工作。

【水务信息化建设】落实北京市大数据行动计划考核要求，年内组织编制北京市水务局政务资源目录，完成职责目录和信息系统“上链”管理，为全局信息系统整合和数据共享奠定了基础。按照市领导驾驶舱需求，接入 10 项水务主题数据和 10 个核心业务系统，运用大数据助力领导科学决策。实施水务系统搬迁入云工作，56 个系统全部完成入云工作。

【水务公共服务】本市坚持“民有所呼、我有所应”，全年办理 12345 市民热线等反映涉水事项 6 万多件次。积极做好水库移民后期扶持、扶贫支援、南水北调对口协作工作。推进回天地区自备井置换，实施雨污分流改造和积水点治理。以朝阳、丰台为试点，开展水务专员进街道，探索基层水务治理服务体系。开展水利工程运行管理规范化标准化建设。开辟 25 处河湖、公园滑冰场；推出 22 条河段 300 多个垂钓区；西郊雨洪调蓄工程对社会开放，三个月接待市民 10 余万人次。实现北运河通州城市段通航；打通凉水河、清河、西南二环水系等滨水游憩通道，实现沿河“一走到底”。

【水务改革】按照市委批复的市水务局新“三定”规定，本市围绕落实“四定”原则要求和新时期治水思路，更加注重治水统筹、更加注重补齐短板、更加注重强化监管，重构城乡水生态修复等六大职能板块以及河长制和党的建设两个平台，新调整、设立了水土保持与水生态处、地下水管理处等 14 个处室，制定事业单位改革总体方案和水务综合执法改革方案，探索水务参与社会治理的工作机制，统筹开展水资源配置、用水管理、水环境管理、水旱灾害防御四大业务系统总体设计，着力构建系统完整、职责明晰、精简高效、运转顺畅的水务管理体制机制。

【重大活动水务服务保障】按照市委市政府提出的“精精益求精，万万无一失”要求，2019 年全市水务系统组织开展水务行业保障新中国成立 70 周年庆典“百日安全”活动，认真实施城市水务领域安全风险评估管控和重点道路安全排查、测试、加固等工作，严格落实重点时段现场应急驻守保障要求，出动装备 4 000 余台次，人员 2 万余人次，圆满完成新中国成立 70 周年庆祝活动、第二届“一带一路”国际合作高峰论坛、2019 年中国北京世界园艺博览会、亚洲文明对话大会等重大活动保障任务 31 场。

（孙桂珍）

【农业用水量达 3.69 亿米^3】年内，全市农业总用水量达 3.69 亿米^3，同比下降 11.7%。其中，水田 626.19 亿米^3，水浇地 5 623.15 亿米^3，露地菜 4 491.62亿米^3，设施农业 11 778.46 亿米^3，养殖业 1 435.51 亿米^3，鱼塘 941.24 亿米^3，林果业 11 989.47亿米^3。

（杨帆）

【建设高效节水工程 8.34 万亩】年内，本市建设完成“两田一园”高效节水工程 8.34 万亩，分布在海淀区、门头沟区、丰台区、大兴区、顺义区、怀柔区、延庆区等 7 个区。

（杨帆）

【建设农艺节水示范区 45 个】年内，全市建立节水示范区 45 个，示范推广 3 种农艺节水模式。以精准水肥调控为核心的设施农业节水模式，平均每亩节水 60.2 米^3；以水肥一体化为核心的生态粮田节水模式，平均每亩节水 39.6 米^3；以抢墒播种为核心的雨养旱作节水模式，平均每亩节水 25.2 米^3。45 个示范区推广辐射面积 20.5 万亩，总节水1 000余万米^3。

（杨帆）

公路建设与运输

年内，全市公路总里程 22 366 千米，比上年增加 110 千米。公路密度 136.38 千米/百千米^2，增加 0.76 千米/百千米^2。其中，高速公路里程 1 168千米，增加53 千米。年末全市公路桥梁6 877座、741 827 米，比上年增加 200 座、68 352 米，全市公路隧道 145 处、125 188 米，增加 10 处、22 635米。全市城市道路里程 6 156 千米、面积 10 459万米^2。其中，快速路 390 千米、1 340 万米^2，主干路1 006千米、3 642 万米^2，次干路 657 千米、1 587万米^2，支路及以下道路 4 103 千米、3 890万米^2，快速路和主干路道路里程占城市道路总里程的 22.7%。城六区道路面积密度 7.5 万米^2/千米^2，五环以内（含五环）道路面积密度 10.8 万米^2/千米^2。城市桥梁 2 165 座，城市立交桥系 437 座。全市远郊区县城道路里程 2 151 千米，其中，主干道 525 千米，独立桥梁 185 座。全市完成客运量 79.19 亿人次，其中，轨道交通 39.62 亿人次，公共电汽车 31.34 亿人次，出租汽车 3.31 亿人次，郊区客运 4.34 亿人次，旅游客运 0.44 亿人次，省际客运（站）0.14 亿人次。完成营业性货运量 2.23 亿吨，货物周转量 275.7 亿吨千米。完成机动车维修量 993.15 万辆次。优化调整公交线路 141 条，新增线路 171.4 千米，削减重复线路 178.6 千米。线路调整后，日均客运量同比增长 5.8%，方便 513 个小区居民出行。优化副中心定制公交服务，新增至昌平、大兴等 8 条专线，定制公交线路达 21 条，日均客运量增至 1 500 人次。年末全市拥有公共电汽车运营线路 1 158 条，比上年增加 270 条，运营线路总长度 2.76 万千米。其中，公交专用车道 952 千米，BRT 线路长度 102 千米。全市第一条自行车专用路建成通车，全长 6.5 千米，总骑行量突破百万人次，有效提升回龙观至上地通勤出行效率。完成 894 千米慢行系统综合治理，打造 CBD 西北区、回龙观慢行系统示范区，慢行系统细节品质得到明显改善。

（毕保磊）

【《北京市推进“四好农村路”建设的实施意见》印发】 1 月，按照北京市政府批复要求，《北京市推进“四好农村路”建设的实施意见》正式印发。《意见》以习近平总书记关于“四好农村路”建设重要指示批示精神为指导，以决胜全面建成小康社会和乡村振兴战略的总体要求为引领，提出了实施六大工程和建设四大体系，共计 20 余项工作任务，为本市实现建设好、管理好、养护好和运营好的“四好农村路”建设总目标提供顶层设计。

（印良智）

【建制村通公交工作会召开】 3 月 5 日，市交通委副主任孟桥到房山区蒲洼乡森水村、富合村实地调研，并召开房山区建制村通公交（客车）工作会。会议议定，栗园厂村、王老铺村、西苑村、大草岭村、北直河村 5 个村待车辆、道路等各项条件成熟后，由公交集团第六客运分公司适时开通公交线路；三流水村、富合村、森水村由公交集团牵头研究采用 6 米以下车型，以不同方式妥善解决通客车问题。

（刘玉东）

【新开公务员定制公交线路 18 路】 3 月 7 日，新开公务员定制公交线路 18 路（篱笆房—地铁东夏园站）。线路开通后满足乘客从长阳地区去往通州地铁东夏园站快速直达的乘车需求。

（刘玉东）

【按需定制公交线路开通】 3 月 20 日，首条“按需定制”公交线路——武警特警学院公交专线开通运营。线路设南法信地铁站、高丽营一村、高丽营二村、高丽营、西马各庄、武警特警学院站 6 个站点，采取大站快车方式运行，无缝接驳公交 942 快线，通过一次换乘到达东直门地区。同时，在地铁南法信站接驳 M15 号线进入轨道交通网，方便学院官兵公共交通出行。

（赵瑞冬）

【世园会公交专线开通运营】 4 月 29 日，世园会公交专 1 线正式开通运营，由地铁朱辛庄站 B2 口出直接换乘。朱辛庄站营业时间为早 7 点至 14 点，世园会站营业时间为 12 点至 21 点。线路由北清路行驶至京藏高速，途径北六环、京礼高速直达世园会 P3 停车场，全程 70 千米。

（王悦）

【北郊农场桥开放交通】 5 月 30 日，北桥农场桥建成开放交通。北郊农场桥改建工程位于昌平区回龙观西大街，上跨京藏高速公路。在现况桥梁南、北两侧各新建一座桥梁，南侧桥梁与匝道总长约 720

米，宽 10 米，其中，桥梁长约 184 米，布设一条机动车道、非机动车道和人行道；北侧桥梁与匝道总长约 601 米，宽 6.5 米，其中，桥梁长约 96 米，布设非机动车道和人行道。桥梁设计标准为城－A 级。主要施工内容为新建预应力混凝土 T 梁、钢混组合梁、下部结构、桥面系及附属工程等。由“一进一出”提升为“两进两出”，由“人车混行”变为“人车分离”，使公交更加顺畅，慢行系统更加完善、安全、便捷，为践行绿色交通奠定基础，是“回天地区基础设施三年行动计划”（74 项）中率先完工项目。

（程京亚）

【地质灾害防治工程完工】 9 月 13 日，平谷区地质灾害防治工程完工，总投资 540 万元。工程涉及的地质灾害隐患点 16 处，治理措施主要为人工清理松散浮石、底部滑塌堆积物共计 265 米^3，设置被动防护网 1 080 米^2、主动柔性防护网 17 678.25 米^2。工程于 8 月 2 日开工。设计单位：北京市勘察设计研究院有限公司，施工单位：北京路桥瑞通养护中心有限公司，监理单位：北京市地质基础工程公司。

（张金霞）

【顺义区被评为“四好农村路”全国示范区】 11 月 7 日，顺义区被交通运输部、农业农村部、国务院扶贫办评为“四好农村路”全国示范区。

（冯宠）

【乡村公路大修工程完工】 11 月 15 日，顺义区乡村公路大修工程完工。工程于今年 5 月底进场施工，由顺义公路分局负责组织实施，包括北高路、太平东路、孙四路、尹南路、大故现北路等 66 条道路，总里程 82 千米，总投资 1.49 亿元，涉及北石槽镇、李遂镇、大孙各庄镇等 17 个镇。

（李雪峰）

【乡村公路养护管理费用定额测算标准调整】 11 月，《北京市交通委员会北京市财政局关于调整乡村公路养护管理费用定额测算标准的通知》印发。依据通知要求，本市乡村公路日常维护费定额为乡道 14 200 元/千米/年、村道 11 900 元/千米/年，大修工程费测算为乡道 108 万元/千米、村道 87 万元/千米（按面积折算，每平方米 171 元），乡村公路桥梁改造费用每平方米 8 100 元。

（印良智）

【公交站座椅改造工程完成】 年内，顺义城区公交车站座椅改造工程完工，对顺义城区范围内以及顺平辅路、京沈路、顺沙路、通顺路等主要道路的 310 个公交车站座椅进行了升级改造，通过改变座椅样式、增加座椅数量的方式，解决了部分公交车站座椅数量不足、倾斜式座椅舒适性不够等问题。

（赵瑞冬）

【安装公交车防护隔离】 年内，顺义区完成 777 辆公交车驾驶区域防护隔离设施安装改造，为公交车驾驶员在行车过程中免受侵扰、提高防范能力，确保运营安全提供了有力保障。

（赵瑞冬）

【新增新清能源公交车】 年内，顺义区 130 辆使用年限达到 6 年的老旧天然气公交车更新为 80 辆纯电动和 50 辆气电混合动力新能源公交车；新增 121 辆新清能源公交车，用于开通、优化 16 条公交线路，方便机场周边、经济功能区市民出行。

（赵瑞冬）

【乡村公路工程完工】 年内，昌平公路分局完成 100 千米乡村公路大修工程，涉及 15 个镇街，安装警示桩 600 根，警告标志牌 363 套，减速让行标志 17 套，钢板护栏 17 509 米，挡墙 4 821 米^3，护坡 7 564 米^3，球面导视镜 24 面，减速带 94 道。持续开展乡村公路安全隐患排查工作，完成乡村公路安全生命防护工程 13 项，改善路域环境，助力美丽乡村建设。

（程京亚）

气候概况和气候评价

2019 年，北京地区平均气温较常年（1981—2010 年平均值，下同）偏高，为 1951 年以来第二高值；降水量接近常年，共出现 3 次强降水过程；日照时数正常，高温日数偏多。大风、沙尘、雾和霾日数偏少。主要气象灾害为暴雨洪涝、冰雹和大风。

【气温】 年平均气温偏高。2019 年北京地区平均气温为 12.5℃，比常年偏高 1.0℃，比 2018 年偏高 0.5℃，为 1951 年以来第二高值（2014 年，12.6℃）。西部和北部山区气温在 6～12℃，其他大部地区气温在12～14℃。与常年相比，多数测站偏高1～2℃。

高温日数偏多。北京地区代表站观象台站高温日数（日最高气温≥35℃）为16天，比常年（12.3天）偏多。观象台站年极端最高气温为38℃，出现在2019年7月4日。

极端最低气温为近十年来第三低值。观象台站年极端最低气温为－14.4℃，出现在2019年12月31日，为近十年来第三低值，仅次于2010年（－16.7℃）和2016年（－15.2℃）。

年内，2月平均气温偏低，4月、10月和12月气温接近常年，其余各月气温偏高，特别是3月和9月气温比常年明显偏高，偏高幅度达2.6℃，9月平均气温为有记录以来历史同期最高。

冬季气温正常，夏季略偏高，春季和秋季偏高，具体为：冬季（2018年12月—2019年2月）平均气温为－3.4℃，接近常年（－3.1℃）；春季（3—5月）为14.2℃，比常年（13℃）偏高1.2℃；夏季（6—8月）为25.3℃，比常年（24.5℃）偏高0.8℃；秋季（9—11月）为12.7℃，比常年（11.4℃）偏高1.3℃。

【降水】年降水量接近常年。2019年，北京地区平均降水量为511.1毫米，接近常年（540.7毫米），比2018年（575.6毫米）偏少11%。北京大部分测站年降水量在400～650毫米之间，密云区上甸子站降水量最多，为653.5毫米；延庆站降水量最少，为362.2毫米。与常年同期相比，除平谷站、门头沟站和延庆站比常年偏少二三成外，其余测站降水接近常年。

年降水日数比常年略偏少。观象台站年降水日数为56天，比常年（66.3天）略偏少，接近2018年（57天）。观象台站最大日降水量为41.9毫米，出现在7月29日。年内1月、2月、3月、6月、7月、8月降水量偏少，其余各月偏多。

冬、夏季降水偏少，春、秋季偏多，具体为：冬季（2018年12月—2019年2月）北京地区平均降水量为3.8毫米，比常年（8.3毫米）偏少五成；春季为98毫米，比常年（73.3毫米）偏多三成；夏季为264.2毫米，比常年（373.1毫米）偏少三成；秋季为138.9毫米，比常年（85.9毫米）偏多六成。

【日照】2019年北京地区平均日照时数为2 509.8小时，接近常年（2 491.4小时）。其中，3月和9月日照时数略偏多，2月和11月日照时数略偏少，其他各月接近常年。

【大风、沙尘、雾和霾】2019年观象台站大风日数为8天，比常年（9.6天）略偏少。沙尘日数为3天，比常年（8.4天）偏少。雾日数为10天，比常年（13.4天）偏少。霾日数为57天，为过去6年最小值，较过去5年平均值（2014—2018年平均，113天）减少56天，减少幅度为49.6%。霾的严重程度也明显减轻，全年未出现重度霾日。

【2019年影响天气事件】

（一）强降水

2019年北京共出现3次强降雨天气过程：分别为“7·29”大一暴雨、“8·5”暴雨和“9·10”大一暴雨。

“7·29”大一暴雨。7月28—29日，北京多地遭遇强降水天气过程，局地伴随雷电、冰雹等强对流天气，最大累计降雨量出现在门头沟区李家庄村，累积雨量134.3毫米，达到大暴雨级别。

“8·5”暴雨。8月5日，北京出现强降水天气过程，怀柔站最大日降水量130.5毫米，为1986年以来8月日降水量的最大值；朝阳站最大日降水量104毫米，为近十年8月最大日降水量第二多（仅次于2011年8月26日105.1毫米）。

“9·10”大一暴雨。9月9—10日，北京出现大一暴雨，10日朝阳站和大兴站的日降水量分别达82.6毫米和142.4毫米，均创建站以来9月日降水量极值。

（二）持续高温

6月22—24日，北京连续3天出现高温天气，其间全市20个国家级测站中，最高气温出现在顺义站，达到37.7℃（6月24日）。

7月23—27日，北京连续5天出现高温天气，其间20个国家级测站中，最高气温达38.0℃，出现在海淀站（7月25日）和丰台站（7月27日）。

9月8日北京最高气温创9月份历史最高，全市20个国家级气象测站中有17个测站最高气温超过35℃，丰台站最高，达38.1℃。有15个测站创建站以来9月份历史最高，4个测站为历史第二高值，1个测站为历史第三高值。

（三）寒潮天气

受强冷空气活动影响，11月13日北京出现大风降温天气，观象台站日极大风速达到20.5米/秒，气温明显下降，全市20个国家级气象观测站中，观象台、斋堂和上甸子3个站达到强寒潮等级，大兴、密云、怀柔等6个站达到寒潮等级。

受强冷空气活动影响，12月30日北京出现大风降温天气，石景山站日极大风速达到21.8米/秒，气温明显下降，全市20个国家级气象观测站中，北部的怀柔站、汤河口站、延庆站和上甸子站达到寒潮等级。

（四）气象灾害

2019年，造成较大损失的气象灾害主要有暴雨洪涝、冰雹和大风。

1. 暴雨洪涝和冰雹

6月18日，受低涡系统造成的强对流天气影响，怀柔区宝山镇遭受冰雹灾害，农业受灾面积53.4公顷，预计减产30%，经济损失36.15万元。

7月2日，受对流云团影响，午后通州区出现强降水，伴有雷暴大风和冰雹天气，最大降水量达暴雨量级，出现11级大风，因围墙倒塌和房顶彩钢板刮落造成2人死亡，1人受伤。

8月5日凌晨至上午，受低涡外围云系影响，朝阳区出现暴雨，局地大暴雨天气。强降雨导致朝阳区北部部分地区严重积水（出现多处主路双向断路）和部分区域停电，车辆损毁约50辆。

8月9日，受东移高空槽和偏南暖湿气流的共同影响，密云区西北部出现了较强降水，造成直接经济损失15 060.48万元，其中，农林牧渔业经济损失1 962.66万元，基础设施损失13 097.82万元。

2. 大风

5月19—20日，受冷空气影响，北京出现大风天气过程，西部、西北部山区和东北山区极大风速在7级以上。19日首都机场取消航班36架次、备降外站航班41架次。19日下午，位于东城区东直门地铁站C出口以东约300米处的东华国际广场商务区项目东南侧围墙因大风倒塌，砸中3名行人，其中，2人当场身亡，1人经抢救无效死亡；西城区白纸坊西街一棵大树被大风刮倒，1名外卖配送员被砸中，因伤势过重经抢救无效死亡；顺义区境内大树倾倒，侵入京承线铁路，砸坏铁路设备，导致两趟列车晚点。

【气候影响评价】

冬季（12月至翌年2月）与常年相比，降水大部偏少，气温和日照总体正常，气象灾害不明显。气象条件对冬小麦安全越冬影响不大。总体上气候条件对北京生态环境影响处于正常略差水平。

春季（3—5月）与常年相比，降水偏多，气温偏高，日照偏多。气象灾害轻微，风沙和干旱等北京地区春季常见高影响气候事件影响不大；由于降水偏多，对北京市植被和作物生长较为有利，气候条件对北京生态环境影响处于偏好状态。

夏季（6—8月）与常年相比，气温偏高，降水偏少，日照正常，季内局地强对流天气频发，出现多次暴雨洪涝和冰雹大风等气象灾害，对社会经济造成一定灾害损失，气候条件对北京生态环境影响处于正常偏差水平。

秋季（9—11月）与常年相比，气温略偏高，降水偏多，日照时数基本持平。季内出现一次暴雨洪涝天气与2次大风过程，对社会经济造成轻微灾害损失，气候条件对秋季北京生态环境影响处于正常水平。

总体来说，与常年相比，北京2019年度大部地区降水偏少，气温偏高，日照正常，暴雨洪涝和冰雹大风等气象灾害均有发生，气候条件对北京生态环境影响处于正常偏差水平。

（张铁斐）

山 区 建 设

综 述

2019年，北京市山区加强生态修复保护，坚持实施“绿水青山就是金山银山”的理念，在山区经济发展中注重生态效益。将经济、社会和生态效益融于一体，力求最佳效果。生态沟域建设精彩多多，已成京郊一张靓丽名片。整个生态沟域建设采取规划引导、项目带动、政策保障、工作闭环、引进现代管理技术等举措，从而扩大了生态环境容量，提升了生态建设水平，培育了特色产业，促进山区农民就业增收。

（徐再城）

生 态 沟 域

【生态沟域建设】 2019年，全市生态沟域从扩大生态环境容量、提升生态建设水平和培育特色产业入手，推进门头沟潭柘寺沟域、永宁沟域、满韵汤河、清水百花、绿海红歌、幽岚山、水·长城、延寿、羊台子、酒乡之路、白马古道、云蒙风情大道、百里山水画廊、四季花海、冰川绿谷、乡宴柳沟、九里山桃花谷和舞彩浅山等18条沟域建设，实施生态环境整治、特色产业培育等工程项目。

（市农业农村局生态建设处）

【生态沟域建设的主要做法】 规划引领。坚持因沟制宜，科学规划，引领沟域建设一张蓝图绘到底。按照先规划、后建设的要求，对每条沟域内的山、水、林、田、路和村庄进行整体设计、精心布局，制定发展规划和实施方案，突出沟域节点亮点、特色特征，明确绩效目标、阶段任务、责任主体，依规合法、有序推进。

项目带动。坚持生态红线，土地底线，推动沟域建设项目化、考量化。沟域建设以“六大模式”（自然风光引导、特色产业发展、民俗文化展示、龙头景区带动、生态修复切入、文化创意先导），实施“五项工程”（环境整治、生态建设、基础设施主、特色产业、新村民居），改善山区农民生产生活、市民休闲旅游的基本条件。2019年，结合“百村示范、千村整治”工程，重点实施沟域生态建设项目156个。按照市级事前评估、事中督导、事后评价的决策程序，对每项工程项目都建立绩效目标、进度台账，坚持月检查、季对表对标、年度考核，确保项目管理规范化、项目绩效最大化。

政策保障。坚持部门联动，政策聚焦，统筹推进生态沟域建设。落实沟域联席会议制度，继续坚持“政府主导、农民主体、部门联动、社会参与”的推进机制。设立专项资金，市财政安排沟域建设支持资金1亿元，根据各相关区当年建设任务、上年度考核权重分配资金；区财政根据本级任务统筹使用、匹配资金。整合部门资金，以沟域建设为平台，以区为实施主体，协调职能部门多战线聚焦沟域建设。比如，发展改革委支持提升特色沟域、水务局支持小流治理、文化旅游委支持旅游配套设施、市农业农村局支持美丽乡村建设和山区农民搬迁等政策多头并进，实施沟域整体建设。带动社会投资，发挥沟域支持资金的带动效应，吸引社会资本投向沟域产业发展。

工作闭环。坚持把调研、服务、培训、考核作为沟域建设工作的重要环节，努力做到环环相扣，形成闭环。一是抓调研，在卫东同志带领下，将年度调研工作与主题教育调研活动结合起来，对各相关区计划建设沟域进行调研，掌握了第一手资料，为实施决策、组织培训、分类指导奠定了基础。同时，总结了延庆冰川绿谷等沟域典型案例，形成了《新形势下北京生态沟域发展布局及建设构想》等研究报告，分别被《北京调研》第4、7期刊发。二是抓服务，通过协调部门、定期检查、拉练观摩、总结典型和专家会诊等形式，全程指导服务各区沟域建设。三是抓培训，在深入调研、摸准情况、了解需求的基础上，针对性设计培训内容、编写教案，聘请专家解读政策，精选典型交流经验，全年集中培训沟域建设镇村负责人300人次。针对市区两级主管部门机构改革人员变动的实际，结合年度任务部署、阶段形势分析等时机，以会代训，狠抓业务培训。四是抓考核，通过聘请专家调研检查、市职能部门综合验收、配合市人大绩效评价等方式，多维度、多途径考核，确保沟域建设项目落地。

【沟域生态环境质量和水平不断提升】实施生态环境整治和生态建设工程，怀柔满韵汤河、延庆百里山水画廊沟域，地表水质达到Ⅱ类标准，空气质量达到二级和优于二级的天数接近300天。实施节点景点绿化美化、景观林优抚改造等工程，房山幽岚山沟域节点坡峰岭、怀柔白桦谷、顺义舞彩浅山被赞誉为北京红叶新景区。优化景观农田，怀柔水长城、四季花海成为乡村游热点。治理沟域内河边、路边、村边“三边”环境，无污水排放、无建筑垃圾和生活垃圾堆放、无家禽家畜散放，沟域环境品位显著提升。

【沟域特色产业业态和体系逐步形成】坚持特色生命，因沟制宜，实施特色产业工程，培育了酒乡之路的葡萄、四季花海的花卉、田庄沟域的红色旅游以及幽岚山和满韵汤河的高端民宿等特色产业，成为生态沟域的节点亮点。密云酒乡之路发展葡萄种植业，形成了以张裕爱斐堡酒庄为龙头、园区经济与庭院经济为依托、集精品农业、农产品加工业、旅游休闲、文化创意发展于一体的融合发展产业体系。同时，沟域内按照“农院田园化、农田景观化、农事活动市场化”的理念，探索发展“干农家活、吃农家饭、住农家院”的乡村游新业态，中共北京市委农工委、市农业农村局产业发展处牵头实施的“北京休闲农业十百千万畅游行动”的10条精品旅游线路，除平原地区2条外，8条精品旅游线路都在生态沟域中。

【现代管理和技术持续引入沟域经济】鼓励企业参与沟域产业发展，以资金带管理和技术入股的方式，以“公司＋合作社＋农户”的联合经营管理新模式，与村集体发展符合沟域实际、带动当地农民就业增收的特色产业。房山幽岚山沟域，由村集体对闲置资源进行重组整合，村民以资金、资产、资源或承包权作价入股，盘活闲置资产发展高端民宿，引进远方网进行经营管理，实行管家制服务，村民实现了“薪金＋股金＋土地流转金”的“三金”收入。门头沟田庄沟域引进北京红雁初心文化发展有限公司，修复京西山区中共第一党支部原址，以“讲好红色故事、发展绿色经济、推动乡村振兴”为主题，打造集党性教育、实践体验、会议接待、旅游发展为一体的“红色矩阵”，2019年接待京津冀三地党支部“不忘初牢记使命”专题教育等党员活动200多个团队、5万余人次，接待周期短则半天，最长3天时间。

【沟域农民就业增收和市民休闲旅游的双向需求平台互动加快】坚持生态沟域朝着“景色宜人、产业诱人、环境留人、品牌待人、文化醉人”的郊野公园发展。被市民赞誉为山水自然公园的延庆百里画廊、北京东部红叶新景区的顺义舞彩浅山、欧洲风情园的密云酒乡之路、红色旅游基地的门头沟田庄等沟域，既是首都市民修身养性的好去处，也是山区农民脱贫致富的好平台。怀柔水长城沟域节点口头村景花农田，“五一”假期接待游客近10万人次，增加农民服务性收入77.6万元。幽岚山沟域节点黄山店村国庆黄金周接待游客40余万人次，实现旅游综合收入9 000余万元。酒乡之路沟域年接待游客观光93.7万余人次，实现旅游综合收入2.27亿元。

地质灾害易发区农户搬迁工程

【稳步推进山区搬迁工作】 按照市政府办公厅印发《关于实施新一轮山区农民搬迁工程的意见》和市12部门联合印发《北京市新一轮山区农民搬迁工程管理办法》的工作要求和进度安排，组织相关区积极有序的实施山区农民搬迁工程，全市搬迁工程稳步推进。按照《北京市新一轮山区农民搬迁工程管理办法》要求，列入计划的搬迁村当年要启动工程建设，第二年搬迁新居要达到入住标准。目前，2018年山区农民搬迁工程涉及平谷、怀柔、密云3区772户1 939人，农户新宅建设已经完成。2019年启动山区农民搬迁工程2 400户5 300人，涉及平谷、怀柔、延庆、密云、昌平5区。市残联、市住房和城乡建设委、市农业农村局、市财政局、市民政局《关于印发北京市农村危房改造和新一轮山区农民搬迁残疾人家庭补助办法的通知》（京残发〔2019〕40号）新增了对山区农民搬迁残疾人家庭的补助资金。

农 业 科 技

综 述

2019 年，北京市围绕实施乡村振兴战略，以深化农业供给侧结构性改革为主线，以科技创新和农技推广服务体系建设为抓手，以农业增效、农民增收为目标，深入开展农业农村科技工作，取得了积极进展。一是围绕京郊优势主导产业，加强创新团队建设。根据农业农村部的部署，结合北京实际，建设果类蔬菜、叶类蔬菜、食用菌、粮经作物、西甜瓜、生猪、家禽、奶牛、观赏鱼和鲟鱼鲑鳟鱼 10 个创新团队，不断提升农业优势产业的自主创新、集成创新与转化应用水平，为北京都市型现代农业发展提供了强有力的科技支撑。2019 年，10 个创新团队开展了从育种到餐桌全链条的研发与成果转化，研发与筛选新品种 219 个、新产品 172 项、新技术 218 项，实现经济效益 6.02 亿元。二是围绕产业重点问题，开展联合攻关。在种业建设、营养安全、绿色发展、提质增效和智慧农业等五个方面，集成了“生物育种技术和良种推广”“农业废弃物资源化利用”“种养循环”“水肥一体化”“景观休闲农业与生态修复”“化学投入品替代产品研发”“化学投入品科学使用”“风险评估方法”“功能性食品研发”“高产高效技术、品质高效、特色高效等技术模式集成与应用”“农业物联网技术、农产品电商模式”“共享经济＋农业模式”等一批技术模式。三是围绕服务能力提升，加强基层农技推广体系建设。在基础好、意愿高的 7 个项目区建设示范基地 12 个，指导农户 4 200 人次，培育农业科技示范主体 1 280 人，培训基层农技推广人员 700 人；组织开展全科农技员培训或观摩 32 期，服务农户 15.67 万人次，开展技术指导 6.07 万次，解决问题 2.54 万个，服务对象满意度 87%。房山区以创建国家现代农业产业园为契机，将全科农技员管理纳入基层服务体系创建方案，创新了服务方式。四是加强科技奖励申报、推荐和评审工作。组织开展北京市农业技术推广奖评审工作，联合市人力社保局修订并印发《北京市农业技术推广奖奖励办法》，印发了实施细则；受理申报推荐成果 132 项，经形式审查、初评和复审等环节，79 项成果最终获得此次农业技术推广奖。这 79 项成果示范推广新品种 117 个、新技术 213 项。组织完成了中华农业科技奖、农牧渔业丰收奖的推荐申报工作。五是加大农业科技执法力度，切实保护农业知识产权。做到关口前移、重心下移、全面覆盖、突出重点、分类管理，实现了全区域、全环节、全项目监管；制定并印发《北京市 2019 年农业转基因生物安全监管方案》等 5 个工作方案，加强农业转基因生物安全管理；压实主体责任，与 24 家研发单位、681 家种子企业签订了承诺书；对 394 项安全评价项目进行全面监管，加强南繁育种环节延伸监管，对农业转基因违规零容忍。北京市转基因生物安全监管得到了农业农村部的表扬，并在全国会议上介绍了经验。

（范子文）

科技推广与科技成果

【2019年北京市农业农村科技工作会议召开】为贯彻落实中央一号文件、全国和北京市农村工作会议精神，研究部署本市农业农村科技工作，2019年4月23日，“北京市农业农村科技工作会议”在京召开。来自市属农业科研院所的负责人、现代农业产业技术体系北京市10个创新团队的首席专家、涉农区农业农村局主管科技工作的负责人、农业龙头企业代表、新闻媒体等，共100多人参加了会议。北京市农业技术推广站、北京市农林科学院、北京农学院、平谷区农业农村局等四个单位做了典型发言。北京市农业农村局有关负责同志出席会议并讲话。这是近年，本市首次召开农业农村科技工作会议。会议指出，本市农业农村科技工作需要实现“四个转变”：农业增长方式要由“依靠资源外延式增长”向“依靠科技内涵式增长”转变；科技资源整合利用要由“北京科技”向“首都科技”转变；科技工作领域要由“农业科技”向“农村科技”转变；科技创新重点由“单一技术”向“套装技术”转变。会议要求，2019年全市农业农村科技系统要做好9个方面的重点工作，为北京乡村振兴提供科技支撑。一是要充分发挥首都科技优势，加强农业农村科技创新；二是聚焦首都农业产业需求，加大农业科技成果转化力度；三是创新科技机制，优化北京市创新团队建设；四是加强农技推广体系建设，不断提升农业技术推广服务能力；五是整合资源，建设一批具有示范、引领性作用的农业科技园区；六是加强农业科技执法，确保农业转基因生物安全；七是做好统筹、协调，全力抓好平谷区农业科技创新中心建设；八是发挥科技优势，助力低收入村户增收；九是加强科技政策与管理研究，为科技工作开展营造良好环境。

（范子文）

【《2019年北京市农业农村科技工作要点》印发】为扎实推进北京市农业农村科技工作，北京市农业农村局研究制定了《2019年北京市农业农村科技工作要点》，并以京政农发〔2019〕68号文件印发。《科技工作要点》分推动科技创新、强化产业支撑、完善体系建设、改革体制机制、优化科技管理、保障重点工作、助力脱贫与人居环境整治等7个方面，共19条。《科技工作要点》的印发，为本市处于机构改革的各区、各单位开展农业农村科技工作指明了方向，提供了遵循，确保本市农业农村科技工作有序开展。

（范子文）

【现代农业产业技术体系北京市创新团队成果丰硕】2019年，北京果类蔬菜、叶类蔬菜、食用菌、粮经作物、西甜瓜、生猪、家禽、奶牛、观赏鱼和鲟鱼鲑鳟鱼等10个创新团队共设置10个市级研发中心、54个综合试验站，153个农民田间学校工作站，凝聚了首都384名农业科技专家队伍。创新团队在农作物新品种选育，生态循环、农业节水、动植物疫病防控、农产品质量安全、农业机械化和京津冀科技协同等方面，研发集成出了一批具有行业引领性的新品种、新技术和新产品，在全国起到了引领与示范作用。共选育与筛选新品种219个，研发与筛选新产品172项，开展新技术引进与攻关218项，种植行业及观赏鱼示范区面积总计5 000余亩，养殖行业示范推广家禽450万只，奶牛3.8万头，生猪5.1万头，辐射带动到本市其他区域，实现经济效益6.02亿元。依托创新团队项目发表论文558篇，出版著作43部，申请专利133项，获得授权140项。

（初蔚琳）

【农业转基因生物安全监管】按照《农业转基因生物安全管理条例》要求，对北京市行政区域范围内的农业转基因生物研发、生产、加工、经营和进口等活动进行全链条监管。做到关口前移、重心下移、全面覆盖、突出重点、分类管理，实现了全区域、全环节、全项目监管；召开会议全面安排部署监管工作，制定印发《北京市2019年农业转基因生物安全监管方案》（京农基安办字〔2019〕1号）等5个工作方案；压实主体责任，与24家农业转基因生物研发单位、24名农业转基因生物研发人员签订以及681家种子企业、种子经营门店签订承诺书；对394项安全评价项目进行全面监管，项目覆盖率100%，未出现违法违规现象；加强南繁育种环节延伸监管，对抽检出的5个阳性品种约谈了项目单位。2019年，北京市转基因生物安全监管得到了农业农村部的表扬，并在全国会议上介绍了经验。

（范子文）

【农业转基因生物安全管理领导小组成员和部门职责分工调整】 在机构改革后，北京市农业农村局及时调整了农业转基因生物安全管理领导小组成员和部门职责分工，并印发了《北京市农业农村局关于调整农业转基因生物安全管理领导小组成员和部门职责分工的通知》（京政农发〔2019〕61号）。明确北京市农业农村局农业转基因生物安全领导小组的职责是：负责指导《农业转基因生物安全管理条例》及其四个配套规章在本市的实施，协调本市农业转基因生物安全管理工作的重大问题；研究制定本市农业转基因生物安全管理方面的配套政策；审定对外宣传口径。

（范子文）

【为世园会百蔬园正常运转提供科技支撑】 2019年世界园艺博览会在延庆举办。百蔬园是“园中园”之一。为给百蔬园的正常运转提供科技支撑，成立专家小组、转基因处置小组和植物品种权保护小组。在世园会期间，专家小组不定期赴现场考察，定期召开会议，研究提出《科技组专家小组会商意见及建议》28期；转基因处置小组和植物品种权保护小组抽检作物材料260份。

（初蔚琳）

【特色粮经作物水肥一体化技术效果显著】 2019年，北京市通过改进了2种高效灌溉方式，引进研发了3种施肥设备，优化了3种灌溉施肥策略，集成了特色粮经作物水肥一体化技术。在全市15个示范点实施200亩，推广辐射5 000亩。其中，在8个草莓精量灌溉施肥示范点，每立方米水产出草莓10.5千克，每千克化肥产出率11.2千克，与传统方式相比分别提高了38.9%和35.8%；在5个鲜食玉米水肥一体化示范点，每立方米水产出鲜食玉米19.8千克，每千克化肥产出率36.5千克，与传统方式相比分别提高了17.6%和12.5%；在2个甘薯水肥一体化示范点，每立方米水产出甘薯7.5千克，每千克化肥产出率85.0千克，与传统方式相比分别提高了14.6%和22.3%。

（初蔚琳）

【集成节肥减药技术体系增效明显】 北京市集成三种设施蔬菜化学农药减量使用技术，在全市6个高效生产示范点每茬减少化学农药用量30%以上，提高经济效益15%以上，同时配套节肥技术形成节肥减药技术体系，番茄亩产达到4 000千克。其中，在示范点昌平区银黄农业园，春夏茬设施番茄杀虫剂使用量为零，每亩产量达5 000千克，亩经济效益比常规管理园区高出50%以上；在房山弘科农场，设施辣椒每亩产量达3 200千克，亩产值达到3万元以上；在房山绿洲鑫旺基地，设施芹菜亩产达到6 000千克，平均亩经济效益达到6万元以上。据统计，集成节肥减药技术在全市12个示范点累计实施620亩，推广辐射应用面积达6 000亩。

（初蔚琳）

【《北京都市型现代农业产业发展报告（2019）》出版】 为展示北京都市型现代农业发展成果和北京市创新团队对产业发展的技术支撑作用，由北京市农业农村局组织，现代农业产业技术体系北京市创新团队和有关专家学者编撰的《北京都市型现代农业产业发展报告（2019）》出版。该书共分两篇，其中第一篇为总论，对2018年北京都市型现代农业的发展概况、生产体系、经营体系、产业体系、支持与保障体系等进行了论述，在此基础上，研究提出了未来农业发展趋势与展望；第二篇为分论，对果类蔬菜、叶类蔬菜、食用菌、粮经作物、西甜瓜、生猪、家禽、奶牛、观赏鱼和鲟鱼鲑鳟鱼等10个行业的年度发展状况进行了述评，突出展示了10个创新团队的作用与贡献，解剖了典型案例。全书共61.2万字，由中国财政经济出版社出版。

（范子文）

【79项成果获农业技术推广奖】 年内，本市完成市政府常设奖项北京市农业技术推广奖的评选表彰。2017—2019年度北京市农业技术推广奖共评选产生79项奖励成果，其中一等奖15项、二等奖25项、三等奖39项。获奖成果覆盖粮食作物、经济作物、蔬菜、果树、花卉、畜牧、兽医、水产、农机、信息、节水等领域。

（魏元元）

【基层农技推广体系建设指导意见发布】 年内，本市出台《2019年北京市基层农技推广体系改革与建设补助项目实施指导意见》，选择上年度任务完成情况较好或意愿较高的房山区、大兴区、平谷区、昌平区等7个区，辐射带动全市基层农技推广体系建设工作。

（初蔚琳）

【完成救灾备荒种子储备75万千克】 年内，北京顺鑫农科种业科技有限公司、北京龙耘种业有限公司两家承储企业完成国家救灾备荒种子储备任务75

万千克，其中，杂交玉米种子 70 万千克、大豆 5 万千克，可供救助各类农业自然灾害 28.8 万亩。组织北京广源旺禾种业有限公司、北京华耐农业发展有限责任公司两家承储企业完成 2019 年市级储备救灾种子 9.158 万千克，可供救助各类农业自然灾害 15.9 万亩。

（任辉霞）

【农作物种质资源普查与征集】 年内，北京市区两级种子系统工作人员同北京农学院和北京农职院专家组成普查队伍，先后开展普查与征集行动 23 次，发现了红黍子、白黍子、黑芸豆、八棱脆海棠、槟果等一批珍惜资源。

（窦欣欣）

【农业物联网平台接入生产园 633 个】 年内，“北京现代农业物联网应用服务平台”已接入农业生产园区 633 个，涉及农业设施数量 1.9 万个，种植面积 30.9 万亩，安装物联网传感器 1 463 个，摄像头 831 个。

（张春林）

【全科农技员在岗人数达 2 425 名】 年内，全市全科农技员在岗人数 2 425 名，共计开展全科农技员培训或观摩 32 期，参加培训或观摩 2 852 人次，服务农户数 15.67 万人次，开展技术指导 6.07 万次，解决问题 2.54 万个，服务对象满意度在 80% 以上。

（初蔚琳）

【“奶香飘万家”公益科普系列活动举办】 年内，现代农业产业技术体系北京市奶牛创新团队联合《中国乳业》杂志社开展“奶香飘万家”公益科普系列活动。活动搭建了奶业从业者与消费者直接对话交流平台。团队专家 30 多人次与现场观众互动，现场参与人数达 3 800 人以上，并通过“乳业资讯网”微信公众号开通“奶香万家”专栏，辐射线上读者近 10 万人，编撰并出版科普读物《牛奶的前世今生》，向北京市奶业协会、四川省奶业协会、学校及现场参与社会各界赠阅近 3 000 册。

（初蔚琳）

【以市场需求引领科技创新，以科技创新促进产业发展】 2019 年，京研益农（寿光）种业科技有限公司依托院士工作站构建基于金种子云平台管理的育种信息种业平台，拓展了包括新品种追溯系统及良种良法配套的智慧管控系统构建与应用、设施蔬菜专用传感器与仪器仪表、设施蔬菜生产智能控制技术与装备、蔬菜质量安全控制与溯源系统构建与应用、个性化信息服务与交互式培训等关键技术研究、重点产品研制、成果转化推广、专业人才培训等内容。新平台不仅有效加快了科技成果的转化落地，也为科技创新提供了全新思路和方法，提高首都与国家高科技在我国蔬菜主产区的“高端、高效、高辐射”作用。2019 年龙芯公司秉持“开放、共享、融合、共赢”的发展理念，积极缔结行业联盟，提高科技创新，其技术水平已处国内领先地位，技术产品均得到行业的高度认可，获得国家高新技术企业、中关村高新技术企业、双软企业等资质证书 4 项，全年累计签订市场合同 295 项，合同金额达 12 619 万元；获省部级科技奖励 1 项，申请发明专利 21 项，取得软件著作权登记 30 项，科技产业和科技创新工作互相促进，形成了良性循环。

【继续加强平台建设和合作，为成果转化转移提供广阔空间】 经过前期认真筹备，2019 年北京市农科院成功获批北京市知识产权运营试点示范单位。6 月份，北京市农林科学院专利运营办公室正式成立，按照工作方案要求，建立了院、所两级知识产权运营机构，组织召开了院专利运营工作启动会及专利运营专题培训会。接下来，将根据院专业、学科分布，分批对专利进行系统梳理和布局，并探索适宜北京市农科院特色的专利运营模式。此外，及时通过各种渠道将北京市农科院资源与需求方对接，线上、线下发布、对接北京市农科院各类成果技术需求 200 余项。持续推动科技成果在北交所挂牌交易工作，截至目前，21 项成果进行展示披露，其中线下转让成交 13 项，成交额达 512 万元。

【积极加强成果转化工作，努力创造社会效益和经济效益】 近年，本市通过院制定和实施技术转让、技术开发、技术咨询以及技术服务等奖励管理办法，北京市农科院科技人员创新激情和转化热情明显上涨。截至目前，2019 年，全院共实现成果转化总收入共 2.17 亿元。其中，技术转让收入 3 467.13万元，其他技术性收入（技术开发、技术咨询、技术服务）18 271.06 万元。2019 年度蔬菜中心下属京研种业公司种子销售收入约 1 亿元，推广面积约1 000万亩，实现对中心股份分红 104.42 万元；8 月 26 日，市农科院玉米中心与安徽丰大种业签订了京科 968 转化合作协议，技术转让费 1 000万元，并组建成立了新的“1＋7”京科 968 研发联合体，这是京科 968 产业布局的又一次重要延伸。在联合体的推动下，京科 968 累计推广面积已超过 1 亿亩，产生了显著的社会效益和经济效益；市农科院林果院樱桃研究室经过近 20 年的坚持，选育出了“兰丁”和“京春”系列砧木，其中有 4 个砧木获得了植物新品种权证书。2019 年，“京春 1 号”授权实施许可项目以 50 万元在北交所线上正式成交，这也成为北交所“北交科技”创新服务平台上线以来首个农业科技成果转化项目。10 月初，市农科院再接再厉，在“北交科技”平台向陕西省澄城县以 50 万元成功转化了“京春 2 号”授权实施许可；草莓研究室经过多年育种工作积淀，选育出了“京香”和“公主”系列品种，目前共审定草莓新品种 16 个。为了加速新品种的推广，鉴于草莓的特殊性，采用了分区授权方式进行品种转让。2019 年，5 个草莓品种转让给山东济南普朗特农业技术有限公司，转让总金额为 80 万元，合同中同时要求被转让方，在草莓苗木销售时每株苗木向市农科院交 0.01 元品种产权费。通过这种分区授权方式，既减轻了企业负担，又加快了新品种推广。

【农业科技综合服务试验站建设】北京市农科院继续推进了长子营综合服务试验站建设、房山区综合服务试验站建设，均取得了预期成效。

长子营综合服务试验站整合该院 8 个院所（中心）的近 30 位专家，通过试验站长负责制以及专家长期驻站和流动驻站的形式，开展技术对接服务。针对本地区蔬菜产业种植特点以及裕农公司鲜切蔬菜加工要求，开展以结球生菜、鲜食玉米、水果黄瓜、白菜、萝卜、胡萝卜等为重点的蔬菜新品种筛选示范工作，全年引入并展示各类新品种 50 余个，并对适宜工厂化加工的结球生菜品种进行提纯选育，优选 6 个株系；以设施生菜为主，通过改变畦式、机械化做畦、高畦节水灌溉、等光温管理、分畦收获、免耕接茬等综合技术环节，进一步完善蔬菜轻简化栽培模式，达到设施土地利用率提高 7%～8%，机械化率提高 60%以上，节省人工 4～5个/温室，节水、节肥 30%以上，产量与品质显著提高的效果。同时，试验站还探索推进了“1＋1＋1＋1”的推广服务模式，通过 1 名专家＋1 项试验＋1 名技术员＋1 个经营主体的形式，对农业生产大户进行技术服务，并与蔬菜加工企业——裕农优质农产品种植公司紧密对接，当年技术辐射面积达到 3 000 亩以上。

房山区综合服务试验站积极开展水肥一体化装备系统与自动管控技术、大型园区水肥集中智慧管控系统、尾菜废弃物资源化处理利用装备与技术、设施果类蔬菜东西向轻简栽培技术、病虫害监测与综合防空技术及智能防空装备（植保机），番茄、西甜瓜、观赏甘蓝、食用菌、赏食两用百合及观赏草等优新品种及林下百合和林下食用菌栽培模式的示范工作，推广示范新产品、新技术共计 12 项，新优品种 26 个，帮助节约人力提高生产管理效率，降低了水、肥、药投入，提高了资源利用效率，新品种、新产品和新技术应用促进增产增收，单栋温室水肥一体化装备与技术应用下果类蔬菜实现增收 1 000 元/亩，节约水肥管理用工 50%以上，百合栽培户均增收 1.5 万元/户，榆黄菇、鸡腿菇等食用菌新优品种种植实现增收 10%以上，以蘑菇鲜品和加工产品为特色的“蘑菇宴”农家乐户均增收万元以上。

【开展专家工作站建设】2019 年，北京市农科院重点围绕京冀科技协同一体化和北京市都市型现代农业发展需求，建设了 12 个专家工作站（其中，北京地区 5 个、河北地区 6 个、陕西西安 1 个）。据不完全统计，12 个专家工作站累计示范新品种 48 个，推广配套技术 26 项，转化物化成果 16 项，在 21 个村建立核心区，展示示范面积 8 000 余亩，辐射带动 4.6 万亩，通过科技专家“一对一”“手把手”传帮带，培训当地基层技术骨干 1 300 余人，带动当地产业提质升级，实现新增经济效益 1 000 余万元。

【试验示范基地建设成效明显】以北京市农科院“双百对接”基地建设为主体，通过择优筛选一批科技推广服务专家与农业新型生产经营主体（村、合作社、企业和家庭农场等）建立“一帮一”“点对点”对接，双方签订对接服务协议书，并结合对接服务主体生产实际情况，开展品种、技术、装备等科技成果示范和技术推广服务工作，有效提升农业新型生产经营主体的生产经营能力。2019 年，北京市农科院累计组织实施“双百对接”项目 150 项，其中，2019 年新上 25 项，2017—2018 年延续实施 125 项，累计投入扶持资金 750 万元。通过双百对接工程，市农科院在京冀地区全面铺开一批成果转化与技术推广的前沿阵地，加快科技成果转化应用，有效提升科技成果转化利用率。据不完全统计，2019 年实施“双百对接”工程，共展示示范蔬菜、畜禽、林果、水产新品种 40 个，推广安全、生态、高产、高效、节水生产技术近284项，推广物化成果201项，核心展示示范面积3万余亩，开展各种形式的技术培训、指导、观摩活动6 000余次，培养各类新型经营主体技术骨干7 000人以上，对接基地实现年均增产10%以上，节省人力15%以上，节水20%以上，节药15%以上，增收节支达到4 500万元以上。

【2019年农业科技成果】2019年，北京市农科院共组织申报国家和北京市等政府奖励52项，包括国家奖9项（合作9项）、农业农村部神农中华农业科技奖12项（合作3项）、农业农村部农牧渔业丰收奖3项（合作2项）、北京市科学技术奖6项（合作1项，人物2项）、北京市农业技术推广奖22项；此外，申报其他科技进步及社会力量奖13项。共获得各类政府奖励25项，其中，获得国家科技进步二等奖1项（公示），农业农村部神农中华农业科技奖6项，包括一等奖3项，二等奖2项（科普1项），三等奖1项；农业农村部丰收奖3项，包括一等奖2项（合作1项），二等奖1项（合作）；北京市农业技术推广奖15项，包括一等奖4项，二等奖5项，三等奖6项；同时，获得其他省部级科技进步类奖励12项。

序号	成果名称	主要完成单位	主要完成人	奖项类别及等级	备注
1	水产集约化养殖精准测控关键技术装备与应用	中国农业大学、北京农业信息技术研究中心、天津农学院、山东农科院科技信息研究所、莱州明波水产有限公司、福建上润精密仪器有限公司、江苏中农物联网科技有限公司	李道亮、杨信廷、陈英义、邢克智、吴华瑞、阮怀军、傅泽田、翟介明、蒋永年、黄训松	国家科技进步二等奖	合作
2	玉米新杂优模式创建及京科968等新品种培育与应用	北京市农林科学院	赵久然、王元东、王荣焕、宋伟、邢锦丰、张华生、冯培煜、杨国航、陈传永、徐田军、刘新香、王晓光、张春原、成广雷、赵衍鑫、张如养、杨海涛、喻少帆、苏爱国、李春辉	2018—2019年度神农中华农业科技奖科学研究类成果一等奖	
3	基于北斗的农机自动导航与作业精准测控关键技术及应用	北京农业智能装备技术研究中心、北京农业信息技术研究中心、首都师范大学、农芯科技（北京）有限责任公司、北京派得伟业科技发展有限公司、黑龙江省农垦总局科技信息中心	赵春江、孟志军、陈立平、付卫强、武广伟、尹彦鑫、罗长海、刘卉、梅鹤波、董建军、王培、陈竞平、丛岳、王晓鸥、杜小鸿、安晓飞、杜经纬、魏学礼、高娜娜、聂建慧	2018—2019年度神农中华农业科技奖科学研究类成果一等奖	
4	植物源食用农产品化学残留实时筛查及品质无损检测关键技术与装备	中国农业大学、北京农业质量标准与检测技术研究中心（原北京农产品质量检测与农田环境监测技术研究中心）、三峡大学、中粮营养健康研究院有限公司、北京卓立汉光仪器有限公司	彭彦昆、王纪华、李永玉、陆安祥、翟晨、汤修映、任东、孙明、韩东海、王冬、贾文珅、江发潮、张捷、陈兴海	2018—2019年度神农中华农业科技奖科学研究类成果一等奖	合作
5	黑土区大豆土壤障碍消减与地力提升关键技术及应用	黑龙江省农业科学院土壤肥料与环境资源研究所、中国科学院东北地理与农业生态研究所农业技术中心、农业农村部耕地质量监测保护中心、中国农业科学院农业资源与农业区划研究所、北京市农林科学院	魏丹、韩晓增、李玉梅、李俊、李荣、王伟、金梁、薛彦东、蔡姗姗、李艳、张久明、邹文秀、王根林、赵明、刘凯、丁建莉、索琳娜、刘国辉、孙宾成、张哲	2018—2019年度神农中华农业科技奖科学研究类成果一等奖	合作

（续）

序号	成果名称	主要完成单位	主要完成人	奖项类别及等级	备注
6	优良广适甜樱桃砧木新品种选育及“兰丁2号”的推广应用	北京市林业果树科学研究院	张开春、张晓明、闫国华、周宇、王晶、段续伟、李文生、倪杨	2018—2019年度神农中华农业科技奖科学研究类成果二等奖	
7	养殖场沼液农田利用污染防控技术	北京市农林科学院、江苏省农业科学院、农业农村部农业生态与资源保护总站、北京合力清源科技有限公司、北京海华云拓能源研发中心有限公司	邹国元、孙钦平、李吉进、王悦、靳红梅、薛文涛、盛婧、刘本生、熊棣文、李钰飞	2018—2019年度神农中华农业科技奖科学研究类成果三等奖	
8	小麦蚜虫灾变规律与绿色防控技术	中国农业科学院植物保护研究所、山东农业大学、安徽省科学技术研究院、河南省农业科学院植物保护研究所、北京市农林科学院	陈巨莲、刘勇、周海波、李克斌、张云慧、范佳、蒋月丽、尹姣、张勇、王江蓉	2018—2019年度神农中华农业科技奖科学研究类成果三等奖	合作
9	《“蜂”狂的田野》3D科普电影音像制品	北京市农林科学院、北京智农天地网络技术有限公司	沈鉴宇、宋彬、陈德志、王雪晨、尹超、沈应功、孙素芬、于峰、龚晶、郭建鑫、孟鹤、付蓉、刘新、王俊逢、任冬红	2018—2019年度神农中华农业科技奖科学普及奖（视同二等奖）	
10	中国农技推广信息服务云平台	北京农业信息技术研究中心、北京农业智能装备技术研究中心、农芯科技（北京）有限责任公司、全国农业技术推广服务中心、山东省农业信息中心、北京派得伟业科技发展有限公司、山东思远蔬菜专业合作社、北京智慧农业物联网产业技术创新战略联盟	吴华瑞、赵春江、朱华吉、王元胜、王航、李斌、李庆学、杜小鸿、陈诚、田国英、缪祎晟、白京波、刘哲、郑勇、顾静秋、张云鹤、曹长余、孙想、邢斌、段丹丹、王维、刘劲松、巩相景、胡海棠、莫章秋	全国农牧渔业丰收奖推广成果奖一等奖	
11	十字花科作物根肿病绿色防控技术研究与应用	江西省农业科学院植物保护研究所、江西省植保植检局、北京市农林科学院、安徽农业大学、江西大家族种业有限公司、抚州市植保植检站、九江市植保植检局	黄瑞荣、黄蓉、丁云花、胡建坤、史建苗、鲍周明、桂义祥、罗润泉、刘甫祥、王云光、曾钦华、胡铭、刘思正、柳岸峰、廖泰珍、朱业斌、钟振华、俞利华、杨小清、熊华荣、朱跃冬、欧阳顺根、占建仁、邓滨、罗来吉	全国农牧渔业丰收奖推广成果奖二等奖	合作
12	“奶牛保姆行动”的创建与推广应用	北京市畜牧总站、中国农业科学院饲料研究所、中国农业大学、北京市农林科学院、北京农学院、北京农业职业学院、北京三元食品股份有限公司、北京奶牛中心、中国农业科学院北京畜牧兽医研究所、北京首农畜牧发展有限公司、北京市昌平区动物疫病预防控制中心、北京市大兴区动物疾病控制中心、北京市延庆区畜牧技术推广站、北京市房山区动物疫病预防控制中心	路永强、李秀波、郭江鹏、任康、杨宇泽、王俊、张建伟、刘国世、王天坤、刘彦、丁双阳、倪和民、侯引绪、刘芳、陈历俊、刘林、王九峰、王栋、马慧、赵春颖、付瑶、王瑜、王艳、姜小平、董晓霞、刘义明、徐飞、常卓、王瑞、刘继超、陈孝杰、郭雨佳、李冰心、唐宇、李辉	全国农牧渔业丰收奖推广合作奖一等奖	合作

（续）

序号	成果名称	主要完成单位	主要完成人	奖项类别及等级	备注
13	农民远程教育融媒体学习平台研发与应用	北京市农林科学院农业信息与经济研究所	郭建鑫、赵继春、孙素芬、龚晶、沈鉴宇、陈蕾、聂莹、乔珠峰、李玉华、秦莹、陈会娜、杨盼盼、宋扬、徐猛、吕适艺、李爽、王旭、王英英、马特、刘江峰	2017—2019 年度北京市农业技术推广奖一等奖	
14	优质锦鲤繁养殖绿色高效技术研究与产业化应用	北京市水产科学研究所	朱华、史东杰、胡金有、马志宏、丁文、张强、皮国华、张悦、齐海霞、杜合泉、王芳、姜娜、马茵驰、张蓉、王赛赛	2017—2019 年度北京市农业技术推广奖一等奖	
15	低维护苜草新品种及其应用技术示范推广	北京草业与环境研究发展中心、克劳沃（北京）生态科技有限公司、北京方达康生态科技有限公司、北京市天竺苗圃、北京市朝阳区园林绿化局、北京金都园林绿化有限责任公司、北京市朝阳区北小河公园、北京市天坛公园	武菊英、范希峰、滕珂、岳跃森、温海峰、张辉、杨学军、滕文军、孙建华、袁小环、张广伟、韩朝、王国臣、湛金锁、周林慧、张全刚、张卉、王黎明	2017—2019 年度北京市农业技术推广奖一等奖	
16	优质鲜食玉米品种开发及关键技术推广应用	北京市农林科学院玉米研究中心、北京市农业技术推广站、中国农业大学、北京华奥农科玉育种开发有限责任公司、北京泰民同丰农业科技有限公司、小丁家（北京）农业科技有限公司、北京宝丰种子有限公司	卢柏山、史亚兴、裴志超、周继华、徐丽、樊艳丽、班丽萍、郎书文、王卫红、徐向东、解春源、席胜利、刘国明、谷艳蓉、曹海军、张远、王林、刘佳、刘志霞、金生东	2017—2019 年度北京市农业技术推广奖一等奖	
17	苹果矮砧现代高效栽培技术研究与推广应用	北京市林业果树科学研究院	张强、李民吉、李兴亮、周贝贝、魏钦平、张军科、刘旭东、耿军、王启旭、蔡亚军、雷刚、燕钢、程明远、张红、张庚禹、杨雨璋、周佳	2017—2019 年度北京市农业技术推广奖二等奖	
18	“滴滴农技”精准农技服务平台研发与应用	北京市农林科学院农业信息与经济研究所、北京智农天地网络技术有限公司、北京市大兴区农业农村局、北京市房山区农业技术综合服务中心、北京市密云区农业服务中心、北京市朝阳区种植业养殖业服务中心、北京市平谷区农业农村局、北京市昌平区农业服务中心、北京市延庆区新农村建设服务中心	于峰、罗长寿、刘新、张倩、胡雁翔、付蓉、魏清凤、王明、于金莹、郑亚明、谭雅蓉、陆阳、李亚楠、相志洪、冯杰明、黄业中、张海龙、田炜玮、王建波、李佳	2017—2019 年度北京市农业技术推广奖二等奖	
19	高产优质玉米新品种 MC703 和 MC278 示范与推广	北京市农林科学院玉米研究中心、北京顺鑫农科种业科技有限公司、北京农科院种业科技有限公司	王晓光、王荣焕、成广雷、刘春阁、春原、张华生、陈传永、刘新香、吴鹏、徐田军、刘海伍、王海龙、王吉红、张雪原、冯培煜、喻少帆、段民孝、邢锦丰、瞿文洁、杜静	2017—2019 年度北京市农业技术推广奖二等奖	

（续）

序号	成果名称	主要完成单位	主要完成人	奖项类别及等级	备注
20	京冀设施食用菌产业关键技术集成及应用	北京市农林科学院植物保护环境保护研究所、河北师范大学、河北农业大学、太行山食用菌研究院、北京市房山区种植业技术推广站、北京市顺义区蔬菜生产技术服务中心、承德市农业环境保护监测站、绿源永乐（北京）农业科技发展有限公司、北京英淇科技发展有限公司、河北绿健食用菌科技开发有限公司	王守现、刘宇、宋爽、王立安、李守勉、荣成博、侯桂森、杨玉娟、赵树根、牛玉蓉、吴晓晨、赵立强、李明、陈文杰、宋庆港、闫石坡、梁爽、李大疆、王雪红、陈爱萍	2017—2019年度北京市农业技术推广奖二等奖	
21	林果生草及草地高效利用技术推广应用	北京草业与环境研究发展中心、中国农业大学、北京市农林科学院畜牧兽医研究所、北京市密云区农业技术推广站	孟林、毛培春、杨富裕、刘华贵、郑明利、崔小英、田小霞、王海宏、郑伯秋、郭强、耿爱莲、项阳、王力、张翠连、翟鑫源	2017—2019年度北京市农业技术推广奖二等奖	
22	草莓优良品种选育与优质高效技术集成应用	北京市农业技术推广站、北京市林业果树科学研究院、北京市昌平区农业技术推广站、北京农学院、中国农业科学院农产品加工研究所、北京市海淀区植物组织培养技术实验室、北京市平谷区农业技术推广站、北京市延庆区农业技术推广站	宗静、王琼、王桂霞、马欣、张娜、常琳琳、王凤忠、何秉青、崔建丽、李书艳、尚巧霞、李艳梅、焦玉英、张秦、王亚甡	2017—2019年度北京市农业技术推广奖二等奖	合作
23	番茄集约化育苗新技术集成与推广	北京市农业技术推广站、北京农业智能装备技术研究中心	曹玲玲、赵立群、田雅楠、曹彩红、姜凯、陈宇、韦美嫚、韩宝、胡顺新、王力群、彭杏敏、胡瓒、张凤国、聂海生、刘建伟	2017—2019年度北京市农业技术推广奖二等奖	合作
24	基于量水发展的都市农业高效节水技术研发与推广应用	北京市水科学技术研究院、北京农业智能装备技术研究中心、北京市农业技术推广站、中国农业大学、中国水利水电科学研究院、北京中农富通园艺有限公司	刘洪禄、王克武、杨培岭、张天柱、张石锐、范海燕、原桂霞、胡雅琪、来海亮、张航、岳焕芳、王珍、王材源、李漻峰、张松	2017—2019年度北京市农业技术推广奖二等奖	合作
25	鱼类人工增殖放流技术体系研究与应用	北京市水产科学研究所、北京市密云区农业服务中心、天津农学院、河北省海洋与水产科学研究院（河北省海洋渔业生态环境监测站）	张清靖、曲疆奇、贾成霞、胡庆杰、李春玲、刘青、张树林、陈力、赵萌、李永刚、柴长凯、刘盼、杨慕、王旭、张达娟、张立颖、赵昱东、王泽斌、王健、穆森	2017—2019年度北京市农业技术推广奖三等奖	
26	草莓绿色高效生产技术集成与推广	北京市农林科学院植物保护环境保护研究所、北京市林业果树科学研究院、北京市农林科学院植物营养与资源研究所、北京市植物保护站、北京市昌平区农业技术推广站、北京科威拜沃生物技术有限公司、北京捷西农业科技有限责任公司	魏书军、钟传飞、黄杰、左强、宫亚军、郑建秋、孙健、宋大平、陈金翠、孙瑞、张广华、林雪、董静、李利锋、路河、马丽颖、王秀丽、赵昆、黄会伶、王圆圆	2017—2019年度北京市农业技术推广奖三等奖	

（续）

序号	成果名称	主要完成单位	主要完成人	奖项类别及等级	备注
27	多平台小麦光谱诊断与精准施肥技术应用推广	北京农业信息技术研究中心、河北省农业技术推广总站、北京市农业技术推广站、石家庄市藁城区农业技术推广中心、北京市顺义区农业科学研究所、晋州市农业技术推广中心、石家庄市鹿泉区农业技术推广中心、曲周县农牧局农业技术推广中心	顾晓鹤、李振海、蔡淑红、杨殿伶、李斌、杨小冬、张宁、宋晓宇、宋建新、徐晨、聂会芳、姚振刚、彭超、黄瑞芬、徐波、冯海宽、郭佳、彭艳芝、龙慧灵、李向彬	2017—2019年度北京市农业技术推广奖三等奖	
28	食用菌菌渣高效利用技术创新与示范推广	北京农业生物技术研究中心、山西资环科技股份有限公司、北京科技大学、北京市房山区种植业推广站、顺义区蔬菜技术服务中心、北京沃晟杰种植用土有限公司、北京理工大学、北京三宝香农业科技有限公司	孙晓红、韩梅琳、焦翔、吴川福、李利民、王秀玲、张东雷、张玉铎、高继海、魏建华、黄擎、颜凡双、刘欣、陈静娆、汪群慧、刘小朋、王花平	2017—2019年度北京市农业技术推广奖三等奖	
29	基于智能嗅觉的生鲜农产品冷链物流质量监控技术装备及应用	北京农业质量标准与检测技术研究中心、全升时代科技（北京）有限公司、北京出入境检验检疫局检验检疫技术中心、同方威视技术股份有限公司、农业农村部规划设计研究院、北京供给互联网有限公司、北京市顺义区林业工作站、辛集市前营乡农业综合服务中心	贾文珅、张艺、刘鑫、韩平、张清军、潘立刚、孙静、王丽梦、李广勤、梁刚、陆安祥、靳欣欣、刘猛、闫健、陈建通	2017—2019年度北京市农业技术推广奖三等奖	
30	甜樱桃优新品种及高效栽培技术推广	北京市林业果树科学研究院	张开春、张晓明、闫国华、陈浩、何明利、韩金龙、周宇、王晶、段续伟、丁彩霞、毕宁宁	2017—2019年度北京市农业技术推广奖三等奖	
31	设施蔬菜水肥精准调控关键技术集成与应用	北京市农业技术推广站、北京农业智能装备技术研究中心、北京安赛博技术有限公司、顺义区农业科学研究所、通州区农业技术推广站	安顺伟、郭文忠、徐厚成、王志平、聂青、吴兴彪、张丽红、朱鹏浩、贾松涛、庞丽丽	2017—2019年度北京市农业技术推广奖三等奖	
32	草莓与蔬菜套种可持续高效栽培技术推广	北京市昌平区农业技术推广站、北京市农业技术推广站、北京市农林科学院蔬菜研究中心、河北省秦皇岛市昌黎县农业农村局、北京市昌平区兴寿镇人民政府	齐长红、祝宁、陈加和、陈明远、蔡连卫、梁毅、韩立红、崔继荣、张晨晖、苏立新	2017—2019年度北京市农业技术推广奖三等奖	
33	奶牛繁殖保健配套技术研发与推广应用	北京农业职业学院、北京市农林科学院畜牧兽医研究所、中国农业科学院饲料研究所、北京市延庆区动物疫病预防控制中心、北京市房山区动物疫病预防控制中心	付静涛、肖霖力、徐飞、肖西山、郝婧、白欣洁、张珅、李进美、李杰、顾英俊	2017—2019年度北京市农业技术推广奖三等奖	

（续）

序号	成果名称	主要完成单位	主要完成人	奖项类别及等级	备注
34	杏种质创新与新品种选育和应用	北京市林业果树科学研究院	王玉柱、张俊环、杨丽、孙浩元、姜凤超、张美玲	梁希林业科学技术奖二等奖	
35	苜草种质资源收集评价与创新利用	北京草业与环境研究发展中心、北京方达康生态科技有限公司	武菊英、范希峰、滕文军、杨学军、滕珂、岳跃森、张辉、温海峰、袁小环、韩朝、王黎明	梁希林业科学技术奖二等奖	
36	陆表植被碳汇计量关键技术及管理平台研发	北京林业大学、北京市农林科学院	孙素芬、罗长寿	梁希林业科学技术奖二等奖	

信息化建设

【稳步推进智慧乡村建设】北京市农业农村系统稳步推进智慧乡村建设，指导郊区农业农村信息化建设。一是开展 54 个智慧乡村建设，出台年度工作文件，明确了更加体现村庄特色、与美丽乡村建设等重点工作相结合的任务与要求，为各区提供方案咨询、项目管理和技术支持等服务，完成了 2018 年项目政策绩效评价工作；开展 135 个智慧乡村项目应用效果监测，形成市级报告 1 篇，区级报告 13 篇，村级报告 126 篇，共计 45.6 万字。二是对智慧乡村综合服务平台、市级示范村、村级“三务公开”信息入户电视点播系统、特色农产品生产园区应用系统、移动农网等项目进行有效运维。三是实现了智慧乡村到智慧乡镇的突破。2014 年以来，193 个智慧乡村建设通过验收，涉及 13 个区 92 个镇，从零散的点状分布向集中连片的片状分布转化，尤其是昌平南口镇在全镇 28 个村全面实施智慧乡村建设，从建设内容到应用拓展等方面有了新的发展，提升了乡村治理水平和村民生产生活服务水平。

【强化网络安全保障工作】本市以高标准完成北京市农业农村局系统网络信息安全保障任务为目标，制定工作计划和实施方案，细化各时期的工作方案、保障措施。组织市农业农村局系统各单位开展网络安全培训，进行了互联网电子邮件系统安全、重要数据和公民个人信息泄露等专项整治。在市经信局组织的电子政务网络安全检查、市国家保密局组织的保密检查中市农业农村系统均获得优秀，在市委网信办组织的攻防演练中取得了三等奖。全年开展 50 多次的巡查和测试，对 27 个网站和应用系统进行实时运行监控，安排重点保障期现场值守 174 班次，发现问题及时解决，全年处置各类安全预警、漏洞通报 90 次，圆满完成了“一带一路”国际合作高峰论坛、世园会、亚洲文明对话大会、6 月重点时期、新中国成立 70 周年庆祝活动等 11 个重点期的网络信息安全保障任务，实现了没有发生网络信息安全重大事件的预期目标。

【扎实推进“互联网＋政务服务”】截至年底，北京农业农村局网站收到报送信息 3 533 条，发布信息 3 056 条，向中国农业信息网政务网站报送信息 3 336 条，向全国联播频道首页推送信息 478 条，同比上升 23%，首页采用率 45.4%。在地方频道浏览量中北京位列第 10 名。北京“三农”舆情监测 3.2 万条，同比上升 65.2%；发布舆情日报 228 期，摘录新闻 4 833 条，同比上升 26%；敏感信息推送 2 430 条，同比上升 34.3%；共制作舆情月报 11 期，舆情季报 4 期，公开出版《2018 北京市“三农”网络舆情报告》。北京市城乡经济信息中心“乡慧”微信公众号发布 44 期 171 篇文章。其中，原创文章 100 篇，占比 58.5%，同比上升 20.5%，累计阅读量 11.6 万人次，同比上升 78.9%。组织线上线下活动 31 次，参与 4 622 人次，同比上升 107%。

【强化物联网应用服务能力】以北京现代农业物联网应用服务平台为依托，继续从优化完善平台功能，规范园区数据，深化“农业物联网＋农场服务＋渠道对接”信息服务模式，促进物联网技术在农业园区（企业）应用推广。应用服务平台接入农场 641 家，种植面积 24.7 万亩，涉及农业设施 1.7

万个、380种农作物；使用物联网设备的农场达到107家，安装传感器1 622个，摄像头952个。344家农场提供四季田景拍摄服务，拍摄全景图5 779张，访问37万人次，转发量达10万余次。在“资源地图”模块新增“气象地图”子模块，集成北京市近30年（1986—2016）气象历史数据，包括空气温度、湿度、光照、降雨量、昼夜温差、积温等气象数据。平台完成2018年项目绩效自评工作，完成新网址（http：//bjnywlw.cn）变更、解析和部署工作。

【强化电子政务支撑】北京市农业农村系统强化电子政务支撑，提升业务工作信息化水平。一是开展委局内网门户和办公OA建设与应用，有效支撑机关和所属单位日常办公运转，系统用户数已达到505人，办理收文3 133件，收发邮件30 695封，发布通知通告894条、工作交流1 578条。二是加强应用系统服务保障，开发了“千名干部科技人员进千村入万户”网上报名系统和微信打卡小程序；持续开展北京市农村土地承包经营权信息平台建设应用工作，协助各区进行数据库建设和数据质检、汇交，所有成果已全部汇交农业农村部，进度排在全国前列；开展北京市农村金融与风险管理信息平台的入云迁移与改造工作，加强对其他12个入云系统的运行监测。三是完成2019年度政府投资信息化项目申报工作，12个项目通过市经信局评审；报送2020年度10个项目的规划备案材料，资金总额7 336万元。四是按照北京市政务数据资源目录链管理的规范要求，完成第一批10个上云信息系统的交钥匙工作和数据汇聚目录在目录链系统中的确认工作。五是开展市农研中心财务内控管理系统的安全改造，制定安全方案，开展代码审计、漏洞扫描、安全评估等技术支持服务。六是完成网站域名管理、市农业农村局和市农研中心政务邮箱变更与整合、统一认证平台及数字证书管理工作。

【强化标准管理提升基础运维】北京市农业农村系统强化标准规范管理，提升基础运维服务质量。一是做好市农业农村局办公场所搬迁信息化支撑工作。制定详细的工作方案，在最短时间内完成网络规划、布线、终端联网、调试等工作，保障南区的正常办公运转。二是严格遵守制度规定，扩大电子政务内网覆盖范围，全年累计新接入电子政务内网铜缆20根，完成终端和设备调试，并协助委局办公室开展政务内网终端使用和安全保密常识教育培训。三是细致做好市农业农村局软件正版化工作。制定年度工作方案，完善台账管理，开展专项巡检，顺利通过国家版权局对北京市各委办局的实地检查。四是开展南区视频会议室建设和服务保障，全程参与8层和10层视频会议室的建设方案制定、施工建设、调试和连通工作，全年保障视频会议服务37次，值守时长约220小时。五是扎实做好常规运维。针对服务器、网络设备、动环设备、网站和应用系统完成月度巡检等工作；加强机房日常运维值守，对PDU电源进行整体更换；为市农业农村局、市农研中心提供终端运维服务1 000余次，完成三次终端全面巡检，对发现的隐患和问题进行现场解决。

【开展农业农村信息化研究】北京市农研中心信息中心深入基层调查研究，创新研究领域和研究方式。一是围绕全市农业农村信息化重大问题开展研究。《北京市县域数字农业农村发展水平评价研究》和《北京市智慧绿色乡村建设研究》等重点课题对于落实国家数字农业农村发展战略、推动绿色发展、促进乡村治理等进行开创性研究，有较强的针对性和指导性。在农业农村部信息中心开展的全国县域数字农业农村发展水平评价工作中，组织13个郊区进行指标数据采集、分析处理和上报工作，丰台、平谷、昌平被评为全国数字农业农村先进县，平谷区智慧蛋鸡物联互通等四个项目被评为全国数字农业农村创新项目，信息中心获得优秀组织奖。二是加强产业监测大数据应用。完成了房山区幽岚山风景区和延庆区智慧沟域的乡村休闲旅游产业客流行为分析报告4篇。三是积极参与市农业农村局大数据调研工作，对机关处室、直属单位、系统单位、各区农业农村部门及相关涉农公司进行走访和调研，汇总完善调研表，撰写了机关处室调研报告。四是深入基层村庄、生产园区、企业调研，赴上海、福建等省市学习，完成调研课题5项，形成各类研究报告和调研成果50多份。完成《2018年北京市农业农村信息化发展报告》的编撰、向农业农村部信息中心推荐北京市数字农业农村新技术新模式新产品成果6项、向市农业农村局推荐乡村产业发展典型案例5项、向《北京农村经济》提供稿件13篇、为市农研中心《调查研究报告》供稿5篇。

农　村　改　革

综　　述

2019年，北京市农业农村局开展农村承包地确权登记颁证"回头看"，起草宅基地管理意见，完成农村集体资产清产核资。开展扶持壮大村级集体经济试点。推进农业综合执法改革，深化"放管服"改革，97%的公共服务事项实现"一网通办"。承包地确权村比例达99%。到2019年底，北京市完成农村承包地确权登记颁证收尾工作，确权村比例达99%，证书打印比例达到98%。开展承包地确权登记颁证工作"回头看"，对发现的问题制定分类处置计划，开展整改。对农村土地流转价格进行监测，有效调解农村土地承包经营纠纷，完成村级产权制度改革比例达98.7%，继续加强农村集体经济组织登记管理，开展农村集体资产清产核资，全市农村集体经济资产总额达8 349.3亿元，同比增加548.2亿元，增长7%，涨幅较上年回落6.4%。开展扶持壮大村级集体经济试点，确定了93个村级试点，编制了"一村一策"扶持发展方案，金融有效支持了"三农"发展。

（万敏波）

农村土地承包与管理

【开展农村土地承包登记颁证"回头看"工作】本市按照2019年中央一号文件"做好农村承包地确权登记颁证收尾工作，组织开展'回头看'"的总体要求，全市积极落实农业农村部《关于开展农村承包地确权登记颁证"回头看"的工作方案》要求，制定了《关于开展农村土地承包登记颁证"回头看"工作的通知》，要求10个确权颁证的区全面排查权证打印及发放、暂缓确权、确权信息不准、档案建档和管理、数据保密管理以及中央财政资金管理使用六大类问题。共查出确权信息不准、暂缓确权等问题819个，形成《北京市开展农村承包地确权登记颁证"回头看"排查报告及整改方案》。

（刘瑶）

【参加全国农村土地承包制度技术支撑培训】2019年，农业农村部政策与改革司在海南省文昌市举办了全国农村土地承包制度技术支撑培训班。农业农村部政策与改革司、规划设计研究院有关专家、各省农业农村部门土地承包管理具体负责同志及部分县（区）有关同志，共计127人参加培训。农业农村部政策改革司讲解了确权登记颁证政策并就重点工作进行了部署；规划设计研究院工程师介绍了农村承包地承包经营权公众查询系统App上线测试及"回头看"情况在线填报要求；各省参会代表就确权工作情况进行座谈交流，其中一些省提出了较好的做法：例如河北省、广东省、江西省等引入了第三方公司进行调研、评估、抽查确权登记颁证工作开展情况；河南省、湖北省采用市级交叉互查方式监督回头看整改情况；辽宁省将颁证率作为省政府对市政府绩效考核指标，并定期向市委、市政府通报颁证进度。市农业农村局、门头沟区、延庆区、通州区负责农村土地承包工作的同志参加了培训。

（刘瑶）

【全市农地流转价格监测点年均流转价格 1 575 元/亩】年内，全市 52 个监测乡镇共发生农地流转 69 999亩，平均流转价格 1 575 元（亩・年），比 2018 年上涨 9.2%。从土地流转用途看，2019 年监测点土地流转后有 50 365 亩土地用于林业，占监测点流转土地面积的 72%；种植业 13 609 亩，占 19.4%。用于林业的流转均价 1 522 元/亩，种植业 1 605 元/亩。从土地接转主体看，第一对外租赁给工商企业或个人的土地 11 445 亩，占监测点流转面积的 16.4%；对内流转的土地 44 205 亩，占 63.2%。在对内流转中，村集体是主要接转方，接转土地 41 026 亩，占监测点流转面积的 58.6%，平均流转价格为 1 490 元/（亩・年），主要用于发展林业；第二是村内企业和农户，接转土地面积 3 179亩，平均流转价格为 1 358 元/（亩・年）；第三是专业合作社，接转土地面积 2 807 亩，平均流转价格为1 106元/（亩・年）。

（刘瑶）

【全面梳理整村流转农户承包地风险】按照农业农村部《关于做好整村流转农户承包地风险防范工作的通知》（农明字〔2019〕第 36 号）要求，为巩固和完善农村基本经营制度，加强土地经营权流转管理，防止侵害农民利益、农地“非粮化”“非农化”等风险发生，北京市农业农村局制定下发了《关于开展整村流转农户承包地风险防范清查工作的通知》，组织各涉农区开展清查工作。从总体上看，流转比较规范，没有发生不尊重农民意愿、拖欠农民租金、毁约弃耕等行为。

（刘瑶）

【研究农村土地流转工作】2019 年，北京市农业农村局赴北京农村产权交易所共同研究农村土地流转工作。北京农村产权交易所总经理介绍了该所成立背景、服务布局、规划体系、业务流程、创新服务几方面工作经验，对近几年承担 967 笔土地流转合同“无纠纷、无投诉、无违建”进行了分析，提出今后土地承包流转相关问题和建议；双方围绕土地流转实际工作中碰到的问题、典型案例、风险控制、行业发展所受制约、政策走向等方面的内容进行了研究探讨，并表示要加强进一步联系合作，共同研究土地流转工作中存在的重点、难点问题，巩固和健全农村产权交易制度和机制，全面提升北京市“三农”服务水平。

（刘瑶）

【农业农村部督导北京市确权登记颁证工作】2019 年，农业农村部政策改革司督导组赴北京市督导确权登记颁证工作并召开座谈会。会上，市农业农村局汇报了全市开展农村土地确权登记颁证的主要情况、工作进度、存在问题及下一步计划。督导组对北京市确权登记颁证工作给予了充分肯定，认为北京市农业农村局积极、稳慎推动了这项工作，北京市前期工作准备充足，已经具备了颁证条件。特别是在本次机构改革中北京市专门设立了农村土地承包管理处，充分体现对农村土地确权、流转、纠纷调处工作的高度重视，各项工作是积极而富有成效。并对北京市确权颁证工作提出了三条建议：一要尽早启动颁证，具体可以采取分步实施、分段实施的办法，在确权工作基础扎实、党组织力量较强、纠纷少的乡镇、村先行启动，再循序渐进，要实事求是、尊重实际，力争做到“应确尽确，应发尽发”；二是先发证地区发现的问题要及时解决，给后发证的区、乡争取时间、打好基础，防止问题集中暴发，使风险处于可控范围内；三是要建立长效机制，对有争议、普遍性的问题，要加强政策宣传和解读。稳定是确权颁证工作的前提，颁证不能以影响社会稳定为代价，必须“稳”字当头，实事求是，积极开展。

（刘瑶）

【开展农村土地承包案件专题调研】2019 年，北京市农业农村局赴北京市最高人民法院开展农村土地承包案件专题调研。会上，市农业农村局分别从农村土地承包制度的演变，北京市农村土地所有权、承包权、经营权的情况以及面临的主要问题等方面进行了详细的介绍。并就妥善处理好涉农纠纷案件提出三点建议：一是希望基层法院对该类案件的审理经验进行总结，加强涉该类案件的普法工作；二是充分发挥乡村调解、区级仲裁的作用，采用多种方式化解纠纷矛盾；三是加强基层法院与区政府、区经管部门沟通协调，促进信息共享和案件办理协作。调研组分别听取了基层法院涉农案件的审理情况、存在难点和主要问题，并围绕热点、难点问题与参会人员进行了深入交流、探讨，对各方提出的相关政策问题进行解答。

（刘瑶）

【抓好“大棚房”问题合同清查整改工作】为贯彻落实市委市政府关于设施农业清理整治的工作部署，根据《市农委关于全市设施农业开展集中清理整治工作的通知》（京政农发〔2018〕17号）要求，本市从2018年6月全市开展设施农业（包括“大棚房”第Ⅱ类问题1727栋、第Ⅲ类问题880栋）用地承包及流转合同清理工作。2018年12月，按照市“大棚房”工作专班要求，将“大棚房”第Ⅰ类问题58个项目（后增至128个）纳入合同清理整改范围。2019年3月基本完成，剩余的18份“大棚房”问题合同列入分类处置计划。2019年10月，纳入规自领域专项治理任务。截至12月30日，共收集审查涉及此次专项清理整治范围的“大棚房”问题项目合同716份，经审查发现问题合同139份，已整改131份，整改比例94.2%。

（虞贞桢）

【推进浅山区四荒地问题合同清查整改工作】为贯彻落实《中共北京市纪委关于落实中央纪委党风政风监督室有关整改意见的函》（京纪函〔2017〕69号）的要求和市领导关于“村地乡管”的指示精神，2017年6月开始全市浅山区四荒地合同清查工作。按照市政府关于研究浅山区违法占地违法建设专项治理工作的会议纪要（市政府会议纪要第280号）要求，2017年9月纳入全市浅山区违法治理工作范畴，统筹推进。2019年7月基本完成，剩余的494份问题合同列入分类处置计划。2019年10月，纳入规自领域专项治理任务。截至12月30日，共收齐浅山区四荒地合同14 177份，经审查发现问题合同1 937份，已整改1 599份，整改比例82.6%。

（虞贞桢）

【全市共发生农村土地承包经营纠纷1 183件】全市共发生农村土地承包纠纷1 183件。其中，土地承包纠纷737件，占纠纷总量62.3%，土地流转纠纷391件，占33.1%，其他纠纷55件，占4.6%。经调处解决1 168件，调处率98.7%；其中，调解解决1 106件，占调处纠纷的94.7%。仲裁解决62件，占5.3%。调解纠纷中，区、乡调解937件，村级调解169件。

（虞贞桢）

【开展农村土地承包经营纠纷调解仲裁自查工作】为贯彻落实农业农村部办公厅《关于开展2019年农村土地承包经营纠纷调解仲裁考评工作的通知》（农办政改〔2019〕16号）精神，同时按照全市年度综治考评工作的相关要求，北京市农业农村局下发了《关于做好2019年度全市农村土地承包经营纠纷调解仲裁考核评价工作的通知》，以区级自查、市级抽查的方式，重点对各区仲裁条件建设、仲裁能力建设、调解仲裁实效和数据填报与报送情况进行了考评。全市涉农区共计13个，已全部建立了由主管区长为主任的区土地承包仲裁委员会，均在农业农村或经管部门设立了办公室，全部有正式批文，均纳入财政预算，聘用仲裁员全部20人以上。

（虞贞桢）

【收集土地承包纠纷仲裁典型案例】按照农业农村部政策与改革司《关于征集农村土地承包经营纠纷调解仲裁典型案例的通知》要求，北京市农业农村局向全市征集近5年典型案例5个，顺义、房山、通州、平谷、怀柔各1个。从案例类型看，妇女离异未分到承包地纠纷1个，妇女离异承包地被收回纠纷1个，承包期内收回承包地纠纷1个，承包合同效力确认纠纷2个。从执行情况看，裁决书生效并执行3个，因被申请人不服向法院诉讼，但该诉讼事项不属于法院审理范围，后由区农业农村局解决的1个，因申请人有异议，向法院申请再审，目前再审程序正在进行中1个。

（虞贞桢）

【全市农村土地承包经营纠纷仲裁培训班举办】2019年，北京市农业农村局在昌平举办了全市农村土地承包经营纠纷仲裁培训班，各区经管站主管站长、科长、业务人员、仲裁员共110余人参加培训。农业农村部政策与改革司、河北省农业农村厅、北京林业大学、延庆法院民二庭等专家学者分别就《农村基本经营制度与农村承包土地管理改革》《〈农村土地承包法〉解读》《纠纷调解仲裁综治考评实施细则》《涉农村土地承包纠纷案件的审理与规范》等4个专题进行了讲解。通过培训，进一步提高了仲裁员在农村土地承包经营纠纷调解仲裁方面的理论政策水平和法律素养，增强了调解仲裁过程中处理实际问题的能力，对全市农村土地承包经营纠纷调解仲裁工作的依法规范开展起到了积极推动作用。

（虞贞桢）

【参加全国农村土地承包纠纷调解仲裁培训】2019年，北京市农业农村局参加了农业农村部组织的2019年第一期农村土地承包纠纷调解仲裁培训班。按照农业农村部政策与改革司相关要求，本次培训班从工作任务、政策解读、案例分析、实操演练等方面安排教学任务，共设置了新时期农村土地承包纠纷调解仲裁重点任务和工作要求、新修订的农村土地承包法解读等11门课程。培训班上，政策与改革司领导特别强调，2019年是新中国成立70周年的大庆之年，也是落实土地确权登记颁证“回头看”工作的关键之年，要全力做好农村土地承包经营纠纷相关的信访维稳工作，避免出现大规模群体性上访事件。

（虞贞桢）

【研讨林权纠纷调处工作协调机制】2019年，北京市规划和自然资源委员会牵头组织了本市林权纠纷调处工作协调机制研讨会。北京市规划和自然委员会确权登记处、北京市土地权籍事务中心、北京市不动产登记中心、北京市园林绿化局林业改革发展处、森林资源管理处、北京市农业农村局相关负责同志及工作人员参加了会议。大家围绕林权纠纷调处具体工作要求、职能划分、协同合作等问题展开讨论，并探讨了下一步建立林权纠纷调处信息共享及工作联动机制的可行途径。

（虞贞桢）

【启动土地延包政策研究】根据中共北京市委农工委、北京市农业农村局《今明两年重点工作和硬任务责任分工》确定的“研究第二轮承包到期后延包的具体办法，确保政策衔接平稳过渡”的工作任务，按照山区、半山区、平原三类地区，确地、确利、确地＋确利三种不同确权方式，选定怀柔区宝山镇杨树下村、房山区窦店镇三街村、通州区宋庄镇喇嘛庄村作为土地延包政策研究试点村。围绕二轮承包到期后确权农户人地矛盾突出、二轮无地农户、整户转非等不同情况展开调研，探讨土地延包的具体办法，完成了《北京市土地延包政策研究》报告初稿。

（虞贞桢）

【开展农村土地经营权流转问题研究】为完善承包地“三权”分置制度，在坚持集体所有权，稳定农户承包权的前提下，搞活土地经营权，推进农业适度规模经营，北京市农业农村局组织课题组开展了《北京市农村土地经营权流转问题研究》。研究结果：通过“新三起来”推动流转、搭建平台服务流转、加强监管规范流转等一系列举措，引导土地经营权有序流转。全市土地流转率已经接近70％，农业经营主体已从传统农户向新型经营主体过渡，土地经营规模已由一家一户的分散经营向适度规模经营转变，土地规模经营效益开始显现。但仍存在土地成本上升、流向构成不合理、土地经营规模偏小、农村劳动力老龄化严重等问题。建议创新流转形式和加强流转管理，加快培育新型经营主体，大力发展多元社会化服务组织，加大对农业适度规模经营的扶持力度。

（虞贞桢）

农民专业合作组织

【全面完成农民专业合作社“空壳社”专项清理工作】按照农业农村部统一安排，北京市农业农村局与市市场监管局、市发改委、市财政局等九部门研究起草，联合下发了《转发中央农办等部门〈关于开展农民专业合作社“空壳社”专项清理工作方案〉的通知》，在全市范围内组织开展了农民专业合作社“空壳社”专项清理工作。重点对被列入国家企业信用信息公示系统经营异常名录、在抽查抽检中发现异常情形、经群众反映和举报存在其他违法违规问题的农民专业合作社进行全面清理整顿、分类处置。

（韩生）

【开展农民合作社规范提升行动】为贯彻中央农村工作领导小组办公室、农业农村部等11部门《关于开展农民合作社规范提升行动的若干意见》，北京市农业农村局制定了《关于开展农民合作社规范提升行动的实施方案》，明确了今后三年农民合作社质量提升任务目标和工作措施并举办了全市农民专业合作社示范社理事长培训班，培训示范社负责人及农民专业合作社辅导员200多人。

（韩生）

【启动农民合作社质量提升整县推进试点】按照

《农业农村部办公厅关于开展 2019 年农民合作社质量提升整县推进试点工作的通知》要求，推荐了北京市顺义区、平谷区作为全国 2019 年农民合作社质量提升整县推进试点，两区的实施方案获得农业农村部批复。

（韩生）

【持续加大农民专业合作社示范社培育创建力度】 按照市级示范社标准，北京市农业农村局进一步强化了对现有 231 家市级示范社的动态监测和运行分析，严格实行优胜劣汰动态管理制度。一是完成了市级示范社考核评定工作。2019 年对原市农委 2017 年公布的 192 家考核评定合格的市级示范社进行了数据监测和考核评定。二是加大示范社扶持力度。通过中央转移支付资金安排了 8 个区 10 个国家级和市级示范社给予项目扶持，并对项目单位的资金支出、使用范围、审批程序、账务处理、量化折股、公开方式等进行严格把关，按规定将项目资金形成的资产平均量化到合作社的现有成员，确保了项目资金专款专用，足额用到项目单位和成员最需要的环节。

（韩生）

【探索支持农民专业合作社发展有效模式】 在前两年试点经验的基础上，全市继续实施了“农民专业合作社产业融合示范项目工程”，通过招标和专家评审，确定了北京奥金达蜂产品专业合作社等 5 家发展基础良好、运营规范、带动农民增收效果明显及项目实施所需人财物等条件的专业合作社为项目承担单位。示范项目工程完成并通过验收。

（韩生）

【组织开展家庭农场调查工作】 根据中央农村工作领导小组办公室等 11 部门《关于实施家庭农场培育计划的指导意见》，北京市农业农村局下发了《关于开展家庭农场调查工作的通知》，确定了家庭农场的调查范围和标准。为组织各区做好家庭农场名录系统录入工作奠定了基础。

（韩生）

农村宅基地管理

【宅基地改革和管理职能划转至农业农村部门】 按照新一轮机构改革和新修订的《中华人民共和国土地管理法》规定，农业农村部门负责农村宅基地改革和管理有关工作。根据北京市委办公厅、市政府办公厅印发的《中共北京市委农村工作委员会、北京市农业农村局职能配置、内设机构和人员编制规定》（京办字〔2019〕29 号）规定，市农业农村局设立宅基地管理处，主要职责是：负责制定本市农村宅基地改革相关政策；组织起草农村宅基地管理和使用相关法规草案及政策，指导宅基地分配、使用、流转、纠纷仲裁管理和闲置宅基地、闲置农房利用，会同有关部门指导宅基地合理布局、用地标准、违法用地查处；配合有关部门研究提出农村集体建设用地改革相关政策。

（郄惠）

【开展宅基地政策调研】 为强化本市农村宅基地使用管理，制定符合实际的宅基地管理政策，北京市农业农村局通过实地察看、入户访谈、问卷调查、座谈交流等方式，完成了《北京市农村宅基地调查报告》，深入了解了本市农村宅基地及农民房屋管理利用现状，针对其中存在的突出问题进行了认真分析，提出了对策建议。4—7 月，会同北京市规划和自然资源委员会、市住住房和城乡建设委员会，开展了为期 4 个月的政策调研。按照区域地形、经济发展等特征分组选取了调查村庄，实地走访 13 个涉农区的 100 多个村庄，入户访谈 200 余户，收集农户访谈调查问卷 6 300 余份，形成 2.5 万字调研笔记，归纳总结调研村庄宅基地管理利用现状及 50 个典型案例。多次召开宅基地及建房管理政策交流座谈会，听取基层干部群众关于加强宅基地及建房管理的意见建议。全面梳理了新中国成立以来国家和本市有关农村宅基地管理相关法律法规和政策，印制了《农村宅基地法律法规和政策摘编》。

（郄惠）

【研究起草农村宅基地及房屋建设管理指导意见】 按照机构改革和《中华人民共和国土地管理法》规定，农业农村部门负责宅基地改革和管理有关工作。市农业农村局先后经过基层调研、座谈研讨、征求意见、风险评估、专家论证和合法性审核，会同市规划和自然资源委员会、市住房和城乡建设委员会共同研究起草了《关于加强本市农村宅基地及房屋建设管理的指导意见》（报审稿）。指导意见坚持以稳慎为总基调，明确规范管理为主、适度放活为辅，加强宅基地及建房审批管理，分区分类落实村民户有所居。

（郝惠）

【开展全市农民闲置房屋调查摸底】 为全面加强盘活利用农民闲置房屋管理，规范有序进入市场，2019 年 7 月 19 日，北京市农业农村局印发了《关于进一步加强农民闲置房屋利用管理开展全市农民闲置房屋调查摸底工作的通知》，要求各区认真落实《关于规范引导盘活利用农民闲置房屋增加农民财产性收入的指导意见》（京政农函〔2018〕13 号）精神，进一步加强盘活利用农民闲置房屋管理工作，并对全市盘活利用农民闲置房屋情况进行摸底调查。根据各区报送数据分析掌握了全市农民闲置房屋盘活利用的地区分布、运行模式、经营主体等基本情况，为研究制订农村宅基地管理利用政策储备了基础信息。截至 2019 年 12 月底，全市除朝阳、丰台 2 个区外，其他 11 个涉农区的 114 个乡镇 914 个村共有闲置农房院落 18 161 处，闲置农房 86 124 间；其中，已有 80 个乡镇 349 个村开展了盘活利用工作，共盘活闲置农房院落 3 766 处，盘活院落占闲置院落总数的 20.7%。从盘活利用闲置农房经营主体上看，通过村集体经济组织直接盘活利用的有 173 处，占比 4.6%；通过村集体统一组织对外租赁合作的有 251 处，占比 6.7%；通过组建专业合作社盘活利用的有 137 处，占比 3.6%；农户自主盘活利用的有 2 236 处，占比 59.4%。这四种类型共占比 74.3%。由企业公司（个人）直接与农户签订租赁合同盘活利用的有 969 处，占比 25.7%。

（郝惠）

【组织申报农村闲置宅基地和闲置住宅盘活利用典型案例】 为贯彻落实《农业农村部关于积极稳妥开展农村闲置宅基地和闲置住宅盘活利用工作的通知》（农经发〔2019〕4 号）要求，农业农村部农村合作经济指导司在全国范围内组织开展农村闲置宅基地和闲置住宅盘活利用典型案例征集推介活动。市农业农村局组织全市涉农区参加申报，本着规范闲置农宅利用的原则，强化农村集体经济组织引领作用，向农业农村部报送了门头沟区、延庆区刘斌堡乡小观头村两个通过盘活闲置农宅、增加农民收入的典型案例。

（郝惠）

【加强全市农村宅基地管理培训工作】 为统一思想认识、加强队伍建设，市农业农村局多次举办专题培训和主题讲座，加大对农村宅基地管理工作人员培训力度，全年培训各涉农区农业农村局主管局长、科长，乡镇主管镇长、科长及业务干部 500 余人次。分别于 8 月 28—30 日、11 月 14—15 日，举办了两期全市农村宅基地管理及利用政策培训班，对全市各区农业农村局主管局长、科长以及部分乡镇主管乡镇长进行了培训，通过专题辅导、视频教学、经验交流、分组讨论等形式，重点就宅基地及建房审批管理、村庄规划编制、宅基地矛盾调解处、闲置农宅盘活利用等方面进行辅导，提高基层干部履职能力和工作水平。分别于 2019 年 11 月 14 日、11 月 21 日和 12 月 3 日举办了 3 次宅基地统计工作专题讲座，指导各涉农区、乡镇开展宅基地统计调查。

（郝惠）

【组织参加农业农村部宅基地管理与改革系列培训】 为帮助各级农业农村部门把握农村宅基地管理与改革工作部署要求，进一步提升履职能力业务水平，农业农村部举办了两期专题培训。全国各省（区、市）三级宅基地管理和改革工作的相关负责人员共 200 余人次参加培训。北京市农业农村局组织大兴、昌平、延庆等区参加培训。4 月 16—18 日，农业农村部举办了宅基地管理与制度改革专题培训班，围绕宅基地职能设置、政策体系、法律制度、改革试点等内容进行培训和交流。10 月 30 日—11 月 1 日，农业农村部举办了宅基地改革专题培训班，指导各地稳慎推进宅基地制度改革，探索宅基地所有权、资格权、使用权“三权分置”实现方式。

（郝惠）

【组织参加农业农村部宅基地和农房利用现状问卷调查】 8—9 月，农业农村部农村合作经济指导司组织开展全国农村宅基地和农房利用现状问卷调查。调查采取随机抽样方式，从全国 31 个省（区、市）各抽取 2～11 个县（市、区），对辖区内所有行政村进行调查，共计 210 个县（市、区）约 5 万个行政村。北京市顺义区、通州区的 546 个行政村参加调查。

（郝惠）

农村集体经济管理

【开展扶持壮大村级集体经济试点工作】一是为进一步摸清全市农村集体经济收入情况，3月初，北京市农业农村局对第三次全国农业普查中年经营收入低于10万元的村开展了摸底调查，在此基础上，会同市委农工委、市委组织部、市财政局联合印发了《关于坚持和加强农村基层党组织领导　扶持壮大村级集体经济的意见》和《关于开展扶持壮大村级集体经济试点工作的通知》，从年集体经营性收入低于10万元的村中选择试点村开展扶持工作，到2020年底前，至少完成70个试点村年集体经营性收入超过10万元。二是部署工作，确定试点。市委组织部、市财政局和市农业农村局召开了全市视频会进行全面部署，各区高度重视，成立了区级领导小组，制定了区级实施方案，确定了93个村级试点，涉及9个区63个乡镇。各试点村编制了“一村一策”扶持发展方案，市农业农村局会同市委组织部、市财政局逐一对村级扶持发展方案进行了评审，提出了修改完善意见，进一步明确了产业发展方向。三是举办了扶持壮大村级集体经济培训，共培训试点村及所在区镇相关人员近200人。四是按照中央三部委要求，由市农业农村局牵头起草了《北京市开展扶持壮大村级集体经济工作综合情况报告》，连同区级实施方案和试点村“一村一策”发展方案报送市委市政府。

（韩生）

【全面完成农村集体资产清产核资工作】一是组织完成了清产核资结果数据填报及审核。全市5 959个清查单位在2018年资产清查的基础上，完成了农村集体资产清产核资管理系统填报。按照农业农村部的统一要求和标准，对市、各区、乡镇三级清查数据进行了两次审核、复核和修改。二是组织完成了农村集体资产清产核资工作验收工作。印发了《关于做好农村集体资产清产核资工作验收的函》，举办了农村集体资产清产核资工作验收培训，在乡镇自查、区级核查的基础上，组织开展了市级验收，共抽查14个区27个乡镇的54个清查单位。三是举办了农村集体资产清产核资总结暨产权制度改革培训，组织各区对清产核资工作进行全面总结，形成了《北京市农村集体资产清产核资工作总结报告》并上报市委市政府及国务院。

（韩生）

【持续加强农村集体“三资”管理】北京市农业农村局主要做法：一是进一步了规范农村集体财务管理和会计核算，加强审计监督。在清产核资工作中，采取面询、函证、签订确认书等方式与债权人或债务人进行逐一核对，严格履行民主程序，积极清理债权债务。对清产核资工作中发现的会计核算不准确、不及时、不规范的问题进行了纠正，确保账证相符和账实相符。二是贯彻落实《关于进一步规范全市村级组织党务公开、村务公开、财务公开工作的通知》的要求，进一步规范了农村集体财务公开，加强民主监督。三是强化外部监督，组织全市开展了村级公益事业专项补助资金审计，指导各区对2018年市区财政拨付的村级公益事业专项补助资金以及以前年度结余资金进行审计。四是积极推动地方立法修订。配合市人大开展了《北京市农村集体资产管理条例》和《北京市农村集体经济审计条例》两项法规的修订工作。《北京市农村集体资产管理条例》纳入市人大常委会立法工作计划中的调研论证项目，开展了立法调研。五是积极推进乡镇统筹利用集体产业用地试点工作。为加快推进各区试点工作进度，北京市规划和自然资源委员会与市农业农村局联合制定印发了《关于加快推进北京市乡镇统筹利用集体产业用地试点工作的函》，督促各区抓紧完善乡镇统筹利用集体产业用地试点方案，确保试点任务顺利推进。

（韩生）

【开展涉地农村集体经济合同自查自纠工作】为贯彻落实规自领域专项治理和违建别墅问题清查整治专项行动的要求，进一步加强农村集体经济合同管理，北京市农业农村局、市规划自然资源委进行了全面对接，联合组织开展全市涉地农村集体经济合同自查自纠，对涉地经济合同进行全面清理。一是对开展涉地集体经济合同自查自纠工作进行了部署。市农业农村局、市规划自然资源委印发了《关于开展涉地农村集体经济合同自查自纠的通知》，清查范围涵盖所有涉地经济合同，重点清查整改违建别墅问题清查整治专项行动中涉及的农村集体经济合同，进一步核实底数，逐份核查问题，分类整改规范，完善农村集体经济合同基础台账。二是初步梳理，启动排查。市农业农村局对纳入台账管理的12多万份农村集体经济合同进行了梳理分类，向各区部署了农村集体经济合同台账更新工作。三是举办了农村集体经济合同培训，培训区农业农村局主管领导、主管科长，区、乡镇经管部门业务人员共计270余人。四是统筹协调，积极推进。12月11日，市农业农村局、市规划自然资源委联合召开了涉地农村集体经济合同自查自纠工作推进电视电话会，各区农业农村局、区经管站、区规自分局主要领导及业务科室负责人参会，进一步统一了思想，提高了认识，细化了措施，建立了区级部门联动机制，为下一步工作顺利推进、按时完成各阶段任务奠定了基础。

（韩生）

【推进集体产权交易市场建设】为进一步健全完善本市农村产权流转交易市场工作，全市继续加大对农村产权流转交易市场的扶持力度，研究起草了《关于加大对本市农村产权流转交易市场扶持力度的若干意见》。目前，全市农村产权交易流转体系不断完善，北京农村产权交易所在全市所有涉农区均设立了分支机构。截至2019年底，全市农村产权流转交易市场累计总成交额141.4亿元，成交宗数1 013宗，土地流转面积24万亩。其中，2019年总成交额17.7亿元，成交宗数133宗，土地流转面积3.5万亩。

（韩生）

农村集体经济产权制度改革

【深化农村集体产权制度改革取得新进展】北京全面推进农村集体产权制度改革进程。截至2019年底，全市累计完成村级产权制度改革的单位3 922个，完成比例达98.6%。完成乡镇级改革的单位25个。有35个村级集体经济组织、8个乡级集体经济组织正在推动改革。

【认真做好专项改革督察工作】依据《北京市全面深化改革督察督办工作办法（试行）》和2019年重点督察计划，以北京市农业农村局为牵头部门开展了督察工作，对全市落实《关于进一步深化本市农村集体产权制度改革发展壮大农村集体经济的若干意见》的情况和实施效果开展专项督察，组织相关委办局和各区召开督察意见落实专题会，研究讨论加强和改进工作的安排，形成了书面报告，报市委改革办。

【进一步规范股权管理和收益分配】本市严格规范收益分配行为，限定分配范围，明确分配顺序，确保农民集体资产股份收益分配权落到实处。

【做好农村集体经济组织登记管理】截至2019年底，全市已有6 664个乡村集体经济组织换发了组织登记证书，并加载了统一社会信用代码。2020年底将全部完成存量集体经济组织换证。

（韩生）

农村金融创新

【北京农商银行圆满完成扶贫和“一企一村”结对帮扶任务】动员总支行力量，提前实现庙梁村100%脱低的帮扶目标。认真落实北京市委、市政府、市国资委关于脱贫攻坚工作的指示精神和决策部署，主动参与京蒙帮扶、丰台区对口帮扶内蒙古林西县“万企帮万村”行动计划，向张家口市“流动卫生室”项目捐助30万元，推动总支行多渠道采购贫困地区农产品金额累计50余万元。加强金融扶贫合作，与内蒙古自治区农村信用社联合社签署战略合作协议，对其辖内农商行提供授信及流动性支持近70亿元，帮助培养干部11名。发挥金融服务优势，通过为客户提供融资支持，助其在受援地开展扶贫项目，累计资金支持达800万元。

【北京农商银行推出“北京农民专业合作社信用评价系统”】北京农商银行积极研究分析支农工作与通知要求的契合点，制定了“北京农民专业合作社信用评价系统”创新试点方案。该方案经北京市农业农村局评选后确定为北京市推荐项目，又经国家农业农村部专家评审，最终入选全国首批金融支农创新试点政府购买服务项目。同时，聚焦农民专业合作社融资难题，修订完善农民专业合作社贷款，全面满足农民专业合作社在购置资产、经营周转等方面的融资需求。

【北京农商银行进一步加大涉农贷款力度】 一是扩大"农薪通"产品服务范围。在北京市范围内率先推出农民工工资保函——"农薪通"特色产品，保障农民工工资如期、足额、及时发放。二是丰富"农汇通"产品使用功能。推出代理农村中小金融机构个人收结汇业务，为无外汇业务资质的农信机构解决个人客户的外汇业务需求问题。三是整合优化特色农户贷款。适应首都精品民宿、民俗旅游发展的新趋势，修订完善旅游户贷款。契合险村险户搬迁、整村升级改造等政策，修订完善"新民居"贷款，为京郊农户量身打造金融服务方案，有效化解农民融资难问题，对于首都乡村振兴和农民增收致富均发挥了积极作用。

【北京农商银行持续开展凤凰乡村游活动，引导城市资金流向农村地区】 一是以助农特色产品凤凰乡村游为平台，充分发掘地区特色资源，参与举办大兴地区梨花节、西瓜节，顺义、通州地区樱桃采摘季，顺义地区啤酒节，怀柔地区怀北景区特惠季，平谷地区红杏节等一系列主题活动，有效推动京郊休闲农业、乡村旅游、特色民宿等产业发展。二是开发"凤凰乡村游"App，实现以农业为基础的休闲农业、民俗旅游业等产业资源的有效整合。联合支行推荐的特约商户开展"承包您的四季果蔬"共28期拼购，同时累计开展近50期线上活动，组织"网购助农""精品民宿""红叶节"等主题活动，配合世园会举办，推出延庆世园会的专题页面介绍世园景点线路及周边特色。

【北京农商银行支持顺义区首个农村污水处理项目】 成功中标顺义区重点项目工程——北京顺政碧水源环境科技有限公司农村污水处理（西部片区）PPP项目，该项目是顺义区重点支持的环保项目和民生项目，也是首个进入实施阶段的同类型项目，将为顺义区仁和镇、马坡镇等10个镇86个行政村新铺设污水收集管道总长度约790千米，新建住户化粪池共26 523座，新建污水处理站共计47座。项目将进一步提升顺义区污水处理能力和水资源循环利用水平，缓解水资源短缺，有效保障农村水环境安全，为顺义区打造城乡协调的首都和谐宜居示范区提供有力保障。

【北京农商银行福农卡解决小微融资难题，改善提升农村地区支付服务环境】 北京农商银行有针对性地创新推出提升农村地区支付环境，解决首都农村地区经营者融资难、贷款难问题，集支农与融资于一体的金融创新产品——凤凰福农信用卡。农户可以7×24小时全天候申请用信，不仅无抵押、无担保，还可以按日贷款，随借随还，满足生产经营中的资金需求，成本低廉，申请快捷。目前该卡已惠及包括农民专业合作社带头人、市级民俗旅游户、板栗收购大户、农产品种植养殖大户、新发地市场农副产品批发大户等在内的一大批涉农优质小微客户和农户。

【北京农商银行积极推动基础金融服务向偏远郊区行政村延伸】 依托"两店一点"（即乡村便利店、乡村自助店和助农取款服务点）模式，为农村客户提供家门口的金融服务。截至2019年12月底，在全市10个远郊区县建设"两店一点"总规模达1 467家，其中，乡村便利店1 016家，助农取款服务点430家，乡村自助店21家，有效覆盖了731个金融空白行政村。同时对全市54个"一企一村"结对帮扶重点村的服务情况进行摸底，先后投入80余万元，为延庆白河堡村、密云北沟村、门头沟齐家庄村等21个低收入重点村建立乡村便利店，为7个低收入重点村设立助农取款服务点。2019年度，全行乡村便利店实现交易量265.40万笔，同比增长26.72%；交易额达12.38亿元，同比增长29.36%。

【农业保险为北京市农业发展提供有力风险保障】 2019年，北京市政策性农业保险按照政府引导、政策支持、市场运作、农民自愿的工作原则，紧密围绕北京都市型现代农业发展和农户需求实际，积极支持农业保险险种创新，不断优化保险承保理赔方式，为全市农业发展提供了有力风险保障。全年全市政策性农业保险保费收入4.9亿元，同比减少27%；保险金额115.6亿元，同比减少8.9%；参保农户7.2万户次，同比增加1.2%。全市简单赔付支出4.8亿元，简单赔付率98.3%，与上年同期相比增加15个百分点，赔付农户7.1万户次。

【农业保险保费收入情况】 ①从产业结构看，养殖业保险保费收入出现较大降幅。2019年，受非洲"猪瘟"疫情、疏解政策影响，本市养殖业规模出现明显下降，保险规模也相应地降幅明显，养殖业保险保费收入1.6亿元，同比减少57.3%。其中，减少最多的是猪类养殖保险，2019年猪类养殖保险（能繁母猪、生猪、种猪、仔猪）保险规模78.5万头，同比减少78%，保费收入5 211.2万元，同比减少 81.7%。种植业保险 1.4 亿元，同比增长 3.6%，主要是果树类保险保费收入增长明显，2019 年果树类保险保费收入超 1 亿元，同比增长 10.8%。农业财产类保险保费收入 1.1 亿元，同比增长 26%，主要是果树树体保险保费收入增长较快，同比增长 37%。价格保险保费收入 8 308.6万元，同比增长 15.5%，主要是生鲜牛乳目标价格保险收入取得较大增幅，同比增长 135.5%。②从区域结构看，首农食品集团保费收入规模最大。从保费收入规模看，前三位的区分别为首农食品集团（保费收入 2 亿元，占总收入的 40.3%）、平谷区（保费收入 5 703.1 万元，占总收入的 11.6%）、顺义区（保费收入 5 669.5 万元，占总收入的 11.5%）；从保费收入变化看，丰台区、怀柔区、门头沟区增长较快，分别增长了 48.1%、39.8%、34%，通州区、房山区、顺义区下降较大，分别减少了 78.1%、61.9%、61.8%。③从市场结构看，安华保险业务规模降幅最大。2019 年参与本市政策性农业保险的 7 家保险公司保费收入均出现下滑，安华公司降幅最大，保费收入3 579.6万元，同比减少 45.5%，主要是该公司传统保险业务中猪类养殖保险份额较大。人保公司保费收入 2.2 亿元，同比减少 8 913.6 万元，减少额度最大，但依然保险份额最大，占全市总保费收入的 45.7%。

【农业保险赔付情况】受养殖业保险保费收入下降及灾情较多影响，2019 年，农业保险赔付支出虽同比下降 13.9%，但简单赔付率与上年同期相比却增加了 15 个百分点。其中，蛋鸡、豆类、种公牛、樱桃、能繁母猪、种猪、仔猪等 7 个险种简单赔付率超过 200%，保费收入 4 556.9 万元，累计获得赔付 1.3 亿元。从产业看，除养殖业外，其他产业赔付额均出现增长。养殖业赔付 2.1 亿元，虽赔付额同比减少 38.5%，但简单赔付率达 128.7%，比上年同期增加了 39 个百分点。种植业赔付 1.7 亿元，同比增加 11.4%，简单赔付率为 121.6%。农业财产类赔付 5 570.8 万元，同比增加 13.5%，简单赔付率 52.1%。价格保险赔付 4 912.6 万元，同比增加 166%，简单赔付率 59.1%。从区域看，通州区、顺义区、平谷区、大兴区、房山区简单赔付率均超过 100%，保费投入共计 1.6 亿元，累计获得赔付 2.3 亿元。首农食品集团获得赔付最高，达 1.5 亿元，简单赔付率为 76.3%，其次是顺义区、平谷区，赔付金额分别为 7 894.1 万元、7 059.1 万元，简单赔付率分别是 139.2%、123.8%。从公司看，中华联合赔付率最高，简单赔付率达 133.1%，主要是由于该公司承保的樱桃种植保险出现了较大的赔付，赔付率达 772%。国寿财、安华、人保、华农、太保、平安的赔付率分别为 132.3%、103.1%、95.3%、84.8%、81.1%、64.9%。

【积极申报农业农村部 2019 年度金融支农创新试点】按照农业农村部有关要求，本市通过组织申报、专家评审，推荐了国寿财优势特色农产品产业链综合金融服务创新试点方案（以北京市“怀柔板栗”为例）、市农担公司“E”农保担保创新产品、北京农商行北京农民专业合作社信用评价系统、中华联合“蔬菜产品质量安全责任保险”金融支农创新试点 4 个项目。最终国寿财、市农担公司、北京农商行 3 个项目获评农业农村部 2019 年度金融支农创新试点。

【鼓励险种创新，扩大保险保障范围】本市分别在首农食品集团试点犊牛养殖保险，在大兴区试点瓜果及蔬菜育苗保险，同时对房山区中药材种植保险条款进行修订，不断扩大了农业保险保障范围，更好地满足农户风险保障需求。

【完善密云蜂业气象指数保险，落实主题教育整改工作要求】针对中共北京市委主题教育领导小组办公室提出的密云区蜂业气象指数保险问题，北京市农业农村局一方面积极督促相关保险公司深入调研，仔细分析蜂农需求，加强条款设计与论证，制定符合多方要求和地区实际的保险条款；另一方面，积极协调人工影响天气办公室为保险公司提供技术支持，确保条款设计的科学性和合理性，为蜂农提供切实有效的风险保障。

【优化再保险方案，推进农业再保险】北京市通过细化险种分类、降低费率等方式，对再保险方案进行进一步优化完善，并及时签署再保险协议，通过购买再保险的方式为年度农业保险提供大灾风险保障。2019 年触发再保险赔付 3 次，实现再保险摊回合计金额 1 323 万元。

【加强灾情应对，发挥保险保障作用】为应对汛期灾情，北京市农业保险公司向各保险公司下发了《关于做好 2019 年汛期政策性农业保险工作的通知》，督促保险公司加强组织领导，按照“快查勘、快定损、快理赔”的要求做好理赔服务工作，切实保障农户利益。

（陈骥）

农村生活与社会保障

综　述

2019 年，北京市农村民生情况又有新进步。北京市农业农村局把农村民生作为工作重点之一，深入推进帮扶脱低工作，加大低收入农户帮扶力度，脱低成效明显。农村劳动力就业稳定，就业结构进一步优化，农民人均所得、农村居民收入持续增长，农村消费水平提高，农村市场购销繁荣。提高救助标准，农村社会保障再上新台阶，农村养老服务稳步推进，农村社会保障水平提升，社会保障制度进一步健全。

（徐再城）

低收入帮扶

【低收入农户人均可支配收入同比增长 20.2%】 2019 年，中共北京市委农工委、北京市农业农村局深入贯彻落实市委、市政府的决策部署，扎实推进低收入农户帮扶工作，取得明显成效。据市统计局抽样监测数据，2019 年全市低收入农户人均可支配收入保持快速增长，达到 15 057 元，同比增长 20.2%，快于全市居民人均收入增速 11.5 个百分点。

（薄立维）

【完善工作机制，强化统筹协调】 本市充分发挥牵头作用，主动协调市相关部门，完善定期沟通和数据共享机制，加强政策衔接和落实。加强对各区工作调度，及时掌握工作情况，对进展较慢的区开展重点督导。深入开展“四不两直”进村入户调研，查找问题和难点，认真研究解决，抓好整改落实。规范收入核查程序，明确严格执行入户核查、农户签字、民主评议、村级公示的家庭收入调查程序。

（薄立维）

【加大产业帮扶力度】 本市 2019 年市级财政安排 2.5 亿元专项产业帮扶资金，转移支付至各区，扶持低收入产业帮扶项目 195 个，涉及种植业、休闲旅游业、光伏产业等。

（赵翔宇）

【深入推进就业帮扶】 本市对未就业低收入劳动力开展精准就业帮扶，使有就业意愿和劳动力能力的低收入农户劳动力全部实现就业，低收入劳动力就业率达到 89.2%。

（赵琨）

【强化生态帮扶】 本市落实山区生态公益林生态补偿政策，当前补偿标准为每年每亩 70 元。其中，42 元直接按股发放到户，3 万户山区低收入农户直接受益；28 元用于林木抚育、资源保护和作业道路修建等服务设施建设，并明确相关项目用工使用当地农民比例不低于 80%，优先吸纳低收入劳动力。

（赵翔宇）

【持续开展搬迁帮扶】 本市对生活在地质灾害易发区、受洪水威胁地区及饮水困难、居住分散、交通不便等生存条件恶劣地区的山区农民，实施山区搬迁工程，将低收入村、户作为重点搬迁对象。2019 年，对北京市 2 个低收入村、193 户低收入农户实施搬迁。

（王立芝）

【稳步提高社会保障水平】 本市对未纳入社会救助范围的低收入农户全面排查，动员 1.6 万户申请社会救助，新纳入 1 541 户；帮助 796 名应参未参低收入人员，参加医疗保险；推进 2 641 户低收入农户危房改造工作，开工率达到 99%，竣工率达到 80%；加大教育帮扶力度，救助低收入农户在校生 1 882 人次；帮助 1 058 名无养老保障低收入老年人，享受城乡养老保险待遇。

（薄立维）

【强化社会力量统筹协调】 本市深化“第一书记”、城区、国企、高校等对接帮扶活动，组织现场调度会，开展党建、产业、就业、科技、消费等多种方式帮扶，累计社会帮扶金额超过 2 亿元。

（肖长坤）

【重点开展线下户帮扶】 本市将 2018 年家庭人均收入低于标准线的 2 021 户低收入农户作为工作重点，加大帮扶力度，制定“一户一策”帮扶措施，建立精准帮扶台账，明确帮扶责任人和脱低时限，并强化调度督导，推动帮扶措施落实。

（赵琨）

表　各区上报 2019 年低收入农户家庭人均收入情况

单位	总户数（户）	总人数（人）	人均收入分段户数				
			11 160 元	11 160～12 000 元	12 000～13 000 元	13 000～15 000 元	15 000 元
全　市	43 608	86 682	0	1 547	3 043	6 461	32 557
门头沟	4 685	8 422	0	260	439	862	3 124
房　山	4 415	9 104	0	159	372	787	3 097
通　州	136	302	0	0	3	22	111
顺　义	2 574	5 052	0	26	121	321	2 106
昌　平	1 400	2 756	0	26	46	156	1 172
大　兴	1 397	3 463	0	34	57	120	1 186
平　谷	2 995	6 101	0	151	166	232	2 446
怀　柔	8 537	17 136	0	232	487	993	6 825
密　云	9 256	17 884	0	516	770	1 389	6 581
延　庆	8 213	16 462	0	143	582	1 579	5 909

农村集体经济和劳动力就业

农村集体经济资产增速放缓，收入下降、幅度扩大但小于镇村企业。

【农村集体资产总量】 2019 年，全市农村集体资产总额 8 349.3 亿元，同比增加 548.1 亿元，同比增长 7%。其中，乡镇级集体资产3 198.6亿元，同比增长 8%，占比 38.3%；村级集体资产 5 150.8 亿元，同比增长 6.5%，占比 61.7%。全市农村集体净资产 2 648.5亿元，同比增长 3.1%。分层级来看，乡镇级集体净资产 533.7 亿元，占比 20.2%；村级集体净资产2 114.8亿元，占比 79.8%。

（石慧）

【农村集体经济总收入】 2019 年，全市农村集体经济总收入 673.8 亿元，减少 44.8 亿元，同比下降 6.2%，降幅较上年扩大 5.5%，比镇村企业降幅小 8.7%。2019 年主营业务收入 418.3 亿元，其中一产主营业务收入 4.7 亿元，二产主营业务收入 102.5 亿元，三产主营业务收入 311.1 亿元，一、二、三产比例由上年的 1：24.7：74.3 调整为 1.1：24.5：74.4，第三产业所占比重提高 0.1 个百分点。

（石慧）

【农村集体经济利润总额】年内，由于受到总体经济下行压力、清产核资产权权属调整、清理低端落后产能后新产业尚未落地等因素的影响，农村集体经济利润总额同比差异大。全市农村集体经济利润总额 31 亿元，同比下降 40.4%。与上年同期相比，丰台、海淀、门头沟、房山、密云、延庆 6 个区利润总额实现增长。

（石慧）

【农村劳动力就业稳定】2019 年，全市农村参加分配的劳动力 182.4 万人，同比增长 0.05%。其中，已就业劳动力 169.9 万人，就业率 93.2%，与上年基本持平。从劳动力就业结构来看，就业劳动力中从事一产的劳动力 32.6 万人，占 19.2%；从事二产的劳动力 39.8 万人，占 23.4%；从事三产的劳动力为 97.5 万人，占 57.4%。就业劳动力中从事一二三产的劳动力所占比重由上年同期的 20∶23.8∶56.2 变化为 19.2∶23.4∶57.4，就业岗位向第三产业转移。

（石慧）

【农村劳动力就业产业结构优化】年内，从劳动力就业类型来看，北京市从事家庭经营的劳动力 43.6 万人，占总就业劳动力的 25.7%，其中，从事一产 21 万人，占家庭经营劳动力的 48.2%；从事二产 6.9 万人，占家庭经营劳动力的 15.8%，从事三产 15.7 万人，占家庭经营劳动力的 36%；当地务工劳动力 73.5 万人，占总就业劳动力的 43.3%；外出务工劳动力 52.8 万人，占总就业劳动力的 31.1%。当地务工人员中，从事第一产业的有 9 万人，从事第二产业的有 20 万人，从事第三产业的有 44.6 万人，第三产业就业比例为 60.7%。外出务工人员中，从事第一产业的有 2.6 万人，从事第二产业的有 13 万人，从事第三产业的有 37.2 万人，从事第三产业的比例占 70.5%。

（石慧）

农村社会保障

北京社会救助工作通过改革创新，聚焦新定位、探索新路径、构建新格局，加快进入了高质量发展阶段，努力实现三个转变，即从重实践推进向实践与理论并重转变、从重物质帮扶向物质与精神并重转变、从重传统方法向传统与智能并重转变，将社会救助工作提高到一个新水平。

【强化社会救助政策落实】2019 年是社会救助政策修订完善后的全面落实年。从 1 月开始，《北京市关于进一步加强社会救助家庭经济状况认定工作的指导意见》（京政办发［2018］45 号）和《北京市城乡居民最低生活保障及低收入家庭救助制度实施细则》（京民社救发［2018］445 号）正式实施。为强化政策落地生根，在全市范围内开展多轮多层次新政策培训；对重点、难点问题进行细化和明确；完成了对现行北京市社会救助政策的梳理检查。

【提高相关社会救助标准】一是调整特困人员救助供养相关标准。2019 年，北京市特困人员救助供养最低标准由年人均 37 425 元调整为 39 843 元；照料护理费用按照具有生活自理能力、部分丧失生活自理能力、完全丧失生活自理能力等情形划分为三档，标准分别提高到 440 元、880 元和 1 320 元。二是调整最低生活保障标准。北京市民政局会同市财政局、市统计局、国家统计局北京调查总队测算、制定标准调整方案，经市政府批准，本市 2019 年城乡低保标准从 1 000 元调整为 1 100 元。三是调整低收入家庭认定标准。根据本市最低工资标准调整，自 2019 年 7 月起，本市低收入家庭认定标准从家庭月人均 2 120 元调整为 2 200 元。

截至 2019 年底，全市共有社会救助对象 7.12 万户、11.44 万人，各项社会救助资金全年累计支出约 16.17 亿元。其中，城乡低保对象约 6.17 万户、10.22 万人，支出资金约 14.09 亿元；特困人员 6 484 户、6 590 人，支出资金 1.87 亿元；城乡低收入家庭 2 178 户、4 732 人，发放生活补贴资金 311.95 万元。

【推进精准救助服务】一是推进救助服务体系建设。北京市民政局在成立市、区困难群众救助服务指导中心的基础上，2019 年全面推进街道（乡镇）救助服务所建设。全市成立街道（乡镇）困难群众救助服务所 283 个，已有 13 个区实现救助服务所全覆盖。二是建立精准救助帮扶台账。明确帮扶台账建立的范围，同时按照“一户一策一档”原则，规范建档标准，细化台账内容，全市已对 32 万余户困难家庭建立了“一户一策一档”，摸清了困难群众底数，实现了困难群众基础信息的动态更新，为精准施策、分类施救提供了坚实的信息化支撑。三是开展困难群众个案帮扶。引入社会力量参与救助服务，拓展救助方式，细化服务内容，开展心理疏导、资源链接等个案帮扶。先后统筹市级资金近6 000万元，引入100余家社工机构，对5 201户有特殊需求的困难群众开展个案帮扶服务。为保证服务质量，建立督促考核机制，引入第三方开展跟踪督查和绩效评价，加大察访核验力度，严格落实责任追究制。

【开展社会救助综合改革试点】顺义区作为民政部确定的35个社会救助综合改革试点区之一。结合北京实际，北京市民政局提炼出10项需要试点的具体内容，包括：下放审批权限到街道乡镇、实行区内跨街乡就近申请、简化民主评议环节、研究支出型贫困救助、完善家庭经济状况预警处理机制、探索多元救助模式、改善特困人员供养方式、加强人户分离管理、建立社会救助资金追缴机制、探索容错免责机制。2019年在民政部组织的社会救助优秀创新实践项目评比中，顺义区的“党建引领织密编劳兜底保障网”和西城区的“适应贫困变化，聚焦救助需求，创新大都市‘温情救助’新模式”被民政部列入全国15个优秀创新项目，成为唯一两个参评项目同时被评为优秀的省级单位。

【开展社会救助专项整治】北京市民政局确定专项整治的思路和重点。一是坚持“两个扩展”，继续坚持将治理范围从农村扩展至全市，将治理领域从低保扩展至社会救助全领域。二是继续“精准聚焦”，聚焦政策执行、管理规范、职责履行、作风改进四个方面，逐条明确专项治理重点，按照基层自查、区级督查、市级抽查的实施步骤推进。三是注重打造联动工作格局。在市级层面成立多个部门组成的专项工作领导小组，在区级、街乡层面要求切实发挥社会救助联席会议制度的作用，形成共同参与、齐抓共管的工作局面。四是注重丰富工作手段。坚持运用“四不两直”方式开展检查，把街乡自查、区级督查、市级抽查结合起来，工作进度上做到环环相扣、步步紧逼、层层深入。五是注重过程跟踪问效。六是注重发挥党组织作用。突出村和社区党组织密切联系群众、主动服务困难群众的职能，充分发挥村社区党组织在专项治理过程中的领导作用。

【开展低收入农户排查工作】本市持续开展低收入农户排查，逐户宣讲救助政策，协助有申请意愿的低收入农户提交社会救助申请，将符合条件的低收入农户纳入社会救助范围。截至2019年底，全市已有5 478户低收入农户申请社会救助，其中1 052户符合条件给予社会救助，4 322户不符合社会救助条件。

【居民家庭经济状况核对机制不断规范化】北京市民政局与市人力资源和社会保障局、公安局、工商局、地税局、住建委、公积金管理中心、残联、司法、教育、证券等11个政务部门以及32家银行机构实现28项数据信息共享，实现5个左右工作日生成核对报告。针对社会救助对象，产生金融、房产、死亡预警6.235 6万余人次，检出率8.35%。新增汇丰、恒丰等6家银行，拓展32家银行的存款、外币、理财等8种金融资产，提升金融核查能力，将商业保险纳入核查范围，完成高等教育学生学籍信息上线，开展社会救助对象监狱服刑、强制戒毒信息线下比对。完善京津冀三地经济状况核查机制，建立异地数据核查目录。协调有关部门增加反馈频次，统一数据反馈时限。建立核对反馈巡查机制，确保核对数据反馈及时准确。建立核对请求提交情况定期通报机制，进一步压缩核对报告生成周期。与北京市医疗保障局签订《北京市申请因病致贫家庭医疗救助委托核对协议》，明确核对项目、核对规则及相关的保密责任协议，确定核查内容与工作流程。

【继续开展冬季采暖救助工作】本市开通社会救助对象集中供暖信息在线查询功能、制作系统操作手册，并为全市3 374家集中供热企业设置登录账号。2019—2020年供暖季，社会救助家庭享受供暖救助共55 197户，支出资金7 734.31万元。其中集中供暖救助18 900户，支出资金2 694.31万元；城镇清洁能源分户自采暖救助6 376户，支出资金893.27万元；农村地区“煤改清洁能源”分户自采暖救助18 673户，支出资金3 039.23万元；燃煤自采暖救助11 248户，支出资金1 107.5万元。

【继续开展“两节”走访慰问送温暖活动】本市以普遍走访与重点慰问相结合的方式走访慰问低保困难户。各级民政部门对辖区所有享受城乡低保待遇的困难家庭进行了普遍走访慰问；市民政局、市残联组成联合慰问组重点走访了城乡低保家庭中的

200 户特困家庭。城乡低保对象慰问金按户发放，单人户每户 500 元，2 人以上户每户 1 000 元。所需资金由市、区财政各负担 50%。同时，各区根据不同情况，还购发了形式多样的慰问品。截至春节前，全市各级走访慰问城乡低保对象及困难家庭 6.9 万户，10.98 万人，共计 4 889.5 万元，确保了城乡低保对象及困难群众过上祥和快乐的节日。

（张贵国）

【农村养老服务稳步发展】北京市民政局研究制定《关于加快推进养老服务发展的实施方案》，对农村养老服务工作做出进一步部署，并提请市政府会议专题审议。

【编制养老服务专项规划】北京市组织编制了《北京市养老服务专项规划（2019—2035 年）》，从优化养老服务资源空间配置、强化就近养老、发展科技与智慧养老、支持老年人参与社会建设等 20 多个方面入手，提出了构建层次丰富、覆盖城乡的北京特色现代养老服务体系的总目标。

【推进农村幸福晚年驿站建设】北京市民政局落实市政府为民办实事项目，印发《关于 2019 年街道（乡镇）养老照料中心和社区养老服务驿站建设工作的通知》，继续推进农村幸福晚年驿站建设，新建成运营农村驿站 52 家，截至 2019 年底，累计建成运营农村幸福晚年驿站 312 家。

【推进养老照料中心建设】北京市民政局落实市政府为民办实事项目，鼓励社会力量兴建街乡镇养老照料中心建设，新建成运营街乡镇养老照料中心 20 家。截至 2019 年底，建设养老照料中心 297 个，其中已运营 214 个。

【深化养老服务“放管服”改革】北京市民政局印发《关于贯彻落实新修改的〈中华人民共和国老年人权益保障法〉的通知》，全面取消养老机构设立许可，实行养老机构备案制度。印发《关于金融支持养老服务业发展的实施意见》《关于加快发展商业养老保险的实施意见》，破解养老服务融资难、融资贵问题。编制《医疗养老领域三年开放改革行动方案》。主动向社会公布本市养老服务相关扶持政策、标准等政策以及老年人热力分布图、养老照料中心空白点位及供需等信息，吸引鼓励社会力量参与本市养老设施建设和服务供给。

【完善运营扶持政策】北京市民政局制定《关于进一步做好养老机构运营补贴工作的通知》，重点就养老机构老年人能力评估、运营补贴正面清单等做出规范，进一步细化补贴发放流程，鼓励社会力量兴办养老机构。研究制定《北京市社区养老服务驿站管理办法（试行）》，进一步规范驿站建设运营管理。

【开展养老服务改革试点】北京市民政局在门头沟、房山、昌平、平谷、怀柔、密云、延庆等 7 个区开展农村养老服务改革试点，围绕构建农村区域养老服务联合体、深山区养老服务模式创新、农村老年人助餐体系建设、完善邻里互助养老服务模式等方面开展改革试点，统筹推进农村养老服务模式创新。在西城、丰台、石景山、通州等区开展国家级居家社区养老服务改革试点。指导通州区迎接第三批中央财政支持开展居家和社区养老服务改革试点地区成果验收并获优秀，朝阳区获批成为全国第四批中央财政支持开展居家和社区养老服务改革试点地区。

【完善老年人福利制度】北京市民政局印发《北京市老年人养老服务补贴津贴管理实施办法》，建立经济困难老年人养老服务补贴、重度失能老年人护理补贴、高龄老年人津贴制度，从 2019 年 10 月 1 日开始实施。修订完善《北京市困境家庭服务对象入住养老机构补助实施办法》，支持经济困难老年人入住养老机构。

【老年人能力综合评估】北京市建立统一的老年人能力评估标准、评估机制，面向社会公开招募一批评估机构。

【开展养老机构服务质量建设专项行动】北京市民政局印发《关于做好 2019 年养老机构服务质量建设专项行动工作的通知》，从全面推进养老机构达标建设、实施养老机构消防安全达标工程、提升乡镇敬老院服务质量、规范养老机构服务质量管理等 8 个方面推进养老服务质量建设。下发《关于进一步做好 2019 年养老机构服务质量建设专项行动暨养老机构安全问题专项整治工作的紧急通知》，全力推进养老机构重大风险隐患排查化解工作。全面推进养老机构阳光餐饮工程建设，95%的养老机构食堂达到“阳光餐饮”标准。

【推进养老服务标准化建设】北京市成立北京市养老服务标准技术委员会，研究制定《北京市养老服务业标准体系》。发布居家养老地方标准 2 项，开展《养老机构服务质量星级评定与划分》《老年人能力综合评估规范》等 7 项地方标准制修订工作。

【开展养老服务机构星级评定】北京市民政局出台

《关于做好养老服务机构服务质量星级评定工作的通知》，指导养老行业协会制定《北京市养老机构星级评定实施办法》等政策措施，积极推进养老机构服务质量星级评定。启动社区养老服务驿站服务质量星级评定工作。

【加强养老行业安全和监管】北京市民政局下发保健市场整治、系统安全检查、“防风险保平安迎大庆”消防执法检查专项行动等15个文件，开展整治养老行业保健市场乱象行动、养老服务机构安全隐患自查自纠自改行动和消防安全承诺工作，签署安全承诺书500余份。

【巡视探访】北京市民政局印发《关于进一步加强居家养老巡视探访服务工作的通知》，要求各区做好工作方案，原则上应由就近的社区养老服务驿站（含农村幸福晚年驿站）街道（乡镇）养老照料中心作为巡视探访服务机构开展服务，巡视探访对象主要为高龄、独居、留守、分散供养特困等老年人。

【养老助残卡制发流程缩短】北京缩短养老助残卡审核周期，精简制发流程，制卡周期由原来的2～3个月大幅压缩为1个月。

【京津冀养老服务协同发展】北京市民政局会同有关省市制定《关于推动北京养老项目向廊坊北三县等环京周边地区延伸布局的实施方案》，完善养老机构运营补贴、康复辅助器具购置补贴、医养结合等方面支持政策，鼓励北京养老项目向廊坊市北三县延伸布局，推进区域养老协同发展。

（周洪敬）

农村社会事业

综　　述

2019年，北京市农村宣传工作紧扣新时代主旋律，紧密结合本市农业农村各方面工作多样开展宣传，收到良好成效，促进了农村经济和社会发展，推动了精神文明建设。农村文化工作活跃，公共文化政策体系健全，基层公共文化服务质量提升，各种文化活动方兴未艾，精彩纷呈。农村人才培养规模扩大，针对性提高，实效性增强，农村教育工作贴近农业农村实际，扎实推进。农村卫生和新型农村合作医疗水平又有提升。农村体育蓬勃开展，少数民族乡村工作政策落实，成果显现。

（徐再城）

宣传工作及精神文明建设工作

【围绕中心工作，强化宣传报道】 中共北京市委农工委、市农业农村局组织了北京市农村工作会议、2019年中国北京世界园艺博览会百蔬园（以下简称世园会“百蔬园”）、中国农民丰收节北京市庆祝活动、北京农民艺术节、新中国成立70周年系列新闻发布会、党的十九届四中全会精神宣讲会、低收入农户帮扶专场推介会、国际交流区域合作活动、农村人居环境整治等50余次宣传报道；完成了中宣部“高质量发展”采访团接待工作，重点宣传了全市高质量推进乡村振兴的成果和顺义区北郎中村、怀柔区北沟村两个先进典型；在《农民日报》、北京广播电视台等媒体继续开设常年性宣传阵地，每周聚焦宣传全市乡村振兴新进展，全年直接提供素材和服务的报道超过600篇次；在“北京美丽乡村”政务微博、微信公众号发布相关报道和信息1 122条。

（王楠）

【组织策划世园会“百蔬园”宣传】 中共北京市委农工委、市农业农村局组建世园会“百蔬园”宣传团队，设立新闻发言人，在162天宣传周期内，坚持“宣传不间断，内容时常变，亮点更突出，创新时体现”的工作标准，划分筹备期、预热期、引爆期、收尾期四个阶段，深度挖掘百蔬园背后的故事。在《农民日报》《北京日报》《北京晚报》《北京青年报》《劳动午报》等发布了6个专版、11个专栏报道，相关报道近200条次；制作了30集广播剧，在北京广播电台《城市文化范儿》栏目播出；会同北京电视台推出了8期《奇趣百蔬园》节目，收看达到100多万人次；在人民网、千龙网、北京美丽乡村网等开设专栏，图文并茂科普蔬菜知识；在中央商务区、中关村地区、地铁14号线等进行户外媒体公益宣传，为世园会“百蔬园”导入客流；在“北京美丽乡村”“北京农业”微博、微信公众号等新媒体推送文章100余篇，“探秘世园会”等相关小视频10条。制作了《我和我的祖国》《春风化雨，百蔬飘香》两部宣传片，在园区大屏幕播放；制作了两版百蔬萌微信表情包，共 32 个表情，通过微信互动传播。

（王楠）

【组织策划北京市 2019 年中国农民丰收节庆祝活动宣传】中共北京市委农工委、市农业农村局在 2019 年中国农民丰收节前后，以“北京美丽乡村网”“北京美丽乡村”“北京农业”政务微博、微信公众号等新媒体平台为主阵地，联合人民网、《农民日报》《北京日报》、千龙网等中央及市级媒体平台，通过文章、视频、图说等多种形式，持续开展专题宣传，及时推送丰收节活动相关信息。制作了 73 张“丰收”海报和《70 秒看京郊农业》《70 秒看京郊农民》《70 秒看京郊农村》《70 秒看丰收我最美》等 4 条微视频，通过网络广泛传播；在“北京美丽乡村”“北京农业”微博、微信公众号开设“中国农民丰收节”“庆丰收”“丰收我最美”“丰收最美时刻”“人物故事”等话题，阅读量达 11 万以上；9 月 26 日，组织市民、网友参加北京昌平“依恋田园　共享丰收”暨 2019 年中国农民丰收节红泥沟分会场活动，与当地农民朋友一起见证丰收成果，分享丰收喜悦。

（王楠）

【开展“北京乡村振兴故事”主题征文展播活动】中共北京市委农工委和市农业农村局联合北京广播电台故事广播继续举办“北京乡村振兴故事”主题征文展播活动，主要以记者采播的形式进行，通过专业记者实地考察，挖掘乡村改革建设的生动故事。年内共深入 13 个涉农区的 70 个乡村进行了实地采访；通过活动官方微信公众号为采访村庄发布原创文章（嵌入音频、图片、文字等）20 篇，阅读量、转发量达万逾次；在北京故事广播（FM95.4）开设 2019“北京乡村振兴故事”特别节目，讲述北京乡村发展、变迁的生动故事，频率覆盖全市近 90%的受众群体。节目于 4 月 27 日开播，每周六、周日 8：00 展播，每期时长 25 分钟，共播出 72 期。同时，在听听 FM 同步播出“北京乡村振兴故事”相关声音采访节目，扩大了宣传推广范围。

（王楠）

【加强涉农舆情监测引导】中共北京市委农工委和市农业农村局在 2019 年工作日上、下午各编报一期“乡村振兴要闻”，全年共选报 3 794 条。加强涉农舆情监测、及时有效引导，根据工作动态及时调整监测关键词，进行持续动态监测，全年重点围绕防控非洲猪瘟、“大棚房”整治、村委会换届选举、农村人居环境整治、低收入农户帮扶增收、扫黑除恶、农产品质量安全、草地贪夜蛾防控等工作加强舆情监测，并及时做好应对引导，确保了全年舆情平稳。

（王楠）

【深化农村形势政策教育宣传】中共北京市委农工委和市农业农村局组织开展了“实施乡村振兴战略”主题宣传，本着来源权威、突出重点原则，挑选 17 条主题宣传标语供各涉农区选用。对标对表“七有”“五性”要求，整理编辑出《北京市惠农政策“明白纸”》42 条，并按照学有所教、劳有所得、病有所医、老有所养、住有所居、弱有所扶六个方面进行了分类。

（王楠）

【开展“时代新人说——我和祖国共成长”系列演讲比赛】根据市委宣传部统一部署，6—11 月期间：中共北京市委农工委、市农业农村局系统举办了演讲比赛。通过预赛和决赛两个环节，决出一等奖 3 名、二等奖 5 名、三等奖 8 名。在此基础上，选拔 2 名选手参加了市委宣传部组织的全市比赛，推荐 1 名选手参加了全国“脱贫攻坚”主题赛事，获得银奖。

（王楠）

【开展“美丽乡村·筑梦有我”大型新闻公益行动】“美丽乡村·筑梦有我”大型新闻公益行动自 2014 年底创办以来逐步深入推进，通过北京广播电视优秀主持人和频率频道牵手帮扶 200 个村庄，有效引导促进了城乡各界“共建美丽乡村、共享美好生活”。2019 年活动名称为“美丽乡村风景线”全媒体宣传推广活动，在继续“双牵”的基础上，一是挖掘宣传 52 条“美丽乡村风景线”。拍摄 52 集“美丽乡村风景线”宣传片，在北京广播电视台和各大视频网站以及微博微信推送；录制 13 期每期 50 分钟的电视演播室展示节目，连续在北京广播电视台地面频道晚间黄金时段播出。二是组织专场活动。围绕中国农民丰收节、全面小康、美丽乡村建设等主题举办落地活动。三是强化宣传报道。组织中央和市属主要新闻媒体、融媒体中心、商业视频网站持续对 52 条“美丽乡村风景线”及相关故事进行后续宣传报道。与往年活动相比，2019 年活动的开展更加突出“融合”：一是突出城乡融合；

二是突出政府和媒体融合；三是突出市区媒体融合；四是突出传统媒体和新媒体融合。

（王楠）

【“美丽乡村·筑梦有我”专场活动举办】9月24日，“礼赞大地丰收、喜迎新中国华诞”为主题的“美丽乡村·筑梦有我”专场活动在通州区潞城镇北京国际都市农业科技园举办。通过多形式、高频率、全媒体宣传推广方式，为现场观众及广大市民详细推介展示了由乡村振兴示范村和新时代文明实践中心等“亮点”连绵而成的5条“风景线”。活动现场，北京广播电视台牵手通州区的主持人作为代表承诺将继续深入乡村，提升新闻工作者“脚力、眼力、脑力、笔力”，深入讲好新时代首都全面建成小康社会、扎实推进乡村全面振兴的故事。

（王楠）

【举办第29、30届北京农民艺术节】本市圆满完成北京市第29届农民艺术节“乡村大舞台”群众文艺展演、“诗画美丽乡村”系列创作展示等各项活动。印发《关于印发〈第30届北京农民艺术节总体方案〉的函》（京农函〔2019〕6号），本届农民艺术节主题为：京郊喜庆70年，乡村文化展“京”彩。通过市、区、镇（乡）、村联动，组织开展群众喜闻乐见的文化活动。一是以丰富多彩的形式集中展示北京落实“乡风文明”要求、推进“乡村文化振兴”的生动实践，展现新型职业农民的时代风采；二是广泛搭建乡村群众欢庆丰收、祝福祖国、展演才艺、凝心聚力的文化舞台；三是激励培育乡村文化人才、挖掘传承“京韵农味”特色文化，不断丰富新时代文明实践，有效提高广大农民的获得感、幸福感，积极营造喜庆新中国成立70周年的浓厚氛围；四是与中国农民丰收节紧密结合，艺术化地呈现北京农民庆丰收、晒丰收、话丰收、享丰收、助丰收等特色活动，引导社会各界共同分享丰收喜悦。立足各区丰富多彩的探索和实践，结合近年改进创新的成果和经验，兼顾相关活动的连续性和延展性，本届农民艺术节重点开展四大系列11项活动。

（王楠）

【第29届农民艺术节“乡村大舞台”总决赛举办】1月18日，北京市第29届农民艺术节“乡村大舞台”总决赛在北京市科教音像中心大演播厅举办，300余人观看了演出。决赛的舞台上，有紧扣乡村实事的《选举路上》《喜迎冬奥会》，有紧跟潮流的音乐快板《开门红》，有传统曲艺评剧《老爸快跑》，有现代乐器合奏《美丽乡村圆舞曲》等，体现了重在基层，农民自编自演、自娱自乐的特色。市农民艺术节指委会邀请了7名国家级专业人员为决赛节目现场打分，现场评奖、颁奖。

金奖：密云区选送的舞蹈《爱在云水间》、房山区选送的歌舞《我们迎来了好时代》、顺义区选送的小评剧《老爸快跑》。

银奖：朝阳区选送的舞蹈《京韵华彩》、房山区选送的歌曲《早安　唤醒城市的人》、海淀区选送的唢呐独奏《报花名》、平谷区选送的老调大鼓《唱咱平谷的山》、门头沟区选送的情景快板《选举路上》。

铜奖：丰台区选送的音乐快板《开门红》、通州区选送的舞蹈《开漕的日子》、海淀区选送的歌曲《我的六郎庄》、怀柔区选送的歌曲《宠儿》、延庆区选送的京东大鼓《喜迎冬奥会》、北京美丽乡村联合会选送的器乐合奏《美丽乡村圆舞曲》。

（王楠）

【举办“乡村大舞台——原创文艺节目展演”活动】本届“乡村大舞台”活动继续支持“三农”题材文艺创作生产，鼓励、推动节目的创作、创新，突出时代主题，深刻反映新中国成立70年来特别是党的十八大以来北京“三农”发生的巨大变化，生动鲜活地反映北京实施乡村振兴战略、推进美丽乡村建设带来的农业的新功能、农村的新面貌、农民的新风采、乡村的新风尚。13个涉农区共选送34个节目，千名演员参加市级复赛演出；甄选13个具有区域特色的原创节目参加总决赛，节目涉及戏曲、曲艺、歌舞等各门类；通过深挖乡村文化、乡风文明故事，涌现出多部优秀乡村原创文艺作品，数量、质量较往年有了新的提升。

（王楠）

【“金秋礼赞——迎国庆庆丰收民间文艺汇演”举办】9月24日，北京市农业农村局在通州区潞城镇的北京国际都市农业科技园举办“金秋礼赞——迎国庆庆丰收民间文艺汇演”，11支乡村文艺团体，近百名演员，为现场观众带来了一台热烈精彩、乡土气息浓厚的歌舞表演。

（王楠）

【探索“特色文化示范村”试点建设】中共北京市委农工委、市农业农村局围绕“传承乡村文化、助力乡村振兴”的目标，继续开展“特色文化示范村”试点建设工作，努力培育一批文化特色突出的示范村。本届重点从乡风文明、传统文化、文旅融合的角度，选派文化志愿者深入挖掘、精心策划，精准培训村民并组织开展文艺演出，打造“一村一品”文化活动。甄选特色突出、积极性高、区镇（乡）重点扶持的3个村作为市级“特色文化示范村”试点：海淀区苏家坨镇柳林村、通州区于家务乡仇庄村、密云区古北口镇古北口村。支持密云区古北口村在前期建设基础上，继续着力打造古北口边塞文化民俗表演项目，帮助村里组建起一支由80名村民组成的演出团队，并在节目内容和团队建设上进行双提升，为其开展特色民俗旅游群众文艺专场演出提供了组织及人员保证；在通州区仇庄村开展以“追寻家训家规呼唤良好家风”为聚焦点的主题特色活动，启动孝道文化特色主题街巷建设，并在“仇庄老人节”举办群众演出活动；在海淀区柳林村开展以“展国粹京韵风采谱乡村时代新歌”为主题的文化示范村建设，组织小年俗群众文艺表演，辐射带动全镇40余人参加了京剧培训课程。

（王楠）

【乡村文艺编导创作人员培训班在京举办】 12月5日、6日，北京农民艺术节“乡村大舞台”原创节目培训班在京举办。参会的人员包括13个涉区农民艺术节“乡村大舞台”具体负责人、节目编导、演出团队代表等共计120余人。此次培训以“北京农民艺术节原创作品”为主线，聘请行业专家，采取集中授课、经验交流的形式进行，帮助各区优秀文艺团队的编导和节目创作人员进一步提升，实现专业上有提高、作品上有创新、节目上有亮点的培训目标。

（王楠）

【第十届“聚焦美丽乡村”主题摄影大赛举行】 聚焦北京乡村70年来改革发展的巨大变化，突出世园会“百蔬园”特色、人居环境整治、低收入帮扶、乡村旅游、新时代文明实践中心等重点，通过北京美丽乡村网站征稿和北京摄影家协会组稿，共收到作品6 226幅。其中，网站征稿3 739幅，摄影家协会组稿2 487幅。最终评出68幅（组）优秀作品获得大赛设置的一、二、三等奖和优秀奖。

（王楠）

【“礼赞祖国·诗韵乡村”诗词楹联征集活动举行】 此次征集活动要求以实施乡村振兴战略、建设美丽乡村为视角，以新中国成立70周年为背景，反映作者对北京“三农”翻天覆地变化的独特观察和感受，题材不限；楹联内容要以社会主义核心价值观为遵循，以尚“三德”（社会公德、家庭美德、个人品德）、树“三风”（文明乡风、良好家风、淳朴民风）为着力点。经13个涉农区征稿和北京楹联学会组稿，共收到楹联作品1 164副，诗词作品397首。12月3日进行了评选，评出200副（首）楹联诗词优秀作品获得一、二、三等奖和优秀奖。同时，选送部分优秀作品参加2019年“联入家园·爱上乡村”全国乡村楹联征集活动，分获一、二、三等奖。

（王楠）

【乡村手工艺作品征集活动举行】 此次征集活动面向乡村广泛征集手工艺作品，实物或图片形式均可，包括剪纸、布艺、草编、京绣、农民画、手工制品等，适合挂展的作品优先。创作题材要反映当代乡村生活，乡土气息浓郁，群众参与广泛，生动有趣，健康向上。共收到13个涉农区选送的手工艺作品200件，作品地域特色突出、富有乡情野趣。

（王楠）

农村文化工作

2019年，北京市充分发挥市、区、街乡、社区村四级公共文化设施主阵地作用，全面加强公共文化体系建设，助推乡村文化振兴，以“我们的节日”为主题，依托“歌唱北京”“舞动北京”“戏聚北京”“艺韵北京”“影像北京”“阅读北京”六大板块，四级联动，贯穿全年，覆盖全市，全年共开展各类文化活动2.3万场。

【健全公共文化政策体系，提升基层公共文化服务质量】 按照北京市委、市政府的工作部署，北京市农业农村局紧紧围绕首都城市战略定位，全面落实北京市“1+3”公共文化政策文件要求，按照“一二三四五”发展思路，坚持保基本、促公平、提效能，聚焦基层、均衡城乡，以加快构建现代公共文化服务体系为总目标，促进基层公共文化设施网络的标准化、均等化，完善15分钟服务圈，全市四级公共文化服务网络已经形成，基层文化设施达到6 830个，全市市、区、街乡、社区村四级设施平均覆盖率达到98.78%。全市建有首都图书馆和北京文化艺术活动中心（北京群众艺术馆）两座市级公共文化设施。建有区级文化馆19个，建有区级图书馆（少年儿童图书馆）22个。全市共333个街道、乡镇，其中，建有街道（乡镇）综合文化中心330个，建有率99%。建有社区（行政村）综合文化室6 457个，建有率96%。

【创建公共文化服务示范区，推动基层农村公共文化设施建设】北京市文化和旅游局起草《北京市公共文化服务体系示范区建设中长期规划（2019—2035年）》；配合完成《北京市推进全国文化中心建设中长期规划（2019—2035年）》公共文化服务部分编制工作。推动第四批国家公共文化服务体系示范区（项目）创建，指导石景山区、门头沟区、西城区完成第四批国家公共文化服务体系示范区（项目）中期督查，石景山区取得东部地区排名第二的优异成绩。完成首都公共文化服务示范区创建工作，完成首都公共文化服务示范区验收工作，经报市委宣传部、市政府同意后，丰台区、石景山区、房山区、通州区、大兴区获得首都公共文化服务示范区称号。

【开展“深入生活、扎根人民”主题实践活动】北京市文化和旅游局健全完善文艺工作者深入生活、扎根人民的工作机制，先后在延庆区张山营、通州区西集镇、大兴区瀛海镇建立了市属文艺院团“深入生活、扎根人民”主题实践活动创作采风基地。北京交响乐团、中国评剧院、北京民族乐团深入创作基地，积极创排《海坨戴雪》《蒲柳人家》《新国门畅想》等优秀作品。其中《新国门畅想》于10月公演。

【开展公益惠民演出，丰富农村文化活动】2019年，北京市文化和旅游局广泛深入开展“百姓周末大舞台”“周末场演出计划”“农村文艺演出星火工程”“戏曲进乡村”等公益惠民演出活动，把演出送到广大基层一线，丰富基层群众的文化生活。并在充分调研基层需求和物价水平的基础上，对全市公益演出的场次和资金补贴标准进行了提高调整，覆盖范围进一步扩大到街、乡、镇一级。2019年圆满完成“万场演出下基层”的目标。

【举办“歌唱北京”活动】北京市“歌唱北京”活动从7月开始，到12月结束，历时5个月。本次活动市级共组织进行3天6场器乐大赛、4天9场合唱大赛、1天3场“京津冀歌手”大赛、1场颁奖音乐会、2场大讲堂活动、3场惠民巡演，共有来自全市的214支团队参赛（器乐33支，合唱74支、京津冀107人），直接参与人数1万余人。

【举办“舞动北京”群众舞蹈大赛】北京市“舞动北京”群众舞蹈大赛6月启动，10月底收官。11月1日在地坛体育馆举行“我和我的祖国”文化新生活第十四届“舞动北京”群众广场舞蹈大赛颁奖展演活动。此次展演最大亮点是，展示了国庆70周年群众联欢活动中的集体舞《好儿好女好家园》《山笑水笑人欢笑》《新天新地新时代》《同欢同乐同祝愿》。这四支集体舞面向全市城乡3万多联欢群众推广，最终在国庆70周年群众联欢活动中表演，同时也编入了2019“舞动北京”广场舞示范教材。

【举办“戏聚北京”活动】北京市“戏聚北京”活动以“唱响主旋律，讴歌新时代”为主题，分北京市戏曲票友大赛和北京市群众戏剧、短剧优秀作品展演两部分。北京市戏曲票友京剧大赛优秀作品展演进行了网络直播，国家公共文化云、北京数字文化馆、北京文化艺术活动中心官方微博三个直播平台共计73.516 4万人在线观看。北京市群众戏剧短剧优秀作品展演共有11部剧目参加在国家话剧院小剧场、京演民族文化宫大剧院进行的5场展演，其中90%的参赛作品为原创。

【举办“艺韵北京”活动】北京市“艺韵北京”活动全市分11个初赛区、1 200余名选手参加，参赛选手最小年龄4岁，最大年龄72岁，征集原创作品及论文100余篇，进入复赛作品64个节目，吸引北京城乡万余人次参与其中。此次参赛的学生和儿童特别多，大赛特设立新苗奖，以鼓励曲艺这一传统文化的传承。决赛颁奖活动于11月5日13：30在中华世纪坛剧场举行。

【举办“影像北京”活动】北京市“影像北京”活动暨庆祝中华人民共和国成立70周年“美好生活”全市书法美术摄影大赛于6月17日启动，11月20日至12月3日在北京山水美术馆举办精品展，共征集书法美术摄影作品共计1 200余件。活动邀请北京市文联各协会专家参与评选，实际展出作品200余件，本次活动为丰富全市群众的业余文化生活起到了积极推动作用。

【举办“阅读北京”系列阅读活动】“阅读北京——2019年度首都市民阅读系列文化活动”，以“我和我的祖国”为主题，通过举办全市诵读大赛、“阅读伴我成长”主题活动、第六届“阅读之城”图书推荐活动、第四届“十佳优读空间——百姓身边的基层图书室”推优活动，以及第四届“最美书评”征集评选活动，发挥北京市公共图书馆在文化传播中的重要职能，推广全民阅读。活动覆盖各年龄层人群，具备互动性、参与性、分享性，吸引了数百万市民参与。11月22日，“阅读北京”年度盛典在首都图书馆隆重举行，12月7日在北京电视台生活频道播出。

【推进全市街道（乡镇）图书馆“一卡通”专项工作】6月5日，北京市文化和旅游局在首都图书馆召开北京市街道（乡镇）图书馆“一卡通”专项工作调度推进会，印发《北京市街道（乡镇）图书馆“一卡通”专项工作方案》《北京市街道（乡镇）图书馆“一卡通”服务规范》。截至年底，已建成一卡通成员馆270家，东城、西城、朝阳、石景山、海淀、大兴、平谷7个行政区已实现街道（乡镇）公共图书馆“一卡通”全覆盖。

【开展“我和我的祖国”展演活动】此活动是2019年文化和旅游部全国赛事活动北京市群众优秀节目的展演活动，于11月30日在首图二期大剧场举行，汇集了音乐、舞蹈、戏剧、曲艺四种艺术形式的11个群众优秀文艺作品，集中展示了全年“歌唱北京”“舞动北京”“戏聚北京”“艺韵北京”四大板块中的优秀作品，结合文化和旅游部第十八届“群星奖”北京市获奖节目优秀作品，打造了一台体现首都群众文化创作辉煌成果的演出。

【举办春节庙会赠票活动，活跃农村地区节日文化生活】为了丰富活跃村民节日精神文化生活，弘扬中华优秀传统文化，着力营造欢乐、喜庆、祥和的节日氛围，根据市政府和市委宣传部的部署和安排，北京市文化和旅游局会同有关部门采取政府购买文化服务和“互联网+文化”的模式，举办“2019年文化惠民逛庙会　欢欢喜喜过大年——北京市人民政府向首都市民发放30万张春节庙会门票活动”，此次活动共选取了12家庙会，初一至初五各发放6万张，共计30万张庙会门票。春节期间首都城乡市民参与人员达476万人次，市民抢票率均达100%，换票率为87.98%，满意度指数为99.09%。

【积极推进“中国民间文化艺术之乡”工作】根据《文化和旅游部办公厅关于印发〈“中国民间文化艺术之乡”命名和管理办法〉的通知》《文化和旅游部办公厅关于组织开展2018—2020年度“中国民间文化艺术之乡”评审命名工作的通知》要求，为弘扬中华优秀文化传统，推动民间文化艺术不断发展，经推荐上报，文化和旅游部组织评审，大兴区榆垡镇和西城区广安门内街道获得2018—2020年度“中国民间文化艺术之乡”称号。

【赴回天地区开展文化慰问工作】为贯彻落实好蔡奇书记提出的2019年回天地区文化活动热度不减、丰富春节文化活动的指示，开展春节期间赴回天地区开展系列文化慰问活动。2019年春节期间前夕，北京市文化和旅游局组织北京京剧院、中国杂技团、北京曲艺团、首都图书馆、北京文化艺术活动中心等单位，制定了《2019年春节赴回天地区文化慰问活动工作方案》，安排市属文化单位专场慰问演出、打造2019“回天有我”春晚品牌、组织开展“新春送福到家”活动、开展“沐浴书香　欢度春节”活动等四场文化慰问活动，把文化送到回天地区市民群众家门口，让市民群众过一个浓郁的“文化年”。

【开展2019年“我的书屋·我的梦”农村少年儿童阅读实践活动】为贯彻落实《关于2019年“我的书屋·我的梦”农村少年儿童阅读实践活动有关工作的通知》要求，充分发挥益民书屋（农家书屋）服务功能，丰富农村中小学、幼儿园学生暑期文化生活，面向全市农村中小学、幼儿园学生，围绕新中国成立70周年，北京市开展益民书屋阅读实践活动。经过专家评委的评定，最终选送中学组、小学组优秀征文作品各10篇，小学组、幼儿园组优秀绘画作品各10幅。

【开展基层农村公共文化队伍培训工作】根据文化和旅游部《2019年全国基层文化和旅游公共服务队伍培训工作计划》，北京市文化和旅游局统筹安排社文科长培训班、文化馆师资培训班、图书馆师资培训班等培训，对16个区文化管理干部队伍、基层文化队伍、社村文化带头人、基层公共文化大家、群众文艺团队和文化志愿者情况进行统计，建立完善公共文化人才队伍数据库。组织开展基层文化组织员培训，按照六会标准（会做群众工作、会组织群众活动、会指挥唱歌、会乐器演奏、会编排舞蹈、会使用计算机），累计培训5 500名。

农村人才培养

【新增农村实用人才 2 866 人】 2019 年，全市共新增培养农村实用人才 2 866 人，全市农村实用人才总量达到 60 091 人，超额完成全市农村实用人才中长期规划纲要提出的到 2020 年全市农村实用人才 5 万人的目标。

（李晟龙）

【新型职业农民培训】 2019 年，本市开展市区两级分层分类培训，实现就地、就近培训，突出培训的实用性、专业性、创新性，提高农民培训参与率。组织市级示范类培训班 25 期，培训新型职业农民 2 248 人，超额完成市级任务 10%，各涉农区全年累计培训新型职业农民 2.3 万人次以上。

（李晟龙）

【保障返乡人员创新创业】 2019 年，北京市农业农村局会同市人力社保局共同研究出台《关于支持返乡下乡人员创业就业的实施意见》，从政策层面为新农人创业提供了支持和保障。举办第五届北京市农村实用人才优秀创业项目评选资助暨第三届农村创业创新创意大赛活动。评选出 10 个北京市农村实用人才优秀创业项目予以资助，其中的 2 个项目获农业农村部的全国农村创业创新大赛三等奖。推荐怀柔 95 后农村创业人才李思鹏参加团市委“创青春 U30”创业大赛，并获得前 10 强。

（李晟龙）

【农村人才参加全国农村致富带头人评选】 2019 年，北京市推荐农村青年人才参加团中央、农业农村部开展的第十一届“全国农村青年致富带头人”评选活动，来自平谷区返乡创业青年张海龙被评为第十一届“全国农村青年致富带头人”。同时充分利用“人才工作宣传周”“农民丰收节”等平台，在报纸、电视和网络广泛宣传突出贡献农村实用人才事迹，扩大农村实用人才社会影响力。

（李晟龙）

【开展专家智力支援】 2019 年，北京市农业农村局开展各种形式的专家人才对口智力支援服务活动。共选派 25 名植保、蔬菜、畜牧和农机等方面专家参加“首都专家拉萨行”“北京院士专家十堰行”“首都专家青海行”等人才智力服务活动。

（李晟龙）

【组织人才服务京郊】 2019 年，北京市推动市级涉农单位干部科技人员下沉一线，服务农业农村发展。开展“千名干部科技人员进千村入万户”活动。首批选派 796 名干部科技人才对接 796 个村庄，为农民群众解决实际困难，开展“进村入户”调研 1 700 余人次，收集到涉及农业生产技术、农产品产销对接、农村产业发展、农村基础设施建设等问题及建议共 730 余条，部分已经得到现场解决。

（李晟龙）

【农业技术职称评审】 2019 年，北京市农业农村局开展农业技术职称评审工作。完成农业技术系列高级职称评审 138 人，其中通过 91 人；工程技术系列（园林工程、农业工程）高级职称评审 461 人，其中通过 240 人；开展农业技术系列中级职称评审 183 人，工程技术系列（园林工程、农业工程）中级职称 826 人。

（李晟龙）

【创新思路，积极推进新型职业农民培育】 2019 年新型职业农民培育工作以农技人员需求为导向，以区域农业产业发展为立足点，以生产技能和管理能力提升为主线，坚持培育的“前期调研全面化、组织实施规范化、培育对象精准化、课程设置分级化、效果评价及时化”原则，综合运用了专题讲座、实地观摩、网络课堂、考核竞赛等多种形式，有效提升了基层农技推广队伍和新型职业农民的业务能力和综合素质。据不完全统计，2019 年，北京农业职业学院（以下简称北京农职院）共组织开展了门头沟、房山基层农技人员能力提升培训、延庆百名农业领军人物培育、大兴全科农技员应时应季培训、岗前测试、低收入村科技帮扶等多种类型的培训、科技下乡服务以及科普宣传等共 30 次，直接受益 1 574 人，解决重点农业技术问题 1 000 个。并且，在农业农村部第二批全国新型职业农民培育示范基地评选中，北京农职院被成功评为示范基地，编号 101。

【开展农业领军人物培育】 为带动延庆区农业发展、加快推进农业农村现代化提供有力的人才支撑，满足世园会和冬奥会等赛会对农业人才和产业的需求，北京农职院与延庆区农业农村局合作开展了农业领军人物培育工作，为期三年，重点对延庆区优先出来的100名农业领军人物分专业技能型人才班、经营管理型人才班和美丽乡村建设人才班三个班，通过研修培训、专家结对与基地服务、市场对接、外出考察、线上培训等多元化培育方式，进行分类分层培训，逐步、逐年提升领军人物的能力与素质。

【开展“蹲点”培养】针对门头沟区基层农技人员培训需求，北京农职院首次提出实施骨干在编农技人员的“蹲点”培训，对5名骨干农技人员开展了蔬菜全生育期关键技术“蹲点”培训，通过把基层骨干在编农技人员请到院所、实验室和生产一线，近距离与专家接触，进修学习。在开展理论培训的基础上，让他们学习、观摩和亲自体验蔬菜生产技术环节知识，培养技能。培训后，进行了笔试理论测试以及学习情况的专家答辩。经过考评，5名学员综合成绩均在90分以上，在考评中全部被评定为优秀。“蹲点”培训有效探索了区县培育本土化专家技术人才的新路子，从培养本地骨干在编农技人员入手，促进骨干在编农技人员提升理论水平和专业技能，抓住了人才建设这一农技推广体系建设的关键环节，从而全面带动全区基层农技推广体系的发展完善。

【进一步完善多渠道多样化咨询服务培训平台建设】北京农职院充分发挥在开展农业科技培训方面的技术优势，积极整合现有的农民科技培训渠道资源，继续稳定维持12396热线、微信、QQ群、双向视频、在线客服、留言咨询、App、微博、博客等9大渠道的多渠道咨询服务平台。截至目前，各咨询服务渠道服务总人数达17 171人，较2018年增加29%。其中，微信公众平台粉丝为8 843人（服务号7 825人，订阅号为1 018人），咨询服务微信群485人；QQ群1 777人；北京农科热线App用户966人，较上年增加9%。12396热线各栏目信息点击量3 181.67万人次，较上年底增长了205.7万，增长6.92%，网上咨询栏目点击量为1 539.38万人次，较2018年底增长2.03%。合计网站总体点击量达到4 732.05万人次，新增点击量达到246.34万，增长了5.49%。

与此同时，进一步拓展农民科技咨询服务渠道，为广大农户提供更快捷、更方便的咨询服务。积极申请并创建了“京科惠农”头条号及“百度知道”账号，成为农业科技信息传播的新平台。目前，“京科惠农”头条号粉丝量为5 100人，2019年增加粉丝量3 410人，较2018年粉丝增加了2倍，推送农业技术图文信息215次，累计阅读量达864 655次。在今日头条“悟空问答”平台中，“农科惠农”受到官方邀请的问题不断增加，现累计解答重点农业技术问题102个，累计阅读量达10万，回复的问题多次被推荐至头条首页。在“百度知道”中，直接向北京市农林科学院提问的定向邀请问题增加。目前累计解答问题9 187个（含导入问题），日均问题浏览量在2 000次以上，累计浏览量达95.9万次。

【培训培养乡村振兴人才】2019年，北京农职院与北京市海淀区和朝阳区的人力资源和社会保障局合作，面向新疆、河北、内蒙古、河南地区致富带头人，组织了8期专题培训班，培训学员485人次。同时，组织专家团队赴新疆和田地区、河北张家口、承德和保定地区、河南南阳市等开展技术培训和服务指导，培训35次，培训人员超过2 000人。针对受援地区需求，秉承“扶贫先扶智”的理念，培训班开设了国家扶贫形式政策解读与有效利用、“互联网+”时代的农产品销售途径、农产品品牌打造与产游销融合发展、精准扶贫案例经验介绍和参观考察实训基地等课程。参训学员纷纷表示学到了真知识、真本领，增强了带领本地农户增收致富的信心。

【北京农职院信息与经济所承办北京市海淀区对口帮扶地区贫困村创业致富带头人培训班】本次培训为贫困村创业致富带头人讲授扶贫政策、互联网电商，智慧农业等课程，帮助他们发挥带头作用，助力脱贫攻坚。共有来自和田地区和田市的22名致富带头人参加了此次培训班。

【“拉萨市科技骨干草莓种植技术培训班”在北京农职院林果院开班】来自西藏自治区拉萨市城关区、尼木县、色尼区等20余名科技骨干参加了培训。

【北京农职院承担市扶贫支援办项目“拉萨市农产品质量安全监管能力培训”培训班在京开班】培训来自拉萨市农业农村局专业科室、相关区县技术人员等30位学员，共计80个学时，10位专家授课，7位专家现场观摩授课，共计考察7个观摩地点。学员们系统学习农产品质量安全知识和监管相关的技术内容，通过培训班将进一步深化对拉萨农产品质量方面人才的培养，为拉萨净土工程实施和优质安全农产品生产监管提供人才支撑。

【北京市农林科学院承德分院成立】5月10日，召开了北京市农林科学院承德分院成立暨京承农业科技合作对接会议，在承德嘉禾国际饭店举行了承德分院签约和授牌仪式。并围绕承德农业科技需求进行了玉米育种、李杏引进及配套技术、奶牛养殖调控、油鸡养殖、蔬菜和食用菌种植、特色中药材引进等方面座谈和交流。李成贵院长、王之岭副院长及相关处室负责人和所中心专家，承德市王成副市长，承德市农科院相关领导和专家参加了合作对接会。下一步双方围绕承德农业发展，在项目申报、人员交流、科技协同、条件平台、基地建设等方面加强合作。建立成果转化平台。与承德志合汇创科技管理有限公司签署产学研战略合作协议。以该公司为平台，与承德地区涉农企业对接科技需求，加快院科技成果的落地转化。同时建立起技术需求、平台合作、创新研发三位一体的成果转化机制，利用当地创新券等机制，推动中小企业的创新发展。

（马波）

【学生创业团队荣获全国创新创业大赛三等奖】在“中牧杯”第三届全国“互联网＋”现代农牧业创新创业大赛总决赛中，北京农职院参赛项目“草木时光多肉乐园”荣获三等奖。来自 18 个省市 21 所院校的 69 件学生组创新创业项目参加大赛。

（汤久杨　陈兰芬）

【承办第四届“中美未来职业之星联合研习营”北京站活动】第四届“中美未来职业之星联合研习营”在北京农职院开营。教育部中国教育国际交流协会、美国大学与学院协会及中美 40 家院校的师生 60 余人参加了开营式。学生们进行了破冰活动、听取了关于北京历史文化的讲座，参观了农职院多肉温室、兰花展示温室和组培中心，体验了茶艺与压花课程。并安排学生外出游览长城、故宫、中粮智慧农场，通过多元的活动让中美学生对北京和农业职业教育有更进一步的了解。

（付宁花）

【承办华北赛区、西北赛区中国小动物临床技能大赛】北京农职院举办华北赛区、西北赛区中国小动物临床技能大赛第三届“中新贺美”杯骨科大赛专赛（复赛）。来自 9 所院校 41 名选手和 16 位带队领导、教师共同参与了比赛。本次大赛由农职院承办、中国现代农业职业教育集团、东西部小动物临床兽医师大会共同主办，设置 4 个赛项，分为预赛、复赛和决赛三个阶段。西北、华北赛区复赛在紧张友好的氛围中顺利完成。4 名学生获得一等奖。

（于凤芝）

【承办 2019 年北京市（京冀）职业院校（高职组）农林牧渔大类技能大赛】3 月 23 日，2019 年北京市（京冀）职业院校（高职组）农林牧渔大类技能大赛在北京农职院举办。本次大赛包括“园林景观设计与施工”“鸡新城疫抗体水平测定”“艺术插花”“食品安全与检测”等 4 个赛项。来自京冀地区 11 所高职院校的 58 支参赛队、140 名选手参加了比赛，其中河北地区高职院校选手占参赛选手总数的 28.6％。本次比赛的 30 名裁判员中有 86.7％来自企业，充分发挥了大赛对专业教学改革、建设的引领作用，体现了高职院校人才培养与产业发展紧密结合的特点。

（吴迪）

【承办北京市（京冀）职业院校技能大赛“鸡新城疫抗体水平测定”项目】北京农职院承办“北京市（京冀）职业院校（高职组）技能大赛‘鸡新城疫抗体水平测定’项目”。来自农职院等 4 所院校代表队 44 名选手和 8 位带队领导教师共同参与了此次大赛。本次赛项以国家标准《新城疫诊断技术》（GB/T16550－2008）为依据，全面考查高职学生实验操作的准确性、合理性和协作能力。农职院 4 名学生获得一等奖，8 名同学获得二等奖，12 名同学获得三等奖。2 名老师荣获优秀指导教师。

（于凤芝）

【在“蓝桥杯”软件大赛中获一等奖】北京农职院学生在第十届“蓝桥杯”全国软件和信息技术专业人才大赛（北京赛区）荣获一等奖并入围国赛，另有 3 名同学获得三等奖。本届大赛由工信部人才交流中心、教育部全国高等学校学生信息咨询与就业指导中心联合主办，共吸引来自 31 个省（区、市）1 200 多所高校的 6 万余名选手参加。

（赵妍彦　张林红）

【“轨道交通信号设计控制”代表队获市赛二等奖】2019 年北京市高职院校“轨道交通信号控制系统设计与应用”赛项在北京市信息职业技术学院举行，北京农职院获得二等奖和三等奖，并顺利入围全国总决赛。此次大赛，共有来自京津冀高职院校的 13 支代表队参赛。

（张林红　张文静）

【获第三届中国小动物临床骨科技能大赛特等奖】2019 年第三届中国小动物临床技能大赛骨科专赛决赛在厦门国际会展中心举行，北京农职院获大赛特等奖 1 名，获主办方提供的暑假新加坡深造机会

1人次，三等奖3名；2名教师获优秀指导教师，1名教师获大赛先进工作个人奖，农职院获得优秀组织奖和中国小动物技能大赛骨科教学示范基地的授牌。大赛共有来自全国华北、东北、华南等7大赛区40余支代表队参加。

（张永东）

【在宠物美容及影像技能大赛中获奖】第十一届东西部小动物临床兽医师大会暨第三届东西部宠物美容大会在厦门国际会展中心圆满落幕。北京农职院在“第二届全国职业院校宠物美容技能大赛”中获一等奖2名，二等奖1名，获团体优秀组织奖。在“第一届‘万里挑一’影像技能专赛”中获特等奖2名，一等奖2名，优秀指导教师1名。

（段素云　姜晨）

【获2019年“轨道交通信号控制系统设计与应用”国赛三等奖】2019年全国职业院校技能大赛（高职组）“轨道交通信号控制系统设计与应用”赛在吉林铁道职业技术学院举行。北京农职院获团队三等奖。共有来自全国26个省市的84支代表队参赛。

（曲爱玲　边玉超）

【参加京津冀现代农业职教联盟成立大会】6月19日，京津冀现代农业职教联盟成立大会在唐山国丰维景国际大酒店召开。来自京津冀的高职院校、行业企业、科研院所等单位的专家、管理部门领导、企业代表负责人以及新闻媒体等150多人参加了联盟成立大会。大会表决通过了《京津冀现代农业职教联盟章程》和联盟领导机构单位与人选。推举北京农职院为常务副理事长单位，大会成员单位共计82家。

（杨永杰）

【184名师生志愿服务2019北京世园会】6月23日至30日，北京农职院184名师生志愿服务2019北京世园会，在世园会中国馆、植物馆、园艺小镇等34个岗位点进行问询服务、秩序引导、讲解服务、媒体接待、接待协助等服务工作，日均服务游客达35 000人次，累计上岗1 980人次，累计服务时长8 000小时。

（纪冰岛　栗广社）

【留学生在首届“丝路工匠”国际技能大赛中获奖】6月26日，“丝路工匠”职业院校国际合作联盟暨首届“丝路工匠”（北京杯）国际技能大赛在北京举行。北京农职院留学生获得西点烘焙项目的铜奖1项，优秀奖3项，并获得优秀组织奖，优秀指导教师铜奖。比赛共有来自中国、俄罗斯、哈萨克斯坦、乌兹别克斯坦、吉尔吉斯斯坦、伊朗、意大利7个国家的26所职业院校的123位选手报名参加。

（常旭）

【召开新型职业农民学历教育座谈会】7月10日，北京农职院举办新型职业农民学历教育座谈会。教育部、农业农村部、北京市教委、北京市农业农村局、中央农广校、北京市开放大学、北京市教育科学研究院等单位领导和专家到会指导并参加讨论。农职院培训农民实用技术累计30万人次；开设园林技术等14个中专专业，专门培养农村人才；通过自主招生在全国首次招收全日制新型职业农民高职学历学生，进行系统培育，形成了中等、高等农民职业教育的贯通培养、衔接立交的新型职业农民培养体系。针对农民特点，探索形成了“半农半读、农学交替”教学模式，首届78名学生顺利毕业。目前已经累计招生578人。于2018年开设农村经营管理专业（村务管理），培养农村基层管理人才，目前共招生300人。

（杨永杰）

【学农成果参展中国教育创新成果公益博览会】11月20日，第五届中国教育创新成果公益博览会在珠海国际会展中心开幕，为期4天，大会以“汇聚·碰撞·变革：教育创新提升中国力量”为主题，是展示中国教育改革创新成果的最高平台。本次大会新增劳动教育展区，北京农职院应邀携学农教育成果“优化学农教育，创新构建劳动育人新模式”参展。

（钱多）

【在“2019年全国大学生动物防疫职业技能大赛”中获二等奖】“2019年全国大学生动物防疫职业技能大赛”在江苏泰州江苏农牧科技职业学院拉开序幕。大赛由中国现代畜牧业职教集团主办，全国农业职业教育教学指导委员会指导。全国共有30多所院校53支队伍参加。北京农职院获一个二等奖，一个三等奖。

（张玉仙）

【《北京农业职业学院学报》获多项荣誉】11月，在全国高等学校文科学报研究会举办的第六届高校社科期刊评优活动中，农职院学报被评为“全国高校社科优秀期刊”。

（任卫娜）

【召开中国都市农业职业教育集团乡村振兴与职业教育改革论坛暨二届一次理事会】12月20日，由中国都市农业职业教育集团主办的乡村振兴与职业教育改革论坛暨集团二届一次理事会在北京农职院召开。来自全国职业院校、企业的理事代表共计150余人参加会议。会议指出，集团成立四年来，抢抓机遇，乘势而上，在深化产教融合、促进职业教育改革、加强校政校际校企合作、提高人才培养水平，提升社会服务能力、助力脱贫攻坚、开展国际交流等方面开展工作，进一步彰显了都市农业职业教育的鲜明特色，有力地提升了集团服务都市农业发展的能力。会议审议通过了第一届理事会工作报告，会议进行了选举事项，举办了乡村振兴与职业教育改革论坛。

（韩鸥）

农村教育

【乡村小规模学校和乡镇寄宿制学校建设加强】1月30日，北京市教委印发《北京市加强乡村小规模学校和乡镇寄宿制学校建设的实施方案》。明确到2020年的工作目标，提出坚持问题导向、兜住底线、因地制宜的基本原则，明确统筹布局规划、改善办学条件、强化师资建设、强化经费保障、提高办学水平和加强组织领导6个方面的建设和管理要求。实施方案强调市级统筹、区级主责、学校主体，做到各负其责，压实责任，注重落实。建立问题清单，明确具体任务、完成时限、工作标准和责任主体。

（王蕤）

【特岗计划乡村教师招聘288人】4月4日，北京市教委发布《2019年北京市特岗计划乡村教师招聘公告》，为10个远郊区乡村中小学校招聘中小学音乐、体育、美术、历史、地理、生物紧缺学科教师。招聘面向国家统一招生计划（不含定向、委培）的2019年应届毕业生，包括北京地区全日制普通高等学校的本科及以上学历毕业生；京外32所师范院校本科学历师范专业毕业生及硕士研究生以上学历毕业生；非北京生源毕业生须符合北京市进京落户条件。经过报名、资格审查、笔试、面试等程序，共招聘教师288人。

（房卫青）

【“农村美术资源整合”研讨会召开】6月11日，“新课程改革下的农村美术资源整合与课堂教学的实践策略研究”主题研讨会在北京实验学校举行。北京实验学校介绍该校魅力教育理念引领下艺术教育的开展状况及成绩，特别介绍美术班建设经验和美术社团建设。会议围绕“新课程改革下的农村美术资源整合与课堂教学的实践策略研究”主题，分小学、中学组开展研讨。来自全市9所学校的教师分别介绍各校在校本教材开发、课题研究、特色发展、社团活动和工作室活动等方面的经验和成果。卓越教师工作室6名特级教师和特聘专家作点评发言。活动由北京教育学院卓越教师工作室主办。平谷区教育研修中心专家、市教育学院卓越教师工作室平谷区中小学工作室成员、部分中小学美术教师及北京实验学校相关人员等40余人参加研讨会。

（任淑莲）

【高校农村地区专项招生扩大】6月，北京市教委扩大高等院校在城市发展新区和生态涵养发展区农村专项计划。市教委在地方农村专项招生中，计划人数从上年的370人扩大至400人，招生院校范围包括市属本科一批招生高等学校。专项计划进一步提高市农村考生升入本科一批比例。市教委同时继续实施农村户籍落榜考生的“专项培养计划”。依托北京农业职业学院，制定专门的招生和人才培养方案，招生专业以涉农类专业为主，给更多农村户籍考生升学机会。

（张桓）

【房山促进农村完小均衡发展】7月11日，房山区教委举办“提升学校精细化管理水平·促进农村完小均衡发展”——房山区小学精细化管理培训暨“完小协同发展”总结会。会议以总结培训的形式全面回顾“完小协同发展”项目落实情况，组织北京工商大学附属小学、北京市房山区阎村镇阎村中心小学，分别基于自身教育管理经验和对《义务教育学校管理标准》如何落位的思考，围绕“农村学校如何提升管理水平”作专题培训。全区28所乡属学校副校长及各完小协作组成员等100余人参加会议。为全面推进全区义务教育学校管理标准的达标创建工作，提高区内完全小学教育教学管理水平和教育质量，促进中心小学和完全小学协调发展，2018年起，房山区依托“完小协同发展”机制，开展农村完小学校管理标准互查互检，至7月，检查工作实现全区70所完小全覆盖。

（石金生）

【第二期“协同创新学校计划”项目启动】 9月21日，北京教育学院第二期“协同创新学校计划”项目启动。来自16个区的培训机构相关负责人、140所项目校负责人、二级学院院长、业务副院长、各项目负责人、责任专家等260人参加项目启动会。会议总结第一期“协同创新学校计划”项目，介绍第二期项目总体情况、实施方案和管理要求。第二期项目涉及16个区43个项目140所项目校1892名学员，其中郊区项目校占比63%。教育学院制定《“协同创新学校计划”管理办法（试行）》，以全面提升协同创新学校解决教育教学实际问题的能力和水平，特别是推动乡村学校教育教学能力的提升。

（石燕）

【高职院校分类考试招生改革推进】 9月，北京市教委推进高职院校分类考试招生改革。健全“文化素质+职业技能”考试招生方式，推进单独招生、高职自主招生等高等职业院校分类考试招生改革。其中，高职院校单考单招计划招生743人，实际录取136人。自主招生工作计划招生14 335人（其中招收农村户籍考生7 071人），比上年增加992人（包括招收农村户籍考生增加570人），实际录取9 199人。

（张桓）

【3个新型职业农民培训基地通过验收】 10月29日，房山区3个新型职业农民培训基地通过验收。市教委职成处、北京教育科学研究院共同组建4人专家组走进房山区青龙湖镇成人职业学校开展验收工作。专家组听取房山区教委农村成人教育概况、培训成效及发展前景等情况介绍，听取青龙湖成校、城关街道成人职业学校、西潞街道成人职业学校新型职业农民培训基地概况、培训方向、特色品牌挖掘等工作汇报。市教委肯定房山区新型职业农民培养工作并提出意见和建议。

（石金生）

【促进农村教育质量提升】 10月30日，北京市教委主办的北京市农村教育质量提升工作现场会在北京市昌平区百善学校举行。活动组织观摩“四校联盟”课堂教学和教研活动展示，观看课程教育成果展板、展品，参观校园。“四校联盟”做经验分享，介绍联盟发展模式。北京市“春雨计划”项目负责人做点评。市教委相关负责人肯定昌平区在农村教育质量提升工作中主动作为、整体谋划的做法；“四校联盟”立足实际、持之以恒、改革创新的工作模式；指出农村学校要因地制宜、因校制宜，落实立德树人根本任务，立足课堂教学改革，提高课堂教学实效，培养学生综合素质，促进学生全面发展，加强教师队伍建设，提高育人队伍水平，重视家庭教育，形成家校共育合力。活动由昌平区教委和百善学校、北京市昌平区长陵学校、北京市昌平区亭自庄学校、北京市昌平区阳坊中学“四校联盟”共同承办，市教委相关处室负责人，昌平区教委及各郊区教委领导，中小学干部代表等300人参加活动。

（袁宝山　赵立伶）

【寻找北京“美丽乡村学校”活动】 至12月，北京教育音像报刊总社继续举办2019年寻找北京“美丽乡村学校、美丽乡村校长、美丽乡村教师”活动。活动以“走进乡村课堂”为亮点，观摩学校教学特色、感受真实的学习状态。寻访媒体通过报刊、网站、公众号、广播、视频等全媒体方式集中宣传报道走访平谷、房山、密云、通州4区，走访6所美丽乡村学校、4名美丽乡村校长、9名美丽乡村教师，与190名乡村教师以主题访谈、集体采访、问卷调查等多形式互动。全年组织中央及北京25人次媒体记者参与寻访，形成报刊、广播、新媒体、视频等近30篇报道，累计1.2万字。该项活动于2017年启动，实现远郊区全覆盖，走访12个区22所学校，走访美丽乡村学校15所，美丽乡村校长15人，美丽乡村教师20人，与500名乡村教师访谈互动。

（唐莉莉）

【乡村教师岗位生活补助发放】 至年底，北京市教委落实乡村教师岗位生活补助发放工作。为全市370个乡村中小学16 446名教师发放乡村教师岗位生活补助6.75亿元。

（杨馨珠）

【任教满30年和20年优秀乡村教师获奖励】 至年底，北京市教委继续施行乡村优秀教师奖励政策。经各区报送材料及公示、市教委审核、主任办公会审定等程序，北京银行乡村教师奖励基金奖励在乡村学校任教满30年的优秀乡村教师每人1万元，共计 100 人；奖励在乡村学校任教满 20 年的优秀乡村教师每人 5 000 元，共计 200 人。

（杨馨珠）

【直属单位及乡村中小学公开招聘】 至年底，人才交流服务中心协助北京市教委完成直属事业单位及乡村中小学公开招聘工作。协助市教委和海淀区、石景山区教委完成 9 次公开招聘，组织安排考试 7 319人。为市教委 6 家直属事业单位遴选 30 名在编工作人员，为 11 个区教委补充 304 名乡村教师。

（刘勃）

【拓展中小学教师来源】 至年底，北京市教委继续拓展中小学教师来源，全面振兴教师教育。继续实施《北京市拓展中小学教师来源行动计划（2018—2022年）》，开展“北京市乡村教师特岗计划”“北京市公开招聘城区中小学史地政生等紧缺学科教师三年行动计划”两项招聘工作，增加招收1 716名师范生（相关教育专业），招聘紧缺学科教师 1 000 余人，完成为远郊区培养定向师范生的任务。北京师范大学和首都师范大学完成定向培养高起点教师工作，实际完成培训任务的学术型研究生 184 人，实际到基础教育领域工作的 110 余人（另有 20 人到其他教育机构或高校就业）。印发《北京市教师教育振兴行动计划实施办法（2018—2022 年）》《关于北京市师范生公费教育实施细则》《关于卓越教师培养计划 2.0 的实施意见》，系统谋划教师教育改革，规范师范生管理，全面振兴教师教育。

（房卫青）

【实施“北京市农村基层干部人才培养工程”】 至 2019 年底，北京市教委配合市委组织部、市委农工委实施“北京市农村基层干部人才培养工程”。工程依托北京农业职业学院，采取高职自主招生的办法，为乡村基层干部提升学历拓宽途径。2019 年安排招生计划 220 人，实际录取 220 人。

（张桓）

【加强教师队伍建设】 至 2019 年底，密云区教委加强教师队伍建设，提升教师整体素质。招聘新教师 160 人（本地 105 人、外地 55 人），外区调入教师 33 人，引进河南省级名校长 1 人。深化岗位交流工作，实现按需交流、精准交流。全年安排 204 名教师进行岗位交流，包括城区教师到乡村交流 89 人、学科指导 2 人，乡村教师到城区交流 84 人。继续开展中小学教师学科能力测试，涉及中小学、幼儿园的 11 个学科，测试人数 1 800 人。发挥名师、名校长工作室辐射作用，名校长工作室开展专题讲座 40 次，立项市、区级课题 41 个，召开个人办学实践研讨会 2 次。

（李士新）

【精准帮扶】 至 2019 年底，大兴区教委对 4 所优质校、5 所精准帮扶学校、8 所农村基础薄弱校进行分层分类精准帮扶。区教委领导走进 5 所精准帮扶学校，观摩课堂教学、与师生座谈、参与学校重要活动。17 所学校梳理学校发展历程，明晰学校发展优势，制订并落实各项质量提升方案。

（赵欣）

【新时代文明实践工作】 至 2019 年底，延庆区教委开展新时代文明实践工作。确定“两确定一统筹”工作新思路，即确定“助力提升城市文明程度和农村未成年人、农民群众思想觉悟、道德水准和文明素质，服务冬奥世园两件绿色大事的筹办举办”目标，确定“农村未成年人和农民群众，特别是加大对留守儿童、孤残儿童的帮扶力度”2 类服务群体；统筹全区教育优质资源，打开思路，将原来只辐射本乡镇的教育资源，扩大到辐射全区各乡镇，切实用本乡镇中小学优质资源补齐其他乡镇农村教育中的短板。加强新时代文明实践队伍建设，成立雨润妫川教育志愿服务支队，下设农村未成年人教育、属地高校教育和农民教育 3 支分队，有队员 170 人，为农村未成年人和农民群众提供教育服务；组建志愿指导员服务团体，遴选 20 名教育系统基层单位中层以上干部作为志愿指导员，分布到各个乡镇街道，具体负责对接村（社区）文明实践站相应工作。开展新时代文明实践资源整合工作，根据 10 个乡村少年宫现有场地、设施、师资力量优势和特点，成立 15 个文明实践基地，面向区域农民开放，周末、寒暑假为农民免费提供培训场地。面向未成年人和农民群众开展新时代文明实践活动，组织学生参加各类活动；部分学校发挥传统文化教学资源优势，为农民送春联、送温暖、送文化；各职成学校以世园会为契机，开展世园知识、花卉园艺、英语口语等专业培训。

（张美丽）

农村卫生、新型合作医疗

【推进农村户厕改造】 按照中共北京市委市政府工作部署，以美丽乡村建设为引领，全市持续深入推进农村地区户厕改造。成立由农业、卫生健康、城市管理、环保等领域专家组成的改厕专家组，通过研究论证，提出了北京地区常用户厕改造类型。建立全市农村地区户厕改造台账和销账系统，制定下发2019—2020年全市农村户厕改造工作方案和考核标准，明确工作目标、工作原则和重点任务。每月召开全市改厕工作例会，向各区政府通报改厕进度，不断强化各区政治意识，提高政治站位。联合市农业农村局下发通知，要求各区充分认识农村户厕改造的复杂性艰巨性，综合考虑农村地质、气温、供水、空间、农民意愿、生态环境、管护财力、污水设施建设进度等因素，因地制宜选择改厕方式；坚持“进度服从质量”原则，严格按照相关技术标准和要求推进改厕；加大三格式户厕正确使用方式宣传，减少或避免生活污水进入三格式化粪池，以降低清掏频率。以“共推厕所革命，共享卫生健康”为主题开展第31个爱国卫生月活动，宣传美丽乡村建设及户厕改造意义，印制发放改厕海报5万份，宣传品7 000份。2019年，全市13个涉农区累计完成农村户厕改造13.3万户，无害化卫生户厕覆盖率达到96.2%。

【强化村卫生室考核与管理】 按照市卫生健康委《关于加强村卫生室绩效考核的指导意见》，结合基层减负和精减考核指标的要求，年初，组织专家对原有考核指标进行优化和精减。重点减少现场考核指标，利用信息系统和第三方调查结果进行直接核分，现场考核指标不高于总体指标的30%。3月5—8日，结合社区卫生绩效考核组织8名农村卫生工作专家深入涉农区现场考核，经过专家横评和直接核分，昌平区、大兴区、怀柔区位列前三名。

【乡村医生岗位定向免费培养】 2019年，北京市卫生健康委委托首都医科大学继续开展乡村医生岗位人员订单定向免费培养（三年全日制医学大专学历），并从原来每年100名招生计划增加到每年150名，同时将招生计划向生态涵养区倾斜，特别是对承担2022年冬奥会的延庆区大幅增加招生计划。各区招生计划为：延庆50人、密云15人、怀柔15人、平谷15人、门头沟15人、昌平13人、顺义9人、通州9人、大兴9人（房山区无招生需求）。年初，经首都医科大学高职自主招生考试，共录取148人，为3年来招生人数之最。录取新生于9月开学。

【宣传、慰问从业40年乡村医生】 8月16日，北京市举办第二届中国医师节（8月19日）庆祝活动。除朝阳区之外的12个涉农区每区推荐1名从业40年以上的“最美乡医”与北京市“十大健康卫士”和10名“急救先锋”受到表彰。12名“最美乡医”分别是：房山区姜桂玲、大兴区李德水、门头沟区张久良、通州区丁克山、平谷区赵广荣、昌平区郝良成、怀柔区王丙东、密云区周凤敏、延庆区杨占瑞、顺义区李贵福、海淀区王万友、丰台区武起义。此外，在《北京日报》刊登全市2 676名从业40年以上的乡村医生名单，发放“光荣从业40年”荣誉证书，爱心社会组织为每人发放400元慰问金。

【推进村级医疗卫生服务全覆盖】 2019年，北京市持续通过建设村卫生室和为偏远山村提供巡诊服务推进农村基层医疗卫生服务全覆盖。经过相关涉农区规划，全年共需新建和改扩建村卫生室46个（顺义区20个、怀柔区9个、昌平区10个、密云区7个），同时对80个偏远山村提供巡诊服务（房山区17个、密云区7个、门头沟区4个、延庆区39个、昌平区13个）。截至11月底，46个村卫生室全部完成建设任务，80个偏远山村均由辖区乡镇社区卫生服务中心派出医务人员每周提供一次巡诊服务。全年约有近4万农村群众通过巡诊得到基本医疗和公共卫生服务。此项工作列入2019年市政府办实事项目。

【医疗帮扶低收入村及低收入农户】 在2018年排查因病导致低收入农户的基础上，北京市的乡镇社区卫生服务中心继续对辖区低收入人群进行健康管理，包括建立并完善健康档案、开展慢性病管理、提供家庭医生签约服务等。此外，为支持低收入村改善基础医疗设施设备，提升低收入村卫生室服务能力，年内，市委统战部和市卫生健康委共同开展“同心村卫生室”建设，利用爱心企业和社会热心人士捐款，对本市105个（怀柔22个、门头沟22个、延庆21个、房山13个、昌平12个、密云15

个）急需更新和补充基础医疗设备的村卫生室进行设备捐赠。至年底，全部完成计划，共投入资金近500万元。

【乡村医生执业期满再注册】 按照《乡村医生从业管理条例》，结合国家要求，4月，北京市卫健委印发《北京市卫生健康委关于做好乡村医生执业期满再注册的通知》。明确提出再注册工作的依据和要求，包括严格执业再注册规定、做好再注册文档填报和管理、严肃注册过程中的组织纪律。截至年底，13个涉农区全部完成乡村医生执业期满再注册工作，取得新版乡村医生执业证书3 606人。

【乡村医疗卫生政策研究】 2019年，北京市卫生健康委加快乡村医疗卫生相关政策研究，针对乡村医生岗位订单定向免费培养毕业生就业安置、乡村卫生服务一体化管理、新型乡村医生队伍建设等课题进行调研。多次召开涉农区主管领导及工作人员座谈会，了解需求和问题，研究解决办法和思路，并走访通州区、昌平区、房山区、平谷区等涉农区乡镇社区卫生机构和村卫生室，制定《关于乡村医生岗位订单定向免费培养毕业安置使用和管理的通知（征求意见稿）》，加强并推进与相关工作研究。

少数民族乡村工作

【北京市民族乡村经济发展继续保持良好态势】 2019年，北京市集体经济运行情况良好。全市123个民族村集体经济总收入约28.4亿元，主营业务收入约24.5亿元。集体资产总额约89亿元，同比增长19.1%，净资产额约44.2亿元，同比增长20.1%。民族村农民收入持续增加。全市民族村农民人均收入约2.7万元，超过全市平均水平1 700多元，同比增长7.6%。115个民族村人均收入达到所在区或全市平均水平，占民族村总数的93.5%。全市民族村低收入农户人均可支配收入超过1.8万元，同比增长19%，3个低收入民族村约98%以上的低收入农户人均可支配收入超过11 160元的标准线。

（李灵犀　杨琳）

【调研低收入民族村发展工作】 4月18日，北京市民族宗教委有关负责人带队到怀柔区长哨营满族乡三岔口村，调研低收入民族村经济发展工作，并看望市民族宗教委选派干部。调研组召开座谈会，与长哨营满族乡党委书记和村两委班子交流研讨。调研中强调，要认真贯彻落实习近平总书记指示精神，按照“摘帽不摘责任、摘帽不摘政策、摘帽不摘帮扶”的要求，紧抓历史机遇，落实高质量发展要求，进一步巩固脱贫攻坚成效，实现振兴发展。

（刘刚　杨琳）

【北京市召开2019年少数民族乡村经济工作会议】 5月24日，北京市召开2019年少数民族乡村经济工作会议。会前，到怀柔区长哨营满族乡三岔口村、二道河村、喇叭沟门满族乡对角沟门村，实地察看少数民族乡村建设发展情况。会上，市民族宗教委主任钟百利作工作报告，三岔口村、怀柔区、市交通委负责同志作经验交流。市委常委、统战部部长齐静出席会议并讲话。她指出，推动少数民族乡村经济发展，是全面建成小康社会的必然要求，是建设国际一流和谐宜居之都的重要内容，是促进民族团结进步的重要举措。她强调，一是要增强民族乡村发展动能。把生态优势转化为发展优势，把民族特色转变为发展特色。二是要继续推进民族村人居环境整治。编制好规划，着力补齐基础设施和公共服务短板，建立日常管护机制。三是要抓好低收入农户精准帮扶。建立持续增收机制，提高内生发展动力。四是要促进民族团结进步。紧紧围绕铸牢中华民族共同体意识这个根本方向，把民族团结进步教育与精神文明建设、乡村文化振兴结合起来，促进各族群众交往交流交融。要加强组织统筹，强化党建引领，把党对“三农”工作的全面领导落到实处。市委、市人大、市政府、市政协相关部门，市红十字会、北京市农林科学院、北京农学院、怀柔区委书记、有民族乡村的12个区以及相关部门负责同志参加会议。

（刘刚　杨琳）

【北京市各民族乡村热烈庆祝中国农民丰收节】 市民族宗教委按照国家民委与农业农村部等13个部门联合印发的《关于做好中国农民丰收节组织实施工作的指导意见》要求，秉持“庆祝丰收、弘扬文化、振兴乡村”的宗旨，坚持农民主体、因地制宜、政府引导、节俭热烈的原则，突出民族特色，引导各民族乡村开展丰富多彩的节日活动，大力营造欢庆热烈的庆祝氛围。主要特点：①突出团结主题。把丰收节庆祝活动作为民族团结进步创建“进乡村”重要内容和具体措施，把创建与弘扬民族特色农耕文化、民俗文化紧密结合起来，组织开展系列庆祝活动。②强化文化引领。中国文联、北京市文联和密云区古北口镇政府举办系列展演活动，弘扬古北口的兵农文化、民族文化，推动民俗旅游产业发展。③增强群众参与性。房山区高庄村以“共庆丰收、同享欢乐”为主题，组织开展农业文化遗产御稻收割、掼稻谷、脱稻谷、捡拾掉个儿花生等农事体验活动，让群众亲身体验丰收喜悦。④强化活动时代性。房山区窦店村举办“民庆秋收”活动，现场展示现代农业种养联动、生态循环和房山区5G自动驾驶等高科技技术，利用丰收节开展科普教育活动。

（沙海涛　丁希松）

【国家民委副主任赵勇来京调研】8月29日，国家民委副主任赵勇一行4人到怀柔区调研，市委统战部副部长，市民族宗教委主任、副主任及怀柔区代区长、区人大常委会主任、区政府有关负责人陪同调研。赵勇副主任先后调研考察了怀柔区长哨营满族乡三岔口村，喇叭沟门满族乡对角沟门村、中榆树店村。区乡村三级负责同志随行介绍了怀柔区民族乡村整体发展情况，特别是开展民族团结进步创建、发展民族乡村经济、提升各族群众生活品质等情况。赵勇副主任希望北京要着力推动民族乡村振兴，结合北京实际，把怀柔区作为全国民族乡村振兴的试点。要突出规划引领，学习先进省区经验，搞好系统规划，整合农业、旅游、建筑、民族等各领域专家力量，打造乡村经济社会发展综合体。要突出产业支撑，发展文化旅游休闲、绿色有机现代农业。突出民族特色，民族团结进步创建工作要做全国的模范，民族特色餐饮、建筑、文化要传承得好、感知得到、宣传得广。突出体制创新，把相关农业农村改革措施与主要产业发展结合起来，做成全国的样板。

（丁希松　丁希松）

【市民族宗教委学习贯彻落实市委常委会精神】10月12日，北京市民族宗教委组织召开专题座谈会，学习贯彻落实市委常委会各项部署。市委统战部副部长、市民族宗教委主任钟百利出席会议。他强调，要落实市委常委会精神，加快创建全国民族乡村振兴示范区，全面推进民族乡村发展。集中力量加大对民族乡村的支持力度。以怀柔区为试点，先行先试、大胆探索，为全市民族乡村经济发展提供可借鉴的经验。要努力践行“两山”理念，紧紧围绕生态优势和民族文化做文章，紧密结合美丽乡村建设、低收入帮扶、传统村落保护等工作，推动农业与休闲旅游、文化创意、健康养生等深度融合，积极培育发展新产业新动能。市民族宗教委有关负责同志、相关区区委统战部主管部长、区民宗办主任，5个民族乡主要负责同志，部分受表彰的模范集体和模范个人代表参加座谈。

（刘刚　丁希松）

农村社会管理

综　述

2019 年，按照中共北京市委市政府工作要求，市委农工委、市农业农村局深入学习宣传贯彻党的十九大精神，推动习近平总书记关于“三农”工作重要论述在北京落地生根、生动实践，紧紧围绕中心服务大局，创新农村地区社会管理，加强人民内部矛盾化解，扎实开展涉农重大决策社会稳定风险评估，安全生产隐患排查，提升公共安全和农机安全生产工作质量，委局系统和所属单位安全稳定形势平稳可控。

（张晓晓）

维护稳定

【逐级签订综治责任书，扎实落实维稳责任】2019 年初，中共北京市委农工委、市农业农村局按照市委市政府统一部署，与系统和所属单位党政主要负责同志签订了《2019 年社会治安综合治理责任书》，把安全稳定的任务、措施和责任认真细化分解、压紧压实。按照市委、市政府关于做好元旦、春节、“新中国成立 70 周年”等重点时期安全稳定工作的统一部署，多次组织召开系统安全稳定工作会议，部署会商研究各单位在综治、维稳、公共安全方面的突出问题和隐患，从政治稳定、反恐防爆、社会稳定、公共安全、网络舆情等方面，部署了重点人员管控、矛盾问题化解、安全隐患排查等重点工作。积极维护全国“两会”期间安全稳定，启动委局系统“两会”期间维稳情报信息战时会商机制，及时发现、主动防控各类风险隐患。系统各单位严格执行领导带班和值班制度，及时提高安全防控等级，增强应急保障能力。

【扎实开展涉农重大决策社会稳定风险评估】根据《北京市重大决策社会稳定风险评估实施细则（试行）》《北京市重大决策社会稳定风险评估简易评估程序适用办法（试行）》等文件要求，按照应评尽评目标，本市在 2019 年完成了《关于推进乡村振兴战略实施的若干专项行动措施》《促进设施农业健康有序发展的扶持措施（试行）》《关于加强本市农村宅基地及房屋建设管理的指导意见》等 3 项涉农社会稳定风险评估工作，为促进涉农重大决策更加科学、合理，预防和减少矛盾纠纷提供了有力保障。

（张晓晓）

信访工作

【到市集体访情况】 2019年1—12月，北京郊区到市集体访共358批4 854人次，与上年同期363批3 858人次相比，批次下降1.4%，人次增长25.8%。从2019年以来到市的集体访来看，围绕反映占地拆迁安置补偿、住房回迁房建设、选举问题、农村集体资产分配及管理、基层干部管理、违法违纪等问题较为突出，下一步需引起高度关注。

【到北京市农业农村局上访情况】 2019年1—12月，直接到市农业农村局上访共计88批154人次，与上年同期99批551人次相比，批次和人次分别下降11.1%和72.1%。从2019年以来到委局直接来访的情况来看，土地承包流转纠纷、资产处置及管理、新农村建设、疫情防控及补偿、土地征占补偿、粮食直补、设施农业等问题较为突出，与全市煤改清洁能源、深入推进土地确权登记颁证、集体资产管理的大背景相吻合。

【来信情况】 2019年1—12月，北京农业农村局共收到群众来信71封，其中，涉及基层选举问题26封，基层干部问题10封，匿名纪检信访举报5批，违法建设问题2封，资产处置问题5封，养殖小区后续发展问题8封，政策性转居问题1封，环境污染问题1封，种植咨询5封，土地承包问题4封，宅基地问题3封，土地征占补偿问题1封。以上来信均按照信访程序转交或移送有关部门办理。

【网络信箱来信情况】 2019年1月1日至12月23日，北京市农业农村局网络信箱共接收群众来信82封，同比上升382%，来信已走纸制摘报并已办结。反映主要问题涉及农村经济管理、农村民主管理，农村土地承包、农村土地征占、农村产业发展、农村基础设施建设、农村民生、农村精神文明来、涉农行政审批等。

【认真落实信访工作责任制】 中共北京市委农工委、市农业农村局每年坚持把信访和维稳作为和系统各单位、所属单位签订平安责任书的一项重要内容，不断强化对矛盾纠纷化解工作的督导检查。工作中深入贯彻落实《关于领导干部定期接待群众来访的意见》《信访工作责任制实施办法》《信访工作责任书》有关要求，结合委局自身工作特点，变群众上访为主动下访，并结合工作实际将下访贯穿于基层调研的全过程。2019年以来，市农业农村局班子成员结合年度信访维稳任务和业务工作，共开展赴系统基层单位领导下访32次，有力推动了解决问题的工作力度，促进了系统和郊区农村和谐稳定。制定完善委局“两会”期间安保维稳工作方案，主管负责在全国“两会”和敏感时间节点，及时召开系统信访维稳工作会议及时传达部署信访维稳工作要求，并先后6次率队深入系统单位督查矛盾纠纷化解。

【深入开展矛盾纠纷排查化解工作】 为进一步做好全市郊区农村矛盾纠纷排查化解维护稳定工作，按照全市信访联席会议办公室的统一部署，结合2019年全市“三农”重点工作和当前面临形势，开展了3次矛盾纠纷大排查，围绕重点时期结合自身工作实际开展了4次专项排查。工作中，坚持按照诉求合理地解决问题到位、诉求无理的思想教育到位、生活困难的帮扶救助到位、行为违法的依法处理的总要求，及时就地解决群众合法合理诉求，维护正常信访秩序。市委农工委、市农业农村局在定期排查和专项排查的基础上，结合委局自身实际和工作特点，在农村和系统内部认真开展矛盾纠纷排查化解等工作。切实开展矛盾纠纷排查化解工作，做到情况清、底数明、数字准，把矛盾纠纷化解在基层、人员吸附在当地，避免小问题拖成大问题，避免一般性问题演变成信访突出问题。工作中，更加注重借鉴以往矛盾纠纷排查化解的成功经验和做法，将矛盾纠纷排查化解工作经常化、动态化。注重从建立工作台账，实施动态跟踪管理、定期通报、销账报备等制度入手，从体制机制上将矛盾纠纷纳入经常性工作，始终做到底数清、情况明。在全面排查的基础上，特别是对涉农的矛盾和问题积极会同有关部门从源头研究化解矛盾的治本之策。

【开展全市农村涉农信访维稳培训】 为进一步提升郊区农村基层干部信访维稳工作水平和涉农矛盾纠纷排查化解能力，2019年8月20—23日，在稻香湖会议中心举办全市信访维稳工作培训班。全市各郊区农业农村局主管信访领导和科室负责人、各区经管站主管农村土地承包经营纠纷调解仲裁工作主管领导和科室负责人、部分乡镇从事信访工作主管领导、系统各单位从事信访维稳工作的处室负责人近 80 人参加了会议。会上重点围绕行政复议应诉案件看农业依法行政、关于做好农村信访工作的几点体会、居安思危与社会风险治理、农村土地制度及其改革等专题请高校专家和信访业内资深人士进行了讲解，进行了分组讨论。通过学习培训和研讨，进一步巩固“不忘初心、牢记使命”主题教育成果、做好信访维稳工作的认识，有力增强了责任感和使命感，切实提升了基层在复杂情况下解决信访问题化解矛盾纠纷问题的能力和水平。

（李旭辉）

综合治理

【配合开展城乡接合部地区安全隐患综合整治】 按照北京市政府《关于组织开展“疏解整治促提升”专项行动（2017—2020 年）实施意见》，2019 年中共北京市委农工委、市农业农村局重点开展农村人居环境整治、加强基层组织建设、研究出台农村宅基地管理办法等 3 项重点工作。制定了《关于 2019 年推进城乡接合部重点地区重点村“两委”班子建议的工作方案》《关于 2019 年推进城乡接合部地区农村人居环境整治工作的实施方案》，定期报送工作信息。

一是加强人居环境整治工作。针对市、区两级挂账的 178 个村庄进行摸查，市、区两级挂账村中共有 164 个开展人居环境整治工作，其余 14 个已城市化村庄已纳入城市管理范畴。印发《关于做好市郊铁路沿线及城乡接合部地区村庄环境整治工作的通知》，督促指导各区抓好城乡接合部任务村庄的环境整治工作，并进一步建立环境管护长效机制，保持整治效果。

二是加强基层组织建设工作。会同市委组织部组织举办了全市新任职村“两委”主要负责人、优秀村党组织书记示范培训班和村级后备人才培训班，共培训新任职村党组织书记兼村委会主任、优秀村党组织书记及村级后备人才及软弱涣散村党组织书记 568 人，其中涉及城乡接合部挂账村干部 31 人次。围绕城乡接合部地区村“两委”建设工作，加大调研、指导力度，夯实各区、乡镇党委政府责任，把城乡结合重点地区村“两委”建设工作进展情况纳入农村基层党建工作重点内容。

三是研究出台农村宅基地管理办法。编制了《农村宅基地法律法规和政策摘编》，分片区召开了 3 次宅基地及建房管理政策交流座谈会，听取各层级干部群众关于加强宅基地及建房管理的意见和建议。分 2 次召开市相关委办局及部分乡镇有关负责同志参加的政策研讨会，形成了征求意见稿，按程序与市规划自然资源委、市住房城乡建设委联合会签。

【努力推进农业行业“雪亮工程”建设】 深入贯彻落实中央、北京市委市政府的部署和要求，按照《北京市公共安全视频监控联网应用工作实施方案（2016—2020 年）》要求，中共北京市委农工委、市农业农村局指导系统各单位认真开展技防设施普查，积极推进各类公共安全视频资源的共享应用。加快实施北京市特优农产品生产基地公共安全视频监控建设。遴选 15 家农业园区，开展特优样板基地“雪亮工程”建设。启动规模养殖场生物安全智能监控系统试点建设。结合养殖场生物安全智能监控体系建设，通过在畜禽规模养殖场区安装视频监控设备，应用人工智能技术实现动物识别、人员识别、车辆识别，建立养殖场区内外统一的生物安全屏障。通过智慧农园项目，选取了 3 家农业生产经营企业完成视频设备安装，共安装了高清红外摄像机 152 套用于物联网视频监控。选取 26 家畜禽定点屠宰企业安装视频监控终端，实现对关键环节全程视频监管。

【配合市扫黑办在北京市农业农村领域开展扫黑除恶专项斗争】 贯彻落实中央和北京市委关于扫黑除恶专项斗争有关部署，按照农业农村部在农业农村领域开展扫黑除恶专项斗争的要求，中共北京市委农工委、市农业农村局制定方案，明确任务分工和工作要求，按要求每月及时报送工作信息。全年正式移交涉黑涉恶线索 11 条。委局所属执法队伍在“三夏”“三秋”重点时节及“双随机”执法工作中，共出动执法人员 1 257 人次，在全市涉农区开展农业执法检查，严厉打击农业行业违法行为，防止在本行业滋生黑恶势力。坚持靶向性宣传，全年共出动宣传人员 738 人次，发放宣传材料 16 780 份。在局政务网站建立“扫黑除恶督导立行立改”宣传专栏，加强涉黑涉恶舆情监测、研判。

（申宁家）

安全生产

【加强安全生产责任制的落实】一是领导高度重视。中共北京市委农工委、市农业农村局领导班子高度重视农业行业和委局系统和局属单位安全生产工作。委局主要负责同志利用工委会和局办公会等不同时间，传达安全工作会议精神，部署委局相关安全工作。为认真贯彻落实市委市政府《关于进一步加强安全防范工作的紧急通知》精神，积极营造和谐稳定的社会环境，做好新中国成立 70 周年庆祝活动安全保障。4 月中旬，委局领导亲自带队对系统和所属单位开展了一次覆盖式检查，坚持问题导向，突出体系建设，压实管理责任，进一步强化安全生产齐抓共管、人人负责抓落实的工作格局。二是层层传导压力。委局多次组织召开了由系统各单位党政主要和主管负责同志及安保部门负责人参加的安全工作会议，听取工作汇报、会商重要问题、总结经验教训、部署年度和重点时期安全生产工作，切实做到安全生产有计划、有部署、有督导、有落实。三是完善各项措施。通过督导检查、隐患排查、专业培训、值班备勤等方式，有效落实各项安全防范措施，进一步强化安全监管责任，切实做到措施到位，责任到人。

【持续提升系统安全保障水平】一是积极开展安全素养培训。7 月 31 日至 8 月 1 日，中共北京市委农工委、市农业农村局组织各区农业农村部门安全生产工作的主管负责同志及部门负责人、市农业农村局相关处室、委局系统单位、相关企业安全生产工作负责人共约 120 余人的安全工作培训。重点围绕安全生产、安全维稳、消防安全、交通安全等方面进行授课。通过系统而生动地讲解安全生产主体责任、监管责任、隐患排查治理、风险管控等方面内容，进一步加深了参训人员对安全生产政策法规、相关理论知识和“党政同责、一岗双责、齐抓共管”“管行业必须管安全、管业务必须管安全、管生产经营必须管安全”的理解，增强了安全管理的实操能力，强化了安全意识，提升了工作信心。二是着重抓好重点内容整治。印发《关于报送安全维稳工作隐患台账的通知》，制定了安全隐患风险排查模板，围绕系统内部治安防范、消防安全、交通安全、重点人员帮教、矛盾化解、保密工作、网络安全、安全生产、应急值守等 9 个方面，开展安全隐患风险排查，形成了系统单位安全维稳工作隐患台账。三是突出重要节点严抓治理。委局扎实开展安全隐患排查治理活动，采取“四不两直”方式，不定期对学生宿舍、食堂、出租房屋、地下空间等重点场所的消防设施、设备器材、化学实验室等加强安全检查，及时发现并集中清剿安全隐患。做到每次检查有记录、有点评、有反馈，并对检查的问题开展回头看活动，认真抓好问题的整改落实，不挂空挡，有效地避免了各类事故的发生。

【认真做好安全生产督察问题整改】中共北京市委农工委、市农业农村局牵头组织完成市级和国务院安全督查检查工作。北京市农业农村局组织 12 个涉农区和相关处室、站所逐条汇总整改材料，梳理了 64 项 159 个整改任务，起草督查整改情况汇报材料。配合市督察组开展现场检查，组织种植业处、畜牧渔业处、农机处、生态建设处、兽医兽药处参加督察“回头看”问询，完成市安委员会安全生产督察“回头看”工作。梳理出“平安渔业”创建、“平安农机”创建和农业机械安全专项整治三条考核内容，牵头汇总整理畜牧渔业处和农机处材料，起草自查报告，报送佐证材料，组织现场检查，完成国务院安委会安全生产和消防安全督查检查。

【加强安全生产工作部署和检查】中共北京市委农工委、市农业农村局制发《2019 年北京市农业安全生产工作要点》，明确 16 项重点任务，制发《2019 年农业安全生产工作方案》，进一步细化工作措施，部署安全生产工作。制发《关于开展农业安全生产大检查工作的紧急通知》《关于开展 2019 年委局系统安全工作检查的通知》，安排部署农业行业、领域安全生产专项检查、安全生产大检查。截至 12 月 31 日，检查农业生产主体7 056个，共发现风险隐患 671 个，隐患整改完成 660 个，另 11 个限期整改。并完成委局系统单位和所属单位安全工作分片区互查 2 次。

【稳步推进消防安全工作】中共北京市委农工委、市农业农村局按照“万无一失、一失万无”的工作标准，科学研判形势，把握防控重点，找准薄弱环节，严查严治火灾隐患，严管严控火灾风险，严密人防物防技防措施，强化重点时段特殊管控。在抓好平时火灾防控的基础上，为确保春节、“两会”等重点时段的火灾防控形势稳定可控，认真分析研判形势，要求系统单位制定并严格落实人防物防技防措施，逐级逐岗明晰职责、分解任务、细化措施。扎实开展了“防风险、保平安、迎大庆”消防安全执法检查专项行动集中整治活动，主管负责同志第一时间传达部署，要求各单位进行再发动、再部署，确保挂账隐患问题清零，为首都安全稳定做贡献。委局领导多次亲自带队，对系统各单位重点部位和事故隐患点进行了拉网式检查，现场查看各单位事故隐患和薄弱环节，并提出整改工作意见和建议。印制消防安全宣传品，利用多种形式开展消防安全宣传活动，将消防安全宣传品送到农民手中，进一步提升农民的消防安全意识。

（张晓晓）

农村法治建设

综　　述

2019年，是实施乡村振兴战略、全面建成小康社会的关键之年。北京市农业农村局以习近平新时代中国特色社会主义思想为指导，认真贯彻落实市委市政府决策部署，积极开展涉农立法工作，严格规范行政执法行为，严肃行政执法，有效开展行政执法监督，采取多种形式，深入开展农业农村普法宣传，稳步提升依法行政水平，为建设国际一流的和谐宜居之都提供坚强法治保障。

（魏鹏）

农村立法工作

【完成涉农地方性法规修订工作】北京市农业农村局组织完成对《北京市动物防疫条例》《北京市农业机械化促进条例》的建议修订草案，5月29日，市十五届人大常委会第十三次会议审议通过《关于修改〈北京市农业机械化促进条例〉等11部地方性法规的决定》，涉农地方法规体系进一步完善。

（魏鹏）

【推进完成《北京市野生动物保护管理条例》立项论证】北京市农业农村局与市园林绿化局共同完成立项论证报告的起草与报送。8月1日，市十五届人大常委会第三十三次主任会议审议通过《北京市野生动物保护管理条例》立项论证报告。

（魏鹏）

【落实立法修订项目调研论证】北京市农业农村局完成修订《北京市实施〈中华人民共和国种子法〉办法》《北京市农村集体资产管理条例》的调研论证，形成两个调研报告，对下一步立法的必要性、可行性以及拟规定的主要内容进行了研究论证，做好立法项目储备。

（魏鹏）

依法行政工作

【推进农业综合执法改革】北京市农业农村局对局属6个执法站所、5个涉农区的农业综合执法机构广泛深入调研，印发《北京市农业综合执法改革过渡方案》，探索建立了过渡期执法运行机制，改革过渡期于8月1日启动，至北京市农业综合执法总队正式组建完成后结束。根据北京市机构改革实际，落实执法职权划转，共向市园林绿化局、市交通委等部门移交行政职权19项；研提落实向街道乡镇下放执法职权1项。

【强化行政执法监督】北京市农业农村局研究全面

推行行政执法公示制度执法全过程记录制度重大执法决定法制审核制度实施意见，明确工作要求，细化责任分工，确保行政执法三项制度自2020年1月1日起全面施行。组织开展行政处罚案卷评查工作。市区两级农业执法机构自查自评528个行政处罚案卷，并抽选部分案卷进行集中评查，选送5卷参加农业农村部评查。开展纠治执法不公选择性执法随意性执法排查工作，明确排查重点，组织局属执法单位对三方面七类重点问题进行排查，并对部分案卷进行抽查，无执法不公选择性执法随意性执法情况。

（魏鹏）

【促进行政执法规范】北京市农业农村局修订行政处罚自由裁量基准。结合本市农业执法实际和法律法规立改废情况，对涉农法律法规规章中行政处罚条款的裁量基准进行修改完善。组织对涉及农业农村系统的46项行政职权事项进行调整，形成2019年版权力清单并及时公示。加强队伍建设，为市区两级新考取执法资格人员办理执法证件311个，充实农业执法力量。修订新一版农业行政执法考试专业试题，完善全市农业行政执法人员考试基础题库。

（魏鹏）

【农业行政执法基本情况】2019年，北京市农业农村系统共开展行政检查352 443次，查办案件2 151起（简易程序1 375件，一般程序776件），罚没款金额301.95万元。

（魏鹏）

【强化依法行政理念】北京市农业农村局研究印发《北京市农业农村局全面推进依法行政的工作意见》，明确全市农业农村系统完善制度建设机制，加强和规范执法，深入推进行政体制改革等6方面22项重点工作，为全市农业农村系统全面推进依法行政提供指导；出台《北京市农业农村局公平竞争审查制度实施办法》，明确各部门在制定市场准入、产业发展等涉及市场主体经济活动的政策措施时，实施公平竞争的审查机制、审查标准、例外规定、责任等工作要求，确保政策措施合法有效。

【做好复议应诉工作】北京市农业农村局系统全年行政复议案件共213起。对本局受理的以区农业农村局为被申请人的63件行政复议申请，按照法定程序进行审理并作出复议决定；本局作为被申请人被复议到市政府、农业农村部共150起，按照法定程序按时提交答复意见。做好行政诉讼应诉工作。全年共有69件起诉市农业农村局不履行信息公开法定职责的行政诉讼案件，法院对全部案件均裁定驳回当事人起诉。

（魏鹏）

【规范各类行政行为】北京市农业农村局全年组织完成对行政规范性文件、重大决策事项、行政处罚案件等合法性审核335件。

（魏鹏）

【开展农作物种子执法活动1 423次】年内，全市共组织种子执法活动1 423次，同比增加24%；出动执法人员6 478人次，同比增加31%；检查种子生产经营单位3 481家次，同比增加23%；累计抽检种子样品311份，抽取企业（门店）110家次，涉及作物有玉米、大豆、蔬菜等，样品总合格率为98.1%；查办各类种子案件62件，同比减少10%，做出行政处罚18起。处理种子纠纷29起。

（刘晓燕）

【开展种植业农产品质量安全执法检查】年内，北京市农业农村局开展重点时段检查、世园会“百蔬园”专项检查、“不忘初心、牢记使命”主题教育中推进农产品质量安全问题专项整治、京津冀联合督导检查等，共出动农产品质量安全执法人员276人次，共检查12个区41个镇的80个蔬菜基地。对检查中发现的风险隐患和轻微违法情节，现场提出整改意见200余条。

（李久强）

【“渔政亮剑”专项执法行动举办】年内，北京市农业农村局渔政监督管理站在全市范围内组织开展“北京渔政亮剑2019”系列专项执法行动。全市渔政出动执法人员27 961人次，执法车辆7 119车次，执法船艇881艘次，开展执法检查8 167次，查处涉嫌非法捕捞水产品罪案件30起，涉案人员40人。做出行政处罚决定案件366起，罚款229 260元，清理违规网具126 643米，没收电捕工具21套、鱼竿1 526支、渔船和橡皮筏22艘，发放宣传材料49 650份，区级以上新闻媒体宣传报道81次。

（徐立群）

【北京市开展红盾护农，保护农民权益】2019年，全年市级监督抽查共计抽检化肥和农用薄膜样品共128组，抽检合格率98.4%，并依法对不合格产品及经营主体进行了处理。

【农业机械监督执法】北京市农业农村局继续深化农机行政执法“双随机”机制与“风险分级、量化监管、档案管理”工作机制相融合。全年，北京市农业机械监理总站共完成执法检查489件，对20个重点监管对象和41个重点监管区域开展“双随机”执法检查61次，做出行政处罚35件。联合北京市公安局公安交通管理局出台《关于印发北京市农机交通违法专项整治行动实施方案的通知》（京政农发〔2019〕50号），5月至11月，在北京市范围内开展农机交通违法专项整治行动，重点对无牌证、假牌证、注销拖拉机和在道路上违规行驶的联合收割机进行联合执法检查。全年市、区两级农机监理机构会同应急管理、市场监督管理和交管等部门开展联合执法212次，其中，检查农机专业合作社61家，上道路农业机械256辆，整改安全隐患36起，切实保障农机作业生产安全。

（王科程）

【农业机械安全监管】北京市农业农村局起草并下发《北京市农业机械监理总站关于加强春耕及“两会”期间农机安全监管工作的通知》（京农机监发〔2019〕3号）、《关于认真做好2019年“三秋”期间农机安全监管工作暨迎接建国70周年农机安全生产专项整治行动的通知》（京农机监发〔2019〕24号），对全市重点时期农机安全执法监管工作进行部署。重点时节分赴各区开展执法工作督导，定期统计各区行政执法完成情况，加强对各区农机行政执法工作的监督与考核。

（王科程）

【集中开展行政审批服务】2019年，北京市农业农村局共办理行政审批事项2 365件（即办件458件，非即办件1 907件）。未进驻服务大厅的“非主要农作物品种登记”审查1 083项，其中通过审查报送农业农村部480项；“动物和动物产品检疫”（贮藏分销检疫审批）办理126 794件。

（李发）

【梳理农业农村系统行政审批事项】2019年，北京市农业农村局共梳理出农业农村系统行政审批事项94大项、132小项，其中行政许可74大项、111小项；行政确认4大项、4小项；其他行政权力16大项、17小项，其中市级事项58大项、70小项；市区共有事项11大项、13小项；区级独有事项24大项、46小项；区街共有事项1大项、1小项；街乡级独有事项2大项、2小项。

（李发）

【简化行政审批服务事项申报材料】2019年，北京市农业农村局对38个市级事项（含市级独有和市区共有，共54个子项）、32个区级事项（区级独有，共55个子项）的申报材料进行精简，精简比例达到61%。其中，市级事项申报材料总数由796项减少至358项，精简比例由上年年初的15%提升至62%；区级事项申报材料总数由682项减少至285项，精简比例由上年年初的1%提升至60%。

（李发）

【优化行政审批服务办理流程】2019年，北京市农业农村局对出售、购买、利用国家重点保护水生野生动物及其制品的许可，农药广告审查，畜禽定点屠宰审批，从事饲料、饲料添加剂生产的企业审批和人工繁育国家重点保护水生野生动物审批等5个事项办理过程中存在的问题进行规范，精简不必要审批环节、规范许可证名称及审批范围。

（李发）

【压缩行政审批服务事项办理时限】2019年，本市全面压减政务服务事项，特别是行政许可事项的办理时限，大幅压减列入北京市禁限目录事项和“零办件”事项的办理时限。全市农业农村系统130个事项共压减时限1 462.75天，压减比例达61.02%（总法定时限为2 442天），其中109个行政许可办理事项办理压减时限1 178.875天，压减比例达62.47%（总法定时限1 887天）；21个行政确认、其他行政职权办理事项压减时限283.875天，压减比例达55.66%（总法定时限555天）。

（李发）

【启动行政审批服务事项容缺受理】2019年，北京市农业农村局启动行政审批服务事项容缺受理。除当天需办完的审批事项外，其他事项全部纳入审批材料容缺受理；申报材料欠缺或存在瑕疵，可边审批边补充材料。

（李发）

【推行行政审批办结材料快递服务】2019年，北京市农业农村局推行行政审批办结材料快递服务。选择邮寄方式的申请人，在网络申请或现场申请办理审批事项时，可以选择邮寄方式并填写好邮寄地址，无须再到大厅现场取得批准文件。

（李发）

【规范审批服务行为】北京市农业农村局 2019 年底出台了《北京市农业农村局关于印发北京市农业农村局行政审批服务工作管理办法（试行）的通知》（京政农发〔2019〕161 号）。管理办法共 5 章 20 条，明确了行政审批服务工作的职责分工、审批流程、工作纪律，规范了全局及法律法规授权具有审批权的所属单位的行政审批服务行为。

【行政审批服务事项移交】根据中共北京市委办公厅、北京市人民政府办公厅印发的北京市农业农村局“三定方案”、市交通委员会“三定方案”、市园林绿化局“三定方案”，市农业农村局分别与市交通委员会、市园林绿化局就“渔船检验和监督管理职责”“渔业自然保护区管理职责和草种管理职责”移交达成一致，涉及政务服务 9 个事项（“渔业船舶检验”移交市交通委员会，其余 8 个移交园林绿化部门）。市农业农村局自 6 月 1 日起不再办理上述业务。

【取消、下放行政许可事项】落实《国务院关于取消和下放一批行政许可事项的决定》（国发〔2019〕6 号）精神，及时将“添加剂预混合饲料和混合型饲料添加剂产品批准文号核发”和“新兽药临床试验审批”2 个事项由审批改为备案，及时调整了北京市农业农村局行政审批服务事项目录，并对外进行了发布。

农村法治宣传

【出台普法工作计划】北京市农业农村局制定出台《2019 年普法依法治理工作计划》，部署安排年度普法和依法治理工作。

（魏鹏）

【农业农村系统开展多种形式普法活动】北京市农业农村局组织五次局办公会会前学法，提升委局干部依法行政能力；组织一期行政执法人员培训班，重点讲解行政执法“三项制度”、法治思维与依法行政、扫黑除恶应知应会知识，市区农业农村系统 100 余名执法骨干参加；组织编印《农业农村法律法规规章汇编》，收录 182 部现行有效的法律法规规章，便利全市从事“三农”工作的同志学习相关法律法规，进一步提升法治理念。

（魏鹏）

【农业农村系统组织宪法主题宣传】12 月 2 日，本市在顺义区高丽营镇一村举办“宪法进农村”主题日宣传活动。活动由农业农村部和市政府共同主办，韩俊副部长、卢彦副市长出席活动并讲话。以“深入贯彻实施宪法法律，推进乡村治理体系和治理能力现代化”为主题，针对农民群众法治需求和关注的热点问题，深入农村开展宪法和涉农法律法规宣传教育，为实施乡村振兴战略、推进乡村治理体系和治理能力现代化营造良好的法治氛围。

（魏鹏）

【本市多种形式开展普法活动】2019 年，各区及各街乡、社区、村有橱窗、长廊、显示屏等基层普法宣传阵地 6 703 个；北京普法微信、微博紧紧围绕市委市政府中心工作开展贴近群众生活贴近基层的普法宣传。微信平台粉丝量 83 030 人，累计推送公众号图文 583 条，总阅读量 41.4 万人次。微博粉丝 218.1 万，推送图文 1 116 条，总阅读 700.4 万人次。在中国长安网、人民网、新浪微博 2019 年 6 月司法行政系统微博排行榜省级司法行政系统分榜位列全国第九，12 月底，“北京普法”微博荣获“2019 年度中国优秀政法新媒体”。

【本市集中开展“送法下乡”活动】1—3 月，结合“北京普法联盟”“国家宪法日宪法宣传周”等全市重点普法宣传活动，北京市农业农村局组织广大普法志愿者团队深入首都农村基层，通过“以案释法”、法治讲座、法律服务等普法宣传方式，在全市开展“法律进农村”主题普法活动，为农村提供形式多样、内容丰富、主题鲜明的普法宣传，有效提升农民法治意识和法律素养。

【北京市召开两次市委全面依法治市委员会守法普法协调小组会议】3 月 29 日、8 月 8 日，市委全面依法治市委员会守法普法协调小组先后两次召开会议，研究推动守法普法协调小组工作机制建设，制定工作规则，审议通过《2019 年北京市普法依法治理工作要点》，明确了全年围绕农村土地确权等涉及群众切身利益的问题开展法治宣传的普法任务。

【北京市召开 2019 年普法依法治理工作会议】3 月 29 日，本市召开 2019 年北京市普法依法治理工作会议。市委常委、宣传部部长、市委全面依法治市委员会守法普法协调小组组长杜飞进出席会议。会上，播放2018年北京市法治宣传教育工作巡礼片，为获得2018年法治动漫微电影征集活动组织奖单位颁奖，向各区各单位代表赠送《北京市以案释法案例汇编》，市检察院和怀柔区分别作典型发言。会议从提高站位、坚持以习近平新时代中国特色社会主义思想为统领，服务中心，突出“五个围绕”，守正创新、推动新机制新方法新实践等三个方面，计19项具体任务对2019年全市普法依法治理工作进行部署。

【全面启动北京市法治宣传服务世园冬奥系列活动】 4月2日，北京市司法局联合延庆区法宣办等单位，举办“服务世园　迎接冬奥　法治宣传在行动”主题宣传活动启动仪式。在世园会举办期间，全市通过开展百场“以案释法”巡讲、组织大型集中免费法律咨询、打造立体普法阵地、制作发放世园会主题法治宣传产品等十大普法惠民活动，切实解决基层群众相关法律需求，帮助普通市民掌握世园会、冬奥会相关法律知识，夯实世园会、冬奥会法治宣传教育群众基础。共开展“服务世园　迎接冬奥　法治宣传在行动”主题宣传活动89场，专题讲座51场，主题知识竞赛8场。

【制定《北京市国家机关“谁执法谁普法”普法责任制实施办法》《北京市普法责任制清单》】 4月3日，本市研究制定《北京市国家机关“谁执法谁普法”普法责任制实施办法》和《北京市普法责任制清单》。进一步明确“谁执法谁普法”工作责任主体、国家机关普法的主要内容、落实“谁执法谁普法”责任制的职责任务和需要强化的工作机制。《普法责任制清单》以条目的形式，明确全市各部门普法的共性责任和两批共61家单位的个性责任，有的放矢层层分解普法任务，明确责任单位，强化普法职责。将“深入学习宣传涉农法律法规；建立健全农业执法人员以案释法制度，通过解剖疑难案例提升农业执法人员法治素养；加大基层乡村治理工作力度，提高基层依法决策的能力水平，提升基层社会法治化管理水平”等具体普法职责任务列入普法责任清单，指导主责部门落实普法责任制，开展农村法治宣传教育工作。

【开展“4·15”全民国家安全教育日普法宣传主题活动】 4月3日，全市各区、各单位开展以“坚持总体国家安全观　着力防范化解重大风险　喜迎中华人民共和国成立70周年”为主题的普法宣传系列活动。4月14日，司法部部长、全国普法办主任傅政华，司法部副部长刘炤分别到朝阳区三里屯街道东三里社区、昌平区十三陵镇胡庄社区参加社区活动并调研。“4·15”国家安全日，全市共开展主场活动19场，乡镇街道活动193场，区级主会场直接参会人数达到3万人，影响宣传受众超100万人。

【聚焦新中国成立70周年成立北京普法联盟】 8月8日，中共北京市委守法普法协调小组、市委宣传部、市司法局联合举办“扬帆新时代　聚力普法行”为主题的北京普法联盟成立暨开展庆祝新中国成立70周年主题普法宣传活动启动仪式。普法联盟由8支专业普法宣传服务团、45支市属委办局普法宣传服务队、16支区级普法宣传服务队及74家政务新媒体，共69支（团）队约25 000人组成，会上发布了全市各区各单位55项国庆主题普法宣传服务举措。全市各区全年共举办普法联盟活动6 878场。

【开展“唱响国歌　守护国旗　致敬国徽”主题普法宣传活动】 8月以来，北京市聚焦庆祝中华人民共和国成立70周年主线，坚持首善标准、突出正面宣传，广泛开展、深入推进“唱响国歌　守护国旗　致敬国徽”主题普法宣传活动，全市掀起遵法守法学法用法，自觉尊重和维护国歌、国旗、国徽的爱国主义热潮。市委全面依法治市委员会守法普法协调小组、市委宣传部、市司法局联合印发《关于组织开展“唱响国歌　守护国旗　致敬国徽”主题法治宣传教育活动的通知》，动员全市各区各单位落实普法责任制，结合庆祝新中国成立70周年宣传活动，通过主题宣讲、知识竞答、动漫展映、“开学第一课”等多种形式，掀起学习宣传普及国歌法国旗法国徽法浪潮。设计印制三期主题法治宣传海报挂图共28 500份，发放至全市各级各类法宣阵地和爱国主义教育基地，发放到所有社区、村及西客站、地铁公司等交通枢纽，积极占领公共空间宣传阵地，直接将法律送到群众家门口。延庆区立足自身实际，邀请律师为学校师生上国歌国旗国徽相关法律知识的专题课。法制日报、清风北京微信等媒体对顺义区、昌平区的宣传教育活动进行了报道，通州区芙蓉小学、密云区第二小学的相关活动还被中央电视台新闻直播间栏目和新华社网站报道播出。北京市的活动多次被中国普法转载报道，得到司法部的充分肯定，也在全国范围内引起热烈反响。

【深入开展宪法宣传活动】 2019 年，根据《司法部、民政部、农业农村部、全国妇联、全国普法办关于印发〈关于组织开展“宪法进万家”活动的方案〉的通知》，北京市司法局联合市民政局、市农业农村局，市妇联印发《关于组织开展“宪法进万家”活动的方案》，通过常态化、制度化的宪法学习宣传，让宪法精神深入人心，以宪法精神凝心聚力。2019 年北京市“12・4”宪法宣传周共推出宪法主题展、宪法宣誓、宪法诵读、宪法知识竞答等十大举措。其中，宪法发展历程主题展览在首都图书馆、市政府主楼和市人大主楼同时展出。12 月 3 日，司法部副部长刘炤，市委常委、宣传部部长、市委全面依法治市委员会守法普法协调小组组长杜飞进等领导出席展览开幕式。展览期间，100 多家单位近 2 万名观众走入展厅学习宪法。全市累计主办宪法宣传活动近 8 000 场，发放宪法主题宣传品 300 万份，直接参与宪法宣传活动约 300 万人，覆盖人群超过 1 000 万人。

【深入推进扫黑除恶专项斗争法治宣传工作】 2019 年，印发《关于进一步加强扫黑除恶专项斗争法治宣传工作的通知》，整理扫黑除恶应知应会知识点、53 条扫黑除恶标语，面向全市各委办局和 16 区下发，全市普法宣传系统自上而下对扫黑除恶专项宣传进行了再动员再认识再部署。组织开展扫黑除恶普法宣传活动 9 718 场，悬挂主题宣传横幅、标语 29 992 条，开展知识竞答近 40 轮（次），发放宣传折页 500 余万户，在北京普法微信设立扫黑除恶宣传专栏，建立典型案例定期发布制度，开展线上有奖竞答活动，总参与 188 264 人次。

【法治文化建设蒸蒸日上】 2019 年，北京市司法局在全市开展以“法治新时代”为主题的法治动漫微视频作品征集活动，共征集到作品 451 部。5 部宪法主题的作品获得全国奖项。北京市司法局获得司法部第三届“我与宪法”微视频征集活动及第十六届全国法治动漫微视频作品征集活动两个优秀组织奖。组织开展北京市第一批“法治宣传教育示范基地”评选命名活动，经推荐，“北京市全面从严治党警示教育基地”被全国普法办评选为第二批 17 个全国法治宣传教育基地之一。

【以案释法打造“定制式服务”新品牌】 2019 年，北京市司法局统一调配全市普法资源，让基层主动“下单”，将群众从“被动接受者”转化为“主动学习者”，实现“多对一”普法，极大提升普法的精准性和目的性。全年共有 200 余名律师参加“以案释法”活动，在 400 个社区（村）开展超过 800 场普法活动。在全国普法办开展的“全国普法依法治理创新案例”推荐评选工作中，《北京市司法局“以案释法”的探索与实践》被全国普法办评为 2019 年全国普法依法治理十大创新案例之一。

（王春华）

人大议案、人大代表建议、政协委员提案办理

【承办建议提案 127 件】 中共北京市委农工委、市农业农村局共承办市十五届人大二次会议代表建议、政协十三届二次会议提案 127 件，其中，人大代表建议 46 件（主办单办 18 件、会办 27 件、参考件 1 件）；政协委员提案 81 件（主办单办 42 件、会办 39 件）。建议、提案重点集中在：落实乡村振兴战略，推动城乡融合发展，美丽乡村建设，推进一二三产业融合发展四个方面。

（王宇新）

【精心组织建议提案办理工作】 中共北京市委农工委、市农业农村局高度重视建议提案办理工作，始终把建议提案办理工作作为了解和体察社情民意、加强和改进机关工作方式的重要工作来推进，圆满地完成了 2019 年建议、提案办理工作，部分代表委员所提的问题得到有效解决。一是认真进行分析。2019 年承办的 127 件建议提案，比 2018 年的 77 件增加了 50 件，增长了 65%。内容涵盖全市农村政治建设、经济发展、文化保护、生态涵养、社会生活的方方面面，大到乡村振兴战略规划布局，小到衣食住行等百姓生活的细微之处，不少意见建议切中时弊，见地深刻，充分反映了人民群众普遍关心的热点难点问题。二是规范办理程序。由办公室专人负责，认真遵循签收、分发、办理、审查、答复、督办、总结等程序。为规范不同类别建议提案办理要求，特别制作了市人大专委会重点监督检查建议表、市政府领导领衔办理提案表、市政协领导重点

检查督促办理提案表、党派提案表等四类内容的建议提案表单；按照承办处室主办、会办件数量，梳理、统计并制作了各处室承办建议提案情况表，清晰掌握各处室工作量，方便对不同类别建议提案的督办。三是严格办理时限。建立了定期提醒机制，在各个时间节点，均提前提示各承办人做好各个环节工作，确保各项工作均按照市政府办公厅的安排有序开展。在建议提案办理中，委局始终保持和人大代表、政协委员及有关部门的联系沟通，实现了办理前沟通联系、办理中征求意见、办理后跟踪回访。通过集中答复、座谈会汇报、邀请代表视察等方式，加强与代表沟通交流，使代表及时了解工作进展和最新情况，提高建议办理效率，确保按时办结。

（王宇新）

【建议提案办理工作成效显著】中共北京市委农工委、市农业农村局将建议提案的办理过程与深入推进美丽乡村建设、乡村产业发展等重点工作紧密结合，通过研究采纳代表委员的真知灼见，着力解决首都农业农村工作中遇到的重点问题，拿出更多工作措施让人民群众受益。一方面，解决了一批问题。如针对第 0176 号建议提出“大棚耳房内不允许存在生活设施”“附属设施最多 10 亩不符合用地实际”“整改标准部分对象实行‘一刀切’”等大棚房清理整治工作中出现的问题，市验收组对于确属特定时期用于临时看护的大棚管理房并由区政府说明情况后，给予验收通过；重点核验大规模设施农业园区配套设施用房的占地规模和使用，对符合宽度标准且确需保留的园区道路予以宽限保留；对大棚房问题采取拆除复耕、完善备案手续、供地整改等方式分类整改。这些问题的解决正是充分利用代表委员对“三农”工作重点、难点、创新点的关注，借力争取相关部门的支持和配合，使建议真正办出成效。另一方面，制定了一批政策。市农业农村局认真吸收代表委员提出的建议中的优秀成果，结合工作实际，在乡村振兴方面，代市委市政府起草了《关于落实农业农村优先发展扎实推进乡村振兴战略实施的工作方案》；在促进产业融合发展方面，制定了《2019 年北京市休闲农业工作要点》《北京市关于促进休闲农业高质量发展的若干政策措施》等。这些政策文件的出台与实施将有助于建议提案的更深一步的推进与延续，丰富了“三农”工作的政策体系、工作机制。

（王宇新）

【“统筹规划着力改善人居环境 扎实推进美丽乡村建设”议案办理获得各方认可】根据市政府议案办理工作安排，北京市农业农村局牵头办理市十五届人大二次会议期间提出的“统筹规划着力改善人居环境，扎实推进美丽乡村建设”议案。该议案包含 12 件涉及农村人居环境整治相关的小议案，由 1 个代表团、155 人次代表联名提出，并明确与“深入开展人居环境整治，扎实推进美丽乡村建设”专项工作合并，统一提交人大审议，并开展专题询问。市农业农村局根据本市美丽乡村建设情况及议案内容，分解为村庄规划编制、全面整治农村环境、推动农业高质量发展、激发乡村发展活力和全面深化农村改革 5 个大类，23 条具体措施，并明确了 22 个协办单位的具体职责，切实形成了“依法依规严格办、创新机制灵活办、齐心协力合力办、坚持奖惩督导办”的办理格局。5 月召开了议案办理动员部署暨督办启动会，11 月人大常委会听取和审议议案办理暨相关专项工作报告并开展专题询问，得到了市人大议案督办小组的充分肯定和人大代表的高度认可。

（王宇新）

基层组织建设和乡村治理

基层组织建设

【国庆 70 周年服务保障和群众游行】 中共北京市委农工委、市农业农村局负责组织 3 000 名群众参与国庆“艰苦奋斗”“希望田野”“乡村振兴”“脱贫攻坚”四个方阵的游行，其中，朝阳区 200 人，丰台区 300 人，房山区 400 人，昌平区 400 人，大兴区 100 人，平谷区 400 人，怀柔区 400 人，密云区 400 人，延庆区 400 人。成立了市委农工委国庆 70 周年服务保障和群众游行领导小组和工作专班，指导 9 个涉农区组织群众选拔、政审，开展基础训练，与各级指挥部、各方阵之间对接联络和沟通协调等，确保了国庆群众游行各项工作的圆满完成。

（贾倩倩）

【村“两委”换届选举工作】 中共北京市委农工委、市农业农村局会同市委组织部、市民政局制定并落实《关于认真做好全市村和社区“两委”换届选举工作的意见》，坚持把政治标准放在首位，严格“五好、十不能”候选人资格条件，共取消村“两委”候选人资格 1 874 人，完成了全市 3 871 个村党组织和 3 640 个村委会换届选举，村党组织书记一次选举成功率 100%，除 320 个村书记由上级机关下派外，其他村全部实现“一肩挑”，实际“一肩挑”比例达到 91%，比上届提高 26.7 个百分点。村“两委”成员中 40～55 岁年富力强的干部占 57%；具有大专及以上学历的占 39.1%，比上届提高 3.5 个百分点。

（贾倩倩）

【农村基层干部人才队伍建设】 中共北京市委农工委、市农业农村局会同市委组织部举办了新任村党组织书记培训班，培训人数 103 人，优秀村党组织书记示范培训班，培训人数 200 人，软弱涣散村党组织书记素质能力提升班，培训人数 198 人，党建引领乡村治理示范培训班，培训人数 153 人，积极指导各涉农区开展新一届村“两委”干部轮训工作，切实提高了村干部队伍的综合素质和履职能力；加强村级后备人才队伍建设，采取“党校理论培训＋机关挂职锻炼＋好村拜师学艺”三步法培养模式，共培训下派书记的村后备人才 75 人。依托北京农职院，创新开展“村务管理专业”大专学历教育，2019 年分两批次共招录 750 人；会同市委组织部、市民政局制定印发了《关于进一步规范村级组织“四议一审两公开”“三务公开”制度运行的通知》，全面推广村干部个人重大事项报告、经济责任审计等监督管理办法，推动全面从严治党向乡村基层延伸。

（贾倩倩）

【扎实推进第一书记驻村帮扶工作】 北京市持续开展第一书记选派工作，2019 年 4 月 30 日，中共北京市委农工委召开了全市第二批第一书记工作总结暨第四批第一书记工作部署工作会，选派 160 名第四批第一书记接力帮扶低收入村，2019 年 12 月 26 日召开了全市第三批第一书记工作总结暨第五批第一书记工作部署工作会，选派 217 名第五批第一书记，到村党组织软弱涣散村和扶持壮大集体经济试点村担任第一书记；举办了第四批村党组织第一书记履职培训班，培训学员 178 名；深入挖掘和广泛宣传第一书记驻村帮扶工作好经验、好做法、好典型，在《农民日报》《组工通讯》《北京农村经济》等媒体上刊发第一书记宣传报道 50 余篇，编印了《第一书记驻村工作巡礼》《筑梦京郊50例案例选》。

（贾倩倩）

【全市村民委员会换届选举工作高质量圆满完成】 按照中央要求和市委市政府安排部署，全市村委会换届选举工作从2019年2月启动，到2019年6月基本完成。本次换届选举是全市首次开展的村和社区统一换届，也是调整村和社区“两委”任期后进行的第一次换届，意义重大。通过换届，党的全面领导有力彰显，基层政治生态进一步净化，党员干部得到考验淬炼，党群干群关系进一步密切，党在首都城乡基层的执政基础更加牢固，为推进首都治理体系和治理能力现代化、建设国际一流的和谐宜居之都奠定了坚实组织基础。全市3 871个村党组织和3 640个村委会参加换届选。共选出村“两委”成员19 576名、换届选举过程依法合规、平稳有序，各项任务指标圆满实现。一是党组织的领导地位得到有力夯实。全面推行党组织书记、村委会主任“一肩挑”，除320个村书记由上级机关下派外，其他村全部实现“一肩挑”，实际“一肩挑”比例达到91%，比上届提高26.7个百分点；党组织的领导核心地位得到全面加强。二是黑恶势力干扰侵蚀得到有效遏制。深入推进扫黑除恶专项斗争，通过“十不能”资格联审，坚决把受过刑事处罚、涉黑涉恶等不符合条件的人员挡在村委会干部门外，基层干部队伍更加干净纯洁。三是村“两委”班子结构得到优化提升。做到了老中青相结合，村“两委”成员中40～55岁的占57%，年富力强的干部成为主体；具有大专及以上学历的占39.1%，比上届提高3.5个，首次有海归硕士当选村干部。四是换届选举风气得到有力整肃。以“零容忍”态度重拳打击拉票贿选、干扰破坏选举秩序等行为，通报典型案例14起，取消候选人资格18人，给予党纪处分20人，营造了风清气正的换届环境，没有发生一起重大负面事件和负面舆情。

（贾倩倩）

乡村治理

【开展乡村治理体系建设】 中共北京市委农工委和北京市农业农村局落实全国加强乡村治理体系建设工作会议精神，对中办、国办《关于加强和改进乡村治理的指导意见》进行任务分解，组织市委组织部、市委宣传部、市委政法委等17家市级单位召开专题会议，研提具体落实措施，起草了北京市加强和改进乡村治理工作的实施方案；组织各区积极申报全国乡村治理体系建设试点示范区和乡村治理示范村镇创建工作，确定平谷区、海淀区为全国乡村治理体系建设试点单位，平谷区刘家店镇为全国乡村治理示范乡镇，海淀区温泉镇白家疃村、门头沟区清水镇洪水口村、房山区周口店镇黄山店村、通州区于家务回族乡仇庄村、顺义区高丽营镇一村、昌平区十三陵镇仙人洞村、大兴区礼贤镇龙头村、平谷区刘家店镇寅洞村、怀柔区桥梓镇北宅村、密云区溪翁庄镇东智北村、延庆区八达岭镇里炮村这11个村被评为全国乡村治理示范村，着力发挥示范引领作用；总结宣传顺义区“村规民约”推进协同治理经验，推荐其入选20个全国乡村治理典型案例。

【北京市村民委员会底数】 据统计，截至2019年12月底，全市共有村民委员会3 896个。其中，朝阳区144个、海淀区67个、丰台区57个、门头沟区178个、房山区459个、通州区470个、顺义区426个、昌平区301个、大兴区527个、平谷区273个、怀柔区284个、密云区334个、延庆区376个。

【全市村民委员会换届选举主要做法】 全市村民换届着眼于选好“领头雁”、配强“两委”班子，推动基层干部队伍实现调整、优化、净化，以新班子、新气象迎接新中国成立70周年。换届工作中，全市坚持做到“五个突出”，确保各项任务目标的实现。①突出政治站位，旗帜鲜明加强党对换届工作的全面领导。各级党组织认真学习领会中央精神和市委要求，旗帜鲜明加强对换届工作的统一领导。一是提高站位谋划推进，二是压实责任层层推动，三是统筹力量周密组织，四是严格督导推动落实。②突出科学谋划，精心精细做好各项准备工作。坚持人才早储备、情况早摸排、隐患早排除。一是提前谋划抓储备。着眼长远、提前布局，制定村级后备人才队伍建设办法，在全市建立8 000名左右后备人才库。依托北京农职院、北京农学院，在全国首个开设“村务管理专业”，每年培养200名优秀人才。二是精准施策抓研判。2018年初，市区两级即成立工作专班，对村逐个分析研判，对村的基本情况、现任班子、换届人选、不利因素、易发问题、组织好换届的办法等方面，切实做到“六个心中有数”。三是扫黑除恶抓整顿。把整顿软弱涣散、铲除黑恶势力滋生土壤，作为保障换届的重要前提。对225个市级挂账软弱涣散村进行集中整顿，对整顿任务集中的27个乡镇直接调度，对问题突出的村挂牌督办，换届前整顿转化率达到95.6%。按照“打掉一个、整建一个、巩固一个”的原则，将33个涉黑涉恶村及时纳入整顿范围，防止黑恶势力“死灰复燃”，为换届选举扫清障碍。③突出选优配强，提高班子整体战斗力。严把人选政治关、品行关、能力关、廉洁关，确保选出素质高、能力强的好干部，配出结构优、功能强的好班子。④突出程序细节，切实做到选举过程严谨规范。注重严把换届程序，严抓关键环节，确保换届选举规范有序。建立选举工作方案前置审核机制，坚持对各区首个换届选举的村工作方案进行审核把关和现场观摩。首次实行村民代表推选环节前置，有效破解新老村民代表权责不一致问题。⑤突出正风肃纪，用最严风纪护航换届选举。坚持把纪律挺在前面，注重教育引导和打击查处双管齐下，确保换届风清气正。

【制定下发《关于建立和完善村规民约和居民公约工作的指导意见》】为认真贯彻落实民政部、中央组织部、中央政法委、中央文明办、司法部、农业农村部、全国妇联《关于做好村规民约和居民公约工作的指导意见》（民发〔2018〕144号），充分发挥村规民约和居民公约在提升城乡基层社会治理能力和基层社区文明水平中的积极作用。中共北京市委社会工作委员会、北京市民政局、中共北京市委组织部等八部门制定下发了《关于建立和完善村规民约和居民公约工作的指导意见》。指导意见强调：村规民约和居民公约的内容要区别于法规政策，区别于群众行为指南，不搞面面俱到，力戒多而全、空乏笼统。要结合村情居情，结合乡村振兴和新时代城乡社区治理工作，针对各村（居）重点事宜，以首善标准聚焦以下5个方面进行细化：

一是坚持爱国守法，规范日常行为。针对规范群众日常行为、维护社会和谐稳定等方面做出具体规定，重点要围绕谣言、邪教、涉黑涉恶、村痞恶霸、偷抢拐骗、“黄赌毒”等突出社会治安问题制定预防教育措施，完善村（居）民民主参与、便捷参与、有效参与社区公共事务管理的程序，建立健全村（居）干部勤政廉政、爱岗敬业的具体工作办法，引导群众热爱祖国、热爱北京、热爱社区。

二是健全治理机制，维护公共秩序。维护生产生活秩序，重点针对村（居）内水、电、路、气、计划生育、流动人口、房屋租赁、宅基地管理、新建或翻盖房屋、私搭乱建、垃圾和排污、绿化美化、森林保护、交通、消防、文体设施等基础设施和公共服务设施制定长效管理和安全管理的具体办法，形成主体责任清晰、奖惩分明、邻里相望、群众广泛参与的治理机制，维护村（居）良好的公共秩序。鼓励村（居）民勇于同违法犯罪行为、歪风邪气作斗争，总结“西城大妈”“朝阳群众”等实践经验，创新社会治安综合治理措施。

三是健全保障机制，维护群众权益。坚持男女平等，依法保障妇女儿童老人等群体正当合法权益。重点针对征地拆迁补偿、村民建房、村（居）民福利待遇、农村“三资”管理、家庭暴力、侵犯妇女权益、困境儿童抚养和老人赡养等方面引导群众依法制定约束性条款，特别对侵犯出嫁、丧偶妇女合法权益的行为，提出有针对性的抵制和约束举措等。

四是创新调解机制，促进邻里和睦。重点围绕宅基地、耕地、房屋建设、垃圾处理、污水排放、生产经营、城乡社区旅游、邻里和谐等方面作出具体规定。创新矛盾调解机制，有效化解村（居）民矛盾纠纷，坚持自愿平等，遇事多商量、有事好商量，互谅互让，通过人民调解等方式友好解决争端，维护社会和谐稳定。

五是引导民风民俗，树立良好风气。创新独居老人、困境儿童、困难家庭的日常帮扶，针对老年人赡养、照料、居住、精神慰藉以及儿童抚养、教育等方面引导群众关心关爱老人和儿童。针对婚丧喜事、约定人情开支作出规定，反对铺张浪费，坚决抵制摆阔气、比奢华、败坏地方风气的行为。要对爱岗敬业、创业有成的家庭予以褒扬，对多要多占、游手好闲等行为有抵制措施。

【大力加强村民委员会规范化建设】村民委员会规范化建设是乡村组织振兴和乡村治理的重要内容。北京市委、市政府高度重视，把加强村民委员会规范化建设列入重要议事日程，通过深化基层党建引领作用、深化农村基层民主自治建设、提升乡村服务管理水平、加强乡村法治建设、推进乡村德治建设五方面，不断强化乡村基层治理能力。

一是深化基层党建引领作用。完善村级组织体系，建立以基层党组织为领导、村民自治组织和村务监督组织为基础、集体经济组织和农民合作组织为纽带、其他经济社会组织为补充的村级组织体系。全面落实村“两委”换届候选人街乡联审机制，会同市委组织部出台《村“两委”干部资格联审长效工作机制》，加强部门协调联动，逐人审核把关，做到逢进必审，坚决把受过刑事处罚、存在“村霸”和涉黑涉恶、涉邪教等问题的人清理出村干部队伍。抓好村级组织带头队伍建设，会同市委组织部、市委农工委每年组织一批村党组织书记、主任开展示范培训，在任期内实现全员培训。区、乡镇实现“两委”成员培训全覆盖，提升村干部的履职能力和素质。密切党员与群众的联系，加强对低保对象、留守儿童和妇女、老年人、残疾人、特困人员等人群的关爱服务，引导农民群众自觉听党话、感党恩、跟党走。

二是深化农村基层民主自治建设。落实“四议一审两公开”制度，把推动“四议一审两公开”制度作为抓好农村基层民主自治建设的突破口，与推动“三务公开”制度落实一并专门制定推进工作落实的意见。将落实“三务公开”情况纳入村务监督的重点内容，加强有效监督。全面实施村级事务阳光工程，村党组织书记每年填写“三张清单一张表”（基层党建工作责任清单、问题清单、任务清单和基层党建工作报表），逐项落实、接受监督。规范村级会计委托代理制，加强农村集体经济组织审计监督，开展村干部任期和离任经济责任审计。丰富村民议事协商形式，建立村议事协商会议制度，通过民主平等、协商互动的方式，共同研究讨论区域内组织建设、社会管理等方面的重大事项，把村民议事开展情况纳入对农村基层民主自治建设的考核内容。推动村监委全程履职，加强村务监督委员会规范化建设，探索参与式、动态式、审核式、全程式等行之有效的监督方式，全面提高村务监督委员会工作水平。

三是提升乡村服务管理水平。规范村级组织工作事务，村级工作事项实行清单管理，建立行政村工作准入制度。增强乡村综合服务功能，大力推进农村社区综合服务设施建设，引导服务管理向农村基层延伸，为农民提供“一门式办理”“一站式服务”，构建线上线下相结合的乡村便民服务体系。拓展网格化服务管理，推动互联网、大数据、人工智能等技术在乡村治理中的应用，推广村级基础台账电子化，搭建集成电脑客户端、手机App、微信公众号等多种媒介为一体的“智慧村庄”综合服务管理平台，不断提升乡村服务管理的水平和效率。加大政府购买服务力度，推动农村社会工作专业人才队伍建设，举办万名“乡土社工”培养计划示范培训班，将村“两委”工作人员及农村地区面向人民群众提供直接服务的人员纳入培训范畴，提升社会工作专业服务水平。

四是进一步加强乡村法治建设。发挥村委会各下属委员会作用，依法健全村委会下属委员会，充分发挥村委会、群防群治力量在公共事务和公益事业办理、民间纠纷调解、治安维护协助、社情民意通达等方面的作用。持续开展软弱涣散村党组织整顿，坚持“一村一策”综合施治，细化整改方案，明确整改责任，采取有力措施确保整顿工作落实到位。推进法治乡村建设，开展“民主法治示范村”创建，深入开展“法律进乡村”活动，实施农村“法律明白人”培养工程，培育一批以村干部、人民调解员为重点的“法治带头人”。健全乡村矛盾纠纷调处化解机制，完善人民调解、行政调整、司法调解“三位一体”工作体系，建立行业性、专业性调解组织，实现重点领域全覆盖，切实把矛盾纠纷解决在源头，化解在基层。建立小微权力滥用举报发现机制，坚决查处发生在农民身边的不正之风和腐败问题。

五是加快推进乡村德治建设。实施乡风文明培育行动，全面推行移风易俗，加强村规民约建设，强化村党组织领导和把关，实现村规民约行政村全覆盖。广泛宣传“以德修身，孝老敬亲”的“德孝”观，大力推广“孝老敬亲”等中国优秀传统道德观念，自觉将德孝理念注入乡村治理全过程。在村党组织统一领导下，组建村民议事会、乡贤参事会、健康生活会、道德评议会、红白理事会等“五会”组织，形成民事民议、民事民办、民事民管的多层次基层治理格局。开展“邻里节”“睦邻月”活动，建立睦邻互助长效机制，健全乡村困难帮扶体系，形成“积德行善、扶危济困、乐善好施、互助互爱”的良好社会风气。推行乡村评级激励机制，从党的建设、村务公开、民主管理、基层治理、服务水平、基础保障、群众满意度等方面对各村建设情况进行综合评估，打造一批示范效应好、带动作用强的农村党组织示范群。

【制定下发《北京市村民委员会下属委员会工作指

导规范》】为了加强村民委员会组织建设，健全完善村民委员会下属委员会（以下简称下属委员会），提高城乡居民的组织化程度，根据《中华人民共和国村民委员会组织法》的规定，结合本市实际，制定了《北京市村民委员会下属委员会工作指导规范》。村委会的下属委员会坚持党的领导、人民当家作主和依法治国有机统一的原则开展工作；坚持自我管理、自我教育和自我服务，建立城乡基层共建共治共享的工作机制。本市村民委员会设立共建共治、治安和调解、公共卫生、社会福利（老龄）、文体教育、物业管理等下属委员会。不足 150 户的村民委员会可以不设下属委员会，由村民委员会成员分工负责有关工作。

【规范“四议一审两公开”“三务公开”制度有序运行】北京市民政局联合市委组织部、市委农工委、市农业农村局制定下发了《关于进一步规范“四议一审两公开”“三务公开”制度运行的通知》（京农发〔2019〕52 号）。“四议一审两公开”“三务公开”是党组织领导的村民自治机制的重要实践形式，对务实农村基层组织建设、保障党员群众民主权利、规范基层干部权力运行、打造善治乡村，具有重要作用。为深入学习贯彻党的十九届四中全会精神，健全充满活力的基层群众自治制度，完善党建引领乡村治理机制，按照中央扫黑除恶督导反馈问题整改和全市规划自然资源领域问题整改工作有关要求，在继续落实好《关于进一步加强村务公开和民主管理工作的意见》（京民基发〔2014〕499 号）、《关于进一步规范全市农村基层组织党务公开、村务公开、财务公开工作的通知》（京农发〔2017〕30 号）等文件的基础上，对“四议一审两公开”“三务公开”制度运行进行进一步规范和完善。

【坚决开展扫黑除恶专项斗争】2019 年，北京市民政局在市委坚强领导下，结合扫黑除恶专项斗争中的工作职责，对标对表、举一反三，切实扫黑除恶专项斗争抓好各项工作的落实：

圆满完成村和社区“两委”换届选举工作，打牢基层农村组织基础。紧紧抓住换届选举这一基层政权建设的源头，在前期人选摸排、宣传造势、政策指导、资格联审等各环节落实扫黑除恶专项斗争要求：一是旗帜鲜明地提出“五好十不能”候选人资格条件标准，以选优配强“两委”班子为目标，坚持“五好”的正面清单，明确“十不能”的负面清单，选优配强了基层农村组织班子。二是严格资格联审。采取街乡初审、区级复审、市级“回头看”方式，对“两委”候选人逐个“过筛子”。对所有新当选的“两委”成员进行市级“回头看”，并会同市委组织部联合下了《村和社区“两委”资格联审长效机制》。三是紧盯信访调处工作。对涉及黑恶势力和拉票贿选的信访，做到件件有台账、事事有着落。四是严肃换届纪律。把纪律挺在前面，制作了“十严禁”宣传警示动漫片，组成 7 个巡回督导组对各区换届选举工作进行重点阶段全过程督导，及时掌握选情、发现问题、督查整改。对拉票贿选、干扰破坏选举等行为，坚持有报必查、露头就打、从严从快。通过这些有效的手段，严防涉黑涉恶人员当选村和社区“两委”成员或扶植代理人插手基层公共事务，干扰基层政权建设。

健全农村基层治理体制机制，乡村治理中存在的薄弱环节得到了有效解决。把建机制强基础作为开展专项斗争的重要手段，健全村党组织领导下的农村基层治理体系，加强基层政权建设的顶层设计，打牢扫黑除恶专项斗争工作基础。一年来始终把专项斗争与加强基层政权建设密切结合起来，充分发挥村民委员会自我管理、自我教育、自我服务的作用，健全自治、法治、德治相结合的乡村治理体系。一是继续深化党建引领“街乡吹哨、部门报到”改革。二是加强对远郊区和城乡接合部专项斗争工作的研究。三是贯彻民政部、中央组织部等七部门印发的《关于做好村规民约和居民公约工作的指导意见》，组织村和社区制定或修订形成务实管用的村规民约（村民自治章程）、居民公约，引导乡村文明，开展与不良气和坏人坏事及违法违纪行为作斗争。四是加强农村基层民主建设，督促各区落实“四议一审两公开”制度，指导农村开展广泛的民主协商和加强民主监督。五是推动村务公开规范化，指导农村在公开内容精细化、公开程序规范化、公开形式多样化、公开时间具体化上加强规范化，切实增强公开的透明度。

【扎实做好巡视整改工作，推动专项斗争向纵深发展】北京市民政局认真学习领会市委巡视组反馈意见、中央扫黑除恶督导组反馈意见、中央扫黑除恶督导“回头看”反馈意见，对照问题清单，按照市委“三个坚持三个持续用力”的思路，把解决思想认识问题、增强政治自觉作为深入抓整改、抓推进的前提。一是紧密结合学习党的十九届四中全会精神，以更广的视野开展专项斗争。工委会专题学习了党的十九届四中全会精神，深刻领会坚持和完善共建共治共享的社会治理制度的重大部署。在坚持和完善共建共治共享的社会治理制度方面，要求坚持和发展新时代“枫桥经验”；完善群众参与基层社会治理的制度化渠道；健全党组织领导的自治、法治、德治相结合的城乡基层治理体系。二是紧密结合当前的形势特点，起草完善《加强和改进乡村治理的若干措施》。通过深化基层党建引领作用、深化农村基层民主自治建设、提升乡村服务管理水平、加强乡村法治建设、推进乡村德治建设五方面，不断强化乡村基层治理能力。坚决查处发生在农民身边的不正之风和腐败问题。三是在建章立制上下功夫，建立健全自治、法治、德治相结合的乡村治理体系。

【北京市创建全国首批农村社区治理实验区已经检查验收】根据民政部《关于开展全国农村社区治理试验区建设的通知》（民发〔2017〕67号）和《民政部关于同意将北京市房山区等48个单位确认为全国农村社区治理实验区的通知》要求，北京市房山区和怀柔区被国家民政部确定为全国首批农村社区治理试验区。2019年12月，国家民政部专家组对房山区和怀柔区开展农村社区治理试验区建设工作进行了检查验收，并按照全国农村社区治理工作的统一要求和条件获得通过。房山区和怀柔区主动适应农村改革发展新形势和顺应农村居民新期待，大力推进农村社区治理试验区建设，房山区结合实际，紧紧围绕“推动农村社区协商制度化，引导农村居民参与社区公共事务和公益事业管理”实验主题，怀柔区结合实际以“推进农村社区治理社会化、自治规范化和服务标准化”为主题，两个区积极高效将全区农村社区治理工作持续推向深入。房山区辖28个乡镇（街道），其中，有23个涉及农村工作，145个城镇社区居委会、459个农村社区。房山区以村“两委”换届为契机建强干部队伍，统筹乡村振兴战略和美丽乡村建设完善乡村服务功能和社区环境，加强乡村治理能力建设各项基础性工作，在全面进入经济社会转型发展的新阶段，全区创新农村基层社会治理，提升农村公共服务水平，促进城乡一体化建设。通过完善农村社区治理机制，拓宽农村社区服务功能，加强农村社区基础建设，提升农村社区管理水平，确保农村基层既充满活力又管理有序，让农村居民充分共享改革发展成果，促进社会和谐。怀柔区委、区政府高度重视，紧紧围绕党的十九大报告提出的“健全人民当家做主制度体系，发展社会主义民主政治”“提高保障和改善民生水平，加强和创新社会治理”的目标要求，突出做了以下工作：一是创新实践“三位一体”区域化党建新模式，抓实建强农村基层党组织；二是以自治为基础、法治为保障、德治为支撑，构建“三治”融合的农村社区治理体系；三是注重融合发展社会化服务，创新基层管理体制机制；四是强化基础保障，着力改善人居环境，建设美丽乡村。做好农村社区治理实验区工作，事关农村改革发展稳定大局，北京市将按照全国农村社区治理建设的要求，积极探索，努力开拓，确保高质量、高水准地完成实验区建设各项工作任务，为实施乡村振兴战略，为进一步深化农村改革，为促进农村社会经济发展夯实基础。

【北京市开展村民小组自然村村民自治试点工作成效明显】根据《中共中央办公厅　国务院办公厅印发〈关于以村民小组或自然村为基本单元的村民自治试点方案〉的通知》（厅字〔2016〕31号）的精神和市领导批示要求，北京市民政局会同市委组织部、市委农工委认真研究，在充分征求基层意见基础上，结合北京农村实际情况，以选取村民委员会管辖半径较大、村民较多，在强化村民自治方面有创新实践，亮点做法，适合以村民小组或自然村为基本单元开展村民自治试点的村为原则，在密云区穆家峪镇辛安庄村、延庆区千家店镇千家店村作为以村民小组或自然村为基本单元的村民自治试点单位开展试点工作。通过建立党小组、村民理事会、监事会等形式，以加强制度建设和规范化建设为重点，结合试点村实际情况，进一步探索和完善了村党组织领导下的村民自治有效实现形式。

自治试点取得成效：一是促进了民主管理。村民群众的民主法制意识不断提升，激发了村民群众的主人公意识，村民参与村级事务管理的积极性、主动性进一步增强，对于推动村组联动，依法治理，都起到十分重要的作用。二是转变了工作作风。党员、村干部团结带领村民群众谋发展、干事业、创佳绩的干劲更足，工作信心更强，自然村党小组、村民小组、村民理事会以及村民代表的服务作用得到了进一步发挥，强化了基层党风廉政建设，密切了党群干群关系，基层组织的创造力、凝聚力和战斗力进一步提高。三是强化了自我服务。

村民小组长积极发挥能动作用，及时向村委会汇报情况，对解决难度大或需要协调解决的问题，由小组长上报村委会，由村委会或上级部门协调解决，并及时向当事人反馈进展情况和办理结果。第一时间将重大事项传达给群众，集中通报村民会议、村民代表会议、村民小组会议及村“两委”会议决定并组织实施的涉及本组村民切身利益的重大事项。四是促进了社会和谐。新模式运行后，村党小组、村民小组、村民理事会的各项工作依法有序开展，实行民主决策，民主管理，村务透明度更高，促进了村域经济社会发展，村民群众的参与权、知情权、监督权得到进一步保障，村民小组自我管理、自我服务、自我教育、自我监督的能力和水平全面提升，确保了农村社会和谐稳定。

【积极适应城市化快速发展趋势的需要，推进撤村建居工作稳步有序开展】随着首都城市化进程的快速发展，撤销村民委员会建制、建立社区居民委员会（以下简称“撤村建居”）工作摆上了重要的议事日程。2019 年 5 月开始，中共北京市委社会工委、市民政局会同市委组织部、市委农工委启动了本市撤村建居调研工作。自改革以来，特别是 20 世纪 90 年代以来，全市城市化进程明显加快，2018 年，全市常住人口城镇率从 1990 年的 73.48%提高到 86.5%，略低于上海；建成区面积从 1990 年的 339.4 千米^2 扩大到 1 485 千米^2，超过上海位居全国第一。城镇化的快速发展，使京郊乡镇及村委会数量急剧下降，相应的城市居委会个数迅速增加。从 1984 年到 2017 年，全市乡镇从 365 个减少到 181 个，减少了 184 个，村委会从 4 398 个减少到 3 920 个，减少了 478 个，城市居委会从 2 888 个增加到 3 140 个，增加了 252 个。据北京市“三农普”数据，2016 年在全市 3 925 个村中，无农民的村 169 个，无农业的村 461 个，无耕地的村 924 个，无农业、无农村、无农民仅保留村委会牌子的村 103 个。另据市农研中心 2018 年百村千户调查数据，全市无农业、无农民、无农业的三无村 56 个，拆迁村 720 个，空心村 48 个，人口倒挂村 173 个，传统村 2 986 个。通过调查发现，从 2017 年底到 2019 年底，全市 3 892 个村（含平谷区熊儿寨乡东长峪村，该村原村民已经大部分多年失去联系，但还有部分林地等村集体资产）先后撤了 42 个村，其中，朝阳区 10 个、海淀区 21 个、丰台区 7 个，加上密云 2003 年撤的 4 个村（该区在 2019 年村委会换届选举前一直没有注销）。从本次全市摸底汇总数据看，近年因城市副中心、新机场、棚改建设等重大工程，全市共有 261 个村需要撤销村委会建制，其中，大兴区因新机场建设有 65 个、顺义区有 59 个、房山区有 43 个、通州区因城市副中心建设有 35 个、朝阳区有 5 个、海淀区有 6 个、丰台区有 14 个、门头沟区有 10 个、昌平区有 3 个、平谷区有 1 个、怀柔区有 11 个、延庆区有 9 个村可以撤销村委会建制。这些村是近期撤销村委会建制的城镇化村庄，但面临许多复杂的情况，需要稳妥有序推进。撤村建居是城市化进程中的必然要求，有序推进撤村建居工作，对于维护和发展村民切身利益，化解城市化的中风险与矛盾，提高首都超大城市治理的综合能力和水平具有现实意义：一是推进撤村建居是适应城市化高质量发展的迫切需要；二是推进撤村建居是分类实施乡村振兴的必然要求；三是推进撤村建居是促进城乡基层善治的重大举措。

（甘国再）

市委农工委、市农业农村局机关党建

全面从严治党

2019年中共北京市委农工委、市农业农村局机关党建工作紧紧围绕深入学习贯彻落实习近平新时代中国特色社会主义思想，以政治建设为统领，以坚定理想信念宗旨为根基，以提升机关党组织组织力为重点，压实全面从严治党主体责任，抓好支部建设，在加强中完善，在创新中提升，积极推动机关党建工作和业务工作有机融合、相互促进，在推进政治机关建设的过程中不断提高党建工作规范化和科学化水平，为全市“三农”事业发展提供了有力保障。

【把政治建设摆在首位，强化政治意识】中共北京市委农工委、市农业农村局引导广大党员干部牢记“看北京首先要从政治上看”的要求，组织推动持续深入学习习近平新时代中国特色社会主义思想，贯彻落实习近平总书记对北京重要讲话精神，牢固树立“四个意识”，坚定“四个自信”，坚决做到“两个维护”“三个一”和“四个决不允许”，使中共北京市委农工委、市农业农村局全体党员干部更加自觉地在思想上、政治上、行动上同以习近平总书记为核心的中央领导集体保持高度一致。

【学习贯彻习近平总书记系列讲话精神】中共北京市委农工委、市农业农村局贯彻落实习近平总书记关于机关党组织的政治建设的重要指示精神，认真落实《中共中央关于加强党的政治建设的意见》，严格执行《中国共产党重大事项请示报告条例》。2020年初编印相关学习资料，分发到中共北京市委农工委、市农业农村局每一个党支部。为每名党员干部配发《习近平关于“三农”工作论述摘编》，组织各级党组织认真学习，不折不扣地落实习近平总书记关于“三农”工作的重要论述。

【扎实开展“不忘初心、牢记使命”主题教育】按照中央和市委总体部署，中共北京市委农工委、市农业农村局研究制定了《中共北京市委农工委、市农业农村局关于开展“不忘初心、牢记使命”主题教育的工作方案》，细化目标任务、内容安排和组织方式，引导党员干部悟初心、守初心、践初心，切实用习近平新时代中国特色社会主义思想武装头脑、指导实践、推动工作。精心组织推进各项工作，稳扎稳打做好规定动作，务求实效实施自选动作。在主题教育活动期间，做到月有计划、周有安排，每周至少包括2项活动、多时有6～7项活动安排，主题教育总体上实现了“理论学习有收获、思想政治受洗礼、干事创业敢担当、为民服务解难题、清正廉洁作表率”的目标。

压实责任、以上率下做到组织领导到位。在学习教育、调查研究、检视问题、整改落实各个阶段，中共北京市委农工委、市农业农村局班子带头、以上率下、以机关带系统、以领导干部带全员，形成“一盘棋”工作格局，确保主题教育有序推进。成立由中共北京市委农工委、市农业农村局主要领导担任组长的主题教育领导小组，领导小组下设办公室，设立联络、统筹调研、检视问题等8个任务组，细化了职责分工。领导带头开展学习，带头深入调研，带头检视问题，带头整改落实，发挥了示范表率作用。针对下属单位较多、分布较分散的特点，成立4个指导组，由中共北京市委农工委、市农业农村局领导带队，深入基层站、所、中心开展督促指导，传达上级要求，压实责任，传导压力，确保各层级有力有序开展主题教育。

强化理论学习和思想政治教育，做到思想认识到位。将学深悟透习近平新时代中国特色社会主义思想作为首要政治任务，把中央规定书目和《中国共产党章程》列入必学通读内容，重点学习了《习近平新时代中国特色社会主义思想学习纲要》《习近平关于“不忘初心、牢记使命”重要论述选编》、“习近平关于北京工作论述摘编”等，领导班子进行了为期1天半的交流研讨。在学习规定书目的基础上联系职责深入学，加学了《习近平关于“三农”工作论述摘编》《中国共产党农村基层组织工作条例》《中国共产党农村工作条例》等涉及“三农”工作的政策文件、党内法规等，进一步增强做好“三农”工作的责任感和使命感，进一步明确实施乡村振兴战略的目标任务和重点工作，切实做到内化于心、外化于行。

深入基层调研做到检视问题到位。制定《中共北京市委农工委、市农业农村局“不忘初心、牢记使命”主题教育调查研究工作方案》，推动全体党员干部深入基层问计于民、问需于民，做到全员全程边学习、边调研、边检视问题。领导班子带队组建11个调研组，深入田间地头、农民群众、涉农企业等开展蹲点调研200多次，梳理查找出涉及产业、人才、文化、生态、组织振兴和机关及系统党建等方面的问题400余个，现场可解决的当场解决，未能现场解决的带回挂账督办。领导班子认真对照党章党规找差距，从18个方面开展了自我检查，查摆问题100余个。各基层党组织边学习、边对照、边检视、边整改，将查摆出的问题纳入主题教育整改落实任务中。

边学边改、即查即改、立行立改做到整改落实到位。认真梳理2016年以来中央巡视“回头看”、中央环保督察、中央扫黑除恶督导、市委巡视、市委“四风”专项巡视、低收入农户帮扶工作专项审计等反馈意见中提出的问题，持续抓好整改落实，特别是对于需要长期坚持的整改措施紧盯不放、常抓不懈，确保整改到位。研究制定了《中共北京市委农工委、市农业农村局专项整治问题整改方案》《中共北京市委农工委、市农业农村局“8＋1”专项整治问题清单》，确定了涵盖乡村振兴、八项规定、扫黑除恶、党建、行政执法等13项整改任务，制定整改措施，明确牵头领导、责任处室和整改时限，确保整改取得实效。

【深化理想信念教育】在新中国成立70周年之际，中共北京市委农工委、市农业农村局深入开展党史、国史、改革开放史学习教育，组织参观北大红楼、香山革命纪念馆、“伟大历程 辉煌成就——庆祝中华人民共和国成立70周年大型成就展”等多种形式的爱国教育活动，通过学习新中国成立以来的光辉历程、伟大成就和宝贵经验，进一步激发党员干部爱国奉献的激情和担当，增强机关干部的使命感、责任感、荣誉感；组织观看《战狼2》《红海行动》《湄公河行动》等爱国题材主旋律影片，激发了党员干部的爱国主义情怀，增强民族自豪感；组织召开军转干部座谈会，集体观看张富清同志先进事迹，畅谈如何做到“转业不转志，退役不褪色”，在新时代建功；举办“时代新人说——我与祖国共成长”演讲比赛，围绕“不忘初心、牢记使命，乡村振兴、圆梦有我”，参赛人员从不同侧面讲述了守初心、担使命的生动故事，激发中共北京市委农工委、市农业农村局青年党员干部为开创首都“三农”事业新局面的信心和热情。

【组织党员开展凝心聚力活动】在全市义务植树日到来之际，中共北京市委农工委、市农业农村局组织机关干部到通州区永乐店镇开展义务植树活动，以实际行动践行习近平总书记“绿水青山就是金山银山”理念，也有利于促进机关干部彼此加深了解，增强凝聚力。举办“心理健康专题讲座”，南北区各组织1次专场，请专家一对一心理辅导，引导党员干部正确认识心理健康问题，提高自我调节能力，以积极向上的心态面对家庭、工作中出现的挫折和压力。

【圆满完成机构改革后党支部换届选举】在2020年年初中共北京市委农工委、市农业农村局机关处室人员调整到位后，按照《中国共产党章程》和《中国共产党支部工作条例》等有关规定要求，撤销原机关各党支部，根据中共北京市委农工委、市农业农村局机关职能配置、内设机构、人员编制和工作需要，组建新的党支部或联合党支部。开展换届选举培训，邀请资深党务培训讲师就党支部换届选举工作流程、具体要求进行专题培训，培训会后统一安排部署，组织各党支部开展换届选举工作，5月底机关32个党支部圆满完成选举工作，促进各处室工作平稳过渡，职责任务顺利推进，做到思想不乱、工作不断、队伍不散、干劲不减。

【抓好党员发展和教育管理】 进一步规范党员发展工作，严把发展党员政治关。中共北京市委农工委、市农业农村局严格按照《中国共产党发展党员工作细则》做好相关工作，中共北京市委农工委、市农业农村局机关及所属单位推荐入党积极分子12人，为保证新发展的党员质量，经培养教育和考察，确定发展对象6名，全部通过市直机关工委发展对象培训班考核，测试成绩合格。“七一”期间，组织开展“共产党员献爱心”捐献活动，捐款25 825元，用于“爱心为生命续航”慈善医疗救助项目、“爱心成就未来”慈善助学等项目。帮扶生活困难党员，积极协助3名生活困难党员申报帮扶专项资金，调动党员积极性、增强党组织凝聚力。进行党建信息基础数据更新，全局106个党支部、1 503名党员信息全部按照机构改革调整后的情况完成组织关系调转。

【加强党务干部队伍建设】 按照新时代全面从严治党的实际需要，中共北京市委农工委、市农业农村局组建党建联络员工作群，机关各处室党支部明确一名同志专门负责日常党建工作，确保工作有序开展。为切实增强机关党建工作，提高各级党组织的政治功能、党务干部的业务素质和工作能力，8月中共北京市委农工委、市农业农村局举办了党务干部培训班，集中系统讲解了“三会一课”和组织生活会相关规定和要求，促进党内政治生活正常、健康、规范开展。

【持续推进“吹哨报到”工作】 充分发挥中共北京市委农工委、市农业农村局的资源优势、技术优势，落实“报到明身份、居家作表率、参与有作为、调研出主意”的要求，促进机关党员干部在“街乡吹哨、部门报到”改革中发挥更大作用。主动对接西城区白纸坊街道，以提升市民幸福指数为目标，会同北京市农业技术推广站开展了优质农产品进社区活动，向北京市西城区建功北里100多名居民推荐了鲜食玉米等农产品。邀请农业技术专家给社区居民讲解阳台农业、农产品质量等相关知识，将“吹哨报到”工作落实落细。组织召开“双报到”工作开展情况座谈会，听取工作进展情况及活动开展中的问题、建议，研究制定持续推进“双报到”工作措施。督促新转入、新加入党员到所在社区报到，积极参与社区环境整治、安全维稳、政策咨询等各项活动，截至2020年底，全体党员参与乡村社区活动4 000多次，人均参加活动4.1次。

【开展全面从严治党检查】 为深入贯彻《中共中央关于加强党的政治建设的意见》，推动市委《关于深化落实全面从严治党主体责任的意见》，推进中共北京市委农工委、市农业农村局全面从严治党，督促各级党组织切实担负起管党治党政治责任、各级领导干部落实好“一岗双责”，制定了《中共北京市委农工委、市农业农村局全面从严治党（党建）考核工作方案》，于2020年12月对所属单位开展全面从严治党检查。检查内容包含落实中央重大决策部署，践行“四个意识”，贯彻党章和其他党内法规，执行党的路线方针政策和决议情况、全面从严治党主体责任贯彻落实情况、健全完善“三重一大”制度情况、落实中央八项规定精神，纠正“四风”情况、三公经费使用情况、强化纪律建设情况、对党员干部日常管理监督情况、党组织建设情况、理论学习中心组学习情况、意识形态工作责任制落实情况和离退休工作领导责任制落实情况等。检查办法采取日常检查、自查自评和现场督查等方法。检查组人员由中共北京市委农工委、市农业农村局领导班子各带一组、相关处室参加，共成立14个检查组，每组检查1～2家单位。各检查组对所检查单位的情况进行分析研判，汇总问题，督促整改。

领导班子及干部队伍建设

2019年，中共北京市委农工委、市农业农村局坚持以习近平新时代中国特色社会主义思想为指导，深入学习贯彻党的十九大和十九届四中全会精神，严格落实中央、市委全面从严治党部署要求，突出政治建设，扎实推进领导班子及干部队伍建设，为实施乡村振兴战略提供了坚强保证。

一是突出高站位，坚持不懈加强理论武装。把学懂弄通做实习近平新时代中国特色社会主义思想，作为长期政治任务抓紧抓实抓好，坚持全面系统学、及时跟进学、联系实际学，通过中心组学习、会前学法、专题学习等方式，做到内化于心、外化于行。委局理论学习中心组全年组织集体学习28次，其中交流研讨16次。特别是围绕习近平总书记批示指示精神和习近平总书记对北京重要讲话精神加强学习，及时整理汇编学习参考资料46期，聚焦习近平总书记关于实施乡村振兴战略的重要论述，逐字逐句学习了《习近平关于"三农"工作论述摘编》，认真学习了农村工作条例，连续组织7次学习研讨，委局所有班子成员、所有处室负责人均进行了至少一次交流发言；举办了两期委局十九届四中全会精神轮训班，全市农村学习贯彻十九届四中全会精神示范培训班、全市乡镇党委书记抓党建专题培训班，有效地促进了学用结合、知行合一。结合庆祝新中国成立70周年等重要节点，组织党员干部到北大红楼、香山革命纪念馆等开展党史、国史学习教育，筑牢党员干部理想信念之魂。通过委局层面示范引领，带动各级党员干部自觉加强理论学习，提高政治站位，推动习近平新时代中国特色社会主义思想在京郊大地落地生根、开花结果，进一步形成生动实践。

二是提振精气神，扎实开展"不忘初心、牢记使命"主题教育。坚持"四个贯穿始终"，制定了学习、调研、问题、整改四个清单，圆满完成了主题教育各项任务，有效激发了委局各级党员干部干事创业的热情，以主题教育新成效促进了"三农"工作新发展。委局班子成员深入基层调研202次，现场解决问题234个。选派796名干部科技人员进千村入万户，收集解决问题530余个。检视问题40个，制定整改措施115项，除软弱涣散村党组织整顿2020年底前完成外，其他措施目前已全部完成，部分措施需要长期坚持。中央第二指导组召开专项整治问题交流研讨会时，给予了"站位高、理解深，抓得实，而且效果好"的良好评价。

三是在机构改革中实现合心合力。2018年11月8日，新组建的市农业农村局挂牌成立。2019年2月底，市委农工委、原市农委、原市农业局和部分市农研中心人员整合调整到位。挂牌以来，立足新职责新使命，以推动机构职能优化协同高效为着力点，改革机构设置，优化职能配置，理顺职责关系，持续推进委局机关干部融合。分三期举办了委局全体机关干部和所属单位部分干部培训班，围绕"继承什么、发扬什么、巩固什么"开展大讨论，引导干部正确处理好变与不变、分与合、加与减、守与创的辩证关系，坚守服务"三农"情怀，勇担发展"三农"使命，服务保障北京"四个中心"建设，提高"四个服务"水平，推动"三农"工作继续走在全国前列。不但做到了"事合""人合"，还初步实现了"心合""力合"，营造了心齐、气顺、劲足的干事氛围。

四是在树牢导向中激发整体活力。坚持党管干部原则，强化正确选人用人导向，注重严管与厚爱结合、激励与约束并重，形成了积极拼搏的干事创业氛围。结合深入推进机构改革稳步开展干部队伍建设工作，本着"人岗相宜、平稳过渡"的原则，对35名正处职干部，40名副处职干部进行了调整，顺利完成了新机构队伍组建。进一步完善工作制度，修订了干部选拔任用流程，完善因私出入境管理规定，制定了机关处室考核办法，为规范化开展工作提供支持和保障。严格落实中央和市委要求，扎实开展机关职务职级并行制度实施工作，在完成全员套转的基础上，先后对67名原正处级干部晋升为一级调研员，17名原副处级干部晋升为二级调研员；推动开展所属单位专业技术岗位聘任工作，组织所属单位30名符合条件的干部竞聘正高级岗位工作，充分调动专业技术人才的积极性和创造性，激励干部担当作为。坚持从严管理监督，严格落实请示报告制度，加强干部因私出国（境）管理，从严审批兼职，强化干部个人事项查核，全年共抽查核实32人（随机抽查24人、重点抽查8人），31人如实填报，1人轻微漏报，及时对其进行了批评教育。调整了委局离退休干部工作领导小组和办公室成员，重新修订了离退休干部工作领导责任制，完善了联系离退休干部工作制度，认真落实了情况通报、走访慰问等制度，提高了离退休干部精准化管理服务水平。

党风廉政建设

2019年，中共北京市委农工委、市农业农村局党风廉政建设工作以习近平新时代中国特色社会主义思想为指导，认真学习贯彻党的十九大十九届二中、三中全会以及十九届中央纪委三次全会精神，按照市纪委十二届四次全会部署，增强“四个意识”，坚定“四个自信”，做到“两个维护”，坚持稳中求进总基调，强化责任落实，把全面从严治党和党风廉政建设引向深入，持之以恒正风肃纪，全力营造风清气正政治生态，为首都实施乡村振兴战略和“三农”工作创新发展提供坚强保障。

（王宏宇）

【制发《2019年党风廉政建设工作要点》】 中共北京市委农工委、市农业农村局从扎实推进党的政治建设、推动主体责任落实、持续抓好作风建设、强化监督执纪问责、加强党风廉政教育5个方面进行了工作部署，并明确了始终把政治建设摆在首位；深化理论武装；严守政治纪律和政治规矩；严格规范党内政治生活；落实领导班子主体责任；加强监督落实；严肃责任追究；抓好中央“八项规定”精神落实，严格纠正“四风”问题；突出问题导向，狠抓工作落实；严把选人用人政治关廉洁关；重新梳理风险点，建立内控机制；加强日常监督执纪；围绕中心，服务大局，探索建立重点监督机制；严格执纪问责；建立完善监督工作体制；加强纪检干部自身建设；加强遵纪守纪教育；加强廉政警示教育；开展党风廉政文化建设等19项具体任务，为委局各项重点工作的顺利推进提供了强有力的保障。

（王宏宇）

【组织召开中共北京市委农工委、市农业农村局和系统单位2019年党风廉政建设工作会议】 2019年4月16日，中共北京市委农工委、市农业农村局在市委农工委党校图书馆报告厅召开了2019年党风廉政建设工作会议。市委农工委市农业农村局领导班子成员、系统单位党政主要负责人、主管领导和纪检监察部门负责人、驻市委农工委市农业农村局纪检监察组人员、机关副处级以上干部和所属单位领导班子成员200余人参加了会议。会议学习传达了习近平总书记在十九届中央纪委三次全会上的重要讲话和会议精神以及蔡奇书记在市纪委十二届四次全会上的讲话和会议精神。市委农工委市农业农村局领导班子成员与机关处室、所属单位代表签署了2019年党风廉政建设责任书。驻市委农工委市农业农村局纪检监察组组长戚书平同志分析了系统党风廉政建设的形势及问题，明确了加强党风廉政建设和反腐败工作“要坚持”和“严禁做”的具体要求，并进行了一次机构改革后的集体谈话。市委农工委书记市农业农村局局长李志军同志做了专题讲话。会议要求全体党员干部要紧密结合实际，深入学习领会习近平总书记在十九届中央纪委三次全会上的重要讲话精神，把握精神实质、强化责任担当，切实把思想和行动统一到习近平总书记重要讲话精神上来，要更加紧密地团结在以习近平同志为核心的党中央周围，在市委市政府领导下，以更实的作风、更强的担当、更加坚强有力的举措，推进全面从严治党、党风廉政建设和反腐败工作不断取得新成效，以优异成绩庆祝中华人民共和国成立70周年，为实施乡村振兴战略、全面建成小康社会做出积极贡献。

（王宏宇）

【组织开展“以案为鉴、以案促改”警示教育活动】 为贯彻落实中共北京市委《关于在全市深入开展“以案为鉴、以案促改”警示教育的实施方案》和全市“以案为鉴、以案促改”警示教育大会精神，9月5日中共北京市委农工委、市农业农村局召开了2019年“以案为鉴、以案促改”警示教育大会。市委第七巡视组、市纪委监委第一监督检查室相关人员出席了会议。市委农工委、市农业农村局班子成员、农工委系统单位班子成员、驻委局纪检监察组、委局机关副处级领导，所属单位班子成员近200人参加会议。

市委农工委书记、市农业农村局局长李志军同志做了讲话。讲话肯定了市委农工委系统党风廉政建设和反腐败斗争成效明显，指出农工委系统的违纪违法问题仍然处于易发多发阶段，削减存量、遏制增量的任务仍然艰巨繁重，从八方面分析了十九大以来还存在的突出问题，要求农工委系统全体广大党员干部一定要认真学习蔡奇同志在全市“以案为鉴、以案促改”警示教育大会上的讲话精神，从案例中吸取教训，切实做到“四个摆进去”，即把自己摆进去、把思想摆进去、把工作摆进去、把职责摆进去，反思反省、引以为戒、警钟长鸣，增强拒腐防变的思想自觉和行动自觉。以刀刃向内的勇气和自我革命的斗争精神，坚守初心，严于律己，筑牢防线，勇于担当，敢于负责，营造风清气正的良好环境，扎实推进首都乡村振兴战略的实施和“三农”工作的创新发展，为建设国际一流的和谐宜居之都，做出市委农工委市农业农村局系统应有的贡献。会议还组织集体观看了警示教育片《迷失的权力》和《祸起贪欲》，发放了《市直机关处级党员违纪案例汇编》学习材料。活动引起各单位强烈反响，认真组织学习会议精神，有效落实了市委《关于在全市深入开展“以案为鉴、以案促改”警示教育的实施方案》，起到了以案为鉴、以案促改、举一反三、警钟长鸣的作用。

（王宏宇）

【组织开展系列反腐倡廉教育】中共北京市委农工委、市农业农村局下发了《公职人员廉政教育手册》《党员必须远离的 120 条纪律红线》《纪检监察监督工作实践探索》等学习教育专用书籍；制作了廉政建设专题宣传栏；紧盯节假日关键时期开展“八项规定”、纠“四风”提醒教育；2019 年 12 月 25 日，组织各处室党支部书记、纪检委员等相关人员共 78 人赴石景山区反腐倡廉警示教育基地参观和学习教育。通过观看令人警醒的案例、榜样人物的事迹和历史更迭的教训，警示教育党员干部珍惜岗位、珍惜事业、珍惜家庭、珍惜个人奋斗历程，全体参观人员深刻感受到党的十八大以来以习近平同志为核心的党中央深入推进党风廉政建设和反腐败斗争取得的压倒性成果，在思想上受到了一次深刻的教育和洗礼。通过系列教育，营造了风清气正的“三农”发展氛围。

（王宏宇）

【聚焦主业，开展监督工作】中共北京市委农工委、市农业农村局围绕委局重点任务，开展了低收入帮扶、山区搬迁等重点项目的政治监督；对 200 万以上重大资金项目进行定向监督；对增殖放流项目开展了全程监督。加强对干部任用、奖励、出国等重点环节的监督，全年共出具党风廉政意见 240 余人次。紧盯“四风”问题，结合日常工作，注重平时跟进，加强对各项纪律检查。及时提醒和督促相关部门落实对全面从严治党工作考核情况的反馈意见中的问题和“四风”巡视的整改等。做好“为官不为”“为官乱为”和“查处群众身边的腐败和作风问题”两个专项整治工作。紧盯节假日期间，抓好中央八项规定精神落实，元旦、春节、五一、端午、中秋和国庆期间，以“四不两直”的方式开展了对公车停驶情况的明察暗访，抽查了 20 余个所属单位。形成委局从上至下严格遵守市纪委市监委关于锲而不舍纠治“四风”的各项规定的良好风气。

（王宏宇）

【组织纪检干部综合素质能力提升专题培训】2019 年 12 月 3 日，中共北京市委农工委、市农业农村局机关纪委在北京农业职业学院北校区培训中心组织对各处室和所属单位支部（总支）书记、纪检委员约 130 人开展了纪检工作业务培训。业务培训以党的十九大精神和习近平新时代中国特色社会主义思想为指导，全面贯彻落实十九届中纪委历次全会精神和市委关于全面从严治党工作要求，着力提高各处室和所属单位支部（总支）书记、纪检委员的思想政治素质和纪检监察工作能力，坚持把政治教育放在首位，注重质量，讲究实效，增强培训的针对性和实效性。市委农工委副书记市农业农村局副局长康森做了开班动员。培训采取集中授课的方式进行，邀请市直机关纪检监察工委和驻市委农工委市农业农村局纪检监察组相关人员进行了专题辅导。通过培训及学习交流，参训人员不仅学到了相关纪检工作的业务知识，同时也开阔了视野，拓展了思维，增长了知识。重要的是找准了纪检工作的职责定位，明确了目标任务，掌握了党内监督和行政监察的程序、方法、途径，对合理运用监督执纪“四种形态”有了深刻的理解及感悟。为下一步加强纪检干部队伍建设，提高纪检干部的政治素质和业务能力，推进全面从严治党和党风廉政建设工作在各处室、所属单位扩展和延伸打下了坚实的基础。

（王宏宇）

老干部工作

截至2019年12月底，中共北京市委农工委及直属单位的离退休干部总数1 647人，离退休干部党支部33个，党员1 084人。离休干部42人，平均年龄90.3岁，其中，局级离休干部12人，处级及以下离休干部30人。退休干部总数为1 605人，其中，局级干部72人，处级及以下干部1 533人。2019年，在市委市政府、市委农工委市农业农村局的领导下，以习近平新时代中国特色社会主义思想为指导，贯彻落实习近平总书记关于老干部工作重要指示和对北京重要讲话精神，用心用情，真抓实干，各项工作取得新进展。

（王岚）

【离退休干部“三项建设”取得新成效】中共北京市委农工委把学习贯彻习近平新时代中国特色社会主义思想作为首要政治任务，通过开展情况通报、专题讲座、学习座谈、调研参观等形式，引导老同志增强“四个意识”，坚定“四个自信”，做到“两个维护”。扎实开展“不忘初心、牢记使命”主题教育，利用市委老干部局和基层单位的网站、信息平台、老同志微信群、单位内网、老干部宣讲团等平台载体和活动，组织老同志进行学习。5月30日下午，北京市农林科学院举办“传承红色精神　牢记初心使命”红色家书诵读比赛，近360名基层单位的领导、广大党员、团员青年和干部职工参加了活动。离退休干部袁士畴和杨海良为全院职工讲述他们的成长经历，使在场的听众深受感动，尤其使青年科研工作者深受启发。北京农业职业学院于7月初召开了“老党员牢记初心使命”“我与祖国”座谈会，重温了入党誓词，组织了“守初心、学榜样、跟党走”主题党课。北京农业职业学院还成立了局级老领导牵头的五老宣讲团，87岁的离休干部、老院长方道中同志为老同志和在校大学生作了两场《一生追随党》的主旨演讲，给大家上了一堂生动的党课，10月24日这堂课在中国教育电视台“读懂中国”优秀作品中展播，受到了全社会的广泛关注，特别是方老一生作为新中国的见证者、建设者、受益者的亲身经历，深深打动了广大观众。9月17日，市委农工委组织离退休干部党支部书记和局级离退休干部代表参加市委老干部局举办的“不忘初心、牢记使命”专题辅导报告。报告人是北京大学习近平新时代中国特色社会主义研究院常务副院长孙熙国。12月4日组织部分老同志参加了中组部组织的中央和国家机关老同志专题报告会。落实情况通报制度。春节前组织委局机关、站所和系统单位部分离退休干部召开情况通报会，李志军书记向大家通报机构改革进展和本市“三农”工作情况。

【抓好抓实教育培训】3月6日，中共北京市委农工委组织机关和系统单位主管领导和离退休干部代表参加全市老干部工作会及培训会。参加市老干部局组织的2期离退休干部党支部书记培训班，1期退休市管干部理论学习班。

（王岚）

【老同志发挥优势作用实现新突破】围绕加强“四个中心”功能建设、提高“四个服务”水平、抓好“三件大事”、打赢“三大攻坚战”等首都职责和重点任务，深入开展“我看新中国成立70周年新成就”专题调研和“增添正能量·共筑中国梦”活动。北京农业职业学院老党员先锋队2019年在队长崔振叶带领下开展宣讲习近平新时代中国特色社会主义思想、“两会”安保维稳、国庆治安巡逻、文体娱乐服务等，立足活动阵地和社区服务群众，被大家称为身边的活雷锋，并发挥老教授的作用为京郊“三农”服务，彰显了党员的先进性。

传承发展，关爱下一代。各单位积极开展老少共话新中国成立70周年，红色影院，大讲堂等活动，北京农业职业学院开展“忘年交”品牌活动，开展“忘年交”象棋赛，“忘年交”读书沙龙，“忘年交”书画展等。并启动了关工委教育基地建设，探索家庭学校社会共育新机制。

科技部和工信部在全国统一开通农村科技信息服务12396公益热线。市农林科学院组织了果树专家鲁韧强等多位离退休农科专家轮流在热线中解答“三农”方面的问题。有的咨询者还经常把电话打到老专家家里请教。在农业农村部和工信部设立的“云农12316”三农信息服务平台中，原市农业局组织曹平等离退休农业专家提供农业信息和解答疑问。有些退休的专家还到农村一线去实地指导农业生产。

（王岚）

【老干部的系列活动得到新拓展】以“庆祝新中国成立70周年”为主题在系统单位和站所离退休干部中开展征文活动、书法绘画手工摄影展、讲好中国故事、拍摄微视频等活动，充分展示老同志积极向上、与党同心的精神风貌。北区老干部活动站陈国锋同志写的《老干部贴心人》在市委老干部局组织的“我与老干部工作这些年”微故事征集展活动中获得优秀故事奖。

8—10月组织机关和系统单位离退休干部参加“丹青绘丹心——庆祝新中国成立70周年”老干部书画手工作品征集与评选活动，展出了书画手工作品100多件，评奖并颁发了纪念品。

8—10月组织机关和系统单位离退休干部开展庆祝中华人民共和国成立70周年征文活动，共收到征文42篇，并汇集成书《情系“三农”礼赞祖国》。

9月22日组织“壮丽七十年 颂歌献祖国”市委农工委系统及远郊区离退休干部庆祝新中国成立七十周年文艺汇演，演员及观众共500人左右参加了活动。

（王岚）

【离退休干部服务管理得到新加强】中共北京市委农工委积极落实相关政策，创新服务方式、拓宽服务渠道，做好离退休干部资金、医疗、住房等保障工作。各单位都建立了局级老领导、处级离休干部和退休人员分级体检制度；看望生病住院、重大节日走访慰问制度及庆贺生日三项制度。做好临终关怀、特困帮扶、医院变更指导、支部活动审批四项工作。慰问600多人次，帮扶48人，发放困难救济金5.2万元。为8位去世老同志做好善后工作。

推动组织体系、教育管理、作用发挥、服务保障向基层延伸。各单位积极与社区主任、书记保持密切联系，鼓励离退休干部积极参与深化党建引领“街乡吹哨、部门报道”改革工作中。动员离休干部参与社区“两委”换届、基层党建帮扶脱贫工作中积极建言献策，贡献智慧和力量。农林科学院为更好地实现打通服务离休干部的“最后一公里”，通过沟通和协调，解决辖区内老干部反映的问题，比如让老干部到超市自取慰问品、要求不再居住本社区的离休干部关系转移和节日慰问滞后等问题，促进社区工作作风的及时调整。配合社区支部与机关离退休支部开展联合党日活动等等。

（王岚）

【老干部工作队伍呈现新气象】中共北京市委农工委坚持把深入学习贯彻习近平新时代中国特色社会主义思想作为主题主线，加强老干部工作队伍政治、思想、作风和能力建设。按照“做深、做实、做细、做快、做优”的要求，大兴调查研究之风，深入实际、深入老干部，听真话、察实情。5月，离退休干部处承担的《我市远郊区离退休干部在基层社会治理中发挥作用探索研究》调研报告，被市委老干部局评为全市老干部工作系统调研成果二等奖。依托农林科学院和农职院承担了市委老干部局部署的关于离退休干部工作的两个调研课题。系统各单位共上报有关老干部工作的信息报道220余篇，充分展现了农业系统离退休老同志的风采。此外，在老干部工作人员中开展“与祖国共奋进，与事业同发展”主题活动，组织工作人员学习贯彻“两个会议”精神，开展网络答题、“我与老干部工作这些年”微故事展示等活动，为实现首都新发展凝心聚力。

（王岚）

郊区农情

朝阳区

概述

朝阳区总面积 470.8 千米^2，农村地区面积 350.5 千米^2，占全区总面积的 3/4，辖 19 个乡(地区办事处)，144 个行政村，225 个社区。农村地区现有农业人口 8.4 万人。年内，成立中共北京市朝阳区委农村工作领导小组，加强和完善党对“三农”工作全面领导。贯彻落实《北京市朝阳区机构改革方案》要求，制定《朝阳区委农工委、区农业农村局机构改革组织实施工作方案》，开展机构人员转隶以及相关工作衔接运转，制定报批部门“三定”规定，完成区委农工委、区农业农村局机构改革。2019 年，在区委区政府的领导下，农村地区广大干部群众始终坚持以习近平新时代中国特色社会主义思想为指引，全面落实首都城市战略定位，深入实施乡村振兴战略，以新中国成立 70 周年庆祝活动服务保障为主线，以“文化、国际化、大尺度绿化”为主攻方向，农村经济社会建设各项事业取得新进展。

城乡融合发展

【概况】 深入贯彻新版北京城市总体规划和分区规划，全面对标城市空间结构“一主”定位，坚持规划引领，贯彻减量要求，坚定不移推进非首都功能疏解和城乡接合部改造，农村城镇化进程持续加快。

【新中国成立 70 周年庆祝活动服务保障】 周密组织安排、认真细致落实，动员群防群治力量 20 余万人次，对重点点位和线路进行保障，圆满完成群众游行、阅兵保障、彩车服务、联欢活动、女民兵选拔、国庆游园、组织观礼等重点任务。提升 210 处环境品质、布置 153 处靓丽景观，精心打造出主题鲜明、靓丽整洁的城市景观。广泛开展各类主题宣传，以“壮丽 70 年奋斗新时代”为主题，成功举办全民健身传统文体展示汇报演出和歌唱祖国演唱大会等系列文体活动，充分激发农村群众爱国情怀。以“春雷”和“护航 70”等专项行动为抓手，持续深入开展安全隐患排查和消防综合治理。坚持源头化解、疏导稳控、困难帮扶相结合，有效化解社会矛盾。各类重大活动期间未发生一起大规模群体性事件和重大个人极端行为，做到应对及时、保障有力、平稳有序。

【“一绿”试点建设】 “一绿”一批试点建设重点任务顺利通过市级验收。南磨房、太阳宫 20 万米^2 安置房建设完成，4 000 余人实现回迁。创新探索减量发展背景下“一绿”城市化路径，王四营乡安置房“新四合”模式为全市提供新经验。管庄村 4 天时间实现 100%签约，19 天完成全部 248 个院落腾退。“一绿”试点乡全年实现拆迁腾退 297.11 万米^2、绿化 180.54 公顷。东三乡规划初稿编制完成，孙河、崔各庄7 463名农民实现转居。

【非首都功能疏解】 全年拆除腾退各类建筑 639 万米^2，实现场清地净 567 万米^2。拆除清退商品交易市场 3 个、仓储物流基地 20 个、出租大院 129 处。小红门不锈钢城、高碑店阳光公寓、管庄东方建材市场等一批规模体量大、吸附人口多、安全隐患突出的低级次产业全面完成拆除清退。蟹岛、蓝调等 5 个园区内占用耕地非农设施全部拆除，恢复耕地

140.5 亩，“大棚房Ⅰ类”问题 110 个点位全部整改到位。建立设施农业用地长效管理季度巡查机制，822 个存量设施农业巡查实现全覆盖。2 处绿地认建认养和 69 处公园配套用房出租阶段性整改任务全部完成。2 000 万吨疏解腾退遗留建筑垃圾得到有效处置。

【重点项目手续办理】创新组建农村地区审批协调机制工作专班，崔各庄等 10 个乡 15 个安置房项目手续取得突破性进展，王四营孛罗营新村安置房项目实现开工建设，管庄等乡 6 个上市地块规划指标获市政府批复。常营东方和瑞等 10 个集体产业项目取得相关规划手续。南磨房、太阳宫等 6 个乡 7 个已入住安置房项目房产证办理取得实质性进展，有望尽快解决。

农村经济发展

【概况】积极应对经济下行压力，加强规范管理，深化产权改革，全年完成区级财政收入 89 亿元，人均劳动所得达到 38 288 元，分别增长 2.3%、6.7%。

【产业项目建设】实行产业用地区级统筹，实施方案经区委农村工作领导小组审议通过。加快重点项目建设，将台国际文化硅谷等 2 个项目主体实现竣工，崔各庄乡奶东村产业升级改造等项目加快建设。强化部门联动，共同打造农村产业资源与优质项目对接平台，推介 14 个项目与 60 余家企业对接。加强对口帮扶支援协作，44 个帮扶项目建成落地。

【基本农田利用】全区划定永久基本农田 911.97 公顷，涉及 8 个乡。留白增绿 23.6 公顷，涉及金盏、孙河、黑庄户 3 个乡。指导孙河、黑庄户乡引进向日葵等景观作物种植，指导平房、东坝乡开展农业节水项目。

【都市型阳台菜园推广】年内，在全区推广都市型阳台菜园示范项目扩大到金盏、孙河、黑庄户、崔各庄、平房、高碑店、管庄、南磨房 8 个乡，奥运村、潘家园、垡头、小关 4 个街道，高碑店西社区、高碑店西店社区、欢乐谷等 30 个社区（其中有两所养老院）、5 所学校、3 个公园、3 个园区、7 000户家庭。组织培育蔬菜种苗 6 万余株，有番茄、茄子等 50 余个品种，发放到全区示范种植单位。

【老北京特色蔬菜品种示范与推广】年内，在全区中农春雨、京朝花园、蓝调庄园、燎原农业、金天茂、都市农汇、军委后勤基地、中农国信、蓝美莓、圣露酒庄 10 个园区示范推广老北京特色传统蔬菜 88 亩，引进 10 个品种，其中，春季苹果青番茄、强丰番茄、七叶茄等品种 25.5 亩，心里美萝卜、核桃纹白菜 62.5 亩。

【都市型现代农业特色产业服务】年内，在京城梨园推广种植 20 余种蔬菜作物，包括苹果青番茄、强丰番茄、七叶茄、老北京柿饼冬瓜、心里美萝卜、大核桃纹白菜、鞭杆红胡萝卜等 7 种老北京蔬菜。在温榆河湿地公园引进种植 70 亩向日葵，在京城梨园、圣露酒庄推广种植油菜花 500 亩。

【蔬菜种植面积普查】年内，对涉及蔬菜生产的金盏、孙河、黑庄户、崔各庄 4 个乡开展蔬菜普查工作，全区菜田总面积 196.9 公顷。全区累计蔬菜播种面积 241.25 公顷。其中，春播蔬菜播种面积 25.85 公顷、夏播蔬菜播种面积 35.47 公顷、秋播蔬菜播种面积 145.75 公顷、冬播蔬菜播种面积 34.18 公顷。

【全国第二次农业污染源普查】年内，开展全国第二次农业污染源普查，全区种植业污染源普查总面积 469.89 公顷，其中，粮食作物 59 公顷，蔬菜 192.22 公顷，园地 218.67 公顷。普查涉及金盏、孙河、黑庄户、崔各庄 4 个乡，抽样调查 3 个典型地块。

【标准化基地建设】年内，对蟹岛、中农春雨、都市农汇等 16 家标准化基地开展督导检查 44 次。全区 16 家标准化基地农产品产量 4 513 400 千克，标准化覆盖率 100%。

【“三品”认证管理】年内，对柏华阳光农场、京朝花园、蓝美莓、都市农汇 4 家企业的番茄、韭菜、莜麦菜、普通白菜等 10 个品种进行无公害农产品网上申报、文书申报以及现场认定检查。2019 年度朝阳区“菜篮子”产品“三品”认证产量 2 621.6吨，认证率 90.7%。

【全国县域数字农业农村发展水平评价】年内，区种养中心完成农业农村部 2018 年度全国县域发展环境、基础支撑、生产信息化等 7 大项以及农业农村信息化财政投入情况、互联网普及程度、设施栽培信息化应用情况等 23 个指标数字农业农村发展水平评价工作的基础数据收集与在线填报。数据来源于区统计局、区信息办、方圆平安等 19 个部门和单位，并撰写评价报告。

【渔业统计】年内，组织全区水产基本情况调研，截至2019年12月31日，朝阳区水产养殖面积941亩，养殖企业（户）36个，其中，食用鱼养殖户4户，面积375亩；观赏鱼养殖户20户，面积244亩；休闲垂钓户12户，面积322亩。

【政策性农业保险】年内，区种养中心协助朝来农艺园、方圆平安、京北大地、圣露庄园和金天茂等5家农业企业投保政策性农业保险，保费332 524元，其中，市财政补贴166 262元，企业自缴66 504.8元，区财政补贴99 757.2元。

【植物检疫】年内，区种养中心召开3次草地贪夜蛾监测防控培训工作会，发放宣传材料150余份，储备应急用药80千克、高效节能电动喷雾器5台，完成238套诱捕器安装，完成80盏杀虫灯安装。年内，区植保站普查全区黄瓜绿斑驳病毒病、果斑病、番茄溃疡病、美国白蛾等危险性有害生物，普查面积1 516.2公顷，未发现有害生物。

【绿色防控技术推广】2月，区植保站邀请美国农业专家传授有机农业生产模式、有机园区设计和病虫草害防控等技术，并学习土壤健康管理知识。5月，区植保站培训天敌、生物农药使用技术。全年推广使用防虫网20 000米^2，遮阳网9 900米^2，黄板23 500张，捕杀异色瓢虫、智利小植绥螨等天敌1.41亿头，地布20 000米^2，生物农药50千克，环境友好化学农药150千克。年内，区植保站与金天茂、蓝美莓、京朝花园3个园区签订三方合作“北京市蔬菜病虫全程绿色防控技术示范基地建设”责任书，推广理化诱控、生物防控、生物农药等绿色防控技术。

【动物疫病防控】3月28日，组织召开朝阳区2019年春季动物疫病防控工作培训会。年内，利用广播、电视等公共媒体，通过板报、贴画、宣传单等形式，开展非洲猪瘟、H7N9禽流感、狂犬病、口蹄疫等动物疫病预防知识宣传。全年印发宣传折纸、宣传册等材料15.3万册。参与市疫控中心编写科普图书《我们的小伙伴——狗》，印刷发放1 000册。在社区推广应用“互联网＋防疫”小程序。

【植物疫情监测普查】3月，在王四营、黑庄户、金盏、崔各庄4个乡设立植物疫情监测点，配备虫情测报灯、孢子捕捉仪、小气候采集系统3种仪器设备，监测美国白蛾、草地螟、苹果蠹蛾、橘小实蝇等10种害虫。监测点从4—10月监测7个月，每周上报市植物疫情监控系统。

【狂犬病防控】5月10日，举办“加强动物防疫，构建和谐朝阳”大型狂犬病防控知识宣传互动活动。活动聘请宠物医生宣讲狂犬病传播途径，狂犬病预防，被动物咬伤之后处理方法等。邀请宠物指导员表演驯犬，介绍如何管理好犬、如何预防被犬咬等常识。发放各类预防狂犬病和其他人畜共患病知识手册、宣传品5 000余份。6月19日，开展“狂犬病防控知识进校园系列讲座——如何与狗狗成为好朋友”主题讲座，呼家楼中心小学丽水嘉园校区的3个班级120余名同学参加。专业宠物媒体主编、儿童与宠物安全教育读本作者王悦老师向师生介绍狗的起源、类型、生理及行为模式知识及犬类对人类的帮助，引导学生用正确的方式与陌生犬类接触。5—6月、9—10月，对辖区内6.7万余只犬只进行狂犬病集中免疫注射疫苗并佩戴免疫标识。8月6日，在蟹岛召开狂犬病免疫平台应用技术及免疫技术培训会，狂犬病免疫定点医院免疫人员200余人参训。

【“三夏三秋”及秸秆禁烧】6月15—30日、9月15日至10月15日，对农机作业投入机具25台次，培训农机操作人员28人次。机播玉米40公顷、机播小麦9.3公顷，作物秸秆全部综合利用，实现秸秆全面禁烧。

【农产品质量安全培训】11月4—5日，举办“朝阳区农产品质量安全培训班”。7个乡农服中心、17个企业、3个市场负责人及农产品质量安全检测员、信息员、内检员50余人参会。培训内容包括农产品质量安全法律法规、绿色防控技术、检测技术、标准化知识宣贯等。

【非洲猪瘟防控应急演练】11月28日，举办非洲猪瘟防控应急演练，市农业农村局、区指挥部办公室和部分成员单位领导出席。各街乡动物疫病防控工作主管领导、工作人员和全区一线动物疫病防控工作人员150余人观摩演练。

【实验室复评审通过】11月22—23日，区植保站通过北京市农业农村局组织的农产品质量安全检测机构实验室资质考核复评审。中国农业科学院及北京市农业环境监测站5位专家组成评审组，对“北京市朝阳区植物保护检疫站”进行机构资质考核复评审的现场评审。评审组认为“北京市朝阳区植物保护检疫站”在机构与人员、质量体系、仪器设备、检测工作、记录与报告、设施与环境等6个方面，符合《农产品质量安全检测机构考核评审细则》要求。实验室检测人员现场实操考核通过。实验室检测参数扩大到72个。

【动物检疫净化】年内，监测奶牛48头、马匹1 327匹。同时强化属地管理，建立“一场一畜一档一证”制度、动物产地检疫申报制度，完善各种防疫规章制度，完善马属动物纸质、电子档案，与马场责任人签订马场责任书15份。出具动物检疫合格证明5 000头（只），动物产品换证3 400万千克。完成23个冷库贮藏分销和32家直接分销动物产品厂家和分销商登记备案工作，签订责任书55份，冷库换证单位现场指导50次。

【动物疫病检测】年内，开展287项次病原学检测，包括口蹄疫、非洲猪瘟、禽流感、布病、鲤春病毒和锦鲤疱疹病毒，检测结果全部阴性。开展5 129项次血清学抗体检测，包括牛、羊、马、犬猫及禽血清，检测结果显示上述疫病平均免疫抗体整体合格率70%以上，符合部颁标准。完成市疫控送检样品及国庆70年信鸽专项监测工作。动物源性产品兽药残留检测计11 290项次，检测合格率99.7%。水质检测采集养殖水样品12份，检测82项次。非洲猪瘟防控检测21份，结果均为阴性。

【病死动物无害化处理】年内，收集各类死亡动物543条（只），动物产品2 977千克，集中进行无害化处理。未发生抛扔、销售、转运、屠宰加工病死动物事件。

村镇建设

【概况】深入实施乡村振兴战略，大力开展人居环境整治和美丽乡村建设，不断优化区域生态环境，加强社会治理和公共服务，切实提升群众生活品质。

【美丽乡村建设】年内，金盏东村、东窑村、半壁店村、高碑店村、郎辛庄村、郎各庄、么铺村、何各庄村、马泉营村、白家楼等首批10个美丽乡村建设基本完成。奶东村、老君堂村、小郊亭（自然）村、方家（自然）村、黎各庄村、金盏西村、万子营西村、万子营东村、小鲁店村、大鲁店三村等第二批10个美丽乡村建设全面启动。坚持党建引领，出台乡村治理工作方案，推动“五有十二做到”，乡村软实力建设持续加强。

【农村人居环境整治】深入实施47个未拆迁村和6个平房区环境整治，拆除私搭乱建10.7万米^2，全面完成330条背街小巷和2条重点铁路沿线环境整治提升，建成16座垃圾中转站，垃圾分类示范片区实现全覆盖。东坝、豆各庄、来广营、三间房、孙河等第二批5个环境重点乡36个环境建设项目基本建成。太阳宫、南磨房、来广营成功创建国家卫生乡，通过创卫国家级暗访验收。

【区域生态环境】加快实施新一轮百万亩造林，新增改造绿化1.17万亩，温榆河公园一期起步区主体完工，建设朝南万亩森林公园一期等33个大小微型公园，连绿成廊、连绿成带的大生态格局逐步形成。76条小微水体治理、33条乡管沟渠清淤工程全部完成，5处国考、市考断面水质稳定达标，区域水环境质量显著提升。

【基本公共服务】新增9所幼儿园、新改扩建5所中小学，增加学位7 650个，朝阳医院常营院区、安贞东方医院开工建设，第一中西医结合医院来广营院区按小区配套相关程序完成交付，区妇幼保健院北院区竣工验收。青年路南延等9条主次支路竣工通车，立水桥东路等7项疏堵工程全部完工，群众出行环境有效改善。

【社区治理】拆分、新建9个社区，农村社区数量达到225个，占全区总数的46.58%。全面提升社区品质，144个“三社一体化”项目、36个农民市民化项目、11个市级社区规范化示范点建设全部完成。加强社区治理创新，精心培育10处“全要素小区”和8处“全景楼栋”，“一刻钟社区服务圈”基本实现全覆盖。

农村改革与管理

【概况】健全完善集体“三资”管理体系，加强集体资源统筹管理，坚持问题导向，持续提升集体“三资”管理规范化水平，扎实推进产权制度改革，农村经管服务水平进一步提升。

【成立农村集体资产监督管理委员会】正式成立农村集体资产监督管理委员会，强化集体“三资”监管，规范乡村集体经济组织运行秩序。

【村地区管】贯彻落实北京市《关于治理基层涉地乱象和涉地腐败的意见》，按照《关于进一步加强农村集体土地管理加快建立健全“村地区管”机制的指导意见》（京政字〔2020〕8号）的要求，进一步加强农村集体土地管理，初步制定“村地区管”实施意见。

【产权制度改革】基本完成平房、太阳宫、高碑店等3个乡11个村级改革，南磨房等4个乡9个村级改革进入扫尾阶段。常营乡级改革全面完成。

【农村集体资产清产核资】年内，完成农村集体资产清产核资工作。以2017年12月31日为清查基准日，清查范围涉及农村地区683个基本单位，其中，乡级集体经济组织22个，村级集体经济组织157个，集体企业单位504家。清查内容包括集体经营性资产、非经营性资产、资源性资产在内的全部集体资产。通过清查核实，全区账面资产总额1 662.53亿元，负债总额1 381.44亿元，所有者权益总额281.09亿元。全区现有集体土地总面积为33.37万亩。其中，农用地14.86万亩、建设用地17.36万亩、未利用地1.15万亩。全区林木资源23.24万米^3，其中，公益林22.70万米^3，商品林0.54万米^3。

【农村集体经济组织换届】年内，组织开展农村集体经济组织换届选举工作。246个农村集体经济组织完成换届选举。本次换届全区登记社员22.9万人，选举产生社员代表7 519人，选举产生社长246人。

【农村集体经济组织颁证】年内，组织开展农村集体经济组织登记赋码颁证工作。269个农村集体经济组织办理“农村集体经济组织登记证”。

【农村集体经济组织资产年检】年内，组织开展“北京市农村集体资产产权登记证”年检工作，全区174个集体经济组织完成年检工作。年检结果显示，截至2018年12月31日，全区集体资产总额1 653.7亿元，其中，乡级资产总额1 201.9亿元，村级资产总额451.8亿元。

【农村集体经济合同管理】年内，朝阳区农村新签927份经济合同，全部履行联预审程序，年租金总额5.8亿元，新签合同土地亩均收益15万元。加大问题合同整改力度，市委巡视和区纪委专项督查反馈问题合同分别完成整改1 028份和488份，通过整改收回集体土地1.28万亩，增加集体年收益6 000万元，追缴欠缴租金1.9亿元。

【农民负担检查】年内，开展朝阳区农民负担执法检查工作。村级公益事业专项补助资金正常发放。全区144个村1 731万元补助资金全部拨付到位。各村按照村级公益事业专项补助资金使用要求，坚持专款专用。收费情况依法依规，无农民负担问题发生。

基层组织与民主政治建设

【概况】紧扣区委“基层建设年”工作部署，深入开展“不忘初心，牢记使命”主题教育，扎实推进“基层组织规范年”工作，基层党建活力进一步激发。

【思想政治建设】年内，深入开展“不忘初心，牢记使命”主题教育，农村地区23个二级班子、1 959个基层党组织、5.3万名党员，全员投入、全情参与，在“未诉先办、一办到底”大走访中累计走访楼院2 586个、发现问题1 485件、为百姓解决问题1 192件，推动环境整治、物业管理等一批民生实事取得显著进展。压紧压实意识形态责任制，开展“践行社会主义核心价值观十佳人物”宣传评选等活动，充分展现党员干部奋发进取的风貌。

【基层组织提质升级】年内，完成太阳宫、将台、黑庄户3个乡机构改革试点任务。制定农村基层党建三年行动计划，探索形成村务工作者队伍建设“1＋2”制度体系，农村党建实训基地建成运行。

【党风廉政建设】年内，推动村、社区党组织纪委书记或纪检委员实现100％全覆盖。统筹推进“扫黑除恶”专项斗争，完成31个中央、市区督导问题整改，针对孛罗营村涉黑涉恶问题，举一反三，梳理6个方面31项问题清单，不断把专项斗争引向深入。严格落实“五个一”机制，对照19条标准逐项整改，7个软弱涣散村完成转化提升。加大案件查处力度，处理违法违纪95人，严肃执纪问责的要求得到进一步落实。

【农村“两委”换届选举】年内，选举产生新一届村、社区“两委”干部2 634名，完成144个村、217个社区“两委”换届工作，村“一肩挑”比例达到100％，社区“一肩挑”比例达到78％。

朝阳区领导名录

区委书记	王　灏
副书记	文　献　王　旭
常委	王　灏　文　献　王　旭　马继业　迟行刚　史连雪　张维刚　席成坡　暴　剑　黄晓伟（女）
区人大常委会主任	陈宏志
副主任	朱春霞（女）　常树奇　胡良森　牟燕东　叶　青
区长	文　献

常务副区长	马继业
副区长	王志勉　牛国泉　杨建海 李国红　朱　晟 戎均文（挂职） 杨　艳（女，挂职）
区政协主席	陈　涛
副主席	杨树旗　张永新　王文远 连玉明　张兴凯 战春燕（女，满族）
区委农工委书记、区农业农村局局长	张克斌

朝阳区各地区办事处（乡）党政正职领导

	党（工）委书记	办事处主任、乡长
来广营地区（乡）	王　刚	张继明
太阳宫地区（乡）	李　华	郝宝刚
崔各庄地区（乡）	吴选辉	齐宝良
孙河地区（乡）	张晓宁（女）	李兴泉
金盏地区（乡）	陈　杰	陆闻宇
将台地区（乡）	宋少伟	李　勃
东风地区（乡）	郭　君	
东坝地区（乡）	李　钧	于淑杰（女）
平房地区（乡）	蒋东燕（女）	张　昕
常营地区（乡）	刘大庆	方　泽
高碑店地区（乡）	顾洪涛	杜　磊
三间房地区（乡）	张小锋	王立新
管庄地区（乡）	万小兵	汪宝成
王四营地区（乡）	张　奎	邢志新（女）
豆各庄地区（乡）	张军茹（女）	
黑庄户地区（乡）	秦　涛	
南磨房地区（乡）	易湘林	
十八里店地区（乡）	张宏明	刘　涛
小红门地区（乡）	王小红（女）	闫　博

（朝阳区农业农村局　张伟楠）

海　淀　区

概　述

海淀区总面积 430.77 千米^2，农村地区面积 261.11 千米^2，占全区总面积的 60.6%，辖 7 个镇(7 个地区办事处)、63 个行政村，农业人口 3.1 万人。2019 年，区委农工委、区农业农村局在区委、区政府的正确领导下，深入学习贯彻中央和北京市农村工作会议精神，围绕“两新两高”战略部署，以服务保障国庆 70 周年和办理区人大一号议案等重点任务为契机，扎实推进农村人居环境整治、整建制农转非、产权制度改革、农业产业发展、基层党建等各项工作，农村城镇化发展不断取得新成效。海淀区成为全国农村集体产权制度改革试点典型单位、全国乡村治理体系建设首批试点单位；区农业农村局荣获全国农业农村系统先进集体、北京市筹备和服务保障中华人民共和国成立 70 周年庆祝活动先进集体等荣誉。2019 年，全区农村集体经济总收入 126.6 亿元，同比增加 10.7 亿元，增长 9.2%。

农业与农村经济

【概况】2019 年海淀区农村集体总资产达到1 848.2 亿元，同比增加 78.2 亿元，增长 4.4%，较好地实现了保值增值。农村集体净资产（所有者权益）总额 692.8 亿元，同比增加 38.5 亿元，增长 5.9%，经济实力进一步增强。2019 年，全区农田面积 5.1 万亩。其中，水田 1 160.6 亩，水浇地 3 570.4亩，旱地 5 434 亩，果园 24 816.5 亩，苗圃 9 825.7 亩，设施农用地 5 734.1 亩，其他 531.6 亩。2019 年蔬菜产量 1 636.63 万千克、产值 5 140.94 万元，分别同比增长－2%、5%。主导树种樱桃产量 43.646 2 万千克、产值 1 827.15 万元，分别同比增长－6%、－16.4%。果树产量 353.34 万千克、产值 3 814.34 万元，同比增加 2.5%、0.1%。

【机构改革】根据中共北京市海淀区委、北京市海淀区人民政府《关于印发〈北京市海淀区机构改革方案〉的通知》（京海发〔2019〕3 号），组建海淀区农业农村局。将区农村工作委员会的职责，以及区发展和改革委员会的农业投资项目、区财政局的农业综合开发项目、市规划和国土资源管理委员会海淀分局的农田整治项目、区水务局的农田水利建设项目等管理职责整合，组建区农业农村局，作为区政府工作部门。区委农村工作委员会与区农业农村局合署办公。不再保留区农村工作委员会（区动物卫生监督管理局）。组建区委农村工作领导小组，作为区委议事协调机构。区委农村工作领导小组办公室设在区委农村工作委员会。2019 年 3 月 16 日，北京市海淀区农业农村局挂牌正式成立。

【科技农业】 10 月 16 日，承办中关村论坛首届未来农业平行论坛，来自中国、日本、荷兰等多个国家和地区的农业领域知名科学家、企业家、投资人及驻华农业参赞 180 余人齐聚一堂，围绕基因育种、土壤系统改良、大数据信息、精准动态感知等农业前沿技术展开探讨，分享农业前沿科技与未来发展方向，为未来农业的发展建言献策。

2018—2019 年度海淀区农业农村局信息中心与北京市农业农村局信息中心在西北旺镇百旺种植园联合建设推广北京智慧农场综合服务平台建设与运营项目。结合北京市信息进村入户工程工作安排，海淀区农业农村局信息中心统筹市、区、科技公司等各领域资源，筹备建设北京市首个 5G 基质草莓智慧温室。通过 5G 通信，将农业生产与管理环节深度融合，整合智能物联网、智能水肥一体机、智能滴灌等智能装备，提升生产智能化水平和园区综合管理水平，并运用互联网思维打通、串联农业产业链条，最终实现“云平台”智慧管理、智慧生产。

【科技成果】 编写《海淀乡土植物》图册，重点推介了 82 种适合海淀美丽乡村建设的乡土植物。选送的乡土植物参加 2019 年北京世界园艺博览会展品竞赛，荣获 18 个奖项，包括 2 个特等奖、8 个金奖、4 个银奖、4 个铜奖。“苹果矮化砧木组培苗生根阶段开放式培养方法及所用培养基”申报了国家发明专利并于 6 月初审合格。编写的《樱桃砧木组培快繁技术规程》已于 10 月 1 日成为北京市地方标准并发布实施。“辣椒育种技术创新与新品种选育及示范推广”成果荣获北京市农业技术推广一等奖。

【休闲农业】 开展稻田油菜花生态景观种植，推广种植面积达 1 256.5 亩。推广适合都市农业的栽培的优良蔬菜品种，并开展蔬菜高品质栽培技术推广，开展草莓高架无土栽培技术，果树、蔬菜水肥一体化，节水灌溉普及推广。开展化肥减量增效、测土配方施肥工作。3 月，组织 16 家园区开展开心农场活动，耕地总面积 388.7 亩，共有单元数量 7 070 个，设置露地、“露地＋设施农业”、设施农业三种单元地块模式供市民租种，体验农耕。推进西马坊村经济合作社和柳林村经济合作社进行三产融合试点建设。

【服务企业】 推荐北京嘉博文生物科技有限公司、北京九州大地生物技术集团股份有限公司成功申报为第六批农业产业化国家重点龙头企业。组织开展 2019 年北京市农业产业化重点龙头企业认定和动态监测工作。组织大北农科技集团股份有限公司、北京雷力海洋生物新产业股份有限公司、北京大道农业有限公司、北京蜂珍科技开发有限公司参加第 17 届中国国际农产品交易会。组织审计公司对 2017 年 7 月至 2018 年 6 月期间贷款贴息申请材料进行审计核算，农信互联、万丰大地等 7 家企业的 28 项贷款贴息申请和 3 项担保费补贴申请符合要求，拨付贴息和担保费补贴 987.097 9 万元。

【政策性农业保险】 年内，区政策性农业保险总保费为 183.94 万元，向参保农户拨付区级保费补贴 73.59 万元。承保面积 5 037.76 亩、参保 306 户次；受灾面积 3 284.74 亩次、164 户次，赔款金额 179.6 万元。

【设施农业利用专项整治】 建立了设施农业电子台账，共梳理设施大棚 4 530 栋，建设主体信息 406 条，经营主体信息 698 条。为 4 283 栋设施大棚悬挂了二维码标识牌，并关联了相关信息。配合市规划和自然资源委员会海淀分局对下发的 917 个图斑全面普查，并对海淀区 2009 年图斑外的全部占耕地情况进行普查（含“大棚房”检查中列入非验收类项目和农业观光园类项目）。针对 9 宗Ⅰ类问题（上庄镇 7 宗、苏家坨 2 宗），按照全市统一部署，各镇均已整改到位并完成了复垦复种工作。印发了《海淀区“大棚房”清理整治工作奖励方案》及《海淀区建立完善严防“大棚房”问题反弹长效监管机制工作方案》，加强“大棚房”管理，严防问题反弹。完成设施农业备案 4 宗，包括温泉镇白家疃村经济合作社项目、上庄镇京西稻育秧设施建设项目、苏家坨镇柳林农教体验基地和上庄镇三元农业无人智能植物连栋温室建设项目。

【土地污染防治】 协调区农科所、区农机研究所、区农业执法大队做好化肥农药减量、农膜回收、农药包装废弃物回收等相关工作。按照市农业农村局、市生态环境局下发的《耕地土壤环境质量类别清单》，及市园林绿化局要求，实施耕地、园地分类管理，开展土壤污染状况详查工作，涉及耕地2 338个地块、2 062.87公顷，涉及园地1 686块、9 349.3公顷，均为优先保护类（未受污染），不存在安全利用类和严格管控类。

【农业安全生产】组织举办了50余人参加的各镇农业安全生产负责人和涉农重点企业参加的农业企业安全标准化建设培训班，全区16家农业企业通过企业安全标准三级认证复评，奖励补贴资金2.4万元，完成了2家“一企一标准、一岗一清单”企业创建工作。

【农产品安全监管】制定了《2019年北京市海淀区农产品质量安全监测计划》并印发相关单位。向各镇下发农产品快速检测试剂10 000份，共对9 000余批次农产品样本进行了定性检测，市、区两级700多批次农产品及投入品样本进行了定量检测，检测合格率100%。

【农产品安全双安双创】以区政府办名义印发了《海淀区创建国家农产品质量安全区实施方案》，创建工作全面开展。牵头组织相关政府职能部门及各镇召开了创建工作推进会，对照考核指标深入各镇指导落实指标内容；配合区食安委对5家农产品生产主体进行检查，并结合实际情况，要求园区整改落实，为市级检查做好准备，全面迎接食品安全示范市创建考核。

【畜禽养殖业】全年畜禽存栏情况：猪1户，存栏820头；奶牛3户，存栏177头；羊4户，存栏37头；鸡3户，存栏161只；鸭3户，存栏42只；鹅4户，存栏125只。

【散养畜禽清退】全年共清退畜禽散养户1 366户，清退散养畜禽118 657头（只）；下发了《关于进一步推进散养畜禽清退工作的通知》，进一步推进散养畜禽清退工作，确保散养畜禽清退工作的顺利完成，尽早实现全区禁养目标。

【动物免疫】全区畜禽重大动物疫病累计免疫12 026头（只）次，其中，禽类禽流感三价累计免疫830只次，偶蹄动物口蹄疫疫苗累计免疫5 008头次，猪高致病性蓝耳病累计免疫2 493头次，猪瘟累计免疫2 940头次，鸡新城疫累计免疫610只次，羊布病累计免疫33只次，小反刍兽疫累计免疫112只次，应免率达到100%。

【动物卫生监督】全年共检疫各类动物11 539头（只），驻场官方兽医室监督换证动物产品13 250吨，检查被监管单位853个次，执行行政处罚83起，罚没款254 105元，处理群众举报73起，监督无害化处理病死动物11 832千克［876头（只）］，对国庆70周年庆典放飞广场鸽进行疫病监测和检疫，办理兽医师执业证120个。

【动物疫病防控】加强统筹协调全面开展重大动物疫病防控工作，尤其非洲猪瘟防控工作，区委区政府领导高度重视，多次召开会议部署防控工作，各部门齐心协力严防严控，建立持续有效的联动机制，加强监管力度，及时排除各类风险点。10月举办全区重大疫病应急预备队培训并进行防控非洲猪瘟疫病应急演练，11月初集合专家召开了重大动物疫病防控工作风险评估会议，确保年内未发生非洲猪瘟疫情。

【渔业】全区水产养殖水面为411亩，养殖户数24户，养殖模式以垂钓为主。组织各类执法检查369次、联合执法21次，出动人员1 380人次；发放《水产养殖质量安全告知书》《依法健康养殖承诺书》各24份；处理群众举报16起。销禁用渔具960多米（37个）；送检养殖水产品51个鱼样，快速检测75个鱼样，检测结果符合国家规定标准。

为改善水域生态环境，保护水生生物多样性，促进渔业种群资源恢复，5月21日区农业农村局在圆明园公园举行了以“依法保护渔业资源、共护水域生态环境”为主题的增殖放流活动，共计放流鱼苗18 000尾。11月8日，开展“改善水域生态环境、建设高品质城市”为主题的渔业资源增殖放流活动，在南沙河、圆明园公园和翠湖湿地公园水域放流鱼苗2万多千克。

【乡村振兴战略】2019年，海淀区以习近平总书记关于“三农”工作重要论述为指导，深入贯彻中央、北京市农村工作会议精神，按照“产业兴旺、生态宜居、乡风文明、治理有效、生活富裕”的总体要求，扎实推进乡村振兴战略，落实“四个优先”。一是搭建完成乡村振兴组织体系。建立健全乡村振兴体制机制，规范明确乡村振兴工作制度，制定完善乡村振兴制度体系。二是统筹推进乡村振兴重点工作。开展农村人居环境整治和美丽乡村建设，实施农村“厕所革命”，推进生活垃圾治理，开展生活污水治理，推进乡村绿化美化。有效激活乡村振兴内生动力，大力发展新型集体经济，推进减量集约提质增效，做好农民增收就业不断加强乡村振兴要素保障。农业农村当好“压舱石”、守好“基本盘”、添好“背景色”的战略目标在海淀如期实现，为确保全区经济持续健康发展和社会大局稳定做出贡献。经北京市推荐，海淀区农业农村局获评全国农业农村系统先进集体。

【乡村治理】海淀区积极践行党的十九届四中全会精神和市委十二届十次全会要求，推动乡村治理体系和治理能力现代化水平有效提升，经北京市推荐，成功获得中央农办、农业农村部、中组部、中宣部、民政部和司法部共六部委批复，获评全国首批乡村治理体系建设试点单位。

【全国农村集体产权制度改革试点树立典型】2019年3月，中央农办、农业农村部印发《关于开展学习全国农村集体产权制度改革试点典型经验活动的通知》，从279个中央试点单位中选择工作扎实、亮点突出、成效明显、具有引领作用的北京市海淀区等20个县（市、区）作为第一批全国农村集体产权制度改革经验交流典型单位，供各地学习借鉴。

【农村集体产权制度改革工作】2019年9月，全国人大常委会委员、全国人大农业与农村委员会领导到中关村东升国际科学园、东升科技园就农村集体产权制度改革情况进行调研工作。区人大常委会副主任、副区长参加调研。

【农村集体经济组织登记赋码工作】2019年10月，北京市海淀区农业农村局、北京市海淀区金融服务办公室、北京市海淀区市场监督管理局、北京市海淀区农村合作经济经营管理站联合出台文件《海淀区关于开展农村集体经济组织登记赋码工作的通知》（海农发〔2019〕12号），细化工作流程，严格登记赋码对象、规范登记赋码事项、建立统一社会信用代码制度，促进登记赋码工作制度化、规范化、信息化。

【海淀区农村股份经济合作社换届选举】2019年5月，中共北京市海淀区委农村工作委员会、北京市海淀区农业农村局出台文件《关于做好农村股份经济合作社换届工作的通知》（海农工发〔2019〕1号），为做好农村股份经济合作社换届工作，维护农村社会稳定和集体经济可持续发展提供了有力支撑。按照《关于建立村和社区“两委”干部资格联审长效机制的通知（海组通〔2019〕18号）》精神，会同区委组织部牵头做好村集体经济组织换届候选人资格联审工作。

【海淀区村和社区“两委”换届选举工作】年内，顺利完成海淀区村和社区“两委”换届选举工作，累计对50批1.3万余人次的村和社区“两委”候选人进行资格联审。牵头制定《海淀区村“两委”干部队伍建设规划（2019—2023年）》及任务分解方案。

【培训村级干部】实施以党组织书记“头雁领航”为主的农村基层干部教育培训“四大工程”。开办村（社区）“两委”主要负责人培训班、农村系统基层党组织书记轮训班、农村党务干部培训班等，全年共培训约800人次。建设海淀区村干部信息管理平台。

【培养新型农业实用人才】年内，在发挥已有实用人才实训示范基地功能的基础上，新增四季青敬老院培训基地、西北旺镇红丰党群活动服务中心、苏家坨镇柳林村现代农业管理基地、上庄镇农村基层治理人才培训基地4个农村实用人才基地，培养四季青敬老院护理员培养计划、温泉镇白家疃村园林绿化培训、上庄镇农村基层治理人才培养项目3个农村实用人才培养创新项目。

【农转非工作】一是破题全区整建制农转非政策路径。2019年初，区人大一号议案聚焦“三农”工作，要求加快推进北部地区整建制农转非工作。为落实区人大一号议案，回应社会关切和农民期盼，破解农转非资金缺口难题，破除城乡二元结构，加快人的城镇化进程，区农业农村局牵头组织相关部门，通过梳理相关政策，组建工作专班，积极开展调研，摸清基本情况，分析难点问题，提出政策建议，形成了《海淀区加快实现整建制农转非工作报告》，明确实施路径，经区委、区政府研究，并经区人大审议通过。二是积极推进现行农转非工作任务。协调推进苏家坨镇北安河村和西北旺镇皇后店村整建制完成农转非工作。

【农村人居环境整治】年内，印发《海淀区农村人居环境整治和美丽乡村建设工作方案（2019—2020年）》（海农组发〔2019〕3号），实施“村庄清洁行动、厕所革命、污水治理、垃圾治理、绿化美化、治违控违”等六大专项行动，建立高规格推进、高频次调度、高密度检查、高效率协同、高水平保障的五项机制。7—9月开展了“60天大会战”，聚力攻坚长期以来形成的痼疾顽症，全力整治农村人居环境，村庄环境面貌明显改善。

【美丽乡村建设】年内，积极推进美丽乡村建设，落实分区规划，组织编制村庄美丽乡村建设实施方案。罗家坟村美丽乡村建设实施方案通过区政府联席会、区财政评审，已进入施工前期准备阶段；东马坊等 18 个村的方案已进行了第一轮审查，美丽乡村建设取得新进展。

【农村基础设施管理】年内，落实长效管理机制，在“村每日、镇每月、区每季度”检查的基础上，委托第三方每月全覆盖检查设施管护情况，通报检查情况并督促各镇及时整改。全年共拨付区级管护资金 2 185.32 万元，保障农村基础设施运行正常。

【准物业化工作】年内，引入社会力量赋能村庄管理，在罗家坟、柳林等 6 个村试点实施准物业化管理，将基础设施和公共服务设施维护、村庄保洁、绿化养护、治安控违 4 类 16 项内容纳入管理范围，提高了设施的运行和管理水平，实现了村庄干净整洁，有效防止了治安消防事件以及新生违法建设发生，村民的获得感、幸福感、安全感显著增强。

【农村地区早期防空洞治理】2019 年，西北旺镇冷泉村 8 户防空洞上的危房户继续以先期周转的方式进行解危，由区政府财政按照 1 600 元/（人・月）标准进行周转补贴。2019 年周转总人数 50 人，发放周转补贴 960 000 元。与北部办、财政局、温泉镇政府等多部门多次召开白家疃村防空洞上危房解危专题协调会，解决 2018 年 26 户和 2019 年 6 户危房户先期腾退解危工作。

【城乡接合部环境问题整改】年内，海淀区按照中央环境保护督察北京市整改落实工领导小组办公室《关于继续开展中央环境保护督察反馈意见整改落实调度工作的函》（京环督整改办函〔2018〕1 号）要求，继续按照“整合资源，集成政策；部门联动，镇村主体；分类整改，专项攻坚；提升标准，固化成果”的工作思路，协调政府责任部门和各镇政府推进城乡接合部地区环境问题整改任务。2019 年解决 4 个村庄污水直排问题，建立完善村庄环境日常管护工作长效机制，实现“散乱污”企业动态清零，待拆和在拆迁村庄治理有序。

【农村宅基地调研工作】2019 年 12 月通过大量调研摸底，形成了《海淀区宅基地房屋建设管理情况调研报告（讨论稿）》和《北京市海淀区农村村民宅基地房屋建设管理办法（讨论稿）》。

【开展“不忘初心，牢记使命”主题教育】年内，开展区委农工委、区农业农村局“不忘初心，牢记使命”主题教育。按要求组织开展专题学习、领导调研、外出参观等活动，共印发简报 57 期，区委主题教育领导小组办公室简报采用 2 次。中央、市、区级媒体分别报道相关工作 8 条、14 条和 26 条。顺利举办“不忘初心追梦想，牢记使命写青春”青年论坛活动。同时做好农村系统主题教育的指导工作。

【国庆 70 周年服务保障工作】7—9 月，历时 3 个月，组织农业农村系统 1 000 名群众参加“跨越世纪”群众游行方阵，协调农业农村系统 8 家处级单位，按照“精精益求精、万万无一失”的要求，有力保障，出色完成任务。委局被市委市政府表彰为北京市筹备和服务保障中华人民共和国成立 70 周年庆祝活动先进集体。

【农事节庆活动】年内，先后举办海淀区第 19 届樱桃文化节（5 月）、“中国农民丰收节”暨第十八届金秋田园体验季（9 月）活动。樱桃文化节主题为“樱你而来　桃美海淀”，通过媒体途径多方发布了海淀休闲农业和观光采摘的经典路线，向市民朋友推介优质果品和农业园区。丰收节活动以“丰收海淀　祝福祖国”为主题，设置海淀农业 70 年峥嵘岁月展览、科技农业场景展示、传统文化展示、台湾美食展示、扶贫农产品展卖、农事教育体验、民俗文化展播等多个环节和模块，采取线上招募与线下邀请相结合的方式，邀请市民共享海淀农业发展成果。

【海淀区第三十届农民艺术节乡村大舞台演出】11 月 22 日，在西北旺镇航天城礼堂，以“京郊喜庆 70 年，乡村文化展‘京’彩”为主题，举办第三十届农民艺术节乡村大舞台演出。整场演出汇集舞蹈、小品、独唱、合唱等多种节目类型，大部分由农民自编自演。来自海淀区 7 个镇的演出团体及群众千余人欢聚一堂，分享精神文化盛宴。

【强化河长制】持续强化河长制统领作用，街镇、村级河长巡河率都达到 100%，完成小微水体排查并分年度开展整治，完成“清四乱”专项行动全部 27 项任务，有力遏制了侵占河湖的违法行为，还河湖于自然、还滨河岸线于市民。

【水资源管理】统筹布局河湖水系补水工作打开新局面。在南部地区，完成北旱河循环补水管线建设，实现了由京密引水渠—北长河—北长河南支沟—金河—北旱河的补水，连通北坞砂石坑、两山公园、影湖楼公园，贯通园外园核心地区水网，统筹实现防洪安全、水源涵养和水生态修复。

【水环境管护】上庄再生水厂通水试运行，实现稳定出水，有效缓解上庄地区污水处理压力。会同市排水集团开展13条聚焦攻坚污水管线建设，解决部分村庄、部队污水排放的临时应急需求。建设梅所屯村、温阳路边沟2处临时污水处理设施，解决截污管网未覆盖区域的污水处理问题。完成60个单位（小区）自备井置换和市级下达的老旧小区供水管网改造任务，不断提升供水安全保障度和供水服务满意度。

海淀区领导名录

区委书记	于　军
副书记	曾　劲
常委	鲍　雷　周志军（女） 孟景伟　李俊杰　张劲林 高念东　田敬军　吴计亮 刘圣国　梁　爽　谭　权 张若冰　沙海江
区人大常委会主任	刘长利
副主任	王鲁豫　臧桂武　杨　莉（女） 刘佩金　邓佑玲（女）
区长	曾　劲
副区长	孟景伟　李俊杰　陈　双（女）
区政协主席	刘　勇
副主席	刘　恪（女）　丁志明 胡淑彦（女）　张维佳 王玉梅（女）　徐凤芹（女）
区委农工委书记、区农业农村局局长	张春明

海淀区各镇党政正职领导

	党委书记	镇长
四季青镇	陈爱清	薛飞飞
东升镇	武　凯	刘　件
海淀镇	苏建华（女）	朱海斌
西北旺镇	赵小云（女）	尹　刚
温泉镇	方海强	张国斌
苏家坨镇	张文涛	刘培宝
上庄镇	刘　涵（女）	周　波

（海淀区农业农村局　任玉清）

丰 台 区

综　述

丰台农村地区辖三乡两镇一地区、57个行政村、70个集体经济组织。其中，卢沟桥、花乡、南苑三乡及下属38个行政村位于河东地区，长辛店、王佐两镇和宛平城地区及下属19个行政村位于河西地区。全区集体土地面积133.27千米^2，占总面积（305.56千米^2）的43.62%，其中农用地77.87千米^2。农用地中，耕地9 600亩（其中可利用耕地8 416亩），基本农田6 003亩，基本菜田最低保有量800亩。

城乡融合发展

【概况】以绿隔建设、重点村城镇化、重点功能区和重大项目建设、棚户区改造、城镇化统筹试点等为路径，促进城乡一体化发展。

【推进一道绿隔建设】本区“一绿”地区涉及卢沟桥乡、花乡、南苑乡，农村地区总面积166.15千米^2，其中集体土地43.89千米^2。为加快完成“一绿”地区城镇化建设，本区将上述地区的51个行政村统筹推进，近年通过旧村改造新村建设、重点村城镇化、棚户区改造及城镇化建设统筹试点等一系列工作，“一绿”地区城镇化建设取得了一定成效。完成23个村、3.5万人整建制农转居，其中13个村实施撤村建（并）社区、农业户籍人口剩余5.3万人。现剩余38个行政村，其中，卢沟桥乡17个，花乡12个，南苑乡9个。累计完成宅基地腾退757.67万米^2，占“一绿”宅基地总建筑规模的93.32%，累计实现土地入市建筑规模1 263.4万米^2、回迁房竣工696.26万米^2，回迁安置人口累计12.22万人，已有40个村全部实现回迁上楼，实施绿化23.31千米^2。

【推进二道绿隔建设】本区“二绿”农村地区涉及长辛店镇、王佐镇、宛平城地区办事处19个行政村，总面积139.4千米^2，其中集体土地89.38千米^2。长辛店镇9个行政村中，除赵辛店、长辛店、大灰厂村3村外，其余6个村已列入棚户区改造项目（仅太子峪项目未启动）。王佐镇8个行政村依托市级小城镇试点建设，南宫、佃起、西王佐、庄户4个村依靠村集体自身经济发展实施旧村改造，魏各庄、怪村、西庄店、沙锅村4个村已纳入青龙湖地区棚户区改造和环境整治项目。回迁安置房已竣工132.16万米^2，完成30.49%，安置上楼1.55万人；累计腾退宅基地建筑面积156.16万米^2，完成39.24%，累计腾退集体企业建筑面积295.82万米^2，完成42.38%；已入市土地建筑面积319.28万米^2，完成46.72%。已建设规划产业建筑面积43.4万米^2，完成26.5%；实施规划绿地面积29.94千米^2，完成60.7%，已实现转居0.22万人，剩余农业户籍人口3.1万人。

【推进长辛店镇统筹利用集体产业用地试点建设】 完成长辛店统筹利用集体产业用地试点实施方案编制上报，成立镇级联营公司，完成工商注册，全部试点村完成土地使用权入股民主程序。

农村经济发展

【概况】 农村产业发展逐步实现由瓦片经济向楼宇经济，由土地房屋租赁向资本运营，由传统农业向都市现代农业转变，农村经济发展实力显著增强。

【农业生产情况】 全区蔬菜产量1 631吨，比上年增长8.1%，2011年已退出小麦种植。全区有10家无公害认证企业，认证面积107.63公顷，认证产品76个；有9家农业标准化备案基地，其中6家为市优级标准化蔬菜生产基地。辖区内无规模化畜禽养殖场，散养畜禽已完成清退。

【全年农业产值】 全区实现农林牧渔业总产值2亿元，比上年下降9.2%。其中，林业产值1.5亿元，增长5%；农业产值4 759万元，下降17.7%。

【农业观光园经营情况】 全区11个农业观光园全年共接待181.4万人次，比上年下降31%；实现总收入1.8亿元，下降8.1%。

【部署农产品质量安全工作】 制定农产品质量安全相关文件，部署全区本年度农产品质量安全重点工作。

【开展农产品质量安全统一监测】 制定实施《丰台区2019年农产品质量安全统一监测计划》，开展全区本年度农产品质量安全监测工作。全区共开展农产品质量安全检测4 627个样品，其中，定性检测4 511个，合格率100%；定量检测116个，合格率100%。

【田间督导检查】 于元旦、春节等重点时段，开展全区种植业基地田间督导及安全生产检查，全面覆盖本区无公害蔬菜基地，检查中并未发现园区存在不规范行为。

【开展主题教育农产品质量安全专项整治】 按照市农业农村局关于在“不忘初心，牢记使命”主题教育中推进农产品质量安全专项整治工作的总体部署，区农业农村局成立工作小组，制定工作方案并组织实施专项整治，共出动执法人员134次，检查种植业基地、垂钓园、农药经营门店等各类监管对象40家次，完成两批专项监督抽查（6个蔬菜），合格率100%。

【农产品质量安全执法检查】 严格落实监管责任，开展农产品质量安全执法检查，共出动执法人员1 423人次，检查农产品生产主体、农业投入品生产经营主体等监管对象473个次。

【开展农产品“三品一标”认证及农业标准化工作】 按照市级部门工作部署，开展本年度农产品“三品一标”认证工作，组织全区认证到期企业开展无公害种植业复查换证工作，依据《丰台区农产品“三品一标”认证工作实施方案》，为全区7家蔬菜生产园区共23个产品落实奖励，共计29万元。开展农业标准化备案基地动态管理工作，同时加强对认证主体及标准化基地的证后监管。

【农村产业项目投资发展】 为推进乡镇固定资产投资，将北京新发地批发市场升级改造项目（B1号楼蔬菜交易大厅）、丰台区南苑乡石榴庄集体产业项目纳入2019年区重点工程，积极开展重点项目工程调度，支持乡镇重点项目发展。其中，北京新发地批发市场升级改造项目（B1号楼蔬菜交易大厅）2019年计划完成投资3.7亿元，建安投资计划完成1.4亿元；丰台区南苑乡石榴庄集体产业项目2019年计划完成投资3.5亿元，其中建安投资计划完成2亿元。

【推进农村休闲农业发展】 协调各方资源，提升农业节庆活动品质和内涵。研究指导怪村、西庄店村、魏各庄村休闲农业园区升级方案。积极探索都市农业发展新模式，融合传统农耕文化，大力发展观光农业和体验农业，举办首都市民欢迎的采摘节、丰收节等农业节庆活动。协调对接中国农业科学院、中国农业大学等科研院校资源，与园区合作开展科普教育。

【做好重点涉农企业服务工作】 开展农业产业化龙头企业年度数据监控工作，做好农业领域贷款贴息和担保费补贴，推荐乡村特色产品6个，能工巧匠3人。做好绿色货运通行证管理工作，完成市级重点农业产业化龙头企业监测申报工作。

【加强农村集体土地和房屋管理】 建立农村集体资产监管联席会议制度，乡镇、村集体经济组织利用农村集体土地和房屋进行租赁、转让、项目建设、对外合作、抵押担保等的处置事项均按照“村提议、乡镇审核、区审议”的流程推进。建立农村集体经济组织经营性房产台账。年内联席会议共审议34个项目，实施乡镇审核区级备案管理的52处（1 015个房屋）。

【召开第二十七届北京种子大会、第二届北京种业扶贫大会暨京蒙扶贫协作消费扶贫产品发布推介会】 2019年10月18日，由丰台区种子协会承办，中国种子贸易协会、北京种子协会联办的第二十七届北京种子大会、第二届北京种业扶贫大会暨京蒙扶贫协作消费扶贫产品发布推介会在河北省廊坊市国际会展中心隆重召开。内蒙古自治区7个盟市31个国家级贫困旗县所属80余家企业、400余种产品参展。北京扶贫协作电商馆与武川县、突泉县、奈曼旗、巴林左旗等7个旗县签订合作协议。60多家参展种子企业针对北京市对口帮扶的内蒙古、河北54个地区捐赠了价值500余万元的蔬菜、瓜果和大田作物196个品种种子，种植面积16 000亩，54个贫困旗县区直接受益。

村镇建设

【概况】 近年，丰台立足区域优势，深入推进美丽乡村建设，走出一条绿色发展之路，国家级产城融合示范区、花园式旅游小镇、南囿秋风，一张张城市名片，标注着丰台绿色发展的成果。

【人居环境及美丽乡村工作积极推进】 在全面开展农村地区人居环境整治的基础上，将庄户、西庄店等35个村纳入全市“千村整治”任务，重点实施村庄人居环境整治，着力解决环境问题，将南宫村纳入全市“百村示范”任务，重点培育“乡村振兴示范村”。全年累计清理农村生活垃圾6.95万吨，拆除私搭乱建4 847处、33.86万米^2，清理乱堆乱放乱贴乱挂乱画36 823处，清理村域河塘沟渠及生活污水直排溢流1 492处。建立农村地区基础设施台账，农村公厕、绿化等7项基础设施纳入财政保障，投入经费1.5亿余元，建立“五有”长效管护机制；启动城乡接合部农村人居环境整治实施方案编制。

【农村地区疏解情况】 全区农村地区疏解整治促提升任务完成情况如下：拆除违法建设165.39万米^2，留白增绿已完成绿化土地面积49.5公顷，城乡接合部拆迁腾退面积66.1万米^2，城乡接合部绿化面积88.78公顷，疏解一般制造业企业7家，治理散乱污企业10家，疏解区域性市场2家。

【做好农村地区“无煤化”工作】 一是制定《丰台区农村地区冬季清洁取暖长效管护工作方案》，督促乡镇、企业开展农村地区“煤改电”设备巡查工作。建立“煤改电”长效管护机制、组织架构，明确主管领导、责任科室与相关责任人；建立乡镇、村及企业各级24小时紧急联络机制，确保24小时有人值守、随时解决问题，保障农户冬季清洁取暖。二是制定乡镇领导包村、村干部包户划片制度。部署属地更新完善村委会及非经营性公共服务场所、农村地区出租大院和经营性场所“无煤化”台账，农村地区棚改和滞留户台账，逐户逐场所明确取暖措施和管控责任人。三是聘请第三方机构，对各乡镇、村煤改电设备长效维护机制建立、维修电话公示、设备调试、属地，企业应急响应机制落实情况进行监督检查，并对丰台区所有涉及“无煤化”村庄是否存在用煤、存煤情况进行检查。

【深入推进设施农业集中清理整治工作】 认真落实对全市大棚房问题开展深入清理整治工作的部署，启动对占用耕地建设非农设施的排查清理工作。成立“大棚房”问题专项清理整治工作专班和督导组，全面落实相关工作。组织乡镇对2009年二调现状耕地38 060亩开展了全方位排查核实。对发现的问题进行分类处置，并于4月上旬，开展了“大棚房”专项行动“回头看”工作，确保排查工作无死角、无遗漏。开展了设施农业台账建立及合同清理工作，农业设施二维码加挂率、关联率均实现100%。印发了《丰台区设施农业项目和农业园区长效监管实施办法》，真正发挥区级部门指导、督促和查处责任，强化乡镇政府对设施农业项目和农业园区建设与用地的监管主体责任，落实好区、镇、村三级巡查制度，完善区、乡镇、村协调联动的监管工作体系。

农村改革

【概况】 产权制度改革是城市化的基础和前提，丰台区于1993年率先在北京市启动乡村集体经济产权制度改革，采取社区股份合作制的改革模式，改革后的新型集体经济组织都在工商部门进行注册登记，建立董事会、监事会和股东大会。

【产权改革进一步深化】本区集体经济产权制度改革一直走在全市前列，2013 年已完成全部村级产权制度改革，2018 年在全市率先完成乡镇级产权制度改革，改革后的新型集体经济组织都在市场监督管理部门进行了注册登记。

【圆满完成村集体经济组织换届选举工作】制定《丰台区关于认真做好村集体经济组织换届选举工作的实施意见》以及《丰台区村集体经济组织社区股份合作制企业示范章程》。全区 70 个村集体经济组织，除槐房村因情况特殊延期换届外，69 个村集体经济组织共选举产生董事会成员 397 人，监事会成员 238 人。除乡镇下派干部担任村党组织书记的 3 个村外，其他村均实现书记、董事长“一肩挑”。

【圆满完成农村集体资产清产核资工作】区级 10 部门成立丰台区农村集体资产清产核资工作组，并印发实施方案。全区共计 613 家乡镇、村两级经济组织及其下属一级全资企业纳入清产核资范围。圆满通过市农业农村局检查验收并达到优秀水平。

【积极开展农村集体涉地合同清理整改工作】出台《丰台区关于开展涉地农村集体经济合同自查自纠的工作方案》。成立以主管区领导任组长的工作专班，工作专班下设办公室。积极推进违建别墅合同清理整改工作以及涉地经济合同自查自纠工作。

【撤销 7 个村民委员会建制】为进一步解决村居并行存在的突出问题，推进城市发展进程，丰台区依法依规撤销了 7 个村民委员会，即卢沟桥乡的东管头村、西局村，花乡的造甲村村、白盆窑村，南苑乡的石榴庄村、新宫村、大红门村。

农村民生

【概况】逐步扩大社区化管理服务的覆盖面，农村公共服务水平显著提升。城乡教育资源布局逐步优化，城乡公共服务水平差距逐渐缩小，完善农村居民就业培训体系，开展经济薄弱村帮扶，民生进一步改善。

【公共服务体系不断优化】新增普惠性学前学位 2 100个。引进名校名师团队建设北师大实验中学丰台学校。义务教育阶段优质学位占比达到 82.7%，提前完成“十三五”规划目标。北京口腔医院迁建项目实现开工，新增 4 所院前急救站点。组建 557 个“智慧家医”团队，累计为 78 万名居民提供签约服务。开展各类文化活动 4 500 余场次，惠及 320 余万人次。原创文艺作品《赤子归心》获群星奖。成功举办第四届中国科幻大会。完成卢沟桥保护工程修缮项目。建设 30 处体育设施、18.5 千米健走步道。国家冰雪运动训练科研基地速滑馆、轮滑馆投入使用，开展冰雪活动 140 场次，营造了迎冬奥良好氛围。

【农业人口就业情况】截至 2019 年底，全区农业人口 8.4 万人。农村地区登记失业人口 4 337 人，实现就业 3 239 人，其中，农村地区就业困难人员2 016 人，农村地区困难人员实现就业 1 904 人，城市化建设地区登记失业率 1.01%，同比下降 0.13 个百分点。

【农村社会保障情况】城乡居民养老保险制度全覆盖，城乡居民参保率保持在 96% 以上，续保率 98%以上。年末参加城乡居民养老保险的农村居民为 9.5 万人，比上年末增加 410 人。全区享受城市最低生活保障的人数为 8 733 人，享受农村最低生活保障的人数为 140 人。

【推进经济薄弱村精准帮扶】按照《关于开展经济薄弱村精准帮扶工作的实施方案》要求，督促河西两镇制定年度工作计划，细化任务分解。落实经济薄弱村公益事业补贴 600 万元。指导经济薄弱村开展项目申报和财政评审工作，共涉及支农项目 3 个。

【加强新型农民培养工作】共开展新型农民培养 4 161人，其中，引导性培训 1 651 人，职业技能培训 979 人，特种作业和特种设备培训 871 人，农村中层管理人员培训 660 人。

【严格落实动物防疫责任制】严格落实动物防疫责任制，结合丰台区畜禽养殖清退情况，重点部署清退动物种类以外的马属动物养殖和观赏动物养殖防疫各项措施和要求。全区散养畜禽养殖业态已基本完成清退任务，其他动物养殖情况总体平稳，无区域性重大动物疫情发生。

【加强动物卫生监督工作】本区目前有动物诊疗机构 55 家，饲料生产企业 1 家，兽医实验室 1 家，乳制品加工企业 1 家，兽药经营企业 6 家。年内以专项整治和专项活动为依托，做好行业日常监管。共开展兽药行业、动物诊疗行业、饲料行业、生鲜乳行业、养殖环节、农资打假和安全生产等各类专项执法行动 21 个，共开展执法检查 5 177 次，承接投诉举报、移送、12345 交办等来源的案件线索 23 起，全部妥善办结，投诉、举报的案件处理及答复率 100%。共查处立案 58 起，其中，简易程序 40 起，一般程序 18 起，罚没款 99 215 元。

【秸秆禁烧及综合利用工作】对乡镇 2018 年度秸秆

禁烧工作进行考核，并根据考核结果制定《秸秆综合利用促进禁烧奖励资金分配方案》，对乡镇进行奖励，同时促进2019年度农作物秸秆综合利用促进禁烧工作的开展。制定《2019年农作物秸秆综合利用工作方案》明确工作目标、制定工作措施，进一步强化各乡镇政府的主体责任。分别于春节前、春耕、秋收等重要时间节点印发加强秸秆禁烧工作的通知，圆满完成重点时节工作任务。督促乡镇加强宣传引导，提升农户农作物秸秆综合利用意愿。确保全区农作物秸秆综合利用率达到98%以上。

【农药化肥减量】全区继续推进化学农药、化肥减量工作。开展蔬菜病虫害绿色防控及专业化统防统治推广，绿色防控技术推广，推行生物物理防治病虫害技术，促进农药减量增效。推广测土配方施肥，合理引导高效施肥，减少化肥用量，促进化肥利用率的提高。

【农产品产地环境监测】按照市级部门工作部署，完成农产品产地环境监测、基本农田环境质量长期定位监测、土壤养分长期定位监测、耕地质量等级调查评价等监测点位的取样工作。

【农业废弃物回收利用】全区开展废弃农药包装、废旧农膜回收工作，制定工作方案并落实相关资金；开展全区农药废弃包装物、废旧农膜回收工作。

【政策性农业保险】严格落实《北京市2018年政策性工业保险统颁条款》和《北京市政策性农业保险承保理赔优化操作细则》等相关文件，区农业农村局与保险公司就条款的变化及针对全区实际农业生产现状的适用性进行研究，督促乡镇组织召开政策性农业保险动员会，积极宣传相关政策，鼓励农民入保。全区共计保费46 641.7元，区级补贴9 328.35元。

【落实耕地地力保护补贴】按照北京市关于耕地地力保护补贴相关工作要求，制定《2019年丰台区耕地地力保护补贴政策实施方案》，安排落实耕地地力保护补贴资金2.04万元。

基层组织与民主政治建设

【概况】严格落实区委关于深入推进全面从严治党的实施办法，专题研究分析农村地区和农业农村局系统党建工作，坚持把党建工作与中心工作同谋划、同部署、同落实。坚持选优配强村“两委”班子，圆满完成村党组织换届工作，不断加强农村基层干部队伍教育和监管力度，进一步提高农村基层党建工作整体水平。

【“不忘初心，牢记使命”主题教育】扎实开展“不忘初心，牢记使命”主题教育，分别制定丰台区委农工委区农业农村局和领导班子开展“不忘初心，牢记使命”主题教育的实施方案，把学习教育、调查研究、检视问题、整改落实贯穿全过程，在完成主题教育规定动作的基础上，主办“礼赞新时代，筑梦新丰台”——在希望的田野上追梦主题分享会，13位分享者立足本职，从不同角度，回顾服务“三农”工作的点点滴滴，展现“三农”工作者的理想与信念、初心与使命，有效激发全体党员干部职工的工作热情和积极性。

【基层干部队伍建设】高质量完成村“两委”换届选举，全区首次统一组织村集体经济组织换届选举。制定了《丰台区村干部管理监督细则》，首次将村集体经济组织及各级全资、控股企业主要负责人纳入监管范围，进一步扎牢制度笼子，确保村干部管理监督无破窗。建立资格联审长效机制，盯紧村干部新进班子、提拔使用等关键环节，把资格审查前置于正式任职和选举之前，做到凡进必查、凡提必查、举报必查、反馈必查、每年普查。举办了专职副书记、专职纪检委员、专职党务工作者、新任“两委”干部、后备干部、农村“三管”管理培训班，首次开办《习近平关于“三农”工作论述摘编》专题培训，培训1 600余人。在培训形式上，突出灵活多样，既有脱产培训，又有送书上门；既有课堂互动，又有实地考察，确保培训取得实效。落实村干部基本待遇和基本保障1 200余万元，正常离任村主要干部生活补贴210余万元的资金拨付工作。

【民主政治建设和组织建设】坚持把扫黑除恶专项斗争和加强基层组织建设紧密结合，针对农村地区涉黑涉恶、乡村治理等方面存在的问题，以区级抽查、乡镇普查的方式开展“四议一审两公开”制度和“三务公开”工作落实情况的检查，掌握村务管理现状。指导村级严格落实“三重一大”“民主日”等制度，规范村级组织权力运行。指导新一轮市级软弱涣散村严格落实“五个一”工作机制，完善“一村一策”整顿方案。招录16名乡村振兴协理员到5个乡镇16个村工作，充实基层党建力量。

【党风廉政建设】邀请区纪委领导围绕基层党风廉政建设，结合全区典型案例，对村干部进行警示教育。制定2019年农工委农委全面从严治党主体责任清单，组织局系统领导干部签订2019年全面从严治党个人责任清单；定期召开党风廉政建设形势季度分析会；按照工作实施方案和检查考评方案，制定 2019 年党建工作综合检查考评指标，并对基层单位开展综合检查。

【保护传承历史文化】 编制完成西山永定河文化带丰台区五年计划，指导丰台区西山永定河文化带建设工作的开展。开展丰台区文化资源保护和利用专项规划编制工作，提出了“一轴一带领三区”“一廊融合串十景”“文化多点连万家”的资源利用思路。开展《卢沟桥（宛平城）文物保护规划》和《地区环境整治专项规划》的研究编制工作。2019 年丰台区文物管理所委托北京市文物研究所在金中都城遗迹西城墙高楼段、南城墙万泉寺段开展了考古发掘工作，发掘面积为 900 米^2，发现城墙、护城河、排水沟等遗迹。完成了劳动补习学校旧址、清真寺、三圣神祠等 12 项文物的修缮保护和抢险加固，文物本体和周边环境得到进一步改善。

【完成人大建议、政协提案办理工作】 年内，区农业农村局共承办市区政协人大提案议案 10 项，全部按时办结，人大代表和政协委员对办理结果满意率达 100%。

丰台区领导名录

区委书记	汪先永（5 月免）
	徐贱云（6 月任）
副书记	王力军（12 月免）
	高　峰（6 月任）
常委	肖辉利（7 月免）
	梁家峰（4 月任）　吴继东
	李正斌　李　岚（女）
	葛海斌（4 月任）
	李树元　周新春（10 月任）
区人大常委会主任	李昌安（侗族，1 月免）
	张巨明（1 月任）
副主任	王建斌　王振华　李　屹
	王百玲（女）
	刘　颖（女，不驻会）
区长	王力军
副区长	肖辉利（11 月免）
	吴继东（11 月免）
	王新元　张　婕（女）
	周新春　李春滨　张　鑫
	韩　嵩（挂职干部，9 月免）
	周宇清（11 月任）
	刘永宗（11 月任）
区政协主席	刘　宇
副主席	李秀瑛（女，1 月免）　连　宇
	冯晓光　段德珍（女，1 月任）
	张兆旗（回族，不驻会）
	张振军（不驻会）
	徐朝辉（不驻会）
区委农工委书记、区农委主任	肖文燕（女）

丰台区乡镇党政正职领导

	党委书记	**乡（镇）长**
卢沟桥乡	李春生	郭新占
花乡	王　华	卢英博（12 月任）
南苑乡	刘怀生（12 月任）	张晓光（2 月任）
长辛店镇	穆志军（6 月任）	张晓东
王佐镇	陈　阳	杨国强（9 月任）
宛平城地区	薄　澜(女,2月任)	杨　勇（2 月任）

（丰台区农业农村局　李雅荣）

门头沟区

综　述

门头沟区辖区总面积1 447.8千米^2，其中，山区面积占 98.5%，平原面积占 1.5%。辖区共有 9 个镇、178 个行政村、4 个街道办事处。截至 2019 年末，全区共有常住人口 34.4 万人，比上年增加 1.3 万人。户籍人口总户数 122 536 户，总人数 254 102 人，其中，非农业人口 211 624 人，农业人口 42 478 人。森林覆盖率达到 47.8%，比上年提高 1.2 个百分点。绿化覆盖率达到 47.4%，比上年提高 1 个百分点。

2019 年，门头沟区委、区政府在中央、市委、市政府的坚强领导下，以“红色门头沟”党建为引领，深入学习贯彻习近平新时代中国特色社会主义思想、党的十九大精神和十九届二中、三中、四中全会精神，按照“绿色发展、生态富民、弘扬文化、文明首善、团结稳定”的区域发展总原则，聚焦高质量发展，统筹推进稳增促调、转型升级等各项工作，全区经济社会整体保持健康发展的良好局面。初步核算，2019 年全区实现地区生产总值（GDP）249.3 亿元，按不变价计算比上年增长 6.0%。全区城乡居民人均可支配收入为 53 743 元，比上年增长 9%；人均消费支出 36 054 元，比上年增长 6.7%。全区农村集体经济总收入 12.3 亿元，同比增长 23.3%；农民人均所得 24 097 元，同比增长 8.1%。2019 年，全区实现农林牧渔业总产值 6.8 亿元，比上年下降 10.3%；休闲农业与乡村旅游实现总收入 5 947.7 万元，比上年下降 15.3%。

城乡发展一体化

【概况】2019 年全区实现地区生产总值（GDP）249.3 亿元，按不变价计算比上年增长 6.0%。其中，第一产业实现增加值 3.1 亿元，比上年下降 7.3%；第二产业实现增加值 67.2 亿元，比上年下降 2.1%；第三产业实现增加值 179 亿元，比上年增长 9.8%。三次产业结构为 1.2 ∶ 26.9 ∶ 71.8。全区完成公共财政预算收入 33.6 亿元，比上年增长 6.6%。

【财政收支】全区完成公共财政预算收入 33.6 亿元，比上年增长 6.6%。税收收入完成 22.2 亿元，比上年下降 11.2%。其中，增值税 10 亿元，比上年增长 0.5%；企业所得税 5 亿元，比上年下降 6.6%。非税收入完成 11.4 亿元，比上年增长 74.7%。全区区级政府性基金预算收入完成 8.7 亿元，比上年下降 90.6%。全区完成公共财政预算支出 110.9 亿元，比上年增长 5.3%。其中，一般公共服务支出 12.2 亿元，比上年增长 16.1%；社会保障和就业支出 18.1 亿元，比上年增长 50.6%；教育支出 19.9 亿元，比上年增长 28%；城乡社区支出 17.9 亿元，比上年下降 30.8%；文化旅游体育与传媒支出 4.6 亿元，比上年增长 64.1%。

【投资】全区项目建设地固定资产投资（不含农户）比上年增长 1.9%。基础设施投资比上年下降 16.1%，其中，城镇基础设施投资比上年下降 11.4%；农村基础设施投资比上年下降 37.6%。城镇投资比上年增长 2.6%，其中房地产开发投资比上年增长 21.6%。

【工业】2019 年，全区规模以上工业企业实现产值 56.3 亿元，比上年下降 26.2%。都市型工业实现产值 1.8 亿元，比上年下降 14.6%。现代制造业实现产值 40.9 亿元，比上年下降 10.7%。资源型工业实现产值 4.5 亿元，比上年下降 76.4%。高新技术产业实现产值 43 亿元，比上年下降 11.8%。规模以上工业企业实现现价销售产值 57.7 亿元，比上年下降 19.9%。

【建筑业】全区有资质的建筑业企业实现建筑业总产值 150.7 亿元，比上年增长 13.3%。其中，建筑工程产值 147.5 亿元，比上年增长 13.9%；安装工程产值 3.2 亿元，比上年下降 8.8%。房屋建筑施工面积 261.4 万米^2，比上年增长 57.5%；房屋建筑竣工面积 22.3 万米^2，比上年下降 24.9%。

【房地产开发业】全区项目建设地房地产开发投资比上年增长 21.6%。房屋施工面积比上年下降 11.7%，其中新开工面积比上年增长 244.4%。房屋竣工面积比上年下降 18.9%。商品房销售面积比上年下降 3.2%，其中住宅销售面积比上年下降 4.6%。

【商业】全区实现社会消费品零售额（产业在地口径）73.5 亿元，比上年增长 5.9%。按限额标准分，限额以上企业及个体实现零售额 47.9 亿元，比上年增长 3.6%；限额以下企业及个体实现零售额 25.6 亿元，比上年增长 10.3%。按行业分，批发业实现零售额 3.4 亿元，比上年增长 0%；零售业实现零售额 62.8 亿元，比上年增长 6.1%；住宿业实现零售额 1.3 亿元，比上年增长 0.4%；餐饮业实现零售额 6.0 亿元，比上年增长 7.6%。

【交通运输业】全区运输企业拥有货运车辆 624 辆，全年货运量 131 万吨，货运周转量 18 050 万千米；客运车辆 1 030 辆，公交线路 87 条，公交运营车辆 950 辆。

【邮电业】截至 2019 年末，全区共有邮政局所 18 处，其中，局 1 处、支局 3 处、所 14 处。全年邮政业务总量 10 863 万元，通信业务总量 12 333 万元，出口函件 101 万件，包件 2 万件，汇票 1 万张，订销报纸累计份数 838 万份，杂志 21 万份，特快专递 1 万件，快递包裹 124 万件。

【城乡居民收支】2019 年，全区城乡居民人均可支配收入为 53 743 元，比上年增长 9%；人均消费支出 36 054 元，比上年增长 6.7%。按常住地分，城镇居民人均可支配收入 57 892 元，比上年增长 8.8%；人均消费支出 38 100 元，比上年增长 5.7%，恩格尔系数为 21.5%。

【气象科普日系列活动】3 月 16—23 日，区气象局开展为期一周的“3·23”世界气象日科普宣传系列活动，通过进公园、进社区、进校园、开放日、进乡村等活动，宣传受众 1 000 余人，发放宣传材料 5 000 余份。

【预警平台项目通过验收】3 月 25 日，门头沟区突发事件预警信息发布平台项目通过验收。门头沟区突发事件预警信息发布平台已实现通过短信、邮件、电子显示屏、微博、微信、传真、三网一体化平台、歌华有线电视多手段发布。

农村经济发展

【概况】2019 年，门头沟区立足区域功能定位，紧扣区域发展总原则，按照绿色发展、高质量发展目标，稳增促调、转型升级，加快发展精品旅游，推进旅游精品村建设，用好精品民宿系列扶持政策，聚力打造主题田园综合体，全力推进农村经济社会稳步发展。积极推动地区旅游业态发展，新评定谷山村和聚灵峡景区为 AAA 级旅游景区，新增 2 家 5 星级乡村旅游民俗户。年内，全区实现农林牧渔业总产值 6.8 亿元，比上年下降 10.3%。其中，农业实现产值 4 797.1 万元，比上年增长 35.6%；林业实现产值 61 151.1 万元，比上年下降 12.9%；畜牧业实现产值 484.5 万元，比上年下降 63.4%。休闲农业与乡村旅游实现总收入 5 947.7 万元，比上年下降 15.3%，其中，观光园实现收入 1 219.2 万元，比上年下降 48.7%；乡村旅游实现收入 4 728.5万元，比上年增长 1.9%。

【完善精品民宿发展政策】年内，研究制定《门头沟区精品民宿发展服务手册》，出台《门头沟区推进精品民宿发展工作实施方案》《门头沟区乡村振兴绿色产业发展专项资金管理暂行办法》等系列文件，汇总 6 个部门 23 项政策形成政策服务包，从金融政策、程序流程和服务体系等方面切实为民宿项目落地提供保障。

【北京精品民宿发展论坛】5 月 8 日，举办 2019 北京精品民宿发展论坛暨门头沟区民宿项目推介会。会上发布《门头沟区精品民宿发展服务手册》，设立 8 亿元乡村振兴绿色产业发展专项资金，向外推介门头沟区 32 个美丽乡村。

【精品民宿政策培训会】6 月 13 日，举办精品民宿政策培训会，全区相关旅游从业人员 100 余人参加。

【农村农业保险】年内，门头沟区共开设政策性农业保险、蜂业气象指数保险、农村房屋保险、乡村干部责任保险、密植园果树树体保险 5 大类险种。在全市开办的 27 个政策性农业保险险种中，门头沟区涉及苹果、樱桃、梨、枣、核桃、果树树体、露地花卉保险等主要险种。政策性农业保险全区参保农户 965 户，投保 651.21 万元，其中，由中央及市级承担保费补贴 331.77 万元，区级承担保费补贴 254.32 万元，农户自行承担保费 65.12 万元。农村房屋全区承保 5 677 户，投保 54.71 万元，由区级承担保费补贴 40.05 万元，农户自行承担保费 14.66 万元。农村干部责任保险全区承保 1 020 人，投保 16.32 万元，保费均由区财政负担。

【筹措非洲猪瘟防控资金】年初，区财政局筹措非洲猪瘟防控资金，及时安排生猪养殖清退资金 282.55 万元，清退生猪 3 766 头，涉及全区 144 个养殖场户。春节前资金全部到位，保障养殖场户利益。安排购置消耗性防控物资资金 14.64 万元，以确保防控物资储备足以应对突发情况。安排动物防疫监督检查站车辆消毒通道建设资金 31.75 万元，加强对进京动物和动物产品运输车辆的消毒，有效降低非洲猪瘟等动物疫病传入的风险。

【金融业】截至 2019 年末，全区金融机构存款余额达到 800.1 亿元，比上年末增长 12%，其中，单位存款 385 亿元，比上年末增长 7.2%，个人存款 415.2 亿元，比上年末增长 16.7%。全区金融机构贷款余额 250.5 亿元，比上年末增长 7%。其中，短期贷款 50 亿元，比上年末增长 3.9%，中长期贷款 200.5 亿元，比上年末增长 7.8%；对公贷款 163.2 亿元，比上年末增长 4.3%，个人贷款 87.4 亿元，比上年末增长 12.4%。

村镇建设

【概况】年内，加快推进美丽乡村建设，开展国家森林城市创建工作，新一轮百万亩造林、京津风沙源治理二期项目年度任务全部完成。全区林地面积 13.47 万公顷，森林覆盖率为 47.8%，林木绿化率为71.2%。绿化覆盖面积1 764.68公顷，园林绿地面积1 688.59公顷；绿地率为45.3%，绿化覆盖率（含水面）为47.4%，人均绿地面积为61.17米²，人均公园绿地面积为30米²。年内，创建首都绿色村庄4个、花园式单位3个、花园式社区2个、首都森林城镇1个，完成绿海运动公园景观提升工程、永定河滨水森林公园工程。统筹城乡抓供水，门城水厂主体工程完工，农村供水以“安家庄模式”为代表，探索“一村一策”精细管理，36处限时供水地区得以有效解决，完成王平镇级水厂升级改造，逐年实施农村饮水健康行动，5.9万老区人民饮水条件不断提升。继续实施治污“三年行动”，完成91个村的污水处理设施建设。实施国家水保重点、清洁流域和京津风沙源三大项目，治理140余千米²。“河长制”工作持续发力，完成沿河小片荒滩清理33处，清理面积11万米²，永定河沿岸新增绿化21万米²，36处小微水体完成整治，门城湖入列全市优美河湖，水景观建设获评首都绿化先进。

【美丽乡村建设】年内，制定《门头沟区农村人居环境整治村庄清洁行动实施方案》《门头沟区开展“清洁村庄迎国庆”农村人居环境60天专项整治行动实施方案》和《门头沟区“百村示范、千村整治”工程实施方案》等文件，完成138个美丽乡村村庄规划及实施方案的编制工作。农村公厕改造、污水治理、垃圾分类、村容村貌提升基本实现全覆盖。年内，获评“2019年全国村庄清洁行动先进县”、农业农村部、财政部表彰的“2019年度农村人居环境整治成效明显的激励候选县”。

【减煤换煤】2018年至2019年采暖季，累计完成减煤换煤任务3.3万吨，其中，减煤完成1.5万吨，优质型煤替代完成1.8万吨。

【煤改清洁能源】年内，完成3个镇5个村的清洁能源采暖设备安装工作。

【生态环境】全区深入践行“两山”理论，全面贯彻生态涵养区生态保护和绿色发展实施意见，统筹山水林田湖草系统治理，瞄准国家森林城市创建工作，不断扩大城市绿色空间。2019年全年完成人工造林面积2 752公顷，林木绿化率达到71.2%，比上年提高1.2个百分点。森林覆盖率达到47.8%，比上年提高1.2个百分点。绿化覆盖率达到47.4%，比上年提高1个百分点。公园绿地500米服务半径覆盖率达到90.9%，比上年提高2.8个百分点，人均公园绿地面积30米²/人。

【义务植树】4月18日，完成全区2019年春季义务植树活动组织工作，共接待国家气象局、国家统计局调查总队、中国人民大学等30余家单位共6 300余人，栽植油松、榆叶梅、碧桃等树木10余种3 300余株。

【世园会主体花坛建设工程】3月7日至4月17日，完成世园会门头沟区主体花坛建设。花坛以“生态门头沟，百里山水城”为主题，遵循“绿色发展、生态富民、弘扬文化、文明首善、团结稳定”的发展理念，摆放总面积500米²。

【公园养护】4月18日，永定河森林公园对园区内花灌木进行补植，主要补植的树种有碧桃、榆叶梅、寿星桃、紫叶矮樱等104株。

【新一轮百万亩造林】年内，完成新一轮百万亩造林绿化任务，造林栽植面积41 521.89亩，总投资52 240.22万元，涉及清水、斋堂、雁翅、永定4个镇，含山前平缓地造林2 800.36亩，浅山荒山造林29 220.8亩，浅山台地造林9 500.73亩。留白增绿项目完成221 103.63米²，包含43个地块。

【京津风沙源治理二期工程】年内，完成2018年京津风沙源治理二期工程补植工作和2019年京津风沙源治理二期工程。春季对2018年工程进行全面补植，共补植苗木224 050株，其中，侧柏17.04万株，阔叶树21 750株，油松2.03万株，落叶松1.16万株。完成2019年京津风沙源治理二期工程困难地造林1 500亩，共4个地块，总投资750万元，共栽植各类苗木8万余株。

【森林健康经营林木抚育】年内，完成森林健康经营林木抚育任务8.7万亩，投资3 822万元，含斋堂镇刘家峪、妙峰山镇涧沟2个示范区。

【国家级公益林管护】年内，完成国家级公益林管护项目建设任务，抚育中幼林1.6万亩，涉及斋堂、雁翅、龙泉和永定4个镇。

【林业保护】年内，优化完善市区级测报人员229名、市区级测报点470个，测报虫种27种，监测面积142.71万亩。对全区41个苗圃进行产地检疫，签发产地检疫合格证11份，产地检疫率100%，签发植物检疫要求书2 496份，对调入苗木进行了抽检，签发植物检疫证书（出省）6份。防治减灾工作，防治面积4.12万亩，防治率100%，无公害防治率99.38%。

【绿地养护】年内，城镇公园绿地养护总面积为3 638 103.03米^2，完成修剪、打药、施肥、补植补种等工作，共补植各类乔灌木700余株、绿篱色块1 896米^2，治理裸露地面8 818米^2。

【水资源】全年供水（用水）总量5 038.4万米^3，比上年增长0.9%。其中，农业用水349.8万米^3，比上年下降12.4%；工业用水230万米^3，比上年下降17.6%；生活用水2 515.5万米^3，比上年下降1.1%；生态环境用水1 943.1万米^3，比上年增长9.8%。

【节水管理】年内，全区总用水量5 038.37万米^3，其中，新水用量4 305.97万米^3，再生水用量732.4万米^3。通过节水型区创建考评验收，创建节水型单位17个，复测单位38个；创建节水型小区2个，节水型村庄5个；累计换装水龙头2 817个、脚踏阀298个，节水型花洒、喷头550套、水箱配件870套，小便感应器50套。广泛开展节约用水宣传工作，推进节水宣传进社区、进村居、进校园、进企业等活动，加大节水执法检查力度，开展检查400余次。

【海绵城市建设】年内，区水务局组织编制完成《门头沟区海绵城市专项规划》，6月26日经区长办公会审议通过。

【水资源管理】年内，区水务局完成取水许可审批54件，开展饮用水水源地环境保护专项行动环境问题清理整治工作。完成门头沟区水资源综合规划和地下水超采综合治理行动阶段性任务，门头沟区地下水位12月埋深40.87米，较上年同期上升2.74米。

【污水处理与水生态建设】年内，农村生活污水处理PPP项目完成污水处理设施建设122座。完成老旧小区排水改造工程，共计完成管线铺设2 824米，雨水口124座，排水沟756米。完成军庄沟末端水环境改善工程。完成再生水厂清淤和门城污水处理厂清淤工程，再生水厂清理淤泥约2 098.44吨，门城污水处理厂清理淤泥约2 382.66吨。开展污水处理设施运行监管，全区污水处理设施共177座，其中，区级污水处理厂1座，处理规模8万吨/天；镇级污水处理厂9座，处理规模1.94万吨/天；村级污水处理设施167座，处理规模由5～2 600吨/天不等。截至2019年12月，污水处理量为1 857.006万吨，再生水利用量为733.531万吨。聘请第三方专业单位每月对污水处理设施进行巡查，截至年底，区级镇级污水处理设施稳定运行，出水水质合格达标，村级污水处理设施全部调试完成。

【险村险户搬迁】年内，门头沟区累计完成5个镇23个村的险村险户搬迁工作。

农村改革与管理

【概况】年内，农村改革稳步推进，“三资”监管不断强化，组织实施3批15个农村产权交易项目，农村土地承包经营权确权登记颁证加快推进，农村集体资产清产核资全面完成。完成9个镇90个村的农村集体“三资”监管定期检查工作。持续开展村干部任期和离任经济责任审计、农民负担监督管理执法检查。

【农村土地承包经营权确权登记颁证】年内，门头沟区5个镇95个村开展农村土地承包经营权确权登记，实测土地面积4.02万亩，打印证书5 950份。农村土地承包经营权确权登记颁证基本完成。

【农村产权交易】年内，门头沟区第13、14、15批农村产权交易项目完成签约。15个农村产权交易项目涉及永定、龙泉、清水、妙峰山4个镇7个村，总成交总额83 869.03万元。

【“三资”监管定期检查】年内，完成9个镇90个村的农村集体“三资”监管定期检查工作。对农村集体“三资”管理制度落实执行情况、财务票据管理以及相关农村重大事项民主程序履行情况等方面进行重点检查，下发整改通知书，撰写检查报告，督促镇、村按要求进行整改。

【“三资”平台财务审查】年内，累计查看220个村/次、31 739笔账目，发出预警7次，涉及金额95.7万余元。

【清产核资】年内，门头沟区9个镇级集体经济组织、181个村级集体经济组织、73家镇村集体企业完成清产核资工作。经清查核实全区农村集体资产总额116.4亿元，镇级集体资产6.4亿元，村级集体资产110亿元。

【村干部任期和离任经济责任审计】年内，区经管站对9个镇181个村开展村干部任期和离任经济责任审计。

【农民负担监督管理执法检查】年内，完成农民负担执法检查，区内各项涉农收费减免政策已落实到位，未发现增加农民负担等违法违规现象。

【经管教育培训】年内，区经管站组织开展“三资”

管理、农经统计、清产核资等各类培训班 5 期、600 余人/次。

农村民生

【概况】年内，扎实开展低收入帮扶工作，全面落实“六个一”结对帮扶机制，出台《门头沟区关于2019 年进一步推进低收入农户增收及低收入村发展的意见》等一系列文件，区四大部门领导亲自挂帅帮扶，入户“访贫、问情”，并进行专题调度和部署，区统筹、镇负责、村实施的工作模式有序推进。严格程序开展低收入户动态管理工作，将低收入农户进行科学分类，建立重点帮扶台账，做到底数清、情况明。精心组织实施“六个一批”帮扶举措，2019 年实施的低收入发展项目 47 个全部主体完工，并储备一批 2020 年低收入发展项目。全区低收入农户人均可支配收入 15 278 元，增速全市排名第三。全区农村集体经济总收入 12.3 亿元，同比增长 23.3%，农民人均所得 24 097 元，同比增长 8.1%。

【低收入村和低收入户情况】年内，全区持续监测的市级标准低收入村 45 个，区级标准低收入村 29 个，低收入农户 4 685 户、8 422 人，分布在 8 个镇，120 个村。低收入农户有以下特点：一是深山区清水、斋堂、雁翅三镇低收入农户 3 827 户，占比较大，为 81.7%。二是老弱病残户较多，低收入农户中 60 岁以上人数为 4 532 人，占 53.8%；因病、因残户数分别为 1 535 户、1 087 户，占监测总户数的 56%。三是低收入农户整体文化程度偏低，初中及以下文化程度低收入人数为 6 967 人，占比 82.7%。

【低收入帮扶成效】年内，全区低收入农户人均可支配收入 15 278 元，增速 22.9%，高于全市平均增速 2.7 个百分点，全市排名第三。经管部门监测数据显示，2019 年低收入农户收入均已超过标准线 11 160 元，提前一年实现上线率 100%。

【低收入户就业情况】年内，深挖就业岗位，大力促进低收入农户劳动力转移就业，全区低收入劳动力实现就业 3 286 人，就业率 97.68%。

【低收入产业情况】年内，加强项目督导，统筹使用涉农资金，重点支持低收入村、低收入农户发展符合区域功能定位的特色产业，出台《门头沟区2019—2020 年低收入发展项目实施方案》等文件。全年实施低收入发展项目 47 个全部主体完工，并储备 2020 年低收入发展项目 55 个。

【科学技术】2019 年，全区组织各级科技项目 15 个，其中，区级科技计划项目 15 项。完成技术合同登记 171 项，技术合同成交金额 17 亿元，认定高新技术企业 257 家，申请专利 1 428 项，授予专利 819 项。全区科技经费筹集总额 4 313.1 万元，科技经费支出总额 3 608.1 万元。

【教育】截至 2019 年末，全区共有幼儿园 36 所，班数 301 个，全年入园（班）3 240 人，在园（班）幼儿 8 318 人，离园（班）1 706 人，教职工 1 369 人，其中专任教师 883 人。小学学校 23 所，班数 419 个，毕业生 1 777 人，招生数 2 546 人，在校学生数 13 157 人，教职工 1 199 人，其中专任教师 973 人；初中阶段学校 11 所，毕业生数 1 255 人，招生数 1 609 人，在校学生数 4 534 人，教职工 623 人，其中专任教师 444 人；高中阶段学校 7 所，其中，普通高中 6 所，毕业生数 659 人，招生数 877 人，在校学生数 2 514 人，教职工 627 人，其中专任教师 498 人；职业高中 1 所，毕业生数 134 人，招生数 14 人，在校学生数 76 人；全区高中升学率 86.3%，初中升学率 95.4%，初中毕业及格率 81.7%，初中毕业优秀率 31.3%。全年专科毕业 197 人，本科毕业 102 人。全年参加岗位培训1 267人次、参加技术培训 4 089 人次。

【文化】2019 年，全区共开展不同形式演出 705 场，观众 70.4 万人次。其中，艺术演出 122 场，观众 11.1 万人次。下乡下基层辅导演出 590 场，全年送书进村居、进学校、进军营、进企业 14 371 册，送电影下乡 12 100 场。截至年底，全区现有 258 个村居文化室。图书馆馆藏总量达到 121.5 万册，当年新购入图书 95 815 册，办理借阅证件 995 个，流通读者 2.6 万人次。全区共有重点文物保护单位 84 个，其中，国家级 5 个，市级 8 个，区级 71 个。

【卫生】截至 2019 年末，全区共有医疗卫生机构 265 个，其中医院 13 个。医疗卫生机构实有床位 2 981张，其中医院 2 486 张。全区卫生技术人员达到 3 769 人，其中，执业（助理）医师 1 357 人，注册护士 1 647 人，药师（士）249 人，技师（士）230 人。全区卫生医疗机构总诊疗量 414.5 万人次，出院人数 50 771 人。

【体育事业】截至 2019 年末，全区有各类体育健身场地 16 个。其中，体育馆 1 个，游泳场馆 5 个，各种训练房 10 个。全区有等级裁判员 737 人，其中，国家级 5 人，一级 79 人，二级 653 人。全年参加市级比赛 70 项，组织区级比赛 55 项，参赛人数 10 万人次；共获金牌 69 枚、银牌 59 枚、铜牌 56 枚；向上一级体校输送优秀运动员 3 人。

【劳动和社会保障】 截至 2019 年末，城镇登记失业率为 3.28%；年末实有城镇登记失业人员2 957人。全区养老、失业、工伤、医疗和生育保险参保人数分别比上年增长 4.3%、5.2%、5.5%、4.8%和 5.6%。城乡最低生活保障应保尽保，城市、农村居民最低生活保障人数分别达到 4 679 人、1 706 人，城乡特困人数为 440 人。

【人口状况】 截至 2019 年末，全区常住人口 34.4 万人，比上年增加 1.3 万人。户籍人口总户数 122 536户，总人数 254 102 人，其中，非农业人口 211 624人，农业人口 42 478 人。户籍人口中，全年出生人口 2 507 人，死亡人口 889 人，人口出生率 9.9‰，死亡率 3.5‰，自然增长率 6.4‰。

基层组织与民主政治建设

【概况】 2019 年，全区基层组织与民主政治建设工作坚持以习近平新时代中国特色社会主义思想为指导，深入学习贯彻党的十九大和十九届二中、三中、四中全会精神，深入学习贯彻习近平总书记对北京重要讲话精神，认真贯彻落实蔡奇书记到门头沟调研指示精神，按照区委十二届七次、八次全会和践行“绿水青山就是金山银山”发展大会部署要求，以服务保障中华人民共和国成立 70 周年庆祝活动为主线，以开展“不忘初心，牢记使命”主题教育为抓手，守初心、担使命，讲奉献、争第一，深入打造“红色门头沟”党建品牌，奋勇当好“两山”理论守护人，为建设绿水青山门头沟、打造生态文明建设的首都样板提供了坚强组织保障。

【农村基层党组织建设工作】 8 月，区委组织部印发《关于以“红色门头沟”党建为引领全面加强村级党组织建设的实施意见》，进一步加强农村基层组织建设。

【制定基层党建任务清单】 5 月，制定《2019 年门头沟区基层党建工作重点任务清单（45 项）》，区委常委、组织部部长组织召开全区基层党建工作重点任务推进会。

【村党组织书记长效管理机制】 11 月，区委组织部印发《中共门头沟区委组织部关于建立村党组织书记区级备案管理制度的实施细则（试行）》，建立起门头沟区村党组织书记长效管理机制。

【软弱涣散村和后进社区整顿工作】 5 月，16 个软弱涣散村通过验收，完成转化。10 月，制定《门头沟区软弱涣散村和后进社区集中整顿工作方案》，确定 9 个软弱涣散村和 5 个后进社区，制定“一村（社区）一策”，启动新一轮集中整顿工作。

【农村党建助理员招考工作】 11 月，区委组织部制定《农村党建助理员招考工作方案》，启动新一批村级党建工作助理员招录工作。

【党内统计工作】 截至 12 月 31 日，全区共有党员 36 240 名，基层党组织 1 392 个，其中，党委 100 个，党总支 75 个，党支部 1 217 个。

【换届选举工作】 1 月 2 日、3 日，分别召开门头沟区居民委员会选举工作动员部署培训会和村民委员会选举工作动员部署培训会，启动居委会和村委会换届选举工作。25 日，召开全区村和社区“两委”换届选举工作推进会，研究换届难点，推进工作进度。全区 175 个村级党组织、168 个村委会和 120 个社区党组织、106 个居委会全部完成换届选举，共选举产生村“两委”干部 909 名，其中，党组织成员 625 名，村委会成员 560 名，交叉任职 276 名；选举产生社区“两委”成员 949 名，其中，党组织成员 522 名，居委会成员 688 名，交叉任职 261 名。106 个参选社区全部完成居务监督委员会的选举，167 个村完成村务监督委员会选举，选举产生的 273 个村（居）监督委员会主任全部由党员担任，其中由党组织纪检委员担任主任的 169 个（农村 124 个、社区 45 个）。

【新一届村“两委”负责人培训班举办】 5 月 6 日至 5 月 10 日，区委组织部、区委农工委及区民政局联合举办“门头沟区 2019 年村‘两委’负责人培训班”。全区各村“两委”负责人、各镇相关领导，以及来自对口帮扶地区内蒙古武川县、察右后旗和河北省涿鹿县选调部分镇村干部等 280 余人参加培训。

【处级班子民主生活会】 2 月 12 日，完成督导全区 85 个处级领导班子、7 个国有企业领导班子召开 2018 年度民主生活会工作。397 名处级领导干部、50 名科级党委（工委）委员、党组成员及 29 名国有企业领导班子成员参加民主生活会。全区共成立 3 个区级联合督导组、12 个系统督导组，对各单位民主生活会筹备、召开情况及会后工作进行全程督促指导。

【基层党建述职评议考核】2月15日，召开2018年度门头沟区镇（街道）、系统党（工）委书记抓基层党建述职评议会。会上，19名党（工）委书记进行现场述职，5名镇（街）党（工）委书记，2名系统党（工）委书记确定为“好”等次。2月至3月，组织全区各级党组织开展基层党建工作述职评议考核工作，并将二级单位党组织书记以及村、社区、学校、“两新”组织、国企等党组织书记全部纳入述职评议考核范围，实现全区各基层党组织向上级党组织述职全覆盖。

【主题教育培训】6月24—28日，开展农工委系统“不忘初心、牢记使命、传承红色革命基因、争当绿色发展先锋”主题教育培训，农工委系统400余名党员参加培训。

【党务工作者培训班】5月29—31日，举办“2019年农工委系统党务工作者培训班”，农工委系统各党支部书记和党务工作者共计50余人参加培训。

【第一书记培训】8月5—9日，举办2019年门头沟区新农村建设能力提升示范培训暨第一书记培训班，市派和区派第一书记50余人参加。

【农村实用人才培训】10月16—17日，区委农工委与区社区学院联合举办门头沟区2019年农村实用人才综合素质提升培训班1期，80人参加。10月22—23日，组织14人参加“北京美丽乡村”网站信息员培训班1期。11月18—22日，组织各镇60名农村实用人才参加2019年北京市农民示范培训1期。

【后备干部及农村党建助理员培训】12月16—20日，区委农工委与区委组织部共同举办2019年门头沟区农村后备干部示范培训班暨农村党建助理员培训班，全区120余名农村后备干部及农村党建助理员参加。

【举办发展对象培训示范班】6月12—14日，区委组织部举办2019年门头沟区党员发展对象培训示范班。通过专题讲授、影像教学、现场教学和结业测试等多种方式，对157名发展对象进行培训，引导发展对象坚定理想信念，端正入党动机，争做合格共产党员。

【召开人才京郊行工作总结见面会】2月18日，区委组织部召开门头沟区“人才京郊行”工作总结见面会，欢送第十批挂职专家，接收第十一批专家10人，第十批、第十一批“人才京郊行”专家，接收、派出单位负责人员等21人参加会议。

【周末大课堂】3月22日至12月13日，在区委党校连续举办10期周末大课堂专题培训班，内容包括区域治理与乡村振兴战略、压力管理与心理调适、新媒体时代的舆论引导、领导者形象与领导魅力等，全区处级干部2 200余人/次参加培训。

【选拔干部赴西城实训锻炼】9月，选派10名处级干部到西城区进行3个月实训锻炼。

【开展“不忘初心，牢记使命”主题教育】9—12月，门头沟区四套领导班子、88家区属处级单位、669名局处级领导干部、1 238个党组织、34 262名党员开展“不忘初心，牢记使命”主题教育。

【召开人才认定大会】11月22日，召开第二届“领军人才”“优秀人才”“青年人才”认定大会暨门头沟区与5所高校共建人才实践基地签约仪式，认定“领军人才”5名、“优秀人才”10名、“青年人才”10名，并颁发奖牌和证书。会上，北京大学、中国人民大学、北京交通大学、北方工业大学、北京信息科技大学等5所高校的相关负责人，与门头沟区委组织部、区委宣传部、区人力社保局、团区委、石龙管委现场签订学生社会实践、学生就业实践、思想政治实践课、干部培训等内容的人才合作协议。市委主题教育第四巡回指导组领导和区四大部门主要领导，以及区人才工作领导小组成员、各单位人才工作主管领导等300余人参加会议。

【推进党员“双报到”工作】截至年底，全区机关、事业及公有制企业在职党员报到率100%，各单位9 758名在职党员回社区（村）报到服务；各社区（村）共接收15 623名在职党员，累计作出承诺6 061项、提出建议1 884条，参加报到社区（村）活动33 113人/次、为身边群众办实事1 092件。

区、乡（镇）“三农”工作部署和实施

【农村工作会召开】3月15日，门头沟区践行“绿水青山就是金山银山”发展大会暨组织、宣传、统战、农村工作会召开。区四大部门领导及区新农村建设领导小组各成员单位负责人在主会场出席会议，各镇领导班子成员、各村“两委”负责人、市区选派第一书记和辖区市级示范社负责人在镇村视频分会场参加会议。会上，作题为《深入践行绿色发展理念 以首善标准实施乡村振兴战略》2019年农村工作会报告。报告总结2018年“三农”各项工作，明确下一步工作思路和要求。

【机构改革相关工作】3月，对12个区政府工作部门的党组（工委、党委）设置进行调整，对17个

区政府工作部门的党组（工委、党委）设置保持不变，同时做好更名、合并、新增单位和部门的“一把手”干部人事任免工作。

【区农业农村局挂牌成立】3月22日，门头沟区农业农村局挂牌成立。8月29日，成立中国共产党北京市门头沟区农业农村局机关委员会，下设5个党支部，并选举产生第一届委员会委员9名。9月16日，区委农工委区农业农村局机关支部委员会成立，并选举产生第一届机关支部委员会委员。

【与西城区结对协作】2月，与西城区共同制定《携手促进生态涵养区生态保护和绿色发展工作推进机制方案》，成立以书记、区长为组长，常务副区长为副组长的协作发展领导小组，并组建由各分管区领导任组长的13个工作专班，分领域深入推进两区在国民经济和社会发展各重点领域紧密合作。年内，西城区与门头沟区开展结对协作，两区共同出资成立总额8亿元（2019—2022年）的乡村振兴绿色产业发展专项资金。

【扶贫协作和支援合作】年内，门头沟区召开区委常委会、区长办公会、主管区长专题调度会等8次重要会议研究部署扶贫支援工作。区主要领导带队到结对帮扶地区调研对接5次，受援地区党政代表团来访9次，双方召开高层联席会11次，深入交流、共商携手奔小康工作。研究制定《门头沟区扶贫协作和支援合作工作领导小组工作规则》《2019年门头沟区扶贫协作和支援合作工作要点》《2019年门头沟区扶贫协作对口支援工作主要任务指标》，设立10个工作专班，加大重点工作统筹协调力度，压紧压实工作责任。共向河北涿鹿县、内蒙古武川县和察右后旗、西藏堆龙德庆区、湖北神农架林区援助区级财政资金1 188万元，动员社会力量捐款及捐物折款675万元，选派挂职干部15人、专业技术人才57人，推动13个镇（街道）、10个村（社区）、21所学校、6所医院、10家企业、7家社会组织与受援地区36个乡镇、23个贫困村、21所学校、12所医院务实开展结对帮扶，各项帮扶措施共惠及3.1万建档立卡贫困户，助力各受援地区摘帽后巩固脱贫成果。

【统战“8＋1”行动】1月11日，民进北京市委到清水镇梁家铺和妙峰山镇陈家庄村开展2019年民进全国“春联万家”活动。16日，农工党北京市委到雁翅镇青白口村开展医疗服务文化下乡活动，慰问贫困群众，为村民送去春联和福字，提供义诊服务。21日，台盟北京市委开展2019年“助梦启航”送温暖活动，在付家台中心小学，慰问优困生，向学校赠送教学用品。在斋堂镇沿河口村，慰问低收入户。23日，民进北京市委启动帮扶门头沟区教育系统困难教职工“春蚕”救助计划，民进市委主委与区领导就深入“8＋1”行动及推进民进基层组织建设进行座谈，为因病致困教师送去慰问金。28日，民革北京市委到上苇甸村开展“文化走基层”及慰问老党员活动。29日，民盟北京市委赴清水镇龙王村开展“写春联 送祝福”文化下乡暨慰问活动，并就低收入帮扶进行座谈和实地调研。3月11日，召开“8＋1”行动黄安坨“中建百花山社”项目专题协调会，围绕“中建百花山社”项目建设构想、工作进度、遇到的问题、旅游产业扶持、村庄规划等相关工作进行座谈交流。5月28日，民建北京市委在雁翅镇房良村举办“名誉户主”项目对接仪式，民建北京市委主委与区委领导进行座谈，走访低收入户。民建丰台区工委、石景山区工委、门头沟区工委的12个支部与房良村12户低收入户签订《民建助力脱贫攻坚 名誉户主联系簿》，进行一对一帮扶。6月21日，门头沟区召开北京市各民主党派深化“8＋1”行动推进会，市领导出席会议，并先后实地调研“助梦起航”“向妙峰山镇炭厂村捐建污水处理设施”“九三学社（北京）双创基地”项目。26日，民革北京市委调研门头沟区三家店村、中门寺南坡小区、民革党员企业，了解红色文化资源、百姓需求。7月11日、8月26日、10月11日，3次召开北京市各民主党派重点支持门头沟区发展“8＋1”行动实践教育基地建设推进会，围绕首都多党合作实践基地选址、形式、内容、工程进展情况，资金审批等进行座谈交流。8月22日，九三学社北京市委主委、区领导为“院士专家服务站”揭牌。9月8日，民建北京市委组织“名誉户主”会员代表在门头沟区雁翅镇房良村举办“践行8＋1行动 消费扶贫打核桃”主题活动。19日，台盟北京市委“助梦启航”项目再行动，向付家台中心小学8名师生颁发“台盟之星”奖学金和奖教金总计8800元，向清水学校捐赠900册图书设立“助梦启航读书角”。11月1日，区委常委会听取“8＋1”行动工作汇报，区委领导要求，“8＋1”行动要与“七有”“五性”相结合，打造出带不走的“8＋1”活动品牌。6日，致公党北京市委到门头沟区开展“8＋1”行动调研活动考察张家村险村搬迁、煤改电推进情况，了解村庄建设发展中的困难和需求。7日，第030号“北京科技小院”落户雁翅镇白虎头村，市领导揭牌，召开科技小院工作推动会，到清水镇黄安坨村调研“8+1”行动工作，为首都多党合作实践教育基地九三学社北京市委分基地揭牌，实地考察了中建·百花山社精品民宿建设。同日，台盟市委主委为首都多党合作实践教育基地台盟北京市委分基地揭牌。21日，民盟北京市委到潭柘寺镇南辛房村开展便民服务活动，为村民提供修锁配钥匙、维修家电、理发便民服务，服务村民200余人/次。12月11日，民盟北京市委联合中共门头沟区委、区政府共同举办第三届“东胡林人”论坛 。27日，台盟北京市委到门头沟区雁翅镇付家台中心小学、斋堂镇沿河口村开展送温暖活动，慰问贫困学生、低收入户，送去慰问品。

【干部人才挂职选派和接收工作】年内，门头沟区共选派22名干部，10名一年期、28名短期专业技术人才，到西藏自治区拉萨市堆龙德庆区、新疆维吾尔自治区和田市、青海省玉树囊谦县、内蒙古自治区察右后旗及武川县、河北省涿鹿县、湖北省神农架林区等对口支援地区进行挂职锻炼。接收来自内蒙古自治区察右后旗及武川县、河北省涿鹿县、湖北省神农架林区等地的16名干部、24名短期专业技术人才到门头沟区进行挂职交流。

【新时代文明实践中心建设】4月30日，门头沟区制定《新时代文明实践中心建设工作方案》，将创城攻坚与新时代文明实践中心建设紧密结合，搭建市民群众参与文明创建的平台，成立区级新时代文明实践中心、13个镇街新时代文明实践所、299个村居新时代文明实践站，实现新时代文明实践工作全域覆盖。门头沟区入选全国第二批500个新时代文明实践试点之一。

【建议提案办理】年内，办理市区人大代表、政协委员建议提案181件，办复率100%。

门头沟区领导名录

区委书记	张力兵
副书记	付兆庚
	彭利锋（4月任）
常委	张力兵　付兆庚　彭利锋
	张　永（11月免）　陆晓光
	张金玲　范永红（12月任）
	王建华（4月任）　金秀斌
	李耀光　庆兆珅（12月任）
	张兴胜（7月免）
	闫　中（12月免）
	张　闯（4月免）
区人大常委会主任	陈国才
副主任	许　彪　何　渊　李　伟
	陈　波（1月任）
	张　焱（不驻会）
区长	付兆庚
副区长	彭利锋（5月免）
	陆晓光（5月任）
	庆兆珅　孙鸿博　赵北亭
	张翠萍　王　涛
	张兴胜（9月免）
	张　闯（5月免）
	薛志勇（9月免）
区政协主席	张　冰（女）
副主席	张满仓　冯　飞　高连发
	野京城（不驻会）
	顾慈阳（不驻会）
	安长生（不驻会）
区委农工委书记、区农业农村局局长	耿新民（3月任）

门头沟区乡镇党政正职领导

	党（工）委书记	**镇长（主任）**
潭柘寺镇	娄相峰	李岿然
永定镇	周　杨	赵　威(9月免)
（地区办事处）		黄　景(10月任)
龙泉镇	亓建军	张　伟(12月免)
（地区办事处）		刘　学(12月任)
军庄镇	付军利（11月免）	高建光(12月免)
	高建光（11月任）	王　垚(12月任)
妙峰山镇	丁章春	姜春山
王平镇	张慧琦（11月免）	刘甫通(11月免)
（地区办事处）	刘甫通（11月任）	冯　涛（11月任）
雁翅镇	孙东宇	张雅利
斋堂镇	杨少培（11月免）	谢晓东
	李文凯（11月任）	
清水镇	贾卫东	崔兴珠

（门头沟区农业农村局　符乃清）

房 山 区

综 述

房山区总面积2 019千米²。全区设建制乡6个、镇14个、街道办事处8个，有社区居委会160个、村委会459个。2019年末，全区户籍人口84.1万人，同比增长1.3%。全区常住人口125.5万人，同比增加6.7万人。其中，常住外来人口30.8万人，占常住人口的比重为24.5%。常住人口中，城镇人口94.4万人，占常住人口的比重为75.2%。初步核算，2019年全区实现地区生产总值（GDP）810.9亿元，剔除价格因素影响，比上年增长5.4%。其中，第一产业增加值13.9亿元，下降0.3%；第二产业增加值353亿元，下降1.9%；第三产业增加值444亿元，增长12.4%。按常住人口计算，全区人均地区生产总值（人均GDP）为66 386元。2019年，全区财政收入完成128.6亿元，比上年下降7.8%。其中，一般公共预算收入完成70.1亿元，增长8.4%；政府性基金预算收入完成58.1亿元，下降22.2%。财政支出完成336.3亿元，比上年增长15.9%。其中，一般公共预算支出249.5亿元，下降2.5%。全区区域税收完成239.9亿元，比上年增长1.7%。其中，房山地区完成133.9亿元，增长0.2%；燕山地区完成106亿元，增长3.5%。全区实现农林牧渔业总产值33.3亿元，比上年下降1.6%。其中，农业产值实现10.3亿元，下降23.9%；林业产值实现18.3亿元，增长61.3%；牧业产值实现4亿元，下降43.6%；渔业产值实现2 637.9万元，下降48.5%；农林牧渔服务业产值实现4 459.6万元，下降66.7%。蔬菜播种面积7.03万亩，实现产量1.77亿千克；食用菌栽培面积886万米²，实现产量3.67万吨；粮食播种面积0.6万公顷，比上年减少0.2万公顷。粮食产量3.4万吨，下降17%；粮食亩产368.8千克，增长5.2%。

城乡融合发展

【概况】年内，房山区新型城镇化步伐不断加快。城南行动计划81项重点任务进展顺利，55项重点项目完成投资226亿元。国家新型城镇化综合试点年度任务全部落实。北京基金小镇完成东甘池村拆迁扫尾，其他特色小镇建设也取得新进展。棚改工作扎实推进，城关中心区北关地块、拱辰渔儿沟安置房交付使用，城关中心区二期、长阳06、07街区安置房开工建设。启动2020年国家卫生区复审迎检，韩村河国家卫生镇通过复审。根据2019年市政府对房山区下达的城乡建设用地减量336公顷的减量任务，市规划自然资源委房山分局组织编制《房山区2019年度城乡建设用地减量实施方案》，并经八届区政府第56次常务会审议通过。房山区有591.1公顷减量地块通过市规划自然资源委审核。依据“十三五”土地整治规划，全区在施土地整治项目9宗。其中，2个成功验收，验收新增耕地107亩，结算资金782万元；1个竣工，准备启动验收；6个项目正在施工过程中。推进耕地占补平衡工作，做好土地增减挂钩工作。为持续做好全区备案的234宗设施农业项目的监管工作。市规划自然资源委房山分局联合区农业农村局、区园林绿化局印发《关于开展已备案设施农业项目清查整改工作的通知》和《关于设施农业用地项目现状认定备案的通知》。城市承载力显著增强。京良路西段等大通道建设稳步推进，市郊铁路京原线、副中心线西延、S6线、乐高主题乐园专线纳入市郊铁路网规划。燕房路、良常路等道路建设进展顺利，挂账治理3处堵点、7处秩序乱点，打通5条“断头路”，新建信号灯88处，治理67条无照明道路，“有路无灯、有灯不亮”问题逐步解决。循环经济产业园基本建成，49处非正规垃圾堆放点整治到位，垃圾分类示范片区创建覆盖率达到60%。优化调整29条公交线路，开通房山至大兴国际机场巴士，建成路侧电子收费车位1 504个，新增车位785个。5个老旧小区供热管网改造完成，燃气、电力等市政设施运行管护工作有序推进。

【首个城市森林公园建成开放】4月，房山区首个城市森林公园建成开放，公园位于长阳镇，建设总面积3.5万米²。公园建设以高大乡土乔木为主体的，形成以成片森林景观为特色的种植形式，营造近自然森林景观，进而调节生态平衡，改善环境质量，保护人体健康，美化城市景观。

【新增公园开放】4月，由区园林绿化局建设的金隅公园、伊林郡公园、饶乐府公园等公园对外开放，公园主要分布在长阳镇、拱辰街道、城关街道。公园的建成开放为周边居民提供更多的游憩场所，实现“开门见绿推窗现景”，从而优化人居环境，提高居民生活品质。

【城区排水设施管理】 截至6月1日汛期前，区水务局对城关、良乡两城及长阳城区现有排水设施进行养护、维修。对16座排水泵站、166千米中水和排水管线、7 206座检查井、10 623座雨水口进行全面的养护、维修，确保汛期排水安全。对排水管网疏通和清掏，更换报修井箅、井盖。累计清掏雨水口4 261座，清理垃圾2 073米^3，修复检查井40套，更换检查井盖21块、雨水箅子65套，疏通管道1 450余米。确保汛期管网畅通。对城区重点积水点安排专人职守，加大巡查力度，合理调配排水泵启用时间，避免出现重大财产损失及人员伤亡。

【分区规划获批复】 11月20日，市政府正式批复房山分区规划，明确未来房山将构建“两山四水、三区三轴、三团多点”的空间布局，打造以生态为基础、以文化为引领、以科技创新为支撑、以国际交往为补充的生态宜居示范区、科技金融创新城。市政基础设施、海绵城市等22个专项规划编制完成，启动3个新城组团控规、8个乡镇国土空间规划编制。

【长沟泉水国家湿地公园成为“国家湿地公园”】 12月，国家林业和草原局下发通知，房山区长沟泉水国家湿地公园通过验收，正式成为“国家湿地公园”。

【城乡接合部重点村环境整治】 年内，房山区对拱辰街道南关村、东关村、大南关村，良乡镇黑古台村4个区级城乡接合部重点村开展环境整治工作。清理卫生死角106处，清理积存垃圾321.64吨，清理非法小广告2 700张，新设或完善垃圾收运设施1个，完成1座达标公厕改造，拆除或改造违规广告牌匾9块，拆除废旧设施3处。

【城乡环境持续改善】 年内，开展区级环境拉练检查22次，完成15次重大活动环境保障和国庆期间重点地区、重点园区环境统筹协调和城市运行保障工作。完成拱辰街道南关村等4个区级城乡接合部重点村环境综合整治。完成海逸北路等5条背街小巷环境整治提升工作。开展5项区域环境建设提升工程，完成房易路长沟段和大窦路沿线环境建设工程。周口店北京人遗址发现100周年区域环境提升工程完成99%。

【城乡绿化美化建设】 年内，持续扩大城乡绿色生态空间，建成口袋公园64万米^2，公园绿地及小微绿地25.58万米^2，完成527亩“留白增绿”建设。公园绿地500米服务半径覆盖率由2018年底的64.59%提高到70.65%。

农村经济发展

【概况】 年内，房山区现代农业加快转型发展。窦店镇获农业农村部、财政部批准创建“全国农业产业强镇”资格，是北京市唯一一个获选乡镇。房山国家现代农业产业园、房山国家农业科技园区通过验收。2家企业获农业产业化国家级重点龙头企业称号。5个品牌获年北京农业好品牌。酿酒葡萄种植面积2.3万亩，签约酒庄33个，18家酒庄进入葡萄酒生产阶段，葡萄酒年总产量120万升，初步形成以青龙湖镇为核心的北部生态休闲区、以张坊镇为核心的南部文化旅游区、以红酒小镇为核心的特色文化旅游区。窦店村农业产业融合发展示范园成为国家级示范园。仙露堡等4家酒庄开工建设，房山区获“世界美酒特色产区”称号。开展高标准农田清查工作，10个市级和30个区级生态农业园区创建完成。成功创建国家食品安全示范城市，粮食安全保障不断加强。

【农村集体资产管理工作】 2月26日，根据《关于开展农村集体资产清产数据复核工作的通知》，区经管站安排部署资产清产数据复核工作。复核内容主要涉及各乡镇（街道）、各级集体经济组织以及所属企业的清产核资档案归集情况、镇级合并数据的完整情况、清产核资流程的实施情况、清产核资程序的履行情况等。2月27日，根据《关于认真做好房山区农村集体资产清产核资资料归档备案工作的通知》，区经管站安排部署清产核资资料归档备案工作。归档范围主要涉及各乡镇（街道）、各级集体经济组织在农村集体资产清产核资工作过程中形成的文字、图表、音像等资料。10月21日，《北京市房山区农村集体资产清产核资工作总结报告》经区委常委会审议通过。

【2018年花卉产业统计工作完成】 3月，房山区2018年花卉种植与产销情况统计工作完成。房山区花卉种植面积197万米^2，产值6 735万元，鲜切花产量38.3万支，盆栽植物产量2 088万盆，花卉企业22个，花卉市场2个，花卉从业人员

415 人。

【2 家企业获农业产业化国家重点龙头企业称号】4 月 25 日，市农业农村局公布新一批认定农业产业化国家重点龙头企业名单，房山区北京凯达恒业农业技术开发有限公司入选农业产业化国家重点龙头企业名单。11 月，农业农村部等 8 部委印发《关于公布第六批农业产业化国家重点龙头企业名单的通知》，公布新一批国家重点龙头企业名单。房山区北京航天恒丰科技股份有限公司获农业产业化国家重点龙头企业称号。截至年底，全区市级以上农业产业化重点龙头企业 19 家，其中，国家级 3 家，市级 16 家。

【2019 年魅力田园房山行】4 月 26 日，由北京市农业技术推广站、房山区农业技术综合服务中心主办，北京善事祺文化传媒有限公司、北京天开花海旅游开发有限公司承办的第九届北京农田观光季、2019 年魅力田园房山行、韩村河镇天开花海第七届油菜花节启动。活动主要由启动仪式、“上房山”优质农产品展卖、农业科普宣传、农业生态景观展示、现代农业机械展示等部分组成。内容丰富多样，包括惟妙惟肖的农民画展、精致的苏和珍画展、美丽的花艺长廊及花海参观等。

【平台优质农特产品线下品鉴活动】6 月 14 日至 10 月中旬，区农业农村局农服中心、区种植协会在府前广场举办房山区优质农产品线下品鉴活动。展示区域集中于每周五、六、日，每天都有数量不等的商家轮流展示、销售。现场可用手机扫描每款商品二维码，通过跳转到“上京西 上房山”平台关联的商品购买页面，用户完成注册后，勾选现场自提选项，在平台付款购买，实现“0”现金交易。为用户净化购买环境，为参展企业提供收款便捷通道。活动旨在为广大用户提供更多优质农游企业和优质农副产品，同时，为“上京西 上房山”平台上的各优农企业、专业种植合作社，提供展示自身的平台。

【草地贪夜蛾监测工作】6 月 24 日，区农服中心植物疫病预防控制中心完成 5 个监测点布设工作。监测点设立在玉米种植密集地区及与河北省临界地区。以成虫监测优先为原则，均使用性诱诱捕器，每个监测点分别安装一个倒置漏斗式诱捕器、桶形诱捕器和粘板诱捕器，共计 15 个诱捕器。发放宣传材料 100 余份，并现场培训草地贪夜蛾的识别与监测，培训监测人员 15 人，要求监测人员每周检查 2 次诱捕器，并及时报送虫情。并向全区 23 个乡镇农业主管部门发放相关学习资料，与各级部门共同密切监测虫情。

【耕地质量等级调查评价工作研讨会召开】7 月 3 日，区农业农村局农服中心种植业技术推广站组织召开耕地质量等级调查评价工作研讨会，邀请中国农业大学、安徽理工大学、市土肥站 5 位专家对 2018 年房山区耕地质量等级初评结果进行研讨。会上，专家对 2018 年该项工作相关的国家标准、区域标准、全市该项工作推动情况进行详细解读，并针对调查工作中存在的样点布设、分区总结等问题提出建设性意见。研讨会为填报 2018 年房山区自然资源资产负债表——耕地质量等级及变动表提供支撑。

【重点建设项目通过验收】7 月 10 日，区农业农村局农服中心组织施工、监理、设计单位对山地景观农业石板台村示范建设项目、种植业产业生态化项目、山地景观农业及农业面源污染防控项目进行四方验收，3 个项目涉及重点工程包括生产道路4 200 米，新修地堰 4 122 米，新修挡土墙 1 390 米，建设小型蓄水池 2 座、沉淀池 2 座，铺设灌溉管线 1 490米，种植食用玫瑰、射干、丹参、黄芩等 2 820亩。3 个项目通过四方单位验收。

【窦店镇获农业产业强镇创建资格】7 月 24 日，农业农村部办公厅、财政部办公厅印发《关于批准开展 2019 年农业产业强镇建设的通知》，批准窦店镇等 298 个镇（乡）开展农业产业强镇建设。窦店镇是 2019 年北京市唯一一个获农业产业强镇创建资格的乡镇。

【房山区 2019 年园艺作物（蔬菜）绿色高质高效示范区创建项目可行性报告通过专家论证】8 月 2 日，北京市农业农村局组织相关专家对“房山区 2019 年园艺作物（蔬菜）绿色高质高效示范区创建”项目进行论证。专家组听取项目单位的汇报，经质询和讨论，专家组一致认为，该项目符合农业农村部《关于开展 2019 年绿色高质高效行动的通知》要求，项目内容清晰，技术可靠，方案可行。项目的开展有助于提升产业发展融合水平，全力推动绿色高质高效示范区创建上层次、上水平，提升产业结构优化，促进农民就业增收。项目通过专家论证，并通过专家提出的论证意见完善可行性报告及实施方案。

【飞防工作完成】8 月 13 日，房山区全年林业有害生物飞机防治工作完成。该次飞防工作涉及16个乡镇及有林单位，主要防治美国白蛾、春尺蠖、杨扇舟蛾等林木有害生物。

【房山秋收节】 9月23日，2019年“中国农民丰收节”——北京房山秋收节暨第六届西河水稻收割节开幕。房山秋收节被农业农村部定为全国70地庆丰收全媒体直播活动地之一，活动以“庆祝丰收、弘扬文化、振兴乡村”为主题，以“迎国庆、庆丰收、多增收”为主线，通过“国庆七天农游房山”“我和农遗来相会”“渔乐金秋”等板块，全方位展示房山区传统农耕文化底蕴和都市型现代农业风采。房山秋收节以“1＋N”的形式，即一个主会场加多个分会场来展示房山秋收节。主会场位于周口店镇娄子水生态园，设主舞台区、房山物产展示区、大地艺术区、亲子活动区、农事体验区、现代农机及无人机展示区、花车巡游区和农业景观区8个活动展示区。另外设立15个分会场，包括4个同步分会场、11个非同步分会场，涉及全区9个乡镇。其中，4个同步分会场分别是良乡镇百蔬园的“良乡优品丰收季”、长阳镇莱恩堡国际酒庄的“长阳葡萄酒文化节”、石楼镇吉羊村的“石楼吉羊渔乐金秋节”、十渡镇西河村的“十渡西河稻田丰收宴”。11个非同步分会场分别是：石楼镇草根堂农场举办的“草根堂中草药秋收文化节”；十渡镇卧龙村举办的“卧龙黄花塌采茶节”；石楼镇金福圣农业观光园举办的金福圣“桂花节”；周口店镇南韩继村书平绿圃食用菌专业合作社举办的“书平绿圃‘咬’秋节”；北京泰华芦村种植专业合作社举办的“芦西百菜总动员”；窦店镇窦店村举办的“窦店村民庆秋收”；窦店镇于庄田园风情农业有限公司举办的“无花果文化节”；南窖乡举办的“西山民俗文化节”；大石窝镇举办的“大石窝农民丰收节”；青龙湖镇举办的“2019年北京房山国际葡萄酒大赛”。10月28日，秋收节落幕。

【5个品牌获“北京农业好品牌”称号】 11月15日，在第十七届中国国际农产品交易新闻发布会上，发布“北京农业好品牌”评选结果。房山区“凯达恒业”（北京凯达恒业农业技术有限公司）、“梦思”（北京昊屹畜牧有限公司）、“琦彩鸿”（北京琦彩鸿农业发展有限公司）、“品品鲜”（北京永长福生物科技有限公司）、“南河北星”（北京南河北星农业发展有限公司）获“北京农业好品牌”称号。

【区级二级植物医院正式启动】 12月11日，房山区植物二级医院在琉璃河镇西南召村正式启动。区级植物二级医院可提供农作物病虫害鉴定，绿色防治技术指导、培训、展示推广等服务，医院通过“坐诊”“出诊”等方式，协助种植园区、合作社、种植户解决病虫害防治难题。截至年底，房山区有植物诊所16家，注册植物医生35名。

【2019年签订土地流转合同检查工作】 12月31日，按照市农业农村局《关于开展2019年新签土地流转合同检查工作的通知》要求，组织各乡镇（街道）开展2019年新签土地流转合同检查工作。经查，13个乡镇51个村新签订流转合同2 132份，流转合同面积3 318.012亩。

【2019年春季灭鼠工作】 年内，贯彻落实全国农技中心《关于开展农区鼠害防控工作的通知》，区农业农村局制定《2019年农区灭鼠工作意见》，各乡镇（街道）完成投药工作。其中，石楼、韩村河、琉璃河、窦店、良乡等乡镇开展鼠害重点防治3.3万亩地块（农田2万亩、设施蔬菜田1万亩以及畜禽养殖场0.3万亩）。发放鼠药0.005%溴敌隆毒饵4吨，毒饵站1.3万个，粘鼠板1.3万个。

村镇建设

【概况】 年内，房山区美丽乡村加快建设。出台实施乡村振兴战略意见、乡镇领导班子考核办法，编制完成第一批146个创建村村庄规划并陆续开工建设，立教、黄山店、庙耳岗、大峪沟4个市级试点村建设工程基本完成，张坊镇大峪沟村成为全市首个国家级标准化美丽乡村，大石窝镇王家磨村等“美丽庭院”小微改革试点成效明显。全区373个美丽乡村创建村农村人居环境整治全部通过市级检查验收。2018年度146个美丽乡村创建村村庄规划全部通过区政府审批。实施“百村示范、千村整治”工程，确定大石窝镇、周口店镇两个市级示范片区建设。持续开展农村人居环境整治，提升改造公厕595座、户厕3.67万户，通过市级验收。持续推进清洁取暖工作，安装热风型空气源热泵5 367户，安装热水型空气源热泵205户，完成型煤（蓝炭）配送3.8万吨。2019年度创建村规划编制工作启动，151个村全部完成初稿。

【“双清”行动】 3月25日，房山区开启“双清”行动（清河行动和清管行动），重点针对河道、小微水体周边的垃圾、渣土、漂浮物等进行清理和对城区的 165.61 千米排水管网进行排查清污。区水务局在城关、良乡、长阳三城区范围内，针对重点区域（新城）以及重点河段汇水区雨污水管网开展排查，对雨污合流管涵泥沙、杂物进行疏通，对雨水箅子、检查井、截留井、拦污坎等垃圾、淤泥进行清理，并联合水政、环保等执法队伍实施专项执法，严查非法排污及倾倒垃圾的行为，检察机关同时发挥公益诉讼职能。"双清"行动清理雨水管线 129.18 千米、雨污合流管涵 36.43 千米、雨水篦子 10 145 处、检查井 7 716 处、入河口 66 处，清理垃圾 1 164.8 吨。

【农村人居环境整治市级验收】9 月 6—7 日，市农业农村局分别对列入第二、第三批"千村整治"村庄农村人居环境整治情况进行核查验收。2019 年房山区创建村排名提升到第四位，平均分 95.95 分，高出全市平均分 0.67 分。

【大峪沟村成为北京市首个国家级标准化"美丽乡村"】11 月 6 日，全国第二批农村综合改革美丽乡村标准化试点考核专家组成员对张坊镇大峪沟村美丽乡村标准化建设成果进行验收。大峪沟村通过考核验收，是北京市首个国家级标准化"美丽乡村"。

【莲花庵村被确定为中国美丽休闲乡村】11 月 19 日，根据农业农村部办公厅《关于开展中国美丽休闲乡村推介活动的通知》，房山区开展中国美丽休闲乡村推介工作。经地方推荐和专家审核，房山区史家营乡莲花庵村被确定为 2019 年中国美丽休闲乡村。

【2019 年生态清洁小流域治理工程启动】12 月 6 日，兴隆庄沟小流域、东周各庄小流域、大西沟小流域治理工程启动。3 个小流域涉及良乡镇张谢村，韩村河镇东周各庄村、西周各庄村和五侯村，南窖乡大西沟村 5 个村，拟治理面积 34 千米^2。治理内容包括，兴隆庄沟小流域新建排水工程，主路拆除恢复、湿地恢复工程；东周各庄小流域与大西沟小流域新建梯田、挡土墙、田间生产道工程等。

【耕地基本农田储备区落图、落地工作】年内，按照市级工作部署，初步完成房山区永久基本农田储备区 1.62 万亩、耕地保有量储备区 3.88 万亩的划定工作。落图、落地成果已上报自然资源部进行审核。

【水资源管理】年内，房山区创建节水型单位 50 个，为新东关社区、化四社区等 6 个社区换装节水器具 5 000 套，西潞南大街、苏庄一里等 6 个老旧小区（单位）铺设透水路面 1.8 万米^2，开展福胜家园、羊头岗小学等 5 处雨洪利用工程；加强水政执法和巡视检查，全年组织巡查执法 4 500 余次，出动执法人员 13 500 余人次；下发《责令停止违法行为通知书》123 份，下发《责令限期改正通知书》154 份，下发清障通知书 200 份，立案 109 起。

【永定河混合垃圾堆体治理】年内，对永定河混合垃圾堆体进行治理。永定河房山段混合垃圾堆体数量多、形成年份久等诸多原因，造成清理难度大。房山区以水利部开展的在全国范围内对乱占、乱采、乱堆、乱建等河湖管理保护突出问题开展专项清理整治行动（简称"清四乱"专项行动）为契机，聘请专业公司进行测算，该处垃圾堆体总占地面积约 25.09 万米^2，按照"有害垃圾坚决外运，无害渣土就地治理"的原则开展治理工作。经卫星图片观测及实地勘察，确定垃圾堆体分布在西南六环路穿过永定河段上游 3.5 千米至下游 5 千米范围河道内，主要位于房山区长阳镇阎仙垡村、夏场村、公议庄村，琉璃河镇韩营村 4 个点位。截至 11 月 26 日，压缩打包轻质物全部外运完成，并运至临时存放点，进行无害化处理，腐殖土和骨料结合永定河平原南端治理工程进行再利用和回填处理。强化河长履职。在永定河流域内设区级河长 1 人、乡镇（街道）级河长 6 人、村级河长 17 人巡查河道。强化点位布控。对管段内垃圾倾倒点进行拉网式排查，组织专人进行定点式巡逻和蹲点守候，并在各堤口安装监控设备和限行设施。强化联合执法。年内，水务、公安、环保等部门开展联合执法 10 余次，日常巡查河道 100 余次，整改水环境问题 20 余件，清理违建约 1.6 万米^2。

【河湖生态环境提升】年内，房山区采取多举措提升河湖生态环境。强化巡查。建立河长巡河周月通报制度，要求区级河长每季度至少巡河 1 次，乡镇（街道）级河长每月至少巡河 1 次，村级河长每周至少巡河 1 次；做到"五必巡"，排水口必巡、公示牌必巡、河道断面必巡、采砂敏感点必巡、生活商业聚集区雨水箅子必巡。强化考核。在《2017 年河长制工作考核制度》的基础上，分季度和年度对各乡镇（街道）河长履职、河湖生态、断面考核等 9 个方面表现综合考评；区河长办采取随机抽查的方式检查相关情况，并定期通报，检查结果与各单位年度考核挂钩。强化执法。创建“河长＋警长＋检长”工作模式，加大部门合作，提升执法力度，针对违法偷排、面源污染、倾倒垃圾等破坏水环境行为进行专项整治。强化宣传。通过电媒、纸媒、新媒体等形式宣传河长制；拓宽公众参与渠道，开展“四进”活动（进校园、进社区、进企业、进村庄）；推广“志愿者巡逻队”“大爷大妈护河巡河队”“无职党员巡河”等社会参与形式，提高全民护河意识，同时接受社会监督和评价。

农村改革与管理

【概况】年内，房山区深化农村领域改革。启动乡镇级集体经济产权制度改革，出台农村集体企业备案管理、农村集体企业集体资产管理、农村宅基地管理等实施办法，为发展壮大农村集体经济、促进农民富裕增收奠定制度基础。全面完成农村土地承包经营权确权颁证工作。农村集体资产清产核资通过市级验收。

【房山区非洲猪瘟疫区防控效果评估工作】1月11日，市农业农村局组织专家对房山区非洲猪瘟疫区防控效果进行评估。专家组听取房山区非洲猪瘟疫情处置工作汇报，查验文件92份，各类相关记录203套，现场检查疫点疫区养殖场户12个、临时检查消毒站点13个、无害化处理掩埋点1个、生猪屠宰场1个和受威胁区内养殖场户2个，审查疫点疫区和受威胁区4 039份样品的检测报告。专家组认为，房山区严格执行国家和北京市非洲猪瘟法律法规和技术规范，达到有疫不流行的效果。建议房山区按程序解除对疫点、疫区的封锁，恢复正常工作秩序。

【新增4家国家级农民专业合作社示范社】2月，农业农村部、国家发展和改革委员会、财政部等9部委公布2018年国家级农民合作社示范社名单。房山区北京慧田蔬菜种植专业合作社、北京金北联红小豆专业合作社、北京草根堂种养殖专业合作社、北京京西礼临辉农产品种植专业合作社被认定为国家农民合作社示范社。截至2019年，房山区有北京市市级示范社22家，其中国家级示范社16家。

【“三资”监管检查】5—12月，区经管站对23个乡镇（街道）、70个村级集体经济组织开展“三资”监管检查，针对检查发现的问题及时组织开展整改工作，逐村建立整改台账，逐个核查销账，确保问题及时、全面、彻底整改到位。

【“整村流转”农户承包地风险防范清查】7月，房山区开展“整村流转”农户承包地风险防范清查工作，进一步加强对“整村流转”农户承包地的管理，防范土地过度集中侵害农民利益，拖欠农民租金，防止农地“非粮化”“非农化”等风险发生。清查范围是全部承包地已流转的村，包括：全部承包地确权确地的村，确地土地已全部流转，全部承包地确权确股（利）的村，部分土地确地、其余土地确股（利）的村，确地土地全部流转。全区有15个乡镇的92个村属于“整村流转”农户承包地村，流转土地面积68 941.18亩，涉及农户30 231户。

【农村集体经济组织成员（股东）台账备案工作完成】9月19日，房山区完成23个乡镇463个农村集体经济组织成员（股东）台账备案工作。其中，产权制度改革模式为社区股份合作制改革的有71个集体经济组织，经营机制改革的有492个集体经济组织。各集体经济组织有成员（股东）441 645人。重点从集体经济组织股权管理模式、股份设置及分红情况，成员（股东）基本信息及持股和股份变动情况等方面加强备案。

【农村承包地确权登记颁证“回头看”通过市级检查】10月22日，市级检查组对房山区农村承包地确权登记颁证“回头看”工作进行检查。检查组分别听取区、乡两级农村承包地确权登记颁证“回头看”工作简要汇报，并对长沟镇南正村、双磨村和石楼镇襄驸马庄村、梨园店村实地抽查，查阅村级确权工作方案、村级民主会议决议、公示表等登记颁证成果资料。检查得分全市第一。

【农村集体经济合同规范化建设】4月2日，根据《关于建设农村集体经济合同规范化管理平台工作的通知》，区经管站运用互联网、大数据技术，启动农村集体经济合同规范化管理平台建设工作。12月10日，经过前期开发、合同收集、扫描录入、应用培训等工作，在全市首创“房山区农村集体经济合同规范化管理平台”，1.3万余份合同全部扫描录入，初步实现对农村集体经济合同的动态网络化管理。

【土地承包经营权确权登记颁证工作】年内，严格按照房山区《关于做好农村土地承包经营权证书申请等工作的通知》要求，对登记颁证数据进行审核，在审核无误的基础上，逐户向区政府申请《农村土地承包经营权证书》。12 月底，9.2 万份证书全部打印并完成数字化工作，《农村土地承包经营权登记簿》基本完成。

【15 家首批全国农产品全程质量控制技术体系试点企业获证书和牌匾】年内，区农环站组织示范乡镇和试点企业参加第一期全国农产品全程质量控制技术体系（CAQS-GAP）试点专题培训班。12 名技术人员取得 CAQS-GAP 质管员证书，15 家全国首批 CAQS-GAP 试点企业获生产经营主体证书及牌匾。

农村民生

【概况】年内，房山区组织各乡镇（街道）进一步加大低收入农户信息核实力度，及时更正不准确信息，严格履行低收入农户退出手续。稳步推进低收入产业项目建设，2019 年 24 个产业项目完工 17 个。年底，房山区低收入农户 4 415 户、9 104 人，涉及 21 个乡镇（除西潞、拱辰外），低收入村 35 个。低收入农户人均可支配收入都超过 11 160 元低收入标准线。据区统计局抽样调查，2019 年房山区低收入农户人均可支配收入实现 14 730 元，增速 18%。低收入农户农村事务综合岗位安置低收入农户 5 191 人、城市公共服务类岗位安置低收入农户劳动力 184 人；帮扶低收入农户家庭学生 536 名；新纳入社会救助范围的低收入农户 219 户，1 066 户低收入农户列入危房改造范围。建立工作月报制度，分解低收入重点任务，采取月报制的形式通报工作进展情况。建立信息共享机制，每季度组织乡镇街道、区直相关部门对低收入农户人员信息、帮扶信息、收入信息等情况进行交换，实现信息互通、信息共享。

【农民负担执法检查】5—10 月，区经管站组织 23 个乡镇（街道）开展农民负担执法检查，重点检查是否存在加重村级组织和新型农业经营主体负担的行为、涉农乱收费的现象、村级公益事业补助资金的管理和使用情况是否规范合理。经查，全区无增加农民负担行为。

【扶持壮大村级集体经济试点工作】7—12 月，房山区确定 12 个试点村，分别建立试点村管理台账和发展台账，实行定期报告制度及时掌握试点村工作进展。逐村调研摸清基本情况。根据《关于加强扶持壮大集体经济试点村管理的通知》，区经管站对 12 个试点村存在的问题提出整改要求，进一步健全法人治理机制、完善内部管理体制、深化产权制度改革、依托资源优势确定产业发展方向。

【农村宅基地管理利用情况统计年报完成】12 月 31 日，完成农村宅基地管理利用统计年报，对农村宅基地的宗数、面积等情况统计汇总。经统计，全区有 158 688 宗宅基地，面积 69 418.58 亩。

【低收入农户信息核实工作】年内，区经管站配合第三方公司，对低收入农户的收入、人员变动等情况进行入户调查，累计走访 9 944 户、21 417 人。组织各乡镇（街道）加大低收入农户信息核实力度，加强低收入农户动态管理，及时更正不准确信息，严格履行低收入农户退出手续，做好低收入农户台账填写，确保监测数据有据可依、有账可查。核查低收入农户参加城乡居民医疗保险情况，完成未纳入社会救助低收入农户摸底核查。2019 年底，全区有低收入农户 4 415 户、9 104 人。

【妥善化解农村土地承包纠纷】年内，区经管站坚持“多调少裁”的原则，化解矛盾纠纷，维护合同双方当事人合法权益。累计接待群众来电来访 175 起 754 人次，受理土地承包纠纷 51 起，参与、指导乡镇调解纠纷 246 起。

【居民人均可支配收入】年内，据城乡住户抽样调查资料显示：房山区全体居民人均可支配收入 42 823元，比 2018 年增长 8.7%。按常住地分，城镇居民人均可支配收入 50 644 元，比 2018 年增长 8.9%

【居民人均生活消费支出】年内，据城乡住户抽样调查资料显示：房山区城乡居民人均生活消费支出 26 134 元，比 2018 年增长 7.3%；恩格尔系数为 24.6%，比 2018 年下降 0.1 个百分点。城镇居民人均生活消费支出 30 589 元，比 2018 年增长 7.9%；恩格尔系数为 23.2%，比 2018 年下降 0.4 个百分点。

基层组织与民主政治建设

【概况】年内，房山区结合中央扫黑除恶督导检查，开展村和社区“两委”换届回头看，研究制定《关于建立村和社区“两委”干部资格联审长效机制的通知》等文件。完成村和社区“两委”换届选举。选举产生新一届社区党组织班子成员 677 人、社区居委会成员 1 084 人，社区党组织书记和居委会主任“一人兼”比例93.5%。选举产生新一届村“两委”班子成员2 385人，进一步优化班子结构。

区委常委会专题研究农村基层党建工作，印发《关于进一步加强新时期农村基层组织建设的意见》《关于进一步加强全区党员队伍建设的意见》《关于在“不忘初心，牢记使命”主题教育中集中整顿软弱涣散村和后进社区党组织的实施方案》。建立村“两委”干部资格联审长效机制。研究制定村党组织书记区级备案管理办法，统一配发《房山区村党组织书记培训管理手册》《房山区村级干部履职手册》。以青龙湖镇、十渡镇为试点，开展房山区农村发展党员违规违法问题排查工作。实施农村发展党员“星火计划”，破解农村长期不发展党员问题。构建党建引领乡村治理“新机制”。实施新一轮“连心共建”，通过成立联合党组织、组建功能型党小组等方式优化村党组织设置。研究制定《党建工作协调委员会议事规则（试行）》《房山区党建工作协调委员会成员单位及联络员管理办法（试行）》《房山区党建工作协调委员会会议议题管理办法（试行）》，统筹协调驻区单位党组织共建共治共享。选派267名党员社区民警兼任村和社区党组织副书记。建立“一站式”服务平台试点，实行乡镇（街道）站所服务人员和村干部集中办公、坐班值班和全程代理制度。招募1 857名热心居民担任“小巷管家”，参与基层治理。举办新一届村党组织书记、村委会主任示范培训班。

【第十一届村民委员会选举】年内，房山区进行第十一届村民委员会换届选举。全区有459个村，参加换届的451个（西潞街道詹庄村、安庄村、固村，长阳镇黄管屯村，阎村镇公主坟村5个村，因拆迁过于分散暂不参加换届选举；西潞街道太平庄村、苏庄村，拱辰街道纸房村3个村，因整建制转居参加居委会换届选举，不参加村委会换届选举）。村党组织449个，全部参加换届。选举产生新一届村“两委”班子成员2 385人，村委会成员中党员比例75.6%，较上届提高4%；配备村党组织专职副书记59人，占13.1%，较上届提高6%；村党组织成员中大专以上学历765人，占47.2%，较上届提高4%；村委会成员中大专以上学历633人，占38.6%，较上届提高3.7%；村“两委”干部交叉任职884人，占53.9%，较上届提高1.1%。

【社区党组织换届】年内，全区155个社区党组织换届，其中，党委3个、党总支49个、党支部103个。选举产生新一届社区党组织班子成员677人。其中，专职副书记130人，占83.9%，较上届提高5.3%；大专及以上学历590人，占87.1%，较上届提高9.9%；大学生社工200人，占29.5%，较上届提高15%；“一人兼”比例为93.5%，较上届提高14.5%。

【第十届社区居民委员会选举】年内，房山区完成154个社区选举，直选比例49.2%。产生居委会班子成员849人，本地化比例72.4%，大专以上721人，平均年龄38岁。

【扫黑除恶专项斗争】年内，房山区成立区委组织部扫黑除恶专项斗争领导小组及办公室，制定《房山区扫黑除恶专项斗争领导小组基层组织组分方案》《关于做好扫黑除恶专项斗争工作组织保障的工作预案》《关于做好扫黑除恶专项斗争工作组织保障的实施方案》《关于进一步加强新时期农村基层组织建设的意见》，建立村和社区干部资格联审长效机制，做到“凡进必查”“凡提必查”“举报必查”。编印《房山区村级干部履职手册》《房山区村党组织书记培训管理手册》《房山区农村基层组织建设制度选编》。

【农村发展党员违规违纪问题排查】年内，房山区委组织部以青龙湖镇、十渡镇为试点，对2014年以来农村发展党员违规违纪问题进行排查，解决农村发展党员存在的突出问题，推动全面从严治党向基层延伸。研究制定《房山区排查解决农村发展党员违规违纪问题试点工作方案》，成立房山区排查解决农村发展党员违规违纪问题试点工作领导小组。召开排查解决农村发展党员违规违纪问题试点工作动员培训会，解决存在的思想误区和模糊认识，把工作要求传达到每一个基层党支部。重点排查弄虚作假、“带病入党”“近亲繁殖”“人情党员”、违规“异地入党”、严重违反入党程序6个方面的问题。涉及农村党员105人，经排查，3人予以除名，2人给予谈话提醒，8名相关责任人给予批评教育。

【软弱涣散基层党组织整顿帮扶】年内，房山区委组织部确定7个软弱涣散村、2个后进社区、1个软弱涣散国企党组织、2个软弱涣散“两新”组织党组织为新一轮软弱涣散党组织整顿范围。制定《关于“基层党组织软弱涣散问题”的整改方案》，确定 12 个方面问题，细化整改措施 39 项，逐项明确牵头单位、分管领导、责任科室、责任单位和完成时限。

【党支部标准化规范化建设】年内，房山区委组织部筹建区级党支部规范化建设实训基地，设立党性课堂、督导课堂、模拟课堂。完成 2018 年度村、社区党支部评星定级工作，评定五星级村党支部 14 个、社区党支部 8 个，四星级村党支部 48 个、社区党支部 14 个。建成党群服务中心 17 个，党群服务站点 321 个。

房山区领导名录

区委书记	陈　清
副书记	郭延红（女）
常委	刘　兵　于　波（1 月免） 唐海蛟　郝恭平 曹　蕾（女，2 月免） 李　威　魏广勋 吕晨飞（4 月任） 王明哲
区人大常委会主任	孙　强
副主任	赵　军　郭志族　任正宽 孔庆远　周　蕾（女，不驻会）
区长	郭延红（女）
常务副区长	于　波（满族，2 月免）
副区长	吕晨飞（5 月任） 刘　兵（5 月免） 李宝虎　翟　东（8 月免） 齐文东　陈广利（5 月免） 廖春迎（女，壮族，9 月免） 于吉顺　王永年 高武军（11 月任） 王喜林（5 月结束挂职）
区政协主席	张祝华
常务副主席	吕守军
副主席	赵永祥　谢宝元（不驻会） 刘　琼（女，不驻会） 王　擎（女，不驻会）
区委农工委书记	汤连成（3 月免） 方玉祥（满族，3 月任）
区农业农村局局长	刘宝忠（3 月免） 方玉祥（满族，3 月任）

房山区乡镇（街道）党政正职领导人

	党（工）委书记	乡（镇）长、主任
燕山办事处	翟　东（7 月免）	李光明
城关街道办事处	王　耕	郭泽峰（11 月免） 苗　松（11 月任）
西潞街道办事处	李　军	邱　刚（11 月免） 钟棉棉（女，畲族，11 月任）
拱辰街道办事处	马春雷（8 月免） 杨海峰（8 月任）	米忠诚（回族）
新镇街道办事处	王广健	王广健
良乡地区办事处、良乡镇	杨海峰（8 月免） 黄　莹（女，10 月任）	黄　莹（女，11 月免）
周口店地区办事处、周口店镇	方玉祥（满族，3 月免） 张福利（5 月任）	张福利（6 月免） 毕　胜（6 月任）
琉璃河地区办事处、琉璃河镇	韩继华	高晓坤
窦店镇	李冠华	李冠华（2 月免） 李立奎（3 月任）
石楼镇	樊会来（3 月免） 焦迎彦（女，5 月任）	焦迎彦（女，5 月免） 仉立民（6 月任）
长沟镇	刘金辉	高运华
张坊镇	樊宗军	王文路
十渡镇	游向荣（女）	魏　然（回族，5 月免） 梁义国（5 月任）
河北镇	王春年	刘学军
大石窝镇	曹燕杰	朱华俊
阎村镇	张　杰	栗鹏程
韩村河镇	薛满德	邵志杰（满族）
青龙湖镇	刘松华	苗　松（11 月免） 邱　刚（12 月任）
长阳镇	王永民	舒　展（9 月免） 张　博（11 月任）
佛子庄乡	杨生军（8 月免） 隗合庆（8 月任）	薛全英（兼，11 月免） 曹立全（11 月任）
大安山乡	隗合庆（8 月免） 余　涛（回族，10 月任）	余　涛（回族，10 月免） 石宝军（女，12 月任）
南窖乡	王化占	张喜利
史家营乡	钱新雨（10 月免） 汤连成（11 月任）	陈峰岩

霞云岭乡 李雪生(3月免) 杨叶辉(5月免)
杨叶辉(5月任) 卢晓利(6月任)
蒲洼乡 许金涛(3月免) 刘 芳(女,5月免)
刘 芳(女,5月任) 倪 旺(5月任)

(房山区史志办公室 曹梦玲)

通 州 区

综 述

通州区位于北京市东南部，京杭大运河北端。东西宽36.5千米，南北长48千米，面积905.95千米^2。全区分布13条河流，总长245.3千米。辖10个镇、1个回族乡、6个街道。截至年底，全区常住人口167.5万人，比上年增加9.7万人。其中，常住外来人口64.6万人，占常住人口比重为38.6%。常住人口中，城镇人口118万人，占常住人口的70.4%。常住人口出生率8.96‰，死亡率5.35‰。全区户籍人口80.8万人，比上年增加2.1万人。其中，农业人口26.1万人，占户籍总数32.3%；非农业人口54.7万人，占户籍总数67.7%。户籍人口出生率13.15‰、死亡率6.92‰。

2019年，地区生产总值1 059.2亿元，比上年增长6.6%。其中，一、二、三产业增加值分别为12.5亿元、422.1亿元和624.6亿元，分别比上年增长－23.8%、8.8%和5.9%。三次产业结构为1.2∶39.9∶59。一般公共预算收入88.7亿元，比上年增长6.8%；税收总额300.5亿元，比上年增长7.8%。全社会固定资产投资（不含农户）比上年增长15.5%。实现社会消费品零售总额590.7亿元，比上年增长7%。城镇居民人均可支配收入53 088元，比上年增长9.1%。金融机构人民币各项存款余额3 638.5亿元，比上年增加331.6亿元。

【城市副中心建设】城市副中心建设全面进入控规实施阶段。高位统筹持续加强，顶层设计更加明确。副中心控规经党中央、国务院批复正式发布。1月11日，市级机关实现平稳入驻，通州区从此步入副中心时代。1月12日，城市副中心党工委、管委会正式挂牌成立，按照集中领导、高效统筹、扁平化管理的原则，构建形成“五局一办一公司”的工作体系。明确赋权清单，全面加强队伍建设和制度建设，高位高效协调调度，全年召开21次党工委管委会会议，初步实现“副中心的事副中心办”。

顶层设计更加明确，规划体系加快完善。年初副中心控规经党中央、国务院批复正式发布。市委、市政府围绕控规实施召开动员部署大会，明确2019—2022年100项重点任务。区级分解细化成278项工作任务，全面加快落实。城市副中心拓展区总体规划和9个乡镇的镇（乡）域规划形成成果，344个村庄规划编制全部完成，在全市率先实现区、镇、村三级规划体系全覆盖。重点地区规划、各领域专项规划的编制和专题研究工作全面推进，“多规合一、多图合一”的副中心规划体系基本形成。

重要节点加快建设，城市框架有序拉开。行政办公区二期启动建设，岳庄等3座110千伏变电站建成投产，警务中心实现运行，各项服务保障工作持续加强。运河商务区绿地中心等3个项目交付使用，6个项目部分竣工；南环环隧东段主体结构完工，运河220千伏变电站实现供电，冷热电三联供能源中心、河东5号调峰热源厂正式投入使用。文化旅游区环球主题公园启动游艺设备安装，环球大酒店、诺金度假酒店、城市大道等配套项目进入施工收尾阶段。城市绿心完成8 000亩绿化建设任务，歌舞剧院、博物馆、图书馆三大建筑实现开工。交通基础设施加快建设，副中心站综合交通枢纽、东六环路入地工程正式开工，宋梁路北延公路段全面贯通。地铁7号线东延、八通线南延开通运营，市郊铁路副中心线乔庄东站投入使用。

协同发展态势良好，区域合作更加紧密。推进新老融合，实施“老城双修”，形成“体检报告＋实施方案＋行动计划＋政策集成＋数据平台”的工作体系，建立“老城双修”项目库，一批项目推进实施。启动中仓小区家园中心试点建设。促进城乡均衡发展，有序推进特色小城镇和乡镇中心区开发建设。全面启动360个平房村美丽乡村建设，围绕“清脏、治乱、增绿、控污”，坚持规划先行、全民参与，打造精品美丽乡村建设样板。累计拆除各类违法建设 300 多万米^2，补建一批公共服务设施和绿地，农村面貌焕然一新，在全市第一、二批农村人居环境考核验收中均名列前茅。全面深化区域合作，与北三县协同发展规划编制完成，燕潮大桥建成通车，联合举办项目推介洽谈会，签约项目 52 个。与雄安新区在资源互通、人才交流等方面建立合作机制。通武廊、通宝唐区域合作持续深化。对口支援成果显著，提前一年完成脱贫摘帽任务。

城乡融合发展

【概况】2019 年，深入实施乡村振兴战略，大力推动城乡统筹发展。坚持农业农村优先发展，扎实推动农业全面升级、农村全面进步、农民全面发展。深入实施新型城镇化建设，全面开展美丽乡村建设，扎实推进集体经济发展。

【全面开展美丽乡村建设】年内，深化完善 344 个村庄规划，因地制宜细化规划建设导则，加强村庄风貌、生态环境和设施建设管控引导，努力打造集中连片的美丽乡村风景线。健全完善农村人居环境长效管护机制，广泛开展“美丽庭院”创建；持续深化美丽乡村建设内涵，优先推动安全供水、垃圾回收、污水处理、厕所改造等一批民生工程，持续加强村庄绿化、道路养护和养老、文体等设施建设，推动公共服务资源向农村倾斜，努力打造一批乡村振兴示范村，力争年内初步达到示范效果。

【扎实推进集体经济发展】年内，深入推进农村“三块地”（即农用地、集体经营性建设用地以及宅基地，农村“三块地”改革包含农村土地征收、集体经营性建设用地入市、宅基地管理制度改革）改革，实施村地区管，推进土地集约高效利用。加快组建乡镇联营公司，缩短农村经济转型发展阵痛期，有序释放农村集体建设用地，高水平引进社会资本，促进集体经济组织发展壮大。加快台湖、宋庄等 4 个集体土地租赁住房建设，探索集体土地建设产业项目实施路径。加大农民就业扶持力度，深化推广乡镇集体林场改革试点，完成全区所有低收入农户和低收入村的脱低工作。全面加快都市型现代农业发展，推进国家农业高新技术产业示范区落地，不断提高农民在产业发展中的参与度和受益面。

【城乡精细化治理】始终以群众诉求为导向，以“12345 市民热线”为主要抓手，集中开展解民忧、整秩序、强治理、优环境等系列工作，城市运行保障能力显著增强，城乡治理水平进一步提升。

坚持民有所呼，我有所应，狠抓“接诉即办、未诉先办”工作。建立完善了“三级书记抓热线、条块结合抓落实”工作机制、主要领导现场调研和定期回访调度制度，上下联动、齐心协力推进市民热线工作。积极推进“未诉先办”，制定了准物业或无物业规范化管理等系列制度措施，切实解决了一批群众的操心事、烦心事、揪心事。

坚持清存量和控增量相结合，坚定不移开展疏解整治促提升专项行动。拆除违法建设 1 002 万米^2，销账量、腾退量均居全市首位。一般制造业疏解、有形市场疏解提升等专项任务全部完成。“开墙打洞”“散乱污”等专项治理实现动态清零。注重“拆”“清”结合，建筑垃圾资源化利用效率不断提升。注重疏解腾退空间的统筹利用，新建和规范提升便民商业网点 117 个，实现留白增绿 1 935亩，疏解整治与优化提升的衔接更加紧密，群众生活便利性、舒适性明显提高。

聚焦提升精细化、智慧化管理水平，深入开展城市治理，增强城市保障能力。新增轨道交通 13 千米，完成 28 处秩序乱点整治和 30 个重点路口优化提升。新建路侧停车泊位 3 800 个，初步实现副中心 155 千米^2 电子收费全覆盖。高标准完成了全区交通信号灯联网联控和智能提升，实现新华大街等 5 条主干道动态绿波控制，155 千米^2 内平均车速提升 15.6%，区域交通状况进一步改善。完成一批变电站、供水、供热设施建设改造，城市运行保障能力进一步增强。

农村经济发展

【概况】全区实现农林牧渔业现价总产值 30.3 亿元，比上年下降 23.6%。其中，农业产值 10 亿元，比上年下降 29.2%；林业产值 13.9 亿元，比上年增长 2.3%；牧业产值 5 亿元，比上年下降 46.6%；渔业产值 1.3 亿元，比上年下降 25.5%；农林牧渔服务业产值 1 936 万元，增速比上年下降 80.4%。设施农业收入 6.3 亿元，比上年下降 31.8%。设施农业实际利用面积 1 427.9 公顷，比上年下降 30.1%。其中，温室占地面积 907.8 公顷，比上年下降 32.1%；大棚占地面积 477.3 公顷，比上年下降 24.7%；中小棚占地面积 42.9 公顷，比上年下降 39.8%。

【都市现代农业】2019 年，完成“七统一”（统一优质种苗供应、统一绿色防控和系统防治、统一机械化作业、统一水肥科学管理、统一分级净菜上市、统一优质品牌创建和质量追溯、统一废弃物回收循环利用）生态标准园区创建工作。创建 3 家“七统一”示范园区，在蔬菜生产园区实现“七统一”管理。通过创建工作，园区形成了一套“七统一”技术和管理模式，提高了设施蔬菜的生产和管理水平，为蔬菜生产和产品安全提供有力保障，为推动蔬菜产业健康持续发展开拓新的思路。在全区设立 4 家基质化栽培示范基地，基质化栽培面积达到 66.5 亩，设施蔬菜生产采用椰糠基质、珍珠岩基质或水培式栽培，同时采取环境调控、病虫害绿色防控、省力化机械作业等管控技术措施，实现增产、节水、降低农药施用量，有效解决了蔬菜生产设施连坐障碍等问题。为进一步推动菜田废弃物源头化处，继续示范推广源头化、无害化、循环利用模式等技术措施，在蔬菜主产区不同蔬菜生产类型基地建立 5 家示范基地，示范推广菜田废弃物源头化处理技术，辐射带动周边蔬菜种植户树立正确的菜田废弃物处理意识，有效的控制菜田废弃物对农业生产环境的污染现状。

年内，为贯彻落实市农业农村局关于养殖业生态化发展决策的部署，推进美丽生态养殖场建设，加快养殖业转型升级，通州区农业农村局结合北京城市副中心发展规划，确定在北京金星鸭业公司中辛庄基地和北京市通州区畜牧技术推广站 2 家备案养殖场实施北京市美丽生态牧场创建项目。项目投入资金 200 万元，每场 100 万元。本着“填平补齐”的建设原则，对北京金星鸭业公司中辛庄基地和北京市通州区畜牧技术推广站 2 家养殖场的环境、绿化等方面进行改造提升，使之达到北京市美丽生态牧场要求。

【观光旅游产业】2019 年，全区农业观光园 44 处，比上年减少 14 处；全年接待游客 65.8 万人次，下降 36.1%；实现观光园总收入 1.4 亿元，下降 37.3%；共有从事乡村旅游经营 133 户，比上年减少 7 户，乡村旅游总收入 987.8 万元，下降 21.7%；接待游客 3.2 万人次，下降 4.8%。

【农业科技创新项目】2019 年，立项实施“北京乡土林木品种选育及工厂化繁育技术示范”“毛白杨无性系种质资源收集及优良雄株选育与示范”等项目，支持林业科技新产品、新技术的研发应用，推动森林城市建设。

【农业机械动力】截至 2019 年底，全区拥有农机总动力 11.88 万千瓦；小麦万亩拥有联合收割机 66 台，万亩玉米拥有收获机 35 台，万亩耕地拥有总动力 0.25 万千瓦，拖拉机 505 台，其中，大中型拖拉机 401 台，小型拖拉机 104 台，拖拉机配套农具 1 034 台（件、套），其中，大中型配套农具 805 台（件），小型配套农具 229 台（件）。收获机械 127 台，植保机械 249 台，农副产品加工机械 77 台，渔业机械 4 695 台，畜牧业机械 215 台，青贮收货机 14 台，全区卷帘机 5 626 台，微耕机 1 319 台，农用排灌机械 5 205 台。

村镇建设

【概况】坚持“以新带老、新老融合”与城乡均衡发展，扎实推进“老城双修”（在通州区老城地区开展“城市双修”，即生态修复、城市修补，旨在治理老城区城市病，改善环境质量，补齐城市短板，提升老城群众获得感）和美丽乡村建设。制定“老城双修”与更新三年行动计划。实施 23 万米^{2}老旧小区改造，完成 41 条背街小巷整治提升，果园路、粮食局直属库平房胡同入选北京最美街巷。改造老旧小区供水管线 58 千米，完成 10 个单位自备井置换。155 千米^2 范围“有路无灯”“有灯不亮”的问题得到妥善解决。全面实施美丽乡村建设三年行动计划，完成所有平房村规划编制和 360 个村的人居环境整治，在全市农村人居环境考核验收中名列前茅。

【深入实施新型城镇化建设】围绕“特而精、小而美、活而新”，加快推进乡镇中心区开发建设，分类引导 9 个小城镇特色化发展。充分整合资源优势和空间优势，加快马驹桥科技服务小城镇、台湖演艺文化小城镇开发建设进程，高标准提升区域整体发展和管理水平；围绕区域功能、文化内涵、生态宜居等特色要素，不断增强宋庄艺术创意小城镇、潞城生态智慧小城镇、张家湾文化休闲小城镇的功能引领和辐射带动作用；聚焦产业发展、公共服务、环境建设等重点领域，加大对西集生态休闲小城镇、漷县文化健康小城镇、永乐店新市镇、于家务科技农业小城镇的政策倾斜力度，建设美丽宜居新城镇。

【新型农村社区建设】年内，将农村社区建设与北京城市副中心建设、新型城镇化、基层社会治理创新相结合，全区打造 34 个市级农村社区建设试点单位。开展农村社会服务、农村便民服务、协商治理、志愿服务和公益服务等 32 个项目，累计活动 1 890 次，服务 215 000 人次。其中，规范化建设培训、农村社区治理培训和专家指导培训活动 790 场，培训 61 500 人次。整合各类社会公益服务资源 243 家，孵化农村草根组织和本土志愿队伍 220 家。

【基础设施建设】 2019 年，以巩固"四好农村路"创建成果为目标，以落实副中心控制性详规、服务副中心建设和市级机关搬迁为宗旨，全面提升乡村公路工作标准和管理水平。强化政府职能，形成以绩效考核为抓手的行业管理新模式，分局作为考评主体对全区乡镇四好农村路建设进行个性化考评，截至年底，完成市级绩效任务。以规范招标、强化建立责任为抓手，加强廉政风险防控，严把建设质量关，大修项目质量监督覆盖率 100%，未发生重大安全生产事故及质量事故。努力推动路网结构转型升级，全面提升综合服务和保障水平，以首都标准首善要求推动副中心乡村公路高质量发展。全年实施乡村公路道路大修 78 项，99 千米，实施桥梁改造 17 座，完成建养投资 3.2 亿元。

【环境建设】 年内，落实"疏整促"专项行动，针对村庄环卫设施建设滞后及生活垃圾乱倒问题，对宋庄、马驹桥、台湖、张家湾、漷县、宋庄 6 个镇域范围内的 52 个重点村开展环境整治。清理乱堆乱放卫生死角 39 969 处，清理乱倒垃圾暴露垃圾近 56 541.5 吨，清除乱贴乱画非法小广告 62.15 万处（张），完善环卫设施配置 2 177 处，修缮公共厕所 42 座，修复照明设施 554 盏，规范治理拆除广告牌匾 1 871 块。

农村改革

【概况】 2019 年，以实施乡村振兴战略、不断发展壮大农村集体经济为总抓手，以维护农民合法权益和促进农民增收为目标，践行新发展理念，深入推进农村"三资"监管改革、农村集体产权制度改革、农村土地制度改革，加强农民专业合作社规范管理、农村社会事务管理。

【农民专业合作组织】 按照上级工作部署，组织开展农民专业合作社专项清理工作。调查摸底发现，截至 2019 年底，全区在工商注册登记的合作社有 351 家，其中，正常经营的 118 家，非正常经营的 136 家，待注销的 98 家。此外，组织开展农民专业合作社示范社监测及考核评定工作，18 家市级示范社参与，其中国家级示范社 12 家。9 家市级示范社通过区级考核，其中国家级示范社 6 家；受"疏整促"工作影响，有 9 家市级示范社未能通过区级考核，其中国家级示范社 6 家。指导北京聚牧源农业专业合作社申报中央转移支付市场营销推广项目，经市级审核，获得项目扶持资金 55 万元。指导北京专平林下农业专业合作社和北京陆陆源粮食种植专业合作社申报市农业农村局产业融合项目。

【产权制度改革】 以区政府办文件形式印发《通州区农村产权流转交易管理办法（试行）》。推进乡镇级农村产权流转交易服务站建设，扩大辐射范围，拓展服务领域，充分发挥市场资源配置功能，促进城乡要素平等交换。继续与北京农交所合作，不断向基层延伸拓展，指导宋庄、张家湾、潞城等 3 个镇级产权交易服务站与北京农交所搭建合作平台，进一步推动农村产权流转交易有效实现市场化运作。2019 年，全区完成农村产权招投标事项 12 宗，标底价 1 889 万元，中标总价 1 833 万元，合同期内为村集体增收节资约 243 万元。

【土地确权与流转】 认真落实"应确尽确"工作要求，指导有关乡镇完成剩余重难点村确权二轮公示，全区公示完成率达 99%。在全市率先建立土地承包信息数据库，并全面启动土地承包经营权证打印试点工作。截至 2019 年底，全区有 330 个村开展了证书打印工作，打印证书 8 万余本，完成工作总量的 95.7%。依据土地流转相关法律法规和政策，对基层组织土地流转工作进行指导和规范，并督促乡镇、村认真履行主体职责，加强对土地承包和流转工作的监督与管理。2019 年，全区累计流转土地面积 34.9 万亩，占确权土地总面积的 76%。

【农村集体资产管理】 2019 年，按照中央、市、区要求，全面完成农村集体资产清查核资工作。对全区 11 个乡镇 474 个村 485 个集体经济组织及 80 个（镇级 10 个，村级 70 个）集体资产情况进行全面清查。清查核实（截至 2017 年底）全区农村集体资产总额 444.44 亿元，集体土地总面积 110.76 万亩。

农村民生

【概况】 2019 年，进一步完善社会救助兜底保障机制，基本实现全区低收入农户人均可支配收入高于认定标准。临时救助、医疗救助、慈善救助等救助渠道更加畅通，精准救助联动机制和家庭救助顾问机制日趋完善。持续促进就业，主动对接重点区域和重大项目用工需求，完成精准培训1.71万人次。社会保险政策实现全覆盖，城乡居民最低生活保障标准提高至1 100元，确定15家社工机构对全区困难群体开展精准救助，有序推进低收入农户帮扶工作。以优异成绩通过国家级居家和社区养老服务改革试点验收，开工7家乡镇养老院升级改造工程，完成3家乡镇养老照料中心和30家养老驿站建设。新增儿童成长驿站16家、村（居）儿童之家200家。成立全市首家残疾人文化创意产业就业基地，新增残疾人就业500余人，在全市率先同步播放新闻手语节目。成立区级退役军人服务中心，新一轮全国双拥模范城创建工作顺利推进。严格执行限购政策，房地产市场平稳可控。深入实施34项为民办实事工程，切实解决群众实际困难。

【低收入户增收情况】区农业农村局、区民政局联合牵头，建立资源共享和信息比对平台，将全区低收入农户纳入民政排查范围。审计整改退出及自愿退出机制启动后，全区低收入农户136户、303人。全区136户低收入户收入全部超过11 160元标准线，无线下户。2019年全区低收入户人均可支配收入为14 685元，相比2018年的12 528元增加2 157元，增速17.2%。通过精准救助第三方机构评估数据，纳入社会救助保障范围的低收入农户77户、协助办理救助申请21户，其余对象已宣传政策并发放宣传手册，每月进行动态跟进，符合救助条件的及时办理社会救助手续。全区低收入群众C/D类危房改造台账户193户。其中，140户拟通过其他方式解决安全住所，53户拟通过危房改造（新翻建）方式解危。2019年通州区低收入村3个：耿楼村、车屯村、吕湾村。耿楼村示范园项目先后完成15栋日光温室、50栋春秋棚、33栋柔性日光温室建设，棚内种植的蔬菜、瓜果、花卉都已陆续上市销售。车屯梦田园合作社与北京时尚控股有限公司实现对接帮扶，回购所产蔬菜瓜果及杂粮。吕湾村积极设计打造村域文化品牌，开展生态旅游民宿项目，帮助低收入农户就业。按照“规划先行，建立帮扶项目储备库”的要求。截至年底，3个村完成6个项目储备库建立工作。

【农村劳动力非农就业】年内，全区城乡劳动力就业19 275人，完成指标的160.6%，城镇登记人员就业率达到68.82%；期末实有城镇登记失业人员5 603人，城镇登记失业率2.81%，同比增长0.07个百分点。全区城乡就业困难人员就业14 030人，完成任务指标的255%，就业困难人员就业率达到69.91%。实施城乡劳动力技能提升三年行动培训计划，2019年，开展城乡劳动力政策性培训17 111人次，是前三年培训量的总和。根据环球主题公园、老城区城市管理等重点项目用工需求，开展游乐设施操作员、物业管理等技能人才提升培训，培训人数达7 800余人次，自环球主题公园“1531”培训工程（实施“1531”培训工程是指围绕环球主题公园直接或间接就业需求，加强地区人力资源培养，利用4年时间实现培训1万人的工作目标。开展创业培训1 000人，开展技能培训5 000人，开展提升培训3 000人，开展高技能人才培养1 000人）启动以来，已培训1.6万余人次。

【农村社会事业】强化公共服务规划引领，更加注重内涵发展、提质发展和普惠发展。聚焦办好人民满意的教育。落实教育专项规划，实现杨坨小学开学，力促景山学校、首师大附中通州校区项目完工，加快杨庄小学新建工程建设，实现北京二中通州校区、玉桥小学改扩建工程开工。加大高品质的国际学校引进力度。新增幼儿园学位4 200个，全面完成无证园转化工作。实施保障优质校、改善农村校、扶持特色校、提升百年校四项工程，推行教师队伍建设、校长职级制度和集团化办学综合改革，带动提升教育质量。强化人民健康服务保障。加快推进安贞医院通州院区等市级优质资源建设，实现人民医院通州院区和4所社区卫生服务中心投入使用，加快区医疗中心、公共卫生服务中心项目前期手续办理。高标准建设“全国健康促进区”。深入推进医联体建设，带动提升基层医疗服务能力。加快提升城市文化内涵。围绕大运河文化旅游国家AAAAA级景区创建，深入挖掘运河文化，讲好运河故事，推出一批经典旅游线路。实施路县故城遗址公园建设、张家湾城墙及通运桥修缮等工程。持续推进公共文化服务体系示范区建设，进一步释放公共文化活力。

【农民社会保障】年内，全区城乡居民养老保险累计参保22.66万人，续保率达98.6%。基金累计收支 14.83 亿元，有 6.41 万人享受居民养老保险待遇。及时上调养老、失业、工伤等社会保险待遇标准。其中，全区 8.09 万名企业离退休人员月人均领取养老金达 3 591.22 元；城乡居民养老保险待遇人员基础养老金标准调整为每人每月 800 元、810 元、820 元；无保障老年人福利养老金标准调整为每人每月 715 元、725 元、735 元；失业保险金发放标准每档增加 170 元；工伤人员伤残津贴按工伤等级逐级增加，最低档每人每月增加 320 元；工亡人员供养亲属抚恤金每人每月增加 200 元。完成漷县、潞城、台湖、马驹桥、梨园、张家湾、西集、宋庄和永顺 9 个乡镇 28 个村 1 379 名劳动力的转非安置补缴社会保险工作，涉及基金 22 048.20 万元，其中，补缴养老保险 2 0491.19 万元，失业保险 1 557.01 万元。全区医疗保险和生育保险参保规模分别达到 94.37 万人和 41.86 万人，同比分别增长 7%和 8%。其中，城镇职工基本医疗保险参保达到 62.19 万人，同比增长 10%；城乡居民基本医疗保险参保达到 32.18 万人，同比增长 1%。为辖区符合条件的 2 989 名城乡居民和 117 名城镇特困职工发放大病保险和一次性救助资金 3 612万元；为 4 171 人次社救对象发放医疗救助资金1 058.2万元；为 229 户因病致贫家庭发放医疗救助资金 301.3 万元。

基层组织与民主政治建设

【概况】2019 年，在全区范围内组织开展村级“民主日”活动、集中召开社区居民会议。指导北苑街道筹备成立官园社区居委会，指导马驹桥镇筹备成立兴贸北街、逸景家园、富力尚悦居社区居委会，指导永顺镇筹备成立惠兰美居、榆东一街、运河滨江社区居委会，指导台湖镇筹备成立润枫领尚、拾景园、印象北里、印象南里社区居委会，指导于家务乡筹备成立永济社区居委会。至此，全区经区政府批复成立的社区居委会 142 个。

【基层干部队伍建设】2 月起，在全区各级党组织和广大党员中开展“党旗飘扬副中心、不忘初心践使命”主题活动。3 月，组织 130 名新任社区党组织书记和居委会主任开展为期 5 天的专题培训。6 月 10—14 日，会同区委农工委、区民政局，组织全区村党组织书记、村委会主任开展为期一周的专题培训。6 月 16—27 日，会同区委社会工委、区民政局，组织全区社区党组织书记、居委会主任分两期赴福建省厦门市开展现场教学。12 月，出台《关于村党组织书记区级备案管理制度的实施细则（试行）》。12 月 26 日，召开第三批第一书记工作总结暨第五批第一书记工作部署会，截至年底，全区有市、区两级第一书记 26 人在村任职。年内，将 2 名优秀社区党组织书记招录为公务员。

【民主政治建设与组织建设】2019 年，以村和社区“两委”班子换届为抓手，强化基层带头人队伍建设。在区委的坚强领导下，依托区、街乡两级换届选举工作领导小组和工作专班，强化组织领导、规范程序把控。落实“五好十不能”［五好为政治思想好、能力素质好、遵纪守法好、道德品质好、群众基础好。十不能是凡被判处刑罚正在服刑期间或刑满释放（或缓刑期满）的；因涉黄、涉赌、涉毒受到行政拘留处罚，被认定为涉黑涉恶、“村霸”等人员的；涉嫌违纪违法正在接受纪检监察机关、公安机关、司法机关立案调查的；因侵占村和社区集体资产资源资金，特别是支农和帮扶资金、农业补贴资金、社会救助资金被有关部门查处的；参与或指使他人以暴力、威胁、欺骗、贿赂、伪造选票、虚报选举票数等不正当手段参选的；因非法占地、违法建设等行为被有关部门查处且尚未整改的；因违法信访、破坏选举秩序，组织或利用邪教、会道门、迷信活动扰乱社会公共秩序被有关部门处理的；有失信行为被法院列入失信被执行人名单的；受到党纪政务处分尚未超过所受纪律处分有关任职限制期限的，近三年内被责令辞职或者免职的，在有关任期内被评定为不合格党员或者连续两次民主评议为不称职的；丧失行为能力等不能正常履职的其他情形］要求，结合扫黑除恶专项斗争，从严开展资格审核，把好“入口关”。按照“五个一批”（劝退一批、转岗一批、安置一批、选派一批、转居一批）要求，对 195 个非“一肩挑”［村（社区）党组织书记和村（居）民委员会主任由同一人担任］村进行分类攻坚。建设通州区村和社区“两委”［村（社区）党（总）支部委员会和村（居）民委员会］换届选举视频信息系统进行实时监控、快速处置，坚持把换届纪律挺在前面。完成全区 470 个村、130 个社区的“两委”班子换届工作，高于全市标准实现 4 个 100%目标。在此基础上，以提升党性修养和履职能力为目标，持续开展大规模轮训，进一步提升基层带头人队伍整体素质。

【党的建设】年内，坚决贯彻“看北京首先从政治上看”的要求，始终把政治建设放在首位。教育引导全区各级党组织和党员干部牢固树立“四个意识”，坚定“四个自信”，坚决做到“两个维护”，严守政治纪律和政治规矩，自觉在思想上政治上行动上同以习近平同志为核心的党中央保持高度一致。严肃党内政治生活，实施《区委常委会带头落实全面从严治党的实施细则》，全面从严治党责任进一步强化。持续加强社会主义核心价值观的宣传引导，牢牢掌握意识形态工作的主动权，坚守舆论阵地，积极营造清朗网络空间，为城市副中心建设凝聚强大的舆论共识。

坚持加强党对一切工作的领导。加强党对人大、政协工作的领导，支持人大代表开展重点监督，支持政协委员协商议政，人大、政协工作在新形势下实现新提升。强化区委全面深化改革委员会职能，扎实推进副中心管理体制改革、区级机构改革等工作。大力加强统战工作，民主党派、工商联、无党派人士作用得到更充分发挥。军民融合发展局面更加巩固。老干部工作不断加强。工会、共青团、妇联、残联、文联等人民团体桥梁纽带作用更加突出。

持续加强干部人才队伍和基层党组织建设。健全知事识人体系，将干部队伍建设与机构改革有机融合，调整干部 16 批 444 人次。组织了党性教育、高校知识更新等系列专题班，干部的党性修养、专业能力不断提升。认真开展选人用人专项检查，加强干部监督管理与正向激励，切实加强对干部的关心关爱。深入实施“灯塔”“运河”“彩虹”计划，不断加大人才引进培养力度。完成村和社区“两委”班子换届。持续强化党建引领，“党建引领‘双报到、双积分’新模式”荣获全国基层党建创新最佳案例。深入开展“扫黑除恶”专项斗争，基层政治生态更加清明，基层党组织战斗堡垒作用不断增强。

进一步巩固发展了反腐败斗争的压倒性胜利。持续深化纪检监察体制机制改革，初步构建了全面覆盖、权威高效的监督体系。采取“个性化清单、项目化管理、动态化考核”措施，全面从严治党的主体责任进一步压实。紧盯“三大攻坚战”“疏整促”、副中心重点项目，强化政治监督，促进中央、市、区重大决策部署有效落实。查处“为官不为”“为官乱为”和形式主义、官僚主义突出问题 84 起，处分 56 人，查处违反中央八项规定精神 39 人。完成 31 家单位党组织的政治巡察、规自领域的交叉专项巡察以及 274 个村的村级巡察。全区纪检监察组织处置问题线索 1 742 件，立案审查调查 226 件，给予党纪政务处分 234 人，监委立案 29 件，留置 15 人。开展“以案为鉴、以案促改”警示教育，保持惩治腐败的高压震慑态势。

区、乡（镇）“三农”工作部署和实施

【概况】年内，市委、市政府围绕控规实施召开动员部署大会，明确 2019—2022 年 100 项重点任务。区级分解细化成 278 项工作任务，全面加快落实。城市副中心拓展区总体规划和 9 个乡镇的镇（乡）域规划形成成果，344 个村庄规划编制全部完成，在全市率先实现区、镇、村三级规划体系全覆盖。推进重点地区规划、各领域专项规划的编制和专题研究工作，“多规合一、多图合一”的副中心规划体系基本形成。

【惠民、惠农政策落实】全区开展政策性农业保险工作，小麦参保面积为 3 307.21 亩；全区玉米参保面积为 4 849 亩；温室大棚参保面积为3 650.20 亩；奶牛 1 307 头；露地蔬菜 586 亩；苹果、桃、梨、葡萄、樱桃等果品参保22 323.15亩；果树树体参保面积 19 995.45 亩。保费总计1 503.59万元，保险金额 2.9 亿元。全区发放补贴金额 498.39 万元。

全区对小麦、玉米粮食作物品种进行耕地地力保护补贴，补贴标准是每亩补贴 300 元。补贴面积 16 360.5 亩，其中，农户种植耕地面积 14 463.5 亩；集体种植量化到农户耕地面积 1 897 亩。补贴资金总额 4 908 150 元，涉及 10 个乡镇 177 个村，4 979户次农民受益。

区农业农村局组织开展全年上半年基本菜田生产补贴工作，补贴范围是 2018 年本市农户和企业常年从事蔬菜生产，达到一定规模的基本菜田；常年从事工厂化蔬菜生产达到一定产量的企业。享受基本菜田生产补贴的主体 2 324 个，其中，农户数 2 254个，企业数 67 个，工厂化企业数 3 个。符合补贴条件的菜田面积 21 700.99 亩，其中，露地菜田面积 9 962.9 亩，设施菜田面积 11 738.09 亩。

【区人大代表建议、政协提案及时办理】区六届人大五次会议以来，代表提出建议 112 件，全部依法办复。代表提出的加大垃圾分类培训、合理设置交

通指示灯时间、便民网点设置、规范幼儿园管理、基层卫生服务机构信息化建设等一大批建议得到了高质量办理。代表们提出的带有普遍性的老旧小区物业管理的建议，常委会悉心督办。区政府出台了《关于加强准物业或无物业管理小区规范治理工作方案》，筹集专项资金，55 个小区物业化试点稳步推进。

年内，收到六届三次会议提案 255 件，经审查立案 238 件。其中，党派提案 16 件，界别提案 8 件，地区组提案 1 件，委员提案 213 件。立案提案全部办复完毕，提案办复率 100%。对六届三次会议提案进行认真分析，从中归纳出提案的主要特点和存在的共性问题，提出改进意见和建议。研究制定《区政协提案委员会关于提高提案工作质量的意见》，为做好新时期提案工作提供了遵循。组织驻会主席督办提案工作，促进 4 件提案落实。精选 11 件提案与承办单位进行“扩面协商”，建言水平和协商质量明显提高。分 4 批对委员进行系统培训，累计培训 200 余人。推进提案信息化平台二期建设，增设提案交办、沟通答复、提案质量评议、办理满意度测评等功能。刊发《重要提案摘报》17 期，精选主要内容呈送区委、区政府领导决策参考。评选表彰优秀党派团体界别提案 15 件，优秀委员提案 43 件。

【社会力量参与】2019 年，中国建设银行股份有限公司北京通州分行建设 409 个“裕农通”服务站，为通州区所有乡镇总计 319 个行政村提供金融便捷服务；为潞城镇“安寓”项目提供 3 亿元授信额度，深化服务北京市政府东迁；累计为 1242 户小微企业提供贷款支持。

中国农业发展银行北京市通州区支行全年累计投放贷款 12.35 亿元。其中，根据市场需求，在继续服务北京市粮食龙头企业，支持粮棉油市场化业务的同时，为一家央企申请授信 20 亿元，全年累计向该企业发放粮棉油购销流动资金贷款 8.7 亿元，支持企业收购棉花，收购小麦、水稻、玉米、高粱等原粮，发挥了农业政策性银行金融服务作用。

2019 年，北京农村商业银行通州支行开通的便利店交易 50 万笔、金额 2.7 亿元，有效解决辖内偏远地区金融服务盲区问题，受益百姓达 20 多万人，切实履行服务全区百姓的社会责任。截至 2019 年末累计为 60 岁以上的北京户籍老人及外地常住北京老人发卡 28 万张，本年新增发卡 5.2 万张，发放养老助残券 70.4 万人次、金额7 184万元。为辖内养老驿站安装养老助残 POS 机 34 台，减免对公开户手续费，协助驿站开展为老服务，同时发展养老助残折扣商户累计 124 户，布放区域遍布通州区的街道社区及乡镇，搭建了满足老年人方便、安全、便捷的养老助残卡受理渠道。

中国人民财产保险股份有限公司北京市通州支公司持续加强对永乐店镇、漷县镇农户的承保理赔服务。2019 年为 532 户次农企、农户提供风险保障6 161万元，涉及奶牛、大棚、果树、小麦、玉米等 11 个险种，支付赔款 410.2 万元。支付“5·17”风雹灾害赔款 238 万元，充分体现了“人民保险、服务人民”的社会担当。

通州区领导名录

区委书记 曾赞荣
副书记 赵　磊　初军威
常委 洪　波
韦　江（女，5 月免）
洪家志（土家族，5 月免）
查显友（5 月免）　郑　宇
陈江华（5 月任）　刘贵明
汤一源（5 月任）　张宏韬
张德启（5 月任）
区人大常委会主任 李玉君
副主任 刘　卉（女）　尚祖国
薄立军　张绍武
金文岭（不驻会）
区长 赵　磊
常务副区长 刘贵明
副区长 洪家志（土家族，5 月免）
王岩石　阳　波　朱益军
董明慧（女）
张德启（5 月免）
黄世喆（5 月免）
王　博（8 月免）　苏国斌
倪德才（5 月任）
区政协主席 赵玉影
副主席 季志会（女）　贾君刚
石宝玉　王子江（不驻会）
田春华（女，不驻会）
吴　涛（不驻会）

区委农工委书记	刘青松（5月免）
	王德松（5月任）
区农委主任	刘庆生（5月免）

通州区乡镇（街道）党政正职领导

	党（工）委书记	镇（乡）长、主任
潞源街道	倪德才（9月免）	刘　鑫
	苏　昊（9月任）	
通运街道	曾祥正	陈新全
中仓街道	宗　飞	张　华（3月任）
新华街道	滕永新	张民平
北苑街道	李彦明	华　飞（女）
玉桥街道	徐景发（9月免）	孙雪松（女）
	孔钢城（9月任）	
永顺镇	邓忠义	邓小民
梨园镇	冯利英（女，9月免）	刘永忠
	王翔宇（9月任）	
宋庄镇	柳德利	王　艳（女）
张家湾镇	聂玉泉	范亮亮（10月免）
		张　硕（10月任）
漷县镇	朱春彬（9月免）	邹海涛
	范亮亮（9月任）	
马驹桥镇	孙　伟（12月免）	何志达
西集镇	张全启	陈洪波
潞城镇	吴孔安	张旭辉
台湖镇	曹东波	曹东波（3月免）
		卢庆雷（3月任）
永乐店镇	魏　国	卢庆雷（6月免）
		林正航（6月任）
于家务	王德松（5月免）	古　剑（回族）
回族乡	古　剑（回族，9月任）	

（中共通州区委党史工作办公室、通州区地方志办公室　张亚昆）

顺义区

综　述

顺义区位于北京市东北部，面积1 021千米^2。地势东北高、西南低，其中平原面积占95.7%。下辖12个镇、7个地区办事处（加挂镇牌）和6个街道办事处，共有426个村民委员会、140个居民委员会。截至年底，常住人口1 166 605人，户籍人口655 306人，外来人口511 299人。2019年，地区生产总值比上年增长6%；完成一般公共预算收入165.7亿元，比上年增长4%；完成固定资产投资462.7亿元；完成社会消费品零售总额506.1亿元，比上年增长5.7%；居民人均可支配收入39 948元，比上年增长9.2%；城镇登记失业率控制在1.5%左右。

2019年，顺义区农林牧渔业总产值43.37亿元，同比下降6.3%。夯实农业基础，促进转型升级。农地保护水平不断提高。对疑似“大棚房”问题的图斑坚持全面清查核查。建立“大棚房”长效监管机制，实现“一棚一码”。完成2019年耕地地力保护补贴，补贴面积5 666.67公顷，补贴金额2 559万元。农业科技含量不断提高。本区农村实用人才总量突破2 000名。“百名专家兴顺工程”持续推进，鼓励科研机构和专家，深入生产一线，促进农民增收。全面提高农业机械装备水平，主要农作物（玉米、小麦）耕种收综合机械化率达到98%以上。推动农业高质量发展。打造5个“龙头企业＋中小企业＋合作社”农业产业化联合体试点，实施“一村一品＋休闲农业”试点工程。深化农业品牌建设，本区现有“北京农业好品牌”7个、“北京农业好基地”13家、市级以上农业产业化龙头企业18家。举办2019年“中国农民丰收节”顺义区庆祝活动，创建国家农产品质量安全县，2019年度农产品样本检测合格率达100%。

加快补齐短板，巩固美丽乡村建设。推进农村人居环境整治。村庄规划累计编制完成356个。在104个村实施污水治理工程，42个村污水设施投入使用。改造农村公厕112座，户厕5 692户。清除私搭乱建、侵街占道1.9万余处、84万米^2。完成绿化面积33.69公顷，栽植乔灌木5.1万余株，地被植物5.37万米^2。全区粪污无害化处理率和资源化利用率达到85%以上。做好农村地区村庄冬季清洁取暖工作。仁和镇庄头村325户“煤改电”工程改造完成。

聚力精准帮扶，提升农民获得感。低收入农户精准帮扶工作扎实开展。“六个一批”精准帮扶措施扎实推进，安排专项资金 3 941.94 万元，在低收入村建设蔬菜标准化基地产业发展项目，号召区属企业开展对接帮扶，形成“一企一村”帮扶模式。开展 339 户低收入农户危房改造工作，农户居住条件持续改善。本区低收入农户人均可支配收入 16 018 元，同比增长 17.0%。规范发展农村集体经济。445 个集体经济组织和 94 个所属企业清产核资工作完成；加强农村集体资源管理，依托北京市产权交易平台，累计成交农村产权交易项目 91 宗，成交金额20 086.05万元。稳定农村土地承包关系，累计打印确权证书 7.27 万份。

重要会议和活动

【北京市第二届农民丰收节】 9 月 22 日，北京市第二届农民丰收节在赵全营镇兴农天力农机合作社开幕。丰收节的主题为“礼赞丰收，致敬农民，祝福祖国”。本次丰收节主会场设在兴农天力农业园内，通过南北两大展区，集中展示农业丰收的景象。南区以鲜花组成的“农民丰收，乡村振兴”图案，田间地头种植多种农作物，以百亩向日葵花海为主打，展现万亩田园风光主题。北区以传统农业文化展览展示为主，设“丰收盛况”“丰收记忆”等 12 个展区，通过图片充分展示新中国成立 70 年来农业农村发展的历程，讴歌为我国现代化发展做出贡献的亿万农民。北京市第二届农民丰收节 9 月 22 日开幕，至 10 月 7 日闭幕，历时 16 天，共接待游人 16 万人次，实现旅游收入 650 万元。

城乡发展一体化

【概况】 北京城市总体规划深入落实。《顺义分区规划（国土空间规划）（2017—2035 年）》正式获得市政府批复，街区、镇域规划编制陆续启动，《杨镇国土空间规划》形成初步成果，115 个《美丽乡村规划》编制完成。规划自然资源领域问题整改扎实开展，20 宗浅山区一般违法建设、7 宗“大棚房”项目全部整改到位。研究探索建设用地腾退补偿机制，年度减量任务完成。年内，实施优质燃煤替代工程。取暖季配送优质燃煤 3.2 万吨，保障用煤农户全部温暖过冬。本区“两气一室”综合运行率居全市首位。开展北小营镇小胡营村农村能源综合建设项目、沼气站餐厨垃圾无害化处理与资源化利用实验项目、沼液滴灌项目、连村路灯智能化管理项目等试验示范项目，探索农村能源利用新方式。定期检查农村路灯维修运行工作，方便村民夜间出行。做好农村能源新产品和新技术的推广示范工作。

【煤改清洁能源长效管护】 年内，全区 19 个镇成立镇级“煤改清洁能源”售后服务中心，有效保障冬季设备日常维修，确保百姓温暖过冬。区财政对每个镇级售后服务中心每年补贴 400 000 元，主要用于售后服务中心日常运行费等支出。通过制定管护方案、加强政策宣传、分批会议部署、建立日报机制、专项约谈督促、入镇走访调研等措施，做好村民供暖保障工作。

【仁和镇庄头村“煤改电”】 仁和镇庄头村“煤改电”改造任务于 11 月 15 日前完成，共安装取暖设备 344 台，其中，农户安装 325 台，村委会及附属公益设施安装 19 台。

【农村地区村址内街坊路新建及修缮工程】 10 月，农村地区村址内街坊路新建及修缮工程开工。项目共涉及 1 个镇。区农业农村局负责招聘第三方管理公司对该项目实行全过程管理，施工、设计、监理由相关镇具体负责实施，年内完成路面建设 38 675米²。

农村经济发展

【概况】 顺义区认真贯彻落实党的十九大，十九届二中、三中、四中全会精神和中央农村工作会议及北京市农村工作会议精神，深入学习贯彻习近平总书记系列重要讲话，以“四个全面”战略布局为引领，以创新、协调、绿色、开放、共享的发展理念为指导，坚持依法履职，做好本区农村经济管理各项工作。加快补齐河东基础设施和公共服务短板，百项工程完成立项 79 项，其中，竣工 26 项、建设中 27 项。基础设施建设加快推进，120 项重点工程全部完成立项，其中，竣工 25 项、建设中 55 项。全区低收入农户人均可支配收入水平预计全部超过认定标准线。荆坨村、下营村、小营村 3 个低收入村蔬菜基地项目全部投用。

【农村集体资产清产核资】 区经管站会同区农业农村局研究制定《顺义区清产核资工作实施方案》《顺义区农村集体资产清产核资相关资产处置程序》等配套文件。举办相关业务培训 5 期，培训 1 200

余人。全区清产核资单位 538 家，资产总计 257.74 亿元，其中，镇级 73.96 亿元、村级 183.78 亿元；经营性资产 64.16 亿元，占总资产的 24.89%；负债总计 97.92 亿元，其中，镇级 62.19 亿元、村级 35.73 亿元。村级集体土地总面积为 85 700 公顷，其中，农业用地 61 380 公顷，占总面积的 71.62%；建设用地 24 273.33 公顷，占总面积的 28.32%；未利用地 46.67 公顷。

【农业科技含量不断提高】一是通过强化科技人才储备、搭建人才对接平台，不断推动农业科技进步。年内，本区农村实用人才总量突破 2 000 名。二是全面提高农业机械装备水平，主要农作物（玉米、小麦）耕种收综合机械化率达到 98%以上。三是推动农业高质量发展。打造 5 个“龙头企业＋中小企业＋合作社”农业产业化联合体试点，实施“一村一品＋休闲农业”试点工程。深化农业品牌建设，本区现有“北京农业好品牌”7 个、“北京农业好基地”13 家、市级以上农业产业化龙头企业 18 家。创建国家农产品质量安全县，2019 年度农产品样本检测合格率 100%。

【农业绿色发展成效良好】作为北京市唯一一个第一批被列为中华人民共和国农业农村部国家农业可持续发展试验示范区暨国家农业绿色发展先行区，本区通过强化顶层设计、强化源头治理、强化循环利用等措施，不断提升农业绿色发展动能。打造出政府支持、市场主导、社会参与的“顺义模式”，实现全域菜田废弃物循环利用，并在全市推广。

【农村集体经济规范化发展】445 个集体经济组织和 94 个所属企业清产核资工作完成，进一步摸清集体家底、理清产权权属、管好集体资产；加强农村集体资源管理，依托北京市产权交易平台，农村产权交易项目累计成交 91 宗，成交金额20 086.05 万元。

【农村集体经济组织登记证书变更换发】贯彻落实农业农村部和市农业农村局相关文件及通知精神，将原由各区政府负责发放并加盖公章的“北京市农村合作经济组织登记证书”，统一调整为“农村集体经济组织登记证”。该证由农业农村部统一监制、市农业农村局统一印制、各区农业农村局负责发放并加盖公章。年内，本区具体工作按全市统一部署同步推进，换证工作全部完成。

【土地确权登记颁证】农村土地承包经营权确权颁证工作在全区 15 个镇开展，截至年底，打印完成证书 72 707 本。

【涉农仲裁调解】2019 年，一是组织开展农村土地承包经营纠纷调解仲裁培训工作，培训镇、村两级农村土地承包经营纠纷仲裁员、调解员 400 余人次。二是接到电话来访 170 余件，调解纠纷 27 件。

【产权交易平台建设】根据《顺义区农村经济合同管理办法》的规定，2019 年，本区在北京市农村产权交易平台挂牌项目 32 宗，成交 18 宗，总成交额 3 577.79 万元。

【农民合作社规范化建设】年内，以农民合作社示范社建设为抓手，把示范社建设制度化、规范化、程序化，构建示范社建设的长效机制。顺义区农民专业合作社理事长素质提升培训班举办 2 次，培训 200 人次；开展理事长座谈会 1 次，旨在征求合作社发展中存在的问题，并结合问题开展针对性调研工作。

【农经统计分析和专项监测】年内，区经管站完成全区 19 个镇、124 个农村集体企业、426 个村的《农经统计年报》的数据收集、审核、分析、上传工作，形成《农经综合统计年报分析报告》。持续监测低收入村户各项数据变化，确保实时更新，完成低收入村户收入情况的统计、审核、分析、上传工作及低收入村户动态监测报告。截至年底，监测低收入户为 2 575 户、5 055 人。完成 60 个农畜产品成本核算点的成本监测分析工作。

【农机购置补贴新办法实施】农机购置补贴新办法的主要原则为“自主购机、定额补贴、先购后补、区级结算、直补到卡（户）”。根据《2018—2020 年北京市农机购置补贴实施方案》精神，《2018—2020 年顺义区农机购置补贴实施细则》制定出台，就补贴机具类型、实施范围、补贴对象、补贴标准、操作流程和工作要求等方面提出具体实施办法。截至年底，全区农机服务组织（户）利用新办法共购置各种农机具 11 台，总价值 342.92 万元，享受政策补贴 50.7 万元。购置机具有拖拉机 7 台、青饲收获机 2 台、铧式犁 2 台，涉及李遂、大孙各庄、赵全营、南彩、牛栏山、北石槽 6 个镇的 10 家农机合作社或农机专业户。

【“2019 年北京市秸秆综合利用重点区创建”项目建设】年内，北京市农业农村局将顺义区列为“2019 年北京市秸秆综合利用重点区创建”项目，中央财政支持资金 994 万元。项目建设内容：一是依托区内的兴农天力、鑫利、万顺旺 3 家部市级农机合作社，增加购置粮食秸秆精细化收集和深加工设备，进一步提高秸秆利用水平，推动形成秸秆利用产业化发展格局。二是对承担且中标 2019 年度菜田废弃物循环利用的“北京奥格尼克生物技术有限公司”的设备改造升级，扩大废弃物回收种类和提升循环利用水平，继续深化“顺义模式”的影响力。利用中央支持资金给予 4 家单位 70%的设备购置补贴。

【农机合作社建设】10 月 15 日，赵全营镇兴农天力农机合作社被北京市科委、北京市财政局等四部门评为“高新技术企业”。10 月 29 日，农业农村部公布第一批全国“全程机械化+综合农事”服务典型名单，赵全营镇“北京兴农天力农机服务专业合作社”位列名单之首。农业农村部按照服务基础条件好、全程农机作业服务能力强和综合农事服务成效显著的标准，遴选确定 70 个全国“全程机械化+综合农事”服务典型组织。

【“百名专家兴顺工程”持续推进】“百名专家兴顺工程”持续推进，鼓励科研机构和专家，深入生产一线，探索长期稳定的对接模式，有效推进农业科技进步，促进农民增收。有效引导专家资源和支持农业科技创新要素集中向农业科技示范园区、农业科技示范基地倾斜，加快农业科技创新成果向现实生产力转化。

农业生产

【种植业生产】2019 年，粮经类作物收获面积 10 200公顷，总产量 6 203.3 万千克，总产值 1.2 亿元，同比分别增加 0.6%、3.6%、9.1%。蔬菜播种面积 8 051.88 公顷，同比增加 10.4%；上市总量 57 950 万千克，同比减少 1.68%；销售收入 143 416 万元，同比减少 4.89%。

粮经类作物中，小麦收获面积 4 066.67 公顷，亩产 363 千克，总产 2 214.3 万千克，产值 4 960 万元；玉米收获面积 6 066.67 公顷，亩产 425 千克，总产 3 867.5 万千克，产值 6 574.8 万元；经济作物类（白薯、豆类、花生）种植面积 105.41 公顷，总产 121.5 万千克，产值 352 万元。

【农情监测】2019 年，利用 66 个苗情、墒情、水肥情、病虫草鼠害、有害生物监测网络，监测 270 余次，提出科学合理的生产管理建议及病虫草鼠害防控指导意见 32 篇，指导春耕、“三夏”“三秋”等关键农时的生产。全区粮菜作物病虫草鼠害发生面积 108 866.67 公顷次，防治面积 161 793.33 公顷次。

【新品种新技术试验示范】开展国内外瓜菜新品种试验示范 100 余个；新型滴灌带节水灌溉、瓜果类蔬菜生物防治技术示范等 10 余项；推广西瓜 L600、玉米京科糯 2010、茄子品种黑大帅等优新品种 9 个，鲜食玉米错期播种、蔬菜多层覆盖增温等实用技术 8 项。

【蔬菜种苗产业】全区有集约化育苗场 14 家，育苗户 500 余个。14 家蔬菜集约化育苗场全年提供各类种苗 3 000 多万株，育苗种类包括番茄、茄子、西瓜、甜瓜、黄瓜、生菜、菜花等。以北务、杨镇、李桥等镇为主的 500 余个育苗户提供嫁接西瓜、甜瓜、番茄等种苗数量 600 余万株。

【蔬菜产业提升】依托百名专家兴顺工程，聘请中国农业科学院、中国农业大学等 10 余家单位 35 名专家，落实合作项目 40 项。抗病品种、嫁接模式、封闭无土栽培模式的设施蔬菜化肥减施技术模式在顺义区得到推广；基质化栽培、番茄长季节栽培、西甜瓜丰产优质等技术在顺义区开始应用；高品质、高产、耐裂中型西瓜新品种“京美”在顺义区大面积示范推广，2019 年春季全区甜王类西瓜种植达到 80%以上。在杨镇建立万亩镇集约化育苗场 1 个，建立“七统一”生态园区 8 个，探索建立基质化栽培园区 6 个。

【植物检疫】签发产地检疫合格证 50 批次，种子 178.48 万千克，草坪 12 万米^2，苗木 12.54 万株；签发调运检疫证书 350 批次，调运种子 47.70 万千克。

【农产品质量安全监管】对蔬菜基地开展“双随机”抽查与日常检查 187 家次，针对发现的问题提出具体整改意见。组织 25 家基地开展无公害首次认证、复查换证及扩项认证，全区蔬菜认证率达到 74.5%。北京市优级标准化基地评选推荐 4 家参选，8 家基地进行复评。加大全区蔬菜农药残留抽检力度，农业农村部级、北京市级抽检 524 个样本，区级快速抽检 18 174 个样本，34 种农药残留定量抽检 483 个样本，合格率均为 100%。

【农业执法】对农药、种子、肥料等种植业投入品质量进行市场监管。检查农资生产、经营和使用单位 874 个次，抽检农资样本 213 个，立案 3 起；当场处罚 5 起，罚没款 15 334 元；责令限期改正 12 起；责令 26 家农药经营单位下架不合格农药产品

40种220.52千克，货值金额21 602.82元。

【基本菜田补贴】对全区17个镇249个村的5 694个蔬菜生产主体实施基本菜田补贴，补贴面积3 417.66公顷，补贴资金230余万元。

【农业机械化总体水平】年内，农机总动力21.2万千瓦，拥有种植、养殖、农产品初加工等各业农机装备2万台（件）。拥有各级各类农机社会化服务组织及农机专业户33个，农机从业人员2 100人。小麦生产全过程机械化水平继续保持100%，玉米生产全过程机械化水平为99%。

【重要农时季节农机作业】春耕生产全区投入各类农机具980台（件），完成春播作物2 480公顷，其中春玉米1 826.67公顷；“三夏”生产全区投入各类农机具850台（件），完成小麦收割3 953.33公顷，完成夏玉米播种5 200公顷；“三秋”生产全区投入各类农机具1 100台（件），完成玉米收获6 900公顷，完成小麦播种4 000公顷。

【粮食作物秸秆综合利用】春耕2 460公顷越冬残留玉米秸秆和根茬全部实施粉碎还田，实现肥料化，利用率为100%。“三夏”3 953.33公顷小麦秸秆，其中粉碎还田3 773.33公顷，实现肥料化；收集打捆180公顷，实现商品化，利用率为100%。“三秋”6 900公顷玉米秸秆，其中粉碎还田3 193.33公顷，实现肥料化；青（黄）贮收获3 586.67公顷，实现饲料化和商品化，利用率为98.26%。全年粮食秸秆实现全面禁烧。

【蔬菜废弃物循环利用】年内，全区蔬菜种植面积为3 586.67公顷。经公开招标，“北京奥格尼克生物技术有限公司”中标蔬菜废弃物循环利用生产项目。至年末累计清理蔬菜废弃物12万吨，制成有机肥1.46万吨。区财政支持资金1 103.23万元，其中，补给奥格尼克公司862.04万元，补给园区种植户215.51万元，支付招标代理及项目监理费用25.68万元。

【互联网+农机】“三夏”期间，赵全营镇兴农天力农机合作社在2台小麦联合收割机上各安装1台互联网设备进行示范，对小麦收割机作业轨迹、作业面积、籽粒产量等技术参数进行监测，实时将数据传回监测中心。李遂镇鑫利农机合作社在“三夏”期间，在2台玉米播种机组上各安装1台互联网设备进行试验，对夏玉米播种作业轨迹、作业面积、开沟深度、下种量等技术参数进行监测，实时将数据传送到监测设备上。

【农机新技术推广】年内，投资48万元在木林镇“绿富农”果蔬产销专业合作社和大孙各庄镇湘王庄村推广塑料大棚加装电动卷帘机30台。安装电动卷帘机后，塑料大棚变为温室大棚，延长冬、春两季蔬菜种植期，使过去蔬菜生产时间由4—10月延长至全年，菜农可多收获冬春两茬青菜。

【农机手技能大赛】11月15日，由区农业机械化学校主办、赵全营镇兴农天力农机合作社协办的“顺义区第四届农机手技能大赛”举行。大赛采取“以赛代训”的方式，内容包括农机常识、安全生产法规、新农村建设等理论科目和场地驾驶实际操作科目。全区农机手60余人参加大赛，赛出一等奖1名，二等奖3名、三等奖8名，评选出最佳组织奖1名。

【农机尾气治理】年内，农机尾气治理任务主要是对300台利用补贴政策购买的拖拉机加装污染物减排控制装置。经过招标、采购等环节，年底改造安装60台。

【农机安全生产】年内，共检验拖拉机及联合收割机1 219台，完成机械行政许可事项1 471项；新增（包括增驾）拖拉机及联合收割机驾驶员89人，完成农机驾驶员行政许可事项162项；签订区镇两级农机安全生产责任书32份，签订镇村级农机安全生产责任书300份；发放宣传资料2 000份、宣传用品50件、答疑60人次；检查农机维修网点48家（次）和农机合作社28家（次），培训镇级农机安全生产主管人员41人（次）和农机驾驶员243人（次），田间执法检查作业农机2 000台（次），检查园田机械500台（次）。全区未发生重大农机安全生产事故。

【农机从业人员培训】年内，区农业机械化学校开展拖拉机驾驶员培训3期，培训61人；按农时季节开展农机驾驶员培（复）训4期，培训190人；以田间学校方式培训农机使用人员200人；开展北京市及顺义区新的农机购置补贴办法培训2期，培训93人。

村镇建设

【概况】水环境建设深入推进。全区污水处理率达到93%，国家级和市级考核断面稳定达标，区级跨界断面补偿金同比下降39.9%。严格落实河长制，小微水体整治率达到95%。42个村的农村污水治理工程完工，区污泥处置工程完工，牛栏山再生水厂通水运行，张镇再生水厂设备安装调试，新建污水管线、雨污合流管线改造完成率均排名全市第一。区域环境面貌持续美化。疏整促专项行动坚定有序，治理违法建设达到场清地净标准 403 万米^2、腾退土地 511 公顷，增设公园绿地 7 处、口袋公园 5 处、停车场 57 处，完成“补短板促提升”工作任务 1.7 万项。深入开展农村人居环境整治，626 个农村公厕达标改造全部立项，农村户厕改造年度任务提前超额完成、覆盖率达到 95%。新一轮百万亩造林 1 553.33 公顷。土壤污染防治工作扎实开展，辖区受污染耕地、污染地块安全利用率达到 90%以上。

【农村基础设施建设】投资 1 695 万元，在全区 17 个镇新建连村路灯 3 000 盏，最大限度解决村民夜间出行难题。投资 935 万元，新建太阳能公共浴室 11 座，解决村民冬季洗澡难的问题。对村庄内未硬化的街坊路进行新建和已硬化的街坊路中破损处进行修缮，由各镇按照区级实施方案中的标准和要求逐年组织实施，改善村民出行条件。

【农村人居环境整治】将美丽乡村建设工作纳入大党建绩效考核体系，强化管理。全区性专项整治行动开展 4 次，共发现、整改各类问题 8 万余处。在 104 个村实施污水治理工程，42 个村污水设施投入使用。改造农村公厕 112 座，户厕 5 692 户。清除私搭乱建、侵街占道 1.9 万余处、84 万米^2。完成绿化面积 33.69 公顷，栽植乔灌木 5.1 万余株，地被植物 5.37 万米^2。全区粪污无害化处理率和资源化利用率达到 85%以上。

【美丽乡村建设】全年先后启动春季、夏季、秋季、冬季 4 次农村人居环境整治专项行动，建立问题台账，共整改上账问题 8 万余处。多部门联合形成督导检查组、区美丽办形成日常检查组深入全部现状村庄进行多轮检查指导。围绕污水治理、户厕改造、绿化美化、私搭乱建、资金支持等重点工作和人居环境整治进展，召开会议 40 余次，撰写工作简报 130 期。联合起草印发方案、办法、意见等多个政策性文件。

农村改革与管理

【农村土地管理】稳定农村土地承包关系，农村土地承包经营权确权登记颁证工作基本完成，累计打印确权证书 7.27 万份；完成全区农村宅基地情况调研和闲置农宅利用统计工作，编制《宅基地管理指导意见（征求意见稿）》，为做好宅基地管理工作提供基础数据和政策支撑。

【农地保护水平不断提高】持续对疑似“大棚房”问题的图斑全面清查核查。建立“大棚房”长效监管机制，实现“一棚一码”。通过加强土地平整、灌溉节水、农田防护等措施，对农田、水利设施、道路进行综合整治，优化土地利用结构与布局，完善田间基础设施。完成 2019 年耕地地力保护补贴，补贴面积 5 666.67 公顷，补贴金额2 559万元。

【农村集体经济合同管理】对现有农村集体经济合同进行规范管理，严格合同签订程序。其中，设施农业合同整改 232 份，剩余 25 份待整改；农业园区用地合同整改 37 份，剩余 18 份待整改；农村经济合同整改规范 11 507 份，剩余 6 323 份问题合同继续整改中。按照区政府工作部署，对全区养殖业用地合同进行清理，承包合同签订 2 821 个，租赁合同签订 2 572 个，转租合同签订 175 个，未签订合同 67 个。

【农村集体经济审计监督】组织 19 个镇的集体经济审计部门，对 2018 年村级公益事业专项补助资金共计 11 904 万元的管理使用情况进行专项审计。加强整改落实工作，对 2018 年村“两委”主要负责人经济责任审计和 2018 年村级公益事业专项补助资金管理使用情况审计查出的问题，要求各镇建立整改台账、制定整改措施，按照整改要求逐条整改。

【“菜篮子”区长负责制】完善组织制度建设和工作机制，设立由区长任组长，主管副区长为副组长，区农业农村局等 19 个单位及 19 个镇政府为成员的顺义区“菜篮子”工作领导小组，联合区发改委等 6 家单位制定《顺义区“菜篮子”区长负责制实施方案》。

【农业信息调查统计】统计上报农业农村部、北京市农业农村局相关粮经、蔬菜信息 16 类 128 期。包括春白地面积及播种计划统计，春耕、“三夏”“三秋”生产进度统计，粮经作物种植档案统计，农业农村部农情调度数据管理系统、农情基点信息，北京市物价监测信息采集系统和蔬菜品种、面积、产量、价格等生产信息监测，北京市农资价格监测网和农业综合统计信息采集系统、蔬菜生产情况统计、农产品产地市场信息监测统计等。

【科技培训】年内，顺义区承担果类蔬菜、叶类蔬菜、西甜瓜、食用菌和粮经 5 个北京现代农业体系综合试验站建设工作。依托创新团队项目，在综合试验站的试验示范带动下，以田间学校工作站的形式，与农户面对面，现场解决实际问题，指导农业生产，培养新型农民。组织各类生产技术培训、观摩 45 期、2 531 余人次。

农村民生

【概况】顺平辅线提级改造工程实现通车，木燕路、顺密路、顺平路杜各庄桥等大修工程完工。新增供水管网 12.4 千米，杨镇、龙湾屯镇、南彩镇等达到通水条件，木林镇等燃气管网提升工程完成手续办理，郝家疃变电站扩建、东府站 110 千伏切改工程完工。南彩第一幼儿园、乔智幼儿园建设完成，新增学前学位 720 个。120 个规划设置村卫生室基础设施全部完成。舞彩浅山郊野公园一期、海航城市森林主体完工。获评“四好农村路”全国示范区，通怀路、木孙路、天北路北延等道路工程加快推进，2 741 处“有灯不亮”路灯治理、40 千米“有路无灯”补建完成。新开工政策性住房 1.54 万套、竣工 8 122 套，官志卷村、张各庄村等集租房项目开工，平各庄村、望泉寺村回迁安置完成，杨镇中心区棚改项目 2 700 余户住宅拆迁基本完成。

【低收入农户精准帮扶】充分发挥顺义区推进低收入农户增收及低收入村发展工作领导小组的作用，按照分类施策、因人施策、长效巩固相结合的原则，“六个一批”精准帮扶措施扎实落实，通过就业帮扶、教育救助、社保兜底、危房改造等方式，促进低收入农户增收及低收入村发展取得阶段性成果。安排专项资金 3 941.94 万元，在 3 个低收入村建设蔬菜标准化基地产业发展项目并投入生产，号召区属企业开展对接帮扶，形成“一企一村”帮扶模式。开展 339 户低收入农户危房改造工作，持续改善农户居住条件。2019 年，本区低收入农户人均可支配收入 16 018 元，同比增长 17.0%，绝对值位居全市首位，全部低收入农户收入水平超过认定标准线。

【“两气一室”长效管护】全区“两气”站和太阳能公共浴室综合运行率居全市首位。对全区 10 座“两气”站定期不定期进行安全检查、技术培训和硬件维护，规范安全管理，保证安全稳定高效运行；对 303 座太阳能公共浴室制定系统化、科学化的管护制度，形成区、镇、村、维护企业四级管理机制，达到动态运行率 99.3%以上。充分利用广播、电视、报刊、网络和新媒体等多种形式，全方位、多层次的宣传农村能源新技术、新方法。通过集中培训和现场培训等形式，培训“两气”站一线管理人员、太阳能公共浴室管理员 1 000 余人次，建设农村能源专业化队伍。

【培育宜居宜业特色村】北小营镇前鲁各庄村获评第九批全国一村一品示范村和第三批北京市特色专业示范村和中国美丽休闲乡村荣誉称号，特色产品为张堪水稻。北郎中村和柳庄户村开展“一村一品+休闲农业”试点建设项目，发展各具特色的乡村产业。

【农村基础设施建设】年内，在全区 17 个镇安装连村路灯 3 000 盏，工程于 5 月开工，9 月底竣工并投入使用。采用“太阳能+地源热泵”双系统采暖，在全区 6 个镇新建太阳能浴室 11 座。

基层组织与民主政治建设

【基层党组织建设】全区 426 个村“两委”换届完成，共选出村党组织班子成员 1 420 人。《顺义区各镇党政领导班子和领导干部推进乡村振兴战略实绩考核办法》研究通过，党对农业农村工作的领导进一步强化。《“村规民约”推进协同治理》入选首批全国乡村治理典型案例。“顺义农工”微信公众号影响力持续扩大，累计刊发文章 1 065 篇，总浏览量近 25 万次。

农村环境保护

【概况】2019 年，顺义区不断提高生态林建设标准，科学全面分析护林养林方式方法，采取更可行有效管理体系，将所属国有林地重新定位规划，统筹全局、科学管理，平原造林功能多元化，切实提高市民的幸福指数和获得感，将顺义新城滨河森林公园打造成市民周末休闲、茶余饭后的最佳去处，为顺义城市形象增加色彩，为首都绿化美化建设贡献长青力量。

【农业面源污染控制】一是实施农业农村部“果菜茶有机肥替代化肥”项目，在 31 家基地 666.67 公顷（1 万亩）菜田重点推广复合微生物菌剂、配方肥、水溶肥、生物有机肥 790 吨，建立核心示范区 2 个，开展 5 家品牌质量升级。二是区政府农业面源污染项目菜田增施有机肥和菜田节药 2 项任务，涵盖全区基本菜田 3 426.94 公顷，每亩补贴有机肥1吨，覆盖5 800多个生产主体，回收废旧地膜150余吨，兑换新地膜200吨；采购发放生物农药和高效低毒低残留农药13.92吨，实施常规农药替代926.67公顷，累计减少农药用量6.25吨，回收、销毁农药包装废弃物315万个。

【农业生态建设】实施化肥减量增效和化学农药减量控害，化肥利用率达到41.2%，测土配方施肥技术物化落地率达到98%；农药利用率达到44.21%，统防统治覆盖率达44.5%，绿色防控覆盖率达到60%。通过配备“收集—贮存—清运”设施，实现畜禽养殖场粪污生态消纳，现有规模畜禽场粪污处理设施装备率达到100%，粪污资源化利用率达到85%以上，完成市级年初目标任务。

【绿色防控】《顺义区2019年推广应用绿色防控产品实施方案》制定，5月29日正式启动，对15个镇4 597个补贴对象购买使用绿色防控产品给予补贴，每年每亩补贴不超过750元。开具病虫诊断处方18 755个，结算拨付补贴资金13 860 127.26元，其中化学农药仅占2.6%。

【林业生态建设】2019年，按照区委、区政府下发的《关于印发顺义区国有林场改革实施方案的通知》（京顺发〔2017〕2号）要求，2016—2020年，5年内长青林场应完成中幼林抚育101公顷、低效林改造任务100公顷，截至年底，完成中幼林抚育109.11公顷，占国有林场改革任务的108.02%；低效林改造108.11公顷，占国有林场改革任务的108.1%，提前一年完成此项工作。

【林木绿地养护】2019年，长青林场始终将管护工作规范化作为养护工作的重点。北京市园林绿化局平原生态林秋季养护检查工作中把本单位的管护日志、《农药专项抽查报告》《月管护巡查制度》《月管护总结》等相关内业材料作为此项工作范本，在全市进行推广。

【森林资源保护】2019年，长青林场对京密路两侧林地不再对外发包土地，原有承包地到期一户收回一户，鼓励倡导未到期承包户提前退出，由林场统一经营管理。林场完成合同未到期承包户劝退（提前解除合同）8户，合同到期收回10户，通过法律途径收回3户，到期不交回通过法律途径起诉3户。将收回的承包地纳入平原造林12.48公顷。

顺义区领导名录

区委书记	高　朋
副书记	龚宗元
常委	宋建明　支现伟　张金玲（女） 贺亚兰（女）　张晓峰　刘国强 张爱冬　徐晓俊　李增明
区人大常委会主任	车克欣（女）
副主任	吴建国　丁文强　张尚强 白丽洁（女，不驻会）
区长	孙军民（女）
副区长	霍光峰　支现伟　赵为民 李向英（女）　吴耀新（4月免） 李在东（4月任） 郑晓博（4月免）
区政协主席	周颖博
副主席	闫志广　单成刚　郭振江 刘　静（女，不驻会） 杨凤辉（不驻会）
区委农工委书记 区农业农村局局长	黄海鹏

顺义区街道、镇（乡）党政正职领导

	党（工）委书记	镇长、主任
仁和镇（地区办事处）	刘　洋	李光明
马坡镇（地区办事处）	贾　睿	高福良
牛栏山镇（地区办事处）	郝蔚泉（1月免） 王鉴远（1月任）	王永生
赵全营镇	李在东（8月免） 陈　红（8月任）	李志刚（6月免） 张　敬（6月任）
高丽营镇	王海松	王秀刚
北石槽镇	王鉴远（1月免） 胡小刚（1月任）	胡小刚（3月免） 黄海厚（3月任）
南法信镇（地区办事处）	黄永志	王　民（10月免） 王　雪（12月任）
后沙峪镇（地区办事处）	冯江全	李　强
天竺镇（地区办事处）	李子腾	杨登科（3月免） 周靖慧（3月任）
李桥镇	张春和	乔　龙
南彩镇	赵海波	刘海丰（11月免）

		夏自景（11月任）
杨镇（地区办事处）	李　莉（女）	何长华
张镇	刘晨光	张　涛
北小营镇	欧阳华洲	孙海江
木林镇	李　刚	李　浩
龙湾屯镇	张国宇（10月任）	张　伟（12月免）
		李　杜（12月任）
李遂镇	朱新生	李　黎（土家族，5月免）
		赵　楠（6月任）
北务镇	陈　红（8月免）	马占磊（10月免）
	马占磊（10月任）	聂树生（10月任）
大孙各庄镇	马卫国（6月免）	陶黎黎（女，10月免）
	李志刚（6月任）	安建军（10月任）

（顺义区史志办　兰　岚）

昌　平　区

综　述

昌平区位于北京市城区西北部，总面积1 343.5千米^2，山区、半山区占全区总面积的2/3。区辖街道办事处8个，镇政府14个（含4个地区办事处）。辖区下辖301个行政村和239个社区居委会。截至年底，全区常住人口216.6万人，比上年增加5.8万人，增长2.8%。其中，常住外来人口105.1万人，比上年下降1.5%，占常住人口比重48.5%，比上年下降2.1个百分点。全区户籍人口户数29.1万户，人口65万人，比上年增加1.5万人，增长2.4%。其中，非农业人口47.5万人，占全区户籍人口的73.2%，比上年提高0.6个百分点；农业人口17.4万人，占全区户籍人口的26.8%。户籍人口出生率12.43‰，死亡率3.02‰，自然增长率9.41‰。

2019年，实现地区生产总值1 071.8亿元，首次超过千亿元，以不变价计算，比上年增长6.6%。其中，第一产业增加值8.9亿元，增长12.2%；第二产业增加值325.1亿元，增长3.1%；第三产业增加值737.8亿元，增长8.3%。按常住人口计算，全区人均地区生产总值50 155.3元，比上年增长4.8%。全年全区居民人均可支配收入49 669元，比上年增长9.4%。按常住地分，城镇居民人均可支配收入54 248元，比上年增长9%。全年全区居民人均消费支出35 178元，比上年增长8.3%。按常住地分，城镇居民人均消费支出37 335元，比上年增长8%。

年内，完成农林牧渔业总产值23.2亿元，比上年增长22.7%，其中，农业产值完成7.6亿元，比上年下降2.7%；林业产值完成9.1亿元，比上年增长57.4%；牧业产值完成4.7亿元，比上年增长7.2%；渔业产值完成0.1亿元，比上年下降15%；农林牧渔专业及辅助性活动产值完成1.6亿元，与上年增长115.8%。

全年粮食播种面积10 408.4亩，比上年减少3 337.5亩，比上年下降24.3%。粮食产量0.3万吨，比上年下降21.3%，粮食亩产294.0千克，比上年增长4.0%。全年蔬菜产量2.8万吨，比上年下降12.4%；禽蛋产量0.1万吨，比上年下降37.8%。

全年农业观光园150个，比上年减少36个；观光园总收入3.0亿元，比上年下降10.4%。乡村旅游实际经营户275户，累计接待游客264.3万人次，比上年增长29.1%；乡村旅游总收入1.4亿元，比上年增长45.8%。设施农业占地面积12 004.6亩，比上年下降14.7%；实现产值4.3亿元，比上年下降7.3%。

城乡融合发展

【概况】昌平区围绕市政基础设施建设、市容市貌管理、城市运行服务保障，注重顶层设计，加强统筹协调，严格规范程序，实施建管并举，有效推动各项工作落实，城乡环境建设与管理工作取得新进步，全区道路建设实现稳步推进、城市运行更加优质高效、市容环境水平显著改善，总体实现年度目标。年内，城乡居民生活用电21.8亿千瓦时，比上年增长2.7%。全年液化石油气供应总量2.3万吨，比上年下降12.5%；天然气供应总量7.4亿米^3，比上年增长6.2%。有序推进疏解整治促提升，全年拆除违法建设615万米^2、腾退土地823公顷，创建无违建社区27个，疏解提升市场和物流中心18个，退出一般制造业企业23家，45个工业大院全部完成清退，整治提升街巷胡同108条，治理开墙打洞58处，群租房、占道经营、无证无照等整治任务实现动态清零。狠抓城乡接合部40个重点村整治，规范自建出租房屋6.7万间，消除安全隐患1 777处，刑事案件发案率下降12.5%。城乡环境建设统筹打好蓝天、碧水、净土“三大战役”，PM2.5年均浓度为37微克/米^3、下降19.6%，较上年空气优良天数增加26天、重污染天数减少15天，群众享受到“常态蓝”；第二期污水治理三年行动计划顺利收官，入河排污口彻底消除，污水处理率提高到94%，5个市级考核断面水质首次全部达标；完善土壤环境监测网络，昌平有机质处理站投入运行，生活垃圾分类片区覆盖率提高到60%。推进国家森林城市创建工作，全年实施造林绿化1 533.33公顷，建成京礼高速沿线万亩绿色通道，东小口城市休闲公园、阳坊八口公园、小汤山官牛坊公园竣工开园，利用腾退空间留白增绿206公顷，建设口袋公园、小微绿地4处。实施乡村振兴战略，编制215个美丽乡村规划，完成251个村庄人居环境整治任务，修建“四好农村路”100千米。突出山区生态涵养功能，统筹抓好绿色发展和精准帮扶，提前一年实现低收入户全部脱低。

【城市休闲公园项目竣工】6月，东小口城市休闲公园项目竣工，工程位于东小口镇，建设面积110.5公顷，总投资23 992万元，2018年6月开工。由北京市昌平区园林绿化局建设，北京清华同衡规划设计研究院有限公司设计。

【绿化建设工程项目竣工】12月，平原地区重点区域绿化建设工程项目竣工，工程位于阳坊、沙河、天通苑北等11个镇（街），造林面积3 968亩，工程总投资5.1亿元，2019年3月开工。有北京市昌平区园林绿化局建设，北京北发生态园林有限公司设计。

【节水型区创建】12月，昌平区节水型区创建工作通过验收。创建活动通过近三年筹备准备，11项节水型区创建考核指标全部达标后，开始节水型区验收申报工作，验收经过材料初审、北京市水务局初验、市级专家组考评正式通过。

【阅兵训练基地周边环境整治提升】年内，保障阅兵训练基地周边环境，延续先期环境整治成果，查漏补缺，对温南路、沙阳路、顺沙路等12条道路两侧环境进行改造提升。清洗、油饰、整修各类护栏约2.8万米，粉饰建筑外立面及围墙约3万米^2，修补人行步道1 220米^2，更换场地铺装1 440米^2，粉饰各类箱体26个，清运垃圾渣土666米^3。

【世园会沿线环境整治】年内，对世园会途经沿线京藏、京新、京礼、京承高速和六环路沿线两侧可视范围开展环境整治。实施环境问题挂销账，共挂账652处、涉及14个镇（街），已全部销账。共拆除私搭乱建3万米^2、乱设广告牌匾1.5万米^2、清理乱倒垃圾渣土15.2万米^3、堆物堆料8 875米^3。开展途经沿线环境建设项目，共出动人员4 300人次、车辆720台次，喷涂设备488台班，新建围墙470米，安装挡板160米，对沿线两侧墙体、桥体、建筑外立面整修粉饰13.58万米^2。

【怀密线沿线环境整治】年内，按照市、区两级政府安排，全面开展怀密线沿线环境整治工作。市郊铁路怀密线（S5线）昌平段长约55.4千米，途经回龙观、马池口、城北等13个镇（街）。组织沿线涉及的镇（街）进行全面排查，梳理环境问题点位291处（含环境脏乱点192处、铁路管理范围环境问题66处，非宅腾退33处），制定环境整治方案，通过微信工作群日报进展、拉练检查督促整治等措施，扎实有序推进治理工作，出动人员5 483人次、车辆762车次，清运垃圾渣土、堆物堆料1 856吨，拆除私搭乱建6 500米^2。协调铁路部门，合力解决环境问题，两次致函铁路北京局集团公司，督促其加快解决管理范围内66处环境问题。建立铁路怀密线沿线“双段长”管理机制，属地镇（街）积极与铁路部门对接，合力开展环境整治。

【农业嘉年华活动环境保障】3月，做好第七届北京农业嘉年华活动期间环境保障工作，共完成更换广告围挡画面5 600米^2，墙体粉饰2.48万米^2，安装道路标识引导牌55块，配置车位1.3万个，指挥人员110人。配置各种环境保障车辆13辆，安排工作人员100人，保障活动期间环境良好。

【城乡接合部重点村环境整治】年内，落实城乡接合部重点村环境整治工作，确定昌平区城乡接合部40个重点村整治（市级18个、区级22个），制定“一村一策”整治方案，由镇（街）牵头开展整治工作，共清理卫生死角4 855处，垃圾渣土、堆物堆料17 365吨，清理非法广告60余万张，新设或完善垃圾收运设施944个，完成公厕达标改造228座，新建或维修改造照明设施860处，拆除或规范广告牌匾 2 624 块，拆除废旧设施 784 处。

【**环境秩序挂销账**】年内，落实环境秩序、环境卫生整治销账工作，共计挂账 20 438 处（包括暴露垃圾渣土问题 6 845 处、堆物堆料问题 3 490 处、店外经营问题 1 628 处、违规广告牌匾问题 3 199 处，剩余违法停车、非法小广告等问题 5 276 处），销账 20 389 处（包括暴露垃圾渣土问题 6 830 处、堆物堆料问题 3 485 处、店外经营问题 1 623 处、违规广告牌匾问题 3 184 处，剩余违法停车、非法小广告等问题 5 267 处），销账率 99%。

【**建筑垃圾管理**】年内，强化建筑垃圾 4 项行政许可监管，办理建筑垃圾行政许可 920 件，其中，渣土消纳许可 159 件、车辆准运许可 703 张、办理建筑垃圾经营性运输服务行政许可 54 份、办理设置建筑垃圾渣土消纳场所许可 4 份。组织开展建筑垃圾运输专项执法，日查 48 次、夜查 50 次、设卡 311 处，出动执法人员 1 660 人次，查扣违规建筑垃圾运输车 70 辆，完成区内施工工地检查 54 次（工地 71 家）。建筑垃圾进行资源化处置，落实项目 17 个，年度累计处理建筑垃圾 570 余万吨，处置项目现场存料合计 260 余万吨。加强全区建筑垃圾消纳工作，建立建筑垃圾积存点位动态台账，上账点位 128 个，销账 119 个。全区渣土消纳场剩余 5 处，剩余填埋量为 327 万吨。

【**垃圾分类工作推进**】年内，开展垃圾分类示范片区建设，做好全覆盖工作。2017 年以来，在霍营、崔村、小汤山等 12 个镇（街）开展垃圾分类示范片区创建工作。推进餐厨垃圾管理，要求餐饮单位设置专门容器用于投放餐厨垃圾，以“干湿分开”为重点，并做到“日产日清”。全区有餐厨垃圾车 67 辆，已经签订餐厨垃圾清运合同 3 898 份。利用各种媒体平台，广泛开展垃圾分类公益宣传，全区共组织 200 余场垃圾分类宣传、培训活动，发放宣传材料 8 000 余份，参与人员 6 000 余人。

【**加强环境卫生综合检查，落实考核评价制度**】年内，每季度协同各职能部门对全区 22 个镇（街）和北企公司环境卫生工作进行评价考核，每月以不定期抽查方式对各镇（街）环境卫生进行考核排名，发现问题及时告知并限期整改。加强环境卫生行业监管，对昌平京藏、京新高速、京承高速、六环 53 个高速出入口周围、区内地铁站站内广场及街上公厕环境卫生、景区停车场及其停车场内公厕环境卫生开展 126 次检查，发现环境卫生问题 38 处，整改 38 处，整改率 100%。对区内 7 条重点公路监督检查 103 次，发现环境问题 131 处，整改 131 处，整改率 100%。

【**绿化造林**】年内，完成平原地区区域造林任务 733 公顷，栽植树木 49.03 万株。完成流村镇郎儿峪村、兴寿镇桃林村等浅山前山脸区域荒山造林 66.7 公顷，栽植侧柏、油松、栾树、黄栌等苗木 6.75 万株。完成兴寿镇上西市村、小汤山镇大汤山村前山脸彩色树种造林工程 66.7 公顷，栽植黄栌、元宝枫等彩叶树种 5 万株。完成生态效益促进发展机制森林健康经营工程林木抚育 2 866.7 公顷（含国家重点公益林抚育），其中，重点地区林木抚育面积 1 276.8 公顷，一般地区林木抚育面积 1 589.9公顷，作业道路建设 3.6 万米。

【**公园风景区建设**】年内，全区区属及行业管理 14 家公园，其中，城市公园 8 个，生态公园 6 个。全区精品公园 3 个，市级重点公园 1 个。公园全年接待游客量 830 万人，比上年增长 5.1%。十三陵风景区名胜区年游人量 431.47 万人，年收入 1.38 亿元。

【**昌平分区规划（2017—2035 年）编制**】4 月 8 日，市委书记蔡奇主持召开市委城市工作委员会第二次专题会议，审议多点地区分区规划情况。6 月 26 日，经市委常委会审议通过。8 月 28 日，昌平区政府联合市规划自然资源委再次将分区规划修改后最终成果上报市政府。11 月 20 日，分区规划获得北京市人民政府正式批复。其间，昌平区政府组织编制《昌平分区规划（国土空间规划）（2017—2035 年）》报审成果，联合市规划自然资源委上报市政府审议，并开展为期 30 天网络公告和现场公示工作。

【**征地及农用地转用项目管理**】年内，审核上报征地及农转用项目 3 件，用地面积 20.5 公顷，其中，农用地 2.53 公顷、建设用地 13.52 公顷、未利用地 4.45 公顷。收到市政府建设用地批复 9 件，总用地面积 99.68 公顷，其中，农用地 32.2 公顷、建设用地 63.65 公顷、未利用地 3.83 公顷。

【**土地整理及耕地占补平衡**】年内，完成 1 个土地复垦项目验收工作，新增耕地面积 157.41 亩，开展 6 个土地复垦项目，其中 2 个项目已竣工并准备验收资料。完成 1 个增减挂钩项目拆旧区的新增耕地验收工作。组织有关专家对 17 个临时用地复垦方案进行评审。为昌平区档案馆新馆建设工程项目等 3 个征地及农转用项目落实占补平衡指标，补充耕地面积 1.56 公顷。

农村经济发展

【概况】2019 年，昌平区以加强农村集体“三资”管理“1+5”文件落实为重点，监督指导农村集体重大事项“十步工作法”规范履行。提高政治站位、主动担当作为，参与全区重点工作和专项任务。统筹规划各类经济合同调查，持续推动农村集体经济合同清查整改。准确高效完成农经统计和信息化工作，推进农村管理信息化。规范合作社产业化发展，拓展合作社服务范围。推进惠农政策贯彻落实，推广农村产权交易平台使用。有序指导专项审计工作开展。

【合作社年度统计监测数据更新】3 月，按照市农业农村局工作部署，指导完成 11 家国家级农民专业合作社及 15 家市级示范合作社年度信息化数据更新工作。

【公益事业金审计】3 月，开展 2018 年度公益事业金审计工作。享受市级财政拨付的村级组织正常运转专项补助资金的行政村数为 303 个，应支付村级公益事业专项补助资金共计 6 072.5 万元。实审村数为 303 个。经审计，21 个镇（街）303 个村实际收到村级公益事业专项补助资金 6 072.5 万元。2018 年村级公益事业专项补助资金使用金额 6 051.97万元，用于公益设施建设费用 480.51 万元，公益设施维护费用 1 960.7 万元，社会管理费用 2 986.77 万元，社会事业费用 551.15 万元，村务人员工资 72.83 万元。通过整改，专项补助资金余额 270.70 万元较整改前减少 249.74 万元。结余主要原因是个别村存在工程未完工或整体拆迁现象，基本没有公益支出。通过审计，未发现资金违规使用的情况。

【农民专业合作社运营发展情况摸底】5—6 月，进行全区农民专业合作社运营情况摸底调查。通过现场查看和数据分析对全区示范合作社的运营状况作出基本判断，有效增强对示范社的指导，规范示范合作社发展建设。

【农村集体资产清产核资工作】7 月，通过市级农村集体资产清产核资工作验收，全区共有农村集体资产 410.68 亿元，农村集体土地总面积 184.68 万亩。

【农民负担执法检查监管政策培训班】7 月，召开 2019 年度农民负担执法检查监管政策培训班，对 2019 年度农民负担监督检查任务再次进行强调，要求各乡镇根据实际情况，按照文件要求，稳步推进，特别是做好重点领域的检查工作。充分认识农民负担执法检查工作的重要性和必要性，做到领导重视，密切配合，各司其职，加强监管。专门对全区 11 个涉及村级公益事业建设一事一议财政奖补工作的镇（街）进行专题培训，对一事一议工作流程和档案规范管理进行详细讲解，要求相关单位要高度重视，精心组织，周密部署，按照一事一议工作流程，不拖不等，保证时效。

【农村管理信息化村级信息员培训班】9 月 9—27 日，在阳坊镇开办 2019 年度农村管理信息化村级信息员培训班。培训班共分为 5 期，每期 3 天，对从事农村管理信息化工作的镇、村级信息员进行系统培训。经管站各业务科室讲解“北京农村管理信息化综合应用平台”中收益分配、家庭人口、低收入监测、资产管理、合同管理、合作社管理等各个报表填报的指标解释、填报重难点、注意事项、逻辑关系等，培训班还邀请到系统开发者金宇恒公司工程师讲解上述各个模块的结构、报表程序、基本操作等。培训课程休息期间，各科室针对培训课程和业务工作进行答疑。

【流转合同抽样调查】年内，部署安排流转合同抽样调查工作，通过抽样调查方式推算出全区出租土地流转合同签订可靠数量。抽样调查工作涉及全区镇（街）243 个村。通过调查 1 545 份样本查出流转合同 87 份，样本流转率为 5.6%。通过样本流转率推算出全区流转合同数量为 865 份。

【工业大院合同清理】年内，做好工业大院合同清理工作，成立专项工作小组入村检查，针对问题及时反馈，要求整改并撰写说明，通过多次沟通、反复核验，确保报表数据准确。截至年底，38 个工业大院涉及的集体土地租赁合同及年度租金的清查工作基本完成，共梳理合同 681 份。

【农民专业合作社规范化指导】年内，按照《示范社十三条动态管理办法》和《示范社百分考核明细》指导示范合作社生产经营，对于不符合标准的示范社给予相应指导，形成严格的准入准出机制，做到示范社规范指导常态化，按照《农民专业合作社法》要求，从规章制度、财务管理、分配制度、民主管理 4 个方面对合作社进行细致规范指导。通过对三级示范社的规范管理，促进合作社规范化发展水平。截至年底，除新获评区级示范社在规范化管理上有所欠缺外，其他示范社基本上能达到制度管理完善、财务管理规范、成员账户公开、管理体制健全。

【征集农民专业合作社建设项目申报】年内，依据市农业农村局工作部署，组织指导北京黑山寨果品专业合作社、北京流村田园盛业农业专业合作社、北京真顺红苹果专业合作社、北京军都山红苹果专业合作社、北京天润园草莓专业合作社进行项目申报工作，项目申报支持方向主要是农产品初加工方面、农产品仓储物流设施方面和农产品市场营销方面。

【职业农民和师资交流与教科研培训】年内，先后5次指导58家示范合作社参加由北京教育科学研究院主办、昌平区农广校承办的“京津冀一体化发展背景下职业农民和师资交流与教科研培训”活动，参与培训均为示范合作社理事长或理事长助理，年度共参加290人次。昌平区产业示范合作社理事长及昌平农广校骨干教师到河北省沧州市青县大司马农业科技培训中心、天津津南区迎新合作社、大兴区示范合作社等学习交流京津冀一体发展背景下职业新型农民培育、现代青年农场主培养、农业合作社管理等方面的做法与经验。

【专项合同清理】年内，按照市级工作要求，对设施农业用地承包合同及流转合同进行再次核实，建立健全设施农业承包流转合同台账、加快问题合同整改工作。经再次核实，共清理设施农业涉及的农村集体经济合同和流转合同共计3 343份，涉及全区16个镇162个村，涉及大棚16 998栋，已审查合同3 343份，台账和建档工作已基本完成。开展76个农业重点园区合同清理工作。全区76个农业重点园区涉及13个镇（街）53个村。清理承包及流转合同2 221份，台账和建档工作已基本完成。持续开展浅山区合同清理工作。浅山区荒山荒滩承包（租赁）合同共涉及8个镇102个村、合同829份。开展平原造林、山区造林、河路两侧、功能区及河道治理等专项合同清查，通过开展专项清理方式了解全区土地流转现状、流转合同签订情况、存在问题及存档情况等，为全区土地流转工作规范化管理提供数据支撑。

村镇建设

【概况】2019年，全面落实北京市《关于开展实施乡村振兴战略推进美丽乡村建设专项行动（2018—2020年）实施方案》，围绕“产业兴旺、生态宜居、乡风文明、治理有效、生活富裕”总要求，以编制村庄规划、人居环境整治、农村地区冬季煤改清洁取暖、美丽乡村建设为抓手，大力实施乡村振兴战略，不断提升农村地区生产生活条件，为昌平建设国际一流科教新区作出贡献。按照全区机构改革总体安排，昌平区新农村建设领导小组办公室已撤销，职能划入区农业农村局。

【清洁能源取暖后期管护机制】5月15日，经区政府同意，委托区属企业北京永安热力公司对2013—2019年煤改清洁能源取暖设备进行专业化管理及维护，签订移交责任书。下年供暖季，对全区72 304台设备进行有效、及时、精准运行维护，保障农村地区冬季供暖。

【村庄规划编制】年内，根据昌平分区规划，在深入村庄详细调研，摸清各村土地性质、农民实际需求等基础上，按照“镇街统筹、村民参与、规划指导、部门联审”的原则，分期分批编制美丽乡村规划。截至年底，全区215个村庄规划形成初步成果，其中，98个通过区级部门联审，82个获得区政府正式批复。

【农村人居环境整治】年内，坚持以农村人居环境整治作为美丽乡村建设切入点，深入持续推进“清脏、治乱、增绿、控污”行动，分3批开展263个村人居环境整治，全年清除村内长期积存生活垃圾59 160处，48万余吨，清理农业生产废弃物2 619处，4.6万余吨，拆除私搭乱建2 3151处，111万米^2，清理乱贴乱挂乱画16万余处。

【美丽乡村建设】年内，关注百姓需求，聚焦村庄重点问题，在市级补贴标准上，适当提高街坊路硬化、绿化美化项目区级补贴标准，增加多功能绿地（生态停车场）、文化墙、垃圾分类收集站等补贴项目，促进迫切需要的建设项目能够落地实施。依据户籍人口因素、常住人口因素，综合考虑村庄类型、地理位置等因素，对各村建设资金进行测算，总体把握全区美丽乡村建设投资规模。按照测算结果划分标段，完成美丽乡村建设前期机构招标工作，选定实施方案编制、勘察测绘、工程设计、监理等7类共50家参建单位。

【农村地区冬季煤改清洁能源】年内，采用煤改电方式继续推进农村地区冬季清洁取暖工程建设，完成东小口镇店上村、兰各庄村，十三陵镇北新村社区，流村高崖口、漆园、王峪、小水峪、瓦窑 3 个镇、8 个村（社区）煤改电工作，减少燃煤7 815吨。继续实施优质燃煤配送工作，全年为 15 个镇（街）配送优质燃煤 10 万吨。

农村改革与管理

【概况】2019 年，区委农工委、区农业农村局强化农村基层组织建设，做好农村党员干部教育和监督，持续推动软弱涣散村党组织整顿转化，做好村党组织第一书记管理服务工作。以休闲农业为重点推进农村经济建设，以统筹协调农民增收和低收入农户帮扶工作为重点，继续落实“八个一批”帮扶措施。进一步做好农业相关大气、土壤、水污染防治工作。承担农村宅基地管理，积极研究制定相关政策。推进智慧乡村、信息进村入户等项目建设，提升乡村事务管理现代化水平。

【村务管理专项检查】6 月，会同区委组织部、民政局、经管站等部门，组成 2 个督查组，对全区农村落实“三务公开”和农村集体重大事项民主决策“十步工作法”情况进行抽查，通报共性问题、反馈个性问题，并督促整改，提升村级组织民主决策和监督管理水平。

【农民闲置房屋调查摸底】7 月 22 日至 8 月 30 日，为全面加强盘活利用农民闲置房屋管理，规范有序进入市场，根据市农业农村局统一部署，宅基地管理科对辖区内所有宅基地闲置情况进行摸底。统计结果显示，全区农民闲置房屋总计 932 处，占地面积 19.05 万米^2，房屋数 5 635 间，建筑面积 17.04 万米^2，其中，已盘活利用农民闲置房屋 295 处，占地面积 8.58 万米^2，房屋数 2 236 间，建筑面积 5.22 万米^2。

【延寿沟域建设项目完工】11 月，延寿镇申报延寿沟域建设项目——连山石河道综合治理工程建设内容全部完成，项目主要建设内容包括新建景观跌水 7 处，新建 1.5 米高 M7.5 浆砌石两侧挡土墙 600 米，桥下河底浆砌石护砌 977 米^2，2 米高浆砌石挡墙 60 米。8 月开始进场施工，项目通过对河道进行整治，改善河道水环境，提升村庄整体环境，促进农村休闲产业发展，带动农民持续增收。

【宅基地基本信息调查】12 月，宅基地管理科对辖区内镇（街）农村宅基地基本信息进行自下而上的详细调查，并录入北京市农村管理信息化综合应用平台。截至年底，昌平区共有农村宅基地 71 016 宗，2 068.42 公顷。

【智慧乡村项目建设】年内，智慧乡村建设以南口镇为建设主体，以整镇推进方式进行建设，打造镇级区域所有村落全覆盖智慧美丽乡村体系，主要包含信息化基础设施，包括 23 个村室外无线 Wi-Fi 覆盖系统、12 个点位物联网防汛智能化监测装备、大屏展示系统、覆盖 28 个村 11 个社区的视频会议系统等。智慧美丽乡村管理平台，包括村级治理平台和镇级监管平台，建成数字地图、垃圾分类、乡村就业、党务、记忆乡愁数字档案馆等版块，实现智能化设备接入、农村“八大员”服务与监管、行政审批、就业信息发布等功能。智慧乡村 IT 服务，包括账号管理服务、数据采集服务、线下＋线上文化推广服务、使用培训服务等。截至年底，所有村 300M 宽带和室外 Wi-Fi 覆盖等硬件系统及智慧美丽乡村管理平台等软件系统均已建设完成，达到验收标准。防汛监测系统 12 个监测点于汛期投入使用，视频会议系统、镇—村（社区）OA 系统运行效果良好。

农村民生

【概况】2019 年昌平区居民人均可支配收入 49 669 元，同比增长 9.4%，城镇居民人均可支配收入 54 248元，同比增长 9.0%。对低收入户进行了精准核查，组织相关镇街对全区建档立卡认定低收入农户不精准问题进行重新摸排，并对认定不精准的低收入农户进行了全面清退，共清退低收入农户 2 235户、5 084 人。低收入农户监测系统中保留的建档立卡低收入农户为 1 420 户、2 817 人。通过此次低收入农户清退，进一步提高了低收入农户的精准度。

【“一企一村”结对帮扶】7 月 3 日，首旅集团与十三陵镇大岭沟村举行“一企一村”结对帮扶共建捐赠仪式，首旅集团和其下属华龙旅游实业发展有限公司向大岭沟村捐赠旅行车 1 辆，并统购 10 万元猕猴桃谷景区门票，在首旅集团线上销售平台进行销售。年内，华龙旅游实业发展有限公司充分发挥自身优势，多次对村内旅游产业进行实地调研，利用村内现有民居发展民宿产业，为村民增收致富筑牢产业支撑。

【昌平区举办农民丰收节】9 月 23 日，庆祝第二届“中国农民丰收节”，昌平区在崔村镇真顺村举行 2019 年昌平“依恋田园，共享丰收”农民丰收节开幕式。昌平区领导、区农业农村局主要领导，各镇（街）、区委办局相关领导出席活动。开幕式上，中国邮政集团北京市昌平分公司与北京军都山红苹果专业合作社现场进行邮政惠民服务签约，为农户提供便民服务。昌平区农民丰收节在崔村镇真顺村、延寿镇黑山寨村和南口镇红泥沟村设3个分会场，活动为期一个月，以农产品种植园为重点推介主体，围绕全区主导产业，挖掘农业文化，将旅游观光、民俗餐饮等活动紧密结合，不断增强全民参与的广泛性，共同推动形成新时代农民庆丰收习俗，促进丰收节与传统庆丰收活动融合发展。

【农村危房改造及精准帮扶】年内，全区通过招标分别对883户4类重点对象和3 491户低收入群众身份进行比对，评定出C、D级危房1 103户，全部完成确户，确户率100%。因身份变化、鉴定有误、投亲靠友等不纳入改造760户，实际纳入危房改造343户，开工338户，开工率98.5%。竣工277户，竣工率81%。上年度全区危房改造22户已全部通过竣工验收和区财政局资金评审，市、区两级补助资金155.16万元完成农户“一卡通”账户拨付。全年全区抗震节能农宅建设开工432户。对上年度抗震节能农宅建设空档期农户自行改造部分，委托第三方机构对农宅改造281户档案资料及抗震节能标准等进行检查。通过多渠道、跨领域帮扶，以及延寿镇土地流转和镇村两级安排就业、送敬老院等途径，延寿镇5个对口帮扶村357个低收入户全部脱低。在“一企一村”产业帮扶中，会同延寿镇及第一书记协调北京首创集团下属农投公司对该村板栗进行统一收购。联系国家体育总局旗下中国登山协会在该村周边组织徒步大会，间接增加村民收入。

【山区特色农业产业】为推进昌平区特色农业产业持续健康发展，促进山区农民增收，制定并下发了《昌平区2019年山区林下栗蘑种植工作实施方案》及《2019年昌平区食用百合种植工作实施方案》。组织相关镇街召开会议，多次实地查看，及时跟进监理公司，做好财政相关评估报告，积极推进工作落实。2019年昌平区共种植栗蘑5 554 270袋，涉及8个镇，39个村，155户农户。进行栗磨产前集中培训9次，技术人员对种植户进行入户指导752次。食用百合经验收共种植600亩，150 000千克。涉及南口、流村镇11个村，128户农户。并按照种植亩数进行了肥料施用及各类养护培训。同时为更好地服务农民，选用迁西、怀柔、美佳兴业、海疆合作社四个企业菌棒在推广站、种子站进行栗蘑产量对比实验，为农户挑选菌棒种植提供依据。

【牡丹种植产业研发】年内，指导示范合作社北京春风得意种植专业合作社和北京流村田园盛业专业合作社开展牡丹种植产业的研发，目的最终实现带动产业升级，提高农民社员收入，带动周边农户增收致富，解决周边农民群众就业问题，利用平原造林地块种植油用牡丹，发展林下经济。

基层组织与民主政治建设

【概况】2019年，昌平区完成村和社区换届选举工作，除17个村书记由上级机关下派外，其余村全部实现“一肩挑”，社区书记、主任“一肩挑”比例达85.8%，提高12.4个百分点，村（社区）“两委”班子成员、村（居）民代表中党员比例进一步提升。组织开展村和社区“两委”换届“回头看”，累计对3 819名现任“两委”干部任职资格和联审档案逐人逐项进行复核。研究制定《村干部监督管理细则》《村和社区“两委”干部资格联审长效机制》，探索实施村“两委”主要负责人区级备案和信息库动态管理，抓好村干部日常管理监督。加强首批选派党建村务助理员的管理，组织第二批党建工作助理员的招聘工作，不断充实农村工作力量。

【村、社区相关人员资格联审】年内，按要求建立资格联审长效机制，资格联审从2018年5月启动至2019年8月完成，其中，涉及村党支部候选人49批，涉及人员4 532人。村民委员会候选人32批，涉及人员2 795人。村务监督委员会相关人员31批，涉及人员1 987人。9月，按照区委组织部关于建立村和社区“两委”资格联审长效机制的要求，继续做好该项工作。

【基层干部队伍建设】年内，强化新一届“两委”干部教育培训。通过区级重点培训“两委”主要负责人和村党组织副书记，镇（街）普遍培训“两委”干部，组织参加市级示范班，开发线上微课堂等形式，实现新一届“两委”干部轮训全覆盖。研究制定《昌平区村干部监督管理细则》，推动基层干部管理监督工作规范化、制度化。印发实施《昌平区关于进一步加强村级后备人才队伍建设实施细则》，建立全区村级后备人才库，储备干部655人。会同组织部公开招聘100名村务党建助理员，举办为期 3 天的任职培训。组织动员 2 批次共 90 名村干部和有意回村工作的村民参加农职院村务管理大专培养，储备一批扎根乡土的优秀人才。

【第一书记管理和服务】年内，全区向软弱涣散村、经济薄弱村、低收入村选派第四批第一书记 24 人，选派第五批第一书记 14 人，举办第一书记岗前培训班 2 期。完成第二批、第三批、市级软弱涣散村第一书记任期考核，共 53 人。指导建立昌平村党组织第一书记垃圾分类联盟，率先在 39 个第一书记派驻村开展垃圾分类工作。

【软弱涣散村转化】年内，完成 13 个市级软弱涣散村整顿转化任务，除不再派驻第一书记外，继续落实对接帮扶机制巩固一年，持续推进村庄发展。结合新一轮软弱涣散基层党组织整顿工作，全区重新确定新一轮市级软弱涣散村 9 个，并开展集中整顿工作。建立健全软弱涣散基层党组织双“五个一”工作机制，从区直单位中选派软弱涣散村第一书记 9 名，并按要求准时到岗。以项目化管理的方式，着力推动整顿提升项目 45 个，整顿成效逐步显现。

昌平区领导名录

区委书记	侯君舒（5 月免）
	于长辉（5 月任）
副书记	王合生　谢文征（4 月任）
常委	孙　启（10 月免）　王燕庆
	苏贵光　刘绍坚（10 月免）
	解江凌（10 月任）
	徐　萍（女）　贺　军
	陈　军
	蔡艳艳（挂职，女，9 月免）
	周金星（10 月任）
	李志杰（蒙古族，12 月任）
区长	王合生
副区长	孙　卫（2 月免）
	苏贵光　刘　泽（8 月免）
	李志杰　刘长永
	吴　彬（女）
	周金星（12 月免）
	方复全（挂职，8 月免）
	李瑞涛（挂职，8 月免）
	朱炳文（8 月任）
	董贵岐（11 月任）
	蔡艳艳（挂职，女，11 月免）
区人大常委会主任	朱光彤
副主任	杨国昌　奚增森　李春菊（女）
	杨洪达　张强斌
区政协主席	张晓兰（女）
副主席	李永生　靳增立　洪起国
	李雪红（女）　姚仰平　明占学
秘书长	纪树一
区委农工委书记	尚万江
区委农工委副书记、区农业农村局局长	宗　江

昌平区各镇（街道）党政正职领导

	党（工）委书记	镇长（主任）
回龙观镇（地区办事处）	杨玉宝（6 月免）	刘晋京（6 月免）
东小口镇	冉　灏（11 月免）	戈　娜（女，12 月免）
（地区办事处）	戈　娜（女，12 月任）	肖振业（12月过常委会）
沙河镇	黄建军（12 月免）	柴龙钢
（地区办事处）	周金星（12 月任）	
小汤山镇	刘　芬（女，8 月免）	王红敏（8 月免）
	王红敏（8 月任）	蒋　玮（8 月任）
崔村镇	韩　军（11 月免）	李桂美（女）
	冉　灏（11 月任）	
兴寿镇	杨玉文（8 月免）	郭卫东（8 月免）
	郭卫东（8 月任）	黄　俊（8 月任）
阳坊镇	李　昌	徐冬云（女）
南邵镇	李　欣（女，8 月免）	李　勇
百善镇	李怀来	李文慧（女，8 月免）
		莫清海（8 月任）
北七家镇	齐俊国	雷海良
十三陵镇	唐拥军	刘长德
延寿镇	李　攀	刘浩军
南口镇	唐朝辉	唐朝辉　李哲元
流村镇	桑先军	龚家银（8 月任）
马池口镇	张新亮（6 月免）	柳　强（8 月免）
	张海岩（6 月任）	韩　炜（8 月任）
城北街道办事处	王　建（8 月免）	明占学
	李　欣（女，8 月任）	
城南街道办事处	郑森堂	曾　波
天通苑南街道办事处	刘庆海	苏贵峰（3 月免）
		高益梅（女，3 月任）
天通苑北街道	刘智勇	庄卫民（8 月免）

办事处　　李　刚(8月任)
霍营街道办事处　张海明　　黄森华(8月免)
孔令军(8月任)
(昌平区农业农村局　朱歆彤)

大　兴　区

概　述

大兴区位于北京市南部，总面积1 036千米²。下辖黄村、西红门、旧宫、亦庄、瀛海、青云店等14个镇和清源、兴丰等8个街道办事处。至年底，常住人口171.2万人，比上年增加8.3万人，增长5.1%。其中，外来人口63.9万人，比上年减少0.1万人。

2019年，大兴区实现地区生产总值907.6亿元，比上年增长6.5%。实现农林牧渔业总产值27.7亿元。全区村级集体资产总额405.2亿元，比上年增长8.9%。315个村20.9万股东实现股份分红，分红总额18.1亿元，比上年增长11.6%。全区累计流转土地2.8万公顷。全区闲置农宅729宗，面积17.07公顷，盘活利用闲置农宅125宗。启动142个村美丽乡村建设规划。

年内，粮食播种面积3 533.33公顷。蔬菜播种面积9 666.67公顷（含食用菌，下同)，产量29.1万吨，是北京市蔬菜主要产区之一。西瓜播种面积1 200公顷，产量6.2万吨，排全市首位，西瓜产业形成以庞安路为主线的特色产业带，还承接市级现代农业产业园建设项目，有西瓜集中育苗场15家，年育苗量在2 200万株左右。果树面积3 666.67公顷，产量4.7万吨。花卉种植面积228公顷，年产鲜切花503.3万支、盆花7 992万盆，其中，月季种植面积76.2公顷，产量373万株。

发展各类农业园区451个，涌现出宏福农业、四季阳坤、老宋瓜园、月季品种园、御林古桑园、京农智慧农业4.0、凤采军辉等一批典型园区。其中，宏福农业、京农智慧农业4.0园区，均是从荷兰引进的智慧温室建造和种植技术，使用智能控制系统，实现农业生产的智慧化、生态化、可视化、可追溯。

全区农业设施大棚5.4万栋、4 000公顷（棚内面积)，设施数量约为全市的30%。设施农业年收入12.8亿元，平均亩效益1.24万元。年内，清理拆除老旧农业设施6 481栋。

培育休闲观光园、农家乐等休闲农业经营主体156个，总收入3.05亿元，经营利润总额891.39万元。休闲农业从业者4 105人，年均工资额4.79万元，比上年增长6.44%，其中本地农民从事休闲农业2 935人，增长4.86%。举办休闲农业相关节庆、农事活动36次，增长16.13%。

成功创建国家农产品质量安全区，至年末有农业标准化基地104家（种植74家、果品30家)，取得“三品”（绿色、有机、无公害）认证基地156家。

加快农产品流通，有19家农业企业及专业合作社与大型商超门店、社区、餐饮企业和高校、医院、机关食堂等实现对接，销售收入突破1亿元。7家农民专业合作社在京东、天猫、微信等网络平台推广销售农产品，销售收入3 313万元。推广实施大兴区农产品质量安全追溯体系建设，推广“大兴农品”追溯二维码500万枚。

疏解非首都功能，通过支持外埠基地建设、划定禁养区等措施缩小养殖体量，清退禁养区养殖企业333家，区域退出养殖1 317户，退出畜禽110.88万头（只)。

城乡发展一体化

【机场及临空经济区建设】 9月25日，北京大兴国际机场正式投运。大兴机场高速、京雄城际铁路和轨道交通大兴机场线同步开通，永兴河北路等城市路桥建成通车，新航城东西区再生水厂、大礼路、青礼路综合管廊按时通水通廊。临空经济区总体规划正式获批，自贸区大兴国际机场片区正式挂牌，综合保税区（一期）全面开工，国际会展中心、国际健康中心、国际消费枢纽、综合保税区等首批招商项目正式对外发布，临空经济区规划建设实质性启动。

【就业服务】 2019年，大兴区深入开展“暖心行动”，组织实施“就业援助月”“春风行动”“民营企业招聘月”等就业专项活动，就业保障水平持续提升。至年末，实现城乡劳动力就业19 456人，城镇登记失业率 1.88%。组织机场岗位专场招聘活动 43 场，累计开发机场岗位 6 000 余个。通过定向培训方式，提升低收入农户职业技能，有劳动能力的低收入农户就业率达 88%。

【社会保障】2019 年，社会保障体系不断完善，全面推进医耗联动综合改革，创新实施城乡居民补充医疗保险。养老服务供给不断优化，启动大兴区养老服务示范中心建设，新建镇街养老照料中心 5 家、社区养老驿站 34 家。至年末，大兴区参加基本养老、基本医疗、失业、工伤和生育保险职工人数分别为 58.51 万人、58.42 万人、45.18 万人、45.50 万人和 40.90 万人，分别比上年增长 6.6%、5.7%、5.6%、2.6%和 5.6%。

【道路建设】至年底，大兴区公路里程达到 2 944.7 千米，其中，国道 198.5 千米、省道 209.8 千米、县道 410.2 千米、乡道 1 016.7 千米。按公路等级分，高速公路 187.7 千米、一级公路 165.6 千米、二级公路 483.2 千米、三级公路 386.3 千米、四级公路 1 721.9 千米。

【公路交通】至年底，公共电汽车区内运营线路 68 条，运营线路区内长度 1 816.6 千米；轨道交通运营线路 4 条，运营线路区内长度 58.2 千米。实有出租汽车 2 479 辆，客运量 1 178.9 万人次。其中，新能源出租车 380 辆，客运量 180 万人次。接驳车 180 辆，运营线路 21 条，运营线路长度 71.9 千米，客运量 720 万人次。公租自行车累计建设站点 590 个，投放公租自行车 1.7 万辆，办卡 14.4 万张，全年累计租借 2 978 万次。

【大气污染防治】年内，大兴区实施“以奖促管”，完善环境监管网格化平台建设，加大移动源监管执法力度，深入治理挥发性有机物，降尘量、重型柴油车处罚量居全市前列，PM2.5 累计浓度 44 微克/米^3，比上年下降 17%，空气环境质量达到历史最优水平。以细化到人的作风落实“河长制”，深入开展小微水体整治，“四乱”问题全部销账，新老凤河（新城段）生态廊道建成开放，流域治理成效显著。瀛海、魏善庄镇级再生水厂实现运行，新建污水管线 91.8 千米，污水处理能力不断提升。以对发展高度负责的态度建设大尺度绿色空间，围绕机场等重点区域，实施绿化 3.28 万亩，实现“穿过森林去机场”。完成黄村、西红门、旧宫城市森林公园主体绿化工程，孙村公园对外开放。

都市型现代农业

【农区灭鼠】4 月 19 日，大兴区农区灭鼠工作动员会在大兴区植保植检站召开，对灭鼠时间、范围、组织、检查工作进行全面部署，印发《农区灭鼠技术方案》，与各相关镇签订《灭鼠安全责任书》。4 月 22—24 日，在各镇开展技术培训及大面积防治，累计发放灭鼠投饵方法及注意事项 3 500 余份，培训 2 000 人次。全区春季农区灭鼠面积 13 333.33 公顷，防治效果 91.5%。11 月 2—4 日，大兴区开展秋季农区灭鼠工作，灭鼠面积 3 333.33 公顷，防治效果 91%。

【玉米种子转基因成分抽测】4—6 月，大兴区种子管理站对全区种子生产经营单位所经营的玉米种子进行转基因成分抽检，抽检单位 13 个，抽检种子样品 18 个，抽检结果均为阴性；7—8 月，对玉米种植田进行转基因成分监测，抽检地块 9 个，抽检面积 32 公顷，抽检结果均为阴性，未发现含有转基因成分的种子。

【赤眼蜂防治二代玉米螟】7 月 24 日，大兴区植保站在庞各庄农业技术推广站召开 2019 年大兴区赤眼蜂防治二代玉米螟培训会，安定、礼贤、榆垡、青云店、长子营、采育、庞各庄、魏善庄 8 个镇农技推广站站长、技术人员和庞各庄镇农技员共计 50 余人参加培训会。全区放蜂时间安排在 7 月 24—25 日，区植保站向 8 个镇发放赤眼蜂防治玉米螟技术使用说明宣传材料 5 000 份，发放赤眼蜂 2 亿头，防治 1 333.33 公顷玉米田二代玉米螟，防治效果 80.2%，减少化学农药投入 5 吨，对大兴区农作物农药减量控害技术集成与推广项目起到推进作用。

【草地贪夜蛾监测防控】8 月 6 日，大兴区植保植检站制订《大兴区草地贪夜蛾防控工作方案》，指导全区草地贪夜蛾监测防控工作。在全区建立 13 个区级草地贪夜蛾监测点、10 个镇级草地贪夜蛾监测点，区镇两级植保技术人员广泛开展监测工作，先后对区镇两级技术人员进行 6 期培训，培训人员 260 人次，安装 50 盏太阳能杀虫灯、6 盏测报灯，发放 1 430 套草地贪夜蛾诱捕器，苏云金杆菌等防控药剂 425 千克，用于草地贪夜蛾监测和防控工作。至 10 月 25 日，普查庞各庄等 13 个镇，在庞各庄、西红门、采育 3 个镇 4 个村，发现 14 头草地贪夜蛾成虫。

【农业新品种新技术推广与示范】年内，大兴区种植业中心在10栋日光温室、3个冷棚和2个连栋温室开展新品种新技术推广。完成西瓜育苗2.2万余株、水培叶菜育苗3万株；开展包括继续与中国农业科学院蔬菜研究中心院区合作项目“北京大兴生态基质无土栽培技术推广与示范”，中果型西瓜10个品种品质对比实验，不同土壤改良剂对土壤养分的影响实验，测土配方施肥长期定位监测实验，配合北京市农林科学院信息中心完成温控智能卷帘机实验，展示西瓜椰糠无土栽培、水培韭菜、水培生菜等新品种新技术10项以上。全年引进示范254个蔬菜品种，示范20项新技术，完成1 000盆盆栽瓜菜生产，组织、承担观摩活动14次，400余人次参与。

【设施瓜菜高效微灌技术优化研究与推广成果】2019年，农业技术推广站节水研究室申报的大兴区设施瓜菜高效微灌技术优化研究与推广成果，获北京市农业技术推广二等奖。该项成果2016—2018年在大兴区累计推广1.55万公顷，总增产8.03万吨，节水724.28万米^3。

【农业改革发展资金重点项目】年内，大兴区蔬菜技术推广站开展地膜回收项目、设施蔬菜水肥一体化技术示范项目、农耕文化蔬菜老品种示范基地建设项目、蔬菜特优基地建设项目、草莓脱毒种苗组培繁育示范基地建设项目、有机肥替代化肥项目、越冬温室果菜光电调控技术示范与推广项目7个农业改革发展资金重点项目。回收旧地膜1 200吨，发放新地膜400吨；有机肥替代化肥项目补贴面积1 393.33公顷，补贴肥料2.09万吨；建立水肥一体化技术示范田19.43公顷，示范设备4种，引进蔬菜品种9个，增温技术2项；建立农耕文化蔬菜老品种示范基地6个，示范面积6.67公顷，示范种植老品种蔬菜和特色蔬菜品种31个；创建蔬菜特优基地3个；建立草莓种苗组培繁育示范基地1个；建立越冬温室果菜光电调控技术示范田9.67公顷。

【瓜菜集约化育苗】2019年，大兴区蔬菜集约化育苗生产面积16.33公顷，市级蔬菜集约化育苗场22家，其中13家育苗场（含3家草莓）取得农作物种子生产经营许可证，全年集约化育苗8 636.88万株（含西甜瓜2 129.47万株）。年内，针对育苗各关键期进行肥水管理以及极端天气应对管理等现场技术指导10余次，开展育苗专题培训3次，调研2次。

【草莓生产】2019年，大兴区冬春季草莓种植面积28.47公顷，品种有“红颜”“章姬”“御用”“白雪公主”“圣诞红”等，以“红颜”为主栽品种。年内，全区草莓重点育苗基地育苗面积4.4公顷，育苗276.5万株。12月30日，在第六届“北京草莓之星”评选活动中，大兴区4个样品获“星级奖”：北京双阳农业有限公司、奥肯尼克家庭农场获得四星奖，北京首通田园农业发展有限公司、北京凤采军辉农产品产销专业合作社获得三星奖。5个样品获“优秀奖”：北京四季阳坤农业科技发展有限公司、北京盛世杰农业发展有限公司、北京四季阳坤农业专业合作社、奥肯尼克家庭农场获得优秀奖（2个样品）。

【经济作物生产】2019年，大兴区粮食种植面积2 493.33公顷，包括玉米1 806.67公顷、总产量14 637吨，豆类193.33公顷、总产量626.1吨，甘薯280公顷、总产量2 739.4吨，油料213.33公顷、总产量759.265吨。蔬菜种植面积6 060公顷，累计上市27.5亿吨，实现经济收入5.87亿元。

【耕地地力保护补贴】2019年，大兴区耕地地力保护补贴范围为在大兴区拥有耕地承包权的种粮农户（含村集体土地承包户）种植的小麦、玉米、甘薯、大豆等粮食作物，每亩补贴300元。经区种植业中心复核，大兴区享受耕地地力保护补贴面积2 430.4公顷，涉及10个镇、261个村、9 352户，补贴资金1 093.68万元。

【农田景观建设】年内，大兴区种植业中心在北京大兴国际机场周边榆垡、礼贤、魏善庄、庞各庄、青云店5个镇完成农田景观田2 100公顷，主要是以油菜、油葵及成方连片的经济作物生产田、花草景观田为主；油菜320公顷、葵花393.33公顷、各类花草53.33公顷及其他具有观赏作用的经济作物1 333.33公顷。

【水肥一体化技术示范项目】年内，大兴区种植业中心开展水肥一体化技术示范项目，在全区建立水肥一体化技术示范田19.43公顷，示范设备4种，引进蔬菜品种9个，增温技术2项。开展专题技术培训11次，观摩9次，田间技术指导70余次，累计培训375人次。

【土壤养分分析与技术示范推广】年内，大兴区种植业中心取土壤样品100个进行检测，分析大兴区土壤养分基本状况，包括有机质、全氮、碱解氮、有效磷、速效钾、土壤 pH、土壤 EC 和有效铁铜锌锰等项目。在全区主要农业镇开展技术示范与推广工作，发放配方专用肥 65 吨。在全区选择有代表性的设施瓜菜地块开展试验示范，在甜瓜、西瓜栽培地块开展示范试验 8 项。

【肥料监督抽查】年内，大兴区种植业中心在辖区 5 家生产企业抽取有机肥样品 2 个、水溶肥样品 9 个、复混肥样品 5 个、缓释肥样品 2 个，共计 18 个。同时随机在区域内农业生产基地抽取有机肥、水溶肥等样品 33 个，协同北京市土肥站完成农业农村部全国肥料监督抽查工作，抽取水溶肥样品 4 个、有机样品肥 2 个。为提高农产品质量安全，区种植业中心随机抽取生产基地有机肥 15 个、复混肥 10 个、水溶肥 15 个，经检测，未发现不合格肥料产品。

【农药包装废弃物回收处置】2019 年，大兴区农药包装废弃物回收处置覆盖庞各庄等 9 个镇，农作物种植面积 6 666.67 公顷。通过公开招投标的方式选取北京农业生产资料有限公司为项目运营主体，通过比选方式确定中政企（北京）工程咨询有限公司为第三方监督服务公司。在项目实施阶段对运营公司和第三方监督服务公司进行不定期监督检查。11 月 15 日，开始进行农药包装废弃物回收，至 12 月 19 日回收工作结束，回收农药包装废弃物 359.35 万个（8.94 吨）；12 月 8 日起，分 7 次进行销毁，至 12 月 25 日完成农药包装废弃物销毁工作。

【植物检疫行政许可】2019 年，大兴区种植业中心开展种子生产经营单位培训 1 次，科普赶集 4 次；开展行政执法活动 38 次，出动执法人员 114 人次，检查门店 232 个次；依法进行现场处罚 5 起，罚款 250 元。

【植物疫情防控】2019 年，大兴区种植业中心通过植物检疫人员和 6 个植物疫情监测点在全区开展疫情普查，普查 17 种检疫性有害生物，累计普查 8 个镇 73 个村，普查代表面积 1 733.33 公顷，速测样本 62 个，全年未发现检疫性有害生物。

【畜牧业发展】年内，大兴区畜牧产业结构不断优化，以减量促升级，区域退出养殖户数 1 317 户，退出畜禽数量 110.88 万头（只），拆除饲舍面积 15.55 万米^2。禁养区畜禽清退比例 99.6%，全区畜禽清退比例 98.2%。规模场疏解退出 333 家，每季度定期开展巡查工作。不断加强畜产品质量安全监管，确保畜产品安全供应保障有力，排查 97 场次，发放畜牧渔业健康养殖及安全生产告知书等宣传资料 200 余份。督促各镇防疫站做好行业安全生产监管工作，加强各养殖场日常生产监管及禁养闲置养殖场的安全巡查。畜禽污染防治和资源化利用取得新成效，大兴区畜禽粪污综合利用率 90% 以上，规模场粪污资源处理设施配套率 100%。

【绿色产业】年内，大兴区抓实万亩高效密植果园和常规果园改造提升，密植园梨树、桃树平均亩产 2 500 千克。新建果树及蜂标准化基地 5 个，完成无公害基地申报及复查换证 11 个。实施火鹤新品种繁育与栽培技术研究项目，引进火鹤新品种 6 个。完成北京地区现代月季、古老月季资源统计调查，筹办第十一届北京月季文化节开幕式，组织花卉企业参加各类月季竞赛，获奖 46 项。

【果品产业】年内，大兴区开展果园管理技术培训班；帮助果农联系花粉 60 千克，争取有机肥补贴 12 560 吨；推广土壤改良 800 公顷、果园生草 1 333.33公顷、节水灌溉 133.33 公顷、蜜蜂授粉 100 公顷、病虫害绿色防控 333.33 公顷。梨树、桃树平均亩产 2 500 千克，最高 4 000 千克。

【林下经济】年内，大兴区林下种植面积 309.67 公顷，具备林菌、林粮为主，林药、林花为辅的多种林下经济发展模式。林下发展主要集中在平原造林地区和老果树种植区。对全区适宜发展林下经济的林地面积进行摸底，为合理种植林下作物提供数据支撑。

【种苗产业】年内，大兴区苗圃总面积 753.45 公顷，有生产经营许可证 121 家企业，其中，有“生产许可证”118 家，有“经营许可证”3 家，新办理“两证”17 家。对区域内种苗监督检查 101 份。对辖区内规模化苗圃（2014—2017 年度）进行自查验收，按时拨付给企业土地流转补助资金。服务区域内生态林建设工程，检查 2019 年新一百万亩绿化工程 68 个标段，抽查 164 个苗批，合格率 100%。

【蜂产业】年内，大兴区有蜂群 4 804 群，蜂农 65 户。产蜂蜜 10 500 千克、蜂蜡 1 600 千克、花粉 4 000千克、蜂胶 400 千克、王浆 1 600 千克。总收入 480 万元。推广蜜蜂授粉在林果、花卉中的应用，授粉面积 1 066.67 公顷，授粉收入 300 万元。编制蜂蜜生产标准化体系文件，完成大兴区第一家蜜蜂标准化基地的建设。

【食用林产品基地建设】年内，新建标准化基地5个，全区共有32个标准化基地，通过其带动示范作用，引导全区果农进行标准化生产；新建无公害基地4个，全区共有42个无公害基地。

非农产业

【助推乡村旅游发展】12月1—7日，大兴区文化和旅游局组织大兴区入选“2019年乡村文化和旅游能人支持项目”人员，参加由中央文化和旅游管理干部学院举办的全国乡村文化和旅游能人专题培训班（第二期）。培训班主要围绕乡村振兴和脱贫攻坚战略、解读乡村文化和旅游、农村土地资源开发使用等相关政策，对2019年度乡村文化和旅游能人支持项目的入选人员开展培训。2019年乡村文化和旅游能人支持项目是通过搭建交流平台、加强宣传推介和联系服务，强化实践锻炼，开展项目扶持等方式对乡村文化和旅游能人进行重点支持。通过区级推荐、市级评审，北京市有6人入选，其中，大兴区青云店镇“孝义文化小镇”项目负责人张强成功入选。

【农产品流通】年内，大兴区重点培育发展5S基地服务站，逐步完善全链条式服务体系建设，拨付15家新型农业经营主体农产品流通体系建设奖励资金498.05万元。8家农民专业合作社与沃尔玛、家乐福、华联、百盛、永辉、翠微、华堂、盒马等大型商超企业实现对接，实现销售收入4 569万元。7家农业企业及合作社通过社区直营店、便民商亭、“网店＋社区直投柜＋社区体验店”等不同模式，进入全市范围内社区销售，实现销售收入13 747万元。4家农民专业合作社与海底捞、呷哺呷哺等餐饮企业及食堂实现对接，带动合作社蔬菜等农产品进入本市餐饮领域销售，实现销售收入2 465万元。7家农民专业合作社在京东、天猫、微信等网络平台推广销售农产品，实现销售收入3 313万元。

【第31届全国西甜瓜擂台赛】年内，出台《第31届北京大兴西瓜节“美丹杯”全国西甜瓜擂台赛方案》，协调大兴区种植业服务中心、庞各庄镇，积极筹备组织。5月25日，在大兴区庞各庄镇西瓜晓镇举办第31届全国西甜瓜擂台赛。汇聚来自北京、上海、河北、山东、河南等6个省（直辖市）15个地区的297名种瓜能手携1 157个参赛瓜品参加比赛。决出大型西瓜重量组、中型西瓜综合组、小型西瓜综合组、甜瓜综合组、新品种组5种奖项，大兴区庞各庄镇瓜农李铁军培育的京欣8号以80.06千克单瓜重夺得擂台赛大型西瓜重量组冠军，获得“瓜王”称号。

【产业融合发展】2019年，全区有休闲观光园、农家乐等休闲农业经营主体156个，实现总收入30 502.58万元；休闲农业从业者4 105人，年均工资额4.79万元，比上年增长6.44%，其中本地农民从事休闲农业2 935人，增长4.86%。为提高休闲农业相关从业人员实际技能和管理水平，开展形式多样培训活动，培训人员4 214人次，举办休闲农业相关节庆、农事活动36次。打造休闲农业精品品牌，安定镇前野厂村获评全国“一村一品”示范村。全区有3个品牌获得2019年北京农业好品牌称号。

村镇建设

【美丽乡村建设示范项目在大兴启动】1月23日，市科委农村处、区科委、北京工业大学等多家单位在魏善庄镇半壁店村泰迪低碳乐园实施的“绿色智慧乡村关键技术与集成应用研究”项目正式启动。市科委农村处领导指导项目实施方案，并对项目实施过程中的经费使用做细致指导。

【村庄规划编制】年内，大兴区在全市范围内率先建立“1＋N”区级乡村总责任规划师＋乡村责任规划师制度，聘任1名区级乡村总责任规划师和36名镇级乡村责任规划师，“点对点”指导美丽乡村规划编制。第一批91个村庄规划完成批复工作，第二批142个村庄规划中，魏善庄镇羊坊村等3个村作为宅基地改革试点先行批复，其余139个村庄规划全部完成编制。

【美丽乡村建设】年内，推进村庄污水收集管网建设，完成44个村项目前期报审，谋划20个村方案编制。在完成首批88个村村庄规划编制审批基础上，再启动142个村的村庄规划编制，完成初稿和联审，主要围绕南中轴文化、永定河文化、凤河文化以及国门新兴文化的挖掘进行规划设计工作。积极落地驻村规划师机制，集合本乡本土农民和专业规划师共同智慧，从村域实际出发，规划蘑菇童话村——李家场、国学文化村——大谷店、京剧梨园村——前北曹等特色村庄。

【农村人居环境整治】年内，全区357个村（保留村）推动人居环境整治工作。出台《北京市大兴区农村人居环境整治专项奖补工作方案》，投入 5.47 亿元专项资金，用于支持各属地持续加大村庄环境整治工作。出台《大兴区农村基础设施运行与维护管理指导意见》，形成长效机制，确保村庄环境长治久洁。至年末，农村地区清理积存垃圾 12 万处、43.74 万吨；清理村域河塘沟渠 1.16 万条；清理农业生产废弃物 7 331 处、3.03 万吨；拆除私搭乱建 5.28 万处、164.01 万米^2；清理乱堆乱放、乱贴乱挂乱画 23 万处；清理生活污水粪污直排、溢流 1.12 万处，村容村貌明显改观。

【水环境治理】年内，北京市规划自然资源委大兴分局完成安南支沟、凉凤灌渠等河道规划方案批复及规划选址意见书的办理工作，同步推进老凤河、旱河等河道的规划方案审查。落实大兴区污水处理和再生水利用三年行动方案，完成长子营镇、青云店镇、安定镇、庞各庄镇再生水厂用地或工程许可手续的办理工作。推进美丽乡村污水治理项目实施，完成大兴区 44 个村村内污水收集管线建设工程规划用地校核及回函工作。

【棚户区改造】年内，大兴区启动青云店中心镇区、旧宫南街地区和西红门新建地区 3 个棚户区改造项目，签约 2 877 户，提前超额完成市级任务。

【农村危房改造】年内，大兴区 2018—2020 年 4 类重点对象和低收入群众 C、D 级危房改造对象 157 户，开工 125 户、竣工 57 户。

【镇村绿地建设】年内，在庞各庄、安定、采育、魏善庄、榆垡 5 个镇 7 个村，开展 6 公顷镇村级小微绿地建设，增加群众身边的绿色空间。

农村改革与管理

【农村集体经济组织登记证换发工作】1 月，按照北京市农业农村局《关于转发〈农业农村部办公厅关于启用农村集体经济组织登记证有关事项的通知〉的通知》（京政农发〔2019〕8 号）有关工作要求，原由各区政府负责发放并加盖公章的“北京市农村合作经济组织登记证书”，统一调整为由各区农委负责发放农业农村部统一监制、市农业农村局统一印制的“农村集体经济组织登记证”，并加盖印章，具体工作仍由区经管站承担。本市已经取得带有统一社会信用代码的“北京市农村合作经济组织登记证书”的农村集体经济组织，在全国农村集体经济组织登记赋码管理系统中通过变更操作，完善相关信息后，换发全国统一的“农村集体经济组织登记证”，原“北京市农村合作经济组织登记证书”收回作废。该项工作正在逐步推进，已经联网大兴区政务服务局“一网通”办系统联合接件办理。至年末，完成 11 个镇的 101 个村 200 本证书的发放工作。

【农村集体土地三项改革收官】至年末，大兴区累计完成 15 宗土地入市，总交易额 210 亿元，联营公司集体资产增收超 100 亿元，集体经济组织人均增收近 4 000 元。利用集体建设用地建设公寓、集体租赁住房、共有产权房 86 万米^2，职住均衡作用发挥更加充分。统筹推进宅基地改革，安定镇 4 个村创新实施异地迁建。完成 26 宗 562 公顷土地征收工作，实现被征地农民合理规范多元保障。

【农业法制】年内，印发《2019 年农业法制工作要点》《规范性文件审查管理办法》《合同审查管理办法》《大兴区农资打假实施方案》。梳理编制行政职权，区农业农村局承担行政许可 24 项、行政检查职权 23 项、行政处罚职权 416 项、行政强制职权 22 项、行政奖励职权 4 项、其他职权 78 项。建立“双随机一公开”抽查监管机制，全年实施行政处罚 111 起。政务服务坚持以“遵守法定时限、履行法定职责、提高办事效率、提供优质服务”为宗旨，精简申报材料，压缩办理时限 85％以上，全年受理办结各类行政审批事项 531 件，驻厅窗口 10 次被评为“红旗窗口”。强化执法人员和农资经营者的培训，提高人员行政执法和守法经营意识、从业技能。通过“五进五送”“法制赶集”等形式，组织开展“3·15”“打假护农保春耕”“12·4”等法制宣传活动，组织宣传 12 次，发放各类宣传资料 9.5 万余份，媒体报道 3 次。

【农村土地承包经营权确权登记颁证工作】2015 年，在全区范围内开展农村土地承包经营权确权登记颁证工作。至 2019 年末，完成 282 个行政村农村土地承包经营权确权登记证书打印及扫描工作。按市级工作要求和区级工作计划，年底开始对各镇依次进行证书的发放，12 月末完成对北臧村镇证书的发放。

【涉农合同清理】年内，继续做好上年度设施农业合同清理收尾工作，至 3 月末，完成全部问题合同的整改工作。在“8·26”案件发生后，迅速组织各镇，在“大棚房”合同清理基础上，针对所有涉农合同，开展新一轮合同清理。通过组织召开各镇经管站站长座谈会、到镇督导并起草印发合同示范文本用于指导各镇签订合同等工作措施，至12月末全区12个镇街（除旧宫、亦庄）收集整理各镇（街道）涉农合同24 644份，问题合同505份，其中主要问题是存在租赁期限超过20年问题，个别问题合同存在租金过低、程序不完善等。至年末，完成177份问题合同的整改工作。

【土地承包合同管理】年内，大兴区农村经济管理站鉴证确权土地承包合同278份，指导魏善庄镇陈各庄村开展确权确利合同的起草和签订工作。开展土地流转动态监测，全区有2 000公顷土地进行流转。

【农村集体经济产权制度改革】年内，大兴区贯彻落实市农委《关于进一步深化本市农村集体产权制度改革发展壮大农村集体经济的若干意见》（京农发〔2017〕33号）和《关于进一步深化大兴区农村集体产权制度改革发展壮大农村集体经济的指导意见》（京兴农发〔2018〕1号），更好指导基层工作，结合大兴区实际情况，对33号文主要工作要求进行部署落实，各部门、各镇开展自查总结工作。加强对整建制转非村固化成员、固化股份的指导工作。至年末，完成转非固化71个村。其中，瀛海镇28个村，亦庄镇20个村，黄村镇23个村。其中，瀛海镇固化股东16 240人，亦庄镇固化股东13 362人，黄村镇固化股东13 514人。

【农村集体经济组织换届选举】年内，大兴区根据《中国共产党农村基层组织工作条例》，市委办公厅、市政府办公厅《关于认真做好全市村和社区“两委”换届选举工作的意见》，市委组织部、市委农工委、市民政局《关于进一步加强全市农村基层组织建设的若干意见》，市委农工委、市农业农村局《关于村集体经济组织换届选举有关问题答复》和区委办、区政府办《印发〈关于认真做好全区村和社区“两委”换届选举工作的实施意见〉的通知》等相关文件精神，为进一步完善村集体经济组织治理结构，选优配强村集体经济组织班子，促进村集体经济持续健康发展，区农业农村局、区经管站积极开展全区村集体经济组织的换届选举工作。全区有村集体经济组织561个，进行村集体经济组织换届542个，在村党组织的领导下，以表决、投票等方式产生新一届村集体经济组织董事会、监事会成员及董事长、监事长。延期换届的19个集体经济组织将逐步完成该项工作。

【农村集体经营性建设用地入市试点】年内，大兴区农村经济管理站积极配合区试点办推进建设用地入市改革工作。贯彻落实《大兴区农村集体经营性建设用地入市试点入市实施主体及组织运行管理暂行办法》，对魏善庄、青云店、长子营镇集体建设用地和集体租赁住房项目相关程序、材料进行审核把关，出具同意农村集体经营性建设用地入市意见函。至年末，全区有12个镇（街道）组建17个镇（街道）级土地联营公司并完成工商注册登记，“三会”（股东大会、董事会和监事会）健全，开展工作。

【村级重要经济事项监管】继续落实村级重要事项事前咨商和招投标工作办法，按季度开展对各镇村级重要事项事前咨商情况和招投标事项的统计工作。年内，全区开展事前咨商和招投标工作的涉及11个镇（街道），召开联席会议163次，咨商议题6 119个，出具指导性意见9 820条；招投标事项120件，涉及金额1.1亿元。全区通过北京农村产权交易平台，成交项目34宗，成交金额4.2亿元，流转土地面积2 333.33公顷。

【农村集体资产清产核资】年内，大兴区按照全市统一部署，以2017年12月31日为资产清查登记时点，对全区14个镇（街道）级组织、548个村级组织、10个组级组织、2家镇级企业、11家村级企业，共585个清查对象的资源性、经营性、非经营性3类资产进行全面清查，摸清家底，建立台账，完善制度。至2019年末，全区清查核实农村集体资产总额331.58亿元，负债161.68亿元，所有者权益169.90亿元。其中，经营性资产157.83亿元，非经营性资产173.75亿元。核实集体土地总面积70 140公顷，其中，农业用地53 340公顷（含林地11 060公顷），建设用地16 246.67公顷，未利用土地553.33公顷。

【村级财务预决算汇总】2019年，对全区14个镇（除亦庄外）的13个镇531个村、组实行预决算制度。2018年全区村级集体经济组织实现总收入764 903.8万元，总支出601 668.4万元，（其中成员股东分红107 427.9万元）；收支结余163 235.4万元；部门无偿投入账外资产入账金额1 362.3万元。

【村级公益事业专项补助资金的管理使用情况审计】2019年，对全区村级公益事业专项补足资金的管理使用情况进行审计。经审计：2018年度，全区

500 个村村级公益事业专项补助资金 9 841.14 万元，专项补助资金使用金额 9 331.92 万元。

【农村集体经济组织征地补偿费管理使用情况审计】 2019 年，对全区农村集体经济组织征地补偿费管理使用情况进行审计。该次审计涉及 12 个镇 301 个村。各镇在征地补偿费管理使用上，均制定管理办法和审批程序，并严格执行，确保集体经济组织资金安全。

【收益分配统计分析】 年内，全区集体经济总收入完成 435 945.4 万元。人均纯收入 28 128 元，比上年增长 6.7%。对全区 9 个镇 1 397 户、3 463 人的低收入农户收入情况开展监测工作，低收入农户人均可支配收入 24 775.4 元。其中，家庭经营净收入人均 387.3 元，工资性收入人均 10 210.9 元，财产性净收入人均 4 000.3 元，转移性净收入人均 10 176.9 元。

【农民专业合作社建设】 年内，大兴区开展农民专业合作社运营发展情况摸底调查工作，全面摸清全区农民专业合作社的运营发展现状。至年末，全区在农村管理信息化平台录入的合作社有 779 家。

【农村信息化系统维护和建设】 年内，完成全区村、镇、区到市四级平台的数据统计、分析和上报工作。继续开展对"三资"（农村集体资金、资产和资源）监管平台的维护工作，开展对信息化软硬件设备及网络的运维工作，培训农村信息化人员 400 余人次。

【农业安全生产】 年内，大兴区开展农业安全生产专项行动 19 项，督导检查 261 次，出动人员1 447 人次，检查单位 678 家次；开展安全宣传活动 31 次，培训活动 23 次，培训人员 1 100 余人；开展应急演练 12 次，发放宣传材料 5 万余份。

【农产品质量安全】 2019 年，大兴区成功创建国家农产品质量安全区，全区有农业标准化基地 73 家。年内，完成区级定量检测 2 500 个、定性检测 4.5 万个，合格率 100%。不断加强农产品质量安全源头管控，探索农资连锁经营模式，清退无证无照、小散乱农资门店 102 家。

【"大棚房"问题专项清理整治】 年内，大兴区开展"大棚房"问题排查整治，累计排查图斑 16 094 个，通过市级、国家级验收。至年末，全区"大棚房"问题清理整治各项工作全部完成。组织各镇对"大棚房"验收后各农业项目开展手续材料审核、外业查勘和专题审议。经各镇申报，全区完成农业备案或确认手续的项目 249 宗，其中，备案项目 94 宗，确认项目 155 宗。制订印发区级落实设施农业长效监管的实施方案，进一步完善长效监管机制。对时有 5.4 万栋农业设施大棚装挂二维码标牌，实施动态管理。

【农田环境清理整治】 年内，大兴区组织各镇（街）深入推进农田环境清理整治工作，会同相关部门开展督导检查，重点对北京大兴国际机场周边及"五纵两横"（京台、京开、机场高速路、轨道交通新机场线、京雄城际铁路，机场北线高速公路、城际铁路联络线一期）等主要道路沿线两侧可视范围向外延伸区域开展巡查，确保清理整治取得实效。年内，清理拆除老旧农业设施 6 481 栋，占地面积 576.92 公顷；清理田间地头积存废物废料5 116处、14 244 吨；整治闲置撂荒地块 244 处，面积 462.16 公顷。

【设施农业和各类农业园区专项排查整治】 年内，制订专项排查整治工作方案，明确和固化设施非农利用、设施住人、设施使用现状、设施新增变化等 8 条重点检查内容，检查 13 个镇（除亦庄）和天宫院街道 351 个村、大棚 5.4 万栋、各类农业园区 451 个，排查附属设施及房屋等 2 150 处、39 万米^2；对检查中发现的环境脏乱、堆放杂物、安全隐患等问题立行立改。同时，组织各镇（街）将区域内设施农业和各类农业园区的位置和基本信息等描绘上图。至年末，各镇（街）、村形成监管图册台账，划定监管网格 440 个，明确镇（街）包片领导 96 人，包村干部 471 人，网格监管人员（村级）454 人。

【渔政管理】 年内，对全区时有渔业养殖基地 22 家、垂钓场 13 家进行执法检查 15 场次、出动执法人员 57 人次，要求养殖场户不得使用国家明令禁止的鱼药、禁用化学药物和"三无"产品。强化水生野生动物监管，以辖区内花鸟鱼虫市场、文玩市场、饭店、药店为监管重点，对水生野生动物经营利用行为进行执法检查。严打非法捕捞行为，积极开展"亮剑 2019"专项行动，开展执法检查 43 次，出动执法人员 154 人次，清理渔具地笼 16 个，监督水产品药残采样 61 个。制定 2019 年大兴区渔业增殖放流任务，在长子营镇湿地放流鲢鱼、鳙鱼 14 万尾。

【动物卫生监管】 年内，全区出具动物检疫合格证明 1 462 张，检疫动物 55.71 万头（只、匹）；出具动物产品检疫合格证明 173.67 万张，分销动物产品 22.41 万吨。开展各类执法检查 837 场次，出动 2 420 人次。抽检屠宰企业、养殖场户、生鲜乳收购站 227 场次。屠宰环节无害化处理生猪废弃物 1 507 千克、牛废弃物 4 625.5 千克、鸭 3 146 只。查验消毒运输动物及动物产品的车辆 3.72 万车次，检查动物 548.28 万头（只），检查动物产品 23.23 万吨。

【动物防疫】年内，开展动物免疫和免疫抗体监测，监测各类样品 14 346 份次，全区免疫整体效果到达部颁标准。全面落实狂犬病强制免疫工作，采取集中免疫和日常补免相结合的方式，发放犬免疫标识 9 万枚，狂犬病免疫 84 595 条。开展非洲猪瘟病原学检测，向北京市动物疫病预防控制中心送检非洲猪瘟样品 558 份次，结果全部为阴性。为确保新鲜肉品及时供应，检测非洲猪瘟白条样品9 464 批次、47 320 份次；检测屠宰场环境样品 79 份次。完成口蹄疫、高致病性禽流感、羊布病、小反刍兽疫、狂犬病 5 种强制免疫疫苗的储备与发放，累计发放各类疫苗 61.36 万头份、消毒药 11.44 吨、各类防护用品 14.2 万余件。

【气象预警】年内，接收并发布气象灾害预警信息 128 期，发布预警传真 8 960 份，预警短信 100 万条。其中，6 月中旬至 9 月末为相关部门单位国庆 70 周年庆祝活动提供保障服务重要天气专报 20 期，发布气象灾害预警信息 46 次。面向全区农口单位、重点农业园区、农业龙头企业、农民专业合作组织、种植养殖大户等农业生产经营机构，建立直通式为农服务机制。结合防灾减灾工作，完善全区灾情调查和隐患排查工作。

【农业环境监测】年内，大兴区针对基本农田、生产园区、外来人员种植产地、市级规定点位开展定位监测工作，采集土壤样品进行 6 项重金属和有机质、氮、磷、钾检测，未发现重金属超标的情况。协调有关部门完成全区耕地土壤环境质量类别划分工作，涉及大兴区耕地 39 520 公顷、14 305 个地块。

【“三品一标”认证监管】年内，大兴区开展无公害农产品的认定工作，复查换证无公害基地 52 家，实际换证 42 家，完成 3 家新申报基地的材料审核、现场检查、产地环境监测和农产品检查等工作。全区 2019 年“菜篮子”产品“三品”认证率 91.5%，超额完成 73%的指标任务。加强对“三品”基地的日常监督检查，全年开展无公害监督检查 117 家次，完成市农优站指定的 30 家无公害基地的 30 个种植业无公害农产品监督抽样工作。开展绿色优质农产品工作，北京伍各庄益农农业专业合作社、北京立征春雨农业专业合作社、北京立春农业科技有限公司 3 家基地被评为北京市绿色优质农产品全程质量控制信息化试点 A 级园区。

【壮大农村集体经济】年内，制定《大兴区发展壮大农村集体经济实施方案》，开展扶持壮大农村集体经济试点工作，遴选长子营镇西北台村、采育镇宁家湾村、庞各庄镇南义堂村、庞各庄镇王场村、榆垡镇东麻各庄村、榆垡镇邓家屯村 6 个市级试点村，组织制订试点村“一村一策”实施方案。至年末，全区农村集体资产总额 405.2 亿元，比上年增长 8.9%。

农民生活

【元旦春节送书画下乡】1—2 月，大兴区文联组织大兴美术家协会、书法家协会、民间文艺家协会艺术家 154 人次，开展送福活动 11 场，为近千名群众创作美术作品、春联、福字 3 500 件。

【大兴区首个村办梨果品擂台赛】9 月 25 日，安定镇前野厂村委会组织梨果品擂台赛，49 户果农参加。参赛品种有鸭梨、广梨、香春梨 3 个品种。邀请 5 名专家现场评审，通过评判果形、色泽、有无病虫害、口感、可食率高低等多种方式，评选出鸭梨金奖获得者 8 户、银奖 27 户；广梨金奖获得者 5 户、银奖 12 户；香春梨金奖获得者 1 户、银奖 4 户。

【农村医疗】年内，大兴区运行村卫生室 193 个，其中，购买服务 128 个，非购买服务村卫生室 65 个。乡村医生在岗 219 人，其中，购买服务的乡村医生 144 人，非购买服务的乡村医生 75 人。全年诊疗 12.98 万人次。

【大兴区煤改清洁能源信息管控系统建设】年内，大兴区科委采集2 000个农户的空气源热泵系统的参数，建设大兴区煤改清洁能源信息管控系统，以物联网技术、节能技术打造集中式、分户式清洁能源供暖系统上的示范工程，探索清洁能源信息化技术创新体系，建造绿色信息化低能耗示范工程。充分利用清洁能源、物联网信息化技术、节能技术降低能源消耗、减少污染排放。总结集中式、分户式清洁能源物联网集中管控及节能运行的核心技术和方法，使建筑能耗水平达到超低能耗水平，并为智慧城市、智慧农村提供能源平台，在区域内起到示范作用。通过采集区内2 000个农村家庭的空气源热泵系统参数，构建能源监测、管理、统计一体化互联网平台，实现对每个用户的能耗分析、运行监控等功能，提高能源利用效率，平均节电19%。依据国家标准测算，实现节能控制的用户，每年折合减少燃烧标准煤0.8万吨，减少CO_2排放1.99万吨，已推广至区内3万个农村家庭。

基层组织与民主政治建设

【乡镇机构改革试点】7月，为贯彻《北京市大兴区机构改革方案》和《关于乡镇机构改革试点工作的指导意见》要求，大兴区委编办印发《北京市大兴区乡镇机构改革试点工作实施方案》，选取西红门、长子营、采育3个镇，开展改革试点工作。至11月末，改革试点工作圆满结束。通过改革，试点镇职责职权进一步清晰，机构设置更加统筹优化，人员积极性得到有效调动，运行机制更加合理顺畅。

【农村基层民主建设】年内，大兴区针对下派书记的村级组织，推广“党校理论培训＋机关挂职锻炼＋先进村拜师学艺”模式，培养后备人才。对确属涉黑涉恶的村干部进行严厉打击，加强警示教育，把违法违纪典型案例列入培训内容。8月，区委组织部、区委农工委、区民政局、区经管站联合对全区10个镇51个村开展村务管理集中督导调研。主要围绕“四议一审两公开”（村党组织提议，村“两委”会议商议，镇党委、政府审核，党员大会审议，村民代表会议决议，并实行决议公开、实施结果公开）执行，小微权力运行，村务监督委员会运行，“三务公开”（党务、村务、财务三公开）落实等方面开展，并要求各村对在调研过程中发现的问题尽快进行排查整改。会同区委组织部和区委农工委制定村级干部资格联审长效机制，做到“凡进必查”“凡提必查”“举报必查”。村务监督委员会推选完毕，大部分村党组织成员或党员被推选为监督委员会主任。

【新一轮“双百双千”城乡共建活动】2019年，大兴区委组织部研究出台《关于开展新一轮“百家单位联百村、千名干部助千户”城乡共建活动的实施方案》，安排全区96家区直单位和国有企业结对帮扶96个村，覆盖市级软弱涣散村、信访矛盾较突出村、集体经营性收入比较低村，以及有资源发展优势村，结对帮扶为期三年（2019—2022年）。

【第二批农村党建助理员招聘培训】2019年，大兴区委组织部按照“区招、镇管、村用”的原则，启动第二批农村党建助理员区级统一招聘工作，923人通过审核参加考试，经笔试、面试、联审考察等环节，录用226人，并开展任职培训，农村党建助理员总数达到460人，实现常态村“一村一名”目标。

“三农”工作部署和实施

【乡村振兴战略实施】年内，大兴区开展农村地区人居环境整治，累计拆除私搭乱建4.9万处、152万米^2，清理生活垃圾41万吨。加快推进美丽乡村建设，新建改造农村公厕737座，户厕无害化改造覆盖率97.8%，高标准完成16个试点村建设任务，安定镇前野厂村被评为全国一村一品示范村。实施“村地区管”，清理涉农合同2.4万份，开展“大棚房”清理整治回头看，有效遏制农地非农化利用问题。深化农业供给侧结构性改革，积极申报国家级农业绿色发展先行区，庞各庄现代农业产业园和长子营航食基地项目投产见效，引导农民专业合作社与商超餐饮等线上线下平台对接，销售额达到1亿元。激活农村要素活力，发放农村承包经营权抵押贷款42笔，打通集体资产股权变现渠道，实现首笔个人股权转让。增加农民收入，落实“两不愁三保障”帮扶措施，2个低收入村1 397户低收入农户全部超线。

【耕地保护】年内，大兴区严格执行有关标准，并全面与第三次全国土地变更调查阶段性成果、分区规划、重大基础设施建设、平原造林、河道整治等工作相衔接，在划定1.8万公顷永久基本农田基础上，基本完成1 913.33公顷基本农田储备区和4 080公顷耕地保有量储备区划定工作。制订《大兴区拆腾地块土地整治（2019—2023年）五年计划实施方案》，解决北京大兴国际机场项目耕地占补平衡指标。推进集体建设用地拆腾地块土地整治项目12个，其中完成新增耕地验收项目4个，新增耕地164公顷。

【征地和农转用】年内，北京市规划自然资源委大兴分局受理并办结集体土地征收及农转用前期手续12件，总用地面积290.7公顷。张贴征地公告9件，总用地面积268.8公顷。征地结案9件，总用地面积 240.3 公顷。

【土地供应储备】年内，北京市财政局发行土地储备专项债券 59 亿元，申请市级投资 7 亿元。大兴区商品住宅用地实际入库指标完成 83 公顷（全市第一），供地量完成 40 公顷（全市第三），解决北京大兴国际机场噪声区平衡资金 77 亿元；分配保障性安居工程用地指标 19 公顷，实际完成 25 公顷；分配工矿仓储用地指标 22 公顷，实际完成 27 公顷。完成西红门镇集建地 2 号地 C 地块及瀛海镇区级统筹地块等 4 宗地挂牌公告，总用地面积 24.4 公顷。

【获批国家农业绿色发展先行区】按照农业农村部办公厅《关于开展第二批国家农业绿色发展先行区评估确定工作的通知》和市农业农村局的要求，编制创建规划和方案，大兴区积极申报第二批国家农业绿色发展先行区的创建工作。10 月 24 日，农业农村部等 8 部委联合发布通知，公布创建名单，大兴区被正式列为第二批国家农业绿色发展先行区创建单位。

【贷款贴息扶持新型农业经营主体】年内，大兴区对新型农业经营主体等进行贷款贴息扶持，补贴全区 21 家符合条件的农业经营主体 35 笔贷款，贷款贴息 362.6 万元，担保费补贴 35.74 万元，共计 398.34 万元。推动全国农村承包土地经营权抵押贷款落地，累计成功发放新型经营主体农村承包土地经营权抵押贷款 45 笔、1 434 万元。根据市农业农村局金融贷款贴息政策及贴息情况，按照区级文件要求，大兴区对 3 家符合条件的农业经营主体进行贷款利息和担保费补贴 72.23 万元。

【政策性农业保险】年内，大兴区继续探索农业政策性保险全覆盖的模式，把保费中农民自筹的比例从 20%降到 10%，对低收入参保户加大补贴力度。2019 年，全区政策性农业保险承保 21 个保险险种、农户 9 098 户，实现总保额 3.9 亿元，保费 1 875.33 万元，种植业承保面积 5 013.33 公顷。理赔金额 1 897.60 万元，涉及 4 898 户。

【低收入农户帮扶】年内，安排 9 个产业帮扶项目，与低收入农户建立长效利益联结机制，收益由各镇统筹用于低收入农户助老、助残、助学等帮扶。全力推动低收入农户就业增收，搭建就业平台，低收入农户就业率 88.1%。引导社会力量积极参与低收入农户帮扶，全区 94 家企事业单位等社会力量参与低收入农户帮扶工作，累计帮扶 978 户 1 921 人次，涉及帮扶资金 262 万元。至年末，全区低收入农户人均可支配收入 15 384 元、增速 18.6%，比上年提高 0.7 个百分点，比全区居民人均可支配收入增速（9.1%）高 9.5 个百分点，实现全区低收入农户全部超线目标。

大兴区领导名录

区委书记　周立云
副书记　王有国
梁　胜（1 月免）
龚宗元（12 月免）
霍光峰（12 月任）
常委　金卫东
贺　锐（7 月免）
石银峰（7 月任）
王荣武（4 月免）
祁金利（4 月免）
翟德罡（4 月任）
袁海鹏　许玉增
方　健（10 月免）
高念东（10 月任）
喻华锋（5 月免）
艾　丽（女，5 月任）
刘传忠
区人大常委会主任　邵　恒
副主任　赵显鹏　陈晓君（女）
张德广　郭金江　刘振宝
区长　王有国
副区长　梁　胜（1 月免）
贺　锐（7 月免）
石银峰（7 月任）
方　健（10 月免）
高念东（10 月任）
刘禹锡　杨彦光　李　强
王荣武（4 月免）
杨蓓蓓（女）
区政协主席　吴问平
副书记　金卫东（12 月任）
副主席　李亦武　冯　波
荣俊艳（女）
苏　荣（不驻会）
韩占生（不驻会）
刘会新（女，不驻会）

区委农工委书记
区农业农村局局长　郑小毅

大兴区各镇党政正职领导

	党委书记	镇长
黄村镇	何景涛	莎红高
北臧村镇	贾卫国（5月免）	张　斌（12月免）
	尚建刚（7月任）	靳　璐（12月任）
庞各庄镇	王春晖（12月免）	付建国（3月免）
	王　森（12月任）	吴　浩（3月任）
榆垡镇	刘志刚（9月免）	张国柱
	张志全（9月任）	
礼贤镇	任喜军（12月免）	方　勇
	张　斌（12月任）	
安定镇	耿晓梅（女）	白建松（9月免）
		刘建波（9月任）
魏善庄镇	谢景然（女）	王　烨（4月免）
		王　涛（4月任）
青云店镇	张廷武	孔　永（11月免）
		刘振明（11月任）
长子营镇	赵建红（女）	翟　杨（9月免）
		王　坡（9月任）
采育镇	张新颖（女）	张　博（9月免）
		窦炳洋（9月任）
西红门镇	张福长	高振华
旧宫镇	刘景瑞	庄卫华（女）
亦庄镇	李　燕（女）	秦化真
瀛海镇	张　华（7月免）	徐振涛（9月免）
	张　博（9月任）	孙锐东（11月任）

（大兴区史志办　田亚南）

怀　柔　区

综　　述

怀柔区位于北京市北部，地处燕山南麓，东接密云，南邻顺义、昌平，西接延庆，北部由西至东分别与河北省赤城、丰宁、滦平县接壤，土地总面积 212 282.33 公顷。怀柔区下辖 2 个街道办事处、12 个镇、2 个民族乡，共 283 个行政村。在新一版北京城市总规中，怀柔的区域功能定位是“首都北部重点生态保育及区域生态治理协作区、服务国家对外交往的生态发展示范区、绿色创新引领的高端科技文化发展区”。2019 年，在区委、区政府的正确领导下，全区上下坚持以习近平新时代中国特色社会主义思想为指导，认真落实蔡奇书记调研怀柔指示要求，加快构建以科学城为统领的“1＋3”融合发展新格局。全区以促进农业增效、农民增收和改善农村人居环境发展为目标，落实各项强农惠农政策，加大农业结构调整力度，实施“乡村振兴战略推进美丽乡村建设”专项行动，实现农业发展方式快速转变、农村经济社会平稳发展和农民收入稳步提高的良好局面。截至 2019 年底，全区常住人口 42.2 万人，其中城镇人口 30.1 万人。年末全区户籍人口 28.7 万人。全年实现地区生产总值 399.9 亿元，比上年增长 5.9%；实现一般公共预算收入完成 43.1 亿元，同比增长 6.5%。实现社会消费品零售总额 220.2 亿元，同比增长 5.8%；全社会固定资产同比增长 15.6%。

城乡融合发展

【概况】围绕区域功能定位，加快构建以科学城为统领的“1＋3”融合发展新格局，做好服务保障示范区和科学城建设工作，全面提升城乡环境品质，全方位打造高品质生态环境，认真履行保障首都生态安全政治责任，深入落实生态涵养区绿色发展实施意见，结合生态涵养区建设重点工作，大力实施乡村振兴战略，加速推进区域农业农村现代化进程。全面落实新一版城市总体规划，高标准完成分区规划编制并获得批复，实施责任规划师制度，启动街区控规编制工作。坚持把国际会都建设作为重点工作，高标准完成第二届“一带一路”国际合作高峰论坛保障任务，打开中国影都集聚发展新局面。稳步推进北京电影学院怀柔校区、制片人总部基地等工程建设。

【组织农业专家与区内企业开展对接服务】4 月 18 日，首都科技条件平台怀柔工作站联合北京市农林科学院研发实验服务基地的专家及工作人员、北京芳园农业科技发展有限公司等，为企业开展科技需求服务对接，双方拟就“苹果树病虫害智能化诊断管理系统研发及应用”项目开展深入合作。

【市园林绿化局调研怀密线怀柔段景观提升情况】 5月14日，市园林绿化局来怀调研京郊铁路怀密线怀柔段景观提升工程建设情况，就打造别具特色的“植物天际线”、设计打造景观小品、成立养护队伍开展林地养护和增加农民收入等工作进行指导。

【启动2019年铁路护路宣传月活动】 6月14日，铁路护路宣传月活动仪式正式启动，通过宣读铁路护路倡议书、宣传月活动方案、摆放流动宣传展板等形式，营造爱路护路宣传氛围，普及爱路护路知识，提高居民群众铁路安全意识，确保铁路运输畅通安全。

【召开“推进人居环境建设”主题现场推进会】 9月23日，区委围绕“不忘初心，牢记使命，推进人居环境建设”主题召开现场推进会，对农村人居环境整治工作进行再强调再部署，推动全区人居环境整治工作再上新水平。

【与海淀区签署都市现代农业合作框架协议】 9月24日，区农业农村局与海淀区农业农村局正式签署都市现代农业合作框架协议，围绕共促产业发展、共享科技创新成果、共优人才队伍培训、共推协作发展等方面展开，结合两区农业产业发展实际情况，在新技术、新业态、新模式等方面，建立一对一结对协作关系，促进优势互补，提高现代农业产业发展水平。

【组织召开村党组织第一书记座谈会】 12月19日，区委结合“不忘初心，牢记使命”主题教育，召开村党组织第一书记座谈会，督促进一步强化“头雁领航”作用，并紧紧围绕全区构建以科学城为统领的“1+3”融合发展新格局，更好践行“两山”理论，将美丽乡村建设成为百姓的精神家园。

【建设完成北京电影学院周边市政基础设施供排水工程】 工程于4月开工建设，共新建供水管线600米；升级改造杨宋污水提升泵站，规模3万吨/日。截至2019年底供水管线工程全部完成，具备输水条件，污水提升泵站投入使用，计划2020年6月全部完工。

【启动雁栖湖示范区再生水管线水源连通工程】 工程新建再生水管线950米，新建再生水地下提升泵站1座（提升能力1.5万吨/日）。项目已取得区发改委初步设计概算批复并编制完成施工图及预算。

【完成第二届“一带一路”国际合作高峰论坛涉水服务保障工作】 制定《第二届“一带一路”国际合作高峰论坛涉水服务保障方案》，成立供水保障、水环境执法检查、扬尘防控等工作小组，确保检查到位、不留死角、不存盲区，圆满完成涉水保障工作。

【做好第二届“一带一路”国际合作高峰论坛景观提升】 年内，完成京承高速、雁栖湖联络线两侧及怀长路、范崎路、天和路3条道路绿化景观提升工程，绿化建设总面积80.4公顷；完成雁栖湖联络线花卉布置工程。

农村经济发展

【概况】 做大做强农村集体经济，启动北房镇发展集体经济试点。持续推进农产品绿色优质安全示范区建设和国家全域旅游示范区创建工作，成功创建首批国家全域旅游示范区，新增精品民宿171家，累计达到294家，北沟村、中榆树店村入选全国首批乡村旅游重点村。支持外出能人返乡创业和各类人才带资金和技术下乡创业，带动农民就近就地就业。全力打好精准脱贫攻坚战，稳步推进中药材种植基地环境治理工作，完善基础设施建设，打造景观农田，拓宽脱贫增收渠道，推进精准扶贫工作。实现低收入农户劳动力转移就业2 344人，启动低收入帮扶项目16个，项目带动低收入户737户，1 384人增收，全区低收入农户人均可支配收入15 842元。

【召开2019年怀柔区推广应用绿色防控产品工作会】 8月7日，组织召开推广应用绿色防控产品工作会，对补贴农药工作的补充规定进行说明，避免违法违规违纪问题发生。

【怀柔板栗成功入选中国农业品牌目录】 11月6日，中国农产品市场协会农业品牌建设办公室公示了中国农业品牌目录2019农产品区域公用品牌名单，怀柔板栗品牌成功入选。

【开展农村集体经济组织资产资源租赁（承包）合同清理及规范专项行动督导检查】 7月起，对全区14个镇乡、2个街道专项行动准备阶段的工作进行督导检查，督促各镇乡（街道）抓紧落实专项行动实施方案的宣传部署工作。

【建设榛子栽培管理技术推广示范基地】 年内，汤河口镇开展榛子栽培管理技术推广示范项目建设，建设规模1.33公顷，预计2020年将形成初步产量，随后进入丰产期，在技术服务方面也可切实提高杂交榛子栽培管理技术水平，促进北部山区大果榛子产业发展。

【种苗生产保持稳定】年内，全区共有苗圃 108 家，育苗总面积 653.85 公顷，总产苗量 468.64 万株。其中，常绿树 87.83 万株，阔叶树 229.78 万株，花灌木 151.03 万株。

【做好村级财务电视公开工作】继续实行村级财务电视公开，协助歌华有线责任公司进行机顶盒发放工作，全年为 201 个行政村发放机顶盒。

【村级集体资产总额增长明显】2019 年，村级组织及村级集体企业资产总额为 560 418.3 万元，占全区集体资产总额的 94%，同比增加 27 420.5 万元，增长 5.1%。其中，村级组织资产总额 553 252.6 万元，同比增加 27 270.3 万元，增长 5.2%；村级集体企业资产总额 7 165.7 万元，同比增加 150.2 万元，增长 2.1%。

【完成国家征用农村土地工作】截至 12 月底，国家征用农村集体土地 2 001.8 亩，涉及农户 2 276 户，农业人口 5 539 人。

【完成征地补偿费管理工作】截至 12 月底，全区农村获得土地补偿费总额 2.5 亿元，分配给农户 1.4 亿元。

村镇建设

【概况】全面推进美丽乡村建设，打造一批集中连线、点线面结合的美丽乡村风景线，推进 151 个村庄规划和实施方案编制。聚焦村容村貌整治，严格按照“清脏、治乱、增绿、控污”要求，进一步巩固提升人居环境整治效果，拆除私搭乱建 46.9 万米^2，提升改造公厕 65 个、户厕 2 044 个，改造升级污水处理站 10 处。城乡建设管理水平不断提升，老城更新改造和基础设施建设加速推进，杨雁路改造、南华大街东延竣工通车，通怀路怀柔段、天北路北延、怀柔南站交通枢纽等项目加快建设，探索引进区属国有企业接管无物业小区，城乡环境检查考评排名生态涵养区首位。

【强化诊疗垃圾管理】1 月起，对诊疗行业垃圾处置进行专项整治。调查各诊疗机构的医疗垃圾处置现状，对辖区距离清运公司较远、难以续签医疗垃圾无害化处理协议问题及时处置，将医疗垃圾暂存在无害化处理点。

【召开 2019 年农药包装物回收试点项目工作会】2 月 13 日，组织召开 2019 年怀柔区农药包装物回收试点项目工作会，与农升公司代表签署协议，正式开展农药包装废弃物回收工作。

【完成第九届北京国际电影节花卉布置工程】4 月 8 日，完成中影基地北门和东北门 2 组主题立体花坛摆放工作，在中影基地及益田影人酒店进行节点景观花卉布置，杨雁路摆放花箱 120 组，使用花材 40 万余株。

【开展怀柔水库专项清理地笼行动】4 月 19 日，组织联合执法队对怀柔水库开展清理整治禁用网具，打击违法电鱼等专项整治行动。执法行动引用“无人机”实施巡查，提高检查覆盖面及检查效率，有力打击非法电鱼及其他违法行为，促进怀柔水库库区生态平衡和水源环境保护。

【市农业农村局来怀检查山区建设工作】10 月 22 日，市农业农村局带队会同市发改委和涉农院校专家一行来怀就沟域建设和山区搬迁工作进行实地验收检查，督促指导推进生态沟域建设工作。

【健全完善农村人居环境整治考评机制】建立村级基础设施管护台账，制定基础设施运维管理制度，健全完善农村人居环境整治考核制度，开展《怀柔区农村人居环境督查检查考核通报》，加快构建农村人居环境整治长效机制。

【景观农田种植面积快速增长】制定《怀柔区景观农田种植奖励政策的实施方案》，对一般景观农田每亩奖励 700 元，对优质景观农田每亩奖励 1 500 元。7 月底完成种植面积 15 856 亩，超额完成 7 000亩建设任务，其中，优质景观农田面积3 410 亩，一般景观农田 12 446 亩，主要种植作物有油菜、葵花、中药材、草花合、金花葵等。

【不断推进美丽乡村建设】加快美丽乡村村庄规划与实施方案编制，151 个村正式启动 2019 年、2020 年村庄规划编制工作，60 个村完成初稿。全面启动 14 个镇乡、264 个行政村，10.7 万户、27.5 万人的生活垃圾分类工作，桥梓镇北宅村、口头村实施“互联网+”农村生活垃圾智能分类试点项目，完善农村基础设施和公共服务配套。

【圆满完成“大棚房”清理整治任务】大棚房专项行动期间上报全国大棚办问题项目第Ⅰ类问题涉及项目 5 宗，占用耕地 8.77 亩；第Ⅱ类问题涉及项目 0 宗；第Ⅲ类问题涉及项目 1 宗 6 栋大棚，违规面积 0.106 亩，均已上报整改到位并通过全国大棚办抽查。未发现新增“大棚房”问题，前期完成整改的“大棚房”问题重点项目未发生反弹。

【完成新一轮百万亩造林工程】年内，完成新一轮百万亩造林绿化建设任务 1 099.41 公顷，工程涉及12个镇乡。其中，平原重点区域造林绿化工程185.27公顷，山前平缓地造林690.4公顷，浅山荒山造林工程222公顷，小微绿地1.74公顷。工程共栽植乔木64.7万余株，灌木14.4万余株。

【完成京津风沙源治理二期工程】年内，完成京津风沙源治理工程4 340.67公顷。其中，困难立地造林287.33公顷，涉及九渡河镇、琉璃庙镇和宝山镇等7个镇乡；封山育林4 053.34公顷，涉及全区10个镇乡、54个行政村，在封育区架设完成围栏4.7万米，建造封山牌35座。

【完成中幼林抚育工程】年内，完成中幼林抚育10 733.33公顷，项目共涉及全区10个镇乡、54个行政村。其中，森林健康经营林木抚育8 400公顷，国家重点公益林管护工程2 333.33公顷。

【启动满韵汤河沟域汤河口段（银河谷）建设】建设工程全长25千米，贯穿庄户沟门、大棚子等7个行政村，涉及沿线村庄环境整治、拆除违建以及景观节点提升、沿线道路护坝、进村桥、河道治理、绿化美化等项目建设。

【加大平原生态林日常管护监管力度】平原生态林养护总面积1 752.13公顷，其中，2012—2016年平原造林1 348.8公顷，五河十路生态林403.33公顷。按照管护月历每天巡检，全年下发整改通知书31份，已全部完成整改。

【完成彩叶林造林项目】年内，完成彩叶林造林项目工程200公顷，涉及宝山镇宝山寺村南山和道德坑烈士陵园，共栽植黄栌26 500株、五角枫7 350株。

【推进怀柔区创建国家森林城市工作】年内，对《怀柔区创建国家森林城市三年行动计划（2018—2020年）》涉及的34项建设任务推进情况进行督查，创森40项指标已基本完成35项，5项正在建设中。

【做好公路绿化工程】年内，完成宝山镇公路绿化工程20千米，共栽植红枫1 905株、栾树1 900株、丁香85株。

【推进怀柔城市森林公园建设】9月底，怀柔城市森林公园建设完工并开园。项目用地面积约82.79公顷，同步建设8处建筑及园路、庭院、给排水等配套基础设施和公共服务设施。

【完成北大街精品街区绿化景观工程】年内，完成北大街精品街区绿化景观工程，该工程位于北大街东延线，西起雁栖中心路，东至杨雁路段，涉及行道树及分车带绿化，总面积约1.89公顷。

【建设4个镇乡公园】年内，完成琉璃庙镇杨树下敛巧饭公园、渤海镇沙峪村东公园、喇叭沟门乡精品公园及怀北镇精品公园的建设与提升改造工作，建设面积共5.1公顷。

【完成高效节水现代化果园建设工程】年内，完成高效节水现代化果园建设28.4公顷，涉及庙城镇、桥梓镇、怀柔镇、渤海镇、汤河口镇、长哨营满族乡和北房镇7个镇乡。

农村改革

【概况】围绕农业供给侧结构性改革，有序开展农业产业结构调整，推动农业转型升级，加快推动一产、三产深度融合。持续深化推进农村“三块地”改革，做实做细“足不出村办政务”改革，打通直接服务农民的“最后一公里”。加强乡村政务服务中心建设，打造“一站式服务”综合服务平台，最大程度方便村民办事。推动党建引领“街乡吹哨、部门报到”改革向农村基层延伸，坚持接诉即办与主动治理相结合，切实解决好农民身边的问题。扶持发展农民专业合作社，截至年底，全区工商登记注册农民专业合作社857家，实有成员数23 932人，带动非成员农户18 170户。其中，区级以上示范社107家（含国家级、市级），市级以上示范社23家（含国家级），国家级示范社14家。完成231个村农村土地承包经营权确权登记数据合库工作。

【全面推进“足不出村”办政务改革工作】年内，对全区283个行政村、17.8万农民实施“足不出村”办政务专项改革，着力完善区级、镇（乡）级、村级三级政务服务队伍，实现100多个涉农事项村级全程免费代办，共办理涉农事项超过26.4万件，打通政务服务“最后一公里”。

【优化涉农行政审批服务工作】年内，完成标准化行政审批目录梳理工作，目录完整率、与实际实施审批服务项目吻合率均达100％。全面推行政务公开，办理服务事项指南、流程图以及申请表式样线上线下均可查阅。

【全面推广政策性农业保险】政策性农业保险承保险种涉及温室大棚、果树树体、苹果、梨、玉米、小麦及农机综合险等，通过保费补贴政策，农户只需支付保费的20％～40％。年内，受大风、强降雨等自然灾害影响的投保农户，及时获得赔付，农民农业生产的抗灾风险能力得到明显提高，农民切身利益得到根本保障。

【开展农村地区住宅保险工作】 年内，确定4家保险公司开展农村地区住宅保险工作，全区14个镇乡、2个街道均已承保完成，共涉及48 952户，总保费4 836 900元，区级补贴2 664 480元。

【开展农机“送检下乡”活动】 4月20日至5月20日，执法人员深入各乡镇开展“送检下乡”活动，主动上门为在册拖拉机、联合收割机等农用机械免费实地年检，变“迎检”为“送检”，有效提升年检工作效能。

【完成各类农村产权交易70宗】 年内，完成土地流转项目5宗，合同到期后租金总额1 935.6万元；林地出租3宗，合同到期后总金额256.2万元；实物资产项目62宗，合同到期后总金额1 027.1万元，长期解决农村劳动力200人。

【完成农村产权交易项目回访跟踪工作】 完成2018年度57宗农村产权交易项目跟踪回访工作，主要包括租赁费缴纳、租赁年限、租赁用途、租赁期内指标执行情况、土地流转合规性、土地使用性质、合同到期后优先承租合同条款的约定情况和合同违约后违约金支付等内容。

【完善农户委托土地流转程序】 年内，制定区级《农村土地承包经营权委托流转工作户代表推举承诺书》并下发到各镇乡（街道），依法保护农户所有家庭成员的利益。

【推进土地流转农户合同签订工作】 年内，全区35 436户农户流转土地139 750亩，签订土地流转合同35 348份，签约率达99.8%。

【稳步开展农村土地承包经营权登记颁证工作】 2019年，全区14个镇乡1个街道共270个村有确权登记颁证任务，其中，232个村开展了确权工作，共完成231个村、38 679本证书打印工作，打证率99.5%。

【推进农村集体产权制度改革】 年内，新完成1个村农村集体产权制度改革工作，累计274家村级社区股份合作社完成此项工作，完成率96.5%。涉及股本总额37 354.62万元，股东分红总额1 721.87万元，累计股金分红总额74 117.25万元，当年上缴税金37.5万元。

农村民生

【概况】 扎实推进惠民惠农工作，促进农民增收，提升农民获得感和幸福感。2019年，全区农民人均所得24 224元，比2018年同期的23 441元增加783元，同比增长3.3%，连续第四年保持稳步增长。不断强化农村实用人才、新型职业农民、基层农技人员的培育工作，全年培训农民2 000余人。按照“七有”“五性”工作要求，不断推进农村教育、医疗、住房等基础保障工程建设，补齐民生短板。起草《怀柔区煤改电工程项目管理细则》，完成7个镇乡、16个村、4 394户及以前年度新增农村住户的煤改电相关工作，全区共配送燃煤24 973.325吨。全额补贴低收入农户意外保险，为全区1～70周岁低收入农户购买商业医疗保险。对低收入农户发放危房改造补助，制定针对性的帮扶政策，2019年度，在区住建委危房改造补贴基础上，再给予低收入农户每户1万元的补助。

【举办新型职业农民蔬菜种植大户培训班】 1月16日，14个镇乡的46名蔬菜种植大户参加“怀柔区新型职业农民蔬菜大户培训班”，授课内容以绿色种植、农业生态发展为主，引导学员带动当地绿色产业发展。培训后，考核认定的生产经营新型职业农民，录入新型职业农民信息库，享受对新型职业农民的后期培育政策。

【完成平原地区村庄冬季取暖基本实现无煤化目标】 完成“煤改电”工程20个村、5 190户，配送优质燃煤2.5万吨，全区实现减煤换煤4.1万吨，提前一年完成市政府下达的平原地区村庄冬季取暖基本实现无煤化工作目标。

【稳步实施山区搬迁工程】 年内，搬迁419户、949人，涉及宝山镇、桥梓镇2个镇乡共4个行政村。江村、四道窝铺、牛圈子村二期工程已开工建设，共拆除旧房77处，新房开工建设66处并完成主体工程。峪沟村村庄规划已获得批复。4个村建房工程预计在2020年底前全面完成主体工程。

【开展农民普法宣传活动】 3月20日，在杨宋镇梭草村开展“保护农民合法权益构建农业法制怀柔”大型宣传活动。通过摆放宣传展板，发放宣传品，解答群众法律疑问等方式向农民宣传农业法律法规知识，共发放宣传材料800余份，宣传品400余件，接待群众咨询100余人次。

【培育百名农业科技示范户】 4月，区农业农村局在九渡河镇局里村评选出100名科技示范户，开展水肥一体化、绿色防控和无土栽培技术知识培训，组建“岗位专家—岗位技术指导员—村级农技员—

农业科技示范户”的推广指导服务团队，入户进行实地指导，并为表现突出、带动能力强的示范户发放绿控药品、果树剪枝用具等物化补助。

【完成2019年春季水生生物增殖放流活动】5月9日，区农业农村局向大水峪水库、沙峪口水库、西水峪水库、怀沙河、怀九河水生野生自然保护区水域，投放鲢鱼10 005.5千克、鳙鱼3 096千克、草鱼948千克，成活率达到99%以上。

【召开河流禁渔管理工作会】5月31日，组织召开怀柔区河流禁渔管理工作会议，安排部署禁渔工作的宣传、组织和管理等工作，增强全民参与养护水生生物资源意识。

【举办第二届农产品质量安全检测技能竞赛】6月25—27日，举办第二届怀柔区农产品质量安全检测技能竞赛活动。38家单位共64名选手对蔬菜类、猪肉类、水产品类农产品质量安全进行了检测理论学习并考试。

【开展健康乡村主题巡讲】8月15日，举办首场“健康中国行，美丽乡村梦”——2019年北京健康乡村主题巡讲，邀请北京市疾病预防控制中心和北京小汤山医院专家，进行心理健康与身体健康知识讲座，传授健康生活习惯与方式。

【完成群众性绿化创建活动】年内，完成创建首都绿色村庄6个，分别为古石沟门村、杨树下村、杨宋庄村、二道河村、芦庄村和河北村；创建花园式单位3个，分别为北京第二实验小学怀柔分校、张各长村委会、园林绿化局；创建花园式社区2个，分别为龙山街道南华园四区、雁栖镇柏泉社区。

【成立园艺驿站】11月25日，园艺驿站在滨湖公园正式挂牌，占地50余米^2，投资30万元，主要用于开展各类花品展、插花艺术授课及艺术生活体验活动，站内设有休憩阅读区，供居民了解、学习园林绿化知识。

【平原生态林管护促本地就业】2019年，参与平原生态林管护人员共计890人，人均收入2 168元/月，其中怀柔本地农民739人，占总人数的83%，超出北京市要求的“本地农民就业不低于60%”标准，有效促进农民就业增收。

【完善鱼菜共生大棚建设】引进鱼菜共生养殖机械化技术试验示范项目，建设占地680米^{2}鱼菜共生大棚，通过先进智能机械化技术的集成配套，实现鱼菜共生养殖机械化、自动化发展。

【引进蔬菜生产关键环节机械化技术与设施】全年共引进大棚地增温设备4套，解决蔬菜大棚冬季土壤温度过低状况；引进日光温室旋耕起垄一体机、354D拖拉机、大棚旋耕起垄一体机、2ZB—2秧苗移栽机、1WG—6.5Q深松机在基地对露地蔬菜进行全程机械化试验。

【顺利开展田园废弃物综合利用工作】该工作为“怀柔区2019年为群众拟办重要民生实事项目”之一。惠及14个镇乡，共19家单位参与机械作业，作业面积约7.74万亩。4个示范试点（含分点）参与有机肥（质）加工处理，处理废弃物4 775.67吨，工作补贴金额共计590.5万元。

【农村劳动力就业率保持稳定】2019年，全区劳动力总数91 768人，其中已就业劳动力85 268人，就业率达到93%，同比下降1.6%。在已就业劳动力中，从事第一、二、三产业的劳动力分别为20 035人、20 704人和44 529人，分别占就业劳动力总数的23.5%、24.3%和52.2%。

基层组织与民主政治建设

【概况】深入开展“不忘初心，牢记使命”主题教育活动，坚持以上率下，主要领导挂帅深入基层，进一步夯实基础工作，集中力量解决基层问题，主题教育活动取得扎实成效。持续夯实基层基础，紧抓农村基层党组织建设“牛鼻子”，强化村“两委”班子建设，高标准完成村和社区“两委”换届工作，切实建强农村基层党组织，选优配强村党组织带头人。举办“头雁论坛”系列活动，探索构建“基层党组织统领、‘头雁’队伍引领、党员示范支撑”的“三位一体”基层党建新模式。加强干部人才队伍建设，加大对年轻干部和基层干部的培养选拔力度，营造风清气正的政治生态。加大对形式主义、官僚主义整治力度，推动基层减负增效，召开全区领导干部警示教育大会和农村、社区干部遵规守纪教育大会，持续深化监察体制改革，实现监察监督全覆盖，累计完成9轮巡察工作。

【开展清产核资系统填报培训】1月21—22日，在京北技术学院举办“怀柔区农村集体资产清产核资系统培训班”。培训分两期进行，284个行政村的村助理会计及各镇乡聘请清产核资第三方公司共计305人参加。

【召开审计问题整改工作部署会】3月13日，召开2018年全区村干部任期经济责任审计问题整改工作部署会，会议要求各镇乡、街道积极落实问题整改，及时上报整改方案和整改报告，确保相关工作如期完成。

【怀柔区农业农村局正式挂牌成立】3月18日，按照市、区两级行政机构改革有关要求，怀柔区农业农村局正式挂牌成立。将区农村工作委员会、区农业局的职责，以及区发展和改革委员会的农业投资项目、区财政局的农业综合开发项目、市规划和国土资源管理委员会怀柔分局的农田整治项目、区水务局的农田水利建设项目等管理职责整合，组建区农业农村局，作为区政府工作部门。区农村工作委员会与区农业农村局合署办公，不再保留区农村工作委员会、区农业局。

【举办北京市农机安全生产联合普法活动】3月27日，“2019北京市农机安全生产联合普法活动”在滨湖公园举行。区应急管理局、市场监督管理局、交通支队等部门联合行动，共同宣传农机安全。

【开展村级工作人员专题培训】4月10日、4月15日、6月25日、7月19日组织相关人员对喇叭沟门乡、渤海镇、琉璃庙镇、怀北镇等镇乡下派第一书记、村“两委”干部、党建助理员、村会计等共410余人进行分批次培训，解读新修订的《中华人民共和国土地承包法》、研讨农村集体经济合同存在的主要问题、农村集体资产产权交易流程等，为持续规范农村“三资”管理工作奠定坚实基础。

【举办农机政策解读培训班】7、8月，共举办5期农机购置补贴政策解读培训班，参训人员包括全区各镇乡农业发展办公室主任、农机管理人员、各村农技员及农业服务组织从业人员共计300余人，其间发放宣传材料600余份。

【开展新任职村（社区）干部纪检监察工作培训】8月，以“加强农村集体经济监督，规范农村‘三资’管理”为主题对全区新任职村（社区）支部纪检委员、村务监督委员会主任300余人进行培训，讲解“三资”管理中村务监督委员会职责，强调工作中存在问题，提出整改与规范建议。

【举办第二届“村支书论坛”】10月18日，以实施乡村振兴战略为主题，举办第二届“村支书论坛”。市委组织部、中国农业大学、致公党北京市委、市委农工委、市农业农村局、怀柔区委区政府有关领导及点评专家，各镇乡党委、街道党工委主管领导，部分村党支部书记、第一书记200余人参加。12个村党支部书记围绕论坛模块交流了乡村振兴心得体会与经验做法，专家现场点评并给予指导意见。论坛为持续提升农村带头人队伍素质，激发“头雁”作用，引领农村各项工作高质量发展起到积极的促进作用。

【举办调解仲裁员和农村产权交易相关政策解读培训会】11月18日，在双阳宾馆组织召开培训会，对全区各镇乡经管科长（集体资产管理办公室主任）、合同管理员、各镇乡（街道）部分村经济合作社社长共计130余人次进行农村土地承包经营纠纷调解仲裁员及农村产权交易等相关政策解读培训。

【举办重点村“两委”主要负责人示范培训班】12月17日，针对9个市级软弱涣散村和15个下派书记村的“两委”主要负责人，举办示范培训班，围绕村党组织建设、农村干部廉政建设、怀柔科学城建设、推进软弱涣散村转化提升等内容进行专题培训，增强村“两委”主要负责人履职能力和服务水平，督促其发挥好“头雁领航”作用。

【组织新一届农村“两委”干部集中培训】年内，对渤海镇、长哨营乡、琉璃庙镇各村新一届“两委”干部进行集中培训，强化新一届“两委”干部对规范农村“三资”管理工作重要性的认识，保障农村资产管理、资源管理工作有序开展。

【开展会计培训】年内，共组织14个镇乡、2个街道办事处的经管科科长（资产管理办公室主任）及村级财务服务中心副主任、会计、出纳和泉河街道、龙山街道所辖行政村村助理会计86人进行业务知识与技能培训。

区、乡（镇）“三农”工作部署和实施

【概况】坚决贯彻落实中央“三农”决策部署，围绕加快构建以科学城为统领的“1+3”融合发展新格局，激发农村集体组织和农民积极性，注重引导农民转变观念、开阔视野，抓住科学城建设发展契机，提升“三农”工作开展成效。加强农村精神文明建设，保护好农村形态，打造一批富有文化内涵和乡村记忆的美丽乡村。持续推进扶贫协作工作，完成与六个受援旗县的对接和培训方案的制定工作。扎实开展农产品质量安全检测、标准化生产、执法监管工作，印发《2019年怀柔区农业标准化工作实施方案》，逐步推进标准化建设和水平，标准化基地备案覆盖率达到99.1%。放心农资下乡进村覆盖范围进一步扩大，农资产品质量合格率提升。

【开展元旦生产经营单位安全生产检查】元旦期间，共检查辖区内生产经营单位50余家，发放安全生产宣传材料200余份，排查安全隐患，对发现问题要求相关单位立即整改，检查中未发现重大安全隐患。

【完成生态公益林投保工作】3月，区园林绿化局与中国人民财产保险股份有限公司北京分公司签约，为全区生态公益林投保，投保面积157 385.8公顷，保险费566.58万元。

【开展植物检疫及农药市场执法检查】3月6日，开展种子经营门店植物检疫执法工作、农药市场执法检查工作。检查中，不断更新种子经营单位备案资料，未发现销售不合格农药的行为，对种子生产、销售单位实行动态监管，对检查过程中发现的违法现象发现一起处罚一起，确保有效净化种子销售市场环境，避免检疫性有害生物通过种子传播，保护怀柔区农业生产安全。

【启动创建国家农品质量安全区宣传工作】3月27日，在汤河口镇开展创建国家农产品质量安全区宣传工作，共发放宣传资料200余份，解答群众问题10余人次，有效提升了群众的农产品安全意识。

【召开2019年农村工作会】4月2日，召开2019年农村工作会，研究部署全区“三农”工作。会上做了2019年农村工作报告并指出，2019—2020年是全面建成小康社会的关键时期，做好“三农”工作具有更加特殊重要意义，要在培育发展壮大农村主导产业上下功夫，毫不松劲抓好低收入农户帮扶工作。

【完成上半年水产品苗种质量安全抽检工作】4月19日，对九渡河镇、杨宋镇等10家养殖场户进行水产品苗种质量安全抽样检测。共抽取样品75个，抽查对象为虹鳟鱼、鲟鱼，主要检测项目为孔雀石绿、氯霉素、呋喃唑酮等违禁药物残留。抽检过程严格实行现场打捞、现场取样、现场制样、现场封存等程序，确保抽检结果精准高效。

【开展小麦统防统治工作】5月27日，对防治麦田地块进行监督检查，主要检查用药情况、工作进度等，强调安全注意事项，小麦防治面积达1 000余亩。

【组织农业技术培训】6月11—15日，区经管站带领北京三山蔬菜种植合作社与京康益源相关负责人，同区农业农村局赴河南卢氏县就扶贫及发展工作共同研讨，并开展3场农业技术推广及产业帮扶培训工作。

【开展放心农资下乡进村宣传周活动】6月18日，在杨宋镇开展以“放心农资促提质增效，质量兴农惠农村万千”为主题的特色宣传活动，活动通过发放资料、现场咨询、展览展示等多种形式，向农民传授辨识假劣农资常识，助力农资质量安全。

【开展农机安全生产联合行动】7月1日，启动农机安全生产联合行动，纠正农业机械驾驶操作人员的违章行为，严厉查处无证驾驶、违章载人、无牌行驶、使用未年检或使用检验不合格的农业机械，从严查处酒后驾驶农业机械的操作人员，防止重特大事故发生。

【加强农业标准化基地建设】系统梳理近年建成的规模基地及新建基地，确定可创建农业标准化基地主体名单，加强对新建基地技术指导与服务，引导基地开展标准化建设，强化标准体系和质量安全管控措施落实。

【开展农业技术扶贫对接工作】8月14日，举办为期两天的“怀柔区与科左后旗京蒙扶贫协作农村实用人才”培训班。培训班聘请北京航空航天大学教授等12人组成讲师团队为科左后旗四个镇共150位农民进行授课，为脱贫致富奠定基础。

【市农业农村局调研农业综合执法和涉农行政审批工作】8月8日，市农业农村局带队调研农业综合执法和行政审批工作，详细了解涉农行政审批办理情况，以及涉农事项标准化梳理工作进展情况，并就如何进一步深化“放管服”、加强水生野生动物执法保护等工作进行了深入调研。

【市农业农村局督导组来怀督导重大动物疫情防控工作】8月12日，市农业农村局督导组来怀督导重大动物疫情防控工作和生猪产业发展规划进展情况，要求进一步完善防治重大动物疫病部门联动协作机制，加强进京动物产品的监管力度，切实做好检疫监管。同时与技术部门密切配合加强疫病监测，形成防控合力，完善全链条监测。

【召开2019年度秋防工作部署会】8月27日，召开2019年秋季动物防疫工作部署会，对高致病性禽流感、口蹄疫、小反刍兽疫、布鲁氏菌病、狂犬病实施强制免疫，要求应免畜禽密度达到100%，高致病性禽流感、口蹄疫和小反刍兽疫抗体合格率保持在70%以上。部署开展动物疫病免疫效果监测，强化H7N9禽流感、布鲁氏菌病等人畜共患病防治工作。

【超额完成留白增绿任务】2019年，市农业农村局下达基本农田和新增耕地拆违腾退地块留白增绿指标任务为0.3公顷，10月底即完成0.37公顷，超额完成任务，涉及九渡河镇、长哨营满族乡、怀北镇、北房镇、宝山镇、庙城镇等6个镇乡10个地块。

【畜禽养殖场户腾退任务超额完成】全年计划完成403个畜禽养殖场户的动物清退工作，年内完成453个，超额完成计划，共清退畜禽1.63万头（只），完成率112%。全区养殖量大幅下降，规模化畜禽养殖场由131个下降到5个，经营性散户由2 058个下降到63个。

【开展渔业综合整治工作】年内，对15个渔业养殖户存塘商品鱼进行清退，完成5户地上物拆除工作，全区冷水鱼流水养殖面积由576亩下降到169亩。

【加强农产品质量安全检查】全年完成700个农产品样品的定量检测工作，合格率100%，备案标准化基地56家，标准化基地备案覆盖率达到99.1%，三品认证率为78.3%，完成年度目标任务。全年无农资假劣事件发生。

【排查农业安全生产隐患】年内，对全区农机、兽药、种子、畜牧、渔业等农业领域服务监管对象共145家进行全面排查，累计出动检查人员531人次，检查对象886个次。

【开展农业安全领域“七五”普法宣传】举办“保护农民合法权益构建农业法制怀柔”“2019北京市农机安全生产联合普法活动”“放心农资下乡进村”大型宣传活动，发放宣传材料2 800余份，宣传品1 400余件，接待群众咨询200余人次。

【强化重大动物疫病综合防治】重点做好重大动物疫情风险评估和预警、动物疫病监测净化和加强动物疫病应急处置等工作，深化京冀动物疫病联防联控，强化监督检查，保障疫病综合防治安全。

【全面完成春防工作】春防期间，禽流感累计免疫禽类95 906只，鸡新城疫免疫67 239只，口蹄疫免疫10 181只，小反刍兽疫免疫羊2 462只，布病免疫2 255只，强制免疫应免率均达100%。

【加强犬只防疫管理工作】通过登记注册犬免疫、强化疫苗质量管理和免疫效果评价、加大免疫点监管指导力度以及加强狂犬病强制免疫监督执法工作，组织开展专项行动，形成监管压力。

【开展两次清产核资检查验收】年内，共开展两次清产核资检查验收工作。对32个村、160户进行满意度调查，并查看14个镇乡及所属企业、237个村集体及所属企业的清产核资、清查资料归档和账务处理情况。

【启动动物病原微生物实验室生物安全专项检查工作】全面梳理动物病原微生物实验室、实验人员及其实验活动相关情况，消除监管死角和监管空白，针对检查发现的问题，责成相关实验室设立单位限期整改，并及时跟踪检查整改结果。

【扎实开展森林防火工作】年内，共制作4期森林防火专题节目、开展54次森林防火宣传活动，在全区设立森林防火督查组1 438个，开展专项活动900余次，巡逻里程112 000千米。本年度全区共发生森林火情4起（林地火情3起，非林地火情1起），无人员伤亡。

【初步形成森林防火安全应急指挥技术支撑体系】年内，二期森林防火前端监控系统建设已完成并通过验收，共投入资金1 759万元，已初步形成集森林火情监测、地理信息系统分析、远程指挥调度于一体的综合森林火灾处置系统。

【按期发放生态补偿资金】年内，为14个镇乡和泉河街道共223个行政村、约4.7万农户（涉及低收入农户6 800多户、1.35万人）、10.8万农民发放生态补偿金9 893.52万元，涉及已确权的山区生态公益林补偿面积157 040公顷。

【落实北京市农机购置补贴政策】截至年底，全区申请农机购置补贴用户12户，惠及5个镇，购买补贴农机14台。中央补贴资金20.48万元，市级补贴资金共0.06万元。

【实施区级财政农机购置补贴项目】年内，共实施1项区级财政农机购置补贴项目即建设分散式农业废弃物处理中心，使用财政支农转移支付资金146.976 5万元，采购、发放补贴农业机械83台（套）。

【扎实开展扶贫协作工作】制定六个受援旗县对接和培训方案，针对当地产业特点完成卢氏县、怀安县400余名低收入户的实地培训工作，协助区扶贫办组织了四子王旗、怀安县“农村致富带头人赴京培训班”。

【举办第五期京津冀一体化农村实用人才素质提升培训班】9月16—19日，组织怀柔、承德共73名农民在河北农业大学进行为期5天的集中学习。

怀柔区领导名录

区委书记 常　卫（6月免）
戴彬彬（6月任）
副书记 卢宇国（1月免）
于庆丰（6月任）
姜泽廷（10月免）
常委 迟行刚（4月免）
朱家亮（10月免）
刘久刚（12月免）
崔占辉（12月免）
郭文杰（12月任）
于海波
程海军（12月任）
鲍晓健（女）
王江辉
肖　坤（女，4月任）
张　闯（4月任）
李志遂（10月任）
区人大常委会主任 彭丽霞（女，满族）
副主任 祝自河（11月免）
堵凤春　郇秀海（满族）
张书远　吴秋红(女,不驻会)
区长 卢宇国（5月免）
于庆丰（6月任代理区长）
常务副区长 朱家亮（10月免）
副区长 于海波　郭文杰（12月任）
李志遂（10月免）
王　赤（满族）
肖　坤（女，4月免）
焦宝军　王建刚（5月任）
区政协主席 武占刚
副主席 周东金　王玉山　史宗祥
范淑玲（女，不驻会）
马春秀（女，不驻会）
李永旺（不驻会）
区纪委书记 崔占辉（12月免）
程海军（12月任）
副书记 刘　蔚
任会东（满族，7月免）
吴宏英（女，3月任）
区委农工委、农委书记 薄振山（3月免）
田志兵（3月任）
区农委主任 田志兵（3月任）
区农业农村局书记 赵　云（3月免）
局长 马春秀（女，3月任）

怀柔区街道、镇（乡）党政正职领导

	党委书记	主任、镇（乡）长
龙山街道	王学明（9月免） 关得志(9月任)	姜亦生
泉河街道	穆宗生	徐晓龙
怀柔镇	田墨华	刘宝恩
北房镇	肖正凯(3月免) 张俊峰(3月任,9月免) 李志遂(11月任)	张俊峰(3月免) 李凤春(3月任)
杨宋镇	王建刚(4月免) 于德利(满族,5月任)	温春霞(女,9月免) 夏文佳(9月任)
庙城镇	任占智(满族,3月免) 马国柱(3月任)	马国柱(3月免) 金文领(3月任)
桥梓镇	李树海(3月免) 彭玉柱(满族,3月任)	彭玉柱(满族,3月免) 温立新(3月任)
九渡河镇	孟海龙	黄　锋(2月免) 刘　钢(3月任)
渤海镇	彭明卫(满族)	于海臣
雁栖镇	周福刚	于永慧(女)
怀北镇	张茹苹(女)	孙学军
琉璃庙镇	赫金峰	曹晓杰
汤河口镇	苗志强	张海玉(3月免) 杨　滔(4月任)
宝山镇	张　军(3月免) 王　琦(3月任)	王　琦(4月免) 沈海明(4月任)
长哨营满族乡	于德利(满族,5月免) 彭兴思(满族,5月任)	魏怀珍(女,满族)
喇叭沟门满族乡	孙　逊	彭兴思(满族,5月免) 于春利(满族,7月任)

（怀柔区委研究室　毕珊　高楠）

平 谷 区

平谷区位于北京市东北部，总面积 950.13 千米²，其中山区、半山区和平原面积各占三分之一。辖 14 镇、2 乡、2 个街道办事处。年末，全区共有 272 个行政村和 39 个居委会，户籍总人口 40.9 万人，其中，农业人口 18 万人，非农业人口 22.9 万人，常住人口 46.2 万人，其中外来人口 4.7 万人。2019 年，平谷区认真贯彻落实中央、市委决策部署，落实“三区一口岸”功能定位，坚持生态立区、绿色发展方向不动摇，向“四个建设”发展目标奋力前进。年内，完成地区生产总值 293.5 亿元，按不变价计算，比上年增长 4.7%；完成固定资产投资 127.7 亿元，下降 4.2%；社会消费品零售额达到 120.6 亿元，增长 6.2%。

农业经济总体运行平稳。2019 年，平谷区紧紧围绕“三农”发展新实际、新方向、新问题，以“勇于创新、稳扎稳打”为导向，拓展思路、科学谋划，精准施策、狠抓落实，全面推动全区“三农”发展实现新提升。全区实现农林牧渔业总产值 35.83 亿元，其中，农业产值 17.1 亿元，下降 9.3%；林业产值 5.6 亿元，下降 9.2%；牧业产值 9.5 亿元；渔业产值 1.1 亿元，下降 8.3%。全区居民人均可支配收入 3.89 万元，同比增长 8.2%。

城乡发展一体化

【住房保障体系建设】年内，实现夏各庄梧桐浅山嘉园共有产权住房项目 1 223 套 11.35 万米² 上市销售，终止 142 户不符合条件家庭资格，对 1 594 户家庭开展年度复核，发放公租房住房租金补贴 2 415户次 135.87 万元、市场租房补贴 347 户次 19.80 万元。白各庄集体土地租赁住房项目开工建设，提供房源 955 套。普峰医疗创新谷闲置厂房改建职工集体宿舍项目取得施工许可，为创新谷园区企业提供 132 间宿舍 660 个床位。

【257 个村完成美丽乡村规划编制】年内，编制《平谷区美丽乡村有机规划导则》，荣获北京市优秀城乡规划三等奖。完成《平谷区村庄布局规划》。第一批 155 个村美丽乡村规划通过区政府常务会和区委常委会审查，取得区政府批复。启动第二、三批 102 个村美丽乡村规划编制，年内全部完成 257 个美丽乡村规划编制工作。

【新城控规启动】年内，启动新城控规编制研究工作。划定新城 9 个街区单元，启动 02 街区试点单元编制任务，同步开展 03、05、06、07、08 街区单元控规编制工作。编制《平谷新城控规工作指引》，传导分区规划确定各项管控指标，研究三大设施区级统筹工作。

【108 个专项规划取得阶段性成果】年内，完成 108 个专题规划阶段性成果，制定相关专题近期建设行动计划，分类引导各专项结题。完成平谷新城 05 街区 6017～6027 地块（南大门棚改项目）控制性详细规划批复。

【完成 38 条大街市政设施建设】年内，对新城地区 38 条主要大街进行整修，主要修复人行步道、路缘石、透水砖；整修检查井 400 个、雨水口 460 个；养护更换隔离护栏 10 余千米，清洗护栏 8 次，优化撤除交通隔离护栏 15.27 千米；补装安全防坠网 2 838 个；完成 7 处地下通道维修养护及 19 处喷泉日常检修工作。

【提升世界休闲大会周边环境质量】年内，对密三路、环湖路及夏各庄区域、东高村区域部分路段进行环境综合整治，包括拆除私搭乱建、规范广告牌匾、完善照明设施、整修路面、绿化提升等工程；对西起新平西路、东至平蓟路、南起北二环（不含）、北至平谷大街，实施墙面粉饰、绿化补植、规范牌匾标识、完善照明设施及慢行系统，提升世界休闲大会周边环境。

【完善新城景观照明设施】年内，加强景观照明设施管理，建立报修平台，及时修复路灯故障。使城区路灯亮灯率达 98%以上，农村地区亮灯率达 95%以上。更换城区路灯破损电缆、老旧控制箱等照明设施，消除安全隐患。对华西路路灯进行修复完善，修复路灯 335 盏。

【人工湖升级改造完成】年内，对原有人民公园人工湖进行升级改造，栽植荷花、睡莲等水生植物 3 500米²，安装汉白玉栏杆 0.94 千米。

【城市网格化管理】年内，完善环保 PM2.5 监测、气象监测等多方面数据资源收集，推进各类数据资源在全区各镇乡（街道）与部门之间联动、共享、应用；平台共收录各类网格事件 65.92 万件，处理

63.94 万件，处置率 96.9%；“爱我平谷”微信平台接收问题 774 件，办结 642 件，办结率 82.9%，接收建议 613 条，采纳 433 条，建议采纳率 70.6%；全面参与区“12345”平台群众诉求的处理，完成与市级平台的对接测试工作，区内平台通过人工录单形式投入使用。本年，平台收录“12345”群众诉求 4.33 万件。

【农村危房改造】年内，为农村危房改造工程统一设计 7 套标准户型图、施工图供群众选择，有序管理农宅建设，提升乡村风貌。推动改造任务按时、保质保量完成，年内解决安全住所 598 户，开工改造 773 户。

【农宅抗震节能改造】年内，制定出台《平谷区抗震节能农宅建设工作方案》，以个人自愿、政府引导为原则，鼓励村民进行抗震节能农宅建设。建设过程严格遵守“四个统一”原则：统一组织、统一设计、统一管理、统一验收。基本确户 2 700 户，完成 2 家房屋安全鉴定机构和 30 套农宅图集设计单位选取工作。完成 1 257 户农宅房屋安全鉴定工作，完成 30 套农宅抗震节能图集方案。

【房屋安全管理】年内，制定城乡房屋防汛工作方案，在主汛期巡查检查 100 余次，实现平稳度汛；参与召开区级地下空间综合整治大会，签订地下空间安全使用责任书，开展普通地下室季度联合执法检查 4 次，与人防办联合检查 11 次。开展城乡房屋安全检查工作，检查 41 次，完成 4 处超期公建治理工作。开展直管公房“疏整促”专项行动，杜绝转租、转借等违规现象发生。做好 60 栋直托管楼房日常管理，完成各类维修 140 余处次，维修及时率、合格率 100%。

【城乡规划建设管理体制改革】建立健全减量发展机制，编制减量实施方案，确定减量目标、制定各乡镇的减量任务并落实到地块，2019 年实现减量 49 公顷，超额完成减量任务。推进城乡治理模式创新，建立全区较为完善的网格化综合服务管理体系，全区所有网格实现“落人、落格、落责”。探索建立“村地镇管区统筹”工作机制，建立并完善农村管理信息化平台，试点西樊各庄村初步实现了“互联网+三资管理”。

【农业农村领域改革】完善农村人居环境长效管护机制，健全农村人居环境整治工作责任体系，出台了《平谷区农村人居环境和农村基础设施长效管护考核办法》，实现农村人居环境常态化管理。完善现代农业产业园创建，以“农科创”建设为契机，结合生物种业、智慧农业、生态循环农业等重点领域，积极推进园区基础设施完善。完善耕地保障制度，制定并印发了《关于 2019 年平谷区耕地地力保护补贴工作意见》，落实补贴政策，惠及 12 个乡镇（街道），补贴面积 3 万余亩，补贴资金超过 300 万元，进一步提高了补贴政策的指向性、精准性和时效性。

农村经济发展

【农业经济同比下降】2019 年，平谷区坚持以“生态立区、绿色发展”工作思路，农业与农村经济工作迈上新台阶。年内，实现农业产值 17.1 亿元，同比下降 9.3%；林业产值 5.6 亿元，同比下降 9.2%；牧业产值 9.5 亿元；渔业产值 1.1 亿元，同比下降 8.3%；果品产量 2.37 亿千克，与上一年持平；家禽出栏 236 万只，同比下降 27%；禽蛋产量6 160万千克，同比上升 6.2%；蔬菜产量 4 250.60万千克，同比下降 22.7%；水产品产量 840.70 万千克，同比上升 3.6%；粮食产量 2 799.86万千克，同比下降 13.9%。全区居民人均可支配收入 3.89 万元，同比增长 8.2%。

【粮食蔬菜种植】年内，全区粮食种植面积 4 108.94公顷，总产 2 799.86 万千克。夏粮种植面积 828.05 公顷，总产 387.89 万千克。其中，小麦 656.06 公顷（2018 年秋播，2019 年夏收），总产 340.97 万千克；豌豆 171.99 公顷，总产 46.93 万千克。秋粮种植面积 3 280.89 公顷，总产2 411.93 万千克。其中，玉米种植面积 2 963.4 公顷，总产 1 833.53 万千克；谷子种植面积 46.68 公顷，总产 11.64 万千克；豆类种植面积 84.94 公顷，总产 22.46 万千克；薯类种植面积 185.87 公顷，总产 544.3 万千克。全区蔬菜播种面积 1 238.9 公顷，总产量 4 250.60 万千克。

【养殖业】年内，全区牧业产值完成 9.5 亿元。年出栏生猪 4.76 万头、羊 2.85 万只、牛 0.18 万头，生产禽蛋 6 160 万千克。年末存栏生猪 0.12 万头、羊 2.11 万只、牛 0.19 万头。全区登记备案的养殖场户共 73 个，其中，规模猪场 14 个，家禽场 55 个，牛场 2 个，羊场 1 个，犬场 1 个。全区渔业产值 1.1 亿元，全年水产品产量 840.70 万千克。全区可利用水域面积 1 013 公顷，其中，养殖面积 569 公顷，水库面积 444 公顷。养殖品种以鲤鱼、四大家鱼（青鱼、草鱼、鲢鱼、鳙鱼）等常见食用鱼品种为主。

【渔业增殖放流】年内，开展渔业增殖放流工作，在黄松峪水库、西峪水库和洵河、洳河重点段开展放流活动。放流品种为鲢鱼、鳙鱼等滤食性鱼类，规格 0.05～0.10 克/尾，放流鱼苗 7.7 万千克。

【疫病程序化免疫】年内，实施对高致病性禽流感、口蹄疫、高致病性猪蓝耳病、猪瘟、布病、犬狂犬病等重大动物疫病进行程序化免疫。采取养殖场户自免与监管人员入户免疫相结合方式，免疫高致病性禽流感、新城疫、口蹄疫、猪瘟等重大动物疫病 6 239.44 万头（只）次。

【林业发展】年内，全区有森林总面积 7.06 万公顷，活立木总蓄积量 122.73 万米^3；全区森林覆盖率 67.3%，林木绿化率 71.94%；城镇园林资源绿化覆盖面积 1 785.87 公顷，现有园林绿地面积 1 580.86公顷，现有公园 17 个，公园绿地面积 951.73 公顷；城镇园林绿化覆盖率 51.78%，人均绿地面积 34.22 米^2。人均公园绿地面积 20.6 米^2。

【新一轮百万亩造林工程】年内，完成新一轮百万亩造林面积 1 400 公顷，全区完成留白增绿 128.38 公顷。栽植绿化乔木 20.63 万株，灌木 18.71 万株。工程涉及全区 14 个乡镇 63 个村。本年完成封山育林面积 2 000 公顷。

【花卉产业】年内，全区有花卉企业 7 个，花农 62 户，花卉从业人员 209 人，有专业技术人员 37 人，种植面积 12.63 万米^2，花卉年产值 578 万元，销售额 348 万元。

【高密植果园建设】年内，有序推进高密植果园建设，对栽植情况经过品种确认阶段及验收成活率、生长量阶段 2 个阶段验收，核定种植规模为 49.95 公顷，涉及 35 个村 50 户。其中，低收入户有 28 户，面积 5.67 公顷。

【乡村特色农产品遴选】年内，报送平谷大桃、北寨红杏、茅山后佛见喜梨和四座楼麻核桃参加全国乡村特色农产品遴选活动，其中平谷大桃、北寨红杏、茅山后佛见喜梨被评为全国乡村特色农产品。组织参加 2019 北京世园会优质果品大赛，荣获 3 项金奖。

【“生态桥”治理工程】刘家店镇制肥总站完成动土施工前期工作，获得了立项批复、可研批复及建设用地批复；确定了“槽式发酵、链板式翻抛工艺”的生产工艺流程；达成由“政府投资建设项目，企业运营外包”的拨改投运行方案；粗粉加工分站建设基本完成，对各分站安全生产运行开展一场一测；推动夏各庄镇简易沤肥模式探索，实现树枝细粉物料、粪便、菌剂一次充分搅拌，简化了流程，节约厂区占地和生产成本，经测算，简易制肥成本为 308.74 元/吨，制作有机肥 7 739.59 吨，且各项指标全部合格；开展了占地手续、立项批复、工程概（预）算等工作。年内，全区 17 个乡镇街道的粗粉加工分站全部运行，已粗粉加工果树枝条等农林废弃物 6.5 万吨，刘家店镇、南独乐河镇、夏各庄镇制作有机肥 5 万余吨，发放有机肥 3.8 万吨。

【推广“豌豆＋玉米”种植模式】调减高耗水小麦，对上茬种植豌豆、下茬种植玉米、油葵等节水型粮经作物的耕地给予补贴。经统计，享受补贴面积 2 511亩；落实基本菜田补贴政策，政策惠及 13 个乡镇街道，补贴 9 398.77 亩，补贴资金 525.65 万元。

【实施有机肥替代工程】实施现代农业产业带耕地质量提升机制建设项目，全年推广有机肥替代化肥 1.13 万亩，投资 756 万元。

【种植业设施升级改造】制定《关于 2019 年种植业设施升级改造奖励政策》，设施升级改造工作涉及 7 个乡镇，建设主体 11 家，年内完成设施修复 282 栋，操作间修复 895 个，使用再生砖 911 万块，获得政策奖励资金 2 700 万元。

【打造农业科技创新示范区】成功召开首届“平谷农业科技创新国际论坛”，签署了《构建“金三角”模式的战略框架协议》。与包括中国农业大学、北京市农林科学院、北京科技大学、北京农学院等 10 余家知名高校和科研机构开展合作，获得市级农业科技创新项目课题经费支持 1 900 余万元。创建市级以上星创天地 5 家，其中，市级星创天地 3 家，国家级星创天地 2 家，达成合作意向的涉农高新技术企业达 20 余家，科技创新聚集效应逐步显现。

【“凤英工程·云上镇罗营”建设】开展信息化培训累计 650 余学时，建立全域覆盖的光纤和 Wi-Fi 网络。进一步普及信息化设施，部署提供新闻资讯、政务服务、便民服务、特色旅游等 4 类服务项目（包含 80 余细项）的智能服务终端设备，提供应急广播、天气预报、远程监控、单灯控制、空气颗粒度 PM2.5 监测、无线网接入等功能服务“多能合一”智慧灯杆。推广即刻到家便民服务，为10个村1 002户老人免费安装智能终端设备——智身宝一键通。即刻到家爱老助残惠民服务已经向大华山等镇延伸，覆盖东辛撞村等。创新推进虚拟药房建设，启动药品配送到家服务。联合商务委、卫健委通过互联网、物联网及万家瑞医药配送企业。

【进行产学研合作发展】推进中国农业大学分子设计育种前沿科学中心、国家农业绿色发展研究院、营养与健康研究院、中荷奶业创新示范中心、畜禽种业研究院5个中心（研究院）落地平谷。中国农业大学农业绿色发展研究院之科技小院已落户北京互联农业公司及南独乐河镇政府北寨村。

【北京科技大学平谷生物农业研究院建设】建设综合试验站100亩，正在开展玉米、高粱和小麦农作物生物育种研究；组织北京科技大学万向元团队申报的2019年北京市科技计划课题“玉米优异种质创制和制种技术体系的建立”已通过市科委组织的专家论证，市科委支持科技经费300万元。

【科技强农项目引进】组织北京农学院申报2018年市区两级重大紧迫任务科技支撑专项平谷区“生态桥”工程关键技术集成与示范，市科委支持科技经费400万元；起草完成区政府与北京市农林科学院、北京工商大学战略合作协议；推进中以农业科技合作，组织中国农大申报以色列国际合作农业科技项目；委托瓦赫宁根大学就大桃全产业链提升和土壤改良2项课题进行深入合作。

【赵春江院士工作站落地并运营】赵春江院士工作站——北京谷芯科技发展有限责任公司等2家企业正式在平谷区注册。组织赵春江院士团队申报2018年市区两级重大紧迫任务科技支撑专项——平谷现代农业产业融合提升科技示范工程，获得北京市科委支持资金600万元。组织赵春江院士团队申报2019年北京市科技计划课题“农业科创区农业人工智能服务平台建设及示范应用”，已通过市科委组织的专家论证，支持市科技经费600万元。

【Ton院士工作站开展科研工作】加强与Ton院士平谷工作站对接，组织北京农学院及Ton院士工作站申报2019年北京市科技计划课题——平谷大桃品质提升关键生产调控技术研究与应用。

【星创天地建设工作】筛选出符合市级、国家级星创天地条件的农业企业和合作社12家，经过市科委评审，批复市级星创天地3家，目前平谷区拥有市级以上星创天地5家，其中国家级星创天地2家。

【农业机械稳步发展】年内，平谷区拥有农机维修企业23家，农机合作社18家。拥有农业机械总动力15.63万千瓦，拥有大中型拖拉机345台、配套农具842台套，拥有小麦联合收割机30台，玉米联合收割机26台，畜牧养殖机械648台（套），林果业机械1 082台（套），渔业机械2 577台（套）。粮食作物生产基本实现耕、种、收、管全程机械化，其中小麦耕、种、收机械化作业率达到100%。

【农业机械化作业】年内，全区机播小麦616.1公顷，机收小麦656.06公顷；玉米播种面积2 963.4公顷，机播玉米2 956.3公顷，机收面积2 921.5公顷，机收率98.6%；玉米秸秆还田2 628.2公顷，玉米全株青贮293.3公顷。土壤深松面积1 000公顷。

【农业机械购置补贴】年内，印发《2018—2020年北京市平谷区农机购置补贴实施方案》，并通过召开宣传会，下乡镇发放宣传材料，制作条幅等多途径对新政策到村到户进行宣传。年内，全区有5户5台机具申请补贴，其中3户3台通过审核，总价格12.19万元，涉及补贴金额3.7万元。

【农机具检审】年内，平谷区拖拉机联合收割机注册登记2台，区内转移登记过户19台，车辆从顺义转入1台，变更发动机登记12台。

【农机具加装尾气控制装置】年内，做好非道路移动机械尾气污染物排放控制工作，有针对性地对农业机械进行尾气污染物的治理，开展对拖拉机和联合收割机加装尾气污染物控制装置，安装完成45台。

【北京银行服务“三农”】年内，发放生源地助学贷款288笔，贷款金额164.25万元，助力本区105个困难家庭的孩子完成大学梦；支持本市条件恶劣地区农民安居项目，批量化创新“农宅保”业务，累计放款8户，贷款金额144万元；推出“民俗保”“农旅贷”，助推平谷区民俗旅游业发展，与区文化旅游产业协会签订合作协议，通过“千院计划”为协会内会员提供融资支持。首笔支持高端民宿建设贷款成功落地，贷款金额50万元；支持大棚升级改造项目，深入散户园区、规模化园区等，了解小微企业的融资需求，发放首笔大棚升级改造项目贷款100万元；支持劳动者自主创业、自谋职业，累计发放“创业贷”9笔，贷款金额185

万元。

【农商银行助力农业发展】年内，平谷区设有物理网点 28 家，离行式自助机具 19 台，乡村便利店 132 家，金融服务覆盖全辖 16 个乡镇，支付结算更为便捷。办理财政集中支付业务 6.67 万笔，金额 92.23 亿元；代理惠民补助统发及社保业务 97.77 万笔，金额 8.08 亿元；办理非税业务 3.76 万笔，金额 4.65 亿元。助力煤改清洁能源项目，发展普惠金融，开展个人煤改电、优质煤款项收缴工作。优质煤办理 1 202 户，金额 286.32 万元。

【精准扶贫】年内，中国农业发展银行平谷支行发挥龙头企业、合作社等新型经营主体的带动作用，推动行唐县蛋种鸡产业扶贫示范园区建设项目，投放贷款 1 亿元，全年根据项目进度发放 3 000 万元，累计发放贷款 1 亿元。

村镇建设

【峪口镇新城规划】年内，探索建设农业科技创新示范区核心区，镇域总规已编制完成，编制核心区 1 394 亩中关村产业园区地块控规；委托瓦大作为咨询单位，编制核心园区空间规划。搭建平台，集聚要素，借鉴瓦大“政府+科研院所高等学校+企业”的“金三角”合作模式，与中国农业大学等 10 余家知名高校和科研机构以及首农食品集团等 20 余家涉农高新技术企业建立合作，科技创新聚集效应逐步显现。4 月在北京会议中心成功举办首届“北京平谷农业创新国际论坛”。

【2020 年世界休闲大会分会场建设】包含基础设施建设和环境提升两个项目，已进入招投标阶段，确保 2020 年 8 月底前完成项目工程验收。环境提升项目已完成区财政预算评审，工程预算审定金额为 14 024 475.79 元，基础设施建设项目前期手续已取得村庄规划调整批复、开展前期工作函、钉桩成果、乡村规划条件、用地预审意见、环评备案、地质勘查报告。已取得发改委立项批复，总投资为 5 342万元（不含征地拆迁费用），勘察设计已评标，评标后材料已经整理齐全准备公示。占地手续已取得土地权属审查、勘测定界、林地使用意见、地灾评估、压覆矿产意见、村民代表大会决议、占地补偿协议等材料，大兴庄基础设施建设项目占地手续已经完成网上申报，待网上审核通过后将上报市规划和自然资源委员会。

【白各庄新城建设】白各庄一级开发二期已完成了地块规划公示、土地预审、规划条件等前期手续和地上物腾退工作，2020 年初具备上市条件。白各庄租赁住房项目进展顺利，已具备开工条件。

【金海湖镇城镇中心区建设】世界休闲大会主会场配套市政基础设施项目有序推进。世界休闲大会主场馆周边环境提升项目涉及方案已确定；韩庄道路工程东老虎山东路北段路床及管线已完工。征拆道路红线内涉及国有单位 14 家，完成 6 家单位签约。供销社被拆迁部分已拆除完毕。平蓟路、新平蓟路已完成概算评审，征地手续已通过市政府会议。平蓟路电力管线工程已取得立项批复，电力迁改已进场施工。拆改红线内涉及土门、海子、韩庄三个村的土地及地上物，土门及海子的评估工作已全部完成。集中供热工程南、北区已取得立项批复；南区设备、管线招标已完成，同步办理园林意见，征地已公示。次高压调压箱项目地上物已经拆除完毕。

【夏各庄新城镇建设】完成夏各庄新城 7 号地剩余地块上市工作，该块地面积 300 米^2，铺设电缆线路总长 7.0 千米，电力开闭站建设占新城 4 号地 A8 地块划拨手续正在抓紧办理。新城集中供热厂煤改气改造工程顺利完成，年内正式供暖。

【启动马坊镇中心区南区一二期土地开发项目拆迁】项目总占地约 122.4 公顷，涉及西大街、蒋里庄、塔寺、石佛寺、李蔡街 5 个村，住宅 772 户，非住宅 36 户，含国有土地非住宅 10 户。项目已取得市联席会会议纪要、授权批复、用地预审意见、立项批复等手续。项目补偿安置方案已经区委常委会审议通过。南区回迁安置房建设工作同步跟进，建设回迁住宅楼 12 栋。年内，完成外装修、初步分配方案等工作。

【启动村务中心建设】完成首批 15 个试点村村务中心建设实施方案及预算编制，进行了预算评审，并通过区政府常务会审议。启动了刘家店镇北吉山、行宫、寅洞、万家庄以及东高村镇门楼 5 个试点村村务中心项目提升工程。山东庄镇小北关、王辛庄镇太后等 15 个村具备了村务中心政、养、康等重点服务功能，达到了挂牌标准，于年底进行了统一挂牌。

【环境质量】年内，全区空气细颗粒物（PM2.5）平均浓度为 40 微克/米^3，同比下降 14.9%，在全市排名第 6；其他 3 项污染物可吸入颗粒物（PM10）、二氧化硫和二氧化氮平均浓度分别为 3 和 24 微克/米^3，分别同比持平、同比下降 40%和

11.1%。空气质量达标天数共258天，同比增加28天，一级天数为116天，同比增加12天，发生重污染天数5天，同比减少10天，空气质量显著提升。河流水质明显好转。东店国家考核断面平均水质类别为Ⅳ类，泃河汇入泃河前断面平均水质类别为Ⅴ类，海子水库断面平均水质类别为Ⅱ类，均达到水质目标要求；受污染耕地安全利用率达到90%以上，污染地块安全利用率达到90%以上，均达到市政府要求。

【总量减排】年内，在大气污染物总量减排方面，挥发性有机物减排4.75亿千克，氮氧化物减排8.95亿千克，二氧化硫减排9.25亿千克；在水污染物总量减排方面，化学需氧量和氨氮排放量分别减排2.38亿千克和1 700万千克。

【土壤污染防治】年内，编制并印发《平谷区净土保卫战2019年行动计划》。建立农用地土壤环境质量分类清单，将农用地划分为优先保护类6 217块、安全利用类175块和严格管控类2块；完成对2017和2018年关停企业原址用地筛查工作，建立关停企业原址用地情况台账。实现粮田、菜田单位耕地面积农药用量减少到191.48克/亩，农药利用率提高到44%；实现菜田单位耕地面积化肥用量减少到24.59千克/亩，化肥利用率提高到40%。

【水污染防治】年内，全面推动水污染防治，印发实施《平谷区碧水保卫战2019年行动计划》；加强水环境治理，大兴庄、夏各庄再生水厂进入试运行阶段，大华山再生水厂开工建设，全区污水处理量为2 836万米^3，再生水利用量为1 607万米^3。新建污水管线20.3千米，再生水管线5 200千米；完成集中式饮用水水源地环境状况调查评估工作和生活饮用水监测任务；依法修订平谷区畜禽养殖禁养区范围，并通过市级部门审核；实施排污许可管理，向115家企业核发排污许可证。

【大气污染防治】年内，印发实施《平谷区打赢蓝天保卫战2019年行动计划》；出台《关于深入开展乡镇（街道）、村（社区）大气污染防治工作的指导意见》及《平谷区乡镇（街道）大气污染防治奖惩办法（试行）》等文件；强化"一微克"攻坚行动，深化挥发性有机物治理，巩固"两散"治理成果。

【清洁降尘】年内，落实各类施工扬尘管控，检查施工工地3 285次，立案处罚各类违法行为284起，罚款202万元；治理农业裸地4 113.33公顷，强化拆违"场清地净""小微工程"、架空入地等工程扬尘管控；减少道路扬尘污染，建立辖区全口径道路保洁标准台账，实施道路深度保洁，城市道路"冲、扫、洗、收"新工艺作业率达到92%以上。

【环境监管】年内，深化"吹哨报到"机制和"点穴式"执法，检查大气、水等各类污染源3 035个，发现违法行为89起，处罚41起，罚金67万余元，查封3起，责令餐饮单位安装监测点位或采样平台6起，移送属地环境问题37个；立案处罚环境违法行为232起、罚款738.8万元，同比分别增长24.1%和3.7%，依法实施查封扣押42起，移送涉嫌环境违法行为行政拘留10起，移送涉嫌环境违法行为刑事拘留1起。

【环境监测】年内，环境监测工作围绕改善环境质量、强化节能减排、加强环境管理等工作展开。全年取得各种有效数据1.39万个。其中，地表水监测获取有效监测数据9 576个；农村饮用水源地水质的监测获得监测数据148个；农村土壤环境质量监测获得监测数据100个；噪声监测数据957个；地下水观测井数据264个，废气监测数据208个，土壤监测数据275个。

【污染源普查】年内，落实全国第二次污染源普查工作标准和要求，本区形成《纳普对象名录库》1481家企业，其中，工业污染源621家、农业污染源266家、生活污染源380家、集中式污染治理设施56家，还包括北京市自选动作中餐饮业典型调查90家、汽车维修业典型调查68家。

【"绿盾"专项行动】年内，"绿盾2017"专项行动中462个疑似问题点位，有442个申请销号，销号率95.67%。"绿盾2018"专项行动中的28个疑似问题点位，有26个申请销号，销号率92.85%。"绿盾2018年第四季度遥感点位"39个疑似点位，有32个申请销号，销号率82.05%。"绿盾2019"监督检查工作中3个疑似点位完成整改，整改完成率100%。"矿山遥感点位"31个疑似点位，整改完成100%。

【浅山区治理】年内，完成浅山区4.02万宗建筑物图斑排查，梳理乡镇一般违法问题3 549宗。建立浅山区整改台账，移交区查违办上账管理督办。制定浅山区工作方案，推动浅山区存量违法建设清理工作。本年整改到位3 327宗，整改到位率93.74%。

农村改革与管理

【农民合作社注册登记】年内，全区注册登记农民合作社 1 412 家，有经营活动的 1 280 家，其中，国家级示范社 21 家、市级示范社 9 家，北京市排名第二；农民合作社注册资金总额 29.65 亿元，入社农户 5.19 万人次，发展规模北京市排名第二。组织国家级示范社、市级示范社开展 2019 年度监测与考评工作。

【农村土地承包经营权确权颁证】年内，完成全区 237 个村家庭承包确权颁证数据汇交，打印证书 6.47 万个，应确尽确率 92.7%，全市名列前茅。

【农村其他土地承包合同清理】年内，针对口头合同、不规范合同进行查处和清理，稽查全区 17 个乡镇 218 个村（总村数 80%）公示情况，完成 2.45 万份农村其他土地承包合同清理。

【农村管理信息化建设】年内，以“村地区管镇主责”为指导，梳理农村集体土地流转程序。运用信息化手段，完成一系列其他承包合同、资金管理审批流程和管理功能开发，完成全区清理、清查合同数据处理和入库。同时完成部分乡镇、村集体其他方式承包地块数据采集和处理，信息化平台在试点乡镇、村试运行。

【农村集体资产清产核资】年内，召开清产核资工作专题会议，指导各乡镇开展农村集体资产清产核资工作。5 月完成全区清产核资数据的填报、审核、上传，7 月上旬完成清产核资工作镇级、区级、市级验收。

【农村集体经济组织变更】年内，按照市农业农村局〔2018〕3 号文件要求，统一将北京市农村集体经济组织变更到全国农村集体经济组织管理系统，完成 11 个乡镇换证工作。

【农村财务、资产审计】年内，针对上年审计出来的问题，形成审计报告并下发到各乡镇。组织对上年村级公益事业专项补助资金管理使用情况进行年度审计。在全区对新任职村“两委”主要负责人（书记）进行财务收支及资产管理状况审计。

【搭建投融资担保平台】年内，对全区合作社概况和发展现状进行掌握、对 30 家市级及以上示范社的运行状态进行分析，对接平谷邮政部门，明确银行与合作社合作范围，整合社会力量推动农民合作社质量提升。

【合作社与市场对接】年内，参加区商委与京东快递关于农产品运输问题洽谈会，协助完成运输证办理，增加桃农经济效益；完成生鲜企业（合作社）与商超合作，完成大桃销售统计工作。

【农民合作社质量提升】年内，根据《农业农村部办公厅关于开展 2019 年农民合作社质量提升整县推进试点工作的通知》（农办经〔2019〕10 号）精神和北京市农业农村局相关要求，经本区申报、北京市农业农村局推荐、农业农村部审核，确定平谷区为全国农民合作社质量提升整区推进试点。组织完成国家级示范社、市级示范社开展本年度监测与考评工作。

农村民生

【乡村振兴协理员招聘】年内，启动从应届高校毕业生中招聘支农人员到农村基层工作，平谷区招聘乡村振兴协理员 20 名，其中，本科生 13 名、专科生 7 名，全部为平谷区生源。

【大学生“村官”管理】年内，依据公务员相关管理制度和大学生“村官”考核办法，进行在职大学生“村官”（选调生）年度考核，评选出 13 名优秀人员。本年 55 名大学生“村官”合同期满，54 人实现再就业，其中，考取公务员 20 名，进入事业单位 14 名，进入企业、考研等 16 名，顺延合同 4 名，再就业率 98.2%。

【劳动就业】年内，全区实现城乡劳动力就业 1.13 万人；城乡困难劳动力就业 7 547 人；522 名本区农村地区劳动力实现城市公共服务类岗位就业；205 个社区（村）和 4 个乡镇实现充分就业，分别完成任务指标的 112.3%和 110%；申请市、区两级岗社补资金 3.08 亿元。

【农民工权益维护】年内，将原区解决农民工工资拖欠领导小组调整为区根治拖欠农民工工资工作领导小组。全年受理投诉举报案件和“12345”案件 630 件，涉及职工 1 687 人，金额 2 274 万元，案件数量和欠薪总额较上年呈下降趋势。

【社区工作者管理】年内，招聘 68 名社区工作者，分配到滨河街道、兴谷街道、平谷镇、夏各庄镇、马坊镇和大兴庄镇从事社区服务工作。完成社区工作者待遇调整工作。本区社区工作者总体待遇水平达到上年度市职工平均工资水平。鼓励社区工作者参加国家社会工作师职业水平考试，全区 240 名社工取得职业水平证书，占总人数的 52.5%，提升社工职业化、专业化水平。

【城乡低保救助】年内，全区城乡低保户 2 762 户、4 555 人，发放低保金 5 784 万元（其中，城低保 307 户、474 人，农低保 2 455 户、4 081 人），全年新增 242 户，核减 251 户，复审 1 514 户。城乡低收入家庭 62 户、144 人。全年围绕困难人群实施各类救助政策：其中城乡低保人员过节补助 191.8 万元；截至 7 月底，城乡低保低收入人员医疗救助2 302人次，发放资金 469.23 万元；教育救助 133 人，发放资金 101.6 万元；困难家庭临时救助 120 人次，发放资金 30.25 万元。

【城乡特困救助】年内，全区有特困供养人员 268 户、284 人，其中集中供养 153 人、分散 131 人。区委社会工委、区民政局全年发放生活费照料费 797.3 万元。

【科普下乡】1 月 18 日，在平谷镇上纸寨村东方龙昌老年公寓开展本年度科技文化卫生“三下乡”集中示范活动，活动以咨询、义诊、发放材料、送福字、送对联等形式展开，现场发放《身边的桃树与健康》《知识产权漫画读本》《地震灾害应急知识读本》《防震减灾科普知识读物》等科普宣传材料 1 500余份，受众群众 800 余人次。

【农村校园信息化建设】11 月，完成平谷六小分校、大华山中学新建教学楼、平谷一园分园、靠山集小学、红石坎小学、由山由谷幼儿园数字校园弱电综合布线工程项目方案编制工作，以及全区中小学信息化设备采购方案编制工作；协助小香玉艺术学校、刘家河中学完成信息化建设规划方案编制工作。

【教育专网建设项目编制】年内，规划搭建基础网络互联互通平台，完成覆盖全区所有单位，包括：16 个乡镇、2 个街道、39 个居委会、272 个行政村、130 个委办局、150 个教育单位平谷区教育专网与区政务外网融合项目，实现农村远程教学、网上办事、技术技能培训，分别为“雪亮工程”、明厨亮灶视频监控、中高考电子巡考系统、实时在线教学、教育资源平台等专项业务进行资源分配以保障所需业务带宽，部署安全防护和认证体系、面向接入单位 OA 办公应用系统为“雪亮工程”、应急指挥系统、金财专网等多业务提供网络基础支撑。

【农村文化设施建设】年内，完成区政府“为民办实事”项目，为刘家店镇、东高村镇、马昌营镇等 50 个村文化活动室粉刷墙面和配备设备。加强公共文化服务质量监督，聘请第三方对全区 18 个镇乡（街道）文化中心和 304 个村级文化活动室的设施设备运营等公共文化领域的效能、服务评价等工作进行监督；对星火工程全部签约团队演出进行跟踪抽测检查。

【基层图书馆（室）建设】年内，依托“一卡通”服务系统，实现基层分馆与区级馆、本区与全市“一卡通”成员馆的文献通借通还。全区“一卡通”基层分馆全部开通；为每个镇乡（街道）分馆配发新书 100 册，报刊 50 种；为社区、行政村图书室配发新书 60 册，报刊 25 种；完成基层图书调配流转 77 次、14.76 万册；开展“文化惠民、送书下基层”活动，全年流动送书 110 次、2.20 万册；举办基层公共图书馆员业务辅导集中培训 2 期，700 余人次参加；深入基层实地辅导巡检 300 余次。

【文物保护修缮】年内，完成云岩禅寺二期、北台头兴隆庵等修复工程。实施桃棚抗战遗址、大辛寨三官庙、峰台三义庙、靠山集菩萨庙和贤王庄菩萨庙等 5 个消防系统工程。委托专业单位编制马兰路长城保护规划。编写完成《上宅遗址文物保护规划》和《上宅考古遗址公园规划》初稿。会同中国科学院古脊椎动物与古人类研究所沿泃河流域继续开展史前遗址调查，主要涉及 6 个乡镇 40 个自然村，发现新旧石器及其他历史遗存 32 处。王辛庄镇许家务村楼房成功申报为区级重点文物保护单位。

【平谷民间剪纸入展市级展览】12 月，区文联民间文艺家协会会员 23 幅剪纸作品入展由市委农工委、市文联等单位主办的第 30 届北京农民艺术节“诗画（北京）美丽乡村”艺术作品联展，在中华世纪坛展出。

【农村医疗卫生】年内，全区规划村级医疗机构 200 个，其中 57 个空白村新建卫生室全部完成，覆盖率 100%。在岗乡村医生 163 人，通过乡村医生全科助理医师考试 10 人，全年诊疗 22.05 万人次。组织基层卫生人员培训 182 学时。

【城乡居民医疗保障】年内，全区老年人参保 8.30 万人，较上年度增加 620 人。老年人大病保险补偿 1 466 人，占大病保险补偿总人数的 82.55%，支付大病保险补偿费用 1 264.29 万元。全区享受城乡低保、低收入家庭待遇的 60 周岁以上老人 1 927 人，全年累计发放城乡低保救助资金 2 357 万元。享受高龄补贴人数为 1.2 万余人，发放高龄津贴

1 264万元。享受困难老年人养老服务补贴 950 余人，发放补贴 82 万元；享受高龄老人津贴 1.3 万余人，发放津贴 277 万元；享受失能老年人护理补贴计 6 000 余人，发放补贴 600 万元。全年为 9.5 万户籍老年人承保老年人意外伤害保险。

【城乡居民养老保障】年内，建立职工养老保险、机关事业养老保险、城乡居民养老保险以及无保障老年人养老保障四位一体的养老保障体系。城乡居民养老保险基础养老金水平提高到每人每月 810 元，全年为 4.37 万人发放基础养老金 3.97 亿元；无保障老年人福利养老金水平提高到每人每月 735 元，全年为 3.51 万人发放福利养老金 3.1 亿元。

【城乡居民参保】年内，全区有 19.38 万人参加城乡居民医保，较上年度减少 897 人；为 2.61 万名低保、五保、低收入农户、残疾等 13 类符合政府资助困难群体办理免费参保手续。为 923 名低保、五保、去世等符合退费人员办理退费手续，退回费用 22 万余元；为 133 人办理异地登记就医手续，方便参保人异地居住就医。

【城乡居民医保报销】年内，推进持卡就医、实时结算，降低参保人员医疗负担。全年手工报销 6 154人次，较上年度减少 1 560 人次，同比降低 19.32%；支付基金 1 298.05 万元，较上年度减少 34.13 万元，同比降低 2.56%。全年审核 516.18 万人次，较上年度增加 264.45 万人次，同比增长 105.05%；支付基金 4.01 亿元，较上年度增加 1.30 亿元，同比增长 48.02%。

【城乡居民大病保险补偿】年内，区医疗保障局开展大病报销补偿工作，全区符合大病保险报销 1 687人，支付大病报销补偿款 1 587.78 万元，单笔最高支付 25.65 万元。

基层组织与民主政治建设

【基层组织建设】年内，组织完成村（居）“两委”换届选举工作。换届后，村和社区干部平均年龄降低 2.3 岁，大专及以上学历提高 10.3%，村干部队伍结构得到优化。建立村居干部学校，举办“村书记论坛”，开发本土化教材，区领导专题授课，促进村居有效履职。梳理农村党组织和党员权责清单 235 项、村委会权责清单 248 项，制定“四个不”（四个不：“一肩挑”不是“一人签”、不是“一人言”、不是“一人管”、不是“一人干”）工作规范，坚持重大事项“四议一审两公开”制度，完善党组织领导下的权力运行机制。整合各类资源，整顿软弱涣散村党组织，开展多轮调度、专项解决突出问题；党（工）委书记抓部署、抓调度、抓落实，强化镇乡（街道）干部分片包干制度；村居层面，基层党组织发挥领导核心作用，深化党员包户包片、回村居报到等制度机制，推动各项任务落实，焦点性问题得到初步解决。

【“不忘初心，牢记使命”主题教育】年内，组建主题教育领导小组和办公室，坚持读原著、学原文、悟原理，及时跟进学习习近平总书记在庆祝中华人民共和国成立 70 周年大会上重要讲话精神，学习贯彻党的十九届四中全会精神，组织集体学习 6 次，开展专题研讨 7 次。建立“读、写、讲”学习机制，巩固“1＋23＋N”（1 是 1 个区委党校，23 是 18 个乡镇、街道和 5 个党工委系统的党校分校，N 是 N 个新时代文明实践站）办学模式，深化“千名书记讲党课”，举办基层党员夜校和农民业校，发挥“红谷”党性教育基地作用，开展爱国主义和革命传统教育。开展突出问题、重大风险隐患和 12345“接诉即办”问题“大起底”，起底问题隐患 1 156 项，其中，重要突出问题 805 条，重大风险隐患 351 条，解决 525 项。坚持问题导向、系统治理，对标“8＋2”专项整治任务，坚持再聚焦再梳理，形成民生保障、生态环境、经济运行等 6 个领域 28 个课题，研究制定土地规划利用、农业科技创新等 5 个方面 19 项任务清单。

【基层治理体系建设】年内，推进在职党员回社区（村）报到，搭建“身边·党员”管理平台，把党员报到与国庆服务保障、为民服务、基层治理等紧密结合，集中开展“喜迎国庆 70 周年、志愿共建美丽平谷”等志愿服务活动，全年有 6 万余人次党员带动群众参与社会治理。统筹推进党建协调委员会、党群服务中心、村务中心、说事评理普法议事中心合理布局，打造教育党员、服务群众区域化党建工作格局。成立出租汽车行业综合党委，抓好红色物业组建，“两新”组织参与社会治理主动性增强。

【干部监督管理】年内，进行干部不担当不作为专项检查、核查验证个人有关事项、清理规范兼职、审批因私出国（境），加强干部日常监管，对存在苗头性、倾向性问题干部及时“提领子、扯袖子”，提醒 163 人，函询 138 人。重点检查监督各级组织和领导干部在 12345“接诉即办”工作中为民服务、履职尽责情况，责令10家单位作出书面检查，约谈主要负责人15人次，对3个乡镇在全区通报。

【村级统一考评】年内，下发《关于在农村基层党组织中开展红旗竞赛活动的实施意见》，设置班子团结、民主管理、村容整洁、和谐稳定、违建管控、产业发展、生活富裕、村风文明8项标准，全区272个村围绕8个方面内容开展达标争创。明确规定各区直部门、各单位不设置村级工作考评奖励项目，切实减轻基层负担。

【人才队伍建设】年内，17个用人单位引进国际人才4人、高精尖人才49人，办理落户21个、北京市工作居住证316个。出台《平谷区人才住房支持保障管理办法》，本年为134名人才配租人才公租房，全区475人享受人才公租房。11月，开通由平谷到市区一站式人才班车，缩短人才出行时间，162人次乘坐人才班车。全区有13名享受政府特殊津贴人员，涉及农业领域6人、教育4人、医学2人、文化艺术1人。推荐“农村创业者联盟”成员参加全国农村创业创新大赛，“城乡互助‘普惠’养老新模式”项目代表北京市荣获全国成长组三等奖。

【重点领域监督】年内，对规划和自然资源领域问题整改监督执纪问责，推进人防领域腐败、违规建设“大棚房”、违建别墅、浅山区违法占地违法建设专项治理，通过专项巡察、实地督导、明察暗访、约谈等方式保证政令畅通。加强对世界休闲大会筹办工作全面监督。牵头开展全面从严治党（党建）工作考核，推动各级党委（党组）压紧压实责任。严明村和社区“两委”换届选举纪律，严厉打击拉票贿选、破坏选举秩序行为。加强对新形势下党内政治生活若干准则等执行情况监督检查，营造全面从严治党良好氛围。严格落实会前学纪学法制度，实现各级党委（党组）学纪学法常态化规范化，实现镇村干部纪律宣讲全覆盖。

区乡镇“三农”工作部署和实施

【召开2019年“三农”工作会】3月22日，平谷区召开2019年农村工作会。会上，副区长做《深入实施乡村振兴战略，扎实推进美丽乡村建设奋力开创“三农”事业新局面》工作报告。指出，过去的一年是贯彻落实党的十九大精神的开局之年，是落实新版北京城市总体规划的开局之年，是“实施乡村振兴战略推进美丽乡村建设”专项行动的启动之年。全区广大干部群众按照产业兴旺、生态宜居、乡风文明、治理有效、生活富裕的总要求，坚持以“生态立区、绿色发展”战略为引领、以人民为中心的发展思路，直面问题，勇于担当，顺利完成了各项工作任务，各类重点指标正在由“脱险脱低”向“向上向好”转变，“三农”工作迈上了新的台阶。会议从发展“高精尖”农业，“产业兴旺”步伐持续加快、强化涵养能力，“生态宜居”水平显著提高、弘扬优秀文化，“乡风文明”培育力度逐步强化、激发发展活力，“治理有效”逐步落实到位、提升服务水平，“农民富裕”实现途径不断拓宽五个方面对平谷区农业工作做了总结，并从夯实发展基础，创建“生态乡村”、补齐发展短板，创建“美丽乡村”、转变发展方式，创建“富裕乡村”、完善治理机制，创建“和谐乡村”、强化民生保障措施，创建“幸福乡村”、加强党对“三农”工作领导，落实农业农村优先发展总方针六个方面提出了未来发展规划和建议。

【平谷区农村污水治理工作的议案】采取连续跟踪督办的方式，多次深入到区水务局听取工程进展情况汇报；经常与承接工程项目的公司负责人，所在乡镇、村干部开展工作交流；实地察看了全区17个乡镇街道50余个村的施工现场；并赴北京市大兴区，天津市蓟州区和浙江省杭州市、湖州市考察学习了农村生活污水治理先进经验模式。结合调研和学习，区人大农村委针对此项议案分阶段分别在区五届人大第3次、第14次常委会和第18次、第49次主任会议审议政府报告时提出了相关意见和建议。

【实施美丽乡村建设的建议提案】研究制定了《中共北京市平谷区委员会北京市平谷区人民政府关于开展“实施乡村振兴战略推进美丽乡村建设”专项行动（2018—2020年）的实施意见》，明确了“组织坚强有力、产业发展兴旺、设施配套齐全、环境整洁优美、生态绿色环保、人文素质提升、社会平安有序、生活富裕安康”8个建设目标。在建设过程中，坚持规划先行，按照“一村一策”的原则推进村庄规划编制工作。在规划编制过程中，高度重视文化建设，对村庄规划师进行了集中培训，要求规划师深入挖掘村庄传承文化和特色文化，重视历史文化保护和发掘，培育名人文化；做好乡村传统风貌引导，培育乡愁文化，打造文化特色村。

【关于在乡村车站设置垃圾箱提案】以刘家店镇为

试点示范镇，着力将其打造成为乡创人才聚集地、乡创旅游目的地、乡创企业孵化地。以镇旧服装厂为核心打造田园商圈综合体，以丫髻山文化中心为核心打造休闲康养新商圈。重点围绕孔城峪、江米洞、前吉山、行宫等村落，打造乡创样板村，吸引市场主体整村打造、市场化运营，将文化生态优势转化为绿色产业优势，塑造特色鲜明的美丽乡村。利用闲宅、房、场、院，结合人文地产景，打造特色高端主题民宿。让农户以闲置房屋入股，采取企业化、市场化、专业化手段，形成共赢模式。以世界休闲大会为契机，打造精品文化年系列活动，注重文化挖掘、品牌塑造与市场营销，形成文化消费。做深做活大赛和论坛，吸纳更多优秀创客团队通过大赛关注平谷、创造平谷、扎根平谷，创造出更多、更好的特色创意产品，为绿色产业升级贡献智慧与范例。目前已举办两次乡创大赛，具有更强的指向性、服务性和实操性，能真正落地为乡村振兴、休闲产业、文化产业做好智力、产业支撑。

【推进农产品品牌化提案】按照平谷区“三区一口岸”的功能定位，农业科技创新，成为平谷区重要的发展方向。平谷区成功获批第八批国家农业科技园区，初步建立了政府、企业、科研机构的“金三角”合作模式，与荷兰瓦赫宁根大学等世界一流农业高校和国内外企业加强交流合作，推动北京·京瓦农业科技创新中心、国家农业科技创新港等项目落户平谷，成立2个“院士工作站”，与首农、先正达等农业高科技企业建立了紧密合作关系；围绕“果之首桃之都”平谷大桃区域品牌价值塑造，实施了农业品牌提升行动，创新大桃品牌化组织体系、经营体系，提升大桃品牌价值和文化价值。创建了全市首个国家级生态原产地产品保护示范区；与沃尔玛合作推广“平谷大桃”。举办“大桃嘉年华”“农民丰收节”“情定桃花”等系列活动，宣传推介平谷特色农产品。与正大集团建立产地直供合作，推动产销环节共同升级。

平谷区领导名录

区委书记	王成国
副书记	王明浩（满族）　沈　洁（女）
常委	刘　震　吴小杰　王红艳（女）　底志欣（回族）　邵亚平　吴连江　程建新
区人大常委会主任	刘　军
副主任	屈志奇　刘　忠　李福芝（女）　王　欣　张东伟（女，满族）
区长	王明浩（满族）
副区长	吴小杰　张利民　徐素芝（女）　李永生　付湘生　韩小波
区政协主席	闫维洪
副主席	张双全　刘　英（女）　于海山　狄长安　陈月侠（女）　田　禾
区纪委书记	邵亚平
副书记	王何义　见莉欣（女）　崔小东
副区级	王如生　白长河
区委农工委书记	乔福刚
区农委主任	李小丰

平谷区乡镇党政正职领导

	党委书记	镇（乡）长
平谷镇	崔　跃	沈　炎
金海湖镇	徐春刚	李　斌
王辛庄镇	见小东	宋小勇
夏各庄镇	王　静	赵金祥
东高村镇	崔　苠	陈惠华
马坊镇	牛福生	马冬梅（女）
马昌营镇	邢广宏	李大杰
山东庄镇	王晓全	崔成立
南独乐河镇	徐振涛	刘久兴
刘家店镇	刘晓东	马超英
大兴庄镇	沈立军	王桂金（女）
峪口镇	见国柱	刘　堃
镇罗营镇	任利泉	路卫红（女）
大华山镇	宋长文	秦　磊
黄松峪乡	马思亿（女）	刘东明
熊儿寨乡	张武祥	吴亚军

（平谷区委研究室　梁自山）

密云区

综述

密云区处于北京市东北部，东西长69千米，南北宽约64千米，属燕山山地与华北平原交接地，是华北通往东北、内蒙古的重要门户，故有“京师锁钥”之称。作为北京市郊区之一，是全市面积最大的区，根据《北京城市总体规划（2016—2035年）》，密云区的功能定位是首都最重要的水源保护地及区域生态治理协作区，国家生态文明先行示范区，特色文化旅游休闲及创新发展示范区。

2019年，密云区辖2个街道：鼓楼街道、果园街道；17个镇：密云镇、溪翁庄镇、西田各庄镇、十里堡镇、河南寨镇、巨各庄镇、穆家峪镇、太师屯镇、高岭镇、不老屯镇、冯家峪镇、古北口镇、大城子镇、东邵渠镇、北庄镇、新城子镇、石城镇；1个地区办事处：檀营地区（檀营满族蒙古族乡）。有96个居委会、330个行政村。

境内土地总面积2 225.92千米^2，农用地17.91万公顷，其中，耕地1.71万公顷、园地2.91万公顷、林地13.07万公顷、草地0.22万公顷。建设用地4.35万公顷，其中，城镇村及工矿用地1.40万公顷、交通运输用地0.33万公顷、水域及水利设施用地2.24万公顷。其他土地0.38万公顷。华北第一大水库密云水库位于区境中部，控制潮河、白河流域面积1.6万千米^2，总库容43.75亿米^3，最大水面面积188千米^2。中小型水库23座。密云区90%以上的面积被列为水源保护区，全境水源丰富，有潮河、安达木河等15条河流，其中12条河流注入密云水库。2019年降水量588.1毫米，比上年下降12.0%；年末平原区地下水埋深为24.44米，比上年末回升0.38米。全年总用水量7 271.7万米^3，比上年下降7.2%，其中，生产用水2 162.8万米^3、生活用水2 894.3万米^3、生态环境用水2 214.6万米^3；农村安全饮水达标率100%；全年水土流失治理面积1.15万公顷，比上年增加0.25万公顷。

年末，全区常住人口50.30万人，比上年末增加0.80万人。其中，常住外来人口7.90万人，占常住人口的比重为15.70%。常住人口中，城镇人口30.50万人，占常住人口的比重为60.60%。常住人口出生率8.44‰，死亡率5.38‰。年末全区户籍人口44.06万人，比上年末增加0.26万人。其中，非农业人口19.72万人，占户籍人口的比重为44.8%；农业人口24.34万人，占55.20%。

城乡融合发展

【概况】 2019年，全区实现地区生产总值340.9亿元，按可比价计算，比上年增长6.3%。其中，第一产业增加值13.6亿元，下降1.3%；第二产业增加值101.9亿元，增长3.9%；第三产业增加值225.4亿元，增长7.9%。三次产业构成由上年的4.3：30.6：65.1调整为4.0：29.9：66.1。按常住人口计算，全区人均地区生产总值68 323元。全区实现地区生产总值340.9亿元，同比增长6.3%；一般公共预算收入37.5亿元，增长3.2%；实现社会消费品零售额159.9亿元，增长8%。

【基础设施建设】 城乡路网持续优化，“7·16”水毁乡村公路及桥梁修复以及黑山寺、古北口火车站道路等工程全面完工，阳光街、启源三街等7条城市支路通车，农村公路大修路面48.1千米，改造旧桥6座。新城再生水厂投产运行，污泥无害化处理工程完工，新城地表水厂调试工作基本完成。实施农村饮水提质增效工程，115个行政村的5.49万群众生活饮水安全得到保障。新建和改造6个变电站。完善燃气行业“五大体系”，提升安全稳定供气能力。宾阳里南区、宾阳西里等4个老旧小区、108万米^{2}供热管网完成升级改造。5G业务正式启动商用，开通5G基站136个。

【城市精细化治理】 “疏解整治促提升”8项市级任务全部提前完成，完成26项区级自定任务。疏解一般制造业企业19家，“散乱污”企业和占道经营行为保持“动态清零”；拆除违法建设63.5万米^2，腾退土地113.9公顷；整治无证无照361处，封堵“开墙打洞”71处。绿色循环经济产业园安全运营，全年焚烧处理垃圾21万吨，发电6 300余万千瓦时。开展建筑垃圾资源化利用。成立物业行业协会，指导全区物业企业规范化运行，设4个试点小区。

【改善农村人居环境】 拆除违章建筑、私搭乱建

80.6 万米²，清理乱堆乱放 172 万米²，长效管护机制逐步建立，密云区在"千村整治"第三季度抽查中排名全市第二。推动"厕所革命"，90%以上农村公厕达标，升级改造农村户厕 1.2 万户，农村卫生厕所覆盖率超过 95%。推进城乡环境改善，累计整治市级脏乱点 700 余个、区级脏乱点 1.6 万余个。溪翁庄镇、太师屯镇通过国家卫生镇验收，巨各庄、大城子、十里堡、河南寨、古北口等镇通过市级检查验收。

【推进保水工作】围绕"执法盲区清零、污染隐患清零、监管盲点清零"开展密云水库百日整治行动。完成水库 300 千米围网和智能监控系统一期建设任务，一、二级保护区内工业企业全部退出，98 家规模化养殖场全部关闭，二级保护区内 3 家矿山企业全部关停。推进一级区内 41 个村污水设施改造升级，建设生态清洁小流域 11 条，治理水土流失面积 115 千米²。落实"河长制"工作，镇级河长巡河率 100%。与怀柔区、承德市签订《潮河流域生态环境联建联防联治合作协议》，建立"责任共担、问题共商、目标共治、信息共享"机制。密云水库和潮河、白河断面水质保持国家地表水二类标准以上。

【市郊铁路怀柔—密云线全线运营】4 月 30 日，市郊铁路怀柔—密云线全线运营。线路起自昌平区黄土店站，经怀柔北站至密云区古北口站，密云区境内设黑山寺、古北口 2 座车站，密云段全长 50.6 千米。列车每日开行 2 对，全程运行时间最短 135 分钟。怀密线的全线贯通，实现了中心城区与怀柔科学城的交通连接，同时串联怀柔、密云沿线十余个重点旅游景区。

农村经济发展

【概况】全区居民人均可支配收入 38 004 元，增长 8.7%，其中城镇居民人均可支配收入 47 231 元，增长 8.5%，农村居民人均可支配收入 26 865 元，增长 9%；万元地区生产总值能耗、水耗分别下降 2.5%和 2.4%。2019 年，全区完成农林牧渔业总产值 33.2 亿元，比上年增长 1.4%。其中，农业产值 14.2 亿元，比上年下降 0.9%；畜牧业产值 5.9 亿元，比上年下降 22.4%；林业产值 11.9 亿元，比上年增长 30.4%。农林牧渔四业结构比例由上年的 43.9：27.8：23.1：2.4 转变为 42.9：35.8：17.7：1.7，农林牧渔业总产值增长 8.5 个百分点。

【农村经济审计】年内，全区完成 597 个会计核算单位审计，审计金额 10.6 亿元。其中，违规违纪单位 15 个，违规违纪金额 129.74 万元，已全部纠正。违规违纪案件 2 个，受党政纪律处分 2 人。其中，区经管站审计 21 个会计核算单位，审计金额 0.15 亿元，违规违纪单位 9 个，违纪违规金额 55.22 万元；17 个镇审计 576 个会计核算单位，审计金额 10.5 亿元，违规违纪单位 6 个，违纪违规金额 74.52 万元，违规违纪案件 2 个，受党政纪律处分 2 人。

【农村经济运行监测】年内，全区农村集体经济总收入 2.54 亿元，比上年下降 29%；集体资产 46.36 亿元，比上年减少 3.1%；所有者权益 22.94 亿元，比上年增长 10.6%。农户实现总收入 153.65 亿元，比上年减少 1.51 亿元；实现农户所得总额 70.27 亿元，比上年增长 5.4%；人均所得 2.6 万元，比上年增加 1 446 元，增长 5.9%，报酬性收入、转移性净收入对人均所得的贡献率为 45.7%、33%。低收入农户 9 256 户、1.79 万人，家庭年人均可支配收入 1.92 万元，比上年增长 18.6%，全部越过低收入线，31 个低收入村"摘帽"。

【政策性农业保险】年内，区农合中心强化政策性农业保险支持，做好农民合作社发展保障。承保涉及 17 个乡镇、263 个村、7 939 户，总保费 0.45 亿元，总保额 7.16 亿元。理赔涉及 5 002 户，赔付资金 0.36 亿元。

【农宅合作社组建】引导合作社盘活闲置资产，打造农宅合作社，发展民俗旅游产业，增加农民收入。组建农宅专业合作社 55 家，注册成员 1 042 人、客房 1 418 间、床位 2 836 张，从业人数 1 408 人，经营收入 4 445.3 万元，总盈余 1 486 万元，可分配盈余 1 182.01 万元。

【资产清产核资】361 个单位完成清产核资工作，包括 16 个镇级集体经济组织、4 个镇级企业、10 个村级企业、331 个村集体经济组织。全区镇、村集体资产总额为 45.29 亿元，负债总额为 19.92 亿元，所有者权益总额为 25.37 亿元。

【农村产权交易】执行《北京市密云区农村产权流转交易管理办法（试行）》。截至年底，成交项目 9 个，交易总金额 2 814 万元。其中，荆子峪村荒山交易 580 万元、东白岩村白石埝子山荒山交易 290

万元、娄子峪村井峪荒山交易285万元、冯家峪村北台子林地0.91公顷交易130万元、辛安庄场院0.67公顷交易120万元、溪翁庄镇金巨罗村59.05公顷农地出租项目租金总额1 252万元。

【农民负担监管】开展农民负担执法检查工作，包括镇级自查、区级检查和市级检查。密云区农民负担监督管理办公室联合区农业农村局对6个镇开展抽查。全区涉农收费文件“审核制”落实及涉农收费和价格“公示制”执行良好，未发现乱收费、乱集资、乱摊派的问题。

【村级组织财务管理】年内，公开检查指导39个村完成财务核算，开展农村基层民主管理专项督查，发现村级财务基础规范方面和会计凭证记账具体业务方面的问题16个，要求立即整改。

村镇建设

【概况】按照北京市推进美丽乡村建设三年专项行动总体部署，研究出台了《密云区关于开展“实施乡村振兴战略扎实推进美丽乡村建设”专项行动（2018—2020年）的实施意见》，年内，推进全区13个示范村建设，加强环境整治，开展各镇示范村创建工作。年内，第一批76个村的村庄规划获得区政府审批；第二批146个村，其中，2个村的村庄规划获得区政府审批，其余144个村庄规划正报区政府审批过程中；第三批100个村，其中，1个村庄规划获得区政府审批，其余99个村庄规划未得到审批。

【新型日光温室改造】年内，在河南寨镇平头村、西田各庄镇小石尖村、穆家峪镇北穆家峪村开展新型节能日光温室结构（不下沉、下沉0.3米、下沉1.2米）试验，确定了适合密云区蔬菜生产的最佳温室结构；示范新型简易无土基质（园林废弃物及田园秸秆废弃物粉碎加工，可代替不可再生的草炭、蛭石）栽培0.67公顷。制定《密云区节能型日光温室建设标准及奖励扶持办法》。截至年底，改造河南寨镇金沟村新型日光温室4.13公顷；恢复13.33公顷日光温室生产，用于草莓种植。

【设施蔬菜产业发展】年内，开展老旧设施棚室改造工程，推广水培韭菜、无土草莓、无土番茄、无土黄瓜等新型栽培模式和智能施肥机系统。完成老旧棚室改造7.47公顷，无土栽培模式7.47公顷，补贴配套新型装备72台（套）。推进“一村一品”“一棚一品”发展模式，形成了后焦家坞、套里、圣水头等17个设施蔬菜种植专业村。围绕种植技术、减少施肥、减药、食品安全等方面组织农户观摩培训40次，培训农户3 580人。

【“大棚房”整治】年内，针对“大棚房”非农利用、占用耕地进行非农设施建设、园区附属设施超标或改变用途等问题开展“大棚房”问题排查整改工作。穆家峪那家贻园、西田各庄军兴广达等12处整改到位，达到场清地净标准。

【供水污水工程】年内，推进密云水库一级区41个村和“三起来”15个试点村供水污水提质改造工程。54个村开工建设，3个村完成污水治理工程。

【农村人居环境综合整治】年内，全区拆除违章建筑、私搭乱建2.54万处、80.6万米^2，清理乱堆乱放5.58万处、172万米^2。在全市第二批“千村整治”的13个区中排名第五，第三批“千村整治”12个区中排名第四。

【煤改清洁能源】年内，完成30个村9 722户“煤改清洁能源”，实现了平原地区全覆盖。1.04万户安装完成“煤改电”设备，安装完成率100%。推广使用优质燃煤，年内订购优质燃煤3万吨，全部及时配送到位。

【农民安居工程】年内，完成冯家峪镇冯家峪村200户、440人搬迁工程，百姓已入住。石城镇、冯家峪镇6个村、330户、638人列入搬迁计划，完成地质灾害评估、洪评、搬迁方案制订等前期准备工作。

【农村户厕改造】年内，开展农村户厕改造11 371户，卫生户厕覆盖率95.8%；564座公厕完成改造33座，97座未完成改造，建设示范公厕37座，开工29座。

农村改革与管理

【产权制度改革】年内，全区321个村集体经济组织完成产权制度改革，占应进行改革331个村集体经济组织的96.9%，10个村未完成。新型集体经济组织股东25.4万人，股本总额12.3亿元。其中，集体股东股本2.5亿元，社员股东股本9.8亿元。实行按股分红。全年全区按股分红总额0.19亿元，涉及6个镇、16个村集体经济组织，其中，集体股分红296.3万元，个人股分红0.16亿元，受益股东1.3万人。

【村级组织财务管理】年内，公开检查指导39个村完成财务核算，开展农村基层民主管理专项督查，发现村级财务基础规范方面和会计凭证记账具体业务方面的问题16个，要求立即整改。

【农业承包合同清理整改】年内，推进农业承包合同清理整改工作。截至年底，全区“大棚房”农业合同4 972份，其中，问题合同1 240份，整改1 179份，整改率95%；农业园区用地合同3 239份，其中，问题合同727份，整改690份，整改率95%；浅山区荒山荒滩7 483份，其中，问题合同534份，整改483份，整改率90.5%。

【农民负担监管】年内，开展农民负担执法检查工作，包括镇级自查、区级检查和市级检查。密云区农民负担监督管理办公室联合区农业农村局对6个镇开展抽查。全区涉农收费文件“审核制”落实及涉农收费和价格“公示制”执行良好，未发现乱收费、乱集资、乱摊派的问题。

【品牌授权管理】年内，区农合中心对所有申请使用“密云农业”商标的合作社进行审查，对符合条件的合作社授权。全区91家合作社申请使用“密云农业”商标。截至年底，自动退出使用“密云农业”商标合作社6家；按要求没有合作社自有商标的，不再继续授权使用“密云农业”商标9家；年销售额不足50万元的合作社，不再授权使用“密云农业”商标1家。发放授权“密云农业”商标证书及“密云农业”商标标识即时贴，打造“密云农业”品牌。

【“菜篮子”工程】年内，从品种、技术、装备、市场、环境等五方面入手，提升蔬菜综合生产能力和质量安全水平。规划建设设施农业大棚184栋14.38公顷，涉及6个镇10个村。

【精品特色农业】年内，推进谷子、甘薯专业村建设，实现谷子种植1 000公顷、甘薯种植466.67公顷，打造谷子种植专业村25个、甘薯专业村17个，形成“小品种、个性化、适度规模”的特色杂粮发展模式。

【农业领域“留白增绿”】年内，完成农业领域“留白增绿”面积43.53公顷，其中，河南寨镇4个地块29.29公顷、西田各庄镇1个地块14.25公顷，用于种植蔬菜、玉米等农作物。

【现代农业创建工程】年内，农业农村部、财政部同意密云区等全国45个现代农业产业园备案并创建国家现代农业产业园。密云国家现代农业产业园为北京市第二个创建的现代农业产业园，创建期为2019—2020年。中央资金项目投资总额2.35亿元，其中，中央资金安排1亿元、自筹资金1.35亿元，实施项目8项。

【“两田一园”高效节水工程】年内，开展“两田一园”高效节水工程，工程总面积1 242.67公顷，不具备实施条件地块面积163.4公顷。灌溉方式调整73.87公顷，针对大田农作物地埋喷灌改为移动式喷灌机。调整后建设面积1 079.27公顷，其中，大田作物喷灌面积73.87公顷，蔬菜滴灌面积113.53公顷，果树、苗圃、花卉小管出流等节水灌溉面积819.93公顷。项目涉及15个镇70个行政村、102个地块，总投资8 656.46万元。

【畜禽粪污资源化利用】年内，根据北京市农业农村局《关于做好畜禽粪污资源化利用项目工作的通知》要求，投资480万元，针对全区规模养殖场重点开展畜禽粪污资源化利用提升改造工作。

【畜牧技术试验示范及推广】年内，完成生鲜乳质量安全控制技术推广应用，鲜奶产量增加1 276吨，效益增加510.4万元；推进养殖场粪污治理综合利用技术，引进生物酵素除去粪便臭味技术；应用中国农业科学院饲料研究所的科技成果“青贮专用霉菌复合制剂”接种青贮，提升青贮质量，制作青贮3 000吨；开展奶牛繁殖调控、奶牛产后酮病检测、奶牛产后瘤胃补充电解质和生糖前质和降低生鲜乳体细胞等畜牧技术的示范，解决产后真胃移位、酮病高发以及鲜奶中体细胞高的3个生产难题；组织养殖场户和技术人员开展粪污资源化利用、农产品安全、奶牛乳房炎防控等技术培训8次257人。

【行政执法管理】年内，开展执法监督，动物检疫，为防控非洲猪瘟，配合市兽药监察所、市动物卫生监督所、市饲料监察所抽检20批次，采集样品共计591份，发放动物检疫合格证明（动物A、B）32本、动物检疫合格证明（产品A、B）2 326本；发放大小检疫标识96万枚。回收各种检疫证明存根共计2 197本。开展23次私屠滥宰执法检查活动。对全区种子生产经营单位开展全覆盖检查，按照“双随机”工作机制的要求，随机抽到执法人员92人，检查生产经营单位46家，完成率100%。开展种子质量监督抽查、种子生产监管，办理行政许可3项，完成区域内种子零售商备案66家。全区大中型拖拉机保有量663台，检验273台，停驶329台，检验率为91%；联合收割机保有量71台，检验34台，停驶32台，检验率为92%。核发检验合格标志300余个，接受群众咨询300余人，满意度为100%。农业机械牌证全年注册登记10台，注销176台，补换领行驶证8台，补换领登记证书2台，补领号牌13个，转移登记13台，变更登记7台。申领驾驶证23人，换领驾驶证127人，恢复驾驶资格6人。与全区19个农机合作组织、43家农机维修企业、站各岗位分别签订农机安全生产和岗位责任书。向104家大的宾馆、饭店、渔具店、水族馆共发放读本、宣传图片110余份，发放法制宣传材料300余份，法律法规告知书20份。办理捕捞许可证217个，发放安全须知217份。配合水务局完成河道联合执法30次，出动执法人员60人。

【“三品”认证基地认证】年内，开展“三品”认证基地认证工作，全区“三品”认证基地5个，复查换证企业2家。加强“三品”基地证后监管，市级证后监管4家企业，区级证后监管87次，其中，综合检查51次，发放监督笔录57份，发现问题4次，下发整改笔录4次，全部整改。

【区级示范社创建】年内，区农合中心依据《关于申报2019年区级农民合作社示范社的通知》的要求，组织规模较大、带动能力较强的农民合作社参与区级示范社创建，对申报区级示范社的，按照区级示范社申报条件进行核实，确定北京良华秋实蔬菜种植专业合作社等30家农民专业合作社为2019年度区级示范社并发文公布。完成区级示范社动态考评工作。对全区84家区级示范社社务管理进行动态考评。确定河南寨镇北京本忠盛达种植专业合作社、北京黄土梁村民俗旅游专业合作社等65家合作社为示范社动态考评合格单位。取消19家区级示范社称号，两年内不得再次申报区及示范社。

农村民生

【低收入农户增收】年内，全区31个低收入村、11 674户低收入农户、24 000人全部实现“摘帽过线”。全区低收入农户人均可支配收入1.49万元，比上年增长23.5%，增速排名全市第一。

【“一村一策”产业帮扶】年内，37个产业帮扶项目开工建设，带动19个低收入村、2 121户、4 172人实现增收。31个低收入村发展甘薯、谷子、木耳、乡村旅游等产业，带动3 000余户低收入农户实现户均增收1万元以上。截至年底，全区向低收入村投入产业帮扶资金2.05亿元。

【就业帮扶】年内，安排水源区网格化管理岗位143人，落实生态林管护就业1 228人，其中招用全区农村劳动力1 003人，占比81%。安排残疾人就业50人。召开招聘会48场，转移安置农村地区劳动力实现就业4 698人，安置公益性岗位2 651人，其中安置低收入农户劳动力就业1 871人，农民直接劳动收益3亿多元。

【教育帮扶】年内，对高中阶段和考取大专以上的低收入农户家庭学生给予补助，全区342名学生享受助学补助，补助143.5万元。核定考入高等学校的密云水库库区和移民安置区户籍学生1 192人，补助资金217.8万元。

【农村最低生活保障】年内，完成农村最低生活保障工作。全区涉及5 090户9 039人，投入资金1.08亿元，做到应保尽保。

【水库移民补助】年内，完成水库移民3项人口核定工作。其中核定农业户口水库移民5.85万人，发放补助资金3 510.12万元；无固定职业农转非水库移民9 543人，发放补助资金534.41万元；水库一级保护区内困难群众3.29万人，发放生活补助资金4 928.1万元。

【特色杂粮产业规模扩大】年内，优化种植结构，推广谷子甘薯特色杂粮产业示范。推广西瓜红、烟薯25号、龙薯9号等优质甘薯种植333.33公顷，推广中谷1号、红谷、冀科谷等优质抗逆高产品种1 000公顷。优种覆盖率100%。推广电热育苗、病虫害绿色防控等技术。建设专业村，打造西葫芦峪、大窝铺等谷子种植专业村25个，石匣、车道峪等甘薯种植专业村17个，建成谷子加工车间10余个、甘薯储存库2个。

【农业机械化】年内，投入各式作业机具9 126台(套)，包括大中型拖拉机1 315台、玉米精量播种机557台、小麦播种机51台、旋耕机300台、小麦收割机48台、玉米收获机80台。在重点设施园区内推广应用了轨道车、开窗机、微耕机、卷帘机等省力化机械，在日光温室内安装植物生长补光灯，引进甘薯起垄机、收获机、谷物播种机、中耕机、收获机等小型机械。引进两台自走式高地隙喷杆喷雾机，作业效率提升1.85倍，机械耗油减少50%，节省农药用量54%；引进甘薯翻抛式杀秧机1台，完成杀秧作业133.33公顷，每公顷节约成本85.71元。全区综合机械化生产水平86%。在北庄镇东庄村、高岭镇四合村安装2套平移式喷灌机，用于甘薯种植，节水率50%以上。

【密云水库增殖放流】年内，向密云水库投放鲢鱼53.6万千克、鳙鱼22.6万千克、鲂鱼2.1万千克、瓦氏雅罗鱼6万尾，水库自然养殖面积1.77万公顷。帮助养殖企业从大水漫灌粗放的传统养殖模式转型升级为现代循环水养殖模式，提高养殖面积、繁育技术、育苗产量。

【减少化肥、农药使用】年内，化肥用量4 537.77吨（纯量），比上年减少17.2%；推广无土栽培、测土配方施肥等施肥技术，测土配方施肥技术覆盖率93.8%。减少化学农药用量近224吨，减少防治用工近31.2万个。建立24个农药包装废弃物回收点，回收农药包装8.85万个，减少2 696.74千克的农药面源污染物。研发新天敌生产线3条，繁育天敌昆虫160亿头，全区推广防治面积8.67万公顷。

【对口帮扶】年内，西田各庄镇、冯家峪镇、大城子镇等7个镇以及新王庄村、北香峪村、苍术会村等12个低收入村推广种植黑木耳面积50.13公顷，涉及低收入户279户，户均增收2万元以上；在新王庄村和季庄村的24个低收入户推广原味番茄生产，户年均收入5万元以上。选派专业技术人员赴对口帮扶地区进行业务交流与培训工作8次，培训农民100人。

【农作物秸秆综合利用与秸秆禁烧】年内，机械化深松整地、农作物机械化粉碎还田、机械化灭茬旋耕、机械化打捆等作业面积5 333.33公顷；补贴秸秆粉碎机等机具24台，补贴金额总计124万元；全区农作物秸秆综合利用率100%，秸秆禁烧实现“零火点”。

【病虫草鼠害防治】年内，指导病虫草鼠害防治7.64万公顷，预报准确率达90%以上，防效率85%以上。

【菜田补贴】年内，完成全区菜田补贴工作，涉及16个乡镇、117个村、719个申报主体，补贴面积600公顷，补贴资金约480万元。

【高秧作物整理移动平台】年内，自主研制下沉式大棚高处植株打秧、疏果、摘果专用的高秧作物整理移动平台，并投入3台样机，解决了菜农登高作业存在安全隐患等问题。

【新品种新技术推广】年内，推广光辉101、京彩六号番茄、白玉黄瓜、网纹甜瓜等果蔬新品种15个，推广面积133.33公顷；推广高品质果菜栽培、省力化装备应用、冬季防寒保温措施等技术12项。

【北京市农业标准化基地】年内，新建12家种植业标准化基地、1家市级全程标准化基地，5家种植业基地被评为“北京市优级农业标准化基地”，1家水产养殖基地通过北京市优级农业标准化基地复评。

【区级综合质检站星级评定考核】年内，参加北京市农业农村局开展的农产品质量安全检测能力验证考核工作，考核参数均达到考核标准；参加北京市农业农村局组织的第四届检测比武大赛。密云区获优秀组织奖；完成区级综合质检站的星级评定考核工作，获得三星级区级质检站资格。

【耕地地力保护补贴项目】年内，完成耕地地力保护补贴项目，涉及17个乡镇、285个行政村、40 371农户，补贴面积5 084公顷，补贴资金2 669.1万元。

【菜田补贴】年内，完成全区菜田补贴工作，涉及16个乡镇、117个村、719个申报主体，补贴面积600公顷，补贴资金约480万元。

【农产品质量安全保障】年内，推广绿色生产技术，研究制定番茄、黄瓜等大宗品种绿色生产规范，发放标准化技术操作规程2 800余份。完成区级抽检蔬菜样本5 550个，其中，定性检测4 673个、定量检测877个，合格率100%；抽检水产品样本95个，合格率100%。开展农药市场和农产品生产基地大检查53次，检查农药生产企业21个、农药经营单位214个、蔬菜和水产养殖基地593个。未发现有生产和经营禁用农（兽）药的行为，未发现蔬菜生产基地和水产养殖基地有使用禁用农（兽）药的行为。

【农民培训】年内，探索农民实训培训模式，确定各类实训基地4个，组织农民实训10次。组织开展设施蔬菜、木耳、谷子、甘薯、板栗、安全生产等新型职业农民、村级全科员、农技推广员培训70次，培训895人。举办农产品电子商务培训班，讲解电子商务发展趋势、网店开设步骤与应用等相关课程。截至年底，开设基础培训5次，培训90人；开展“一对一”班44次，培训23人。

【品牌创建】年内，对于已获得授权“密云农业”品牌的合作社、企业以及报名申请“密云农业”品牌，并且审核通过的合作社及企业，通过互联网平台投票活动及组委会评审打分形式相结合，对“密云农业”品牌进行展示推广，培育“密云农业”好品牌单位 20 家。

【品牌宣传】年内，利用“密云农业”微信公众号、微博，开展“密云农业”及农民专业合作社品牌宣传活动。截至年底，累计粉丝关注度达 2 万余人。利用北京人民广播电台、交通台、北京电视台《北京新闻》天气预报栏目、中国现代企业网、密云电视台、“密云 360”等媒介宣传“密云农业”品牌，提高“密云农业”品牌活动的关注度和参与度。

【人才培养】年内，区农合中心开展现代农村管理（合作社方向）专科学历教育培训工作，47 名学员毕业；对金樱谷、季庄蔬菜、蜗牛小镇等 6 家合作社进行技术、民俗接待、礼仪等方面的培训，培训 1 700 余人次。

基层组织与民主政治建设

【概况】年内，中共北京市密云区委组织部（简称区委组织部）推进各领域基层党建工作，夯实基层组织基础，提升服务水平。完成“两委”换届选举工作，全区 81 个社区党组织、91 个居委会、327 个村党组织、325 个村委会全部完成换届选举，书记、主任全部一次选举成功。推进党支部规范化建设，推动软弱涣散村转化提升。从严抓好党员教育管理，精细化调控发展党员数量、结构及行业分布，优化新发展党员结构。截至年底，全区有基层党组织 1 994 个，比上年增长 81 个，增长 4.2%；全区党员共 46 323 人。其中，女性党员 16 078 人，占 34.7%；少数民族党员 3 182 人，占 6.9%；35 周岁以下党员 7 953 人，占 17.2%；大专及以上学历党员 23 717 人，占 51.2%。开展排查解决农村违规违纪发展党员试点，规范发展党员。坚持党员教育常态化，按月定时推送优质教育资源，推动党员教育往深里走、往心里走、往实里走。推进基层党组织和在职党员“双报到”。开展党建引领物业服务企业和业主委员会参与社会治理试点工作，提升社区精细化管理水平。提升“两新”组织党建工作水平，试点公立单位与民营组织开展党支部结对共建，完善“两新”组织党组织书记、党务工作者信息库，建立纳税百强企业党建情况专项台账，加强党务工作者培训。提升基层党建阵地保障水平，推进镇街、开发区、万象汇等 11 个党群服务中心建设，以及 49 个村、社区党建阵地提升。

【组织生活会和民主评议党员】1—3 月，全区各党支部（含村、社区基层党委或党总支等）围绕深入学习贯彻习近平新时代中国特色社会主义思想，树牢“四个意识”，坚定“四个自信”，做到“两个维护”，对标新时代党的建设总要求和新时代党的组织路线，就如何进一步提升党的基层党组织组织力召开组织生活会、开展民主评议党员。

【帮扶慰问】春节前夕，为 72 名新中国成立前入党的老党员发放 2019 年 1—7 月生活补贴 112.71 万元及慰问品，为全区 384 名困难党员发放慰问金 69.40 万元，对 6 名现已离任且生活困难的村干部发放慰问金 1.80 万元，向 23 名优秀村、社区书记和第一书记发放慰问金和慰问品，为 12 户因公牺牲的党员家庭和 1 名新追授为优秀共产党员的家属发放帮扶慰问资金 6.50 万元。“七一”前夕，对 61 名新中国成立前老党员发放 2019 年 8—12 月生活补贴 87.13 万元，对全区 369 名困难党员发放慰问金 5 572.10 万元，对 5 名现已离任且生活困难的村干部发放慰问金 1.50 万元，向 12 户因公牺牲的党员家庭发放帮扶慰问资金 6 万元。

【推荐国家勋章和国家荣誉称号提名人选】2 月 19 日，区委组织部、区人力资源和社会保障局联合组织开展“共和国勋章”提名人选、“友谊勋章”提名人选、国家荣誉称号提名人选推荐工作。经过推荐审核，最终确定推荐王锡娟为“共和国勋章”提名人选、史桂荣为“国家荣誉称号”提名人选。

【述职评议考核会议】2 月 27 日，区委召开 2018 年度镇街党（工）委书记、区委各工委书记抓基层党建工作述职评议考核会议，26 位党（工）委书记参与述职；其中，25 位党（工）委书记现场述职，1 位党（工）委书记书面述职。区委常委对各党（工）委书记抓基层党建工作进行点评，与会代表进行测评。

【基层党建专项述职评议考核】2—3 月，全区分级部署开展党组织书记抓基层党建工作述职评议考核。691 名各级党组织书记对照“问题清单”“任务清单”“责任清单”，系统总结一年来的履职情况和特点，认真查找问题，深刻剖析原因，制定整改措施。

【基层党建工作创新项目征集】3 月 20 日，区委组织部下发《关于申报 2019 年基层党建工作创新项目的通知》，征集基层党建创新项目 35 个，确定 15 个区级重点创新项目、20 个区级指导创新项目。

【制定出台系列文件】3 月 29 日，区委组织部出台《关于规范党支部日常纪实工作的实施意见》，通过规范学习教育类纪实，严格决策活动类纪实，优化提升平台纪实等方式，减轻基层负担，提升全区党支部规范化建设水平。4月4日，修订并印发《党支部建设标准》《党支部建设特色项目》《党支部建设创新指南》。7月19日，出台《关于深入推进党支部规范化建设的指导意见》《关于建立农村（社区）党支部差异化晋位争星机制的工作方案》，推进党支部建设标准化、规范化，提高党支部考核评价标准。同日，出台《密云区村干部管理监督办法实施细则（试行）》，推进全面从严治党向农村基层延伸，加强村干部管理监督工作规范化、制度化、法制化建设水平。

【村党组织第一书记工作部署会】4月30日，第四批村党组织第一书记工作部署会召开，会上播放《密云区第一书记工作纪实》短片，区委办、东邵渠镇、西田各庄镇等单位第一书记代表做交流发言。

【社会治理试点】4—12月，区委组织部在上河湾、云秀1号院、云湖家属院、光明街9号楼等4个小区开展党建引领物业服务企业和业主委员会参与社会治理试点工作。5月7日，经区委常委会审议通过，印发《密云区关于开展党建引领物业服务企业和业主委员会参与社会治理试点工作实施方案》。

【村党组织书记、村委会主任培训班】5月13—17日，区委组织部会同区委农工委、区委党校，举办全区村党组织书记、村委会主任集中培训班，培训采取专题讲座、经验交流、观看电教片、党务知识测试相结合等方式。430名村党组织书记、村委会主任、第一书记和乡镇组织部副部长参加集中培训。

【村和社区“两委”换届选举】截至5月26日，全区327个村党组织和81个社区党组织、325个村委会和91个社区居委会参加换届选举，选出村“两委”成员1 585名、社区“两委”成员691名，书记、主任均一次性选举成功。

【优秀村（社区）党支部书记专题培训班】5月27—31日，区委组织部联合区委农工委、区民政局、区委党校，组织62名优秀村（社区）党组织书记和镇街党（工）委组织部部长，赴江苏省江阴市进行专题培训。邀请专家围绕党组织引领发展、加强基层治理、建设美丽乡村等集中授课，组织学员到江阴市华士镇华西村、周庄镇三房巷村、璜土镇璜土村、澄江街道天鹤社区等党建示范点实地观摩学习，开展分组交流研讨。

【基层党建工作重点任务部署会】6月13日，2019年度基层党建工作重点任务部署会召开，会议下发《2019年全区基层党建工作重点任务清单》，部署2019年全区基层党建工作重点任务。实地参观十里堡镇程家庄村开放党支部，十里堡镇、东邵渠镇党委，果园街道上河湾社区党支部主要负责人做经验交流。

【基层民主管理专项督查】6月26日，区委组织部联合区委农工委、区民政局、区经管站对各镇的“三务公开”及村级重大事项民主决策“八步法”和票决制落实情况，采取实地查看和查阅资料等方式进行专项督查，制发通报反馈意见，督促整改落实。

【“两优一先”党内表彰】6月，区委组织开展全区“两优一先”党内表彰活动。通过推荐和考察、审核、公示、决定、召开表彰大会等步骤，最终确定100名优秀共产党员、100名优秀党务工作者、100个先进党组织，并对获奖人员及党组织进行宣传报道。

【中国共产党成立98周年系列活动】七一前后，区委组织部组织全区各级党组织通过党组织书记党课宣讲活动、开展“共产党员献爱心”捐献活动、开展走访慰问活动、开展仪式教育和主题党日活动、宣传先进典型、召开表彰大会进行集中表彰等方式，纪念建党98周年。

【党务工作者培训】8月7日，“规范发展党员工作提高发展党员质量”党务工作者培训会召开，区委组织部就发展党员及党员教育管理工作进行培训。全区500余党务工作者参加培训。

【“两新”组织党建工作联席会】9月3日，“两新”组织党建工作联席会议召开。就新修订的《密云区非公有制经济组织和社会组织党建工作联席会议制度》进行详细解读。鼓楼街道党工委、区住建委、北京市华宇兴物业管理有限公司相关负责人进行经验交流。区委组织部部署全区“两新”组织党建重点任务并提出工作要求。

【物业行业协会及党委成立】9月20日，密云区成立物业服务行业协会及党委，全区41家会员单位参加会议，选举产生第一届理事会、监事会及其负责人。

【公立医院党建】9月，区委组织部制订《关于加强公立医院党的建设工作的实施方案》，开展全区公立医院党组织负责人、党务工作者专题培训。同月23日，成立密云区医疗卫生机构党建工作指导委员会。

【党建“1+1”结对】9月，区委组织部在国有与非公企业、公立与民办医院、公立与民办幼儿园、区直机关与“两新”组织等领域开展结对共建，全区有40对80个单位签署结对共建协议。

【软弱涣散村（后进社区）整顿】9月底至10月初，区四套班子中的党员领导干部和法检两长共23人，通过听取汇报、实地查看、入户走访、分析研判等形式，对全区327个行政村、92个社区进行走访调研，并经区委常委会研判，将16个村和4个社区纳入新一轮软弱涣散村、后进社区整顿。

【国庆服务保障】十一前夕，按照市国庆活动办要求，推荐5人参加群众游行方阵，1人参加游行花车，完成全要素预演。国庆当天组织20余人到现场观礼，完成相关服务保障工作。

【清理规范“一票否决”和签订责任状事项视频会】10月14日，组织召开全面清理规范全区“一票否决”和签订责任状事项工作部署视频会，部署开展清理规范工作。经梳理汇总，设立“一票否决”和签订责任状事项25项，其中，设立“一票否决”5项、签订责任书20项。经市委组织部批准，最终保留8项，取消17项，主要涉及社会稳定、计划生育、食品药品安全、生态环境保护、安全生产等事项。

【基层一线区党代表专题培训】10月18日，区委组织部组织130名基层一线区党代表进行专题调研培训，围绕深入学习贯彻习近平新时代中国特色社会主义思想，立足党代表如何发挥作用，邀请首都师范大学教授进行专题授课。组织参训党代表到白河城市森林公园、怀柔科学城、心连心为民服务平台和上河湾小区等地实地参观，详细了解全区重点项目、重点工程和党建引领物业工作开展情况。

【村“两委”干部培训】10月23—24日，联合区委农工委、区民政局、区委党校，组织230名低收入村、软弱涣散村、壮大集体经济试点村“两委”干部开展专题培训。培训以壮大村集体经济和乡村治理为主题，采取专题讲座和现场教学相结合的方式进行，组织学员到河北省承德市滦平县张百湾镇周台子村实地观摩学习。

【党组织阵地提升】年内，投入2 450万元，对49个农村（社区）党组织阵地进行提升，完善政治功能、服务功能，提升基层党建阵地保障水平。

【党员学习教育优质资源推送】年内，运用学习强国、北京长城网、央视网等优质教育资源，按月定时推送优质教育资源，全年共推送12期，推动党员教育往深里走、往心里走、往实里走。

【制定“两新”组织党务工作者管理办法】10月，制定《密云区非公有制企业社会组织党务工作者管理办法（试行）》，明确人员选用、岗位职责、岗位补管理考核等内容。全年为239名党务工作者发放补贴资金30.24万元。

【党群服务中心建设】年内，统筹资源，匹配资金，严格审核方案，建成密云镇、大城子镇、穆家峪镇、高岭镇、北庄镇5个镇级和20个村（社区）党群服务中心。

【“不忘初心，牢记使命”主题教育】9—12月，全区开展“不忘初心，牢记使命”主题教育。区委组建16个巡回指导组跟进督导，确保党组织和党员“全覆盖”。各级领导干部开展调研3 000余次，四套班子党员领导深入村、社区开展基层大走访、问题大起底，处级以上单位和班子成员查摆问题6 100余个，全部限期完成整改。

【《新中国70年密云大事记》出版】区委党研室编纂出版《新中国70年密云大事记》。全书21万字，记述时间为1949年8月15日至2019年9月30日。采用编年体，记述党领导密云人民进行社会主义革命、建设和改革的历史，展示70年来密云取得的成就。截至年底，发放1 200余册至镇街（地区）、委办局和基层各单位。

【红色资源保护开发利用】年内，学习贯彻习近平总书记关于英雄母亲邓玉芬讲话和保护好密云水库重要指示精神，参与邓玉芬主题广场、故居遗址保护开发利用、邓玉芬事迹陈列室的设计和展陈工作。协助电视连续剧《天下娘亲》《第十团》拍摄，在中央电视台《国家记忆》栏目推出英雄母亲邓玉芬专集。挖掘密云水库建设史资料，参与密云水库展览馆展陈完善工作。

【《中共北京市密云区历史》编修】年内，区委党研室编修完成《中共北京市密云区历史》初审稿，共12章37万余字。全书记述时间段为1933—2019年，从实现中华民族伟大复兴的高度记述和总结中国共产党领导密云人民进行革命、建设和改革的历史。

密云区领导名录

区委书记	潘临珠
副书记	龚宗元　朱柏成
常委	杨　珊（女）蒋学甫　王永浩 葛俊凯　刘永强　王维民
区人大常委会主任	王玉江
副主任	孔令昌　赵秦岭（女） 王铁明　李洪山　何继玲（女）
区长	龚宗元
副区长	杨　珊（女）　刘　滨 范永红　朱锡才　方建卿
区政协主席	杨　珊（女）
副主席	李长春　孙　奇（民建） 何丽娟（女）　相远方 王森林（回族，民革） 杨伟兰（女，民进）
区委农工委书记、区农业农村局局长	张天杰

密云区乡镇（街道办事处）党政正职领导干部

	党（工）委书记	乡（镇）长、主任
鼓楼街道	周广明	侯东武
果园街道	耿晓婧（女）	李　斌
檀营满族蒙古族乡、檀营地区办事处	关佩君（女，满族）	张　波
密云镇	陶晓明（满族）	张广军
河南寨镇	马　超	郭保林
十里堡镇	李东方	王　珂
西田各庄镇	赵双武	刘振江
溪翁庄镇	晁怀新	杨建军
穆家峪镇	王　东	任玉文（女）
巨各庄镇	李阔林	周粮源
太师屯镇	胡　勇	赵　军
古北口镇	高英杰（女）	杨行辉
高岭镇	王大捷（女）	程建邑
不老屯镇	张　涛	刘卫东
冯家峪镇	陈祥庶	刘继雄
大城子镇	常艳军（女）	魏志刚
东邵渠镇	祝　刚	赵　勇
北庄镇	付宝东	林　立
新城子镇	刘继雄	曾永东
石城镇	何立军（女）	李　冬（满族）

（密云区农业农村局　贾雪）

延　庆　区

综　述

延庆区有着北京“夏都”之美称，地域东西最长 70 千米，南北最宽 45.5 千米，总面积 1 994.88 千米²，占北京市总面积的 12.6%，其中，山区面积占 72.8%，平原面积占 26.2%，水域面积占 1%。全境平均海拔 500 米。根据《北京城市总体规划（2016—2035 年）》，延庆区是首都西北部重要生态保育及区域生态治理协作区，生态文明示范区，国际文化体育旅游休闲名区，京西北科技创新特色发展区。截至 2019 年底，全区户籍总数 145 474 户，其中，农业户 70 386 户，户籍人口 289 093 人。常住人口自然增长率 2.38‰。根据第六次全国人口普查结果：延庆区共有 36 个民族，在全区常住人口中，汉族人口 30.6 万人，占 96.4%，各少数民族人口 1.16 万人，占 3.6%。年内，地区生产总值完成 195.29 亿元，按不变价计算同比增长 7.1%，增速位列全市生态涵养区第一。其中，第一产业实现增加值 7.41 亿元，同比增长 −7.2%；第二产业实现增加值 50.97 亿元，同比增长 10.0%；第三产业实现增加值 136.91 亿元，同比增长 6.9%。三次产业结构由上年的 4.3∶25.7∶70.0 变化为 3.8∶26.1∶70.1。按常住人口计算，全区人均地区生产总值达到54 702元。

城乡发展一体化

【概况】年内，在京礼高速、延康路等 12 条世园周边道路及西顺城街等 3 条城区道路沿线实施环境整治提升。施划立体行人过街斑马线 32 组、自行车停放区 800 余米²、停车泊位 1 045 个；更换 32 条道路 204 块路名牌；新增公租自行车 1 500 辆，新增站点 70 个。实施城区老旧小区综合整治工程，涉及南菜园北二区等5个小区、95栋楼，总建筑面积50.2万米^2、总投资3.92亿元。编制乡村振兴战略规划及实施方案，启动14个乡镇国土空间规划和128个美丽乡村规划编制。第一批120个村通过市级考核验收，第二、三批248个村验收成绩排名全市第一。新华营村、下虎叫村被认定为全国"一村一品"示范村镇，铁炉村入选"2019年中国美丽休闲乡村"。全面开展农村人居环境整治，整治各类环境问题7.76万处，拆除私搭乱建24.9万米^2，清理垃圾渣土643万米^3，完成户厕改造7 932处。实施488户农村危房改造工程，年末主体结构完工率92.42%、竣工率80.33%。截至年底，完成6个首都绿色村庄、1个首都森林城镇、1个花园式单位和1个花园式社区创建。成功创建国家森林城市，首都环境建设检查考评成绩排名生态涵养区前列；通过北京市食品安全示范区创建，获评国家卫生城区。

【全区经济平稳增长】年内，地区生产总值完成195.3亿元，按不变价计算同比增长7.1%，增速位列生态涵养区第一。一般公共预算收入完成21.4亿元，同比增长11.9%。固定资产投资（不含农户）298.1亿元，同比增长7.3%。总消费197.3亿元，同比增长10.9%。全区居民人均可支配收入36 482元，同比增长7.7%。低收入农户人均可支配收入14 492元，同比增长22.5%。

【人均收入】全年全区居民人均可支配收入36 482元，比上年增长7.7%，人均生活消费性支出24 652元，增长7.1%。其中，城镇居民人均可支配收入48 701元，增长8.4%，人均生活消费性支出31 422元，增长7.5%。全区居民恩格尔系数为25.0%，提高1.3个百分点。其中，城镇居民恩格尔系数为23.8%，提高0.9个百分点。城镇居民人均住房建筑面积38.98米^2。

【城乡建设加快】城乡道路新建31.2千米、提级改造22.7千米，下屯、南菜园1—5巷、小营—石河营、康庄镇一二三街村等棚改项目加速推进，完成100栋老旧居民楼物业服务移交，物业服务实现全覆盖，综合整治5个老旧小区，新建改造候车厅1 287个，新增路侧停车位1 004个，投放共享汽车120辆、共享单车900辆、公租自行车1 500辆。编制乡村振兴战略规划，以农村人居环境整治为抓手，全面清脏、治乱、增绿、控污，整治各类环境问题7.76万处，拆除私搭乱建24.9万米^2，清理垃圾渣土643万米^3，户厕改造7 932座，5条美丽乡村风景线初现雏形，第一批56个美丽乡村开工建设，第一批120个村通过市级考核验收，第二批、第三批248个村验收成绩为涉农区第一，农村面貌焕然一新。

【社会治理能力持续增强】坚持党建引领、到基层一线解决问题，出台"街乡吹哨、部门报到"工作办法，挂牌成立6支综合执法队伍，推进12345市民服务热线"接诉即办"向"未诉先办"转变。

【村（居）委员会统一社会信用代码】完成376个村委会和46个居委会信息采集、审核、比对工作，录入到"全国村（居）委会统一赋码管理系统"。

【城乡居民基本医疗保险制度整合】年内，完成城乡居民基本医疗保险制度整合，提高城乡居民医保待遇，制定补充保障政策，做好政策宣传、信息采集、社保卡制发、新增定点医药机构验收和系统升级改造工作，为2019年城乡居民医保制度的顺利实施奠定基础。城镇居民医疗保险参保缴费22 645人，同比增长10.16%。新型农村合作医疗参合145 219人，基金累计收入17 426.28万元，累计支付21 932.95万元。

【深入落实延庆分区规划】完善规划实施配套制度，抓好分区规划组织实施，编制好新城控制性详细规划、11个专项规划、14个乡镇国土空间规划和230个美丽乡村规划，加大城乡规划条例宣传执行力度。建立以区级纲要为统领、空间规划为基础、专项规划为支撑、乡镇规划共同组成的规划体系。坚决维护规划严肃性和权威性，完善规自领域问题整改常态化长效化监督管控机制，推动各项整改任务落实，严格执行"村地区管"制度，完善农地农用、林地林用等土地用途管控机制，坚决遏制涉地乱象和涉地腐败。

【大力实施乡村振兴战略】打造农村美，持续巩固人居环境整治成果，常态化推动"1＋8"整治工程，高标准启动25个示范村建设，实施46个村庄污水集中处理项目、1 400座户厕改造，实施农村"百村百园"绿化工程，着力打造"两带、五线、多点"的美丽乡村建设格局。推动农业强，加快"一区多园"可持续发展，推广园艺风情小镇等特色乡镇品牌，实施百名农业领军人物培育工程，构建农业生产、质量安全、农产品流通、科技服务和农业经营五大产业体系。致力农民富，以休闲农业和乡村旅游为抓手壮大集体经济，升级改造15家休闲农业观光园，推动 6 个“科技小院”帮扶项目落地。

【城乡最低生活保障】年内，城乡低保标准从家庭月人均 1 000 元调至 1 100 元，城乡特困分散供养标准从家庭月人均 1 500 元调至 1 650 元，城乡低收入标准从家庭月人均 2 000 元调至 2 200 元；全区有城乡低保对象 2 264 户 3 649 人，累计支出低保金 4 627.5 万元；城乡特困人员共计 974 户 978 人，累计支出资金 2 744.24 万元；城乡低收入家庭共 69 户 95 人，累计支出资金 26.07 万元。为城乡低保和城乡特困人员发放电价补贴 28.37 万元，为城乡低保和城乡特困人员发放临时价格补贴 179.4 万元。

农村经济发展

【概况】年内，全区粮食播种面积 9 000 公顷，粮食总产 58 546 吨，其中玉米56 748吨；蔬菜播种面积2 214.15公顷，蔬菜总产量 93 644 吨。畜牧业实现产值4 600.2万元，同比下降 37%。奶牛存栏 9 200头，肉牛出栏 3 300 头，家禽出栏 159.15 万只，生猪出栏 2.18 万头，羊出栏 2.57 万只。全年鲜奶总产 3.26 万吨，鲜蛋总产 1.21 万吨，水产品总产 179.58 吨。全区实现农林牧渔业总产值 18.87 亿元，同比下降 5.5%，其中，种植业实现产值 4.78 亿元，同比下降 4.9%；林业实现产值 8.72 亿元，同比增长 24.4%；牧业实现产值 4.60 亿元，同比下降 37.0%；渔业实现产值 403.6 万元，同比下降 53.2%。发布“妫水农耕”全市首个农产品区域品牌，组织延庆优质农产品跨区巡展。北菜园等 6 家企业成为冬奥会备选农产品供应基地。举办首届世界花卉大会、首届北京牡丹文化节、第十一届北京菊花文化节、第三届延怀河谷葡萄文化节等系列活动。

【“妫水农耕”品牌建设】发布了“妫水农耕”全市首个农产品区域品牌，搭建“一个中心，五大产业，五大体系”的“1＋5＋5”模式，通过塑造“妫水农耕”精品农产品品牌形象，提升品牌影响力，带动区域农业产业实现绿色、高效发展。

【休闲农业】年内，延庆区大庄科乡铁炉村获“2019 年中国美丽休闲乡村”称号。

【种植面积】年内，全区粮食播种面积 13.5 万亩，包括玉米 12.3 万亩、豆类 0.6 万亩、杂粮 0.6 万亩。粮食总产 5 854.6 万千克，其中玉米 5 674.8 万千克；蔬菜播种面积 33 212.3 亩，蔬菜总产量 9 364.4万千克。

【畜牧产业】年内，畜牧业实现产值 4 600.2 万元，同比下降 37%。奶牛存栏 9 200 头，肉牛出栏 3 300头，家禽出栏 159.15 万只，生猪出栏 2.18 万头，羊出栏 2.57 万只。全年鲜奶总产 3.26 万吨，鲜蛋总产 1.21 万吨，水产品总产 179.58 吨。

【农业废弃物循环利用】2018—2019 年，完成玉米青贮收获 2 万亩、玉米机收秸秆还田 2.5 万亩、玉米黄贮收获 1 万亩、玉米干秸秆收获 8.1 万亩，合计 13.6 万亩；农作物秸秆共收集 1.65 万吨，园林废弃物 4 510 吨，畜禽粪便 11.85 万吨，三种废弃物共收集 13.95 万吨，共生产配送有机肥 5 万吨。

【产业成果】年内，延庆区永宁镇新华营村（鲜切菊花）、刘斌堡乡下虎叫村（民宿）被认定为第九批全国“一村一品”示范村镇。永宁镇新华营村（鲜切菊花）、刘斌堡乡下虎叫村（民宿）、刘斌堡乡小观头村（民宿）被认定第三批北京市特色专业示范村。

【农业行政执法工作】全年累计开展农业执法检查 1 992 次，出动执法车辆 2 007 车次、执法人员 6 100人次，检查场所 1 183 个次，下达监督笔录 707 份，做出行政处罚 86 件，罚款 13.3 万元，无行政强制案件。

【北京农业好品牌】2019 年，延庆区共 3 家企业品牌获得北京农业好品牌荣誉称号，分别为北京金粟种植专业合作社的“金粟丰润”、北京雄旺果树种植专业合作社的“白羊玉”和延续（北京）禽业养殖有限责任公司的“乐航”。

【乡村旅游】2019 年延庆区评定全国休闲农业与乡村旅游星级园区 5 家，其中，五星级 1 家，四星级 3 家，三星级 1 家。

【京张优质农产品推介会】11 月 3—5 日，2019 年京张优质农产品推介会在北京市延庆八达岭国际会展中心举办。本次推介会由延庆区农委主办，主题为“打造京津冀优质农产品的未来”，京张两地 128 家企业共 600 余种产品参展，设置农产品展区和“延庆乡村美食、精品民宿展”两个展厅，总展出面积 5 400 米^2，接待观众 11 000 余人次，现场成交额 190 万元，意向成交额 1 200 万元，较上年增长 20%。新设立 TOP30 京津冀优质农产品“延庆金禾奖”。

【中国国际农产品交易会】2019 年，第十七届中国国际农产品交易会在江西省南昌市举行，延庆区共6家企业参展，共同打造“妫水农耕”区域公用品牌。

【农邮通】2019年，延庆区继续开展农邮通物流工作，全年投入资金200万元，24小时不间断发车累计运输2 557车次。

【基本菜田补贴】年内，印发《北京市延庆区2019年基本菜田补贴实施方案》，补贴标准为露地蔬菜300元/亩、钢架大棚蔬菜600元/亩、日光温室蔬菜800元/亩、质量安全补贴200元/亩。2019年延庆区享受基本菜田补贴总面积17 590.76亩，其中，露地蔬菜11 740.56亩、日光温室蔬菜1 440.75亩、钢架大棚蔬菜4 409.45亩，补贴资金合计942.306 1万元。

【耕地地力保护补贴】年内，印发《延庆区2019年耕地地力保护补贴实施方案》，补贴标准提至300元/亩。2019年延庆区享受耕地地力保护补贴面积10.27万亩，拨付补贴资金3 080.88万元。

【种植业政策性农业保险】年内，延庆区种植业承保总面积169 743.9亩，其中，承保玉米23 584.4亩、承保温室大棚2 506.9亩、承保露地蔬菜800亩、承保果树142 847.6亩、农机第三者责任险5台。种植业总保额53 398.5万元，涉及7 312户(企业或合作社)，保费收入3 115.6万元，其中，中央补贴44.6万元、市级补贴1 525.9万元、区级补贴766.2万元、农户自筹778.9万元。

村镇建设

【概况】年内，实施《延庆区2019年度美丽乡村建设专项行动工作方案》《2019年全面加强农村人居环境整治工作方案》，“文脉永宁”被列为市级重点建设沟域，“百里山水画廊”“四季花海”“冰川绿谷”“乡宴柳沟”被列为区级建设提升沟域。

【美丽乡村建设】年内，印发实施《延庆区2019年度美丽乡村建设专项行动工作方案》。第一批120个创建村庄中，全部完成规划的编制与审批工作，110个村庄建设实施方案通过区级审批，78个村完成招标，56个村开工建设；剩余240个村庄中，16个村庄完成规划编制与审批，3个村庄建设实施方案通过区级审批。25个示范村中，13个村庄提升方案已通过区级专题会审议。农村基础设施长效管护工作，已拨付管护资金1.88亿元，各乡镇根据实际情况制定出台工作方案、建立工作机制、完善工作队伍，正式启动管护工作。

【农村闲置宅基地管理】年内，按照市农业农村局分配的任务，完成了3个镇3个村669户农村宅基地情况以及15乡镇农村闲置宅基地利用情况的摸底调查并形成分析报告；完成15乡镇《2019年农村宅基地管理利用情况统计表》数据汇总和“三资”平台上报工作，并整理和上报《2019年农村宅基地管理利用情况分析报告》。

【送气下乡】年内，建设村级换瓶点282个，开户75 495户，销售26.60万瓶。累计开户14.2万户，累计销售123.72万瓶。

【农村地区冬季清洁取暖工作】2019年内，通过公开招标确定“煤改电”设备供应企业10家、优质型煤供应企业6家。完成7个乡镇54个村庄1.9万户“煤改电”设备安装，为15个乡镇、3个街道配送优质燃煤3.87万吨。

【农村危房改造】年内，完成农村危房改造确户671户（4类重点对象和低收入农户623户、优抚对象48户），其中，183户通过随亲属合住、入住养老机构等方式解决住房安全，488户为建设任务。年内实现开工488户，开工率100%；主体结构完工451户，主体结构完工率92.42%；竣工392户，竣工率80.33%。

【城乡环境整治】年内，整改各类环境问题1 085处，整改率100%，其中，整治店外经营类问题485处，街面秩序类问题277处，广告牌匾类问题92处，基础设施类问题24处，背街小巷类问题207处；巡查属地“门前三包”问题1 082处，完成整改986处，整改率达91.13%；整治铁路沿线环境问题433处，其中，白色污染71处、非法小广告181处、乱堆乱放132处、乱倒垃圾渣土31处、私搭乱建18处。清理废旧自行车6辆、铺设防尘网3 000米^2。在2019年首都环境建设管理综合考评中，延庆区综合管理、重点任务、社会调查三项指标内容在态涵养发展区排名第一，综合成绩位列16个区第一名。

【农村人居环境整治】年内，整治各类环境问题79 117处，拆除私搭乱建8 727处，248 746.47米^2，清理垃圾渣土662 163米^3，新增绿地面积269 407米^2。在市农业农村局组织的农村人居环境考评验收中延庆区第二批、第三批村庄均在13个涉农区位列第一。

【山区搬迁工程】年内，按照美丽乡村示范村标准推进山区搬迁村建设，大庄科乡慈母川村、井庄镇莲花滩村、沈家营镇东王化营村开工建设。

【生态沟域建设】年内，“文脉永宁”被列为市级重点建设沟域，完成规划编制并启动建设，“百里山水画廊”“四季花海”“冰川绿谷”“乡宴柳沟”被列为区级建设提升沟域，安排沟域建设转移支付支持资金2 000万元。

农村改革与管理

【概况】通过全市农村集体“三资”监管平台和农产品产销信息平台，为各级政府管理部门、农民专业合作社和广大农民等提供信息服务；围绕农村经济发展和农民增收进行广泛统计调研，为各级政府进行宏观决策和微观指导提供数据服务。

【农民专业合作社】年内，16家合作社被评定为市级示范社，可享受免抵押担保贷款、贷款贴息、担保费补贴和产业项目优先扶持等优惠政策。对23家表现突出的农民专业合作社给予表彰。前庙村葡萄、红福宝养殖等5个农民专业合作社考评不及格，取消市级示范社称号。

【新型经营主体规范化建设】年内，积极组织并做好国家级、市级、区级“三级社”的申报工作，9家合作社评为区级规范合作社。对68.6%的区级以上合作社给予扶持。

【农业和农村信息化建设提升】年内，全区新建益农信息社30家，实现运营87家。现运营的信息社月均销售流水9.93万元，带动农户就业101人，其中残疾2人，人均月收入704元。

【农村集体产权制度改革】年内，通过制定实施方案、开展动员培训、委托中介机构进行清产核资、加强业务指导等工作举措，全力推进康庄镇、八达岭镇、张山营镇、旧县镇、珍珠泉乡5个乡镇的镇级产权制度改革工作。截至年底，镇级集体资产清产核资工作已全面完成。

【农地承包合同规范监管】年内，签订农村集体经济合同296份，其中，资源类合同211份、资产类合同61份、资金类合同9份、其他类合同15份。截至年底，全区流转土地总面积12 000公顷，新增流转面积128.33公顷。

【农村土地确权】年内，稳步推进农村土地确权登记工作。全区15个乡镇376个行政村，开展确权村数343个，拟确权面积21 600公顷。公示行政村340个，确权户数5.1万户，确权土地面积21 266公顷，完成拟确权总面积的99%。

【耕地保护与占补平衡】年内，完成4个占补平衡项目，补充耕地面积513.391 5亩；立项康庄镇棚改增减挂项目1个，新增耕地204.12亩；完成表土剥离方案验收6个。临时用地土地复垦审查方案9个，新建北京至张家口铁路项目（延庆段）临时用地土地复垦完成部分验收，验收面积7.789 0公顷，完成设施农业备案3宗。

【农村集体资产财务管理】年内，启用全国统一的农村集体经济组织登记赋码管理标准，完成了230个村集体经济组织登记证的更换工作；全力推进村级借款问题的整改落实，全区村级借款总额1.3亿元，年底还款金额5 121.8万元，还款比例39.4%。

【农村集体资产清产核资】年内，全面完成全区农村集体资产清产核资工作，以2017年12月31日为清查基准日，全区农村集体资产总额701 186.5万元，集体土地总面积为283.3万亩。

【农村集体“三资”专项治理】年内，坚持问题导向，将村级财务制度执行不严等28项问题作为专项治理重点，完成了村级自查、乡镇自纠、区级督查和问题整改各个阶段的工作。通过专项治理，落实整改共性问题67个、个性问题68个，纠正一批乱象，制止、挽回部分损失。

【农村集体经济审计】年内，完成376个行政村2018年村级公益事业专项补助资金管理使用情况年度审计工作，审计金额8 461.9万元。同时完成2019年度农民负担执法检查工作。

农村民生

【概况】从民生实事和“接诉即办”两头发力，坚持尽力而为、量力而行，解决好群众的操心事烦心事揪心事。要围绕“七有”“五性”补齐民生短板，着眼满足“七有”要求，坚持就业优先战略，完善大学生返乡创业和创业带动就业支持制度，以提高就业质量为导向精准实施十万人次大培训，确保就业总量保持稳定、就业结构得到改善、就业质量实现提升，健全低收入农户监测和帮扶机制，推进扶贫协作和对口支援，扩大“劳有所得”成果。

【低收入村户增收】年内，58个低收入村、8 213户、16 463人被纳入监测数据库。低收入农户人均可支配收入14 492元，同比增长22.5%；实现低收入农户100%脱低，人均可支配收入超过

11 160元。

【低收入村户帮扶】统筹低收入产业资金实施现代农业、特色民俗等38个产业项目。建立低收入劳动力台账，帮扶低收入劳动力就业，有劳动能力人数7 574人，已就业人数6 876人，就业率90.8%。对低收入老年人6 830人和低收入农户家庭4 552户进行意外伤害参保；完成392户低收入农户危房加固改造或翻建。市属国企和高校17家单位对接帮扶全区17个低收入村，帮扶单位已与低收入村开展了多轮对接，累计投入项目资金500余万元，销售农产品20余万元，发放慰问资金40余万元。

【绿色富民】全区居民人均可支配收入增长6.5%左右，低收入农户人均可支配收入增长10%以上，家庭医生重点人群签约率达到89%，每万名老年人拥有养老护理员数达到25人，困难人群（低保、低收入和分散供养家庭）申请保障性住房保障率达到100%，生活不能自理特困人员集中供养率达到20%，基本便民商业服务功能区覆盖率达到100%，人均公共体育用地面积达到0.559米^2，人均公共文化设施建筑面积达到0.41米^2。

【统筹城乡劳动力就业】年内，促进城乡劳动者就业8 637人，其中，城镇登记失业人员就业4 115人，农村劳动力转移就业4 522人。帮扶城乡就业困难人员就业6 655人。社会公益性就业岗位累计安置城乡就业困难人员3 192人。

【就业补贴补助】年内，宣传落实市、区两级用人单位岗位补贴和社会保险补贴政策、灵活就业（自谋职业）社会保险补贴政策、公益性就业补助政策、城市公共服务类岗位补助政策。全年落实促进就业资金6.73亿元，其中，市失业保险基金4.74亿元，区财政1.99亿元，促进3.26万人次稳定就业。

【城市公共服务类岗位对接】年内，推进城市公共服务类岗位安置农村地区劳动力就业促进农民增收工作，为实现农村劳动力“成建制、走得出、干得好、留得住”，加大公交乘务管理、轨道交通安检、环卫作业等岗位开发，与12家企业签订合作协议，召开招聘会16场，深入对接海淀区，落实补贴办法，保障每人每月2 500元补贴资金，输送本区农村劳动力585人，其中对接海淀输送256人。

【职业技能培训】年内，对农村劳动力、城镇失业人员、企业职工等开展面点制作、电子商务、餐饮服务等职业技能培训24 939人次。其中，企业在职职工6 515人次，城镇失业人员4 238人次，农村劳动力转移就业培训14 186人次。申请市级技能提升行动专项资金岗位安置培训补贴15万元。

【职业技能鉴定】年内，组织参加职业技能鉴定228人，取得职业资格证书188人，全部为中级。鉴定涉及保育员、中式烹调师、中式面点师3个职业工种。继续推广“寻找技能达人活动”成果，联合开展“助力世园冬奥，促进绿色发展”职业技能竞赛和“助力冬奥，有我更精彩”2019—2020年大众滑雪、农民滑雪比赛活动。

【城乡居民养老保险】截至年底，参加城乡居民养老保险人数5.22万人，收缴金额5 673.39万元。领取养老金人数3.24万人，领取保险金额32 247.89万元。上调基础养老金标准，上调后64岁及以下为每人每月800元，65岁以上为每人每月820元。

【福利养老金管理】截至年底，城乡无社会保障老年人享受福利养老金人数2.17万人，同比减少4.77%。累计发放福利养老金20 087.70万元，同比增长9.79%。上调基础养老金标准，上调后64岁及以下为每人每月715元，65岁以上为每人每月735元。

【医疗救助】年内，为10 283人次社会救助对象发放医疗救助资金1 304.59万元。集中资助符合参保参合条件的城乡社会救助对象个人缴费部分，资助参保317人，支出资金12.51万元；资助参合5 413人，支出资金86.61万元；共资助5 730人，支出资金99.12万元。参保率达到98.45%，参合率达到100%。为134户因病致贫家庭发放医疗救助资金110.53万元。

【慈善超市和捐助站点建设】年内，香水园街道、旧县镇、香营乡、八达岭镇、刘斌堡乡、沈家营镇、珍珠泉镇7个街乡完成慈善超市创新建设。旧县镇、香营乡、八达岭镇、刘斌堡乡、沈家营镇、珍珠泉镇、大榆树镇、康庄镇、永宁镇、张山营镇、井庄镇、千家店镇、四海镇13个街乡完成捐助站点规范化建设。

基层组织与民主政治建设

【概况】坚持把政治标准摆在首位，贯彻落实《党政领导干部选拔任用工作条例》，健全完善区委统一领导，组织部门牵头抓总，各党工委、有关部门各负其责、主动担当、合力攻坚的工作格局，进一步强化各党工委、有关部门抓行业、系统、领域党建工作的职责，同步建立完善机构改革涉改单位机关党组织体系，理顺组织架构，强化有效运行。围绕“危旧狭小”村级组织活动场所、软弱涣散基层党组织整顿、“三务公开”“四议一审两公开”、党支部规范化建设等情况开展农村工作大走访、大调研，现场找问题、查不足、定举措、促落实。

【村党组织第一书记选派】年内，选派第四批第一书记 73 人（其中，市级选派 16 人，区级选派 57 人）。截至年底，全区共有村党组织第一书记 92 人（含第三批 19 人），实现对低收入村、软弱涣散村全覆盖。

【大学生“村官”管理】年内，2014 届次大学生“村官”合同期满人数 133 人，已就业 128 人，就业率为 96.24%。大学生“村官”与选调生工作并轨，招录大学生“村官”（选调生）33 人。启动“我是‘村官’”系列活动，开展“最美大学生‘村官’”评选、寻找“大学生‘村官’骄子”“把脚印留在妫川大地上”等主题实践活动，助力大学生“村官”创立“长城脚下的蜂蜜”“野菜小王子”等产业品牌，带动低收入农户增收。

【“1+3”制度体系建设和落实】年内，村和社区“两委”换届选举完成后，全面实施“1+3”制度体系，即：以《关于巩固村“两委”换届选举成果进一步加强农村基层组织建设工作的意见》为总揽，制定实施《关于进一步加强村干部管理监督工作的指导意见》《2019—2023 年延庆区村级后备干部队伍建设规划》《延庆区村、社区“两委”干部素质提升工程五年行动计划》。实现对基层工作和党员干部的全方位管理、全过程监督、全覆盖培训。通过整合“五年十万人次大培训”等资源，组织全区 16 家责任单位对村、社区“两委”干部及村级后备干部开展各类培训。截至年底，举办 171 班次、培训 30 605 人次。

【农村实用人才开发培养】3 月 6 日，围绕乡村振兴战略实施，培养和开发农村实用人才，召开工作部署会。会议确定新培养农村实用人才 129 名，同时选配区级指导教师 26 名、配备乡土专家 34 名。鼓励支持优秀农村实用人才参加市级活动。截至年底，刘斌堡乡“北京青山园休闲农庄项目”和井庄镇“井庄旅游平台——延庆巨惠玩项目”，获评北京市农村实用人才优秀创业项目。

【基层“两委”干部任职培训班】3 月 20 日，新一届村、社区“两委”主要干部任职培训班开班。培训班为期 3 天，包括 20 多门课程，旨在进一步增强新一届村和社区“两委”主要干部的政治意识和组织观念，提高服务群众能力和履职本领，帮助新任职的村和社区“两委”主要干部尽快融入工作角色。各乡镇、街道党（工）委书记、副书记、组织委员，各村党支部书记、村委会主任，社区党组织书记、居委会主任等约 500 人参加培训。

【优选 8 名“街乡吹哨、部门报到”改革先进典型人物】5 月 16 日至 6 月 5 日，在全区开展党建引领“街乡吹哨、部门报到”改革先进典型人物优选工作。通过街道乡镇党（工）委推荐以及综合考察评选，最终优选出街道乡镇和职能部门 8 名先进典型人物，并将他们在“吹哨报到”工作中的典型事迹在《延庆党建》中进行刊登宣传，发挥示范引领作用。

【圆满完成国庆保障服务】组织 412 名农民群众参加国庆 70 周年农民群众游行活动，克服人员多、周期长、基础弱等困难，开展训练 29 场次，出色完成了交通、餐饮、医疗、安全、保密等服务保障工作，国庆当天无一人请假、无一人病痛、无一人掉队，向全国人民展现了艰苦朴实的精神面貌。

【“吹哨报到”“接诉即办”督导调研】1 月 30 日和 3 月 13 日，区委主管领导两次主持召开延庆区“街乡吹哨、部门报到”工作专题会，听取 8 个试点街道乡镇和区委党建办、区城市管理指挥中心等相关工作情况汇报，对下一步工作提出明确要求。5 月 8—16 日，在年初区“吹哨报到”专班走访 8 个试点街道乡镇和部分职能部门、开展专题调研的基础上，由区委党建督导组联合“吹哨报到”专班组成督导调研组，对全区 18 个街道乡镇深化“吹哨报到”改革和落实“接诉即办”工作情况进行现场督导和调查研究。采取查阅资料、听取汇报、实地察看、个别访谈等方式，了解各街道乡镇“吹哨报到”改革和“接诉即办”工作开展情况与存在问题。督导调研组向街道乡镇书面反馈检查情况，并针对问题提出整改建议。9—12 月，区“吹哨报到”专班联合区城市管理指挥中心对各街道乡镇和区级职能部门“12345 接诉即办”工作完成情况、“吹哨报到”机制落实情况进行现场检查和实地调研。

【软弱涣散基层党组织摸排整顿】年内，在“不忘初心，牢记使命”主题教育中深入开展区级领导干部入村（社区）调研走访摸排软弱涣散基层党组织工作，区委主要领导带头、27名区领导全员参与，423个村和社区全覆盖，深入一线摸情况、查不足、提建议、定举措；严格落实“五个一”工作机制和“一村一策”整顿方案，建立软弱涣散村党组织动态管理和常态整顿工作机制，推动31个软弱涣散村党组织实现转化。

【基层党建工作述职评议考核】2月22日，组织召开2018年度延庆区乡镇、街道、系统党（工）委（党组）书记抓基层党建工作述职评议考核会，全区22名乡镇、街道及系统党（工）委（党组）书记进行现场述职。穆鹏主持会议并讲话，市委组织部部务委员、组织一处处长到会指导点评。区委常委、区委党建工作领导小组成员出席，部分“两代表一委员”和基层干部群众代表参加会议，各乡镇、街道及系统党（工）委副书记、区委党建督导组组长列席会议。

【村和社区“两委”换届选举完成】2月，全区376个村、47个社区全部完成“两委”换届选举工作。全区376个村100%实现“一肩挑”。“一肩挑”比例、党员比例、本地化比例等重点指标较上届均有显著提高；村和社区“两委”干部队伍年龄、学历等结构全面优化，平均年龄比上届低2.5岁，大专及以上学历的占比较上届提高15%，具有研究生学历15人。其中5名党建工作助理员当选“两委”班子成员。

【获少数民族乡村经济发展7个奖项】延庆区政府获得区级主体作用发挥优秀奖一等奖，奖金500万元；井庄镇政府获得乡镇主体作用发挥优秀奖三等奖，奖金60万元；慈母川村、新华营村、南张庄村、吴坊营村分别获得特色发展示范奖、精准帮扶优秀奖及经济发展进步奖，分别获得奖金50万元、20万元、20万元和20万元；井庄镇王仲营村获得国家民委命名的“中国少数民族特色村寨”称号，奖金100万元。

【新时代文明实践】深入推进新时代文明实践试点工作，汇编涉农政策读本，组建“一懂两爱”政策宣讲队，线上发布政策宣讲项目38次，送政策下乡志愿服务70次，服务群众2 000余人次，点单派单服务和“一懂两爱”政策宣讲志愿服务均被评为区级先进。

【“大棚房”问整专项清理整治】年内，“大棚房”问题清理整治工作在区委区政府统一领导下，建立“区级抓总、专班督导、部门配合、乡镇落实”的工作机制，以自然资源部、农业农村部下发图斑及延庆区现存农业大棚为基础数据展开全面排查，全区共发现Ⅰ类问题10宗，其中，延庆镇1宗、康庄镇3宗、张山营镇1宗、沈家营镇1宗、旧县镇1宗、大榆树镇1宗、香营乡1宗、八达岭镇1宗。截至10月11日，10宗“大棚房”Ⅰ类问题整改工作已完成，并通过市“大棚房”工作专班验收。

【区委党建工作领导小组会】2月11日至11月20日，先后4次召开区委党的建设工作领导小组会议。分别研究审议《2019年度乡镇、街道、系统党（工）委书记抓基层党建述职评议考核工作会方案》《中共北京市延庆区委关于加强党的政治建设的任务分工方案》等文件，并对党委系统工作会、延庆区“两新”组织党的建设、纪念中国共产党成立98周年、2019年党建经费项目等相关工作进行研究，进一步强化区委党建工作领导小组谋全局、管宏观、抓大事、促落实的职能作用。

【乡镇纪检监察干部业务培训班】3月27—31日举办，乡镇纪检监察干部44人参加。由区纪委领导和业务骨干集中授课，重点讲授依规依纪履职担当、信访举报线索处置、执纪审查以及案件审理工作规范等业务知识和技能，并通过讨论演练、学员演示发言、总结点评等形式强化培训实效。

【基层党建工作重点任务推进会】6月13日至11月4日，先后3次召开延庆区基层党建工作重点任务推进会，分别对村和社区“两委”换届选举、“不忘初心，牢记使命”主题教育、党建引领“街乡吹哨、部门报到”、第一书记选派、扫黑除恶专项斗争、“两新”组织党建、软弱涣散基层党组织整顿、党支部规范化建设等工作进行安排部署，全面推进全区基层党建工作落地落实。

【落实农村基层全面从严治党主体责任】年内，组织党员干部层层签订全党风廉政建设责任制个性化责任清单，农村基层党员干部公开作出廉政承诺，严格落实履行主体责任情况报告制度。全面推行全面从严治党主体责任全程纪实制度，将“全程纪实”管理对象范围延伸至乡镇科队站所负责人。完善党风廉政建设责任制检查考核机制，健全日常考核和集中考核程序，量化考核评价指标体系，年底进行专项检查，对考核排名靠后的乡镇进行约谈。

【整治小官贪腐问题】集中开展“为官不为、为官乱为”“整治和查处侵害群众利益不正之风和腐败问题”两个专项治理。全区纪检监察组织受理信访举报550件次，同比下降14.6%，其中，反映农村干部175件次，占比为57.4%，同比下降15.9%；处置问题线索247件，同比上升30%；新立案件162件，其中乡镇立案95件；给予党纪政务处分151人，其中农村党员干部108人。

【强化扶贫领域监督执纪问责】7月，区纪委对全区扶贫领域监督执纪问责工作进行部署，集中开展扶贫领域情况大起底，建立联查工作机制，会同审计、财政等部门集中开展低收入农户帮扶资金专项检查，组织巡察组对精准帮扶重点乡镇进行巡察，加大对低收入农户帮扶责任部门、乡镇和村“两委”履行职责情况的监督检查，共查处11乡镇16个行政村存在违反财经纪律行为，对33名农村党员立案审查。

【农村党风廉政宣传教育】年内，开通延庆纪检监察微信公众号，制作推送微信77期、信息288篇，开设“廉政妫川”“家庭助廉”“理论与研究”“以案说纪”等原创栏目，持续打造“德蕴清风”廉政品牌，联合高校开展“红廉”文化体验活动和红廉文化演出，创作《延庆纪检监察者之歌》等一批廉政文化作品，开展“廉政亲情寄语”征集活动，营造德治礼序、以德促廉良好社会氛围。

区、乡（镇）“三农”工作部署和实施

【概况】贯彻执行国家、北京市关于“三农”工作的发展战略、中长期规划、重大政策及有关法律法规、规章；统筹推动发展本区农村社会事业，农村公共服务、农村文化、农村基础设施。深化拓展新时代文明实践中心建设，依托“一懂两爱”政策宣讲队，在15个乡镇循环开展煤改电、美丽乡村建设、农业金融等惠农政策解读。结合农民实用技能需要，开设了园林园艺、面点烹饪、旅游服务等10个专业中专班，将授课地点放在田间地头和农家院农村工作会。

【提案办理】提出书面建议172件，形成正式提案138件，提案交由区委部门办理24件，交由区政府部门办理114件，其中在年内已经解决采纳或部分解决采纳的提案112件，占提案总数的81.2%。

【执法情况】组建区委区政府法律顾问团，行政检查15.1万件，行政处罚1.7万件，依申请公开政府信息425件。全区各级行政机关共发生一审行政诉讼案件142件，区政府行政应诉案件92件，同比增长15%。全年行政负责人出庭应诉43件，区政府民事诉讼案件28件，以区政府为被申请人的行政复议案件6件。全年办理行政复议案件50件，同比增长28.2%，案件审结47件，其中，确认违法5件，撤销7件，责令履职1件，纠错率27.7%，同比上升9.8%。

延庆区领导名录

区委书记	穆　鹏
副书记	于　波（满族，1月任）
	李军会
常委	穆　鹏
	于　波（满族，1月任）
	李军会　张　远　刘学亮
	叶大华（4月任）
	黄克瀛（女）
	吕桂富　谢文征（4月免）
	蒋达峰　张　琦
	吴世江（10月任）
区人大常委会主任	胡耀刚　吕桂富（12月任）
副主任	武　克（12月免）
	郑世华（12月免）
	郭永华　闫承发
	张景军（12月任）
	贺常荣（女，12月任）
	吴辰英（女，不驻会）
区长	穆　鹏（1月免）
	于　波（1月任）
常务副区长	张　远
副区长	谢文征（5月免）
	叶大华（5月任）
	刘瑞成　祖　宇
	罗　瀛（女，满族）
	董　亮（12月免）
	吴世江（12月免）
	陈桂芬（女，5月任）
区政协主席	陈合安
副主席	刘明利　谷艳兰（女）
	张立新　张留全
	程大庆（不驻会）
	杨雪平（女，不驻会）

区委农工委书记、区农业农村局局长　贺常荣

延庆区乡镇党政正职领导

	党委书记	镇（乡）长
延庆镇	郭慧成	张海峰
永宁镇	葛　新（3月免）	陈志海（4月免）
	郭雄强（3月任）	曹凯锋（7月任）
康庄镇	陈桂芬（女）	张春元（4月免）
		王　楠（7月任）
张山营镇	崔旭龙（9月免）	郁世民
	吴世江（兼，10月任）	
八达岭镇	孟顺利（3月免）	曹凯锋（4月免）
	王振龙（3月任）	郝建云（女，7月任）
旧县镇	郭铁石（3月免）	王　赢
	马红寰（5月任）	
千家店镇	张利忠（3月免）	王晓娟（女，4月免）
	王晓娟（女，4月任）	卢石军（7月任）
四海镇	张胜军（3月免）	马庆有（4月免）
	马庆有（4月任）	郭清尧（7月任）
沈家营镇	郭雄强（3月免）	王建柱（4月免）
	卫洪英（女，5月任）	陈仲文（7月任）
井庄镇	曲荣杰（9月免）	刘　军（4月免）
	赵振华（9月任）	荣欣锋（6月任）
大榆树镇	辛文军（3月免）	赵满江（4月免）
	赵满江（4月任）	桂轶杰（7月任）
香营乡	李新生（2月免）	李英铁（5月免）
	董喜延（5月任）	苑立杰（7月任）
刘斌堡乡	崔秀海	程立军（4月免）
		侯士杰（7月任）
大庄科乡	徐志中（3月免）	荣欣锋（5月免）
	杨志强（5月任，9月免）	尤　轩（7月任）
珍珠泉乡	王　琦（3月免）	闫茂先（4月免）
	闫茂先（4月任）	赖慧武（7月任）

（延庆区农业农村局　孙猛）

市农业农村系统行政、事业机构

中共北京市委农村工作委员会
北京市农业农村局

2019年，市委农工委、市农业农村局领导班子深入学习贯彻习近平新时代中国特色社会主义思想，认真落实市委市政府决策部署，扎实推进乡村振兴战略，认真履行全面从严治党主体责任，推动完成“三农”各项硬任务，为新中国成立70周年庆祝活动提供了良好服务保障，为北京市2020年全面建成小康社会奠定了坚实基础。

一、全面从严治党情况

1. 深入学习贯彻习近平新时代中国特色社会主义思想。作为首要政治任务抓紧抓实抓好，切实增强“四个意识”、坚定“四个自信”、做到“两个维护”。压紧压实意识形态工作责任制，通过理论中心组、会前学法、专题学习等形式，认真学习习近平总书记重要指示精神和对北京重要讲话精神，引领机关干部做到全面系统学、及时跟进学、联系实际学。对习近平总书记批示的“大棚房”问题、非洲猪瘟疫情、农村民生工程等工作，组建专班紧盯实抓，推动各项任务落实落细、取得实效。深入贯彻党的十九大和十九届二中、三中、四中全会精神，委局主要领导为系统单位600余人作十九届四中全会精神宣讲报告，举办两期培训班，制定贯彻落实的分工方案。市委历次全会召开后，第一时间组织学习贯彻。

2. 扎实开展“不忘初心，牢记使命”主题教育。制定学习、调研、问题、整改四个清单，圆满完成各项任务，取得预期效果。集体逐字逐句学习《习近平关于“三农”工作论述摘编》，组织7次研讨，班子成员和处室负责人至少一次交流发言。委局领导深入基层调研202次，现场解决问题234个。选派796名干部和科技人才进村入户服务，收集解决问题530余个。梳理检视问题40个，制定整改措施115项。组织党员干部到北大红楼、香山革命纪念馆等开展学习教育。中央第二指导组给予“站位高、理解深，抓得实，而且效果好”的良好评价。

3. 持续抓好党风廉政建设。深入贯彻全市警示教育大会精神，坚持以案为鉴、以案促改，组织召开全系统党风廉政大会和警示教育大会，签订责任书，传导压力，落实责任，开展经常性纪律教育。坚持主体责任和监督责任协调贯通、同向发力，突出政治监督，完善监督体系。积极支持配合派驻纪检监察组开展监督执纪问责，

4. 扎实开展作风建设。持续抓好2018年“四风”问题专项巡视整改，集中整治形式主义、官僚主义。文件、会议分别精简43%、30%。全年接待群众上访88批154人次，同比分别下降11%和72%。全年受理“12345市民热线接诉即办”主办1 253件，事项响应率100%，解决率79.51%，满意率88.37%，6月、7月两次位居全市并列第一，全年总体水平居于前列。

二、年度重点任务完成情况

1. 圆满完成新中国成立70周年庆祝活动等服务保障任务。组织3 000名群众扎实训练、顺利完成四个方阵群众游行，优质保量供应100万千克鲜活农产品，完成7万只放飞和平鸽防疫任务。世园会百蔬园接待游客50万余人次，荣获“最佳创意奖”。完成全国“两会”、亚洲文明对话大会等七项重大活动农产品保障工作。

2. **农村人居环境整治取得明显成效。**实施“百村示范、千村整治”工程，通过每月调度、第三方考核、末位约谈、媒体曝光等方式，高位推动农村人居环境整治。清理农村生活垃圾190余万吨，拆除私搭乱建1 000余万米^2。完成839座公厕、13.5万个户厕改造，300个村的生活污水治理，142处非正规垃圾堆放点整治，128个村庄的煤改清洁能源改造，基本实现农村环境干净整洁有序。国务院大检查评价“北京全域推进农村人居环境整治，形成了有效机制，取得了显著成效”。广大农民群众普遍反映，农村人居环境整治不仅整治出了好环境，也整治出了公心、民心、信心、暖心、期待心，整治出了共产党人为人民服务的“初心”。

3. **低收入帮扶扎实推进。**强化工作统筹，会同相关部门推动“六个一批”帮扶措施精准实施。全年新安排产业帮扶项目192个，加强项目实效监督。逐户开展就业和社保摸底排查，帮助1 538人实现就业、2 981人纳入社会救助范围、796人参加医保、1 058人按月领取城乡居民养老保障待遇，实现“应保尽保”。确定危房改造2 548户，开工率达到99%。“五个对接”帮扶活动深入开展，社会力量累计帮扶超过2亿元。对收入未超线的，逐一入户核查，制定“一户一策”精准帮扶措施。低收入农户人均可支配收入达到15 057元，同比增长20.2%。

4. **“大棚房”问题清理整治基本完成。**严格按照中央要求做好整治工作，通过多轮全面排查、重点勘查、督查暗访、点位核查等，共清理“大棚房”问题3 396个，已基本整改到位。制定《建立完善长效监管机制 严防“大棚房”问题反弹的意见》，搭建设施农业台账信息综合管理平台，落实市、区、乡镇、村四级联动闭合检查巡查制度。

5. **扎实推动农业高质量发展。**统筹推进北京农产品绿色优质安全示范区和国家农产品质量安全市整体创建，“三品一标”认证覆盖率达到86.9%，农产品抽检合格率达到98%以上。实现非洲猪瘟疫病不蔓延不扩散目标。出台生猪产业优化提升方案，生猪生产实现止跌回升。推进平谷区国家农业科技创新示范区和京瓦农业科技创新中心建设。种业产值15亿元，同比增长21%。大力发展民宿等新业态，促进一二三产融合发展。

6. **持续深化农村改革。**开展农村承包地确权登记颁证“回头看”。起草宅基地管理意见。完成农村集体资产清产核资。开展扶持壮大村级集体经济试点。完成农民合作社“空壳社”专项清理。推进农业综合执法改革。深化“放管服”改革，97%的公共服务事项实现“一网通办”。

7. **全面加强乡村治理。**全市3 871个村党组织、3 640个村委会完成村“两委”换届选举，“一肩挑”比例达到91%。新时代文明实践中心实现区、乡镇、村实践中心（所、站）全覆盖。海淀、平谷入选全国乡村治理体系建设首批试点。加强乡村文化建设，新建乡情村史陈列室77个，成功举办北京市庆祝中国农民丰收节等系列活动，得到国务院领导充分肯定。

8. **扎实推进规划自然资源领域专项治理和专项巡视整改工作。**分别成立专项治理工作专班和巡视整改工作领导小组，均由主要领导任组长，制定两个工作方案，以清单形式详细列明责任领导、主责单位和整改时限。将专项治理8项主责任务细化分解为24项改革内容，截至年底，7项已完成、其余17项持续推进。将巡视反馈问题细化为15个主要问题46项具体任务，其中17项已按期完成，其余正在推进。

9. **顺利完成委局机关机构改革。**深入研究制定“三定”方案，对标“五个振兴”设置处室，强化优化工作职能，做好队伍组建。完成机关32个党支部换届选举。抓好机关职务职级并行工作，“80后”处级实职干部比例增长11.48%。

中共北京市委农村工作委员会

书记　李志军
副书记　康　森　苏卫东
纪检监察组组长　戚书平
委员　马丽英（女）　王修达
周洪生（正处级）

北京市农业农村局

局长　李志军
纪检监察组组长　戚书平
副局长　康　森（兼）　苏卫东（兼）
马丽英　马荣才　苗冰松（挂职）
龚元石（挂职）
副局级　郑　渝
副巡视员　寇文杰　于雷庆
左晓波（8月任二级巡视员）

（农业农村局　万敏波）

北京市气象局

概　况

中华人民共和国成立初期，北京市气象工作由中央气象台兼管，1958 年 7 月，北京市农林水利局设气象组，开始组建市属气象台站网，1959 年 11 月，北京市气象服务台成立。1960 年 10 月，经国务院批准成立北京市气象局，逐步健全各级气象机构，开展各项气象业务工作。1964 年 2 月与市水利工程局合并为市水利气象局，1968 年 10 月与市农林局、市农机局、市农场管理局合并为市农业局，1973 年 7 月恢复市水利气象局建制，1978 年 6 月恢复市气象局建制。1980 年以后，北京市气象局实行中国气象局和北京市人民政府双重领导管理，以部门领导为主的管理体制，作为中国气象局的下属机构，同时是北京市政府的工作部门。负责北京市行政区域内的气象管理工作以及承担北京地区气象监测、制作和发布北京地区天气预报和灾害性天气预警任务，开展气象科学研究和气候变化研究等工作。

北京市气象局同时是中国气象局华北区域气象中心，负责对该区域内的其他省（自治区、直辖市）气象局开展气象业务技术协调和指导、科研组织、技术支持及业务培训等工作。

60 年来，北京市气象局内设机构和直属单位经历过多次变化与调整。2019 年市气象局内设有局办公室（应急管理办公室、行政管理处）、应急与减灾处（大型活动气象服务办公室）、观测与预报处（华北区域气象中心协调办公室）、科技发展处（气候变化处）、计划财务处、人事处、政策法规处（气象服务管理处）、党组纪检监察组、机关党委办公室（精神文明建设办公室）、离退休干部办公室 10 个机关处室、10 个直属事业单位，下设 14 个区气象局（东、西城区政府明确由区应急办承担气象工作职责）。代管北京市人工影响天气办公室；北京气象学会、北京减灾协会挂靠北京市气象局。

人员与机构

年内全市气象部门在编职工 545 人。其中，参照公务员管理 122 人；事业单位管理人员和专业技术人员 417 人；工人 7 人。职工学位结构：博士学位 109 人、硕士学位 209 人、学士学位 152 人、大专及以下 75 人。职称结构：高级职称 220 人（其中正研级职称 36 人）、中级职称 225 人，正研级高工占比为 6.6%、高工占比为 33.7%。

机构设置

单位名称	办公地点	邮编	联系电话
北京市气象局	海淀区紫竹院路 44 号	100089	68400858
北京市气象台	海淀区紫竹院路 44 号	100089	68400581
北京市气候中心	海淀区紫竹院路 44 号	100089	68400552
京津冀环境气象预报预警中心	海淀区北洼西里 55 号	100089	68400755
北京城市气象研究院	海淀区北洼西里 55 号	100089	68400745
北京市气象服务中心（专业气象台）	海淀区紫竹院路 44 号	100089	68400562
北京市气象灾害防御中心	海淀区北洼西里 55 号	100089	68400678
北京市气象信息中心	海淀区紫竹院路 44 号	100089	68400527
北京市气象探测中心	大兴区成寿寺路临 1 号	100176	68400731
北京市气象局机关服务中心	海淀区紫竹院路 44 号	100089	68400808
北京市人工影响天气办公室（代管）	海淀区紫竹院路 44 号	100089	68400535
北京市避雷装置安全检测中心	海淀区北洼西里 55 号	100089	68400707

学会、协会

登记证号	社团名称	业务主管单位	会长	电话	地址	邮编
0010262	北京气象学会	北京市科学技术协会	朱 江	68400820	海淀区紫竹院路44号	100089
0010834	北京减灾协会	北京市科学技术协会	林克庆	68400821	海淀区紫竹院路44号	100089

主要工作

2019年，北京市气象局认真学习贯彻习近平总书记重要指示精神，严格落实中国气象局和市委市政府决策部署，扎实开展“不忘初心，牢记使命”主题教育，推进全面从严治党，深化气象改革，加强科技创新，加快现代化建设和冬奥会气象筹备工作，出色完成世园会参展任务，高标准完成新中国成立70周年、“一带一路”国际合作高峰论坛和亚洲文明对话大会等重大活动气象服务，得到习近平总书记表扬。

（一）国庆等重大活动气象服务保障

1. 出色完成新中国成立70周年庆祝活动服务保障。圆满完成天安门修缮防雷保障工作。提前研判评估天气条件，提供抗风试验选址建议，参与编写极端天气应对方案。核心区新建6个风场观测站和低空激光测风雷达，开展立体化高频次加密观测。全力保障活动期间网络安全。组建军地预报和人影专家组，研发专门支撑产品。开展迄今为止投入人员最多、装备规模最大、军地融合最深的人工影响天气作业。准确预报庆祝活动和演练期间天气，提供精细化、个性化服务。习近平总书记肯定“高标准完成庆祝大会、阅兵服务、群众观礼、首都维稳、环境整治、空气质量和气象服务等综合服务保障任务，作出了突出贡献”。

2. 圆满完成世园会气象服务并成功打造生态气象展区。提前开展气候分析预测，关注高影响天气过程，发布专报300余期，圆满完成演练、开（闭）幕式、中国馆日等气象服务保障。设计建设运维生态气象馆、世界气象组织园、生态气象观测示范站和世园气象台“四个一”生态气象展区，实现162天长周期运维平稳有序。中央和北京主流媒体集中采访报道5 000余条。举办首个国际组织荣誉日活动和新闻发布会，世界气象组织大会播放宣传片、网站推文宣传。世界气象组织园荣获世园会组委会金奖，世界气象组织荣获优秀参展奖。

3. 冬奥气象筹备取得突破性进展。完成《冬奥会和冬残奥会赛区气象条件分析报告》（2019版）和室外场馆风分析报告。海陀山天气雷达建设和延庆赛区气象站迁建完成。延庆冬奥气象分中心投入使用。京冀互备的冬奥气象数据环境上线。冬奥云视频会商系统试运行。冬奥气象业务支撑系统和服务网站试运行。构建赛季多维度立体气象观测网和数据集，开展11次赛区人影联合观测试验。科技冬奥研发进展顺利，睿图—大涡模式高精度数据集和睿思系统“百米级、分钟级”产品初步提供冬奥测试赛应用。完成预报团队培训和冬训，加强与美、韩、俄等国家的国际合作。顺利保障沸雪世界杯、冬奥倒计时一千天、志愿者全球招募启动仪式等冬奥重大活动气象服务。

圆满完成“一带一路”国际合作高峰论坛、亚洲文明对话大会等43项重大活动气象服务保障工作。协助兄弟省市做好军运会、青运会、民运会、十四冬等活动气象服务保障。

（二）推进气象现代化

1. 市部合作有力推进气象现代化。召开第三届市部合作联席会，研究共同推进更高水平气象现代化建设。“气象服务能力提升和冬奥会气象服务保障工程”顺利实施。市局新业务大楼投入使用，高性能计算能力提升26倍、核心网络带宽提高10倍，大数据云平台投入业务使用，三维立体气象影视多媒体融合系统投入运行。海淀区局搬迁新址，石景山区局业务用房基本建设顺利实施。

2. 监测预报能力进一步提高。新建地面自动气象观测站280个，新增率41%。完成门头沟、怀柔X波段雷达建设。地面气象观测自动化全面试运行。观测质量管理体系通过ISO9001认证。睿图临近数值预报子系统投入业务应用，提供京津冀3千米分辨率、逐10分钟更新的实况分析和0～2小时预报产品。积极融入市级大数据行动计划，对接智慧城市“领导驾驶舱”。全年灾害性天气过程无漏报，准确预测汛期降雨偏少总体趋势，一般性降水24小时预报准确率提高了5.9个百分点。雷电预警和冰雹预警的时间提前量较2018年分别提高52分钟和9分钟。

（三）服务保障防灾减灾和城市安全运行

1. **继续加强气象防灾减灾能力建设。**主动融入新防汛工作体系，连续7年安全度汛，加强首都功能核心区、城市副中心、冬奥建设工地、大兴机场等重点区域防汛保障。建设北京市气象防灾减灾业务支撑系统和基层气象防灾减灾数据集。修订暴雨预警信号标准。进一步完善宣传科普联动机制，连续四年全网推送气象灾害防御宣传片，有效做好高影响天气科普和舆情应对。通过微访谈直播和科普原创视频等矩阵做好科普解读。

2. **有力服务保障城市安全运行。**深化重点领域专项服务应急联动和信息共享，24小时在线咨询，发布服务产品3 500余期。全年决策服务和重大活动服务保障获得上级领导批示和委办局感谢信百余次。决策服务满意率100%。“12345”按时办结率和公众满意度均达100%。@气象北京影响力在全国气象和北京政务微博中排行均列第一。年度公众气象服务满意度创新高、上台阶，达到90分。

（四）服务国家战略

1. **创新服务生态文明建设。**做好环境气象第三方评估，10余篇专题信息被中办国办采用。开展雄安新区通风廊道规划气候评估。气候可行性论证工作融入北京国土空间规划“双评价”。开展生态修复型人影作业，飞行113架次322小时。

2. **持续推进京津冀协同发展。**京津冀共享自动气象站达3 936个，同比增长10%。首次实现跨省投资建设180个自动气象站，河北承建的两部X波段雷达的频率正式获批。建立京冀气象加密探空观测机制，并在新中国成立70周年庆祝活动、“一带一路”国际合作高峰论坛、亚洲文明对话大会、世园会开闭幕式、汛期等服务保障中发挥重要作用。

3. **城市副中心服务能力大幅提升。**新建通州地区42个地面自动气象观测站，将公安系统通州“雪亮工程”项目中的866个视频监控点画面接入监测体系，为应对城市副中心灾害性天气提供了基础数据支撑。通州、武清、廊坊三地共建气象灾害防御协同工作体系。强化城市副中心气象服务能力，提供通航专项气象服务，推进区预警信息发布能力建设，有针对性地做好城市副中心防汛抗旱等服务。

4. **继续做好乡村振兴等服务。**积极推进乡村振兴气象服务能力建设，建设特色农产品气候品质评价平台和园艺气象决策服务系统，强化面向新型农业经营主体的直通式服务，全市新型农业经营主体覆盖率60%以上。继续深化政策性农业气象指数保险服务，开展政策性农业保险条款气象灾害指标定量化研究。

5. **积极发挥区域中心功能。**组织做好区域天气联防联控、重大活动联合保障、信息集约共享、人影合作。召开华北区域气象局局长联席会议，就推进研究型业务建设、构建以数据为中心的气象业务格局、协同发展数值预报模式、增强专业气象服务能力、谋划实施“十四五”规划等方面达成共识。加强对汾渭平原环境气象业务支持，为河南煤气爆炸着火事故提供针对性应急保障。举办2019年京津冀、汾渭平原及周边地区环境气象学术交流与发展研讨会。

（五）气象科技创新和人才队伍建设

1. **气象科技创新成果丰硕。**大北方区域数值模式体系协同创新联盟成员增至15家。统筹优化创新平台建设，召开SURF和SMART国际研讨会。与14个国家的20多家研究机构开展科技合作，深化局校合作，依托项目拓展合作领域，全年36人次国际专家来访，50人次参加国际学术交流活动。国家自然科学基金项目和高水平学术论文数量均稳居省级气象部门首位。北京市自然基金项目数量保持增长态势，覆盖至9个业务单位和2个区局。发表SCI及核心期刊研究论文94篇，同比增长24.4%；专利授权、软件著作权、标准同比增长80%、120%、150%；完成科技成果登记35项。

2. **人才队伍建设成果显著。**持续加强高层次人才培养和引进，本科及以上学历人员比例达92.6%，硕士比例达38.1%，博士比例达19.9%。高级专业技术资格人员比例达38.0%，正研资格人员比例达6.6%。高层次人才培养成果显著，1人入选北京市青年学者，1人入选北京市优秀人才培养资助青年拔尖个人项目，3人入选市委组织部优秀人才资助青年骨干个人项目；3人入选中国气象局2019年度气象科技骨干海外培养项目。组织参公管理人员职务与职级并行改革。强化干部监督，严格执行“凡提四必”，处级领导班子配齐率提高10个百分点。

（六）深化改革和法治建设

1. **持续深化气象改革。**深化“放管服”改革，精简政务服务申报材料比例达75%。压缩办理时限比例达57%。推进网上办事，实现“零跑动”。

开展“互联网＋监管”事项认领和检查实施清单编制工作。强化防雷安全监管，创新防雷管理模式，出台30个配套文件巩固防雷减灾体制改革成果。行政审批新流程投入业务运行。开展研究型业务试点，推进科研与业务深度融合机制。加强北京城市气象研究院建设，构建符合国家科技体制改革趋势的科研管理体系。气象事业发展专项规划纳入北京市国民经济和社会发展规划体系。企业兼职、经商办企业等事项清理到位。

2. 气象依法行政能力有效提升。印发行政执法“三项制度”，全年执法检查3 013次，行政处罚案件70件。认真落实《北京市气象灾害防御条例》宣贯工作，经市政府同意，正式印发任务清单，明确了各区政府、各相关部门等47个责任单位的任务。首次以规范性文件的形式明确全市2 000家企事业单位的防雷安全主体责任。全面加强施放气球闭环管理。气象信息服务企事业单位备案实现“一通办、马上办”。开展“法律十进”等普法活动。年内5项标准获正式发布。高度重视做好应急、国家安全、安全生产等工作。保密工作获市级优秀。

（七）党建、党风廉政和作风建设

1. 强化政治意识，坚决贯彻习近平总书记重要指示精神。将学习贯彻习近平总书记就新中国气象事业70周年作出的重要指示精神作为首要政治任务抓紧抓好。2次召开党组理论学习中心组会议，深刻理解总书记重要指示精神的丰富内涵和精神实质。加强对贯彻落实工作的组织领导和系统部署，在全市气象部门迅速掀起学习宣传和贯彻落实总书记重要指示精神的热潮。形成报告，上报市委市政府。将总书记重要指示精神落实落细，谋划设计首都气象事业高质量发展。

2. 切实把党的建设摆在首位，抓好党建与业务融合。以政治建设为统领，全面加强党的建设，形成风清气正的政治生态和干事创业的工作氛围。深入学习贯彻习近平新时代中国特色社会主义思想，加强党的思想建设。制定党组中心组学习计划，出台相关办法，开展党组中心组学习56次，组织集体学习研讨7次。落实全面从严治党主体责任，签订责任书，推动全面从严治党主体责任层层传递不放松。

3. 扎实开展两批“不忘初心，牢记使命”主题教育。坚持四项重点措施贯穿始终，严督实导，层层压实主题教育责任。两批主题教育单位在局党组的带领下，协同开展整改落实，取得了显著的成效，形成了第一批主题教育狠抓整改不松劲，第二批主题教育盯紧问题不放松的良好局面。中央主题教育巡回督导组赴两区局检查并给予肯定，典型经验获市直机关工委的肯定。

4. 全面加强党的组织建设。扎实落实支部工作条例，规范基层党组织设置，督促指导各党支部按期换届。严肃认真开展组织生活，各支部以“三会一课”和主题党日活动为主要载体，将集体学习与个人自学相结合。强化党建考核评议，加强党务干部队伍建设，开展3次专题培训，推进党支部工作规范化、标准化建设走向深入。推进党建带群团组织建设，依托妇委会、共青团等，积极发挥群团组织联系纽带作用。

5. 坚持不懈正风肃纪。坚决杜绝“七个有之”，落实“三重一大”集体决策制度，落实中央八项规定精神不放松。做好巡视问题整改、巡察、督查、监督执纪和党风廉政宣传教育工作。完成6个基层单位巡察。开展重点项目、重大活动全过程监督审计。加强选人用人进人监督、审计监督和财务监管，完成各类审计38项，涉及资金3.79亿元。通过民主生活会、周工作情况通报会等及时沟通处理问题，全年开展工作谈话552人次，主体约谈78人次，提醒谈话37人次。无违规违纪和意识形态事件发生。

北京市气象局党政领导班子成员

党组书记、局长	张祖强
党组成员、副局长	曲晓波　郭　虎 梁　丰
党组成员、纪检监察组组长	王月宾
一级巡视员	刘燕辉　王迎春
二级巡视员	刘　强

（北京市气象局　张轶斐）

北京市农林科学院

2019 年，立足国家乡村振兴发展战略，围绕京津冀协同发展及北京市对口支援帮扶协作和区域合作等要求，北京市农林科学院以科技惠农行动计划为引领，以“低收入增收和科技帮扶工作”为主线，以“双百对接”为抓手，以成果转化为切入点，深入开展调研，深化与区县合作，搭建合作平台、汇聚项目资源、创新服务模式、强化成果转化，全院成果转化与科技示范推广工作有了新的发展。

一、立足需求，聚集资源推动科技惠农工作

为贯彻落实《中共北京市委市政府关于实施乡村振兴战略的措施》《北京市乡村振兴战略规划（2018—2022 年）》和《强化创新驱动科技支撑北京乡村振兴行动方案（2018—2020 年）》精神，结合市农林科学院“一巩固三提升”工作方案和《科技惠农行动计划工作方案（2016—2020 年）》，市农林科学院集中精力、明确重点、理清思路、协调联动，积极汇聚院内、院外各类资源，统筹协调上级、下级相关力量，在汇集市农业科技项目、院区院镇合作项目及院科技惠农项目基础上，统筹示范推广工作，更加有力有效助推乡村振兴工作。

2019 年，全年累计共组织实施各类示范推广项目 44 项，落实农业新型生产经营主体对接项目（双百对接）150 个，帮扶低收入村 50 个，累计在京郊 11 个区及京津冀等地区的 261 个基地（园区、专业村、企业或农民合作组织），推广各类新品种 500 多个，示范相关配套技术 357 项，展示各类物化新成果、新装备 236 项，建立各类核心示范区面积 4.7 万亩，辐射带动区域产业 43 万亩，组织开展各类技术培训、指导、观摩 9 870 次，培训基层骨干技术人员及农民 11 840 余人，实现示范区增收节支 1.47 亿元。

二、深化改革，积极推进科技产业和成果转化

（一）积极推进企业清理规范工作

根据市委、市政府关于规范事业单位所办企业要求，院所（中心）与企业合作方积极沟通，推进所办企业注销、退出等多种工作方式，进一步规范企业。目前，已注销企业共有 6 家，分别是鸿运日辉物业中心、北水华通有限公司、泉通有限责任公司、利得公司、京域威尔公司及种源牧业科技开发中心；已完成相关评估和清算手续企业共有 3 家，分别是农科时代规划设计研究院有限公司、安华农科有限公司、信得威特有限公司；正在进行评估的企业为金核桃园艺中心；未名生物农业集团有限公司因未实际出资，同时属参股企业，未名生物实际出资股东也曾通过法律手段，没有实现变更。

（二）加强院属国有及控股科技企业督促检查

2019 年，院通过企业财务审计、固定资产清查等方式对院属国有及控股科技分别将北京翎羽生物科技有限公司、北京京林创新园艺科技有限公司、北京农科院种业科技有限公司、北京智农天地网络技术有限公司、京研益农（北京）种业科技有限公司、北京京研益农科技发展中心、农芯科技（北京）有限公司及北京派得伟业科技发展有限公司等八家企业重点进行了资产清查和审计发现问题整改检查，通过检查，强化了国有资产管理意识，规范、完善了相关财务管理制度，同时，企业财务人员业务素质进一步提高。

（三）加强企业业务重组，充分利用相关资源

在重点做好企业清理规范工作和资产清查工作同时，按照院工作安排，对开展杂交小麦业务的邓州昌平公司和中种杂交小麦公司二家公司进行合并重组，目前，已与各方股东充分协商沟通，基本达成吸收合并框架意向，即分别对邓州昌平公司和中种杂交小麦公司进行评估，以中种杂交小麦公司整体资产出资邓州昌平公司，中种杂交小麦公司成为邓州昌平公司全资子公司，邓州昌平公司股东除原股东外，增加了中国种子集团公司。

（四）进一步完善院相关管理制度

结合院、所工作实际需要，对《北京市农林科学院技术开发、技术咨询、技术服务工作奖励管理办法》《北京市农林科学院科技成果转化奖励管理办法》及《北京市农林科学院国有及控股企业公务车辆使用管理规定》进行修改完善，在符合国家、北京市政策、法律同时，更利于新政策贯彻实施，进一步促进科技创新和成果转化。

三、精准对接，科技帮扶低收入村户增收

2019年，市农林科学院在前两年工作基础上，进一步将低收入增收科技帮扶工作推向深处。经党委会研究决定，为了进一步支持“双结双促”（基层党组织与低收入村结对子、在职党员干部与低收入农户结亲戚，促进强基固本、促进增收致富）工作，对18个基层支部继续给予每个村5万元支持，并于6月签署双结双促补充协议，推动双结双促工作有序进行，并把工作落实具体工作对接上，相关基层支部通过送技术、品种、开展培训、购买农产品等形式，推动对接村的发展。同时新增低收入双百对接项目20个，共有20位专家，对接20个低收入村的新型生产经营主体，使全院低收入“双百对接”工作总数达到90个，并按照双百对接工作要求，组织专家与所对接低收入村签订任务书和工作协议书，并按照签订的协议开展技术服务和技术指导。院3个驻村第一书记（门头沟区清水镇梁家庄村、门头沟区清水镇李家庄村、密云区冯家峪镇西白莲峪村）已全部到位，在接好上期第一书记接力棒的同时，熟悉村情、对接工作，有针对性地开展工作。同时，围绕大兴区长子营镇小黑垡村、青云店镇六村，门头沟区斋堂镇白虎头村等重点村开展了林下经济、生态景观、民宿旅游、特色产业等重点帮扶活动，积极打造低收入村科技帮扶的工作亮点。

截至2019年，市农林科学院在低收入增收科技精准帮扶方面新增投入各类科技资金1 100万元，设立各类低收入帮扶科技项目90项，组织全院90名专家与延庆、密云、房山、昌平等9个区、50个低收入村、90个新型生产经营主体、400户低收入户完成了精准对接，签订了对接服务协议，制定了科技服务台账，明确具体工作任务和目标，严格监督管理措施，做到“工作到人、台账到户、措施到点、监管到季”。全院18个基层支部与18个低收入村结对子，57个党员干部与57个低收入农户结亲戚，并建立了帮扶台账。组织各级科技人员累计奔赴低收入村开展各类科技帮扶指导、培训、技术服务近600次，培养低收入村各类骨干技术人才近100名。在郊区低收入村建立各类科技核心示范点面积4 000亩以上，示范推广蔬菜、林果、食用菌、花卉、杂粮、玉米等各类新品种、新技术、新成果300余项（个）。全面实现了市农林科学院对接的低收入村年均增收幅度高于同区域低收入村平均水平、对接的核心低收入户年均增收幅度高于同村其他低收入户平均水平的帮扶目标，为当地农业产业发展和低收入增收工作提供了有力支撑。

四、创新思路，积极推进新型职业农民培育

2019年新型职业农民培育工作以农技人员需求为导向，以区域农业产业发展为立足点，以生产技能和管理能力提升为主线，坚持培育的“前期调研全面化、组织实施规范化、培育对象精准化、课程设置分级化、效果评价及时化”原则，综合运用了专题讲座、实地观摩、网络课堂、考核竞赛等多种形式，有效提升了基层农技推广队伍和新型职业农民的业务能力和综合素质。据不完全统计，2019年共组织开展了门头沟、房山基层农技人员能力提升培训、延庆百名农业领军人物培育、大兴全科农技员应时应季培训、岗前测试、低收入村科技帮扶等多种类型的培训、科技下乡服务以及科普宣传等共30次，直接受益1 574人，解决重点农业技术问题1 000个。并且，在农业农村部第二批全国新型职业农民培育示范基地评选中，被成功评为示范基地。

（一）与延庆合作开展农业领军人物培育

为带动延庆区农业发展、加快推进农业农村现代化提供有力的人才支撑，满足世园会和冬奥会等赛会对农业人才和产业的需求，市农林科学院与延庆区农业农村局合作开展了农业领军人物培育工作，为期三年，重点对延庆区优先出来的100名农业领军人物分专业技能型人才班、经营管理型人才班和美丽乡村建设人才班三个班，通过研修培训、专家结对与基地服务、市场对接、外出考察、线上培训等多元化培育方式，进行分类分层培训，逐步、逐年提升领军人物的能力与素质。

（二）与门头沟区合作开展“蹲点”培养

针对门头沟区基层农技人员培训需求，首次提出实施骨干在编农技人员的“蹲点”培训，对5名骨干农技人员开展了蔬菜全生育期关键技术“蹲点”培训，通过把基层骨干在编农技人员请到院所、实验室和生产一线，近距离与专家接触，进修学习。在开展理论培训的基础上，让他们学习、观

摩和亲自体验蔬菜生产技术环节知识，培养技能。“蹲点”培训有效探索了区县培育本土化专家技术人才的新路子，从培养本地骨干在编农技人员入手，促进骨干在编农技人员提升理论水平和专业技能，抓住了人才建设这一农技推广体系建设的关键环节，从而全面带动全区基层农技推广体系的发展完善。

（三）进一步完善多渠道多样化咨询服务培训平台

充分发挥市农林科学院在开展农业科技培训方面的技术优势，积极整合现有的农民科技培训渠道资源，继续稳定维持12396热线、微信、QQ群、双向视频、在线客服、留言咨询、App、微博、博客等9大渠道的多渠道咨询服务平台。截至目前，各咨询服务渠道服务总人数达17 171人，较2018年增加29%。其中，微信公众平台粉丝为8 843人（服务号7 825人，订阅号为1 018人），咨询服务微信群485人；QQ群1 777人；北京农科热线App用户966人，较2018年增加9%；12396热线各栏目信息点击量3 181.67万人次，较2018年底增长了205.7万，增长6.92%；网上咨询栏目点击量为1 539.38万人次，较2018年底增长2.03%。合计网站总体点击量达到4 732.05万人次，新增点击量达到246.34万，增长了5.49%。

与此同时，进一步拓展农民科技咨询服务渠道，为广大农户提供更快捷、更方便的咨询服务。积极申请并创建了“京科惠农”头条号及“百度知道”账号，成为农业科技信息传播的新平台。目前，“京科惠农”头条号粉丝量为5 100人，2019年增加粉丝量3 410人，较2018年粉丝增加了2倍，推送农业技术图文信息215次，累计阅读量达864 655次。在今日头条“悟空问答”平台中，“农科惠农”受到官方邀请的问题不断增加，现累计解答重点农业技术问题102个，累计阅读量达10万，回复的问题多次被推荐至头条首页。在“百度知道”中，直接向北京市农林科学院提问的定向邀请问题增加。目前累计解答问题9 187个（含导入问题），日均问题浏览量在2 000次以上，累计浏览量达95.9万次。

五、强化对接，科技助推受援地区产业发展

2019年，市农林科学院在市扶贫支援办、市农业农村局及受援地区相关部门的支持下，积极参与对口支援和协作及科技帮扶工作，加强对受援地区的智力支撑和科技支撑，从支撑拉萨农牧业、助力和田现代农业、加快京冀京蒙科技帮扶等方面深化合作，探索形成了规划先行、科技导入、示范引领、智力支撑的农科院特色对口产业帮扶模式，并取得了突出的成绩。在推动当地产业发展同时，也取得了较好的成绩。2019年“北京市扶贫协作奖”，农业信息与经济研究所获得“组织工作奖”、援疆干部张锐同志获得“创新案例奖”。

（一）规划引领特色产业发展

2019年在已有工作基础上积极发挥咨询规划对援藏、京津冀协作和支援南水北调工程沿线地区建设的先导性作用，面向新疆和田等地区制定了《新疆兵团第三师五四团产业发展总体规划设计》《平洛桃产业园区发展总体规划设计》《洛浦县沙漠盐碱地种植大桃试验示范项目实施方案》，推进了北京市农林科学院果树、土壤等先进技术在新疆地区的应用，为当地特色产业发展奠定了良好基础。面向西藏实施了《拉萨市万亩设施产业发展总体规划设计》。面向南水北调丹江库区的河南省邓州市制定了《邓州市特色农业产业发展总体规划》《邓州市孟楼镇农业产业发展总体规划》《邓州市张楼乡农业产业发展总体规划》《邓州生态旅游小镇——杏山区韩营村规划设计方案》《神农架林区乡村振兴发展总体规划》，因地制宜，促进邓州地区乡村振兴和整体产业升级。面向河北省制订了《河北丰宁国家农业科技园区核心区详细规划》《河北赤城县农业产业发展总体规划》《河北阜平县鸽产业园建设可行性研究报告》《河北万全油鸡养殖项目可行性研究报告》和《北京宫廷油鸡产业示范园项目可行性研究报告》。通过规划深入挖掘受援地区资源优势，扶持当地特色产业发展，实现了对口支援与市农林科学院科技工作的精准对接，把首都农业先进的品种、技术、装备以及理念引入受援地区，为当地的社会稳定、脱贫攻坚、产业升级贡献力量。

（二）培训培养乡村振兴人才

2019年与北京市海淀区和朝阳区的人力资源和社会保障局、合作，面向新疆、河北、内蒙古、河南地区致富带头人，组织了8期专题培训班，培训学员485人次。同时，组织专家团队赴新疆和田地区、河北张家口、承德和保定地区、河南南阳市等开展技术培训和服务指导，培训35次，培训人

员超过 2 000 人。

针对受援地区需求，秉承“扶贫先扶智”的理念，培训班开设了国家扶贫形式政策解读与有效利用、“互联网＋”时代的农产品销售途径、农产品品牌打造与产游销融合发展、精准扶贫案例经验介绍和参观考察实训基地等课程。参训学员纷纷表示学到了真知识、真本领，增强了带领本地农户增收致富的信心。

（三）加快京冀科技帮扶工作

1. 平台建设。5 月 10 日，召开了北京市农林科学院承德分院成立暨京承农业科技合作对接会议。在承德嘉禾国际饭店举行了承德分院签约和授牌仪式。并围绕承德农业科技需求进行了玉米育种、李杏引进及配套技术、奶牛养殖调控、油鸡养殖、蔬菜和食用菌种植、特色中药材引进等方面座谈和交流。

2. 加强专家对接，开展精准服务。2019 年，组织林果、花卉 2 位专家与承德对口帮扶的新型经营主体的直接对接，实现了一对一精准服务。专家与基地签订 3 年服务协议，由责任专家组织服务团队开展精准服务。市农林科学院给予每个基地每年 5 万元经费支持，连续支持三年。当前有 12 位专家与 12 个基地实现了一对一精准对接。

3. 继续推进康保、沽源和张北建立 5 个专家工作站建设。以组团服务的方式服务当地特色产业。专家工作站依托当地企业（基地），由首席专家组织服务团队，与基地签订 3 年服务协议，市农林科学院给以工作站每年 10 万元支持，连续 3 年，依托企业（基地）按 1∶1 以上配套。专家工作站在试验示范、技术培训、指导服务、主题活动等方面发挥了重要作用，对推进康保县农业产业脱贫攻坚提供了技术支撑。特色畜牧养殖专家工作站指导乾信牧业有限公司引进北京油鸡，多次对企业的技术人员进行专业培训，经过 109 天的饲养，实验油鸡出栏 4 834 只，实验成活率 96.7%，饲养指标达到要求。

4. 北京油鸡推动当地特色产业发展。北京油鸡为北京地理标识产品，市农林科学院为北京油鸡保种单位，北京油鸡助力河北省蔚县脱贫攻坚。

5. 整合现代信息技术开展全产业链信息服务。继续面向河北张家口、承德、唐山，推进农业全产业链信息服务的广泛深入应用。①农产品市场数据分析辅助产业决策。继续依托院创新能力专项以及院青年基金项目，对河北省张家口、承德等地的蔬菜生产及时市场数据进行调研与采集。了解当地蔬菜主栽品种、产量及生产分布情况、上市周期、技术水平等，分析蔬菜生产规模及进京蔬菜供应量，掌握进京蔬菜的销售与需求情况。②深化农业信息技术研发应用合作。积极参与张家口及承德地区的科研项目：与张家口市农业局信息中心合作“基于数据分析的京张蔬菜全产业链信息服务平台建设及推广”“京张蔬菜产销市场监测预警及价格指数研究”和“肉鸡健康养殖信息化关键技术及智能装备研发”；与赤城县润农蔬菜合作社合作“绿色甜椒‘互联网＋’信息化提升项目”。通过参与以上项目实现了资源共享，推动了技术人才的深度合作。③物联网农情监测系统推广应用。继续在张家口、承德、唐山的生产基地推广应用物联网农情监测系统，建设双向视频站点、远程教育站点，为农户提供病虫害咨询诊断、农技远程培训等服务。采用物联网技术对温室大棚进行智能监测，并根据智能决策进行报警和自动调控，实现对浇水、施肥、病虫害防治等活动的及时、精细操作，形成数据采集、智能传输、远程控制、智能分析相结合的物联网综合服务体系，从而提高农业生产和管理的效率，节省人工成本，增加生产效益。

6. 加强技术支撑。①支撑张北华大坝上现代农业科技园建设，提供蔬菜品种、瓜类、观赏草品种等进行了展示示范，成为重要的示范内容。②引进宁夏枸杞在坝上开展适应性试验。市农林科学院从宁夏回族自治区中卫市引进的枸杞幼苗在张家口市康保县坝上开展了适应性试验。依托院“坝上生态林业研培中心专家工作站建设”对口支援项目，多次组织林业专家前往康保县进行生态调研和实地调查、进行技术指导和专家咨询，选定了适宜的试验基地和苗木栽植类型，引进并种植了三个品种的枸杞幼苗 2 700 余株，种植面积达 10 余亩。③丰宁奶牛基地开展技术指导。畜牧所动物繁殖研究团队赴“双百对接”基地丰宁信远牧业有限公司开展奶牛繁殖技术入场培训指导。通过现场培训和实际操作技术指导，获得了很好的技术指导效果，将有效助力奶牛场繁殖效率的改进。④草莓产业支撑。为了进一步推进“北京市农林科学院坝上特色农业专家工作站”的工作任务，市农林科学院专家对坝上康保县蔬菜产业、草莓产业进行技术帮扶。专家根据康保地区生态环境特点，一年四季都能生产草莓的产业发展优势，为当地成功引种红颜和白雪公主两个特色草莓品种，同时，根据康保地区夏季冷凉的气候特点，提出通过草莓种苗繁殖带动产业结构调整。

7. 电商服务。利用智农天地网络技术有限公司的“智农宝”电商平台完成了在张家口多个地区的产销对接工作，包括张北县草原系列产品，康保县粮油系列产品，蔚县小米系列产品，阳原县小杂粮系列产品，崇礼区生鲜蔬菜，怀来县鲜食葡萄，赤城县生鲜蔬菜，推动河北特色农产品进入市场。

（四）科技助力和田产业发展

1. 和田国家农业科技园先导区建设。5 月 24 日，市委副书记、市长陈吉宁同志一行到新疆和田地区慰问北京援疆干部并进行调研。8 月 3 日，国务院扶贫开发领导小组办公室主任带队到新疆和田进行调研。调研了市农林科学院参与建设的新疆和田国家农业科技园先导区，听取了关于“沙漠四翅滨藜生态脱贫产业示范项目”和“沙漠设施芦笋种植项目”的汇报。

2. 食用菌产业扶贫。6 月 25—27 日，植环所赴新疆和田县开展食用菌产业扶贫。调研组一行先后考察了亚依勒干村平菇生产基地、和田县绿源生物科技有限公司黑木耳生产基地、和田国家农业科技园先导区平菇生产大棚、托万罕艾日克村鸡腿菇生产设施，详细了解和田县食用菌产业发展情况，并与公司技术人员、种植户近距离交流，对生产技术问题做了详细耐心的指导。

（五）加强协作，助力科技推动南阳产业升级

邓州杂交小麦产业化基地基础设施工程基本完成。在院财政项目和北京市南水北调对口协作项目的支持下，产业化基地基础设施建设有序开展，目前 100 亩分子育种与种子加工区与 3 000 亩遗传育种研发区已初见成效，5 561 米^2 的种子加工检测中心已投入使用；10 594 米^2 的研发中心主体完工，正在进行装修工程，每年 1 500 万千克小麦杂交种生产与加工能力基本形成。制种产量和制种规模实现突破。本年度继续通过邓州市农村土地集约化经营的“三权分置”模式并结合自主流转方式，在邓州腰店镇、十林镇、孟楼镇、刘集镇、林扒镇、穰东镇和南阳市宛城区等以整建制方式建立多个千亩杂交小麦种子生产基地，开展杂交小麦规模化制种。试验研究全面升级。基地建设项目开展以来，极大提高小麦杂种优势利用研究效率，育种测试规模和效率提高 2～3 倍，2018—2019 年度，基地承担 1 250 项次科学实验，鉴定材料 15 000 份，生产各类试验用种近 50 万千克。示范推广继续深化。以邓州杂交小麦产业化基地为平台，建立起覆盖北部冬麦区、黄淮冬麦区、西北冬麦区等北方麦区杂交小麦联合测试网点 32 个及示范网点 200 余个，同时面向北方中低产区和环渤海盐碱地等特殊生态区推广应用杂交小麦，在播种量较常规小麦减少 50%的情况下，杂交小麦抗逆丰产优势充分发挥，产量水平较常规小麦增产达 30%以上，最高达 50%以上，打造了河北沧州、山东滨州等多个杂交小麦盐碱地“明星”示范区。

（六）深化合作，科技推动通辽产业升级

继续深化与内蒙古自治区通辽市合作，加快对农业产业的科技支撑。以京科 968 联合体为依托，根据产业结构调整的要求，积极推进粮饲兼用型玉米——京科 968 在通辽地区的推广。2019 年通辽地京科 968 种植面积超过 1 000 万亩，连续 4 年成为当地的主导品种。同时与通辽市科协合作，继续开展联合创建玉米新品种科技示范和推广园区建设工作，引进、示范、推广种植 MC4520、NK815、MC121 等玉米新品种 1 000 亩，并免费提供种子和技术培训与服务指导。

六、进村入户，深入一线助推乡村发展

按照市农业农村局“关于开展‘千名干部科技人员进千村入万户活动’活动的实施方案”的统一部署，市农林科学院进一步提高政治站位，把该项工作作为“不忘初心，牢记使命”主题教育活动的重要内容之一，作为深化“街乡吹哨、部门报到”向农村基层延伸的重要工作之一，统一规划部署，干部带头，科技人员积极参与，在参与活动干部科技人员的工作努力下，取得了初步的成效。全院共有 229 位干部科技人员对接 229 个村（其中 3 个第一书记挂职村），除没有联系人 9 个村外，全面完成了对接，开展了需求调研、技术培训、技术服务等工作，并将对接调研中存在的问题及时向相关部门及专家反馈，形成了良好的互动机制。

（一）高度重视，提高站位

4 月动员会后，吴宝新书记、李成贵院长亲自部署，并成立由副院长王之岭牵头的领导小组，由成果转化与推广处具体落实，组织部门配合工作的

实施。同时把该项工作作为农科院“一巩固三提升”工作方案中（京农林科党〔2019〕18号）的“京郊篇”任务之一进行落实，要求对接市“千名干部科技人员进千村入万户”活动，加大专家工作站建设，并继续深化“百名专家对接百个基地”工作机制，以专家带团队，市、区两级结合，签订服务协议，加强精准对接，直接到村庄农户、田间地头服务农民，提高服务时效性和精准性。

（二）出台方案，细化落实

出台了《北京市农林科学院关于开展“干部科技人员进千村入万户”活动的实施方案》，在实施内容、选派工作及支持保障等方面，细化工作，明确责任。

（三）干部带头，按需对接

首批选派人员包括院机关正处级干部、所中心处级干部，推广系列研究人员（推广研究员、推广副研究员、高级农艺师、高级畜牧师、高级兽医师等）、已开展对接村的科技人员。鼓励郊区急需的产业及技术科技人员积极报名。全院共有59位处级干部参加对接，领导干部要率先垂范，为该项工作实施提供了保障。同时干部率先对接，对于改变工作作风，克服主观主义，深入基层开展调研、了解需求起到了良好的推动作用。

（四）开展调研，精准施策

首批对接的干部科技人员均深入对接村开展调研，并在走访农户基础上察民情、问需求、发现问题，其中对于可以解决的技术问题，先行解决。

（五）多方聚力，提升效果

与延庆区农业农村局强化对接，把该项工作与区乡村振兴示范村工作建设及延庆区百名农业领军人物培育工作结合，发挥市农林科学院的智力优势和科技优势。本院承担了延庆区14个乡村振兴示范村规划编制，主要规划人员作为对接村的市乡村指导员。同时全区共对接了25个村的干部科技人员全部作为百名农业领军人物的导师和辅导专家，实现了市区两级农业资源的充分结合，也把进村入户工作做实做细，解决了原来对接不畅的问题，实实在在服务郊区三农，实现了“1+1>2”效果。

（六）信息平台，高效管理

在院科技服务综合管理平台上，增加进村入户栏目，包括对接村分布、工作日志和进村入户动态，实现了对进村入户工作的动态、可视化、数字化的管理，及时掌握和发布工作动态。

七、打造样板，深入开展科技小院工作

市农林科学院高度重视北京科技小院建设工作，组织专业部门去调研实施该项工作，从专家、基地、项目等方面深化对接，该项工作取得了初步成效。

（一）加强组织领导，统筹科技资源

李成贵院长亲自组织部署该项工作，把该项工作作为农技推广体系的拓展和延伸，同时，将科技小院工作与科技示范推广体系结合、与低收入科技帮扶工作结合、与市农业农村局“千名干部科技人员进千村入万户”相结合、与提升“京郊篇”工作相结合、与科技示范推广项目相结合，形成工作合力，从专家配置、基地建设、配套条件等方面整合力量，为科技小院建设提供了条件和保障。

（二）梳理建设基地，开展试点调研

对323个双百对接基地（含18个双结双促基地）、5个专家工作站和3个农业综合服务试验站进行了整体梳理，根据科技小院建设的需求，重点以低收入村为依托，优选合适建设地点。院组织专家到门头沟区斋堂镇白虎头村、清水镇梁家庄村、清水镇李家庄村，大兴区青云店镇六村，延庆区大庄科乡董家沟村、四海镇前山村，房山区蒲洼乡东村，密云区冯家峪镇西白莲峪村，昌平区流村镇北照台村等拟建备选村以及大兴长子营农业科技综合服务试验站、房山农业科技综合服务试验站、密云蜂业全产业链专家工作站、顺义绿多乐专家工作站、密云水源保护区农业环境保护专家工作站、密云海华云拓专家工作站等进行了调研。同时充分发挥驻村第一书记、双结双促党支部、双百对接基地等已有条件优势，按照科技小院建设要求与村要求积极对接，特别是围绕低收入村发展和低收入户增收，重点聚焦、重点扶持和重点建设。

（三）开展规划设计，打造小院样板

组织专家团队对农科院建设科技小院工作进行研讨，提出要突出农科院特色，围绕产业需求，进行团队组装，建立科技小院站长负责制的运行模式。同时探索科技小院持续发展机制，在保障基本运行服务的基础上，探索公益和市场相结合的运行机制，鼓励科技人员通过科技小院展示成果、转化成果，体现价值；组建科技小院规划运营团队，从整体设计（统一设计标识、内部设施统一布局）、

运营管理和后期服务等方面强化支撑和顶层设计。北京科技小院（Logo、字体）、色调、门牌标识、主要文字（让农业插上科技的翅膀）；内部设施方面包括住宿配套、厨房相关、办公条件、检测室、服务台、展示室等必要的设施和内容；制度方面包括专家介绍、小院介绍、开展工作、驻站制度、服务制度、固定资产管理等及每周专家驻站、每月开放日及乡村大讲堂等工作内容。

（四）科技小院建设初见成效

揭牌和授牌的科技小院已到 8 个，其中，大兴青云店六村科技小院，立足当地林下经济发展的科技需求，整合全所科技力量，建立由所支部书记任组长，相关专业业务骨干任组员的科技服务小组，同时积极邀请蔬菜中心、林果院、植保所、畜牧所、生物中心、信息所等专家，引入相关新品种与技术，形成多专业的团队优势，全面保障并促进了六村林下经济产业的健康发展。2019 年通过科技小院指导六村村委会积极开展林地土壤施肥指导，结合 300 亩地网格采样法测试结果，在充分利用废弃食用菌菌棒同时，制订不同地块有机肥与化肥配施方案，确保林下及种植作物的良好生长；将林下种植集中调整为红薯、花生、大葱等适宜销售的蔬菜品种，对种植全过程进行技术指导，保障产量与品质均达到最佳，本年度精品蔬菜种植面积达到 200 亩以上；开展林下油鸡养殖技术支撑服务，引入雏鸡苗 1 200 只，丰富了养殖品种；开展林下生态景观营造，引入适宜林下花卉品种 5 个，形成良好的林下景观，为美化生态环境，发展林地观光起到示范与引领作用。通过科技小院的引领和带动，林下经济在青云店六村迅速发展，种植示范面积由 50 亩扩大到 200 亩，北京油鸡养殖由 500 只增加到 1 000 只。2019 年合作社收入 185 万元，低收入农户收入较上年提高 45%以上，2019 年六村实现全面脱低。

学会、协会

序号	社团名称	依托单位（所、中心）	业务主管单位	会长（理事长）	秘书长	电话
1	中国园艺学会樱桃分会	北京市林业果树科学研究院	中国园艺学会	张开春	闫国华	010－82596007
2	中国园艺学会草莓分会	北京市林业果树科学研究院	中国园艺学会	张运涛	钟传飞	010－82598882
3	中国经济林协会文玩核桃分会	北京市林业果树科学研究院	中国经济林协会	秦树福	郝艳宾	010－82596063
4	中国经济林协会板栗分会	北京市林业果树科学研究院	中国经济林协会	王玉柱	兰彦平	010－82592521
5	北京果树学会	北京市林业果树科学研究院	北京市科学技术协会	王玉柱	张开春	010－82592521
6	北京作物学会	玉米研究中心	北京市科协	赵久然	王卫红	51503404
7	中国水产学会观赏鱼分会	水产所	中国水产学会	朱华	孙向军	010－67581482
8	北京水产学会	水产所	北京市科学技术协会	朱华	丁文	010－67586268
9	北京农业信息化学会	信息中心	北京市科学技术协会	赵春江	董大明	51503493
10	中国农业技术推广协会农业信息化委员会	信息中心	中国农业技术推广协会	—	—	51503493
11	中国农业机械化协会信息化分会	信息中心	中国农业机械化协会	—	—	51505355
12	中国人工智能学会智能农业专业委员会	信息中心	中国人工智能学会	—	—	51503250
13	中国畜牧业协会信息分会	信息中心	中国畜牧业协会	—	—	51503855
14	北京植物病理学会	植环所	北京市科学技术协会	李健强	燕继晔	010－51503695
15	北京昆虫学会	植环所	北京市科学技术协会	彩万志	郭晓军	010－51503431
16	北京农药学会	植环所	北京市科学技术协会	郑永权	杨新玲	010－51503438
17	北京食用菌协会	植环所	北京市科学技术协会	刘宇	王守现	010－51503432
18	北京土壤学会	营资所	北京市科协技术协会	黄元仿	刘宝存	51503583
19	北京畜牧兽医学会	畜牧所	北京市科学技术协会	沈建忠	刘彦	51503210
20	北京蔬菜学会	蔬菜中心	北京市科学技术协会	李武	刘伟	010－51503200
21	北京农产品质量安全学会	质标中心	北京市科协	王之岭	潘立刚	51503793

北京市农林科学院党政领导班子成员

党委书记 吴宝新（至 2019 年 8 月）
党委委员 唐桂均（至 2019 年 8 月）
赵春江（至 2019 年 8 月）

（2019 年 8 月 14 日设立中共北京市农林科学院党组）

党组书记 吴宝新（2019 年 8 月—）
党组成员 唐桂均（2019 年 8 月—）
刘建华（2019 年 8 月—）
院长 李成贵
副院长 唐桂均 刘建华 王之岭
刘春广（2018 年 11 月—2019 年 12 月副局级）
鲁俊豪（2019 年 1 月—副院级）
吴守荣（2019 年 8 月—副局级）

（北京市农林科学院 李 潇）

北京市农村经济研究中心

2019 年是决胜全面建成小康社会的关键时期，是打赢脱贫攻坚战和实施乡村振兴战略的历史交汇期。一年来，在市委农工委、市农业农村局的领导下，市农研中心领导班子带领全体干部职工，坚持以习近平新时代中国特色社会主义思想为指导，深入学习贯彻党的十九大和十九届二中、三中、四中全会精神和落实十二届市委七次、八次、九次、十次、十一次全会精神，立足机构改革后的新职能新定位，围绕首都“四个中心”功能建设，紧扣“大城市小农业”“大京郊小城区”的市情和乡村发展规律，以加快推进农研智库建设为主线，继续推动党建工作水平、业务服务能力、综合管理效能“三个全面提升”，各项工作稳步推进、成效显著，为推动具有首都特点的乡村振兴战略提供了重要智力支撑。

一、政治思想建设

中心始终将政治思想建设摆在首位。按照全市工作要求，召开了全面从严治党工作会，部署中心 2019 年度党建工作任务，从班子成员到支部书记全部签订《落实全面从严治党工作责任责任书》，常抓意识形态领域安全管理，持续推进党支部规范化建设。特别是，重点开展了“不忘初心，牢记使命”主题教育，认真学习习近平新时代中国特色社会主义思想，贯彻落实习近平总书记视察北京重要指示批示精神，全面把握“守初心、担使命、找差距、抓落实”总要求，压责任、严管理，将学习、调研、检视和整改紧密结合，总结好巩固好运用好主题教育成果，引导全体党员干部提高政治觉悟和政治素质，增强“四个意识”、坚定“四个自信”、做到“两个维护”。全年党组理论学习中心组集体学习 21 次，专题研讨 4 次；领导班子成员全部为分管处室讲党课 1 次，带动 15 个党支部（含离退休干部党支部）全年开展支部学习活动 150 余次。为党员干部举办周末大讲堂 10 次，分层组织各类党员教育培训 6 次。班子成员共赴 20 个村开展调研，发现问题 26 个，现场解决问题 17 个。征求基层干部群众意见，认真召开民主生活会。领导班子共征求基层干部群众意见建议 14 条、班子成员个人征求意见建议 32 条，班子成员互提意见 20 条。领导班子共梳理存在问题 16 项，班子成员共梳理问题 46 项。根据检视出的问题清单，召开党组会详细研究制定整改方案，同时抓好整改落实工作。

二、工作实绩

2019 年是中心适应机构改革、实施转型发展的一年。中心根据机构改革后市编办印发的中心职责机构编制事项的通知和要求，按照新职责推进建设农研智库，加强首都“三农”政策研究，顺利完成各项目标任务。

（一）组织开展调查研究，决策服务能力有所增强

一是围绕全市“三农”重大问题开展研究。全年完成调研课题 22 项，形成研究报告 50 余份，出版专著 5 部，发表论文 113 篇，获奖 8 项。其中，课题《推进具有首都特点的乡村振兴研究》政策建议得到市人大、市政协、市发改委等部门的广泛采纳。二是承担多项外部课题研究。开展了《北京市县域数字农业农村发展水平评价研究》《生态涵养区绿色发展监测指标体系研究》等，对于落实国家数字乡村发展战略、提升生态建设质量、促进绿色发展等进行开创性研究，有较强的针对性和指导性。三是为市级各部门提供决策服务40余人次。落实陈吉宁市长和卢彦副市长关于北京市农业发展问题的批示精神，起草了《关于我市农业发展水平不高问题的分析与对策》研究报告；全程参与全市设施农业政策研究专班工作，完成10余篇专题研究报告；主要参与市民政局撤村建居调研，为出台全市撤村建居指导意见提供决策服务。

（二）参与农村发展实践，基层服务方式不断创新

一是统筹推进农业农村信息化建设。继续推进智慧乡村建设，全市共有43个村的智慧乡村建设项目通过验收，40个村基本完成了建设任务，其中昌平区南口镇实现了28个行政村的全覆盖。通过连续6年持续推进智慧乡村的物联网应用服务平台、特色农产品生产园区应用系统等项目，智慧乡村项目从零散的点状分布向集中连片的片状分布转化，对提升乡村治理水平、服务村民生产生活的作用有了新的提升。二是加强产业监测大数据应用。首次采用大数据技术进行本市乡村休闲旅游产业的运行监测，完成《北京市休闲农业产业监测体系建设》，形成五一、十一及黄栌花节、红叶节休闲农业客流行为分析报告。三是加强项目策划与宣传促动，推动乡村产业升级。与北京电视台合作拍摄完成电视调查片《北京精品乡村民宿调查行动》，组织开展“北京国际设计周·2019北京艺术乡村主题展”“2019中国农民丰收节·金色北京大市集”等活动，传播发展理念，推动京郊休闲农业发展。

（三）深入开展学术交流，外部合作空间更加广阔

一是举办农研智库大讲堂8期，先后邀请多位专家学者等到中心讲课。二是举办重要学术交流活动。与台湾农训会、顺义、密云等区联合举办第22届京台科技论坛美丽乡村论坛等重要学术交流活动。三是与怀柔、平谷等区联合开展“‘足不出村’办政务”“挂甲峪村美丽乡村建设”等调查研究，其中与怀柔区委研究室共同完成的《“足不出村”办政务调研报告》刊登在《农民日报》上。四是搭建联合研究平台。与民盟北京市委共同搭建了“乡村振兴研究中心”。五是共同实施项目。参加农业农村部科教司的学农教育教材编辑，与天津、河北休闲农业协会联合发布了5条“京津冀休闲农业精品带”。主动为怀柔、延庆、平谷、大兴等区的村集体、农民合作社联系提供定制化金融服务。先后联合海淀、密云、房山等经管部门分别进行村级财务管理人员培训，累计培训800余人。

（四）强化网络信息安全工作，支撑保障功能持续提升

一是做好信息安全服务保障工作。圆满完成了“一带一路”国际合作高峰论坛、世园会、亚洲文明对话大会、6月重点时期、国庆70周年等11个重点保障期的网络信息安全保障任务，实现了重点时期没有发生网络信息安全重大事件的预期目标。二是稳步推进电子政务工作。做好市农业农村局（原市农委）和中心网站、OA在机构改革过渡期间的调整与运维工作。三是做好信息资源建设和应用服务。完成原市农委业务处室相关的数据目录和信息系统上链工作。利用涉农信息资源平台已有的信息资源，制作各种专业地图10余份。四是扎实推进信息服务工作。做好市农业农村局信息化支持服务；为市政府办公厅信息处、市委农工委、市农业农村局提供舆情预警分析，全年共监测北京“三农”舆情相关新闻3.2万条，发布舆情日报228期；完成“首都农经”“北京智慧乡村”微博和“乡慧”微信公众号内容更新。

（五）推进史志编撰工作，农业农村志工作成效显著

一是高效完成了《北京志·农业农村志》终审验收，使这部历时10年编纂的志书画上了圆满的句号。二是完成《北京农村经济》月刊2019年1～12期、《北京农村年鉴2018》《北京市农村经济发展报告》（蓝皮书）和2018年度“郊区党建”征文的编印或出版工作。

（六）做好机构运转工作，内部治理能力不断增强

一是抓好机构运行保障工作。全年召开中心党组会27次、主任办公会3次、专题工作会6次。认真配合完成党建和党风廉政建设工作考核检查、规划与自然资源专项巡视检查等工作。做好转隶部门档案的查漏补缺和梳理接收工作，完成中心主要基建档案资料的统一归集和重要文书档案的数字化工作。抓好平安建设工作。二是做好相关人事工作。做好机构改革相关后续工作，完成划转市委农工委31名同志的转隶工作。顺利推进公务员职务与职级并行工作，在非领导职务套转和科级干部晋升基础上，启动1～4级调研员晋升工作，目前晋升一级调研员6名，二级调研员14名，三级调研员3名。协助市委组织部做好二级巡视员套转和一级巡视员晋升工作。做好处级领导干部选拔任用工作，完成信息中心分析预测处处长职位选拔工作，顺利启动了中心6个副处长职位的集中选拔工作。做好干部监督工作，领导干部个人有关事项如实报告率100%。三是加强财政资金绩效管理。完成中心2018年预算项目支出绩效评价、2019年预算执行和2020年预算编制等财务工作。对15个项目绩效进行自评，并委托第三方中介机构选择重点项目评价。强化绩效评价结果应用，实行绩效评价结果与预算安排相挂钩的管理机制，开展内部控制评价，严格执行预（决）算信息公开，接受社会监督，切实确保财政资金的使用效益。2019年中心预算总体执行情况较好，全年财政拨款收入6 902.56万元，支出6 500.79万元，支出进度94.18%，达到了市财政的要求。

三、党风廉政建设

中心领导班子把党风廉政建设作为全面从严治党工作的重要内容，持续用力抓好党风廉政建设，始终做到警钟长鸣。一是压实全面从严治党主体责任。从班子成员到党支部书记全部签订个性化党风廉政建设责任书，党员干部签订《党风廉政建设个人承诺书》，落实党风廉政建设全程记实制度，层层传导压力，层层压实责任。二是落实全面从严治党责任。年初组织开展了2018年度全面从严治党责任制检查考核，对各党支部落实情况进行量化打分并注重结果运用；按要求开展“两个专项”治理。三是运用好监督执纪“四种形态”。经常性开展党员干部警示教育、纪律教育，抓早抓小，让咬耳扯袖、红脸出汗成为常态。2019年共收到信访件2件，都已处理完毕。四是强化党员干部守纪自觉性。传达全市警示教育会议精神，组织观看法治教育片，参观警示教育基地，开展重要时间节点“四风”问题提醒教育，不断强化党员干部遵守纪律的自觉性。

四、作风建设

中心领导班子持续推进工作作风建设，提升广大党员干部的群众观念和服务意识。一是加强对联系点村的共建帮扶。以“进千村入万户”“驻村驻户”“双结双促”活动为载体，积极做好与联系点村党支部结对共建。2019年春节期间，中心领导带队到16个联系点村走访慰问困难群众80户，发放慰问金4万元。二是全力支持第一书记工作。支持中心派驻怀柔区渤海镇四渡河村第一书记开展工作，全年共拨付约25万元经费用于该村的老年驿站改造、智慧乡村建设等。三是组织完成“双报到”工作任务。中心全体党员共参加活动366次，其中，主题党课73次，环境整治108次，政策咨询2次，教育培训16次，医疗服务1次，文艺体育10次，其他活动156次。

五、存在的问题和不足

在看见成绩的同时，中心也清醒地认识到，与服务市委市政府科学决策的根本要求相比、与推进首都乡村振兴解决“三农”问题的迫切需求相比，中心在实现更高水平上的智库建设还面临一些问题与挑战。主要是开展全局性、战略性“三农”政策研究的水平和能力还需进一步提升；调研经费的统筹使用力度还不够；统筹组织跨处室、单位的重大调研工作存在不足；调研工作的激励机制比较缺乏；调研成果的转化利用渠道不够畅通等。中心一定高度重视这些问题，切实采取有效措施加以解决。

六、2020年工作主要思路

2020年是全面建成小康社会和“十三五”规划收官之年。中心将紧扣全面建成小康社会目标任务，把握农业农村发展的新形势，在市委农工委、市农业农村局强有力的带领下，下好农口一盘棋，坚持疫情防控和业务工作两手抓，紧密围绕中共北京市委农村工作委员会、市农业农村局工作要求集中开展首都“三农”政策研究，不断提高提供决策服务能力。主要工作思路是：

一是明确“一个定位”。在委局领导下，打造全市“三农”研究智库，推动筹备北京市乡村振兴战略研究院相关事宜，立足于研究解决首都全局性“三农”问题，着眼于推出首都“三农”政策制度创新，为首都农村改革发展和乡村振兴提供重要的智力支撑。

二是加强“两个统筹”。围绕中心定位，加强调查研究的统筹力度。一是加强调查研究的对内统筹，进一步加强与中共北京市委农村工作委员会、市农业农村局相关处室的密切对接，建立相关工作机制，形成一体化工作格局，确保中心课题研究围绕中共北京市委农村工作委员会、市农业农村局需求来开展，真正发挥解决现实问题、推动重点难点工作的作用。进一步加强课题经费、人员、规划、成果转化的统筹管理和科学配置，确保中心集中力量，为中心智库建设提供各项保障。二是加强调查研究的对外统筹，继续加强与政府涉农部门、智库机构、院所高校、京郊各区的广泛联系与密切合作，集结北京市更多的“三农”专家资源，共同服务首都“三农”改革发展。

三是做好“三个服务”。一是为市委市政府决策做好咨询服务，二是为有关综合部门做好行业服务，三是为郊区基层和社会做好服务。

四是注重“四个打造”。打造各类研究合作、学术交流、成果展示平台；打造若干“三农”调研成果精品；打造一支队伍，创新人才队伍建设工作；打造一个环境，形成干事创业的良好氛围。

五是聚焦“五项重点工作”。一是围绕“十四五”时期北京实施乡村振兴战略规划问题，深度全程参与中共北京市委农村工作委员会、市农业农村局组织的“十四五”规划研究工作。二是结合 70 个试点村工作，开展发展壮大农村集体经济重点课题，总结经验、发现问题，提出切实可行的政策建议。三是围绕北京科技资源服务“三农”要求，开展信息化支撑北京休闲农业、乡村治理等研究。四是围绕农业资源本底调查，建立农业资源监测体系，开展乡村休闲旅游产业规划和活动促进工作。五是举办市农研中心成立 30 周年系列学术交流活动，更好推进中心智库建设，融入中共北京市委农村工作委员会、市农业农村局工作，落实好“下好一盘棋”的农口体系建设要求。

北京市农研中心领导班子成员

党组书记　张光连
党组成员　曹四发　吴志强　刘军萍　熊文武
主　　任　张光连
副 主 任　曹四发　吴志强　刘军萍
市城乡经济信息中心主任　刘军萍
二级巡视员　熊文武

（北京市农研中心　刘雯）

北京农业职业学院

（一）成功召开学院第三次党员代表大会

按照市委指示精神，经过一年多精心准备，学院于 2019 年 8 月 20—21 日召开了中国共产党北京农业职业学院第三次党代会。李云伏代表学院第二届党委做题为《以习近平新时代中国特色社会主义思想为指引 全面服务乡村振兴战略 为建设世界一流高等农业职业院校而努力奋斗》的工作报告。大会选举产生了中国共产党北京农业职业学院第三届委员会和中国共产党北京农业职业学院第三届纪律检查委员会。通过了《中国共产党北京农业职业学院第三次代表大会关于中国共产党北京农业职业学院第二届委员会工作报告的决议》和《中国共产党北京农业职业学院第三次代表大会关于中国共产党北京农业职业学院第二届纪律检查委员会工作报告的决议》。这次大会，是在学院深入学习贯彻党的十九大和北京市第十二次党代会精神，奋力建设特高校和双高校的关键时期召开的一次重要会议，大会高举习近平新时代中国特色社会主义思想伟大旗帜，全面贯彻党的十九大精神，全面总结回顾了学院过去 6 年的工作，确定了今后 5 年工作的指导思想、奋斗目标和工作任务，为学院今后持续健康发展奠定了坚实的基础。

（二）深入开展市委对农职院的巡视工作

将市委对农职院巡视工作作为 2019 年最大的政治、最主要的任务、最重要的责任，切实强化政治意识、大局意识，认真配合巡视组要求的线索梳理、专项汇报、巡视谈话、材料调阅等各项工作，认真抓好问题整改，保证了巡视工作有效开展。

（三）持续深化改革创新

一是以学院第三次党员代表大会为契机，确定了特色骨干专业群建设总体思路。未来五年，打造1～2个国家级特色高水平专业群，重点建设园艺技术（都市园艺）和绿色食品生产与检验2个专业群；建设4～6个市级特色骨干专业群，重点建设动物医学、水利工程、智慧农业、经济管理、现代服务等专业群。正在以特高校和双高校建设为抓手，积极推进实施。

二是深化招生改革。落实党中央国务院职业教育扩招100万的指示精神，按照北京市高职扩招相关政策，科学谋划、精准施策、深化改革、积极跟进，创新形成七种招生模式，包括自主招生、统考统招、3＋2转段、农村户籍考生“专项培养计划”、七年贯通、新型职业农民培养、村务管理专业项目，确保了招生工作取得喜人成绩。

三是进一步深化了后勤改革。适应“一院四区”大后勤和“小机关，多中心”机构设置模式新要求，深化了管理模式改革，持续推进“以条为主，条块结合”的管理模式，实现了党政工作四校区一体化。全面落实第三次党员代表大会提出的改革目标，确定了以“一项宗旨、两个抓手、三个定位、四个标准、五个后勤建设”的发展理念和“保安全、保运行、强服务”的工作思路。

四是深化了财务和国资管理改革。以加强全面预算管理和实施政府会计制度为重点，深化全面二级预算管理制度改革，首次执行政府会计制度的平行记账，完成2018年度决算和决算公开、2019年度预算公开和预算调整，以及2019年度预算执行审计、评议资金审计、学生资助经费审计相关工作。完成新版资产管理信息系统建设，将学院中专部、成教部、清河分院、北苑分院四个资产账户和资产库合并。新系统以学院组织机构框架为基础，实现了“学院—二级单位—个人”三级管理权限，完成二级资产管理框架构建。重新购置资产管理信息系统，实现学院资产管理信息系统与市财政资产管理信息系统的无缝对接。

（四）师生幸福指数进一步提升

市级职工心灵驿站挂牌，在四校区建设了教职工暖心驿站，组织开展了北戴河暑期疗养和丰富多彩的文体活动。强化了职称改革，凸显了岗位业绩贡献，职称评审通过率和晋升质量明显提升。建设了教师发展中心，农职特色师德培育模式初步形成。在编在岗教职工绩效工资增长、离退休职工补贴增长及时发放到位，养老保险改革后的退休人员按新办法领取了养老金。离退休管理与服务质量进一步提升，离退休职工幸福指数显著提升。

（五）教学改革进一步深化

积极推进了特色高水平职业院校建设工作，成功举办中国都市农业职业教育集团乡村振兴与职业教育改革论坛暨二届一次理事会，牵头成立北京高校“引智帮扶”联盟，顺利通过教育部现代学徒制第二批试点单位验收，学院获批北京市特色高水平职业院校建设单位，都市园艺专业群、动物医学专业群获批第一批北京市特色高水平骨干专业（群）建设单位，首农西郊农场园艺工程师学院获批第一批北京市职业院校实训基地（工程师学院、技术技能大师工作室）建设单位。在中国特色高水平高职学校和专业群建设计划（简称“双高计划”）中，农职院入选高水平专业群建设单位（A档）。《2019中国高职高专学校评价》公布，市农职院综合实力在全国1 200所高职高专学校中排名第54名。

（六）招生工作取得突破

在生源形势异常严峻的情况下，加强顶层设计、加大政策激励、加强工作指导、简化工作流程，创新形成7种招生模式，提前谋划，精准布局，取得良好效果。2019年计划招生1 420人，实际招录2 501人。就业工作扎实推进，广辟渠道，搭建平台，努力提升就业单位质量。2019年学院共有高职毕业生1 285人，全年共提供就业岗位8 500余个，就业率96.42%。

（七）学生管理亮点凸显

以创建文明和谐宿舍为突破口，围绕立德树人根本任务，通过管理育人、文化育人、服务育人、环境育人、劳动育人、资助育人、安全育人等形式，培养学生一日行为习惯，学生综合素质较以前有显著提升。以“筑梦·追梦·圆梦”为主题，举办了第十一届大学生心理健康节，加强了学生心理健康教育。成立学生自我管理委员会，做好“我最喜爱的老师”、校园之星评选和学生评优工作，按时准确足额发放学生奖助补奖金，做好毕业典礼、新生军训、师生运动会、班级心理委员素质拓展、征兵等重大活动，学院荣获北京市征兵工作先进单位。

（八）培训服务品牌更加擦亮

一是以市委农工委党校为平台，成功举办边疆民族地区农村人才培训、全市村党组织书记能力素质提升班、乡村振兴战略和美丽乡村建设专题培训班、高级农村实用人才创业创新培训班等。二是以农广校为平台，开展高素质人才培训和驻村帮扶，加强了京津冀服务交流。三是高等教育自学考试工作再获质量评审一等奖。四是与国家体育总局和山西省代县签订《扶贫合作框架协议》，在干部培训、技术推广、品牌策划等方面助力脱贫攻坚。

（九）科研服务扎实推进

一是制定印发学院《科研项目管理办法》和《教科研奖励办法》，管理水平进一步提升。二是立项院级科研项目 75 项、院外项目 26 项，首次获准立项北京市教育科学“十三五”规划 2019 年度青年专项课题 1 项。三是发表论文 474 篇、出版著作 53 部、获得授权专利 20 个、软件著作权 11 个、授权新品种 1 个、获奖 2 项。荣获 2 项北京市农业技术推广奖。四是继续开展教师挂职服务，首批 10 个北京市科技小院挂牌，对接帮扶低收入村 16 个，引入项目资金 220 万元，积极推动南繁基地建设规划落实。

（十）学农教育更加规范

通过加强教学工作管理，提升教学质量；规范学生管理工作，加强与试验校沟通联络；加强学农项目资金的管理，提高学农基地服务质量；加强制度建设，做好安全工作；借助新媒体，建立多元宣传路径；申请高水平课题，加强教育教学研究等，教育管理更加规范。全年完成 19 批次 53 个校区（西城 35 个、海淀 1 个、朝阳 2 个、丰台 14 个），346 个学农班级，总计 12 712 名师生的学农教学任务。

（十一）国际教育获得突破

中泰农业职业学院、中泰农业实用技术研发中心签约揭牌，中泰合作办学项目顺利开展，教师和专业技术人员赴毛里求斯、俄罗斯等国开展专业讲学和农业技术培训。长短期留学生数量创历年新高。派出学生团组 5 个 42 人次，分别赴俄罗斯等国进行现代都市农业专业学习交流、贯通项目学生都市农业专业体验、农业专业实践学习、合作院校专业、文化交流和交换学习。

北京农业职业学院领导班子成员

党委书记　李云伏
院　　长　王福海（4 月免）范双喜（4 月任）
副 书 记　冯学会
纪委书记　牟少华
副 院 长　李俊英　程文华

（北京农业职业学院　孙田田）

统 计 资 料

农村基本情况

2019 年

指标名称	北京市	朝阳区	丰台区	海淀区	门头沟区	房山区	通州区
1. 村委会个数（个）	3 891	144	57	67	178	459	470
2. 乡村户数（户）	2 116 647	204 332	107 448	145 470	33 081	223 090	292 653
3. 乡村人口（人）	5 556 814	475 232	255 018	364 957	67 695	617 138	769 369
4. 乡村从业人员（人）	3 336 910	332 879	150 743	227 627	36 383	315 713	388 751
指标名称	**顺义区**	**昌平区**	**大兴区**	**怀柔区**	**平谷区**	**密云区**	**延庆区**
1. 村委会个数（个）	426	301	527	284	272	330	376
2. 乡村户数（户）	245 952	302 101	154 846	91 883	114 792	118 772	82 227
3. 乡村人口（人）	699 730	766 673	485 822	224 362	339 550	287 178	204 090
4. 乡村从业人员（人）	409 749	517 472	302 265	137 361	202 176	196 262	119 529

农林牧渔业总产值（现价）

单位：万元

各 区	农林牧渔业总产值			农 业			林 业		
	2019 年	2018 年	2019 年比 2018 年增长（%）	2019 年	2018 年	2019 年比 2018 年增长（%）	2019 年	2018 年	2019 年比 2018 年增长（%）
北京市	2 817 044.6	2 967 694.8	−5.1	1 023 274.8	1 147 488.9	−10.8	1 156 294.1	951 268.5	21.6
朝阳区	74 631.6	49 940.5	49.4	2 153.8	2 420.1	−11.0	69 146.2	43 255.8	59.9
丰台区	20 076.3	22 108.3	−9.2	4 759.3	5 780.2	−17.7	14 922.5	14 218.6	5.0
海淀区	42 726.9	43 013.9	−0.7	15 424.0	12 817.2	20.3	18 980.5	20 278.1	−6.4
门头沟区	68 081.0	75 922.9	−10.3	4 797.1	3 536.4	35.6	61 151.1	70 184.4	−12.9
房山区	332 759.5	338 213.5	−1.6	102 612.1	134 847.0	−23.9	182 653.8	113 252.2	61.3
通州区	302 602.8	396 245.7	−23.6	99 721.2	140 813.0	−29.2	138 532.1	135 399.9	2.3
顺义区	433 735.0	463 118.5	−6.3	158 517.3	168 742.5	−6.1	127 171.4	99 108.4	28.3
昌平区	231 557.5	188 694.6	22.7	75 738.3	77 827.0	−2.7	91 392.8	58 078.7	57.4
大兴区	277 386.2	316 975.9	−12.5	162 292.0	181 140.7	−10.4	94 224.6	90 780.6	3.8
怀柔区	145 068.8	149 446.9	−2.9	36 142.4	37 460.2	−3.5	96 072.5	87 067.2	10.3
平谷区	358 254.5	394 989.9	−9.3	170 973.8	188 242.9	−9.2	56 228.0	58 606.9	−4.1
密云区	331 624.8	326 957.2	1.4	142 369.3	143 642.7	−0.9	118 657.1	90 999.0	30.4
延庆区	188 684.3	199 644.8	−5.5	47 774.2	50 219.0	−4.9	87 161.5	70 038.7	24.4

（续）

各　区	牧　业			渔　业			农林牧渔专业及辅助性活动		
	2019年	2018年	2019年比2018年增长（%）	2019年	2018年	2019年比2018年增长（%）	2019年	2018年	2019年比2018年增长（%）
北京市	493 203.2	719 739.0	−31.5	52 821.3	61 497.2	−14.1	91 451.2	87 701.2	4.3
朝阳区	246.7	132.1	86.8	260.3	1 128.2	−76.9	2 824.6	3 004.3	−6.0
丰台区	315.6	694.4	−54.6	0.0	0.0	—	78.9	1 415.1	−94.4
海淀区	933.7	3 014.1	−69.0	488.7	4.5	10 760.0	6 900.0	6 900.0	0.0
门头沟区	484.5	1 324.6	−63.4	0.0	0.0	—	1 648.3	877.5	87.8
房山区	40 396.1	71 606.4	−43.6	2 637.9	5 122.9	−48.5	4 459.6	13 385.0	−66.7
通州区	49 683.3	93 059.5	−46.6	12 729.8	17 082.1	−25.5	1 936.4	9 891.2	−80.4
顺义区	130 002.4	168 927.9	−23.0	5 759.1	8 427.9	−31.7	12 284.8	17 911.8	−31.4
昌平区	46 979.2	43 822.2	7.2	1 237.0	1 455.6	−15.0	16 210.2	7 511.1	115.8
大兴区	16 629.9	36 138.0	−54.0	0.0	50.3	—	4 239.7	8 866.3	−52.2
怀柔区	7 426.0	18 969.9	−60.9	2 915.8	5 074.7	−42.5	2 512.1	874.9	187.1
平谷区	95 376.3	133 402.2	−28.5	10 812.8	11 884.3	−9.0	24 863.6	2 853.6	771.3
密云区	58 725.3	75 665.3	−22.4	5 720.9	7 982.2	−28.3	6 152.2	8 668.0	−29.0
延庆区	46 004.2	72 982.4	−37.0	403.6	862.3	−53.2	7 340.8	5 542.4	32.4

注：全市数据含远洋渔业数据。

主要农产品产量

单位：吨

各　区	粮　食			蔬菜（含食用菌）			干鲜果品（不含瓜果类）		
	2019年	2018年	2019年比2018年增长（%）	2019年	2018年	2019年比2018年增长（%）	2019年	2018年	2019年比2018年增长（%）
全　市	287 609.2	341 437.4	−15.8	1 114 533.6	1 305 512.0	−14.6	488 802.0	498 910.1	−2.0
朝阳区	13.0	0.0	—	1 577.8	2 299.0	−31.4	76.2	105.4	−27.7
丰台区	132.2	230.0	−42.5	1 631.0	1 509.0	8.1	626.0	716.9	−12.7
海淀区	2 101.4	2 474.8	−15.1	14 962.8	14 707.0	1.7	3 252.6	2 738.1	18.8
门头沟区	705.0	791.3	−10.9	840.3	818.0	2.7	2 683.0	1435.6	86.9
房山区	32 304.3	39 180.7	−17.6	133 678.9	145 917.0	−8.4	30 827.9	30 958.1	−0.4
通州区	16 229.2	21 433.3	−24.3	166 411.0	251 121.0	−33.7	23 883.6	30 997.2	−22.9
顺义区	48 639.7	54 054.3	−10.0	216 457.3	235 965.0	−8.3	34 970.0	34 298.5	2.0
昌平区	3 060.5	3 887.4	−21.3	27 693.8	31 598.0	−12.4	26 295.7	25 562.0	2.9
大兴区	21 435.3	30 968.1	−30.8	290 892.5	343 982.0	−15.4	46 992.2	52 722.8	−10.9
怀柔区	15 543.3	19 076.0	−18.5	17 528.1	17 442.0	0.5	19 058.5	20 190.2	−5.6
平谷区	23 643.9	27 537.9	−14.1	42 505.6	55 079.0	−22.8	237 338.8	237 029.2	0.1
密云区	46 940.3	50 254.4	−6.6	133 942.5	146 661.0	−8.7	50 851.9	51 325.7	−0.9
延庆区	58 564.0	72 251.0	−18.9	66 412.0	58 415.0	13.7	11 945.6	10 830.4	10.3

（续）

各　区	肉　类			＃猪牛羊肉		
	2019 年	2018 年	2019 年比 2018 年增长（%）	2019 年	2018 年	2019 年比 2018 年增长（%）
全　市	51 425.1	174 654.0	−70.6	34 172.2	150 740.0	−77.3
朝阳区	0.7	0.3	127.6	0.7	0.3	127.6
丰台区	22.8	82.0	−72.2	0.0	82.0	—
海淀区	173.9	555.9	−68.7	169.2	526.9	−67.9
门头沟区	23.9	475.0	−41.7	2.4	343.0	−99.3
房山区	3 803.8	21 778.2	−82.5	1 338.4	18 670.4	−92.8
通州区	6 852.0	23 369.4	−70.7	2 800.2	19 208.9	−85.4
顺义区	18 087.4	51 280.2	−64.7	15 434.4	48 251.0	−68.0
昌平区	1 914.8	6 160.8	−68.9	1 611.4	5 442.7	−70.4
大兴区	898.4	9 037.6	−90.1	472.8	7 515.0	−93.7
怀柔区	1 075.6	4 041.7	−73.4	1 004.6	3 363.2	−70.1
平谷区	7 967.8	34 357.5	−76.8	4 521.5	29 793.5	−84.8
密云区	5 642.0	11 285.9	−50.0	4 089.1	8 300.9	−50.7
延庆区	4 962.0	12 229.6	−59.4	2 727.6	9 242.1	−70.5

各　区	牛　奶			鲜　蛋		
	2019 年	2018 年	2019 年比 2018 年增长（%）	2019 年	2018 年	2019 年比 2018 年增长（%）
全　市	264 134.8	310 551.1	−14.9	96 212.7	112 471.3	−14.5
朝阳区	353.4	217.5	62.5	0.0	0.0	—
丰台区	0.0	21.0	—	271.0	343.0	−21.0
海淀区	761.6	1 109.4	−31.4	0.0	40.3	—
门头沟区	20.0	20.7	−3.4	56.1	73.1	−23.3
房山区	31 266.4	34 239.6	−8.7	4 839.2	6 088.1	−20.5
通州区	57 207.1	78 082.6	−26.7	537.4	2 900.9	−81.5
顺义区	38 259.7	35 102.7	9.0	2 741.1	3 122.2	−12.2
昌平区	24 689.9	24 714.8	−0.1	1 343.1	2 158.1	−37.8
大兴区	25 924.3	32 206.5	−19.5	3 011.6	1 659.4	81.5
怀柔区	0.0	219.0	—	298.3	534.5	−44.2
平谷区	914.0	896.2	2.0	61 636.2	57 739.2	6.7
密云区	52 135.2	64 020.2	−18.6	9 352.6	9 962.6	−6.1
延庆区	32 603.3	39 701.0	−17.9	12 126.0	27 849.9	−56.5

注：全市粮食产量为抽样调查推算数据，故与各区合计数不等。

农作物播种面积

单位：公顷

各　区	农作物播种面积			＃粮食作物			＃蔬菜及食用菌		
	2019 年	2018 年	2019 年比2018 年增长（%）	2019 年	2018 年	2019 年比2018 年增长（%）	2019 年	2018 年	2019 年比2018 年增长（%）
全　市	92 195.6	106 266.3	−13.2	46 515.3	55 638.9	−16.4	31 175.7	36 010.2	−13.4
朝阳区	133.0	144.5	−8.0	3.7	0.0	—	85.0	108.1	−21.3
丰台区	138.3	171.7	−19.5	30.9	46.7	−33.8	102.5	119.1	−13.9
海淀区	1 047.7	1 114.6	−6.0	415.6	472.6	−12.1	531.5	573.9	−7.4
门头沟区	1 354.9	1 433.5	−5.5	427.2	494.9	−13.7	171.3	64.8	164.4
房山区	11 404.0	13 457.6	−15.3	6 059.9	7 680.5	−21.1	4 195.1	4 388.9	−4.4
通州区	7 553.7	10 195.5	−25.9	2 588.6	3 463.3	−25.3	4 408.9	6 171.2	−28.6
顺义区	16 924.4	18 502.8	−8.5	8 228.7	9 320.1	−11.7	4 539.2	5 058.3	−10.3
昌平区	2 264.1	2 691.4	−15.9	693.9	916.4	−24.3	699.3	838.9	−16.6
大兴区	15 480.6	19 011.9	−18.6	3 530.1	5 016.6	−29.6	9 641.0	11 488.7	−16.1
怀柔区	4 776.6	5 467.1	−12.6	2 766.4	3 611.7	−23.4	645.8	652.2	−1.0
平谷区	5 880.4	6 990.0	−15.9	4 108.9	4 993.6	−17.7	1 238.9	1 557.7	−20.5
密云区	12 510.8	13 797.6	−9.3	8 658.2	9 515.8	−9.0	2 996.3	3 253.4	−7.9
延庆区	12 727.2	13 288.2	−4.2	9 003.1	10 106.7	−10.9	1 920.7	1 735.1	10.7

设 施 农 业 情 况

2019 年

指标名称	占地面积（亩）			销售收入（万元）		
	本年实际	上年同期	增幅（%）	本年实际	上年同期	增幅（%）
合计	193 505.2	208 197.2	−7.1	471 035.8	510 953.3	−7.8
一、温室	101 207.8	112 527.7	−10.1	317 321.5	339 396.7	−6.5
1. 蔬菜	—	—	—	168 402.8	197 351.1	−14.7
2. 食用菌（干鲜混合）	—	—	—	36 828.5	50 333.6	−26.8
3. 花卉苗木	—	—	—	35 143.2	28 381.9	23.8
其中：鲜切花	—	—	—	23 24.0	3 950.2	−41.2
盆栽花	—	—	—	32 365.1	23 751.2	36.3
4. 瓜果类	—	—	—	61 223.5	53 100.1	15.3
其中：草莓	—	—	—	58 368.1	50 582.1	15.4
5. 水果	—	—	—	8 400.5	9 031.4	−7.0
6. 其他	—	—	—	7 323.0	1 198.7	510.9
其中：盆栽观叶植物	—	—	—	1 430.9	1 192.9	19.9

（续）

指标名称	占地面积（亩）			销售收入（万元）		
	本年实际	上年同期	增幅（%）	本年实际	上年同期	增幅（%）
二、大棚	82 832.9	83 825.3	—1.2	141 896.0	155 585.7	—8.8
1. 蔬菜	—	—	—	86 044.5	106 053.8	—18.9
2. 食用菌（干鲜混合）	—	—	—	1 120.7	1 511.4	—25.9
3. 花卉苗木	—	—	—	8 050.8	8 947.7	—10.0
其中：鲜切花	—	—	—	1 471.5	1 518.0	—3.1
盆栽花	—	—	—	6 577.3	7 387.2	—11.0
4. 瓜果类	—	—	—	40 561.6	36 049.5	12.5
其中：草莓	—	—	—	3 233.7	3 792.3	—14.7
5. 水果	—	—	—	3 901.1	3 011.2	29.6
6. 其他	—	—	—	2 217.3	12.0	18 377.5
其中：盆栽观叶植物	—	—	—	209.0	12.0	1 641.7
三、中小棚	9 464.5	11 844.2	—20.1	11 818.3	15 971.0	—26.0
1. 蔬菜	—	—	—	7 704.3	197 351.1	—96.1
2. 食用菌（干鲜混合）	—	—	—	387.9	391.4	—0.9
3. 花卉苗木	—	—	—	1 178.7	639.3	84.4
其中：鲜切花	—	—	—	32.8	104.1	—68.5
盆栽花	—	—	—	1 145.9	535.2	114.1
4. 瓜果类	—	—	—	2 534.4	3 427.6	—26.1
其中：草莓	—	—	—	35.1	14.4	143.8
5. 水果	—	—	—	13.0	27.2	—52.2
6. 其他	—	—	—	0.0	6.0	—
其中：盆栽观叶植物	—	—	—	0.0	0.0	—
设施个数（含温室、大棚、中小棚）（个）	165 418.0	181 459.0	—8.8	—	—	—

生 猪 生 产

2019年

单位：头

各 区	存栏			出栏		
	本年	上年	幅度（%）	本年	上年	幅度（%）
北京市	131 926	454 345	—71.0	283 648	1 694 411	—83.3
朝阳区	—	—	—	—	—	—
丰台区	—	—	—	0	620	—100.0
海淀区	845	1 152	—26.6	1 971	4 430	—55.5
门头沟区	—	—	—	—	4 345	—100.0
房山区	645	43 664	—98.5	584	224 828	—99.7
通州区	—	—	—	—	196 976	—100.0
顺义区	82 576	253 669	—67.4	153 036	541 174	—71.7
昌平区	9 355	17 737	—47.3	15 092	64 520	—76.6
大兴区	—	—	—	—	78 090	—100.0
怀柔区	2 195	13 971	—84.3	10 124	34 737	—70.9
平谷区	1 182	75 228	—98.4	47 593	353 615	—86.5
密云区	27 219	31 288	—13.0	33 459	86 760	—61.4
延庆区	7 909	17 636	—55.2	21 789	104 316	—79.1

牛的生产

2019年

单位：头

各区	存栏			出栏		
	本年	上年	幅度（%）	本年	上年	幅度（%）
北京市	81 141	105 735	−23.3	41 799	53 006	−21.1
朝阳区	216	187	15.5	—	—	—
丰台区	—	—	—	0	12	−100.0
海淀区	171	182	6.0	0	1 089	−100.0
门头沟区	7	7	0.0	—	—	—
房山区	9 419	9 999	−5.8	5 608	4 898	14.5
通州区	9 177	22 874	−59.9	9 828	10 833	−9.3
顺义区	24 138	26 508	−8.9	11 460	15 003	−23.6
昌平区	5 269	5 115	3.0	1 161	1 844	−37.0
大兴区	5 179	7 180	−27.9	1 874	4 626	−59.5
怀柔区	856	1 329	−35.6	659	3 083	−78.6
平谷区	1 856	1 954	−5.0	1 793	2 431	−26.2
密云区	12 352	15 717	−21.4	6 116	5 675	7.8
延庆区	12 501	14 683	−14.9	3 300	3 512	−6.0

羊的生产

2019年

单位：只

各区	存栏			出栏		
	本年	上年	幅度（%）	本年	上年	幅度（%）
北京市	168 707	242 361	−30.4	226 236	356 394	−36.5
朝阳区	205	203	1.0	50	25	100.0
丰台区	0	812	−100.0	0	1 706	−100.0
海淀区	—	—	—	0	2 209	−100.0
门头沟区	535	535	0.0	145	933	−84.5
房山区	22 631	23 799	−4.9	14 673	26 200	−44.0
通州区	2 219	41 761	−94.7	57 490	55 903	2.8
顺义区	54 962	60 976	−9.9	49 504	71 508	−30.8
昌平区	12 671	15 892	−20.3	11 673	17 106	−31.8
大兴区	2 173	10 365	−79.0	10 883	33 439	−67.5
怀柔区	1 133	5 620	−79.8	5 556	16 822	−67.0
平谷区	21 060	24 451	−13.9	28 497	55 700	−48.8
密云区	24 047	25 511	−5.7	22 105	40 649	−45.6
延庆区	27 071	32 436	−16.5	25 660	34 194	−25.0

家禽生产

2019年 单位：万只

各区	存栏			出栏		
	本年	上年	幅度（%）	本年	上年	幅度（%）
北京市	974.77	990.74	—1.6	1 113.06	1 615.62	—31.1
朝阳区	—	—	—	—	—	—
丰台区	0.00	2.40	—100.0	2.40	0.00	—100.0
海淀区	0.03	0.07	—57.1	0.17	2.02	—91.6
门头沟区	1.59	2.51	—36.7	1.43	8.54	—83.3
房山区	92.13	90.78	1.5	159.65	206.32	—22.6
通州区	4.48	23.95	—81.3	204.54	275.68	—25.8
顺义区	60.58	53.58	13.1	152.94	169.89	—10.0
昌平区	26.38	44.60	—40.9	20.71	55.24	—62.5
大兴区	25.51	25.37	0.6	25.37	83.46	—69.6
怀柔区	4.45	7.21	—38.3	4.08	39.36	—89.6
平谷区	531.04	491.41	8.1	276.03	350.68	—21.3
密云区	116.94	105.30	11.1	106.58	210.78	—49.4
延庆区	111.65	143.56	—22.2	159.16	213.66	—25.5

农业观光园情况

各区	农业观光园个数（个）		高峰期从业人员（人）		接待人次（人次）		经营总收入（万元）	
	2019	2018	2019	2018	2019	2018	2019	2018
全市	948	1 128	33 815	39 003	15 379 957	18 635 923	232 126.1	266 030.0
朝阳区	7	11	1 251	1 344	280 647	544 850	29 889.9	51 193.8
丰台区	11	11	704	800	1 813 539	2 629 190	17 861.5	19 438.6
海淀区	87	76	2 637	2 990	306 680	319 829	8 989.6	6 096.1
门头沟区	34	63	385	762	128 335	273 399	1 219.2	2 290.3
房山区	72	73	1 080	2 162	519 839	1 306 728	5 058.4	11 140.4
通州区	44	58	2 097	2 566	657 545	1 028 977	14 079.5	22 471.2
顺义区	66	53	2 468	2 121	1 588 942	1 280 408	17 913.0	8 412.9
昌平区	150	186	5 274	6 749	966 051	1 351 791	29 601.1	33 036.0
大兴区	54	68	2 176	2 626	901 320	1 069 339	11 431.2	9 981.1
怀柔区	139	167	1 816	2 085	1 609 374	1 637 201	15 211.0	16 552.7
平谷区	136	187	8 235	8 574	3 016 766	3 349 903	23 751.7	27 601.3
密云区	107	130	4 286	4 540	2 887 368	2 984 501	51 270.6	50 190.9
延庆区	41	45	1 406	1 684	703 551	859 807	5 849.4	7 624.7

注：全市合计数中含石景山区数据，故分区数据相加不等于合计。

乡村旅游情况

各 区	乡村旅游接待单位（个）/户数（户）		高峰期从业人员（人）		乡村旅游接待人次（人次）		乡村旅游总收入（万元）	
	2019	2018	2019	2018	2019	2018	2019	2018
全 市	7 354	7 783	23 720	21 203	19 200 658	20 423 166	144 289.93	130 361.66
朝阳区	4	3	19	5	2 600	1 100	42.15	4.80
海淀区	25	20	320	48	367 115	37 327	6 019.68	231.90
门头沟区	396	424	1 034	1 104	503 612	560 362	4 728.47	4 642.50
房山区	1 053	1 127	2 108	2 190	1 187 061	1 587 101	7 258.61	8 239.20
通州区	68	75	170	159	32 270	33 886	987.80	1 261.00
顺义区	29	42	246	131	479 402	133 356	1 505.10	320.30
昌平区	275	344	1 556	1 610	2 642 758	2 448 179	13 825.85	10 848.00
大兴区	32	67	421	526	372 630	391 055	1 279.80	1 424.10
怀柔区	1 511	1 411	4 811	3 854	2 504 659	2 400 990	23 924.00	18 711.50
平谷区	726	1 077	3 467	4 049	3 390 924	3 902 716	20 562.97	24 712.76
密云区	1 988	2 095	5 272	4 410	3 767 474	4 461 721	34 289.98	31 264.20
延庆区	1 247	1 098	4 296	3 117	3 950 153	4 465 373	29 865.52	28 701.40

注：2018 年之前统计口径是行政村范围内观光园和民俗旅游户。2019 年修改为乡镇及乡镇以下范围内为乡村旅游服务的民俗户、民宿、宾馆、饭店、旅游商品专卖店等。

索　引

本索引采取主题索引法编纂，主题词以年鉴正文出现的重要专业名词或名词词组、机构名称为主。按汉语拼音音序排列，汉字的标目按首字的音序、音调依次排列，首字相同时，则以第二字排序，依此类推。

A

安全生产　/　237

B

北京世界园艺博览会百果园建设　/　148
北京2022年冬奥会和冬残奥会备选果品供应基地遴选　/　149
北京世界园艺博览会在京召开　/　171
北京城市副中心绿化建设　/　177
《北京都市型现代农业产业发展报告（2019）》出版　/　192
北京农商银行推出“北京农民专业合作社信用评价系统”　/　209
北京市民族乡村经济发展继续保持良好态势　/　232
北京市创建全国首批农村社区治理实验区已经检查验收　/　251
北京市开展村民小组自然村村民自治试点工作成效明显　/　251

C

昌平区　/　311
朝阳区　/　261
产业融合发展　/　162
产业园区　/　163
创建粮经作物种植示范区　/　143
创建公共文化服务示范区，推动基层农村公共文化设施建设　/　222

D

大风、沙尘、雾和霾　/　185
大兴区　/　319
大中型水库移民后期扶持　/　181
党风廉政建设　/　257
地质灾害易发区农户搬迁工程　/　189
第七届北京西山森林音乐会召开　/　175
第十届北京郁金香文化节开幕　/　151
第十一届北京月季文化节开幕　/　151
第五届北京百花文化节开幕　/　152
第十一届北京菊花文化节举办　/　152
动物疫情防治　/　157
都市现代农业　/　143

F

发布实施《北京市超标粮食管理办法》　/　169
房山区　/　286
房山区现代农业产业园通过国家认定　/　164
蜂产业　/　150
丰台区　/　271
法治文化建设蒸蒸日上　/　244

G

各区农事休闲活动丰富多彩　/　172
耕地保护与高标准农田建设　/　178
公路建设与运输　/　183
沟域生态环境质量和水平不断提升　/　188
沟域特色产业业态和体系逐步形成　/　188
改造农村公厕850座　/　141
古树名木管理　/　178

H

海淀区　/　266
花卉业　/　151
河湖长制工作　/　180
环首都1小时鲜活农产品流通圈7个项目落地　/　169
怀柔区　/　330

J

积极开展动物卫生监督工作　/　159

积极推进“中国民间文化艺术之乡”工作　/　223
鸡蛋交易量略有减少　/　169
健全公共文化政策体系，提升基层公共文化服务质量　/　221
京津冀联合授粉服务区建设工程推广实施　/　151
京津冀农机联合鉴定工作取得新进展　/　154
精准帮扶　/　230
降水　/　185
郊区农情　/　261
基层组织建设　/　246
集成节肥减药技术体系增效明显　/　192
继续强化狂犬病防控工作　/　159
举办“精准扶贫”活动　/　169
举办京交会首届粮食主题国际论坛　/　168
举办第八届北京现代种业博览会　/　171
举办北京园林绿化科学普及系列活动　/　176
举办第 29、30 届北京农民艺术节　/　220
举办“乡村大舞台——原创文艺节目展演”活动　/　220

K

开展“空心村”调查　/　142
开展扶持壮大村级集体经济试点工作　/　208
开展涉地农村集体经济合同自查自纠工作　/　208
开展社会救助综合改革试点　/　215
开展养老服务改革试点　/　216
开展“美丽乡村·筑梦有我”大型新闻公益行动　/　219

L

老干部工作　/　259
林产业　/　148
绿化建设与管理　/　175
“拉萨市科技骨干草莓种植技术培训班”在北京农职院林果院开班　/　225

M

“美丽乡村·筑梦有我”专场活动举办　/　220
门头沟区　/　276
密云区　/　351

N

农机业　/　152
农机科技推广持续深入　/　154
农产品质量安全　/　156
农产品流通业　/　167
农村改革　/　202
农村集体经济管理　/　208
农村集体经济产权制度改革　/　209
农村教育　/　228
农村基本情况　/　389
农村金融创新　/　209
农村生活与社会保障　/　212
农村社会保障　/　214
农村社会事业　/　218
农村社会管理　/　234
农村法治建设　/　239
农村法治宣传　/　242
农村卫生、新型合作医疗　/　231
农村人才培养　/　224
农村土地承包与管理　/　202
农业科技　/　190

P

平谷区　/　340
培育乡村旅游特色业态及民俗村户　/　170

Q

启动化肥使用总量核算体系编制工作　/　149
启动“北京市消费扶贫产品专区”和“和田地区特色产品专柜”　/　168
气候概况和气候评价　/　184
气温　/　184
气候影响评价　/　186
清洁能源改造工作　/　174
全面推行农机购置补贴信息化管理　/　153
全面梳理整村流转农户承包地风险　/　203
全国人大参加义务植树活动　/　175
全国政协参加义务植树活动　/　176
全市村民委员会换届选举主要做法　/　247

R

人大议案、人大代表建议、政协委员提案办理　/　244
认真落实信访工作责任制　/　235
日照　/　185

S

森林火灾防控　/　177
森林公安执法情况　/　177
森林病虫害防治　/　177
山区建设　/　187
生态与基础设施建设　/　173
生态沟域　/　187
少数民族乡村工作　/　232
湿地建设　/　178
水产业　/　148
水土保持　/　181
水生态保护与修复　/　181
水旱灾害防御　/　180
水务改革　/　182
水环境治理　/　181

水务建设与管理 / 179
顺义区 / 303
设施农业情况 / 392

T

特色粮经作物水肥一体化技术效果显著 / 192
推进农村幸福晚年驿站建设 / 216
推进养老服务标准化建设 / 216
推进农业机械化防尘减排 / 152
投入美丽乡村建设资金 52 亿元 / 140
通州区 / 295
统筹提升耕地质量 / 178

W

完成 1 200 头奶牛优良种质筛选 / 147
完成六个达到年限果树相关标准复审 / 149
完成果树数据管理平台建设 / 150

X

乡村振兴 / 138
乡村旅游业 / 170
乡村公路大修工程完工 / 184
乡村医生岗位定向免费培养 / 231
畜牧业 / 146

Y

延庆区 / 360
以案释法打造“定制式服务”新品牌 / 244
永定河综合治理与生态修复 / 181
迎春年宵花展举办 / 151

Z

种植业 / 143
重点水利工程建设 / 180
综合治理 / 236
扎实推进第一书记驻村帮扶工作 / 246
镇村企业 / 165

撰稿联系人名单与单位

张亚昆　通州区史志办
兰　岚　顺义区史志办
曹梦玲　房山区史志办
朱歆彤　昌平区农业农村局
田亚南　大兴区史志办
符乃清　门头沟区农业农村局
毕　珊　怀柔区委研究室
梁自山　平谷区委研究室
贾　雪　密云区农业农村局
孙　猛　延庆区农业农村局
张伟楠　朝阳区农业农村局
任玉清　海淀区农业农村局
李雅荣　丰台区农业农村局
华　蕾　市教委
刘　刚　市民宗委
周　凯　市商务局
赵　颖　市经信局
李云忠　市交通委
张　楠　市工商管理局
甘国再　市民政局
刘约章　市文化和旅游局
李志敬　市卫健委
齐庆栓　市园林绿化局
田　雨　市水务局
王春华　市司法局
王玉晶　市农村商业银行
李　潇　市农林科学院
孙田田　市农业职业学院
张轶斐　市气象局
康　斌　市统计局
刘　雯　市农村经济研究中心
万敏波　市农业农村局

图书在版编目（CIP）数据

北京农村年鉴．2020 /《北京农村年鉴》编委会编．—北京：中国农业出版社，2021.7
ISBN 978-7-109-28520-0

Ⅰ．①北… Ⅱ．①北… Ⅲ．①农村经济—北京—2020—年鉴 Ⅳ．①F327.1-54

中国版本图书馆 CIP 数据核字（2021）第 137585 号

北京农村年鉴 2020
BEIJING NONGCUN NIANJIAN 2020

中国农业出版社出版
地址：北京市朝阳区麦子店街 18 号楼
邮编：100125
责任编辑：姚　红　　文字编辑：王佳欣
版式设计：王　晨　　责任校对：吴丽婷
印刷：北京通州皇家印刷厂
版次：2021 年 7 月第 1 版
印次：2021 年 7 月北京第 1 次印刷
发行：新华书店北京发行所
开本：889mm×1194mm　1/16
印张：26.25　　插页：12
字数：760 千字
定价：200.00 元
